NOMOSLEHRBUCH

Prof. Dr. Klaus Tonner
Universität Rostock

Prof. Dr. Christoph Brömmelmeyer
Europa-Universität Viadrina Frankfurt (Oder)

Schuldrecht Besonderer Teil

Vertragliche Schuldverhältnisse

5. Auflage

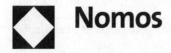
Nomos

Die Deutsche Nationalbibliothek verzeichnet diese Publikation in
der Deutschen Nationalbibliografie; detaillierte bibliografische
Daten sind im Internet über http://dnb.d-nb.de abrufbar.

ISBN 978-3-8487-3866-3 (Print) -
ISBN 978-3-8452-8189-6 (ePDF)

5. Auflage 2022

Vorwort

Das von *Klaus Tonner* vor fast 20 Jahren begründete Lehrbuch „Vertragliche Schuldverhältnisse" (1. Aufl. 2004) erscheint in fünfter Auflage in einer Zeit des Umbruchs: Der Umbruch betrifft das Lehrbuch selbst – neben *Klaus Tonner* schreibt ab sofort auch *Christoph Brömmelmeyer* –, er betrifft aber auch das Recht der vertraglichen Schuldverhältnisse: Das Bürgerliche Gesetzbuch, das im 20 Jh. ganz auf den Handel mit (körperlichen) Waren zugeschnitten war, öffnet sich im Jahre 2021 endgültig für die Digitalisierung und das *Internet of Things*. Mit den Gesetzen zur Umsetzung der Richtlinie über den Warenkauf und der Richtlinie über digitale Inhalte und Dienstleistungen v. 25.6.2021 (BGBl. I, S. 2133 und BGBl. I, S. 2123) zieht das BGB die Konsequenz daraus, dass der Handel mit Smartphones, Smart-TVs und Apps heute größere Bedeutung hat als der Kauf der meisten analogen Konsumgüter. Die Neuregelung tritt zwar erst am 1.1.2022 in Kraft, liegt diesem Lehrbuch jedoch schon jetzt zugrunde; andernfalls wäre es kurz nach seinem Erscheinen schon wieder veraltet gewesen – und das ausgerechnet bei so wichtigen Themen wie der Gewährleistung im Kaufrecht.

Bei der Neuauflage haben wir die Kapitel so aufgeteilt, dass *Klaus Tonner* nach wie vor die Gebrauchsüberlassungsverträge (insb.: Miete, Pacht und Leihe, §§ 19-23) sowie die touristischen Dienstleistungen (§ 28) betreut, während *Christoph Brömmelmeyer* alle anderen Kapitel übernommen hat. Dabei halten wir an dem bewährten Konzept des Lehrbuchs fest und setzen auf Fallbeispiele, Schaubilder, Definitionen und Wiederholungsfragen. Besonderen Dank schulden wir den wissenschaftlichen Mitarbeiterinnen und Mitarbeitern *Patrick Bladosz*, *Sabrina Ehlers* und *Giulia Rizzo*, die sich immer wieder (mit Erfolg!) für plastische Beispiele, prüfungsrelevante Fälle und studierenden-freundliche, klare und verständliche Texte eingesetzt haben. Bei der Redaktion haben uns die studentischen Mitarbeiterinnen und Mitarbeiter *Chris Birla*, *Janka Kastner*, *Johanna Niehus* und *Laura Weber* vorbildlich unterstützt. Für Fehler, die das Lehrbuch trotzdem noch aufweisen sollte, sind allein die Autoren selbst verantwortlich. Sollten Sie Fehler entdecken, bitten wir Sie freundlich um einen Hinweis an „sekretariat.broemmelmeyer@europa-uni.de".

Frankfurt (Oder)/Rostock, im Juli 2021

Christoph Brömmelmeyer   Klaus Tonner

Aus dem Vorwort zur 1. Auflage

Der wirtschaftlich-technische Wandel und der Europäisierungsprozess des Vertragsrechts wird den Gesetzgeber auch weiterhin zu Aktivitäten anspornen, und wenn nicht der Gesetzgeber handelt, dann ist es die Rechtsprechung. Es ist daher wichtiger denn je, Grundstrukturen zu erkennen, methodische Fertigkeiten zu erwerben und zu lernen, wie das Recht anzuwenden ist.

Das vorliegende Buch ist einerseits so geschrieben, dass es ohne Vorkenntnisse lesbar ist. Es ist daher als Begleitlektüre für die meistens im 2. Semester angebotene Vorlesung über „Vertragliche Schuldverhältnisse" und für die Zwischenprüfungsübung im Bürgerlichen Recht geeignet. Andererseits werden auch die examensrelevanten Probleme behandelt, so dass es für die Examensvorbereitung ebenfalls eingesetzt werden kann. Mit anderen Worten: Das Buch ist als Begleiter durch das gesamte Studium für seinen Bereich konzipiert.

Das Problemverständnis wird durch zahlreiche eingestreute Fallbeispiele erleichtert. Wiederholungsfragen sollen zur Kontrolle dienen, ob das Gelesene auch verstanden wurde. In den Fußnoten wird vornehmlich höchstrichterliche Rechtsprechung zitiert. Das soll dazu anhalten, die eine oder andere BGH-Entscheidung selbst in die Hand zu nehmen.

Rostock, im September 2004   Klaus Tonner

Inhalt

Vorwort   5

Aus dem Vorwort zur 1. Auflage   6

Abkürzungsverzeichnis   19

Literaturverzeichnis   23

Teil A: Einleitung

§ 1   Schuldrecht und vertragliche Schuldverhältnisse   27
  I.   Schuldrecht und Schuldverhältnis   27
    1.   Rechtsgeschäftliche Schuldverhältnisse   27
    2.   Rechtsgeschäftsähnliche Schuldverhältnisse   28
    3.   Gesetzliche Schuldverhältnisse   28
  II.   Besonderes Schuldrecht und Recht der vertraglichen Schuldverhältnisse   29

    Wiederholungs- und Vertiefungsfragen   32

§ 2   Vertragsrecht und Vertragsfreiheit   33
  I.   Vertragsrecht als Rechtsgebiet   33
  II.   Vertragsfreiheit   34
    1.   Grundlagen der Vertragsfreiheit   34
    2.   Dimensionen der Vertragsfreiheit   35
      a)   Abschlussfreiheit   36
      b)   Inhaltsfreiheit   36

    Wiederholungs- und Vertiefungsfragen   37

§ 3   Europäisierung des Vertragsrechts   38
  I.   Richtlinien und Rechtsangleichung   38
    a)   Richtlinienrecht im BGB   39
    b)   Richtlinienkonforme Auslegung   40
  II.   Europäisches Verbrauchervertragsrecht   42
  III.   Allgemeines europäisches Vertragsrecht?   44

    Wiederholungs- und Vertiefungsfragen   45

§ 4   Schuldrechtliche Fälle   47
  I.   Prüfung von Ansprüchen   47
  II.   Ineinandergreifen von Schuldrecht AT und BT   48

Teil B: Kaufrecht

§ 5   Kaufrecht als Rechtsgebiet   51
  I.   Begriff und Systematik des Kaufrechts   51
  II.   Historische Entwicklung des Kaufrechts   53
    1.   Verbrauchsgüterkaufrichtlinie   54

2. Umsetzung der Verbrauchsgüterkaufrichtlinie und richtlinienkonforme
Auslegung   54
3. Warenkaufrichtlinie   56
4. Umsetzung der Warenkaufrichtlinie   57
Wiederholungs- und Vertiefungsfragen   57

§ 6   Kaufvertrag   58
  I. **Begriff und gesetzliche Regelung des Kaufvertrags**   58
     1. Begriff   58
     2. Gesetzliche Regelung   58
        a) Digitalkauf   59
        b) Sachkauf im Kontext der Digitalisierung   60
 II. **Vertragsschluss und Wirksamkeit des Kaufvertrags**   61
     1. Form   62
     2. Rechts- oder Sittenwidrigkeit   63
     3. Anfechtung   63
     4. Widerruf   64
III. **Kaufgegenstand**   65
IV. **Die Pflichten des Verkäufers**   67
     1. Übergabe und Eigentumsverschaffung   67
     2. Mangelfreiheit   68
     3. Nebenpflichten   69
 V. **Die Pflichten des Käufers**   70
     1. Kaufpreiszahlung   70
     2. Abnahme   71
VI. **Gefahrtragung**   71
     1. Leistungsgefahr   71
     2. Preisgefahr   71
        a) Gefahrübergang gemäß § 446 Satz 1 BGB   72
        b) Gefahrübergang beim Versendungskauf gemäß § 447 BGB   72
Wiederholungs- und Vertiefungsfragen   73

§ 7   Mangelbegriff   74
  I. **Einführung**   74
 II. **Sachmangel**   75
     1. Regelungsstruktur des § 434 BGB   75
     2. Subjektive Anforderungen   77
        a) Beschaffenheitsvereinbarung   77
           aa) Beschaffenheit   77
           bb) Beschaffenheitsvereinbarung   79
        b) Eignung für die nach dem Vertrag vorausgesetzte Verwendung   80
        c) Übergabe mit dem vereinbarten Zubehör und den vereinbarten
           Anleitungen   82
     3. Objektive Anforderungen   82
        a) Eignung für die gewöhnliche Verwendung   83
        b) Übliche und zu erwartende Beschaffenheit   83
           aa) Übliche Beschaffenheit   83
           bb) Erwartungen aufgrund öffentlicher Äußerungen   85

		c)	Beschaffenheit einer Probe oder eines Musters	87
		d)	Zubehör und Anleitungen	87
	4.		Montageanforderungen	87
	5.		Falschlieferung	88
	6.		Mangel bei Gefahrübergang	88
	7.		Parallelität des Mangelbegriffs bei Verträgen über digitale Produkte	89
III.	Rechtsmangel			89
	1.		Begriff	89
	2.		Dingliche und obligatorische Rechte	91
	3.		Öffentlich-rechtliche Beeinträchtigungen	91
	4.		Buchrechte	92
IV.	Rechtsfolgen			92
	Wiederholungs- und Vertiefungsfragen			92

§ 8 Mängelrechte ... 94

I. **Überblick** ... 94
   1. Rechte des Käufers bei Mängeln gemäß § 437 Nr. 1-3 BGB ... 96
     a) Überblick ... 96
     b) Gefahrübergang ... 96
   2. Die Einrede des nicht erfüllten Vertrags ... 97
   3. Die Mängeleinrede ... 98

II. **Nacherfüllung** ... 98
   1. Begriff und Rechtsnatur des Nacherfüllungsanspruchs ... 98
   2. Der Vorrang der Nacherfüllung ... 99
   3. Wahlrecht zwischen Nachbesserung und Nachlieferung ... 101
   4. Modalitäten der Nacherfüllung ... 101
     a) Erfüllungsort ... 102
     b) Kosten der Nacherfüllung ... 102
     c) Nacherfüllung nach Fristablauf? ... 103
     d) Rückgabe im Falle der Nachlieferung ... 104
   5. Grenzen des Nacherfüllungsanspruchs ... 104
     a) Echte Unmöglichkeit ... 105
     b) Einrede der Unverhältnismäßigkeit ... 107
     c) Einreden der Unmöglichkeit ... 109
   6. Kein Recht zur Selbstvornahme ... 109

III. **Rücktritt und Minderung** ... 110
   1. Rücktritt ... 110
     a) Erfolglose Fristsetzung ... 111
     b) Entbehrlichkeit der Fristsetzung ... 112
       aa) Entbehrlichkeit der Fristsetzung gemäß § 323 Abs. 2 BGB ... 112
       bb) Unverhältnismäßige Kosten der Nacherfüllung ... 113
       cc) Fehlschlagen der Nacherfüllung ... 114
       dd) Unzumutbarkeit der Nacherfüllung ... 114
       ee) Unmöglichkeit der Nacherfüllung ... 115
       ff) Verbrauchsgüterkauf ... 116
     c) Erheblichkeit des Mangels und Verantwortlichkeit des Käufers ... 116
     d) Rechtsfolgen des Rücktritts ... 118

        2. Minderung   119
            a) Voraussetzungen der Minderung   119
            b) Rechtsfolgen der Minderung   120
   IV. Schadensersatz   120
        1. Überblick   120
        2. Schadensersatz statt der Leistung   122
            a) Schadensersatz gemäß §§ 437 Nr. 3, 280 Abs. 1, 3, 281 BGB   122
            b) Schadensersatz gemäß §§ 437 Nr. 3, 311a Abs. 2 BGB (anfängliche
                Unmöglichkeit)   124
            c) Schadensersatz gemäß §§ 437 Nr. 3, 280 Abs. 1, 3, 283 BGB
                (nachträgliche Unmöglichkeit)   124
            d) Inhalt und Umfang des Schadensersatzanspruchs   125
        3. Einfacher Schadensersatz   125
            a) Mangelfolgeschaden   125
            b) Nutzungsausfallschaden   126
        4. Schadensersatz gemäß §§ 280 Abs. 1, 241 Abs. 2, 311 Abs. 2 BGB (c.i.c) 126
    V. Verjährung   127

        Wiederholungs- und Vertiefungsfragen   128

§ 9 Regress in der Lieferkette   130
    I. Überblick   130
   II. Selbstständiger Regress   131
        1. Kaufvertragskette   132
            a) Kaufvertrag zwischen Verkäufer und Käufer („Verkauf") über eine neu
                hergestellte Sache   132
            b) Kaufvertrag zwischen Lieferant und Verkäufer über dieselbe Sache 132
        2. Unternehmereigenschaft des Lieferanten   133
        3. Mangel der Kaufsache im relevanten Zeitpunkt   133
        4. Kein Ausschluss der Gewährleistung   134
        5. Ersatz der Aufwendungen, die der Verkäufer im Rahmen der dem Käufer
            geschuldeten Nacherfüllung zu tragen hatte   134
  III. Unselbstständiger Regress   134
   IV. Verjährung von Rückgriffsansprüchen   135
    V. Regress in der Lieferkette beim Verbrauchsgüterkauf   136
        1. Ausweitung des Anwendungsbereichs der Beweislastumkehr   136
        2. Halbzwingende Regelung   136

        Wiederholungs- und Vertiefungsfragen   137

§ 10 Einschränkungen und Erweiterungen der Mängelhaftung   138
    I. Überblick   138
   II. Gesetzliche Haftungsausschlüsse und -beschränkungen   139
        1. Kenntnis des Käufers   139
        2. Grob fahrlässige Unkenntnis des Käufers   140
  III. Vertragliche Haftungsausschlüsse und -beschränkungen   141
        1. Kein Haftungsausschluss bei Arglist oder Garantie (§ 444 BGB)   142
            a) Arglistiges Verschweigen   142
            b) Garantie   143
        2. Kein Haftungsausschluss für vereinbarte Beschaffenheitsmerkmale   144

3. Grenzen beim Verbrauchsgüterkauf (§ 476 BGB) 144
4. Grenzen bei Allgemeinen Geschäftsbedingungen 145
IV. Garantien 145
1. Erscheinungsformen 147
2. Beschaffenheitsgarantie 147
3. Haltbarkeitsgarantie 147
4. Sonstige Garantien 148
5. Selbstständige und unselbstständige Garantien 148

Wiederholungs- und Vertiefungsfragen 149

§ 11 Besondere Arten des Kaufs und Tausch 150
I. Kauf auf Probe 150
II. Wiederkauf 150
III. Vorkauf 151
IV. Tausch 152

Wiederholungs- und Vertiefungsfragen 153

§ 12 Verbrauchsgüterkauf 154
I. Einleitung und Überblick 154
II. Anwendungsbereich der §§ 475 ff. BGB 155
1. Verbrauchsgüterkauf 155
a) Kaufvertrag 155
b) Verbraucher und Unternehmer 156
c) Ware 156
2. Keine Anwendung auf Verbrauchsgüterkäufe gebrauchter Waren in öffentlich zugänglichen Versteigerungen 158
a) Öffentlich zugängliche Versteigerung 158
b) Gebrauchte Sache 158
3. Anwendung auf den Kauf von Waren, die mit digitalen Produkten verknüpft sind? 159
a) Verbrauchsgüterkaufvertrag über körperliche Datenträger i.S. von § 475a Abs. 1 BGB 160
aa) Körperlicher Datenträger, der ausschließlich als Träger digitaler Inhalte dienen soll 160
bb) Anwendbare Vorschriften 161
b) Verbrauchsgüterkauf über Waren mit digitalen Extras i.S. von § 475a Abs. 2 BGB 162
III. Sonderregelungen für den Verbrauchsgüterkauf 163
1. Fälligkeit und Erfüllbarkeit 163
2. Gefahrübergang beim Versendungskauf 164
3. Nichtanwendung der §§ 442, 445 und 447 Abs. 2 BGB 164
4. Modifikationen des Nacherfüllungsanspruchs 164
a) Befreiung von der Pflicht zur Herausgabe von Nutzungen bzw. zur Nutzungsentschädigung 164
b) Modalitäten der Nacherfüllung 165
5. Modifikationen des Rücktritts und der Haftung auf Schadensersatz 166
6. Garantien 168

	7. Sachmangel einer Ware mit digitalen Elementen	169
	a) Sachmangel i.S. von § 475b BGB	171
	b) Sachmangel einer Ware mit digitalen Elementen bei dauerhafter Bereitstellung der digitalen Elemente	173
	8. Sonderbestimmungen für die Verjährung	173
IV.	**Einschränkungen der Vertragsfreiheit**	174
	1. Halbzwingende Vorschriften	174
	2. Umgehungsverbot	174
	3. Eingeschränkte Möglichkeit der Verjährungsverkürzung	176
	4. Keine Sonderregelung für Schadensersatzansprüche	176
V.	**Beweislastumkehr**	176
	1. Beweislastumkehr bei einem von §§ 434, 475b BGB abweichenden Zustand der Sache	177
	a) Reichweite der Vermutung	177
	b) Keine Unvereinbarkeit der Vermutung mit der Art der Sache oder des Mangels	178
	2. Beweislastumkehr bei einem von §§ 434, 475b BGB abweichenden Zustand der digitalen Elemente	179
	Wiederholungs- und Vertiefungsfragen	180
§ 13	**Internationales Kaufrecht**	181
I.	**Einführung**	181
II.	**Internationales Privatrecht**	182
III.	**UN Kaufrecht (CISG)**	183
	1. Einführung	183
	2. Anwendungsbereich	183
	3. Vertragsschluss	185
	4. Warenkauf	186
	a) Pflichten des Verkäufers	186
	aa) Lieferung einer vertragsgemäßen Ware	186
	bb) Haftung nur für gerügte Mängel der Ware	187
	cc) Rechtsbehelfe des Käufers bei vertragswidrigen Waren	187
	b) Pflichten des Käufers	190
	5. Lücken	190
	Wiederholungs- und Vertiefungsfragen	191
§ 14	**Schenkung**	192
I.	**Gesetzliche Regelung**	192
II.	**Vertragsgegenstand und Vertragsschluss**	192
	1. Vertragsgegenstand	192
	2. Vertragsschluss	193
	3. Notarielle Form des Schenkungsversprechens	193
III.	**Unentgeltliche Zuwendung**	194
	1. Überblick	194
	2. Gemischte Schenkung	195
	3. Zweckschenkung	196
	4. Schenkung unter Auflage	196

IV. Privilegierungen des Schenkers   197
   1. Haftungsprivilegierung   197
   2. Rechts- und Sachmängel   198
   3. Rückforderung wegen Verarmung   199
   4. Widerruf   199

Wiederholungs- und Vertiefungsfragen   200

Teil C: Finanzgeschäfte

§ 15 Darlehen   201
   I. Einführung   201
     1. Systematik   201
     2. Die Bestellung von Kreditsicherheiten   203
   II. Vertragsschluss   203
   III. Wirksamkeit des Darlehensvertrags   203
   IV. Pflichten der Parteien   204
     1. Pflichten des Darlehensgebers   204
     2. Pflichten des Darlehensnehmers   205
   V. Kündigung   206
     1. Ordentliche Kündigung   206
     2. Außerordentliche Kündigung   207
   VI. Verbraucherdarlehen   208
     1. Überblick   208
     2. Richtlinienrechtlicher Hintergrund   209
     3. Anwendungsbereich   210
     4. Vorvertragliche Informationspflichten   211
     5. Form und Inhalt   212
     6. Widerrufsrecht   213
     7. Verzugszinsen und Anrechnung von Teilleistungen   214
     8. Gesamtfälligstellung   215
     9. Besondere Kündigungsrechte im Verbraucherdarlehensvertrag   215
     10. Kostenermäßigung, Vorfälligkeitsentschädigung   215
     11. Kontoüberziehungen   216
     12. Kreditwürdigkeitsprüfung   216

   Wiederholungs- und Vertiefungsfragen   218

§ 16 Finanzierungshilfen und Ratenlieferungsvertrag   219
   I. Systematik   219
   II. Finanzierungshilfen   219
   III. Ratenlieferungsvertrag   220

   Wiederholungs- und Vertiefungsfragen   221

§ 17 Zahlungsdienste   222
   I. Einführung   222
   II. Zahlungsdienstevertrag   224
   III. Zahlungsdienste   224
     1. Lastschrift   225

2. Zahlungskarten 225
  a) Kreditkarte 225
  b) Haftungsfragen 226
3. Überweisung 228

Wiederholungs- und Vertiefungsfragen 229

§ 18 Bürgschaft 230
  I. Begriff und Funktion der Bürgschaft 230
  II. Bürgschaftsvertrag 231
    1. Form der Bürgschaftserklärung 232
    2. Wirksamkeit des Bürgschaftsvertrags 232
    3. Widerruf der Bürgschaftserklärung? 234
    4. Besondere Erscheinungsformen der Bürgschaft 234
  III. Akzessorietät der Bürgschaft 235
  IV. Rechte und Pflichten des Bürgen 236
    1. Einstandspflicht und Einrede der Vorausklage 236
    2. Sonstige Einwendungen und Einreden 236
      a) Einreden des Hauptschuldners 237
      b) Einreden der Anfechtbarkeit und der Aufrechenbarkeit 237
    3. Rückgriff beim Hauptschuldner 238
      a) Aufwendungsersatz 238
      b) Hauptforderung 238
    4. Anfechtung 239
  V. Beendigung des Bürgschaftsverhältnisses 240

Wiederholungs- und Vertiefungsfragen 241

TEIL D: GEBRAUCHSÜBERLASSUNGSVERTRÄGE

§ 19 Miete 243
  I. Historische Entwicklung 243
  II. Systematik 246
  III. Allgemeiner Teil 247
    1. Zustandekommen des Vertrags 247
    2. Hauptpflichten 248
    3. Rechte bei einem Mangel 249
    4. Beendigung des Mietverhältnisses 252
    5. Verwendungsrisiko 255
    6. Verjährung 255

Wiederholungs- und Vertiefungsfragen 255

§ 20 Insbesondere: Mietverhältnisse über Wohnraum 257
  I. Allgemeines 257
  II. Miete 261
    1. Miete zu Beginn des Mietverhältnisses 261
    2. Mieterhöhung im bestehenden Mietverhältnis 263
      a) Betriebskosten 263
      b) Grundmiete 266

III. Pfandrecht 269
IV. Wechsel der Vertragsparteien 269
V. Kündigung 270

Wiederholungs- und Vertiefungsfragen 274

§ 21 Pacht 275
I. Begriff und Rechtsnatur 275
II. Pflichten der Vertragsparteien 276
1. Pflichten des Verpächters 276
2. Pflichten des Pächters 277
III. Vertragsbeendigung 278
IV. Besondere Pachtverhältnisse 278
1. Die Landpacht 278
2. Sonstige Spezialfälle der Pacht 279

Wiederholungs- und Vertiefungsfragen 279

§ 22 Finanzierungsleasing 280
I. Begriff und Bedeutung 280
II. Rechte und Pflichten der Vertragsparteien 281
1. Pflichten im Verhältnis des Lieferanten zum Leasingnehmer und -geber 281
2. Pflichten im Verhältnis zwischen Leasingnehmer und Leasinggeber 281
III. Sonderformen des Finanzierungsleasing 282

Wiederholungs- und Vertiefungsfragen 283

§ 23 Die Leihe 284
I. Begriff, Rechtsnatur 284
II. Pflichten der Parteien 285
1. Die Pflichten des Verleihers 285
2. Die Pflichten des Entleihers 286
III. Vertragsbeendigung 286

Wiederholungs- und Vertiefungsfragen 287

TEIL E: DIENST- UND WERKVERTRAG

§ 24 Abgrenzung zwischen Dienst- und Werkvertrag 289
I. Einleitung 289
II. Abgrenzung zwischen Dienst- und Werkvertrag 289

Wiederholungs- und Vertiefungsfragen 291

§ 25 Dienstvertrag 292
I. Begriff und gesetzliche Regelung 292
II. Vertragsschluss 293
III. Wirksamkeit 294
IV. Die Pflichten des Dienstleistenden 295
V. Die Pflichten des Dienstberechtigten 296
1. Zahlung der Vergütung 296
2. Nebenpflichten 297

VI. Besondere Regeln im Arbeitsverhältnis 297
VII. Leistungsstörungen 298
   1. Annahmeverzug und Betriebsrisiko 298
   2. Vorübergehende Verhinderung 300
   3. Haftung für Pflichtverletzungen 300
VIII. Beendigung des Dienstverhältnisses 302
   1. Beendigung durch Zeitablauf 302
   2. Beendigung durch Kündigung 302
     a) Ordentliche Kündigung 302
     b) Außerordentliche Kündigung 302
   3. Beendigung durch Auflösungsvertrag 303
   4. Beendigung durch den Tod des Dienstleistenden 304
IX. Behandlungsvertrag 304
   1. Begriff und Rechtsnatur des Behandlungsvertrags 304
   2. Pflichten des Behandelnden 306
     a) Medizinische Behandlung des Patienten 306
     b) Informationspflichten 306
     c) Aufklärung und Einholung der Einwilligung vor der Durchführung medizinischer Maßnahmen 306
     d) Dokumentation des Behandlungsgeschehens (Patientenakte) 307
   3. Haftung für Behandlungsfehler 307
     a) Behandlungsfehler 308
     b) Verantwortlichkeit des Behandelnden 309
     c) Schaden und Kausalität 309

   Wiederholungs- und Vertiefungsfragen 310

§ 26 Werkvertrag 311
  I. Begriff des Werkvertrags 311
  II. Regelungssystematik 314
  III. Vertragsschluss und Wirksamkeit 316
  IV. Hauptleistungspflichten der Parteien 317
   1. Die Pflichten des Unternehmers 317
   2. Die Pflichten des Bestellers 317
     a) Vergütung 317
     b) Abnahme und Abnahmefiktion 317
  V. Gefahrtragung 319
  VI. Mängelrechte des Bestellers 320
   1. Überblick 320
   2. Gewährleistungsrechte im Werkvertragsrecht 322
     a) Mangelbegriff 322
     b) Rechte des Bestellers bei Mängeln 323
       aa) Nacherfüllung 323
       bb) Selbstvornahme 324
       cc) Rücktritt und Minderung 325
       dd) Schadens- und Aufwendungsersatz 325
       ee) Einschränkungen und Erweiterungen der Mängelhaftung 326
  VII. Verjährung 326
  VIII. Unternehmerpfandrecht 327

IX.   Kündigung   328

       Wiederholungs- und Vertiefungsfragen   331

§ 27 Besondere Werkverträge und ähnliche Verträge   332
  I.   Einleitung   332
  II. Bauvertrag, Verbraucherbauvertrag und VOB/B   333
       1. Bauvertrag   333
           a) Begriff   333
           b) Vertragsänderungen   334
           c) Sicherungsrechte des Bauunternehmers   335
           d) Zustandsfeststellung bei Verweigerung der Abnahme und
               Schlussrechnung   336
           e) Schriftform der Kündigung   336
       2. Verbraucherbauvertrag   336
           a) Informationspflichten, Vertragsinhalt, Herausgabe von Unterlagen
               und Besonderheiten bei Abschlagszahlungen   337
           b) Widerrufsrecht   337
           c) Einschränkung der Privatautonomie   338
       3. VOB/B   338
  III. Architektenvertrag und Ingenieurvertrag   339
       1. Vertragstypische Pflichten   339
       2. Einordnung und anwendbare Vorschriften   339
       3. Vergütungsanpassung   340
       4. Sonderkündigungsrechte   340
       5. Teilabnahme und besonderes Leistungsverweigerungsrecht   341
  IV. Bauträgervertrag   342

       Wiederholungs- und Vertiefungsfragen   343

§ 28 Touristische Dienstleistungen   344
  I.   Überblick   344
  II. Pauschalreiserecht   345
       1. Anwendungsbereich   345
       2. Hauptpflichten des Reiseveranstalters und des Reisenden   346
       3. Abgrenzung zum Reisevermittlungsvertrag   347
       4. Vertragsänderungen (§§ 651f, 651g BGB)   349
       5. Rücktritt vor Reisebeginn (§ 651h BGB)   350
       6. Rechte wegen eines Mangels   351
       7. Insolvenzsicherung   354
  III. Teilzeitwohnrechteverträge   356
  IV. Gastwirtehaftung   357

       Wiederholungs- und Vertiefungsfragen   358

TEIL F: SONSTIGE VERTRÄGE

§ 29 Maklervertrag   359
  I.   Begriff und Rechtsnatur   359
  II. Gesetzliche Regelung   360

III. **Das Maklerverhältnis** 361
    1. Pflichten des Maklers 361
    2. Pflichten des Auftraggebers 362
    3. Pflichten des Dritten? 363
    4. Alleinauftrag 364
IV. **Beendigung des Maklervertrags** 364
V. **Besondere Maklerverträge** 365
    1. Darlehensvermittlung 365
    2. Ehe- und Partnervermittlung 365
    3. Immobilienvermittlung 365
      a) Vermittlung von Kaufverträgen über Wohnungen und
         Einfamilienhäuser 365
      b) Vermittlung von Mietverträgen über Wohnräume 366
    4. Arbeitsvermittlung 366
VI. **Handelsmakler** 366

    Wiederholungs- und Vertiefungsfragen 367

§ 30 Auftrag und Geschäftsbesorgungsvertrag 368
I. **Auftrag** 368
    1. Begriff und Rechtsnatur 368
      a) Auftrag und Gefälligkeit 369
      b) Auftrag und Vollmacht 370
    2. Pflichten der Parteien 371
      a) Pflichten des Beauftragten 372
      b) Pflichten des Auftraggebers 373
    3. Haftung des Auftraggebers 374
    4. Beendigung des Auftragsverhältnisses 374
II. **Entgeltliche Geschäftsbesorgung** 375
III. **Haftung für Rat und Empfehlung** 376

    Wiederholungs- und Vertiefungsfragen 377

§ 31 Schuldversprechen und Schuldanerkenntnis 379
I. **Inhalt und Entstehung** 379
II. **Rechtsfolgen** 380
III. **Abgrenzung zum deklaratorischen Schuldanerkenntnis** 381

    Wiederholungs- und Vertiefungsfragen 383

Definitionen 384

Stichwortverzeichnis 402

Abkürzungsverzeichnis

a.A.	andere Ansicht
a.a.O.	am angegebenen Ort
ABl.	Amtsblatt
ABl.EG	Amtsblatt der Europäischen Gemeinschaften
Abs.	Absatz
AcP	Archiv für die civilistische Praxis
AEUV	Vertrag über die Arbeitsweise der Europäischen Union
a.F.	alte Fassung
AG	Amtsgericht
AGB	Allgemeine Geschäftsbedingungen
AGB-Gesetz	Gesetz zur Regelung des Rechts der Allgemeinen Geschäftsbedingungen
AGG	Allgemeines Gleichbehandlungsgesetz
Alt.	Alternative
Anh.	Anhang
Anm.	Anmerkung
Art.	Artikel
Aufl.	Auflage
BAG	Bundesarbeitsgericht
BAGE	Entscheidungen des Bundesarbeitsgerichts
BauR	Zeitschrift für das gesamte öffentliche und private Baurecht
BB	Betriebs-Berater (Zeitschrift)
Bd.	Band
BEEG	Bundeselterngeld- und Erziehungszeitgesetz
BetrKV	Betriebskostenverordnung
BGB	Bürgerliches Gesetzbuch
BGB AT	Bürgerliches Gesetzbuch Allgemeiner Teil
BGBl.	Bundesgesetzblatt
BGH	Bundesgerichtshof
BGHZ	Entscheidungen des Bundesgerichtshofs in Zivilsachen
bspw.	beispielsweise
BT-Drucks.	Bundestagsdrucksache
BVerfG	Bundesverfassungsgericht
BVerfGE	Entscheidungen des Bundesverfassungsgerichts
c.i.c.	culpa in contrahendo
COTIF	Übereinkommen über den internationalen Eisenbahnverkehr vom 9. Mai 1980
CR	Computerrecht (Zeitschrift)
DAR	Deutsches Autorecht (Zeitschrift)
DB	Der Betrieb (Zeitschrift)
d.h.	das heißt
DJ	Deutscher Justiz (Zeitschrift)
DRiZ	Deutsche-Richter-Zeitung
DStR	Deutsches Steuerrecht (Zeitschrift)

ECLI	European Case Law Identifier
EFZG	Entgeltfortzahlungsgesetz
EG	Europäische Gemeinschaften
EGBGB	Einführungsgesetz zum Bürgerlichen Gesetzbuch
EU	Europäische Union
EuGH	Gerichtshof der Europäischen Union
euvr	Zeitschrift für Europäisches Unternehmens- und Verbraucherrecht
EuZW	Europäische Zeitschrift für Wirtschaftsrecht
EWG	Europäische Wirtschaftsgemeinschaft
FamRZ	Zeitschrift für das gesamte Familienrecht
FernAbsG	Fernabsatzgesetz
ff.	Folgende
FS	Festschrift
GBO	Grundbuchordnung
GG	Grundgesetz
ggf.	Gegebenenfalls
GmbH	Gesellschaft mit beschränkter Haftung
HGB	Handelsgesetzbuch
h.L.	herrschende Lehre
h.M.	herrschende Meinung
Hrsg.	Herausgeber
i.d.R.	in der Regel
InsO	Insolvenzordnung
i.S.	im Sinne
i.Ü.	im Übrigen
i.V.m.	in Verbindung mit
JA	Juristische Arbeitsblätter (Zeitschrift)
Jura	Juristische Ausbildung (Zeitschrift)
JuS	Juristische Schulung (Zeitschrift)
JZ	JuristenZeitung
KG	Kammergericht
KOM	Drucksachen der Europäischen Kommission
KSchG	Kündigungsschutzgesetz
LAG	Landesarbeitsgericht
LG	Landgericht
lit.	Buchstabe
MDR	Monatszeitschrift für Deutsches Recht
m.E.	meines Erachtens

MHG	Miethöhegesetz
MünchKomm	Münchener Kommentar zum Bürgerlichen Gesetzbuch mit Nebengesetzen
m.w.N.	mit weiteren Nachweisen
NJW	Neue Juristische Wochenschrift
NJW-RR	NJW-Rechtsprechungs-Report
Nr.	Nummer
NZA	Neue Zeitschrift für Arbeitsrecht
NZM	Neue Zeitschrift für Mietrecht
OLG	Oberlandesgericht
PersBefG	Personenbeförderungsgesetz
ProdHaftG	Produkthaftungsgesetz
PWW	Prütting/Wegen/Weinreich (Hrsg.), BGB, Kommentar
RDG	Rechtsdepesche für das Gesundheitswesen (Zeitschrift)
RegE	Regierungsentwurf
Rn.	Randnummer
RRa	Reiserecht aktuell (Zeitschrift)
RGZ	Entscheidungen des Reichsgerichts in Zivilsachen
Rs.	Rechtssache
S.	Seite
SchuldR AT	Schuldrecht Allgemeiner Teil
SchuldR BT	Schuldrecht Besonderer Teil
SchwArbG	Gesetz zur Bekämpfung der Schwarzarbeit
SGB	Sozialgesetzbuch
st.	ständige
str.	streitig
TWT	Tonner/Willingmann/Tamm (Hrsg.), Vertragsrecht, Kommentar
Urt.	Urteil
u.Ä.	und Ähnliches
u.U.	unter Umständen
VerbrGKRL	Verbrauchergüterkaufrichtlinie
VersR	Versicherungsrecht (Zeitschrift)
vgl.	Vergleiche
VO	Verordnung
VOB/B	Teil B der Vergabe- und Vertragsordnung für Bauleistungen
VuR	Verbraucher und Recht (Zeitschrift)
WiStG	Wirtschaftsstrafgesetz
WKRL	Warenkaufrichtlinie

WM	Wertpapiermitteilungen
WoKSchG	Wohnraumkündigungsschutzgesetz
WuM	Wohnungswirtschaft und Mietrecht (Zeitschrift)
z.B.	zum Beispiel
ZBB	Zeitschrift für Bankrecht und Bankwirtschaft
ZEuP	Zeitschrift für Europäisches Privatrecht
ZfRV	Zeitschrift für Rechtsvergleichung
ZGR	Zeitschrift für Unternehmens- und Gesellschaftsrecht
ZGS	Zeitschrift für das gesamte Schuldrecht
ZIP	Zeitschrift für Wirtschaftsrecht
ZMR	Zeitschrift für Mietrecht
ZPO	Zivilprozessordnung
ZVG	Zwangsvollstreckungsgesetz

Literaturverzeichnis

Bamberger, Heinz Georg/Roth, Herbert/Hau, Wolfgang/Poseck, Roman (Hrsg.), Kommentar zum Bürgerlichen Gesetzbuch, 4. Aufl., Teil I, II und III 2019, zitiert: Bamberger/Roth-*Bearbeiter*
Bamberger, Heinz Georg/Roth, Herbert, Beck'scher Online-Kommentar, 58. Edition, Stand: 1.5.2021, zitiert: BeckOK-*Bearbeiter*
v. Bar, Christian/Clive, Eric/Schulte-Nölke, Hans, Draft Common Frame of Reference - Outline edition, 2009
Baumbach, Adolf/Hopt, Klaus (Hrsg.), Handelsgesetzbuch, 40. Aufl., 2021
Baur, Fritz/Stürner, Rolf, Lehrbuch des Sachenrechts, 18. Aufl., 2009
Bleckmann, Albert, Europarecht: das Recht der Europäischen Union und der Europäischen Gemeinschaften, 6. Aufl., 1997
Brönneke, Tobias/Tonner, Klaus (Hrsg.), Das neue Schuldrecht – Verbraucherrechtsreform 2014, 2014
Boos, Karl-Heinz/Fischer, Reinfried/Schulte-Mattler, Hermann, Kommentar zu Kreditwesengesetz, 5. Aufl. 2016
Brox, Hans/Walker, Wolf-Dietrich, Besonderes Schuldrecht, 44. Aufl., 2020
Brömmelmeyer, Christoph, Schuldrecht AT, 2. Aufl., 2020
Bülow, Peter/Artz, Markus, Verbraucherprivatrecht, 6. Aufl., 2018

Dauner-Lieb, Barbara/Konzen, Horst/Schmidt, Karsten, Das neue Schuldrecht in der Praxis, 2003
Derleder, Peter/Knops, Kai-Oliver/Bamberger, Heinz Georg (Hrsg.), Deutsches und europäisches Bank- und Kapitalmarktrecht, 3. Aufl., 2017, zitiert: Derleder/Knops/Bamberger-*Bearbeiter*

Eckert, Hans-Werner/Maifeld, Jan/Matthiessen, Michael, Handbuch des Kaufrechts, 2. Auflage, 2014
Eisenhardt, Ulrich, Deutsche Rechtsgeschichte, 6. Aufl., 2013
Emmerich, Volker/Sonnenschein, Jürgen, Miete: Handkommentar, 11. Aufl., 2014, zitiert: Emmerich/Sonnenschein-*Bearbeiter*
Erfurter Kommentar zum Arbeitsrecht, 21. Aufl., 2021, zitiert: ErfKomm-*Bearbeiter*
Erman, Walter (Hrsg.), Handkommentar zum Bürgerlichen Gesetzbuch, Band 1 und 2, 16. Aufl., 2020, zitiert: Erman-*Bearbeiter*

Faust, Florian, Bürgerliches Gesetzbuch Allgemeiner Teil, 7. Aufl., 2020
Führich, Ernst, Reiserecht, 8. Aufl. 2019

Garaudy, Roger, Le communisme et la morale, 1954
Ganten, Hans/Jansen, Günther/Voit, Wolfgang, Beck'scher VOB-Kommentar, 3. Aufl., 2013, zitiert: Beck'scher VOB Kommentar-*Bearbeiter*
Gebauer, Martin/Wiedmann, Thomas, Zivilrecht unter europäischem Einfluss, 2. Aufl. 2010
Grobys, Marcel/Panzer, Andrea, Stichwort Kommentar Arbeitsrecht, 2012, zitiert: Grobys/Panzer-*Bearbeiter*

Hamm, Christoph/Schwerdtner, Peter, Maklerrecht, 7. Aufl., 2016
Haratsch, Andreas/Koenig, Christian/Pechstein, Matthias, Europarecht, 12. Aufl., 2020

Jauernig, Othmar (Hrsg.), Bürgerliches Gesetzbuch, 18. Aufl., 2021, zitiert: Jauernig-*Bearbeiter*
Junger, Markus/Beckmann, Roland Michael/Rüßmann, Helmut, juris Praxiskommentar, 9. Aufl., zitiert: juris-PK-*Bearbeiter*

Kant, Immanuel, Werke in zwölf Bänden, Band 8, 1977

Kind, Sandra, Die Grenzen des Verbraucherschutzes durch Information – aufgezeigt am Teilzeitwohnrechtegesetz, 1998

Koch, Harald/Winkler von Mohrenfels, Peter, IPR und Rechtsvergleichung, 4. Aufl., 2010

Krause, Rüdiger, Arbeitsrecht, 4. Aufl. 2020

Kroiß, Ludwig, Rechtsprobleme durch COVID-19, 2020

Langenberg, Hans/Zehelein, Kai, Betriebskosten- und Heizkostenrecht, 9. Aufl., 2019

Langenbucher, Katja/Bliesener, Dirk H./Spindler, Gerald, Bankrechts-Kommentar, 3. Aufl., 2020

Leupold, Andreas/Glossner, Silke/Schelinski, Tobias, Münchner Anwaltshandbuch IT-Recht, 32. Aufl., 2008

Looschelders, Dirk, Schuldrecht Besonderer Teil, 16. Aufl., 2021

Medicus, Dieter/Lorenz, Stephan, Schuldrecht II, Besonderer Teil, 18. Aufl., 2018, zitiert: Medicus/Lorenz, Schuldrecht BT

Mugdan, B., Die gesammten Materialien zum Bürgerlichen Gesetzbuch für das Deutsche Reich, 2. Band, Recht der Schuldverhältnisse, 1899.

Müller-Glöge, Rudi/Preis, Ulrich/Schmidt, Ingrid, Erfurter Kommentar zum Arbeitsrecht, 21. Aufl., 2021, zitiert: ErfKomm-*Bearbeiter*

Neuner, Jörg, Allgemeiner Teil des Bürgerlichen Rechts, 12. Aufl., 2020

Oetker, Hartmut/Maultzsch, Felix, Vertragliche Schuldverhältnisse, 5. Aufl., 2018

Palandt, Otto (Hrsg.), Bürgerliches Gesetzbuch, 80. Aufl., 2021, zitiert: Palandt-*Bearbeiter*

Pauge, Burkhard/Offenloch, Thomas, Arzthaftungsrecht, 14. Aufl., 2018, zitiert: *Bearbeiter* ArzthaftungsR

Pechstein, Matthias/ Nowak, Carsten/Häde, Ulrich, Frankfurter Kommentar zu EUV, GRC und AEUV,

Bände 1-4, 2017, zitiert: Pechstein/Nowak/Häde-*Bearbeiter*

Peifer, Karl-Nikolaus, Schuldrecht: Gesetzliche Schuldverhältnisse, 6. Aufl., 2019

Prütting, Hans/Wegen, Gerhard/Weinreich, Gerd (Hrsg.), BGB Kommentar, 15. Aufl., 2020, zitiert: PWW-*Bearbeiter*

Reich, Norbert/Micklitz, Hans-Wolfgang/Rott, Peter/Tonner, Klaus, European Consumer Law, 2. Aufl. 2014

Reinicke, Dietrich/Tiedtke, Klaus, Kaufrecht, 8. Aufl., 2009

Repgen, Tilmann, Die soziale Aufgabe des Privatrechts, 2001

Schlechtriem, Peter/Schwenzer, Ingeborg/Schroeter, Ulrich, Kommentar zum UN-Kaufrecht, 7. Aufl., 2019, zitiert: Schlechtriem/Schwenzer/Schroeter-*Bearbeiter*

Schlechtriem, Peter/Schmidt-Kessel, Martin, Schuldrecht Besonderer Teil, 7. Aufl., 2017

Schmidt-Futterer, Wolfgang, Mietrecht, Kommentar, 14. Aufl., 2019, zitiert: Schmidt-Futterer-*Bearbeiter*

Schnapp, Friedrich/Wigge, Peter, Handbuch des Vertragsarztrechts, 3. Aufl., 2017, zitiert: Schnapp/Wigge-*Bearbeiter* Hdb d. VertragsarztR

Schulz, Daniela, E-Commerce im Tourismus, 2010

Schulze, Reiner/Dörner, Heinrich/Ebert, Ina/u.a. (Hrsg.), Handkommentar, Bürgerliches Gesetzbuch, 10. Aufl., 2019, zitiert: Schulze-*Bearbeiter*

Schwintowski, Hans-Peter, Bankrecht, Kommentar, 5. Aufl., 2018, zitiert: Schwintowski-Bankrecht-*Bearbeiter*

Schur, Marina, Der Wasserversorgungsvertrag, 2009

Soergel, Hans Theodor (Hrsg.), Bürgerliches Gesetzbuch mit Einführungsgesetzen und Nebengesetzen, Kommentar, 12. Aufl., 1987–2008, 13. Aufl., 2014, 2000 ff., zitiert: Soergel-*Bearbeiter*

Staudinger, Julius von (Hrsg.), Bürgerliches Gesetzbuch mit Nebengesetzen, 27. Bearb. 1993–2020, zitiert: Staudinger-*Bearbeiter*

Säcker, Franz Jürgen/Rixecker, Roland/Oetker, Hartmut/Limperg, Bettina (Hrsg.), Münchener Kommentar zum Bürgerlichen Gesetzbuch mit Nebengesetzen, 8. Aufl., 2019 ff., zitiert: MünchKomm-*Bearbeiter*

Tamm, Marina/Tonner, Klaus/Brönneke, Tobias, Verbraucherrecht – Beratungshandbuch, 3. Aufl., 2020, zitiert: Tamm/Tonner/Brönneke-*Bearbeiter*

Tonner, Klaus, Reiserecht in Europa, 1992

Tonner, Klaus, Das Recht des Timesharing an Ferienimmobilien, 1997

Tonner, Klaus, Vertragliche Schuldverhältnisse, 4. Aufl., 2016

Tonner, Klaus/Bergmann, Stefanie/Blankenburg, Daniel, Reiserecht, 2018, zitiert: *Bearbeiter* in: Tonner/Bergmann/Blankenburg

Tonner, Klaus/Willingmann, Armin/Tamm, Marina (Hrsg.), Vertragsrecht, Kommentar, 2010, zitiert: TWT-*Bearbeiter*

Tonner, Martin/Krüger, Thomas, Bankrecht, 3. Aufl., 2019

Ulmer, Peter/Brandner, Erich/Hensen, Horst-Dieter (Hrsg.), AGB-Recht, 12. Aufl., 2016

von Münch, Ingo/Kunig, Philip (Hrsg.), Grundgesetz, Kommentar, 7. Aufl., 2021, zitiert: *Bearbeiter*, in: von Münch/Kunig (Hrsg.), GG

Weiler, Frank, Schuldrecht Allgemeiner Teil, 5. Aufl., 2019

Wesel, Uwe, Geschichte des Rechts: Von den Frühreformen bis zur Gegenwart, 4. Aufl., 2014

Vieweg, Klaus/Werner, Almuth, Sachenrecht, 8. Aufl., 2018

Wieacker, Franz, Industriegesellschaft und Privatrechtsordnung, 1974

Wolter, Udo, Mietrechtlicher Bestandsschutz, 1984

TEIL A: EINLEITUNG

§ 1 Schuldrecht und vertragliche Schuldverhältnisse

▶ **FALL 1:** K bestellt im Internet eine Kaffeemaschine bei V.

Variante 1: Kurz nach der Lieferung stellt K fest, dass die Kaffeemaschine nicht einwandfrei funktioniert; er wüsste jetzt gern, welche Rechte ihm zustehen.

Variante 2: Kurz nach der Lieferung fällt K auf, dass er lieber Tee trinkt. Er fragt, ob er sich von dem Vertrag lösen kann.

Variante 3: Kurz nach der Lieferung und Inbetriebnahme beginnt die Kaffeemaschine zu brennen. K verletzt sich und muss ärztlich behandelt werden. Kann er Schadensersatz verlangen? ◀

I. Schuldrecht und Schuldverhältnis

Das **Recht der Schuldverhältnisse** (§§ 241-853 BGB) besteht aus einem Allgemeinen und einem Besonderen Teil. Der **Allgemeine Teil des Schuldrechts** (§§ 241-432 BGB) enthält Vorschriften, die für alle bzw. für mehrere (im Besonderen Teil geregelte) Schuldverhältnisse gelten: §§ 241-304 BGB sind auf alle Schuldverhältnisse anwendbar, §§ 305-310 BGB auf alle rechtsgeschäftlichen und §§ 311-361 BGB immerhin noch auf alle vertraglichen Schuldverhältnisse. §§ 312-312h BGB sind auf alle Verbraucherverträge anwendbar, §§ 320-326 BGB auf alle gegenseitigen Verträge. Der **Besonderer Teil des Schuldrechts** (§§ 433-853 BGB) enthält unter der Überschrift „Einzelne Schuldverhältnisse" Vorschriften, die nur für das jeweilige Schuldverhältnis gelten: §§ 433 ff. BGB regeln nur den Kauf-, §§ 535 ff. BGB nur den Miet-, §§ 611 ff. BGB nur den Dienstvertrag usw. 1

Ein **Schuldverhältnis** ist gemäß § 241 Abs. 1 BGB durch Leistungspflichten, d.h. dadurch gekennzeichnet, dass „der Gläubiger berechtigt [ist], von dem Schuldner eine Leistung zu fordern." Hinzukommen ggf. noch die Rücksichtspflichten gemäß § 241 Abs. 2 BGB. Danach kann das Schuldverhältnis „jeden Teil zur Rücksicht auf die Rechte, Rechtsgüter und Interessen des anderen Teils" verpflichten. Dogmatisch gesehen unterscheidet man rechtsgeschäftliche, rechtsgeschäftsähnliche und gesetzliche Schuldverhältnisse. 2

1. Rechtsgeschäftliche Schuldverhältnisse

Rechtgeschäftliche Schuldverhältnisse entstehen in der Regel durch Vertrag (§ 311 Abs. 1 BGB), d.h. durch die Einigung auf ein vertragliches Schuldverhältnis. Die Rechte und Pflichten der Parteien ergeben sich dann aus dem Vertrag i.V.m. der einschlägigen Regelung im BGB: Hat K in Fall 1 eine Kaffeemaschine gekauft, so steht ihm gemäß § 433 Abs. 1 Satz 1 BGB ein Anspruch auf Übergabe und Übereignung zu. Umgekehrt kann V gemäß § 433 Abs. 2 BGB Kaufpreiszahlung verlangen. Stellt sich im Nachhinein heraus, dass die Kaffeemaschine mangelhaft ist (Variante 1), steht K gemäß §§ 437 Nr. 1, 439 Abs. 1 BGB ein Nacherfüllungsanspruch zu: Er kann verlangen, dass V die Kaffeemaschine repariert (Nachbesserung) oder gegen ein neues, einwandfrei funktionierendes Exemplar austauscht (Nachlieferung). 3

4   Beispiel für ein **Schuldverhältnis aufgrund eines einseitigen Rechtsgeschäfts** ist die
Auslobung, die § 657 BGB als „Bindendes Versprechen" regelt. Dazu folgender Fall
aus der Praxis:[1] Biologe B meint, dass Masern nicht durch Viren verursacht werden,
und lobt im Internet ein „Preisgeld" in Höhe von 100.000 Euro aus. Das Preisgeld
erhalte, wer die Existenz des Masern-Virus nicht nur behaupte, sondern auch wissen-
schaftlich beweise. Dabei geht B insgeheim davon aus, dass er die Belohnung nicht zu
entrichten braucht. Er glaubt nämlich nicht an Masernviren. Das OLG Stuttgart hat
das Preisausschreiben mit Recht als verbindlich angesehen.[2] B brauchte die ausgelobte
Belohnung nur deswegen nicht an Medizinstudent M auszuzahlen, weil M den Beweis
nicht, wie in der Auslobung verlangt, „durch eine einzige", sondern durch mehrere
wissenschaftliche Publikationen angetreten hatte.

2. Rechtsgeschäftsähnliche Schuldverhältnisse

5   **Rechtsgeschäftsähnliche Schuldverhältnisse** entstehen durch die Aufnahme von Vertragsverhandlungen (§ 311 Abs. 2 Nr. 1 BGB), die Anbahnung eines Vertrags (Nr. 2)
oder ähnliche geschäftliche Kontakte (Nr. 3); sie begründen keine Leistungspflichten
i.S. von § 241 Abs. 1 BGB, dafür aber Rücksichtspflichten i.S. von Absatz 2: Da sich
die Beteiligten im Rahmen ihres geschäftlichen Kontakts aufeinander einlassen und
einander – je nach Fallgestaltung – ihre Rechte, Rechtsgüter und Interessen anvertrau-
en, sind sie verpflichtet, rücksichtsvoll miteinander umzugehen; andernfalls haften sie
gemäß §§ 280 Abs. 1, 241 Abs. 2, 311 Abs. 2 BGB für sogenanntes Verschulden bei
Vertragsschluss (**culpa in contrahendo = c.i.c.**).

▶ **BEISPIEL:**[3] Kunde K betritt bei Schneefall das Kaufhaus des V und rutscht im Eingangsbe-
reich aus, weil V den von den Kunden hereingetragenen Schnee nicht beseitigt bzw. nicht
auf die Rutschgefahr hingewiesen hat.[4] V haftet gemäß §§ 280 Abs. 1, 241 Abs. 2, 311 Abs. 2
Nr. 1 BGB bereits vorvertraglich auf Schadensersatz und muss u.a. für die Behandlungskosten des K aufkommen.[5] Anders wäre es, wenn Passant P das Kaufhaus ohne Kaufabsicht
betreten hätte – bspw., um sich vor dem Schneetreiben in Sicherheit zu bringen. ◀

3. Gesetzliche Schuldverhältnisse

6   **Gesetzliche Schuldverhältnisse** entstehen dadurch, dass jemand einen entsprechenden
gesetzlichen Tatbestand erfüllt, der die gesetzlich geregelten Rechtsfolgen auslöst. Hat
A vorsätzlich das Fahrrad des B beschädigt, so hat er den Tatbestand des § 823 Abs. 1
BGB erfüllt, er hat nämlich das Eigentum des B rechtswidrig und schuldhaft verletzt,
und haftet deswegen auf Schadensersatz. Die wichtigsten gesetzlichen Schuldverhältnisse entstehen

- durch Geschäftsführung ohne Auftrag (§§ 677 ff. BGB),
- durch ungerechtfertigte Bereicherung (§§ 812 ff. BGB),

---

1 OLG Stuttgart NJOZ 2016, 1858.
2 OLG Stuttgart NJOZ 2016, 1858, 1861.
3 OLG Koblenz MDR 2014, 1143.
4 Vgl. den Bananenschalenfall (BGH NJW 1962, 31) und den Salatblattfall (BGHZ 66, 51).
5 Hinweis für Fortgeschrittene: Im Regelfall kommt zunächst die Krankenversicherung (KV) des K für die
Behandlungskosten auf (siehe § 192 Abs. 1 VVG in der privaten KV bzw. § 11 Abs. 1 Nr. 4 SGB V in der gesetzlichen KV); ihr steht anschließend jedoch ein Regressanspruch gegen V zu (siehe §§ 194 Abs. 1, 86 VVG in der
privaten KV bzw. § 116 Abs. 1 SGB X in der gesetzlichen KV).

- durch unerlaubte Handlung (§§ 823 ff. BGB) und
- im Eigentümer-Besitzer-Verhältnis (987 ff. BGB).

II. Besonderes Schuldrecht und Recht der vertraglichen Schuldverhältnisse

Das BGB behandelt im **Besonderen Teil des Schuldrechts** rechtsgeschäftliche (insbeson-   7
dere vertragliche) und gesetzliche Schuldverhältnisse:

Dieses Lehrbuch behandelt also ein **Teilgebiet des Besonderen Schuldrechts,** nämlich   8
die gesetzliche Regelung **vertraglicher Schuldverhältnisse,**[6] die das BGB in folgender
Reihenfolge aufführt:

- Kauf- und Tausch (§§ 433 ff. BGB),
- Teilzeit-Wohnrechteverträge (§§ 481 ff. BGB),
- Darlehensvertrag (§§ 488 ff. BGB),
- Finanzierungshilfen und Ratenlieferungsverträge zwischen einem Unternehmer und einem Verbraucher (§§ 506 ff. BGB)
- Schenkung (§§ 516 ff. BGB),
- Miet- und Pachtvertrag (§§ 535 ff. BGB),
- Leihe (§§ 598 ff. BGB),
- Dienstvertrag und ähnliche Verträge (§§ 611 ff. BGB),
- Werkvertrag und ähnliche Verträge (§§ 631 ff. BGB),

---

6 *Peifer* behandelt in seinem Lehrbuch „Schuldrecht Besonderer Teil – Gesetzliche Schuldverhältnisse" das andere Teilgebiet.

- Maklervertrag (§§ 652 ff. BGB),
- Auftrag (§§ 662 ff. BGB),
- Geschäftsbesorgungsvertrag (§§ 675 ff. BGB),
- Verwahrung (§§ 688 ff. BGB),
- Gesellschaft (§§ 705 ff. BGB),
- Bürgschaft (§§ 765 ff. BGB),
- Vergleich (§ 779 BGB),
- Schuldversprechen und Schuldanerkenntnis (§§ 780 ff. BGB).

9   Dieser Katalog typischer, d.h. im BGB als Typus ausgestalteter, mit bestimmten Rechten und Pflichten verknüpfter Verträge ist *nicht* abschließend. Es steht den Parteien also frei, die gesetzlich geregelten Vertragstypen abzuwandeln bzw. miteinander zu kombinieren. Sie können bspw. Elemente des Kauf- und des Mietvertrags zu einem (sogenannte typengemischten) Leasing-Vertrag verknüpfen. Davon abgesehen besteht immer die Möglichkeit, atypische Verträge zu schließen, auf die Besonderes Schuldrecht u.U. gar nicht anwendbar ist.[7] Man kann Verträge also wie folgt systematisieren:

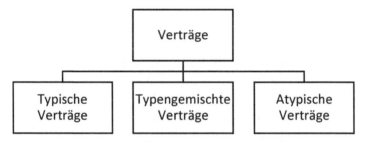

10   Bei **typengemischten Verträgen,** bei denen die charakteristische Leistung Merkmale verschiedener typisierter Verträge aufweist, stellt sich u.U. die Frage, **welcher Teil des Besonderen Schuldrechts** anwendbar ist. Leasingverträge ordnet der BGH in st. Rechtsprechung als atypische Mietverträge ein, auf die in erster Linie die §§ 535 ff. BGB anzuwenden sind.[8] Dafür spricht, dass die mietrechtliche Komponente – die entgeltliche Gebrauchsüberlassung auf Zeit –, die Rechtsbeziehungen zwischen den Parteien des Leasingvertrags so sehr prägt, dass die Behandlung als Mietvertrag gerechtfertigt ist. Lässt sich ein Rechtsverhältnis nicht so eindeutig zuordnen, ist bei der Bestimmung des anwendbaren Rechts maßgeblich auf die besonderen Umstände des Einzelfalls, auf die Interessenlage und auf Sinn und Zweck der vertraglichen Vereinbarungen abzustellen:[9] Haben die Parteien mehrere gleichwertige Leistungen kombiniert, so geht ihr Wille nach Meinung des BGH in der Regel dahin, auf die jeweilige Leistungspflicht diejenigen Rechtsvorschriften anzuwenden, die für diese zur Geltung kämen, wenn sie in einem gesonderten Vertrag begründet worden wäre.[10]

11   Der **Kaufvertrag** ist in Theorie und Praxis das wichtigste vertragliche Schuldverhältnis. Besonders relevant sind auch **Miet-, Dienst- und Werkverträge,** während bspw.

---

7   Dazu Münch-Komm-*Emmerich* § 311 Rn. 29 f.
8   Zuletzt: BGH NJW 2014, 1583 Rn. 13.
9   BGH NJW 2008, 1072.
10 BGH NJW 2008, 1072.

Teilzeit-Wohnrechteverträge nur eine Nebenrolle spielen. Dementsprechend muss man sich auch nicht mit allen im BGB geregelten vertraglichen Schuldverhältnissen gleichermaßen intensiv auseinandersetzen. Fälle, die abseits von Kauf-, Miet-, Dienst- und Werkvertragsrecht „spielen", können ausnahmsweise zwar auch klausurrelevant sein; ggf. wird man dann jedoch keine Detailkenntnis von Ihnen erwarten; es reicht aus, wenn Sie anhand der einschlägigen Vorschriften sorgfältig subsumieren.

Das BGB enthält auch Regelungen über Gesellschaftsverträge (§§ 705 ff. BGB). Durch den **Gesellschaftsvertrag** verpflichten sich die Gesellschafter gegenseitig, die Erreichung eines gemeinsamen Zweckes in der durch den Vertrag bestimmten Weise zu fördern, insbesondere die vereinbarten Beiträge zu leisten (§ 705 BGB). Eine Gesellschaft bürgerlichen Rechts (GbR) entsteht bspw. dadurch, dass mehrere Personen beschließen, gemeinsam ins Kino zu gehen, und dass sich eine von ihnen bereit erklärt, die Eintrittskarten zu besorgen. Praktisch relevant sind die Regelungen über die GbR vor allem im Hinblick auf die im HGB geregelten Handelsgesellschaften (§§ 105 ff. HGB). Deswegen gehören die §§ 705 ff. BGB auch nicht hierher; sie werden in den Lehrbüchern zum Gesellschaftsrecht behandelt.   12

Durch den **Arbeitsvertrag** wird der Arbeitnehmer im Dienste eines anderen zur Leistung weisungsgebundener, fremdbestimmter Arbeit in persönlicher Abhängigkeit verpflichtet (§ 611a Abs. 1 Satz 1 BGB). Das Arbeitsrecht hat sich zu einem eigenständigen Rechtsgebiet entwickelt, das zum großen Teil außerhalb des BGB geregelt ist. Es kann hier nicht im Einzelnen behandelt werden,[11] obwohl seine Wurzeln noch immer in den §§ 611 ff. BGB liegen.   13

Bereits bei der Kodifikation des BGB (1896) blieb der **Versicherungsvertrag** außen vor: Typologisch gesehen gehören Versicherungsverhältnisse zwar zu den „Einzelne(n) Schuldverhältnisse(n)" i.S. der Überschrift vor §§ 433 ff. BGB; sie sind jedoch nicht im BGB, sondern in einem gesonderten Gesetz, dem Versicherungsvertragsgesetz (VVG), geregelt – mit der Folge, dass man dem Versicherungsrecht im Studium meist erst im Schwerpunktbereich begegnet. Trotzdem ist der Versicherungsvertrag in der Praxis von großer Bedeutung: In der Bundesrepublik Deutschland existieren allein 116,5 Mio. Kfz- und 88,3 Mio. Lebensversicherungsverträge.   14

Auch aleatorische Verträge (alea: [lat.] Würfel) werden hier nicht behandelt. Gemeint sind **Spiel und Wette** (§§ 762 ff. BGB), die das BGB unter der Überschrift „Unvollkommene Verbindlichkeiten" regelt. Durch Spiel oder durch Wette wird keine Verbindlichkeit begründet (§ 762 Abs. 1 Satz 1 BGB). Das heißt: Der Gewinner erwirbt keinen Erfüllungsanspruch (man sagt: „Spielschulden sind Ehrenschulden"). Hat der Verlierer seine Spielschulden allerdings beglichen (Leistung), steht ihm trotz fehlender Leistungspflicht kein Rückzahlungsanspruch aus ungerechtfertigter Bereicherung (§ 812 Abs. 1 BGB) zu (§ 762 Abs. 1 Satz 2 BGB).   15

▶ **LÖSUNGSHINWEISE ZU FALL 1:** Fall 1 stammt aus dem Kaufrecht. Variante Nr. 1 betrifft die Rechte des Käufers bei Mängeln: §§ 437 Nr. 1, 439 BGB (Schuldrecht BT) verschaffen dem Käufer einen Nacherfüllungsanspruch. Die Varianten Nr. 2 und 3 werfen Fragen auf, die nur mithilfe des Allgemeinen Teils (§§ 1-240 BGB) bzw. des Allgemeinen Schuldrechts (§§ 241 ff. BGB) zu lösen sind: In Variante Nr. 2 scheidet eine Irrtumsanfechtung gemäß §§ 119 ff. BGB (BGB AT) zwar aus, weil sich K allenfalls in einem unbeachtlichen Motivirrtum befand. Es ist jedoch zu prüfen, ob er widerrufen kann, weil er ein Fernabsatzgeschäft abgeschlossen

---

11   Vgl. in dieser Reihe das Lehrbuch von *Krause* Arbeitsrecht.

hat. Das Widerrufsrecht ergibt sich ggf. aus §§ 312g Abs. 1, 355 BGB (Schuldrecht AT).[12]
Variante Nr. 3 betrifft erneut die Rechte des Käufers bei Mängeln. Im Hinblick auf mögliche
Schadensersatzansprüche verweist § 437 Nr. 3 BGB (Schuldrecht BT) den Rechtsanwender
auf § 280 Abs. 1 BGB (Schuldrecht AT), so dass V haftet, wenn er den Mangel zu vertreten
hat. Davon abgesehen kommen in Variante Nr. 3 auch Ansprüche gemäß §§ 823 ff. BGB
(Schuldrecht BT – Deliktsrecht) – ggf. i.V.m. dem Produkthaftungsrecht (ProdHaftG) – in
Betracht. ◀

WIEDERHOLUNGS- UND VERTIEFUNGSFRAGEN

> Worin besteht der Unterschied zwischen rechtsgeschäftlichen und gesetzlichen Schuld-
  verhältnissen?

> In welche Kategorien lassen sich Verträge unterteilen?

> Wie bestimmt man die zur Anwendung kommenden Rechtsnormen bei typengemisch-
  ten Verträgen?

---

12   Vgl. *Weiler* § 33 Rn. 12 ff., § 35 Rn. 1, 6.

§ 2 Vertragsrecht und Vertragsfreiheit

▶ **FALL 2:** Das Gasversorgungsunternehmen V verwendet in seinen AGB eine Preiserhöhungsklausel, wonach der Versorger auch während der laufenden Vertragsbeziehung die Gaspreise an die geänderten Bezugskosten des Versorgers anpassen darf. Bezugsgröße sollen die an den internationalen Märkten notierten Ölpreise sein. Der BGH erklärte diese Klausel gemäß § 307 Abs. 1 BGB für unwirksam. V meint, das Urteil verletze ihn in seiner allgemeinen Handlungsfreiheit (Art. 2 Abs. 1 GG), die die Vertragsfreiheit einschließe, und legt Verfassungsbeschwerde ein.[1] ◀

I. Vertragsrecht als Rechtsgebiet

In den U.S.A. gehört „**Contract Law**" (Vertragsrecht) zu den Kernfächern des juristischen Studiums. Hört man „*Contracts*" bspw. an der *Harvard Law School*, so erfährt man alles über den Vertragsschluss (Angebot und Annahme) und die Vertragsinhalte, über die Auslegung, die Wirksamkeit und die Erfüllung von Verträgen. Bei uns gibt es das Fach „**Vertragsrecht**" so nicht, weil sich die Lehrpläne grundsätzlich an den fünf Büchern des BGB orientieren: Gelesen werden BGB AT, Schuldrecht AT und BT, Sachen-, Familien- und Erbrecht. Dementsprechend hört man in Vorlesungen wie „BGB AT" alles über den Vertragsschluss (§§ 145 ff. BGB), man hört aber nichts über die einzelnen Vertragstypen. Umgekehrt hört man im „Schuldrecht BT" alles über die einzelnen im BGB geregelten Verträge (Kauf-, Miet-, Dienstvertrag usw.) und damit über vertragliche Schuldverhältnisse, aber nichts über den Vertragsschluss. Das „Recht vertraglicher Schuldverhältnisse" lässt sich also nicht einfach mit „Vertragsrecht" gleichsetzen.

Dieses Lehrbuch behandelt das **Recht der vertraglichen Schuldverhältnisse als Teil des Besonderen Schuldrechts**, sodass wir Fragen des BGB AT ausblenden. Das gilt u.a. für Fragen des Vertragsschlusses: Macht Verkäufer V einen Kaufpreisanspruch geltend (§ 433 Abs. 2 BGB) und streiten sich V und K darüber, ob man sich überhaupt geeinigt hat, so ist das eine Frage des BGB AT. Ebenso ausgeblendet wird grundsätzlich das Allgemeine Schuldrecht: Schließt Unternehmer U einen Kaufvertrag mit Verbraucher V im Fernabsatz, so steht es V gemäß §§ 312g Abs. 1, 355 Abs. 2 BGB frei, den Vertrag innerhalb von 14 Tagen zu widerrufen. Das ist jedoch keine Frage des Kaufrechts (§§ 433 ff. BGB) und damit des Besonderen Schuldrechts. Das Widerrufsrecht ist vielmehr allgemein, d.h. für alle Verbraucherverträge, im Schuldrecht AT geregelt.[2]

Das BGB folgt auch im Schuldrecht grundsätzlich der „*lex specialis*"- Regel: Es ordnet besondere, ggf. vorrangig anwendbare Vorschriften dem Schuldrecht BT und allgemeine, ggf. nachrangig anwendbare Vorschriften dem Schuldrecht AT zu. Die am 1.1.2022 in Kraft tretende **Kodifikation der Verträge über digitale Produkte**[3] (§§ 327 ff. BGB) verändert diese Regelungsstruktur allerdings. Verträge über digitale Produkte sind Verträge, welche die Bereitstellung digitaler Inhalte oder Dienstleistungen (digitale Produkte) gegen Zahlung eines Preises zum Gegenstand haben (§ 327 Abs. 1 Satz 1 BGB). Dabei handelt es sich um Verbraucherverträge (§§ 327-327s BGB), wenn der Produktanbieter, der zur Bereitstellung verpflichtet ist, Unternehmer (§ 14

---

1 Nach BVerfG NJW 2011, 1339. Die zugrundeliegende BGH-Entscheidung ist in BGHZ 182, 59 veröffentlicht.
2 Siehe dazu *Brömmelmeyer* Schuldrecht AT § 17 Rn. 9 ff.
3 Gesetz zur Umsetzung der Richtlinie über bestimmte vertragsrechtliche Aspekte der Bereitstellung digitaler Inhalte und digitaler Dienstleistungen v. 25.6.2021, BGBl. I, S. 2123.

BGB) und der Produktnachfrager, der dafür den Preis zu zahlen hat, Verbraucher ist (§ 13 BGB). Liegt ein Verbrauchervertrag über digitale Produkte vor, kommt es zu einer mit der Regelungssystematik des BGB an sich unvereinbaren **Spezialität des Allgemeinen Teils**: Hat Kunde K (Verbraucher) bei Buchhändler B (Unternehmer) ein auf einer CD-ROM abgespeichertes Programm zur Abgabe seiner Einkommensteuererklärung gekauft, so richtet sich die Haftung für mögliche Mängel des Programms nicht nach Kaufrecht (§§ 433 ff. BGB), sondern nach dem (hier nicht im Einzelnen behandelten) Recht der Verträge über digitale Produkte (siehe §§ 475a Abs. 1, 327d ff. BGB).

4   Es liegt auf der Hand, dass ein **vollständiges Bild vertraglicher Schuldverhältnisse** erst dadurch entsteht, dass man BGB AT, Schuldrecht AT und BT miteinander verknüpft. Daher stellen wir z.b. im **Kauf- und Werkvertragsrecht** auch die Bezüge zum neuen Recht der Verbraucherverträge über digitale Produkte her. Im **Bürgschaftsrecht** (§§ 765 ff. BGB) spielt die mögliche Sittenwidrigkeit (§ 138 Abs. 1 BGB) der Bürgschaft naher Angehöriger eine Schlüsselrolle. Dieses Thema behandeln wir auch hier (siehe § 18 Rn. 10), weil es charakteristisch gerade für das Bürgschaftsrecht ist.

II. Vertragsfreiheit

1. Grundlagen der Vertragsfreiheit

5   Im 20 Jh. hat *Wieacker* das BGB als „**spätgeborenes Kind des Liberalismus**" bezeichnet[4] und u.a. auf die Vertrags-, Eigentums- und Testierfreiheit sowie darauf verwiesen, dass das BGB keinen gerechten Preis (*iustum pretium*) kenne und dementsprechend auch keine Korrektur bei übermäßiger Übervorteilung einer Partei (*laesio enormis*) vorsehe.[5] Dieser Liberalismus weist erkennbare Bezüge zum **Freiheitsbegriff des Rechts** bei *Kant* auf. *Kant* hat sich in der Metaphysik der Sitten (1798) mit der Frage auseinandergesetzt, was „richtiges Recht" ist und hat die Freiheit des Einzelnen als maßgebliches Kriterium identifiziert:[6] „Das Recht", heißt es bei *Kant*, ist „der Inbegriff der Bedingungen, unter denen die Willkür des einen mit der Willkür des anderen nach einem allgemeinen Gesetz der Freiheit zusammen vereinigt werden kann." Das heißt bspw. im Hinblick auf einen Kaufvertrag: Er kommt zustande, wenn sich Verkäufer und Käufer *freiwillig* auf Kaufgegenstand und Kaufpreis einigen; sie können einen Kaufvertrag abschließen (positive Vertragsfreiheit), sie können es aber auch lassen (negative Vertragsfreiheit). Haben sie einen Kaufvertrag abgeschlossen, so findet grundsätzlich keine rechtliche Überprüfung des Kaufpreises statt (siehe aber: §§ 138, 313 BGB); „es wird", heißt es auch bei *Kant*, „nicht gefragt, ob jemand bei der Ware, die er zu seinem eigenen Handel von mir kauft, auch seinen Vorteil finden möge, oder nicht, sondern nur nach der Form im Verhältnis der beiderseitigen Willkür, sofern sie bloß als *frei* betrachtet wird [...]."[7]

6   Haben sich die Parteien freiwillig auf bestimmte Rechte und Pflichten geeinigt, so lässt diese Einigung grundsätzlich den Rückschluss auf einen sachgerechten Interessenausgleich zu. Diese Idee findet sich schon bei *Schmidt-Rimpler,* der von einer **Richtigkeitsgewähr der Verträge** spricht[8] und vereinfacht formuliert davon ausgeht, dass die Par-

---

4   *Wieacker* Das Sozialmodell der klassischen Privatrechtsgesetzbücher und die Entwicklung der modernen Gesellschaft, in: *Wieacker* Industriegesellschaft und Privatrechtsordnung (1974) S. 15.
5   Dazu ausführlich: *Repgen* Die soziale Aufgabe des Privatrechts (2001) 517 ff.
6   *Kant* Werke in zwölf Bänden, Band 8 (1977) S. 336-351.
7   *Kant* Werke in zwölf Bänden, Band 8 (1977) S. 336-351.
8   *Schmidt-Rimpler* AcP 147 (1941) 130, 149.

teien im Regelfall selbst am besten wissen, was für sie das Richtige ist; nur, wenn sie sich und ihre Interessen in dem Vertrag wiederfinden, werden sie ihn auch abschließen. Damit diese Richtigkeitsgewähr trägt, darf allerdings kein zu großes Machtungleichgewicht herrschen; beide Parteien müssen die Chance haben, ihre Interessen im Vertrag durchzusetzen. Ist eine Partei vom Vertragsschluss abhängig und kann die andere Partei die Vertragsbedingungen – mangels funktionsfähigen Wettbewerbs – einseitig diktieren, muss die Rechtsordnung eingreifen.

Fragen der Vertragsfreiheit behandelt man heute unter der Überschrift der **Privatautonomie**. Das Bundesverfassungsgericht (BVerfG) geht davon aus, dass Art. 2 Abs. 1 GG (allgemeine Handlungsfreiheit) Privatautonomie als *Selbstbestimmung des Einzelnen im Rechtsleben* gewährleistet.[9] Maßgebliches Instrument zur Verwirklichung freien und eigenverantwortlichen Handelns in Beziehung zu anderen sei der Vertrag, mit dem die Vertragspartner im Rahmen des Rechts selbst bestimmten, wie ihre individuellen Interessen beim Vertragsschluss, während der Laufzeit des Vertrags und bei Vertragsende zueinander in einen angemessenen Ausgleich gebracht würden.[10] Der zum Ausdruck gebrachte übereinstimmende Wille der Vertragsparteien lasse in der Regel auf einen durch den Vertrag hergestellten sachgerechten Interessenausgleich schließen, den der Staat grundsätzlich zu respektieren habe.[11] Dabei hat auch das BVerfG erkannt, dass eine rein **formal verstandene Vertragsfreiheit** keineswegs immer zu fairen und interessengerechten Ergebnissen führt. Deswegen hat es bereits im Bürgschaftsurteil (1993) für ein **materiales Verständnis von Vertragsfreiheit** plädiert[12] und eine Pflicht zur Inhaltskontrolle von Verträgen angenommen, die einen der Vertragspartner ungewöhnlich stark belasten und das Ergebnis strukturell ungleicher Verhandlungsstärke sind. Daran hält das Bundesverfassungsgericht trotz aller Kritik fest, wobei es nunmehr verlangt, dass der Gesetzgeber eingreifen müsse, wenn die Selbstbestimmung sich in Fremdbestimmung zu verkehren drohe.[13] Die Bedingungen der Selbstbestimmung des Einzelnen müssten tatsächlich gegeben sein.[14]

▶ **BEACHTE:** Die Frage, worin der Unterschied zwischen formaler und materialer Vertragsfreiheit liegt, können Sie mit *Roger Garaudy* und *Franz Wieacker* so beantworten: Formale Freiheit ist auch die Freiheit eines freien Fuchses in einem freien Hühnerstall (*Garaudy*),[15] materiale Freiheit ist die durch eine „materiale Ethik sozialer Verantwortung" (*Wieacker*) überlagerte, für den Stärkeren eingeschränkte, aber erst dadurch auch für den Schwächeren eröffnete Freiheit. ◀

2. Dimensionen der Vertragsfreiheit

Man kann mehrere **Dimensionen der Vertragsfreiheit** unterscheiden: Unter Abschlussfreiheit versteht man die Freiheit einen Vertrag zu schließen oder nicht, unter Inhaltsfreiheit die Freiheit, den Inhalt des Vertrags (im gegenseitigen Einvernehmen) festzulegen, unter Formfreiheit die Freiheit, Verträge mündlich, schriftlich oder in jeder anderen gewählten Form abzuschließen.[16]

---

9 BVerfG NJW 2005, 2376, 2377.
10 BVerfG NJW 2005, 2376, 2378.
11 BVerfG NJW 2005, 2376, 2378 m.w.N.
12 BVerfGE 89, 214, 232.
13 BVerfG VersR 2006, 961.
14 BVerfG NJW 2011, 1339.
15 *Garaudy* Le communisme et la morale (1954), S. 109.
16 Siehe: *Musielak* JuS 2017, 949 f.

a) Abschlussfreiheit

9 Die Abschlussfreiheit, d.h. die Freiheit des Einzelnen, darüber zu entscheiden, ob und mit wem er einen Vertrag abschließen will, besteht nicht uneingeschränkt, weil der Mensch auf bestimmte, auf vertraglicher Basis angebotene Leistungen angewiesen ist. Dementsprechend besteht ein **Kontrahierungszwang** insbesondere bei Leistungen der Daseinsvorsorge, nämlich bei der Energieversorgung (§§ 18, 36 ff. EnWG) und bei der Personenbeförderung mit Bus und Bahn (§§ 1, 22 PersBefG; § 10 Eisenbahngesetz).[17] Ein Kontrahierungszwang besteht auch für Banken und Sparkassen, die für jeden Kunden ein sogenanntes Basiskonto einrichten müssen (§ 31 ZKG), sowie für Kfz- (§ 5 PflVG) und Krankenversicherer (§ 193 Abs. 5 VVG). Das Allgemeine Gleichbehandlungsgesetz,[18] das Diskriminierungen in bestimmten Lebensbereichen, insbesondere im Berufsleben, verhindern soll, sieht zwar keinen expliziten Kontrahierungszwang vor; im Einzelfall kann jedoch eine Haftung auf Schadensersatz gemäß § 21 Abs. 2 AGG zu einem Kontrahierungszwang führen.[19] Im Kartellrecht können sich Kontrahierungszwänge aus Art. 102 AEUV und aus § 19 Abs. 1 GWB ergeben, wenn der Nichtabschluss eines im Raum stehenden Vertrags dem Missbrauch von Marktmacht gleichkäme.[20]

b) Inhaltsfreiheit

10 Die **Inhaltsfreiheit** hat der BGB-Gesetzgeber verwirklicht, indem er die Bestimmungen über vertragliche Schuldverhältnisse grundsätzlich **dispositiv**, d.h. so ausgestaltet hat, dass die Parteien abweichende Vereinbarungen treffen können. Bei einem Kaufvertrag steht es ihnen bspw. frei, die Rechte des Käufers bei Mängeln einzuschränken (e § 444 BGB). Im Laufe der Zeit sind neben das dispositive Vertragsrecht allerdings immer umfangreichere **halbzwingende Regelungen** getreten. Halbzwingend bedeutet, dass der Gesetzgeber abweichende Vereinbarungen *zum Nachteil der strukturell unterlegenen Partei* ausschließt. Halbzwingende Regelungen finden Sie vor allem bei **Verbraucherverträgen** (Begriff: § 310 Abs. 3 BGB), d.h. bei Verträgen zwischen einem Unternehmer (§ 14 BGB) und einem Verbraucher (§ 13 BGB). Der Unternehmer ist dem Verbraucher grundsätzlich überlegen, weil er als professioneller Marktteilnehmer agiert. Dementsprechend schützt das BGB den Verbraucher durch halbzwingendes Vertragsrecht: Die Parteien können nicht zum Nachteil des Verbrauchers von den Grundsätzen bei Verbraucherverträgen (§§ 312 ff. BGB) abweichen (§§ 312k Abs. 1 Satz 1, 361 Abs. 2 Satz 1 BGB). Bei einem Kaufvertrag zwischen einem Unternehmer und einem Verbraucher können sie die Rechte des Käufers bei Mängeln auch *nicht* bzw. nur eingeschränkt ausschließen (§ 476 Abs. 1 BGB).

11 Die Funktion dispositiver Regelungen liegt vor allem in der **Reduktion von Transaktionskosten**: Die Parteien müssen Details eines Vertrags nicht bei jedem Vertragsschluss neu verhandeln; sie können sich stattdessen auf die Vereinbarung der *essentialia negotii* beschränken und sich ansonsten auf die gesetzliche Regelung zurückfallen lassen.

---

17 Einzelheiten: *Brömmelmeyer* Schuldrecht AT § 2 Rn. 7.
18 Allgemeines Gleichbehandlungsgesetz (AGG) v. 14.8.2006, BGBl. I, S. 1897, zuletzt geändert durch Art. 8 SEPA-BegleitG vom 3.4.2013, BGBl. I, S. 610.
19 Palandt-*Grüneberg* § 21 AGG Rn. 7 m.w.N.
20 Münch-Komm-*Busche* vor § 145 Rn. 18; *Brömmelmeyer* Schuldrecht AT § 2 Rn. 8 f.; FFKomm zum Kartellrecht-*Weyer* § 19 GWB Rn. 247; plastisches Beispiel ist der bei *Musielak* JuS 2017, 949, 950 referierte Rossignol-Fall, BGH NJW 1976, 801.

Das dispositive Recht bildet gewissermaßen eine „Reserverechtsordnung". Kauft ein Unternehmer bspw. eine Kaffeemaschine für die Kantine, so braucht er nicht über mögliche Rechte für den Fall zu verhandeln, dass die Kaffeemaschine nicht funktionieren sollte; er könnte ggf. einfach von den gesetzlichen Rechten des Käufers bei Mängeln (§ 437 Nr. 1-3 BGB) Gebrauch machen.

Die materiale Vertragsfreiheit ist auch dann gefährdet, wenn eine Vertragspartei der anderen nicht verhandelbare vorformulierte Vertragsbedingungen stellt.[21] Der Gesetzgeber hat daher die Möglichkeit der richterlichen Kontrolle **Allgemeiner Geschäftsbedingungen** geschaffen (§§ 305 ff. BGB). Durch die AGB-Kontrolle wird die Dispositivität des Vertragsrechts auch dort zurückgedrängt, wo sie an sich noch gilt. § 307 Abs. 2 Nr. 1 BGB sieht nämlich vor, dass die Wirksamkeit einer Klausel davon abhängt, ob sie mit wesentlichen Grundgedanken des dispositiven Rechts vereinbar ist. Daraus folgt: In AGB kann man zwar *grundsätzlich* von einer dispositiven gesetzlichen Regelung abweichen; bei der Inhaltskontrolle kommt ihr jedoch eine Leitbildfunktion zu, so dass abweichende Klauseln gemäß § 307 Abs. 2 Nr. 1, Abs. 1 Satz 1 BGB unwirksam sein können.[22]

▶ **LÖSUNGSHINWEISE ZU FALL 2:** Das Bundesverfassungsgericht hat die Verfassungsbeschwerde nicht zur Entscheidung angenommen und einen Verstoß gegen Art. 2 Abs. 1 GG verneint. Die Kernsätze des Beschlusses lauten: „Der zum Ausdruck gebrachte übereinstimmende Wille der Vertragsparteien [...] lässt auf einen durch den Vertrag hergestellten sachgerechten Interessenausgleich schließen, den der Staat grundsätzlich zu respektieren hat. Ausnahmen hat das Bundesverfassungsgericht anerkannt, wenn aufgrund erheblicher ungleicher Verhandlungspositionen einer der Vertragspartner ein solches Gewicht hat, dass er den Vertragsinhalt faktisch einseitig bestimmen kann. Dann ist es Aufgabe des Rechts, auf die Wahrung der Grundrechtspositionen der beteiligten Parteien hinzuwirken, um zu verhindern, dass sich für einen Vertragsteil die Selbstbestimmung in eine Fremdbestimmung verkehrt." Die Beanstandung der Preisanpassungsklausel durch den BGH bewegt sich nach Auffassung des Bundesverfassungsgerichts in diesem verfassungsrechtlich zulässigen Rahmen. ◀

WIEDERHOLUNGS- UND VERTIEFUNGSFRAGEN

> Wie hängen Vertragsfreiheit und Vertragsgerechtigkeit zusammen?
> Was versteht das Bundesverfassungsgericht unter materialer Vertragsfreiheit?
> Warum und in welchen Bereichen ist halbzwingendes Vertragsrecht entstanden?

---

21 MünchKomm-*Busche* vor § 145 Rn. 26.
22 MünchKomm-*Busche* vor § 145 Rn. 26 m.w.N.

§ 3 Europäisierung des Vertragsrechts

▶ **FALL 3:**[1] Verbraucher K kauft von Unternehmer V einen Neuwagen. Kurz darauf rügt K Mängel an der Lackierung des Fahrzeugs und setzt eine angemessene Frist zur Nachbesserung von zwei Wochen. Zwei Tage vor Ablauf der Frist bietet V dem K an, einen Vertragshändler seiner Wahl zum Zwecke der Besichtigung des Fahrzeugs und der Nachbesserung aufzusuchen. Dies tut K und vereinbart auch gleich einen Termin zur Durchführung der Nachbesserung. Einige Tage nach Abholung des Fahrzeugs beanstandet K, dass die Mängel nicht vollständig beseitigt sind und die (teilweise) erfolgte Neulackierung nicht fachgerecht ausgeführt wurde. Kann K zurücktreten? ◀

I. Richtlinien und Rechtsangleichung

1   Die **Europäische Union** ist eine supranationale Rechtsunion,[2] die – historisch gesehen – vor allem auf die Errichtung eines Binnenmarkts, d.h. auf einen Raum ohne Binnengrenzen angelegt ist, in dem der *freie Verkehr von Waren, Personen, Dienstleistungen und Kapital* gewährleistet ist (Art. 3 Abs. 3 Satz 1 EUV i.V.m. Art. 26 Abs. 2 AEUV). Zur Realisierung dieses Binnenmarktes hat die Europäische Union auch eine Reihe von Richtlinien zur Harmonisierung des Schuldrechts erlassen: Europäisches Parlament und Rat haben bspw. die Richtlinie über Verbraucherrechte[3] damit begründet, dass „ein echter Binnenmarkt für Verbraucher gefördert werden soll, in dem ein möglichst ausgewogenes Verhältnis zwischen einem hohen Verbraucherschutzniveau und der Wettbewerbsfähigkeit der Unternehmen [...] gewährleistet ist."[4]

▶ **BEACHTE:** Der Europäische Gesetzgeber kann bei der Rechtssetzung meist zwischen Richtlinie und Verordnung wählen. Eine **Richtlinie** (Art. 288 Abs. 3 AEUV) ist grundsätzlich *nicht* unmittelbar anwendbar; sie ist von den Mitgliedstaaten umzusetzen, d.h. in nationales Recht zu überführen, so dass im konkreten Einzelfall das nationale Recht anzuwenden und im Lichte der Richtlinie auszulegen ist. Eine **Verordnung** (Art. 288 Abs. 2 AEUV) hat allgemeine Geltung. Sie ist in allen Ihren Teilen verbindlich und gilt unmittelbar in jedem Mitgliedstaat. Eine Umsetzung in nationales Recht findet also nicht statt. Der Vorteil der Richtlinie liegt in ihrer Flexibilität: Die Mitgliedstaaten müssen die Richtlinie zwar *effektiv* umsetzen, können sie jedoch relativ variabel in ihre jeweilige nationale Rechtsordnung integrieren.[5] ◀

2   Die **Rechtsangleichung** durch Richtlinien dient dazu, den grenzüberschreitenden Handel für Unternehmen zu erleichtern, die sich überall in der Europäischen Union auf (ganz oder teilweise) harmonisierte Regelungen verlassen können. Die Rechtsangleichung soll außerdem die Bereitschaft der Verbraucherinnen und Verbraucher erhöhen, grenzüberschreitend einzukaufen: Verbraucher werden eher bereit sein, auch im EU-Ausland einzukaufen, wenn sie sich auf dem gesamten Binnenmarkt auf einen Mindeststandard von Verbraucherrechten verlassen können. Der Europäische Gesetzgeber hat bereits die bisherige Richtlinie über den Verbrauchsgüterkauf (VerbrGKRL) damit begründet, dass „es den Verbrauchern aus einem Mitgliedstaat möglich sein muss, auf

---

1   Fall nach BGH BeckRS 2020, 25907.
2   EuGH, Urt. v. 29.6.2010, Rs. C-550/09 – E/F, NJW 2010, 2413, 2415 (ECLI:EU:C:2010:382); zur Supranationalität: *Haratsch/Koenig/Pechstein* Europarecht Rn. 54, 62.
3   Richtlinie 2011/83/EU, ABl. EU Nr. L 304/64 v. 22.11.2011.
4   Erwägungsgrund 4.
5   Dazu: Pechstein/Nowak/Häde-*Grundel* AEUV Art. 288 Rn. 21 (pragmatisch technischer Erklärungsansatz).

der Grundlage angemessener einheitlicher Mindestvorschriften über den Kauf von Verbrauchsgütern im Hoheitsgebiet eines anderen Mitgliedstaats frei einzukaufen." Der Verbraucher soll den Binnenmarkt auf der Basis eines „gemeinsamen Mindestsockels von Verbraucherrechten"[6] nutzen (können) und ihn dadurch zugleich vollenden.[7]

a) Richtlinienrecht im BGB

Im BGB, im Besonderen Schuldrecht, hat man mit Blick auf vertragliche Schuldverhältnisse folgende **Richtlinien** umgesetzt:

- die Richtlinie über den Verbrauchsgüterkauf (1999)[8],
- die Richtlinien über Teilzeitnutzungsrechte (1994 und 2008)[9],
- die Verbraucherkreditrichtlinien (1987 und 2008)[10],
- die Wohnimmobilienkreditrichtlinie (2014)[11],
- die Pauschalreiserichtlinien (1990 und 2015)[12] und
- die Zahlungsdiensterichtlinien PSD 1 und 2 (2007 und 2015).[13]

3

Eine Reihe weiterer Richtlinien, wie die Richtlinie über missbräuchliche Vertragsklauseln[14] und die Verbraucherrechterichtlinie,[15] hat der Gesetzgeber im Kern im Allgemeinen Teil des Schuldrechts (§§ 241 ff. BGB) umgesetzt.

Mit der **Richtlinie über bestimmte vertragsrechtliche Aspekte des Warenkaufs (Warenkaufrichtlinie - WKRL)**[16] und der **Richtlinie über bestimmte vertragsrechtliche Aspekte der Bereitstellung digitaler Inhalte und digitaler Dienstleistungen (Digitale-Inhalte-Richtlinie)**[17], beide **vom 20.5.2019**, werden die Karten zum Teil neu gemischt:

4

- Die **Warenkaufrichtlinie** will für mehr Rechtssicherheit sorgen, Transaktionskosten senken, Nachhaltigkeit fördern und den Verbraucher schützen;[18] ab dem 1.1.2022 ersetzt sie die Verbrauchsgüterkaufrichtlinie (Art. 23 Satz 1). Der entscheidende Unterschied besteht darin, dass die Verbrauchsgüterkaufrichtlinie lediglich Mindeststandards vorsieht, so dass es zu einer Fragmentierung der Rechtslage kommen konnte. Daraus resultieren nicht nur Kosten und Risiken für Unternehmen, darunter leidet auch das Vertrauen der Verbraucher. Diese Hindernisse für den Binnenmarkt will die Warenkaufrichtlinie durch einen **vollständige Harmonisierung** (siehe Art. 4 WKRL) besonders wichtiger Aspekte des Warenkaufs beseitigen, u.a.

---

6   Erwägungsgrund Nr. 5.
7   Erwägungsgründe Nr. 4 und 5.
8   Richtlinie 99/44/EG, ABl. EG Nr. L 171/12 v. 7.7.1999.
9   Richtlinie 94/47/EG, ABl. EG Nr. L 280/83 v. 29.10.1994; Richtlinie 2008/122/EG, ABl. EG Nr. L 312/3 v. 22.11.2008.
10   Richtlinie 1987/102/EWG, ABl. EG Nr. L 42/48 v. 12.2.1987; Richtlinie 2008/48/EG, ABl. EG Nr. L 133/66 v. 22.5.2008.
11   Richtlinie 2014/17/EU, ABl. EU Nr. L 60/34 v. 28.2.2014.
12   Richtlinie 90/314/EWG, ABl. EG Nr. L 158/59 v. 23.6.1990; Richtlinie 2015/2302/EU, ABl. EU Nr. L 326/1 v. 11.12.2015.
13   Richtlinie 2007/64/EG, ABl. EG L 319/1 v. 5.12.2007; Richtlinie 2015/2366/EU, ABl. EU Nr. L 337/35 v. 25.11.2015.
14   Richtlinie 93/13/EWG, ABl. EG Nr. L 95/29 v. 21.4.1993.
15   Richtlinie 2011/83/EU, ABl. EU Nr. L 304/64 v. 22.11.2011.
16   Richtlinie 2019/771/EU, ABl. Nr. L 136 v. 22.5.2019.
17   Richtlinie 2019/770/EU, ABl. Nr. L 136 v. 22.5.2019.
18   Erwägungsgründe 1-3, 32.

dadurch, dass die Anforderungen an die Vertragsmäßigkeit von Waren vereinheitlicht werden (Art. 1, 5 bis 8 WKRL).[19]

■ Die **Digitale-Inhalte-Richtlinie** will genauso für mehr Rechtssicherheit sorgen, Transaktionskosten senken und den Verbraucher schützen;[20] der Regelungsgegenstand ist allerdings ein anderer, weil es nicht nur um den Kauf von Waren, d.h. um körperliche Gegenstände, sondern um den Handel mit allen Digitalprodukten geht; auch hier gilt: „sowohl Unternehmer als auch Verbraucher sollen sich auf **vollständig harmonisierte** vertragliche Rechte in bestimmten Kernbereichen" des Handels mit Digitalprodukten verlassen können.[21] Dazu gehören u.a. Programme, Apps, Musik-, Audio- und Videodateien, E-Books, Cloud-Computing usw. Die Richtlinie sieht u.a. vor, dass der Unternehmer Digitalprodukte unverzüglich nach Vertragsschluss bereitstellen muss (Art. 5). Herzstück der Digitale-Inhalte-Richtlinie ist die Harmonisierung des **Gewährleistungsrechts für Verbraucherverträge über digitale Inhalte.**

5   Die Bundesrepublik Deutschland hat beide Richtlinien am **25.6.2021** umgesetzt.[22] Die Neuregelung tritt zwar (wie im Richtlinienrecht vorgesehen) erst zum **1.1.2022** in Kraft, liegt diesem Lehrbuch jedoch schon jetzt zugrunde. Jetzt noch das alte Recht zu lehren oder zu lernen, lohnt sich nicht mehr – und hieße ausgerechnet die Digitalisierung auf die lange Bank zu schieben, obwohl der paradigmatische Kauf eines Smartphones heute viel größere praktische Bedeutung hat als der Kauf vieler analoger Produkte.

b) Richtlinienkonforme Auslegung

6   Der EuGH[23] verlangt aufgrund von Art. 288 Abs. 3 AEUV i.V.m. dem Loyalitätsgebot (Art. 4 Abs. 3 EUV) eine **richtlinienkonforme Auslegung** von den Mitgliedstaaten: Die Verpflichtung des nationalen Richters, bei der Auslegung der Vorschriften des innerstaatlichen Rechts den Inhalt einer Richtlinie heranzuziehen, werde zwar durch die allgemeinen Rechtsgrundsätze und insbesondere durch den Grundsatz der Rechtssicherheit und das Rückwirkungsverbot begrenzt; auch dürfe sie nicht als Grundlage für eine Auslegung *contra legem* des nationalen Rechts dienen. Der Grundsatz der richtlinienkonformen Auslegung verlangt jedoch, so der EuGH, dass „die nationalen Gerichte unter Berücksichtigung des gesamten nationalen Rechts und unter Anwendung ihrer Auslegungsmethoden alles tun, was in ihrer Zuständigkeit liegt, um die volle Wirksamkeit der fraglichen Richtlinie zu gewährleisten und zu einem Ergebnis zu gelangen, das mit dem von der Richtlinie verfolgten Ziel übereinstimmt."[24]

7   Der BGH[25] hat die **Verpflichtung zur richtlinienkonformen Auslegung** im Fall *Quelle* so weit ausgelegt, dass der Rechtsanwender das geltende Recht ggf. auch (richtlinienkonform) analog anwenden bzw. teleologisch reduzieren muss: Der Grundsatz der richtlinienkonformen Auslegung verlange von den nationalen Gerichten über eine Ge-

---

19   Erwägungsgrund 10.
20   Erwägungsgründe 1-3.
21   Erwägungsgrund 6.
22   Gesetz zur Umsetzung der Richtlinie über bestimmte vertragsrechtliche Aspekte der Bereitstellung digitaler Inhalte und digitaler Dienstleistungen v. 25.6.2021, BGBl. I, S. 2123; Gesetz zur Regelung des Verkaufs von Sachen mit digitalen Elementen und anderer Aspekte des Kaufvertrags v. 25.6.2021, BGBl. I, S. 2133.
23   EuGH, Urt. v. 4.7.2006, Rs. C-212/04 – Adeneler/ELOG, NJW 2006, 2465 (ECLI:EU:C:2006:443).
24   EuGH, Urt. v. 4.7.2006, Rs. C-212/04 – Adeneler/ELOG, NJW 2006, 2465, 2467 f. (ECLI:EU:C:2006:433).
25   BGH EuZW 2009, 155, 156 f.

setzesauslegung im engeren Sinne hinaus auch, das nationale Recht, wo dies nötig und möglich ist, richtlinienkonform fortzubilden. Nationale Gerichte seien verpflichtet, die Auslegung des nationalen Rechts unter voller Ausschöpfung des Beurteilungsspielraums, den ihnen das nationale Recht einräumt, soweit wie möglich am Wortlaut und Zweck der Richtlinie auszurichten, um das mit der Richtlinie verfolgte Ziel zu erreichen.[26] In bestimmten Fällen lasse „sich dieses Gebot richtlinienkonformer Auslegung zwar nicht im Wege einer Gesetzesauslegung im engeren Sinne umsetzen, also einer Rechtsfindung innerhalb des Gesetzeswortlauts, deren Grenze durch den möglichen Wortsinn gebildet" werde. Der Grundsatz der richtlinienkonformen Auslegung verlange von den nationalen Gerichten aber mehr als bloße Auslegung im engeren Sinne.[27] Auch die vom EuGH formulierte „Einschränkung, nach der die richtlinienkonforme Auslegung nicht als Grundlage für eine Auslegung des nationalen Rechts *contra legem* dienen" dürfe, beziehe sich nicht auf die Wortlautgrenze; sie sei vielmehr funktionell zu verstehen und bezeichne den Bereich, in dem eine richterliche Rechtsfindung nach nationalen Methoden unzulässig sei.[28]

Fragen richtlinienkonformer Auslegung stellen sich auch bei **überschießender Umsetzung einer Richtlinie.** Ein Beispiel dafür ist der Nacherfüllungsanspruch in der Verbrauchsgüter- bzw. der Warenkaufrichtlinie, den der BGB-Gesetzgeber einheitlich für alle Kaufverträge eingeführt (siehe §§ 437 Nr. 1, 439 Abs. 1 BGB) und nicht auf den Verbrauchsgüterkauf beschränkt hat.[29] Ist das nationale Recht nunmehr einheitlich richtlinienkonform auszulegen – oder gespalten, so dass ein und dieselbe Rechtsnorm *richtlinienkonform* auszulegen ist, wenn es um einen Verbrauchsgüterkauf geht, und *konventionell*, wenn es um andere Kaufverträge geht? Der BGH[30] lässt sich vom Erwartungshorizont des nationalen Gesetzgebers leiten; interpretiert der EuGH eine Richtlinienvorschrift erkennbar anders als der nationale Gesetzgeber es erwartet hätte, so ist das nationale Recht nur innerhalb des Anwendungsbereichs der Richtlinie (in unserem Beispielsfall: nur beim Verbrauchsgüterkauf) richtlinienkonform auszulegen.[31] Die richtlinienkonforme Auslegung des § 439 Abs. 1 BGB über den Verbrauchsgüterkauf hinaus auf den großen Bereich der Kaufverträge zwischen Unternehmern oder zwischen Verbrauchern auszudehnen, hat der BGH deswegen abgelehnt.[32]

Damit ein nationaler Richter nationales Recht richtlinienkonform auslegen kann, muss er zunächst die Richtlinie auslegen. Im Zweifel ist er gemäß Art. 267 Abs. 1 b) AEUV berechtigt, den Europäischen Gerichtshof im Rahmen eines sogenanntes **Vorabentscheidungsverfahrens** um eine verbindliche, für die gesamte Europäische Union einheitliche Auslegung der Richtlinie zu bitten. Ist die Entscheidung des nationalen Gerichts mit Rechtsmitteln nicht mehr angreifbar, so ist es sogar verpflichtet, vorzulegen. Eine Vorlage ist nur dann entbehrlich, wenn die Rechtsfrage eindeutig (acte claire)[33] oder vom EuGH bereits eindeutig entschieden ist (acte éclairé).[34] Verstöße gegen die Vorlagepflicht sind zwar nicht mit Rechtsmitteln angreifbar. Denkbar ist

8

9

---

26 BGH EuZW 2009, 155, 156 f.
27 BGH EuZW 2009, 155, 156 f.
28 BGH EuZW 2009, 155, 156 f.
29 Dazu: *Bleckmann* Rn. 453; *H.-P. Schroeder* ZfRV 2004, 10 ff.
30 BGH NJW 2013, 220.
31 Zu den Anforderungen richtlinienkonformer Auslegung im Kaufrecht *H. P. Schroeder* ZfRV 2004, 10.
32 BGH NJW 2013, 220; vertiefend: *Lorenz* NJW 2013, 207.
33 St. Rechtsprechung des EuGH seit EuGH, Urt. V. 6.10.1983, Rs. 283/81 – C.I.L.F.I.T., NJW 1983, 1257 (ECLI:EU:C:1982:335).
34 St. Rechtsprechung des EuGH seit EuGH, Urt. V. 27.3.1963, verb. Rs. 28-30/62 – Da Costa (ECLI:EU:C:1963:6).

jedoch eine Verfassungsbeschwerde wegen Verletzung des Rechts auf den gesetzlichen Richter (Art. 101 Abs. 1 Satz 2 GG).[35]

II. Europäisches Verbrauchervertragsrecht

10   Europäisches Vertragsrecht beschränkt sich bisher im Wesentlichen auf **Verbraucherverträge** (Begriff: § 310 Abs. 3 BGB), d.h. auf Verträge zwischen einem Unternehmer (§ 14 BGB) und einem Verbraucher (§ 13 BGB). Diese Schlagseite des Europäischen Vertragsrechts beruht darauf, dass die EU nach dem Prinzip der begrenzten Einzelermächtigung (siehe Art. 5 Abs. 1 AEUV) nur Recht setzen darf, soweit ihr die Mitgliedstaaten als „Herren der Verträge" entsprechende Rechtsetzungsbefugnisse übertragen haben. Eine generelle Ermächtigung zur Regelung des Vertragsrechts gibt es nicht. Art. 114 AEUV räumt Europäischem Parlament und Rat jedoch eine umfassende Kompetenz zur Angleichung der Rechts- und Verwaltungsvorschriften ein, welche die Errichtung und das Funktionieren des **Binnenmarkts** zum Gegenstand haben (Absatz 1) – und legt die EU insoweit auf ein hohes Maß an **Verbraucherschutz** fest (Absatz 3). Parallel dazu heißt es in Art. 169 Abs. 2 a) AEUV, dass die Europäische Union im Rahmen der Verwirklichung des Binnenmarkts gemäß Art. 114 AEUV einen Beitrag zur Gewährleistung eines hohen Verbraucherschutzniveaus leistet.[36]

11   Verbraucherschutz ist der Schutz des privaten Marktteilnehmers vor Risiken, die sich aufgrund geschäftlicher Kontakte mit professionellen Marktteilnehmern (Unternehmen) ergeben.[37] Dabei geht der EuGH vom **Leitbild des mündigen, informierten Verbrauchers** aus,[38] den er bspw. im *Teekanne*-Urteil[39] als „angemessen aufmerksam und verständig" bzw. als „normal informiert", „vernünftig aufmerksam" und „kritisch" beschreibt. Inzwischen taucht im Sprachgebrauch des Unionsgesetzgebers auch der Begriff des **verletzlichen Verbrauchers** auf, wenn es um besonders schutzwürdige Personengruppen geht, etwa bei der Grundversorgung im Energiebereich oder zum Schutz von Personen mit eingeschränkter Mobilität.[40]

12   Der deutsche Gesetzgeber hat die Verbraucherschutz-Richtlinien zunächst in Sondergesetzen außerhalb des BGB umgesetzt – u.a. im Haustürwiderrufsgesetz, im Fernabsatzgesetz, im Teilzeitwohnrechtegesetz und im Verbraucherkreditgesetz. Lediglich die Pauschalreiserichtlinie wurde sofort in das BGB integriert, weil es reisevertragliche Vorschriften im BGB auch vorher schon gab. Ein Umdenken setzte ein, als der Europäische Gesetzgeber mit der **Verbrauchsgüterkaufrichtlinie** (1999) das Kaufrecht und damit ein zentrales Element des Vertragsrechts der Mitgliedstaaten aufgriff. Im Rahmen der **Schuldrechtsreform** (2001) entschied man sich, diese Richtlinie *innerhalb des BGB* umzusetzen und integrierte bei dieser Gelegenheit auch die Sondergesetze in das BGB. Begründet wurde dieser Neuansatz damit, dass die Zurückführung der schuldrechtlichen Sondergesetze nicht nur das Bürgerliche Gesetzbuch als zentrale Zivilrechtskodifikation stärke. Die Schuldrechtsreform nutze die integrative Kraft des Bürgerlichen Gesetzbuches, um die Einheit des Schuldrechts zu gewährleisten und

---

35 BVerfG NVwZ 2005, 572.
36 Im Einzelnen: Pechstein/Nowak/Häde-*Schmidt-Kessel* AEUV Art. 169 Rn. 24 ff.
37 Eng angelehnt an Pechstein/Nowak/Häde-*Schmidt-Kessel* AEUV Art. 169 Rn. 9.
38 Besonders deutlich EuGH, Urt. v. 16.7.1998, Rs. C-210/96 – Gut Springenheide/Tusky, NJW 1998, 3183 (ECLI:EU:C:1998:369).
39 EuGH Urt. v. 4.6.2015, Rs. C-195/14 – Verbraucherzentrale Bundesverband/Teekanne, BeckRS 2015, 80708 (ECLI:EU:C:2015:361).
40 Zur Leitbilddiskussion auch *Reich/Micklitz*/Rott/Tonner European Consumer Law, 2014, 45 ff.

zu stärken.[41] Der Gesetzgeber stand dabei vor der Frage, ob er die Beschränkung der europäischen Vorgaben auf das Verbrauchervertragsrecht beibehalten sollte. Er entschloss sich zu einem Kompromiss, indem er versuchte, möglichst weitgehend einheitliche Vorschriften zu schaffen und nur wenige Normen in ihrem persönlichen Anwendungsbereich auf Verbraucherverträge zu begrenzen.

Seit 2001 verfolgt die Kommission den Gedanken, das bisherige Richtlinienrecht durch vollharmonisierende Richtlinien zu ersetzen und den erreichten Besitzstand zu konsolidieren.[42] **Vollharmonisierung** bedeutet, dass die Mitgliedstaaten keinen Spielraum mehr zu ergänzenden eigenen Regelungen haben und die Richtlinien „mit Haut und Haar" umsetzen müssen.[43] Der Übergang von der Mindest- zur Vollharmonisierung ist deswegen auch nicht ohne Kritik geblieben.[44] Erste vollharmonisierende Richtlinien im Bereich des Vertragsrechts waren die neueren Richtlinien über Teilzeitnutzungsrechte[45] und Verbraucherkredite.[46]

13

Der entscheidende Schritt aber war die **Richtlinie über Verbraucherrechte**,[47] sie fasst die bisherige Haustürwiderrufs-[48] und die Fernabsatzrichtlinie[49] zusammen. Ursprünglich wollte die Kommission auch die Richtlinie über missbräuchliche Vertragsklauseln und die Verbrauchsgüterkaufrichtlinie im Rahmen der Verbraucherrechterichtlinie reformieren,[50] scheiterte damit aber im Europäischen Parlament und im Rat. Der Europäische Gesetzgeber hat später allerdings selbst eingeräumt, dass diese Linie – Vollharmonisierung in der RL über Verbraucherrechte, Mindestharmonisierung in der RL über den Verbrauchsgüterkauf – nicht zu einem echten Binnenmarkt geführt hat: Bei den Vorschriften der Union über den Warenkauf sei „nach wie vor eine starke Fragmentierung festzustellen", mit der Folge, dass sich Unternehmen angesichts zusätzlicher Kosten im grenzüberschreitenden Handel zum Teil auf eine Inlandstätigkeit beschränkten, und dass Verbraucher dem grenzüberschreitenden Handel misstrauten.[51] Daher folgen **Warenkauf- und Digitale-Inhalte-Richtlinie** nunmehr dem Konzept der Vollharmonisierung – wenn auch nur „in Bezug auf die Vertragselemente, die der Europäische Gesetzgeber im Hinblick auf die Überwindung der vertragsrechtlichen Hindernisse im Binnenmarkt [für] besonders wichtig" hält,[52] d.h. bzgl. der WKRL insb. im Hinblick auf das Gewährleistungsrecht.

14

Der deutsche Gesetzgeber hat den Regelungsansatz, verbrauchervertragsrechtliche Richtlinien **im BGB umzusetzen**, trotz des Vollharmonisierungsansatzes beibehalten. Problematisch ist allerdings, dass er den Inhalt von Vorschriften jetzt nicht mehr

15

41 Begründung des Schuldrechtsmodernisierungsgesetzes, BT-Drucks. 14/1640, 79.
42 Erstmals in der Verbraucherpolitischen Strategie 2002–2006, KOM (2002) 208.
43 Exemplarisch: Art. 4 RL 2011/83/EU: „Sofern diese Richtlinie nichts anderes bestimmt, erhalten die Mitgliedstaaten weder von den Bestimmungen dieser Richtlinie abweichende innerstaatliche Rechtsvorschriften aufrecht noch führen sie solche ein; dies gilt auch für strengere oder weniger strenge Rechtsvorschriften zur Gewährleistung eines anderen Verbraucherschutzniveaus."
44 Kritisch etwa *Micklitz/Reich* EuZW 2009, 279; *Rott/Terryn* ZEuP 2009, 456; *Tonner/Tamm* JZ 2009, 277.
45 Richtlinie 2008/122/EG, ABl. EU Nr. L 33/10 v. 3.2.2009; zum Vorschlag *Gaedtke* VuR 2008, 130.
46 Richtlinie 2008/48/EG, ABl. EU Nr. L 133/66 v. 22.5.2008; dazu *Rott* WM 2008, 1104.
47 Richtlinie 2011/83/EU, ABl. EU Nr. L 304/64 v. 22.11.2011, dazu *Grundmann* JZ 2013, 53; *Tonner/Fangerow* euvr 2012, 67; *Unger* ZEuP 2012, 270.
48 Richtlinie 85/577/EWG, ABl. EG Nr. L 372/31 v. 31.12.1985.
49 Richtlinie 97/7/EG, ABl. EG Nr. L 144/19 v. 4.6.1997.
50 Vorschlag für eine Richtlinie des Europäischen Parlaments und des Rates über Rechte für Verbraucher, KOM (2008) 614.
51 Erwägungsgründe 6 ff. WKRL.
52 Erwägungsgrund 70 WKRL.

„nach oben aufrunden" kann, um sie besser in die Systematik des BGB einzupassen. Ein Beispiel dafür ist das Widerrufsrecht bei Verbraucherverträgen: Eigenständige Widerrufsrechte gibt es u.a. in der Verbraucherrechte-, der Teilzeitnutzungs- und der Verbraucherkreditrichtlinie. Das BGB kann diese Widerrufsrechte jedoch nicht (mehr) vereinheitlichen. Daher besteht der Preis für die gemeinsame Regelung der Widerrufsrechte nunmehr darin, dass die Modalitäten des Widerrufs für Haustür- und Fernabsatzverträge (§ 356 BGB), für Teilzeit-Wohnrechteverträge (§ 356a BGB) und für Verbraucherdarlehensverträge (§ 356b BGB) in den §§ 355 ff. BGB jeweils gesondert geregelt sind – obwohl vertragsspezifische Regelungen wie § 356b BGB eigentlich in den Besonderen Teil des Schuldrechts gehören.

III. Allgemeines europäisches Vertragsrecht?

16   Ein europäisches Vertragsrecht gibt es außerhalb des Verbrauchervertragsrechts bislang nicht. Am 11.10.2011 nahm die Europäische Kommission zwar den Vorschlag eines **Gemeinsamen Europäischen Kaufrechts** (GEKR, auf Englisch Common European Sales Law, CESL) an.[53] Seitdem war das europäische Kaufrecht Gegenstand einer kaum noch zu überschauenden wissenschaftlichen Diskussion.[54] Der Widerstand zahlreicher Mitgliedstaaten führte jedoch dazu, dass die Kommission im Dezember 2014 ankündigte, den Vorschlag zurückzuziehen.[55]

17   Dem ging voraus, dass die Kommission im Jahre 2001 einen sogenannten **Gemeinsamen Referenzrahmen** (GFR) vorschlug, wonach für zentrale Instrumente des Vertragsrechts wie etwa „Vertrag" oder „Schadensersatz" einheitliche Begriffsbestimmungen gefunden werden sollen.[56] Der Gemeinsame Referenzrahmen sollte nicht zu einer verbindlichen Regelung führen, sondern ein „optionales Instrument" darstellen, dessen sich die Parteien bedienen können, aber nicht müssen. Die Kommission initiierte ein umfangreiches Netzwerk von Forschern, die als Ergebnis im Jahre 2009 den Draft Common Frame of Reference (DCFR) vorlegten.[57] Der DCFR geht über die Definition von Grundbegriffen weit hinaus und enthält eine Kodifikation des Vertragsrechts, die in ihrer systematischen Struktur dem BGB nicht unähnlich ist.

18   Die Kommission setzte nunmehr eine Arbeitsgruppe (Expert Group) ein, die aus dem DCFR eine „Machbarkeitsstudie" (Feasibility Study) entwickelte, was der Sache nach einem den DCFR leicht modifizierenden Gesetzesvorschlag entsprach. Die Machbarkeitsstudie wiederum war Grundlage des Kommissionsvorschlags vom Oktober 2011.

19   Das GEKR sollte für **grenzüberschreitende Verträge** zwischen Unternehmen und Verbrauchern sowie zwischen Unternehmen, von denen eines ein kleines oder mittleres Unternehmen (KMU) ist, gelten. Für inländische Verträge sollte es also beim BGB bleiben, bei Verträgen ohne Beteiligung eines KMU sollte das UN-Kaufrecht (CISG) zur Anwendung kommen, soweit die Parteien es nicht abbedingen (ausführlich siehe

---

53   KOM (2011) 635.
54   Nur als Beispiel sei hier auf die Sondertagung der Zivilrechtslehrervereinigung vom April 2012 verwiesen, deren Referate in AcP 212 (2012) 467–852 abgedruckt sind, ferner auf die ZEuP-Tagung, deren Referate sich in ZEuP 2012 Heft 4 (S. 687–939) finden. Es gibt sogar einen Kommentar zu dem Entwurf, *Schmidt-Kessel* (Hrsg.), Der Entwurf für ein gemeinsames Europäisches Kaufrecht, 2014.
55   Arbeitsprogramm der Europäischen Kommission für das Jahr 2015, KOM (2014) 910.
56   Mitteilung der Kommission an den Rat und das Europäisches Parlament zum Europäischen Vertragsrecht KOM (2001) 398.
57   v. *Bar/Clive/Schulte-Nölke* (Hrsg.), Draft Common Frame of Reference, outline 2009; kritisch zu der 2008 vorgelegten interim outline *Eidenmüller* u.a. JZ 2008, 529.

§ 13 Rn. 7). Der sachliche Anwendungsbereich sollte sich nicht nur auf Kaufverträge, sondern auch auf Verträge mit einem digitalen Inhalt erstrecken.

Der Vorschlag enthielt **umfassende Vertragsschlussregeln** und integrierte die geltenden Richtlinien über Widerrufsrechte und die Kontrolle missbräuchlicher Vertragsklauseln. Auch vorvertragliche Informationspflichten waren geregelt. Der im engeren Sinne kaufrechtliche Teil orientierte sich an der Verbrauchsgüterkaufrichtlinie, enthielt aber darüber hinaus einen Schadensersatzanspruch – ähnlich wie das CISG – und verbesserte die Wahlrechte des Verbrauchers bei der Gewährleistung gegenüber dem geltenden Recht. Für Verträge zwischen Unternehmen und Verbrauchern sollten die Vorschriften zwingend sein.   20

Das GEKR war als **optionales Instrument** konzipiert,[58] d.h. es sollte nur dann gelten, wenn die Parteien es ausdrücklich vereinbaren („opt-in").[59] Um mit geltenden zwingenden Vorschriften des mitgliedstaatlichen Vertragsrechts nicht zu kollidieren, begriff die Kommission den Vorschlag als Bestandteil des jeweiligen mitgliedstaatlichen Rechts: Immer dann, wenn eine bestimmte nationale Rechtsordnung zur Anwendung berufen ist, sollten die Parteien die Wahl zwischen dem GEKR und dem sonstigen mitgliedstaatlichen Recht haben.   21

Der Europäisierungsprozess des Vertragsrechts durch verbrauchervertragsrechtliche Richtlinien wird weiterhin zu ständigen Veränderungen des BGB führen. Der Gesetzgeber hat das BGB für diesen Prozess durch die Schuldrechtsmodernisierung von 2001 geöffnet und weicht davon, wie die Umsetzung der Warenkauf- und der Digitale-Inhalte-Richtlinie zeigt, richtigerweise nicht ab.   22

▶ **LÖSUNGSHINWEISE ZU FALL 3:** K kann gemäß §§ 437 Nr. 2, 323 BGB zurücktreten, wenn er V zuvor erfolglos eine angemessene Frist zur Nacherfüllung gesetzt hat. K hat dem V eine zweiwöchige Frist zur Nachbesserung gesetzt. Innerhalb der Frist hat V dem K nur zu verstehen gegeben, dass er zu Nacherfüllung bereit ist. Reicht das aus? Eine zur Durchführung der Nacherfüllung vom Käufer gesetzte (angemessene) Frist ist nur dann gewahrt, wenn der Verkäufer den gerügten Mangel innerhalb der Frist behebt.[60] Das ergibt sich für Verbrauchsgüterkäufe wie hier unmittelbar aus § 475 Abs. 5 BGB, der Art. 14 Abs. 1 Buchst. b) WKRL umsetzt und vorsieht, dass der Unternehmer die Nacherfüllung innerhalb einer angemessenen Frist ab dem Zeitpunkt, zu dem der Verbraucher ihn über den Mangel unterrichtet hat, *durchzuführen* hat. Erwägungsgrund Nr. 55 der WKRL stellt insofern klar, dass Nachbesserungen oder Ersatzlieferungen innerhalb einer angemessenen Frist „erfolgreich vorgenommen" werden sollten, damit die Verbraucher vor erheblichen Verzögerungen geschützt sind. K kann also vom Vertrag mit V zurücktreten. ◀

WIEDERHOLUNGS- UND VERTIEFUNGSFRAGEN

> Welche EU-Richtlinien sind derzeit im Bereich der Vorschriften des BGB über vertragliche Schuldverhältnisse umgesetzt?

> Was versteht man unter richtlinienkonformer Auslegung?

> Warum konzentriert sich das europäische Vertragsrecht derzeit auf Verbrauchervertragsrecht?

---

58 Die Kommission stellte die Weichen in diese Richtung durch eine Mitteilung vom 1.7.2010, KOM (2010) 348, dazu *Tonner* EuZW 2010, 767; *Tamm* GPR 2010, 282.
59 Es wird deshalb von einem „blue button" gesprochen, *Schulte-Nölke* ZEuP 2011, 749.
60 Siehe insofern bereits zur alten Rechtslage BGH DAR 2020, 687.

> Wann muss ein deutsches Gericht ein Vorlageverfahren zum EuGH in Gang setzen?
> Welche Bedeutung hat der Unterschied zwischen Mindeststandard und Vollharmonisierung?
> Was ist der wesentliche Inhalt der Verbraucherrechterichtlinie?
> Was war der wesentliche Inhalt des Vorschlags eines Gemeinsamen Europäischen Kaufrechts?
> Was versteht man unter „opt-in"-Prinzip beim Gemeinsamen Europäischen Kaufrecht?

§ 4 Schuldrechtliche Fälle

▶ **FALL 4:** Kommilitone K kauft sich zu Beginn seines Studiums einen gebrauchten, sorgfältig ausgewählten, mehrfach besichtigten und als „unfallfrei" angebotenen Maserati. Kurz nach der Lieferung stellt sich heraus, dass es sich um ein Unfallfahrzeug handelt. K verlangt von Kfz-Händler V (Verkäufer) Schadensersatz. ◀

I. Prüfung von Ansprüchen

Bei der Lösung schuldrechtlicher Fälle stellt sich wie sonst auch die Frage nach möglichen Ansprüchen. Ein **Anspruch**, d.h. das Recht, von einem anderen ein Tun oder Unterlassen zu verlangen (§ 194 Abs. 1 BGB) setzt voraus, dass es eine Anspruchsgrundlage gibt, auf die der Anspruchsteller (in Fall 4: Kommilitone K) den Anspruch (hier: auf Schadensersatz) gegen den Anspruchsgegner (V) stützen kann. Bei schuldrechtlichen Ansprüchen spricht man auch von **Forderungen**. Kraft des Schuldverhältnisses ist der Gläubiger (Anspruchsteller) nämlich berechtigt, von dem Schuldner (Anspruchsgegner) eine Leistung zu *fordern* (§ 241 Abs. 1 BGB). 1

Die Prüfung von **Erfüllungsansprüchen** ist relativ einfach: Man klärt, um was für ein Schuldverhältnis es sich im konkreten Einzelfall handelt – liegt bspw. ein Kauf-, ein Miet- oder ein Werkvertrag vor? – und prüft die geltend gemachte Forderung anhand der Einstiegsvorschrift des einschlägigen Titels im BGB, die die jeweiligen „vertragstypischen Pflichten" regelt und damit eine oder mehrere Anspruchsgrundlage(n) verkörpert (s. nur: §§ 433, 535, 631 BGB); so beantwortet man Fragen wie: 2

- Kann der **Käufer** Lieferung der Kaufsache (§ 433 Abs. 1 BGB) bzw. der **Verkäufer** Kaufpreiszahlung und Abnahme (§ 433 Abs. 2 BGB) verlangen?
- Kann der **Mieter** den Gebrauch der Mietsache (§ 535 Abs. 1 Satz 1 BGB) bzw. der **Vermieter** die Entrichtung der vereinbarten Miete verlangen (Absatz 2)?
- Kann der **Besteller** die Herstellung des versprochenen Werkes (§ 631 Abs. 1 Hs. 1 BGB) bzw. der **Unternehmer** die Entrichtung der dafür vereinbarten Vergütung verlangen (Halbsatz 2)?

Im Hinblick auf die **Prüfungsreihenfolge** gilt: Man prüft grundsätzlich immer, ob der Anspruch entstanden ist, ob er (nicht) erloschen ist und ob der Anspruch durchsetzbar ist. Die **Entstehung des Anspruchs** setzt bspw. bei einem Kaufpreisanspruch (§ 433 Abs. 2 BGB) voraus, dass ein gültiger Kaufvertrag vorliegt. Man prüft also die Einigung (§ 145 ff. BGB), stellt ggf. die Frage der Rechts- oder Sittenwidrigkeit (§§ 134, 138 BGB) usw. Ein **Erlöschen des Anspruchs** kommt u.a. in Betracht, wenn der Käufer schon gezahlt (§ 362 Abs. 1 BGB) oder mit einer Gegenforderung aufgerechnet hat (§ 389 BGB). Die **Durchsetzbarkeit des Anspruchs** richtet sich danach, ob Einreden erhoben werden. Eine **Einrede** des Käufers gegen den – gegen ihn gerichteten – Kaufpreisanspruch könnte sich bspw. daraus ergeben, dass die Lieferung des Verkäufers noch aussteht (§ 320 Abs. 1 BGB); der Käufer braucht ja nur Zug um Zug zu zahlen (§ 322 Abs. 1 BGB). 3

Neben Erfüllungsansprüchen spielen **Gewährleistungsrechte** im Recht der vertraglichen Schuldverhältnisse eine Schlüsselrolle. Es geht (allgemein formuliert) um die Frage, ob der Schuldner der für das Schuldverhältnis charakteristischen Leistung für mögliche Mängel dieser Leistung geradestehen muss: Haftet bspw. der Verkäufer für Mängel der Kaufsache? Hat die Kaufsache – so wie der Maserati in Fall 4 – einen 4

Mangel, so kann der Käufer grundsätzlich gemäß §§ 437 Nr. 1, 439 Abs. 1 BGB Nacherfüllung, d.h. die Beseitigung des Mangels (Nachbesserung) oder die Lieferung einer mangelfreien Sache (Nachlieferung) verlangen. Ist eine Nacherfüllung (wie hier) unmöglich (siehe Lösungshinweise zu Fall 4), kann der Käufer sofort vom Kaufvertrag zurücktreten (§§ 437 Nr. 2, 326 Abs. 5, 323 BGB), den Kaufpreis mindern (§§ 437 Nr. 2, 441 BGB) oder Schadens- oder Aufwendungsersatz verlangen (§ 437 Nr. 3 BGB).

▶ **Beachte:** Der Begriff der Gewährleistungsrechte umfasst Ansprüche wie bspw. den Nacherfüllungsanspruch gemäß §§ 437 Abs. 1, 439 Abs. 1 BGB und Gestaltungsrechte. Der Käufer kann im Falle eines Mangels der Kaufsache u.U. vom Kaufvertrag zurücktreten (§ 437 Nr. 2, 323, 326 Abs. 5 BGB). Tritt er zurück, übt er sein Gestaltungsrecht also aus, so ergeben sich auch daraus u.U. (Rückgewähr-)Ansprüche (§§ 346 ff. BGB). Es kommt also auf die Fallfrage an: Entweder man bittet Sie um die Prüfung, ob dem Käufer ein **Rücktritts***recht* zusteht – oder Sie sollen prüfen, ob dem Käufer aufgrund eines (möglichen) Rücktritts ein **Rückzahlungs***anspruch* zusteht. ◀

5   Das Besondere Schuldrecht regelt die Gewährleistung zum Teil, in dem es auf allgemeines Schuldrecht verweist: Hat die Kaufsache einen Mangel, so hat der Käufer primär einen Nacherfüllungsanspruch (§§ 437 Nr. 1, 439 Abs. 1 BGB), der im Kaufrecht spezifisch geregelt ist. Bleibt die Nacherfüllung aus oder ist sie (wie in Fall 4) unmöglich, kann er u.a. zurücktreten (§§ 437 Nr. 2, 323, 326 Abs. 5 BGB) – mit der Folge, dass sich der Anspruch auf Rückzahlung des Kaufpreises aus § 346 Abs. 1 BGB ergibt. In diesem Fall muss man eine komplexe Anspruchsgrundlage bilden, die Schuldrecht AT- und Schuldrecht BT-Vorschriften umfasst: Man prüft den Anspruch des Käufers gegen den Verkäufer auf Rückzahlung des Kaufpreises gemäß §§ 346 Abs. 1, 437 Nr. 2, 323 Abs. 1 BGB (ggf. auch: §§ 440, 326 Abs. 5 BGB). Das gleiche gilt bei einer Inanspruchnahme auf Schadensersatz (z.B.: §§ 437 Nr. 2, 280 Abs. 1, 3, 281 BGB), weil Schuldrecht AT und BT über das Konzept der Pflichtverletzung miteinander verknüpft sind.

II. Ineinandergreifen von Schuldrecht AT und BT

6   Ein Kernbaustein des allgemeinen Leistungsstörungsrechts (Schuldrecht AT) ist die Haftung für Pflichtverletzungen (§ 280 Abs. 1 Satz 1 BGB). Daran knüpft der besondere Teil des Schuldrechts (Schuldrecht BT) in Form des besonderen Gewährleistungsrechts an.[1] Im Kaufrecht bspw. sind Rechte des Käufers bei Mängeln und Pflichtverletzung verzahnt. Der Verkäufer ist nämlich nicht nur verpflichtet, dem Käufer Besitz und Eigentum zu verschaffen (§ 433 Abs. 1 Satz 1 BGB), er ist auch *verpflichtet*, ihm „die Sache frei von Sach- und Rechtsmängeln zu verschaffen" (Satz 2). Die Lieferung einer Sache, die einen Sachmangel aufweist, stellt also eine *Pflichtverletzung* dar, die grundsätzlich die gleichen Rechtsfolgen nach sich zieht wie Pflichtverletzungen im allgemeinen Leistungsstörungsrecht: Rücktritt gemäß § 323 BGB und, sollte der Verkäufer den Mangel zu vertreten haben, Schadensersatz gemäß §§ 280 f., 283, 311a Abs. 2 BGB.[2]

7   Dasselbe Konzept finden Sie auch beim **Werkvertrag**: Der Hersteller ist gemäß § 633 Abs. 1 BGB verpflichtet „dem Besteller das Werk frei von Sach- und Rechtsmängeln

---

1 Begründung des Schuldrechtsmodernisierungsgesetzes, BT-Drucks. 14/6040 v. 14.5.2001, S. 92.
2 Begründung des Schuldrechtsmodernisierungsgesetzes, BT-Drucks. 14/6040 v. 14.5.2001, S. 94.

zu verschaffen". Folgerichtig ist bei einem Mangel des Werks (§ 633 Abs. 2 und 3 BGB) von einer Pflichtverletzung des Unternehmers auszugehen, die ggf., über die spezifischen Rechtsbehelfe der Werkvertragsrechts (§ 634 Nr. 1 und 2 BGB) hinaus, den Rücktritt (§§ 634 Nr. 3, 323, 326 Abs. 5 BGB) oder die Inanspruchnahme auf Schadens- oder Aufwendungsersatz (§§ 634 Nr. 3, 280 f., 283, 311a BGB bzw. §§ 634 Nr. 3, 284 BGB) ermöglicht.

▶ **LÖSUNGSHINWEISE ZU FALL 4:** Bei Mängeln der Kaufsache kann der Käufer Nacherfüllung, d.h. Nachbesserung (Reparatur) oder Nachlieferung verlangen (§§ 437 Nr. 1, 439 Abs. 1 BGB). Ist die Nacherfüllung unmöglich, so kann der Käufer u.U. Schadensersatz gemäß §§ 437 Nr. 3, 311a Abs. 2 BGB verlangen. Hier scheidet eine Nach*besserung* aus, weil sich die Unfalleigenschaft nicht beheben lässt (§ 275 Abs. 1 BGB). Eine Nach*lieferung* scheidet ebenso aus, weil K den Maserati sorgfältig ausgewählt hat – und nichts dafürspricht, dass der Verkäufer den Maserati durch ein gleichartiges und gleichwertiges anders Fahrzeug ersetzen können sollte. Da die Lieferung dieses Maserati als unfallfrei *von Beginn* an unmöglich war, richtet sich die Haftung des V nach §§ 437 Nr. 3, 311a Abs. 2 BGB – und nicht nach §§ 437 Nr. 3, 280 Abs. 1, 3, 283 BGB. ◀

Teil B: Kaufrecht

§ 5 Kaufrecht als Rechtsgebiet

▶ **FALL 5:** K hat sich ein Fernsehgerät gekauft, das nicht funktioniert. Daher verlangt er von Verkäufer V Reparatur. V meint, dazu sei er nicht verpflichtet, weil eine Reparatur unwirtschaftlich sei. Er sei allenfalls bereit, K ein Ersatzgerät zu liefern. K, der sich für Klimaschutz und für einen sparsamen Ressourcenverbrauch einsetzt, besteht auf Reparatur. ◀

I. Begriff und Systematik des Kaufrechts

Das **Kaufrecht** regelt vor allem die Leistungspflichten des Verkäufers (§ 433 Abs. 1 BGB) und des Käufers (Absatz 2), die Gewährleistung – Mängel der Kaufsache (§§ 434 f. BGB) und Rechte des Käufers bei Mängeln (§§ 437-445 BGB) –, den Gefahrübergang (§§ 446 f. BGB), den Kauf unter Eigentumsvorbehalt (§ 449 BGB) und den Regress in der Lieferkette (§ 445a ff. BGB). Kauf auf Probe, Wiederkauf und Vorkauf sind gesondert geregelt (§§ 454 ff. BGB). Besondere Regeln gelten auch für den (hier ausgeblendeten) Handelskauf (§§ 373 ff. HGB) sowie für den Verbrauchsgüterkauf (§§ 474 ff. BGB). Daraus ergibt sich folgendes Bild:

1

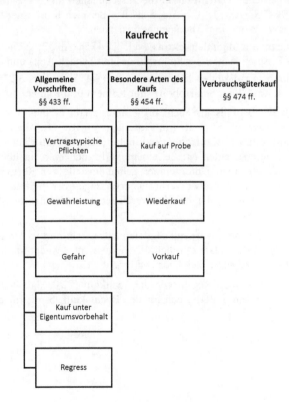

2   Besondere Bedeutung kommt der **Regelung des Verbrauchsgüterkaufs** (§§ 474 ff. BGB) zu, denn die meisten Kaufverträge schließen Unternehmer (als Verkäufer) mit Verbrauchern. Das BGB regelt den Verbrauchsgüterkauf (Begriff: § 474 Abs. 1 Satz 1 BGB) mithilfe ergänzender Vorschriften (Absatz 2 Satz 1), die das allgemeine Kaufrecht teils erweitern und teils modifizieren: Ist die Kaufsache bspw. mangelhaft, so kann der Käufer auch im Rahmen eines Verbrauchsgüterkaufs Nacherfüllung, d.h. Nachbesserung (Reparatur) oder Nachlieferung (Ersatz) verlangen (§§ 437 Nr. 1, 439 Abs. 1 BGB); nur steht der Nacherfüllungsanspruch hier nicht zur Disposition. Bei einem Verbrauchsgüterkauf können die Parteien die Rechte des Käufers bei Mängeln nämlich (anders als sonst) nicht zu Lasten des Verbrauchers einschränken (§ 476 Abs. 1 Satz 1 BGB).

3   Das **Kaufrecht** unterscheidet nach Kaufgegenständen: Die §§ 433 ff. BGB sind grds. auf den **Sachkauf**, d.h. auf den Kauf körperlicher Gegenstände (§ 90 BGB) gemünzt. Ein Kaufvertrag über ein (analoges) Buch verpflichtet den Buchhändler gem. § 433 Abs. 1 BGB dazu, Besitz und Eigentum an dem Buch zu übertragen (Satz 1), und den Käufer dazu, den Kaufpreis zu zahlen (Absatz 2). Meist handelt es sich beim Sach- um einen **Warenkauf**, d.h. um den Kauf beweglicher Sachen, die nicht aufgrund von Zwangsvollstreckungsmaßnahmen oder andere gerichtliche Maßnahmen verkauft werden (§ 241a Abs. 1 BGB). Den

- **Kauf von körperlichen Datenträgern,** die ausschließlich als Träger digitaler Inhalte dienen (vgl. §§ 475a Abs. 1, 327 Abs. 5 BGB – Beispiel: Kauf einer CD-ROM, auf der ein Steuerspar-Programm abgespeichert ist), den
- **Kauf von Waren mit digitalen Extras** (vgl. §§ 475a Abs. 2, 327a Abs. 2, Abs. 3 Satz 1 BGB – Beispiel: Kauf eines Smartphones mit Schach-App) und den
- **Kauf von Waren mit digitalen Elementen** (vgl. §§ 475b und c, 327a Abs. 3 Satz 1 BGB – Beispiel: Kauf eines Smartphones mit Kamera und Kamera-App)

behandelt das BGB ebenfalls als **Sachkauf** – auch wenn es die §§ 433 ff. BGB nur eingeschränkt für anwendbar erklärt (im Einzelnen: § 6 Rn. 4 ff.). Davon abzugrenzen ist der **Digitalkauf**, d.h. der Kauf *digitaler* Inhalte (Beispiel: Kauf eines *E-Books*), bei dem wie folgt zu unterscheiden ist: Bei einem Verbrauchervertrag über den Verkauf digitaler Inhalte durch einen Unternehmer gelten anstelle der Kernvorschriften des Kaufrechts die §§ 327 ff. BGB über Verbraucherverträge über digitale Produkte, während es bei Nichtverbraucher-Digital-Kaufverträgen beim Kaufrecht bleibt (s. § 453 Abs. 1 Satz 2 und 3 BGB).

▶ **BEACHTE:** Der Begriff der „**Ware mit digitalen Extras**" stammt von uns; er findet sich – anders als der Begriff der „Ware mit digitalen Elementen" – weder im BGB noch in den Materialien; ob er sich durchsetzt, bleibt abzuwarten. ◀

4   Der **Tierkauf** folgt denselben Regeln wie der Sachkauf (§ 90a Satz 3 BGB). Dasselbe gilt gem. § 453 Abs. 1 Satz 1 BGB auch für den **Rechtskauf,** bspw. für den Kauf einer Forderung.

II. Historische Entwicklung des Kaufrechts

Das Kaufrecht wurde im Rahmen der Schuldrechtsreform (2002) neugefasst,[1] ist jedoch zugleich Fluchtpunkt mehrerer, teils ineinander übergehender **historischer Entwicklungen:** 5

- Es geht auf antike, römisch-rechtliche Motive zurück.
- Es schreibt das Kaufrecht des Bürgerlichen Gesetzbuchs in der Fassung vom 18.8.1896 fort und reflektiert die Rechtsprechung des 20 Jh., insbesondere die des Bundesgerichtshofs, sowie die parallelen wissenschaftlichen Diskurse.
- Es berücksichtigt das Richtlinienrecht der heutigen Europäischen Union, insbesondere die Richtlinie über den Verbrauchsgüterkauf[2] vom 25.5.1999 und die (neue) Richtlinie über den Warenkauf[3] vom 20.5.2019, die an die Stelle der Verbrauchsgüterkaufrichtlinie tritt.

Bis zur Schuldrechtsreform regelte das BGB vor allem die Rechtsbehelfe bei einem Mangel der Kaufsache anders als heute. Das BGB kodifizierte das im 19. Jh. gelehrte sogenannte Pandektenrecht, das seinerseits auf römisches Recht zurückgeht.[4] Dementsprechend sah das BGB bei einem Mangel auch kein Nachbesserungsrecht vor. Es gab grundsätzlich nur ein **Recht auf Rückgängigmachung des Kaufs** (Wandlung) oder **auf Herabsetzung des Kaufpreises** (Minderung).[5] Diese römisch-rechtlichen, sogenannten ädilizischen Rechtsbehelfe mochten im alten Rom, in dem mit Agrarprodukten, Vieh und Sklaven gehandelt wurde, ausreichen. Mit der Industrialisierung wurde die **Nachbesserung** jedoch immer unentbehrlicher: Es ist wirtschaftlich unsinnig, einen Kaufvertrag rückgängig zu machen, wenn der Kaufgegenstand mit wenigen Handgriffen repariert werden kann. Infolgedessen etablierte die Praxis bereits im 20. Jh., unter Inanspruchnahme der **Vertragsfreiheit,** Nachbesserungsrechte – etwa auf der Basis entsprechender AGB-Klauseln. 6

Erst in der zweiten Hälfte des 20. Jh. nahmen sich Rechtsprechung und Gesetzgebung des Themas an. Der BGH schränkte die Möglichkeit ein, anstelle der gesetzlichen Rechte des Käufers bei Mängeln Nachbesserung zu vereinbaren: Beim Scheitern einer vereinbarten Nachbesserung sollten die gesetzlichen Gewährleistungsrechte wieder aufleben.[6] Der Gesetzgeber übernahm diese Rechtsprechung im AGB-Gesetz (1976) und konkretisierte den Inhalt des ggf. vereinbarten Nachbesserungsrechts; er schuf jedoch keinen gesetzlichen Nacherfüllungsanspruch. Das änderte sich erst durch die Schuldrechtsreform (2002) und die Umsetzung der Verbrauchsgüterkaufrichtlinie. 7

Das Fehlen eines gesetzlichen Nachbesserungsrechts war nicht das einzige Defizit des Kaufrechts vor der Schuldrechtsreform. Hinzu kam die kurze **Verjährungsfrist** für Mängelansprüche. Sie betrug bei beweglichen Sachen nur sechs Monate. Diese 8

---

1 Schuldrechtsmodernisierungsgesetz v. 26.11.2001, BGBl. I, S. 2001, 3138; zur Einf. *Westermann* NJW 2002, 241 ff.; *Schubel* JuS 2002, 313 ff.; *Zerres* VuR 2002, 3 ff.
2 Richtlinie 1999/47/EG des Europäischen Parlaments und des Rates v. 25.5.1999 zu bestimmten Aspekten des Verbrauchsgüterkaufs und der Garantien für Verbrauchsgüter (ABl. EG Nr. L 171/12 v. 7.7.1999); zur Einf. *Micklitz* EuZW 1999, 485; *Staudenmayer* NJW 1999, 2393.
3 Richtlinie (EU) 2019/771 des Europäischen Parlaments und des Rates v. 20.5.2019 über bestimmte vertragsrechtliche Aspekte des Warenkaufs, zur Änderung der Verordnung (EU) 2017/2394 und der Richtlinie 2009/22/EG sowie zur Aufhebung der Richtlinie 1999/44/EG (ABl. EU Nr. L 136/28 v. 22.5.2019).
4 *U. Eisenhardt* Rn. 529 ff., 574 ff.; *U. Wesel* Rn. 281.
5 Hinzu kam eine Haftung auf Schadensersatz in Fällen, in denen der Kaufsache eine zugesicherte Eigenschaft fehlte, siehe § 463 Satz 1 BGB a.F.
6 BGHZ 22, 90.

Frist wurde vielfach als zu kurz empfunden.[7] Die Rechtsprechung unternahm daher zahlreiche Versuche, die kurze Verjährungsfrist zu entschärfen. So wendete der BGH Deliktsrecht auf Fälle an, in denen es eigentlich um Mängel der Kaufsache ging.[8] Auch die vergleichsweise großzügige Annahme einer **arglistigen Täuschung** gemäß § 123 Abs. 1 BGB im Gebrauchtwagenhandel bedeutete im Ergebnis ein Unterlaufen der kurzen Verjährungsfrist: Eine Anfechtung wegen arglistiger Täuschung ist innerhalb eines Jahres ab Entdeckung der Täuschung möglich (§ 124 Abs. 1 und Abs. 2 BGB), im Normalfall also auch noch mehr als sechs Monate nach Vertragsschluss.

1. Verbrauchsgüterkaufrichtlinie

9   Die **Richtlinie über den Verbrauchsgüterkauf** hat maßgeblich zur Reform des Kaufrechts im BGB beigetragen und ist (bis 2021) Teil eines durch die EU-Richtlinien auf dem Gebiet des Verbraucherschutzes geschaffenen Schutzsystems gewesen, das davon ausgeht, dass sich der Verbraucher gegenüber dem Gewerbetreibenden in einer schwächeren Verhandlungsposition befindet und einen geringeren Informationsstand besitzt.[9] Daher strebte die Richtlinie einen „**Mindestsockel von Verbraucherrechten**" an (siehe § 3 Rn. 2); sie beschränkte sich auf Kaufverträge zwischen gewerblichen bzw. beruflichen Verkäufern auf der einen und Verbrauchern auf der anderen Seite (Art. 1 Abs. 2 lit. a) und c) VerbrGKRL) und erfasste auch nur Verbrauchsgüter. Darunter versteht die Richtlinie (neue und gebrauchte) bewegliche körperliche Gegenstände (Art. 1 Abs. 2 lit. b) VerbrGKRL) – also nicht nur Produkte, die so wie bspw. Lebensmittel verbraucht werden, sondern auch langlebige Konsumgüter (Elektrogeräte usw.), die man (rein sprachlich gesehen) eher ge- als verbraucht.

2. Umsetzung der Verbrauchsgüterkaufrichtlinie und richtlinienkonforme Auslegung

10   Im Rahmen der Schuldrechtsreform (2002) hatte sich der Gesetzgeber für die Umsetzung der Verbrauchsgüterkaufrichtlinie im BGB entschieden. Er hat zugleich alle anderen auf EG- bzw. EWG-Richtlinien zurückgehenden verbrauchervertragsrechtlichen Regelungen in das BGB überführt. Dabei knüpft er grundsätzlich an die Begriffe „**Unternehmer**" (§ 14 BGB) und „**Verbraucher**" (§ 13 BGB) an, die er bereits im Jahre 2000, anlässlich der Umsetzung der Fernabsatzrichtlinie, in das BGB eingefügt hatte.[10]

11   Da das Kaufrecht des BGB im Lichte der Richtlinie über den Verbrauchsgüterkauf auszulegen war[11] und da der Europäische Gerichtshof dazu berufen ist, die Richtlinie (autonom) auszulegen, hat der EuGH inzwischen auch maßgeblichen Einfluss auf die Auslegung und Anwendung der §§ 433 ff. BGB.

12   **Richtungsweisende EuGH-Urteile zur Verbrauchsgüterkaufrichtlinie** finden sich vor allem in den Rechtssachen *Quelle*, *Weber/Putz*, *Faber* und *Fülla*:[12] Im *Quelle-Fall*

---

7   Staudinger-*Honsell* § 477 Rn. 3 (13.Aufl. v. 1995); MünchKomm-*S. Lorenz* § 477 Rn. 1 f.
8   BGHZ 67, 359 – Schwimmschalterfall.
9   EuGH, Urt. v. 9.11.2016, Rs. C-149/15 – Wathelet, NJW 2017, 874 (ECLI:EU:C:2016:840); EuGH, Urt. v. 04.06.2015, Rs. C-497/13 – Faber, NJW 2015, 2237, 2238 f. mit Anm. *Hübner* (ECLI:EU:C:2015:357).
10   Richtlinie 97/7/EG v. 20.5.1997, ABl. EG Nr. L 144/19 v. 4.6.1997; umgesetzt durch das FernAbsG, v. 27.6.2000, BGBl. I, S. 897. Die Fernabsatzrichtlinie ist inzwischen in der Verbraucherrechterichtlinie aufgegangen (siehe oben § 3 Rn. 13).
11   Dazu im Hinblick auf die VerbrGKRL u.a.: EuGH, Urt. v. 04.06.2015, Rs. C-497/13 – Faber, NJW 2015, 2237, 2238 mit Anm. *Hübner* (ECLI:EU:C:2015:357).
12   EuGH, Urt. v. 17.4.2008, Rs. C-404/06 – Quelle, NJW 2008, 1433 (ECLI:EU:C:2008:231); EuGH, Urt. v. 16.6.2011, Rs. C-65/09 und C-87/09 – Weber und Putz, NJW 2011, 2269 (ECLI:EU:C:2011:396); EuGH, Urt. v. 04.06.2015,

beanspruchte die Quelle AG (Verkäuferin) im Rahmen der Nacherfüllung eine Nutzungsentschädigung: Die Käuferin sollte für die Nutzung der mangelhaften Kaufsache (ein Herd-Set inkl. Backofen, bei dem sich die Emaille-Schicht abgelöst hatte) eine Entschädigung zahlen. Der EuGH hielt §§ 439 Abs. 4, 346 Abs. 2 BGB a.F., die eine solche Nutzungsentschädigung vorsahen, für richtlinienwidrig. Nach Art. 3 Abs. 3 VerbrGKRL könne der Verbraucher eine *unentgeltliche* Ersatzlieferung verlangen.[13] Unentgeltlichkeit bedeute, dass „jede finanzielle Forderung des Verkäufers im Rahmen der Erfüllung seiner Verpflichtung zur Herstellung des vertragsgemäßen Zustands des Verbrauchsguts ausgeschlossen" sei.[14]

In den Fällen *Weber und Putz*[15] ging es u.a. um die Beseitigung der Mängel bereits   13
verlegter Fliesen. Der Käufer verlangte Ersatzlieferung, d.h. die Lieferung neuer Fliesen sowie den Aus- und Einbau bzw. die Erstattung der Aus- und Einbaukosten. Der EuGH hat Art. 3 Abs. 2 und 3 VerbrGKRL so ausgelegt, dass der Verkäufer, unabhängig von einer Einbauverpflichtung hinsichtlich der Kaufsache im Kaufvertrag, im Fall einer Ersatzlieferung zum Ausbau der mangelhaften Sache und Einbau der mangelfreien Sache (oder deren Kostentragung) verpflichtet ist.[16] Mit dem **Gesetz zur Reform des Bauvertragsrechts und zur Änderung der kaufrechtlichen Mängelhaftung (2018)**[17] hat der Gesetzgeber § 439 Abs. 3 BGB an das EuGH-Urteil in der Rs. Weber/Putz angepasst:[18] § 439 Abs. 3 BGB verpflichtet den Verkäufer nunmehr im Rahmen der Nacherfüllung, dem Käufer, der die mangelhafte Sache gemäß ihrer Art und ihrem Verwendungszweck in eine andere Sache eingebaut oder an eine andere Sache angebracht hat, bevor der Mangel offenbar wurde, die erforderlichen Aufwendungen für das Entfernen der mangelhaften und den Einbau oder das Anbringen der nachgebesserten oder gelieferten mangelfreien Sache zu ersetzen.

▶ **BEACHTE:** Der BGH hatte eine solche Erstattungspflicht – nach dem EuGH-Urteil, aber vor der Reform – nur im Rahmen des Verbrauchsgüterkaufs angenommen[19] und den Aus- und Einbau als möglichen Teil der Nacherfüllungshandlung gesehen.[20] Dies ist nach § 439 Abs. 3 BGB nicht mehr möglich, weil die Norm für alle Kaufverträge gilt, der Käufer jedoch nur Aufwendungsersatz für den Aus- und Einbau, aber nicht den Aus- und Einbau selbst verlangen kann. ◀

Im Fall *Faber* hatte die Käuferin (Faber) am 25.7. einen Gebrauchtwagen erworben,   14
der am 26.9., während der Fahrt, Feuer fing und vollständig ausbrannte. Faber nahm den Verkäufer auf Schadensersatz in Anspruch und berief sich u.a. auf die Umsetzung von Art. 5 Abs. 3 VerbrGKRL, in dem es heißt: „Bis zum Beweis des Gegenteils wird vermutet, dass Vertragswidrigkeiten, die binnen sechs Monaten nach der Lieferung

---

Rs. C-497/13 – Faber, NJW 2015, 2237 mit Anm. *Hübner* (ECLI:EU:C:2015:357); EUGH, Urt. v. 23.5.2019, Rs. C-52/18 – Fülla, NJW 2019, 2007 (ECLI:EU:C:2019:447).

13 Nunmehr: Art. 14 Abs. 1 a) WKRL.

14 EuGH, Urt. v. 17.4.2008, Rs. C-404/06 – Quelle, NJW 2008, 1433, 1434 (ECLI:EU:C:2008:231); im Anschluss daran: BGH EuZW 2009, 155.

15 EuGH, Urt. v. 16.6.2011, Rs. C-65/09 und C-87/09 – Weber und Putz, NJW 2011, 2269 (ECLI:EU:C:2011:396).

16 EuGH, Urt. v. 16.6.2011, Rs. C-65/09 und C-87/09 – Weber und Putz, NJW 2011, 2269, 2273 (ECLI:EU:C:2011:396); siehe nunmehr: Art. 14 Abs. 3 der Warenkaufrichtlinie.

17 Gesetz zur Reform des Bauvertragsrechts, zur Änderung der kaufrechtlichen Mängelhaftung, zur Stärkung des zivilprozessualen Rechtsschutzes und zum maschinellen Siegel im Grundbuch- und Schiffsregisterverfahren v. 28.4.2017, BGBl. I, S. 969. Dazu im Überblick und ausführlich: *Höpfner/Fallmann* NJW 2017, 3745.

18 BGHZ 192, 148.

19 BGH NJW 2013, 220.

20 BGH NJW 2012, 1073, 1075.

... offenbar werden, bereits zum Zeitpunkt der Lieferung bestanden ...". Der EuGH hat Art. 5 Abs. 3 VerbrGKRL so ausgelegt, dass der Käufer nur beweisen muss, dass die Kaufsache vertragswidrig ist und dass dies binnen sechs Monaten in Erscheinung getreten ist.[21] Er brauche weder den Grund für die Vertragswidrigkeit noch den Umstand zu beweisen, dass sie dem Verkäufer zuzurechnen sei.[22] Er brauche auch nicht zu beweisen, dass die Vertragswidrigkeit bereits zum Zeitpunkt der Lieferung bestand. Vielmehr erlaube ihr Auftreten in dem kurzen Zeitraum von sechs Monaten die Vermutung, dass sie zum Zeitpunkt der Lieferung „zumindest im Ansatz" bereits vorlag.[23] Geht die Kaufsache also wie im Faber-Fall innerhalb von sechs Monaten aus unerklärlichen Gründen in Flammen auf, so ist davon auszugehen, dass der Brand auf einem Mangel beruht, der bei Gefahrübergang „zumindest im Ansatz" schon vorhanden war.

15   In der *Fülla*-Entscheidung musste sich der EuGH u.a. mit der Frage beschäftigen, wo der Verkäufer im Falle eines Mangels der Kaufsache (konkret eines größeren Zeltes) ggf. nach zu erfüllen hat. Der EuGH entschied, dass sich die Ermittlung des (Nach-)Erfüllungsorts zwar nach nationalem Recht richtet, Art. 3 Abs. 3 VerbrGKRL jedoch beachtet werden muss.[24] Damit legt der EuGH den Nacherfüllungsort zwar nicht präzise fest; er verlangt jedoch allgemein, dass der Ort für eine unentgeltliche Herstellung des vertragsgemäßen Zustands grundsätzlich binnen einer angemessenen Frist ohne erhebliche Unannehmlichkeiten für den Verbraucher geeignet sein muss, wobei die Art des Verbrauchsgutes sowie der Zweck, für den der Verbraucher das Verbrauchsgut benötigt, zu berücksichtigen sind.[25]

3. Warenkaufrichtlinie

16   Die **Warenkaufrichtlinie** will für mehr Rechtssicherheit sorgen, Transaktionskosten senken, Nachhaltigkeit fördern und den Verbraucher schützen;[26] ab dem 1.1.2022 ersetzt sie die Verbrauchsgüterkaufrichtlinie (Art. 23 Satz 1), hält inhaltlich jedoch an vielen Regelungen fest. Dementsprechend ist auch die EuGH-Rechtsprechung in den Rechtssachen *Quelle*, *Weber/Putz*, *Faber* und *Fülla* nach wie vor zu beachten.[27] Der Unterschied zur früheren Rechtslage besteht vor allem darin, dass die Verbrauchsgüterkaufrichtlinie lediglich Mindeststandards vorsah, so dass es zu einer Fragmentierung der Rechtslage auf dem Binnenmarkt kommen konnte. Daraus resultieren nicht nur Kosten und Risiken für Unternehmen, darunter leidet auch das Vertrauen der Verbraucher. Diese Hindernisse für den Binnenmarkt will die Warenkaufrichtlinie durch eine **vollständige Harmonisierung** (siehe Art. 4 WKRL) besonders wichtiger Aspekte des Warenkaufs beseitigen, u.a. dadurch, dass die Anforderungen an die Ver-

---

21 EuGH, Urt. v. 04.06.2015, Rs. C-497/13 – Faber, NJW 2015, 2237, 2240 f., mit Anm. *Hübner* (ECLI:EU:C:2015:357); im Anschluss daran: BGH, NJW 2017, 1093; siehe nunmehr: Art. 11 Abs. 1 der Warenkaufrichtlinie („innerhalb eines Jahres").
22 EuGH, Urt. v. 04.06.2015, Rs. C-497/13 – Faber, NJW 2015, 2237, 2240 f., mit Anm. *Hübner* (ECLI:EU:C:2015:357).
23 EuGH, Urt. v. 04.06.2015, Rs. C-497/13 – Faber, NJW 2015, 2237, 2241, mit Anm. *Hübner* (ECLI:EU:C:2015:357).
24 EUGH, Urt. v. 23.5.2019, Rs. C-52/18 – Fülla, NJW 2019, 2007, 2010 (ECLI:EU:C:2019:447); siehe nunmehr: Art. 14 Abs. 1 lit. b) und lit. c) der Warenkaufrichtlinie.
25 EUGH, Urt. v. 23.5.2019, Rs. C-52/18 – Fülla, NJW 2019, 2007, 2010 (ECLI:EU:C:2019:447).
26 Erwägungsgründe 1-3, 32 WKRL; allgemein zur Warenkaufrichtlinie: Tonner, VuR 2019, 363.
27 Im Einzelfall gilt jedoch etwas Anderes; so bestimmt Art. 13 Abs. 3 der WKRL, dass der Verkäufer Nachbesserung und Nachlieferung aufgrund unverhältnismäßiger Kosten verweigern kann und weicht damit von der EuGH-Rspr. in Sachen Weber/Putz ab. Dazu auch: Begründung zu Nr. 6b und c des Gesetzes zur Regelung des Verkaufs von Sachen mit digitalen Elementen und anderer Aspekte des Kaufvertrags, BT-Drucks 19/27424, S. 29, zur Streichung von § 475 Abs. 4 und 5 BGB.

tragsmäßigkeit von Waren vereinheitlicht werden (Art. 1, 5 bis 8 WKRL).[28] Dabei beschränkt sich die Warenkaufrichtlinie (genau wie die Verbrauchsgüterkaufrichtlinie) auf Kaufverträge zwischen Verkäufern und Verbrauchern (Art. 1).

Im **Mittelpunkt der Warenkaufrichtlinie** steht die **Neuregelung des Sachmangels**. Teils ändert sich nur die Begrifflichkeit – es geht nunmehr u.a. um subjektive und objektive Anforderungen an die Vertragsmäßigkeit (Art. 6 f.), teils ist die Regelung aber auch substantiell neu; so hat der Verkäufer dem Verbraucher bei Kaufverträgen über Waren mit digitalen Elementen über Aktualisierungen wie bspw. Sicherheits-Updates zu informieren und er hat ihm diese Aktualisierungen auch zur Verfügung zu stellen (Art. 7 Abs. 3). Davon abgesehen sieht die Warenkaufrichtlinie u.a. eine Fristverlängerung bei der **Beweislastumkehr** vor – und zwar grds. von sechs Monaten auf mindestens ein Jahr (Art. 11 Abs. 1) und in Fällen, in denen bei Waren mit digitalen Elementen die Bereitstellung des digitalen Inhalts oder der digitalen Dienstleistung vorgesehen ist, von 2 Jahren (Absatz 3).

17

4. Umsetzung der Warenkaufrichtlinie

Das BGB setzt die Warenkaufrichtlinie teils im allgemeinen Kaufrecht (§ 433 ff. BGB) und teils im Verbrauchsgüterkaufrecht um (§§ 474 ff. BGB). Dabei kommt es zu vielen Brüchen, die hier im Kaufrecht behandelt werden (§§ 6 f.).

18

▶ **LÖSUNGSHINWEISE ZU FALL 5:** In Fall 5 steht K ein Nacherfüllungsanspruch gegen V gemäß §§ 437 Nr. 1, 439 Abs. 1 BGB zu. K kann zwischen Nachbesserung (Reparatur) und Nachlieferung wählen. V kann die von K gewählte Art der Nachbesserung allerdings verweigern, wenn sie nur mit „unverhältnismäßigen Kosten" möglich ist (§ 439 Abs. 4 BGB). Die Argumentation, sie sei unwirtschaftlich, reicht nicht. ◀

WIEDERHOLUNGS- UND VERTIEFUNGSFRAGEN

> Was unterscheidet Sach-, Rechts- und Digitalkauf?
> Warum ist der Kauf einer Ware mit digitalen Elementen (Begriff: § 327a Abs. 3 BGB) ein Sachkauf?
> Wie unterscheidet sich das ursprüngliche System des Gewährleistungsrechts vom heute geltenden Recht?
> Was ist der wesentliche Inhalt der Verbrauchsgüterkaufrichtlinie?
> Worin liegt der wichtigste Unterschied zwischen Verbrauchsgüterkauf- und Warenkaufrichtlinie?
> Welche Rolle spielt der EuGH bei der Auslegung des Kaufrechts?

---

28 Erwägungsgrund 10 WKRL.

§ 6 Kaufvertrag

▶ **FALL 6:** Rechtsanwalt K ist an einer (standardisierten) Kanzleisoftware des V interessiert, die dieser entgeltlich zum Download auf seiner Website zur Verfügung stellt. K lädt die Software herunter und V zieht den vereinbarten Preis vom Bankkonto des K ein. K meint, dass die Software Mängel aufweist und dass er einen Nacherfüllungsanspruch gemäß §§ 437 Nr. 1, 439 Abs. 1 BGB geltend machen kann. Richtige Rechtsgrundlage? ◀

I. Begriff und gesetzliche Regelung des Kaufvertrags

1. Begriff

1 Die **Begriffsmerkmale des Kaufvertrags** ergeben sich aus dem Gesetz: Der Verkäufer verpflichtet sich, die Kaufsache zu übergeben und zu übereignen (§ 433 Abs. 1 Satz 1 BGB), der Käufer verpflichtet sich, den Kaufpreis zu zahlen und die Kaufsache abzunehmen (Absatz 2). Diese Pflichten des Verkäufers und die des Käufers zur Kaufpreiszahlung stehen im Synallagma. Dagegen ist die Pflicht zur Abnahme der Kaufsache – nach BGH-Rechtsprechung[1] und h.L.[2] – grundsätzlich nur eine Nebenpflicht des Käufers, die als solche auch nicht im Gegenseitigkeitsverhältnis steht.

2 Die **Einordnung als Kaufvertrag** ist meist unproblematisch. Durch die Entgeltlichkeit unterscheidet sich der Kauf von der Schenkung (§ 516 Abs. 1 BGB), durch die Pflicht zur Eigentumsübertragung von Miete und Leihe (siehe §§ 535 Abs. 1, 598 BGB). Mitunter ist die Einordnung jedoch weniger offensichtlich: Bestellt ein Kunde bspw. eine Einbauküche „einschließlich Montage", so könnte ein **Kauf- oder ein Werkvertrag** im Raum stehen, je nachdem, ob es im Kern um die Lieferung oder um die Montage geht. Der BGH[3] stellt in diesen Fällen (in Einklang mit der EuGH-Rechtsprechung[4]) darauf ab, auf welcher Leistung bei einer Gesamtbetrachtung der Schwerpunkt liegt:[5] „Je mehr die mit dem Warenumsatz verbundene Übertragung von Eigentum und Besitz der zu montierenden Sache im Vordergrund steht und je weniger dessen individuelle Anforderungen und die geschuldete Montage- und Bauleistung das Gesamtbild des Vertragsverhältnisses prägen, desto eher ist die Annahme eines Kaufvertrags mit Montageverpflichtung geboten." Liegt der Schwerpunkt dagegen auf der Montage- und Bauleistung, etwa auf Einbau und Einpassung einer Sache in die Räumlichkeit, und dem damit verbundenen individuellen Erfolg, liegt ein Werkvertrag vor.[6]

2. Gesetzliche Regelung

3 Das BGB regelt den Kaufvertrag an sich einheitlich. Die §§ 433 ff. BGB sind nicht nur auf den **Kauf von Sachen** anwendbar (§ 433 Abs. 1 BGB), sondern auch auf den **Kauf von Rechten** (§ 453 Abs. 1 Satz 1 Alt. 1 BGB), bspw. auf den Forderungskauf, und auf den **Kauf sonstiger Gegenstände** (Alternative 2), bspw. auf den Kauf elektrischer Energie. Der **Immobilienkauf** (= Kauf eines bebauten oder unbebauten Grundstücks) ist als Sachkauf ohne weiteres erfasst. Besondere Regeln gelten im Hinblick auf die

---

1 BGH NJW 2017, 1100.
2 Palandt-*Weidenkaff* § 433 Rn. 44 m.w.N.
3 BGH, BeckRS 2018, 17582, Rn. 19.
4 EUGH, Urt. v. 7.9.2017, Rs. C-247/16 – Schottelius, NZBau 2018, 283, Rn. 37 f., 48 (ECLI:EU:C:2017:638).
5 Palandt-*Weidenkaff* § 433 Rn. 19; BGH BeckRS 2018, 17582 Rn. 19; zu den Besonderheiten des Werklieferungsvertrags siehe § 26 Rn. 3, 5-7.
6 BGH BeckRS 2018, 17582 Rn. 19.

Form des (Immobilien-)Kaufvertrags (§ 311b Abs. 1 BGB), die Lasten, die ggf. auf der Immobilie ruhen (§§ 435 Satz 2, 436 BGB) und die Kosten (§ 448 Abs. 2 BGB).

Das BGB, das im 20 Jh. ganz auf (bewegliche oder unbewegliche) Kauf*sachen*, d.h. 4 auf körperliche Kaufgegenstände zugeschnitten war, muss im 21 Jh. auf die Digitalisierung reagieren, die im Kaufrecht – auf dem Umweg über das Richtlinienrecht der Europäischen Union – zu umfangreichen Reformen geführt hat. Mit der Umsetzung der Warenkaufrichtlinie (WKRL) und der Richtlinie über digitale Inhalte und digitale Dienstleitungen wird das Kaufrecht moderner – aber auch unübersichtlicher. Nunmehr ist im Kontext der Digitalisierung je nach Beteiligten und je nach Kaufgegenstand zu klären, ob auf einen Kaufvertrag (ganz oder teilweise) **Kaufrecht (§§ 433 ff. BGB) oder das Recht der Verbraucherverträge über digitale Produkte (§§ 327 ff. BGB)** anzuwenden ist. Dabei geht man am besten schrittweise vor und klärt zunächst, ob ein **Sach- oder ein Digitalkauf** vorliegt.

5

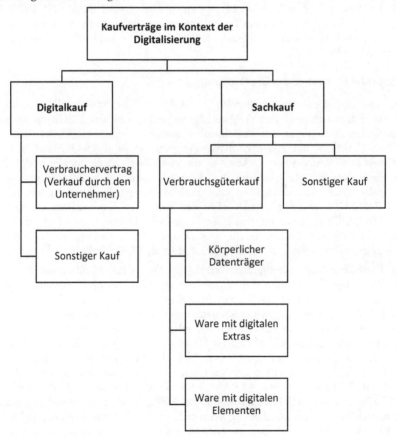

a) Digitalkauf

Ein **Digitalkauf** liegt beim Verkauf digitaler Inhalte (vgl. § 327 Abs. 2 Satz 1 BGB) 6 vor, die *online* verfügbar gemacht werden, so dass die Lieferung eines körperlichen Gegenstands (= einer Sache i.S. der §§ 433 Abs. 1 Satz 1, 90 Satz 1 BGB) entfällt.

Dementsprechend ist insb. der virtuelle Handel mit Programmen, Video-, Audio und Musikdateien, digitalen Spielen, elektronischen Büchern und anderen elektronischen Publikationen als Digitalkauf einzuordnen.[7] Dagegen ist bspw. ein **Kaufvertrag über Waren mit digitalen Elementen** (§ 327b Abs. 3 Satz 1 BGB) ein Sach- und kein Digitalkauf – andernfalls wäre der Warenbegriff (§ 241a Abs. 1 BGB) nicht erfüllt und die §§ 475b und c BGB (Sachmangel einer Ware mit digitalen Elementen) wären strukturell nicht anwendbar (siehe § 474 Abs. 1 Satz 1, Abs. 2 BGB).

7   Beim **Digitalkauf** ist wie folgt zu unterscheiden: Handelt es sich um einen Verbrauchervertrag (§ 310 Abs. 3 BGB) über den Verkauf digitaler Inhalte durch einen Unternehmer sind gem. § 453 Abs. 1 Satz 2 BGB (1.) die §§ 433 Abs. 1 Satz 1, 475 Abs. 1 BGB über die Übergabe der Kaufsache und die Leistungszeit sowie (2.) § 433 Abs. 1 Satz 2, §§ 434-442, 475 Abs. 3 Satz 1, Abs. 4-6 und die §§ 476 und 477 BGB über die Rechte bei Mängeln *nicht* anwendbar; stattdessen sind gem. § 453 Abs. 1 Satz 3 BGB die Vorschriften für Verbraucherverträge über digitale Produkte (§§ 327 ff. BGB) anzuwenden. Handelt es sich um Nichtverbraucher-Digitalkäufe, kauft ein Unternehmen bspw. eine (standardisierte) Software für ihr Finanz- und Rechnungswesen, gelten allein die §§ 433 ff. BGB.

b) Sachkauf im Kontext der Digitalisierung

8   Beim **Kauf eines Datenträgers** (Begriff: § 312f Abs. 3 BGB) ist ebenfalls zu unterscheiden: Handelt es sich um einen Verbrauchsgüterkauf (§ 474 Abs. 1 BGB) und um einen körperlichen Datenträger, der ausschließlich als Träger digitaler Inhalte dient – z.B. um eine CD-ROM mit einem Antiviren-Programm –, sind § 433 Abs. 1 Satz 2, die §§ 434-442, 475 Abs. 3 Satz 1, Abs. 4-6, die §§ 475b-e und die §§ 476 und 477 BGB über die Rechte bei Mängeln gem. § 475a Abs. 1 Satz 1 BGB nicht anzuwenden; an ihre Stelle treten die Vorschriften über Verbraucherverträge über digitale Produkte (§§ 327 ff. BGB). Handelt es sich nicht um einen Verbrauchsgüterkauf, gelten die §§ 433 ff. BGB, handelt es sich um einen Verbrauchsgüterkauf eines Datenträgers, der nicht „ausschließlich als Träger digitaler Inhalte dient", sondern auch noch andere Funktionen erfüllt, gelten grds. die §§ 433 ff. und die §§ 475 ff. BGB.

9   Beim **Kauf einer Ware mit digitalen Extras** (Begriff: § 5 Rn. 3), d.h. einer Ware, die in einer Weise digitale Produkte enthält oder mit digitalen Produkten verbunden ist, dass die Sache ihre Funktionen auch *ohne* diese digitalen Produkte erfüllen kann (§ 475a Abs. 2 BGB), z.B. beim Kauf eines Smartphones mit einer Schach-App, ist gleich mehrfach, nämlich nach Beteiligten und Bestandteilen zu unterscheiden: Handelt es sich um einen **Verbrauchsgüterkauf**, so sind im Hinblick auf diejenigen Bestandteile des Vertrags, welche die digitalen Produkte betreffen, (1.) die § 433 Abs. 1 Satz 1 und § 475 Abs. 1 BGB über die Übergabe der Kaufsache und die Leistungszeit sowie (2.) § 433 Abs. 1 Satz 2, die §§ 434-442, 475 Abs. 3 Satz 1, Abs. 4-6, die §§ 475b bis 475e und die §§ 476 und 477 BGB über die Rechte bei Mängeln *nicht* anzuwenden; stattdessen gelten auch hier die entsprechenden Vorschriften über Verbraucherverträge über digitale Produkte (§§ 327 ff. BGB). Im Hinblick auf diejenigen Bestandteile, die die Ware als körperlichen Gegenstand (s. § 90 BGB) betreffen, gilt Kauf- und Verbrauchsgüterkaufrecht (§§ 433 ff.; §§ 475, 475d ff. BGB). Handelt es sich bei dem Kauf der Ware

---

7   Begründung der Bundesregierung Entwurf eines Gesetzes zur Umsetzung der Richtlinie über bestimmte vertragsrechtliche Aspekte der Bereitstellung digitaler Inhalte und digitaler Dienstleistungen, BT-Drucks. 19/27653, S. 38 f.

mit digitalen Extras *nicht* um einen Verbrauchsgüterkauf, gilt stattdessen allgemeines Kaufrecht (§§ 433 ff. BGB).

Beim **Kauf von Waren mit digitalen Elementen**, d.h. von Waren, die in einer Weise digitale Produkte enthalten oder mit ihnen verbunden sind, dass die Waren ihre Funktionen ohne diese digitalen Produkte *nicht* erfüllen können (§ 327 Abs. 3 Satz 1 BGB), z.B. beim Kauf eines Smartphones mit Betriebssystem, kommt grundsätzlich allgemeines Kaufrecht zum Tragen. Die Vorschriften über Verbraucherverträge (§§ 327 ff. BGB) sind – bis auf § 327a Abs. 3 Satz 2 BGB – auch dann nicht anwendbar, wenn ein Verbrauchsgüterkauf vorliegt (e § 327a Abs. 3 Satz 1, Abs. 2 BGB). Handelt es sich um einen Verbrauchsgüterkauf, so sind insbesondere die §§ 475b und c BGB über den Sachmangel einer Ware mit digitalen Elementen anzuwenden.

10

Die **Differenzierung zwischen Waren mit digitalen Extras und digitalen Elementen** ist jedenfalls auch objektiv und wie folgt zu verstehen: Funktioniert die Ware (Beispiel: Smartphone) ohne die Software (Betriebssystem) nicht (insoweit ist das Smartphone eine Ware mit digitalen Elementen), knüpft man einheitlich an den Kauf der Ware an, funktioniert die Ware (Smartphone) an sich einwandfrei, eine *add-on* Software (Schach-App) aber nicht (insoweit ist das Smartphone eine Ware mit digitalen Extras), trennt man zwischen Ware und Software und wendet (im Falle eines Verbrauchsgüterkaufs) jeweils unterschiedliche Regeln an; Kaufrecht auf das Smartphone, Verbraucherrecht für digitale Produkte auf die Schach-App. Die Differenzierung ist jedoch mit erheblichen Unsicherheiten verbunden – und sinnlos, wenn man subjektiv an den Kaufvertrag anknüpft: Haben die Parteien (ausdrücklich oder konkludent) vereinbart, dass die Kaufsache (das Smartphone) bestimmte Funktionen aufweisen muss, die durch das digitale Produkt (die Software) möglich gemacht werden (Betrieb des Smartphone und Schachspiel), dann kann sie eine ihre Funktionen nicht ohne diese digitalen Produkte erfüllen; so gesehen läge immer und einheitlich eine Ware mit digitalen Elementen und nie eine Ware mit digitalen Extras vor.[8]

11

II. Vertragsschluss und Wirksamkeit des Kaufvertrags

Ein Kaufvertrag kommt durch Einigung zustande (§§ 145 ff. BGB). Verkäufer und Käufer müssen sich auf die **essentialia negotii** (Kaufgegenstand und Kaufpreis) verständigen. Feststehen muss außerdem, wer als Verkäufer und wer als Käufer auftritt. Die Vertragserklärungen sind ggf. objektiv, auf der Grundlage des Empfängerhorizontes auszulegen.

12

▶ **BEISPIEL:** K bestellt im Internet eine Kaffeemühle. Er erhält daraufhin eine E-Mail, in der V den Eingang der Bestellung bestätigt und eine weitere Benachrichtigung ankündigt. Weiter geschieht nichts. Hat K einen Anspruch auf Lieferung der Kaffeemühle? ◀

K steht mangels Kaufvertrag kein Anspruch auf Übergabe und Übereignung gemäß § 433 Abs. 1 BGB zu. Zwar hat er ein Angebot gemäß § 145 BGB abgegeben. Dieses hat V aber nicht angenommen. Legt man die E-Mail des V objektiv, auf der Grundlage des Empfängerhorizontes aus, so stellt sie lediglich die nach § 312i Abs. 1 Satz 1 Nr. 3 BGB erforderliche Bestellbestätigung dar, die ohne Hinzutreten weiterer Umstände keine Annahmeerklärung ist. Nimmt V das Angebot nicht innerhalb des Zeitraums

13

---

8 Daher hat sich *Faust* in seiner Stellungnahme zu § 475b BGB dafür ausgesprochen, die Regelung der Kaufsache mit digitalen Extras ersatzlos zu streichen.

an, in dem K den Eingang der Annahme unter regelmäßigen Umständen erwarten darf (§ 147 Abs. 2 BGB), kommt kein Kaufvertrag zustande.

14   Rechte und Pflichten begründet der Kaufvertrag nur, wenn er wirksam ist. Das ist insbesondere bei **Formmängeln**, bei **Rechts- oder Sittenwidrigkeit** und bei einer **Anfechtung** nicht bzw. nicht ohne weiteres der Fall.

1. Form

15   Kaufverträge sind grundsätzlich nicht an eine besondere Form gebunden. Bei Grundstücksgeschäften ist das jedoch anders: Nach § 311b Abs. 1 Satz 1 BGB bedarf ein Vertrag, durch den sich ein Teil verpflichtet, ein Grundstück zu übertragen oder zu erwerben, der **notariellen Beurkundung**. Das gilt auch für bedingte Verpflichtungen und Vorverträge, die auf einen Grundstückserwerb oder eine Grundstücksveräußerung gerichtet sind.[9] Die Form soll die Parteien auf die Bedeutung des Geschäfts hinweisen und sie davor schützen, übereilte Verpflichtungen einzugehen (**Warnfunktion**); sie soll die Beweisbarkeit gewährleisten und eine sachgerechte Beratung durch einen Notar ermöglichen (**Beratungsfunktion**).[10] Zu beurkunden ist der gesamte Vertragsinhalt, was insbesondere für **Nebenabreden** bedeutsam ist.[11]

16   Beim Immobilienkauf wird der Kaufpreis im notariellen Kaufvertrag oft niedriger angegeben als tatsächlich vereinbart, um Grunderwerbssteuern und Notargebühren zu sparen (**Schwarzkauf**). Die Rechtsfolgen ergeben sich aus dem BGB AT: Die im notariellen Kaufvertrag enthaltene Erklärung ist als Scheingeschäft gemäß § 117 Abs. 1 BGB nichtig. Der tatsächlich gewollte, verdeckte Kaufvertrag, der in der notariellen Urkunde keinen Niederschlag gefunden hat, ist gemäß §§ 117 Abs. 2, 125 BGB unwirksam, weil die von § 311b Abs. 1 Satz 1 BGB vorgesehene Form nicht eingehalten wurde.[12]

▶ **Beispiel:** V will dem K ein Grundstück für 250.000 Euro verkaufen. 200.000 Euro werden beurkundet, 50.000 Euro übergibt K dem V „unter der Hand" vor dem Notartermin. Ein Kaufvertrag über 250.000 Euro ist nicht wirksam zustande gekommen, weil es an der notariellen Beurkundung fehlt, und der beurkundete Vertrag über 200.000 Euro ist als Scheingeschäft unwirksam. Durch Eintragung der Rechtsänderung im Grundbuch kann die Formnichtigkeit des Vertrags über 250.000 Euro allerdings geheilt werden (§ 311b Abs. 1 Satz 2 BGB), während der beurkundete Vertrag über 200.000 Euro als Scheingeschäft unwirksam bleibt. ◀

17   § 311b Abs. 1 Satz 1 BGB wirkt sich auch auf die Form der **Vollmacht** (§§ 164, 167 BGB) zur Vornahme eines Grundstücksgeschäfts aus. Zwar ist die Erteilung einer Vollmacht zur Vornahme eines formbedürftigen Vertrages gemäß § 167 Abs. 2 BGB grundsätzlich formfrei. Die Erteilung einer **unwiderruflichen Vollmacht** zur Vornahme eines Grundstückgeschäfts ist jedoch nach st. Rechtsprechung **formbedürftig**: § 167 Abs. 2 BGB wird im Interesse der Warnfunktion der Form teleologisch reduziert.[13]

---

9   BGHZ 57, 394 ff.; 82, 398 ff.; BGH NJW 2003, 1940 (Vorkaufsrecht); OLG Brandenburg NJW-RR 1999, 741.
10   Zu den Funktionen generell MünchKomm-*Kanzleiter* § 311b Rn. 1.
11   BGH NJW 1998, 3196, 3197: Bei Nichtbeachtung tritt Formnichtigkeit gemäß § 125 BGB ein, die Teilnichtigkeit gemäß § 139 BGB führt grundsätzlich zur Gesamtnichtigkeit des Vertrages, vgl. dazu BGH WM 2000, 1403, 1404.
12   *Dubischar* JuS 2002, 131, 132.
13   Tamm/Tonner-*Bücker* § 19 Rn. 251.

Wer eine unwiderrufliche Vollmacht erteilt, hat sich nähmlich endgültig und unabänderlich entschieden, ein Grundstück zu erwerben bzw. zu veräußern.[14]

Ist ein Immobilien-Kaufvertrag aufgrund eines Formmangels unwirksam, so ist bereicherungsrechtlich rückabzuwickeln (siehe § 812 Abs. 1 Satz 1 Alt. 1 BGB). Allerdings kann die Formnichtigkeit gemäß § 311b Abs. 1 Satz 2 BGB geheilt werden: Ein ohne Beachtung der Formvorschrift geschlossener Kaufvertrag wird seinem ganzen Inhalt nach gültig, wenn die Auflassung und die Eintragung in das Grundbuch erfolgen (siehe §§ 873, 925 BGB).   18

2. Rechts- oder Sittenwidrigkeit

Rechts- oder sittenwidrige Kaufverträge sind gemäß §§ 134, 138 BGB nichtig. Kaufverträge sind vor allem dann gemäß § 138 Abs. 1 BGB sittenwidrig, wenn zwischen Leistung und Gegenleistung (objektiv gesehen) ein *auffälliges Missverhältnis* besteht und (subjektiv) eine *verwerfliche Gesinnung* des Begünstigten hervorgetreten ist.[15] Dabei ist je nach Fallgestaltung zu unterscheiden: Der BGH hat bspw. einen Immobilienkaufvertrag als sittenwidrig beanstandet, weil der Kaufpreis mehr als das Doppelte des marktüblichen Preises betrug.[16] Dagegen hat er den Kauf eines Gebrauchtwagens über *eBay* zu einem Bruchteil des marktüblichen Preises akzeptiert: Der Verkäufer hatte einen VW Passat (Marktwert: 5250 Euro) zu einem Startpreis von 1 Euro bei eBay eingestellt, die Auktion jedoch vorzeitig abgebrochen, als sich abzeichnete, dass Käufer K, der ein Maximalgebot (555 Euro) abgegeben hatte, der einzige Bieter bleiben würde und den Passat für 1 Euro würde kaufen können. K verlangte Schadensersatz in Höhe von 5219 Euro.[17] In beiden Fällen liegt zwar ein auffälliges Missverhältnis vor. In Fällen wie dem Immobilienkauf geht der BGH jedoch davon aus, dass ein besonders grobes Missverhältnis zwischen Leistung und Gegenleistung eine (widerlegliche) tatsächliche Vermutung einer verwerflichen Gesinnung begründet.[18] Bei einer Internetauktion lässt die Interessenlage eine solche Vermutung nicht zu: Ihr Reiz liege für den Bieter gerade darin, den Auktionsgegenstand zu einem „Schnäppchenpreis" erwerben zu können, während umgekehrt der Veräußerer die Chance wahrnehme, durch den Mechanismus des Überbietens einen für ihn vorteilhaften Preis zu erzielen. Der Bieter sei daher auch nicht gehalten, sein Maximalgebot am mutmaßlichen Marktpreis auszurichten.[19]   19

3. Anfechtung

Kaufverträge sind grundsätzlich anfechtbar. In der Praxis spielt insbesondere die **Anfechtung wegen arglistiger Täuschung** (§ 123 Abs. 1 Alt. 1 BGB) eine große Rolle. Eine arglistige Täuschung durch Unterlassen liegt bspw. dann vor, wenn der Verkäufer dem Käufer nicht mitteilt, dass das verkaufte Fahrzeug ein Unfallwagen ist[20] – es sei denn, der Unfall hat im konkreten Einzelfall lediglich zu einem Bagatellschaden (etwa einem   20

---

14 St. Rechtsprechung seit RGZ 110, 319, 320; zuletzt etwa BGH NJW 1985, 730; TWT-*Tamm* § 167 Rn. 14 f.; siehe aber den Sonderfall in BGH NJW 2012, 3424.

15 BGH NJW 2014, 1652, 1653.

16 St. Rechtsprechung seit BGH WM 1980, 597; zuletzt BGHZ 154, 47.

17 BGH NJW 2015, 548; dazu *Dastis* Jura 2015, 376; *Riehm* JuS 2015, 355; *Lorenz* LMK 2015, 365443.

18 BGH NJW 2001, 1127 1128 f.; BGH NJW 2002, 3165.

19 BGH NJW 2015, 548, 549.

20 BGHZ 29, 148 ff.; BGHZ 63, 382, 386; BGH NJW 1982, 1386.

geringfügigen Lackschaden) geführt.[21] Ein Gebrauchtwagenhändler hat dabei selbst einen bloßen Unfallverdacht zu offenbaren, der sich ihm als Fachmann oder Fachfrau aufdrängt, wenn er oder sie das Fahrzeug einer einfachen **Untersuchung** unterzieht.[22]

21   Kaufverträge sind auch gemäß § 119 Abs. 2 BGB, d.h. dann anfechtbar, wenn sich der Käufer im **Irrtum über eine verkehrswesentliche Eigenschaft der Kaufsache** befunden hat. Das gilt jedoch nicht, wenn das Fehlen dieser Eigenschaft zugleich als Mangel der Kaufsache zu qualifizieren ist. Hat K ein Bild gekauft, das angeblich von *Gerhard Richter* stammt, stellt sich jedoch nach Lieferung heraus, dass es sich lediglich um eine Kopie handelt, so kann K nicht anfechten; er muss vielmehr die Mängelrechte (§ 437 Nr. 1-3 BGB) geltend machen. Hielte man eine Irrtumsanfechtung gemäß § 119 Abs. 2 BGB in Fällen wie diesen für möglich, so unterliefe man die sich aus §§ 434 ff. BGB ergebenden Grenzen der Haftung für Mängel: Nach §§ 434 ff. BGB haftet der Verkäufer nämlich grundsätzlich nicht, wenn dem Käufer bei Vertragsschluss der Mangel infolge grober Fahrlässigkeit unbekannt geblieben ist (§ 442 Abs. 1 Satz 2 BGB). Hinzu kommt, dass die Rechte des Käufers grundsätzlich bereits nach zwei Jahren verjähren (siehe § 438 Abs. 1 Nr. 3 BGB), während die Anfechtung gemäß § 119 Abs. 2 BGB u.U. noch bis zu zehn Jahren nach Kaufvertragsschluss möglich ist (siehe § 121 BGB). Diese Haftungsgrenzen sollen auch vor Gefahrübergang gelten (str.), so dass K selbst dann nicht anfechten könnte, wenn er nach Kaufvertragsschluss aber noch vor Lieferung des vermeintlich echten „Richter" entdeckt, dass es sich nur um eine Kopie handelt.[23] Dafür spricht, dass K sich andernfalls, abweichend von § 442 Abs. 1 BGB, auch dann vom Kaufvertrag lösen könnte, wenn er grob fahrlässig verkannt hat, dass das Bild unecht ist – ohne dass V die Unechtheit arglistig verschwiegen bzw. die Echtheit garantiert hätte.[24]

4. Widerruf

22   Hat ein Unternehmer (§ 14 BGB) **außerhalb von Geschäftsräumen** (§ 312b BGB) oder im **Fernabsatz** (§ 312c BGB) einen Kaufvertrag mit einem Verbraucher (§ 13 BGB) abgeschlossen, so ist der Kaufvertrag gemäß §§ 355, 312g BGB widerruflich. Das Widerrufsrecht dient dem Verbraucherschutz. Hat der Verbraucher bspw. eine Matratze im Fernabsatz gekauft, so schützt ihn das Widerrufsrecht in einer Situation, in der er keine Möglichkeit hatte, die Ware vor Kaufvertragsschluss zu prüfen und auszuprobieren;[25] ggf. kann er den Kaufvertrag ohne Angabe von Gründen widerrufen[26] – und das sogar dann, wenn er die mit einer Schutzfolie versiegelte Matratze ausgepackt und ohne Schutzfolie ausprobiert hat.[27]

▶ **BEISPIEL:** Da K sich beim Autofahren nicht gern an Geschwindigkeitsbegrenzungen hält, kauft sie im Internet ein Radarwarngerät. Eine Belehrung über das Widerrufsrecht im Fernabsatz fehlt. Nach sechs Monaten ist K das Risiko, mit dem Radarwarngerät ertappt zu werden, doch zu hoch, und sie möchte sich von dem Gerät trennen. Sie teilt Verkäufer V mit, sie widerrufe, und verlangt den Kaufpreis zurück.[28] ◀

---

21   BGH NJW 1982, 1386.
22   BGHZ 63, 382; BGHZ 74, 383; BGH NJW 1983, 217.
23   MünchKomm-*Armbrüster* § 119 Rn. 32 mit umfangreichen Nachweisen.
24   MünchKomm-*Armbrüster* § 119 Rn. 32.
25   EuGH Urt. v. 27.3.2017, Rs. C-681/17 – Slewo, NJW 2019, 1507 (ECLI:EU:C:2019:255).
26   BGH NJW 2016, 1951, 1952.
27   BGH NJW 2019, 2841 (Leitsatz).
28   Fall nach BGHZ 183, 235; vgl. auch die Besprechung von *Forschner* JA 2011, 579.

K kann auch im „Radarwarngerät"-Fall widerrufen und den Kaufpreis nach §§ 355   23
Abs. 3 Satz 1, 357 Abs. 1 BGB zurückverlangen. Der Kaufvertrag ist ein Fernabsatzvertrag (§ 312c BGB), so dass K gemäß § 312g Abs. 1 BGB ein Widerrufsrecht zusteht.
Da eine Widerrufsbelehrung unterblieben ist, erlischt das Widerrufsrecht spätestens 12
Monate und 14 Tage nach dem Erhalt der Ware (§ 356 Abs. 3 Satz 2 BGB).[29] Der
Kaufvertrag ist zwar gemäß § 138 Abs. 1 BGB ohnehin nichtig. Der BGH hat den
Kauf eines Radarwarngeräts als sittenwidrig beanstandet, weil § 23 Abs. 1c StVO die
Nutzung solcher Radarwarngeräte im Interesse der Verkehrssicherheit untersagt.[30] Das
Widerrufsrecht ist deswegen jedoch nicht ausgeschlossen. Der verbraucherschützende
Zweck des Widerrufsrechts rechtfertige es, „dem Verbraucher die Möglichkeit zu erhalten, sich von dem geschlossenen Vertrag auf einfache Weise durch Ausübung des
Widerrufsrechts zu lösen, ohne mit dem Unternehmer in eine rechtliche Auseinandersetzung über die Nichtigkeit des Vertrags eintreten zu müssen".[31]

III. Kaufgegenstand

Die Hauptpflicht des Verkäufers besteht darin, die Kaufsache an den Käufer zu   24
übergeben und ihm das **Eigentum** daran zu **verschaffen** (§ 433 Abs. 1 Satz 1 BGB).
Kaufgegenstand ist im Normalfall also eine Sache. Eine Legaldefinition findet sich in
§ 90 BGB. Danach sind Sachen körperliche Gegenstände. Tiere sind zwar keine Sachen
(§ 90a Satz 1 BGB), die Bestimmungen über den Sachkauf sind jedoch entsprechend
anwendbar (Satz 3). Keine Rolle spielt, ob die Sache beweglich oder unbeweglich
ist. Die §§ 433 ff. BGB gelten mithin auch für den Immobilienkauf. Dagegen gelten
die Vorschriften über den Verbrauchsgüterkauf (§§ 475 ff. BGB) nur für Waren, d.h.
für bewegliche Sachen, die nicht aufgrund gerichtlicher Maßnahmen verkauft werden
(§ 241a Abs. 1 BGB).

---

29 Zum Zeitpunkt dem Fall zugrundeliegenden BGH-Urteils (BGHZ 183, 235) erlosch das Widerrufsrecht nach
    § 355 Abs. 4 Satz 3 BGB a.F. überhaupt nicht. Die Rechtslage hat sich seither durch die Umsetzung der
    Verbraucherrechterichtlinie geändert.
30 BGH NJW 2005, 1490, 1491; BGHZ 183, 235 = NJW 2010, 610.
31 BGH NJW 2010, 610, 611.

25   Das BGB kennt neben der Kauf*sache* auch noch andere Kaufgegenstände:

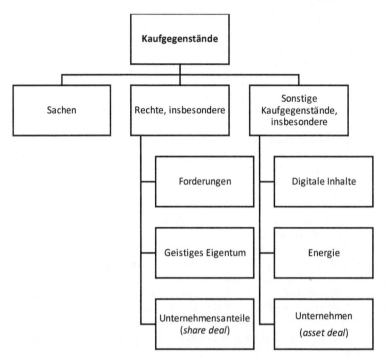

Gemäß § 453 Abs. 1 Satz 1 BGB finden die Vorschriften über den Kauf von Sachen auf den Kauf von Rechten und sonstigen Gegenständen entsprechende Anwendung. Unter den **Rechtskauf** fallen insbesondere Kaufverträge über Forderungen, Pfandrechte (Hypotheken, Grund- und Rentenschulden), Erbbau-, Nutzungs- und Anwartschaftsrechte sowie geistiges Eigentum (gewerbliche Schutzrechte wie Marken und Patente).[32] Die h.L. ordnet auch den **Handel mit Bitcoins** als Rechtskauf ein.[33] Der Kauf von Wertpapieren ist grundsätzlich ebenfalls Rechtskauf.[34]

26   Der **Kauf sonstiger Gegenstände** betrifft u.a. **digitale Inhalte (Software)** und leitungsgebundene **Energie**[35], d.h. Produkte, die sich mangels Verkörperung (siehe § 90 BGB) nicht als Kauf*sache* einordnen lassen. Der **Kauf digitaler Inhalte**, die zum Download im Internet zur Verfügung gestellt werden (Digitalkauf), richtet sich im Kern nicht nach Kaufrecht (§ 453 Abs. 1 Satz 2 BGB), sondern nach dem Recht der Verbraucherverträge über digitale Produkte (Satz 3). Das gilt allerdings nur, wenn es sich um Verbraucherverträge handelt.[36]

---

32 Schulze-*Saenger* § 453 Rn. 2.
33 Schulze-*Saenger* § 453 Rn. 2, mit dem Hinweis auf *Heckelmann* NJW 2018, 504, 508, *Beck/König* JZ 2015, 130, 132 f. u.a.
34 Schulze-*Saenger* § 453 Rn. 2.
35 Seit RGZ 117, 315; für Strom BGHZ 23, 175, für Wasser BGHZ 59, 503; vgl. auch *Schur* Der Wasserversorgungsvertrag 189 ff.
36 Bei Nichtverbraucherverträgen gilt: Handelt es sich um standardisierte Software greifen §§ 433 ff., bei maßgeschneiderter Software §§ 631 ff. BGB; siehe BGHZ 102, 135, 144; 109, 97, 100; 110, 130, 137.

Beim **Unternehmenskauf** unterscheidet man im Anschluss an das US-amerikanische   27
und internationale Transaktionsgeschäft (M&A = *Mergers and Acquisitions*) zwischen
Share Deal und *Asset Deal*:[37]

■ Bei einem *Share Deal* überträgt der Veräußerer die Geschäftsanteile des Unternehmens an einen oder mehrere Erwerber. Kaufgegenstand ist hier der Unternehmens-
anteil, so dass ein Rechtskauf anzunehmen ist. Es geht bspw. darum, die Aktien
einer Aktiengesellschaft (AG) zu übertragen.

■ Bei einem *Asset Deal* verpflichtet sich der Verkäufer, alle zum Unternehmen gehörenden *assets* (= Vermögenswerte), d.h. Sachen, Rechte und sonstige Gegenstände
einzeln auf den Käufer zu übertragen. Kaufgegenstand i.S. von § 453 Abs. 1 Satz 1
BGB ist das Unternehmen als Sachgesamtheit.

Ebenfalls aus den USA stammt das mit dem Unternehmenskauf verknüpfte Konzept
der **Due-Diligence**.[38] Damit ist ein Prüfverfahren gemeint, das den Sinn hat, Mängelansprüche des Käufers durch Beschaffenheitsvereinbarungen und Garantien zu sichern,
die mit dem Kauf verbundenen Risiken zu ermitteln, den Wert des Unternehmens
festzustellen und den Zustand des Unternehmens durch Sicherung der erforderlichen
Beweise zu dokumentieren.[39]

IV. Die Pflichten des Verkäufers

Die Pflichten des Verkäufers richten sich zunächst danach, ob ein Sach-, ein Rechts-   28
oder ein Digitalkauf vorliegt. Im Normalfall des **Sachkaufs** ist der Verkäufer zur Übergabe und Übereignung der (mangelfreien) Kaufsache verpflichtet (§ 433 Abs. 1 BGB),
im Falle eines **Rechtskaufs** zur Einräumung des verkauften Rechts. Da ein Recht, z.B.
eine Forderung oder eine Marke wie „Pepsi", mangels Verkörperung nicht übergeben
werden kann, findet die Übertragung stattdessen durch Abtretung gemäß §§ 398 ff.
BGB statt. Beim **Digitalkauf** ist der Verkäufer zur Bereitstellung der verkauften digitalen Inhalte verpflichtet (vgl. §§ 453 Abs. 1 Satz 3, 327b BGB für die dort geregelten
Digitalkäufe).

▶ **BEACHTE:** Beim Verbrauchsgüterkauf einer Ware mit digitalen Elementen ist der Verkäu-
fer im Zweifel nicht nur zur Besitz- und Eigentumsübertragung an der Kaufsache (§ 433
Abs. 1 BGB) verpflichtet, sondern auch zur Bereitstellung der digitalen Elemente (§ 327
Abs. 3 Satz 2 BGB). ◀

1. Übergabe und Eigentumsverschaffung

Der Verkäufer ist gem. § 433 Abs. 1 BGB verpflichtet, dem Käufer die Kaufsache zu   29
übergeben und ihm Eigentum daran zu verschaffen. **Übergabe** bedeutet grundsätzlich
Einräumung des unmittelbaren Besitzes (§ 854 BGB). Die Einräumung mittelbaren Besitzes (siehe § 868 BGB) oder die Abtretung (§ 398 BGB) eines Herausgabeanspruchs
gegen einen Dritten reicht nur aus, wenn die Parteien das ausdrücklich so verein-

---

37 Dazu: *Korch* JuS 2018, 521, mit dem Hinweis, dass Unternehmenskaufverträge oft von der gesetzlichen
    Regelung in §§ 433 ff. BGB abweichen.
38 Der Begriff Due-Diligence findet sich auch in § 289c Abs. 3 Nr. 1 HGB und wird dort weit, i.S. von „Verfah-
    ren zur Erkennung, Verhinderung und Abschwächung bestehender und potenzieller negativer Auswirkun-
    gen der Geschäftstätigkeit eines Unternehmens" verstanden (siehe Begründung des CSR-UG, BT-Drucks.
    18/9982, S. 49).
39 *Fleischer/Körber* BB 2001, 841, 842.

bart haben.[40] Die **Eigentumsverschaffung** richtet sich (bei beweglichen Sachen) nach §§ 929 ff. BGB, verlangt im Normalfall also Einigung und Übergabe (§ 929 Satz 1 BGB). Die Einigung auf den Kaufvertrag und die Einigung darauf, dass das Eigentum an der Kaufsache übergehen soll, sind sorgfältig zu unterscheiden, auch wenn beide Rechtsgeschäfte zeitlich und räumlich zusammenfallen können. Dies liegt am **Trennungsprinzip:** Im Kaufvertrag verpflichten sich die Parteien lediglich, den Kaufgegenstand zu übereignen bzw. den Kaufpreis zu bezahlen. Mit dem Abschluss dieses Verpflichtungsgeschäfts (auch: Kausalgeschäft) ist aber noch keine Erfüllung verbunden. Vielmehr bedarf es dazu nachgeschalteter Vollzugsgeschäfte. Die Vollzugsgeschäfte sind dingliche Rechtsgeschäfte (sogenannte Verfügungen), die den Eigentumsübergang bewirken.

▶ **BEACHTE:** Bewegliche Sachen sind gemäß § 929 Satz 1 BGB durch Einigung und Übergabe zu übereignen, Immobilien (= unbewegliche Sachen) gemäß §§ 873, 925 BGB durch Auflassung und Eintragung der Rechtsänderung im Grundbuch. ◀

30   Aus der Trennung von Verpflichtung und Verfügung folgt, dass beide Rechtsgeschäfte ein Eigenleben führen, so dass die Nichtigkeit des einen Rechtsgeschäfts nicht unbedingt die Nichtigkeit des anderen nach sich zieht. Dieses **Abstraktionsprinzip** impliziert, dass der Kaufvertrag wirksam, die Eigentumsübertragung jedoch unwirksam sein kann – und umgekehrt. Das Abstraktionsprinzip hat sich vor allem bei der Gestaltung von Kreditsicherheiten (vgl. § 15 Rn. 3) bewährt: Der Verkäufer kann sich bspw. das Eigentum an der Kaufsache vorbehalten, bis der Käufer den Kaufpreis vollständig beglichen hat (siehe § 449 Abs. 1 BGB).

31   Auch beim **Rechtskauf** kommt das Trennungsprinzip zum Tragen. Ein Recht, z.B. ein gewerbliches Schutzrecht wie eine Marke (Beispiel: „Coca Cola"), kann wegen der fehlenden Verkörperung nicht übergeben werden. Die Übertragung findet stattdessen durch **Abtretung** gemäß §§ 413, 398 ff. BGB statt. Das Verpflichtungsgeschäft ist der Kaufvertrag, das Verfügungsgeschäft die Abtretung.

2. Mangelfreiheit

32   Der Verkäufer ist verpflichtet, dem Käufer „die Sache frei von Sach- und Rechtsmängeln zu verschaffen" (§ 433 Abs. 1 Satz 2 BGB). Damit wird das Gewährleistungs- in das allgemeine Leistungsstörungsrecht einbezogen,[41] das zentral an den Begriff der „Pflichtverletzung" anknüpft (§ 280 Abs. 1 BGB). Die Lieferung einer Sache, die einen Sachmangel aufweist, stellt wegen § 433 Abs. 1 Satz 2 BGB eine solche Pflichtverletzung dar. Daher zieht sie grundsätzlich auch die gleichen Rechtsfolgen nach sich wie im Leistungsstörungsrecht: In Betracht kommt ein Rücktritt gemäß § 323 und, soweit der Verkäufer den Mangel zu vertreten hat, eine Haftung auf Schadensersatz gemäß §§ 280 f. BGB.[42]

33   Bietet der Verkäufer dem Käufer eine mangelhafte Kaufsache an, so kommt der Käufer mit der Kaufpreiszahlung und der Abnahme nicht in Verzug (siehe § 286 BGB), wenn er die Kaufsache ablehnt. Leistung und Gegenleistung sind Zug um Zug zu erbringen: Der Käufer kann die Kaufpreiszahlung und die Abnahme verweigern, solange die Übergabe und Übereignung eines *mangelfreien* Kaufgegenstands ausbleibt

---

40   Palandt-*Weidenkaff* § 433 Rn. 13.
41   Begründung des Schuldrechtsmodernisierungsgesetzes, BT-Drucks. 14/6040, S. 209.
42   Begründung des Schuldrechtmodernisierungsgesetzes, BT-Drucks. 14/6040, S. 94.

(siehe §§ 433 Abs. 1 Satz 2, 320 BGB).[43] Darüber hinaus steht ihm, falls er durch die verspätete Lieferung der mangelfreien Kaufsache einen Schaden erleidet, ein Schadensersatzanspruch wegen Verzögerung der Leistung zu (§§ 280 Abs. 1, 2, 286 BGB). Leistet der Verkäufer trotz Fristsetzung noch immer nicht, kann der Käufer gemäß §§ 280 Abs. 1, 3, 281 BGB auch Schadensersatz statt der Leistung verlangen – z.b. für die Mehrkosten eines Deckungskaufs.

Der Käufer, der den Mangel nach Kaufvertragsschluss, aber bei Übergabe entdeckt,   34
kann sich stattdessen auch dafür entscheiden, die **mangelhafte Sache als Erfüllung zu akzeptieren** – z.b., wenn und weil er sie dringend braucht. In diesem Fall wandelt sich der Erfüllungs- in einen Nacherfüllungsanspruch um (§§ 437 Nr. 1, 439 BGB) und dem Käufer stehen ggf. die weiteren in § 437 BGB aufgezählten Rechtsbehelfe zu. Dazu zählt auch der Schadensersatz statt der Leistung (§§ 280 Abs. 1, 3, 281 BGB).

▶ **Beispiel:** K und V haben einen Kaufvertrag über einen Schrank geschlossen, den V zum vereinbarten Termin bei K anliefert. K stellt mit einem Blick fest, dass der Schrank mangelhaft ist, und schickt die Leute des V mit dem Schrank wieder weg. Gleichwohl erhält sie zwei Tage später eine Rechnung über den Kaufpreis, ohne dass sich V dazu äußert, ob und wann er einen mangelfreien Schrank anzuliefern gedenkt. Muss K die Rechnung schon jetzt bezahlen? ◀

K hat die mangelhafte Sache nicht als Erfüllung angenommen. Dazu war sie berech-   35
tigt. Infolgedessen steht ihr die Einrede des nicht erfüllten Vertrags gegenüber dem Kaufpreisanspruch des V nach § 320 Abs. 1 BGB zu – selbst dann, wenn V die Erfüllung mit einer einwandfreien Sache für „nächste Woche" angekündigt hätte.

3. Nebenpflichten

Den Verkäufer treffen grundsätzlich auch **Nebenpflichten**. Diese können im Vertrag   36
ausdrücklich geregelt sein; ansonsten ergeben sie sich aus §§ 241 f. BGB oder aus gesetzlichen Spezialvorschriften.[44] Es kann sich dabei um **Obhuts- und Schutzpflichten** handeln, wenn der Verkäufer in Kontakt mit den Rechtsgütern des Käufers kommt.

▶ **Beispiel:** Rutscht Käufer K in der Lebensmittelabteilung eines Kaufhauses auf einem Gemüseblatt aus, so steht ihm u.U. ein Schadensersatzanspruch gemäß §§ 280 Abs. 1, 241 Abs. 2 BGB gegen den Inhaber (Verkäufer V) zu. V muss Rücksicht auf die Rechte, Rechtsgüter und Interessen des K nehmen (§ 241 Abs. 2 BGB) und sicherstellen, dass sich K gefahrlos in dem Kaufhaus aufhalten kann. Dogmatisch gesehen ist zu unterscheiden: Der Käufer wird aufgrund des Kaufvertrags, der *potentielle* Käufer aufgrund des *vorvertraglichen Schuldverhältnisses* (hier: § 311 Abs. 2 Nr. 2 BGB) geschützt. Ist der Kaufvertrag also noch nicht geschlossen, ergibt sich die Haftung aus §§ 280 Abs. 1, 241 Abs. 2 i.V.m. § 311 Abs. 2 BGB (culpa in contrahendo = c.i.c.).[45] ◀

Weiterhin treffen den Verkäufer **Aufklärungspflichten**. Der Verkäufer muss über alle   37
Umstände aufklären, die für den Kaufentschluss eines verständigen Käufers wesentlich sind, soweit er sie selbst kennt oder für möglich hält.[46] Bei technischen Gütern muss der Verkäufer eine Bedienungsanleitung beilegen. Ist die Kaufsache besonders

---

43   Zu § 320 BGB *Weiler* § 12 Rn. 8 ff.
44   Zu Nebenpflichten Tamm/Tonner- *Schwartze* § 19 Rn. 27 ff.
45   Nach BGHZ 66, 51.
46   BGH NJW 2011, 3640; BGH NJW 2012, 846; BGH NJW 2012, 179; BGH NJW 2013, 1807 (Mieteinnahmen bei Hauskauf).

komplex, hat der Verkäufer den Käufer in den Gebrauch der Sache einzuweisen.[47] Bei Verbraucherverträgen ist der Verkäufer (als Unternehmer) zudem gemäß § 312a Abs. 2 BGB i.V.m. Art. 246 EGBGB gegenüber dem Käufer (Verbraucher) verpflichtet, bestimmte Informationspflichten zu erfüllen.[48]

V. Die Pflichten des Käufers

1. Kaufpreiszahlung

38   Die Hauptpflicht des Käufers besteht darin, den **Kaufpreis** zu bezahlen, § 433 Abs. 2 BGB. Der **Kaufpreis** ist das **Entgelt für die Kaufsache**. Er wird i.d.R. fest vereinbart. Dem Verkäufer kann auch ein **Leistungsbestimmungsrecht** gemäß § 315 Abs. 1 BGB eingeräumt werden. Dann muss er seine Bestimmung nach billigem Ermessen treffen. Im Zweifel kann der Käufer eine gerichtliche Entscheidung herbeiführen (§ 315 Abs. 3 BGB).

39   Im Normalfall ist der Kaufpreis sofort (in voller Höhe) fällig (siehe § 271 Abs. 1 BGB); statt einer Einmalzahlung kann aber auch ein **Kauf auf Raten** (Ratenzahlung) vereinbart werden. Ist der Kauf auf Raten ein Verbrauchervertrag, sind zusätzlich die §§ 506 ff. BGB über Finanzierungshilfen zu beachten. Komplizierte Fragen tauchen bei der Abgrenzung von Leistungen an Erfüllungs statt und erfüllungshalber (vgl. § 364 Abs. 1, 2 BGB) auf, wenn dem Käufer das Recht eingeräumt wird, einen Teil des Kaufpreises durch **Inzahlungnahme** eines anderen Gegenstandes zu begleichen.[49]

40   Bei **Barzahlung** erfüllt der Käufer seine Zahlungspflicht durch Übereignung der Geldscheine und Münzen (§ 929 Satz 1 BGB). Barzahlung in Euro ist die gesetzliche Grundregel (siehe § 14 Abs. 1 S. 2 BBankG). Abweichende Zahlungsformen müssen vereinbart werden, wobei allerdings für übliche Zahlungsformen konkludente Vereinbarungen ausreichen. Für die Banküberweisung reicht es aus, wenn der Verkäufer sein Konto durch Aufdruck auf Geschäftspapieren, Rechnungen o.ä. bekannt gegeben oder in der Vergangenheit Überweisungen widerspruchslos hingenommen hat.[50] Bei einer **Banküberweisung** (§§ 675c ff. BGB) oder bei elektronischer Zahlung mittels einer Karte tritt die Erfüllung bei Gutschrift ein. Entscheidend ist, dass der Verkäufer den Kaufpreis, den er beanspruchen kann, endgültig zur freien Verfügung erhält.[51] Bei Zahlung mit einer **Kreditkarte** verschafft der Kreditkarteninhaber (Käufer) dem Verkäufer einen Zahlungsanspruch gegen den Kartenausgeber, der als **abstraktes Schuldversprechen** angesehen wird.[52] Im Falle einer **Bezahlung mittels PayPal** erlischt der Kaufpreisanspruch durch die vorbehaltlose Gutschrift des geschuldeten Betrags auf dem virtuellen PayPal-Konto des Verkäufers.[53] Das gilt trotz der Tatsache, dass es bei PayPal (im Rahmen des sogenannten Käuferschutzes) ausnahmsweise zu einer Rückbuchung kommen kann;[54] ggf. wird die bereits erloschene Kaufpreisforderung dann wieder begründet.[55] Eine Bezahlung mittels PayPal setzt voraus, dass sich die

---

47   BGHZ 47, 312, 315; BGH NJW-RR 1999, 1285, 1286.
48   Vgl. dazu *Tamm* VuR 2014, 9.
49   *Brömmelmeyer* Schuldrecht AT § 4 Rn. 21.
50   BGHZ 98, 30 ff.; MünchKomm-*Wenzel* § 362 Rn. 21.
51   BGH NJW 2010, 3510, 3512 f.
52   BGH NJW-RR 2004, 481; BGH NJW 2002, 2234, 2235.
53   BGH BeckRS 2017, 136005 Rn. 13 f.
54   BGH BeckRS 2017, 136005 Rn. 20.
55   BGH BeckRS 2017, 136005 Rn. 27.

Parteien darauf geeinigt haben, dass der Kaufpreis unter Verwendung des von PayPal betriebenen gleichnamigen Bezahlsystems entrichtet werden kann.[56]

Kommt der Käufer seinen Zahlungspflichten nicht nach, so kann der Verkäufer insbesondere einen **Schadensersatzanspruch** gemäß §§ 280 Abs. 1, 2, 286 BGB wegen Verzögerung der Leistung geltend machen oder – nach erfolgloser Fristsetzung – gemäß § 323 Abs. 1 BGB zurücktreten.

41

2. Abnahme

Der Käufer ist verpflichtet, den Kaufgegenstand **abzunehmen** (§ 433 Abs. 2 Hs. 2 BGB). Dabei handelt es sich um eine Nebenpflicht, die bei beweglichen Sachen die tatsächliche Hinwegnahme der Sache,[57] bei Grundstücken die Mitwirkung an der Herbeiführung der Auflassung erfordert.[58] Verletzt der Käufer diese Pflicht, so kann der Verkäufer nach fruchtloser Fristsetzung Schadensersatz statt der Leistung verlangen (§§ 280 f. BGB) oder zurücktreten (§ 323 BGB). Der Käufer gerät außerdem in Annahmeverzug (§§ 293 ff. BGB), so dass er u.U. für einen Kaufgegenstand zahlen muss, der untergegangen oder beschädigt worden ist (§ 300 Abs. 2 BGB).[59]

42

VI. Gefahrtragung

Bekanntlich geht die Regelung der Unmöglichkeit im allgemeinen Leistungsstörungsrecht mit einer bestimmten Risikoverteilung einher, die man als **Gefahr** bezeichnet.[60] Das Kaufrecht knüpft mit den §§ 446 f. BGB unmittelbar daran an, sodass man sich zunächst die allgemeine Regelung der Leistungs- und der Preisgefahr (§§ 275, 326 BGB) in Erinnerung rufen muss:

43

1. Leistungsgefahr

Die **Leistungsgefahr** (auch: Sachgefahr) bezeichnet das Risiko eines zufälligen, d.h. von keiner Partei zu vertretenden Untergangs des zur Erfüllung vorgesehenen Kaufgegenstands. Dieses Risiko trifft bei einem **Stückkauf** grundsätzlich den *Käufer*: Geht die Kaufsache unter, wird die Leistung für den Verkäufer unmöglich – seine Leistungspflicht entfällt gemäß § 275 Abs. 1 BGB. Bei einem **Gattungskauf** hingegen trägt der *Verkäufer* die Leistungsgefahr, bis es zur **Konkretisierung** gemäß § 243 Abs. 2 BGB kommt. Erst dann geht die Leistungsgefahr auf den Käufer über (Gefahrübergang).[61]

44

2. Preisgefahr

Die **Preisgefahr** (auch: Gegenleistungsgefahr) bezieht sich auf die **Pflicht zur Kaufpreiszahlung** in Fällen, in denen sich die Leistungsgefahr realisiert. Nach § 326 Abs. 1 Satz 1 BGB trägt der *Verkäufer* die Preisgefahr: Geht die Kaufsache zufällig unter und entfällt dadurch die Leistungspflicht des Verkäufers gemäß § 275 Abs. 1 BGB, so wird auch der Käufer von seiner Pflicht zur Kaufpreiszahlung frei.

45

---

56 BGH BeckRS 2017, 136005 Rn. 13, 15.
57 RGZ 53, 161; BGH NJW 1972, 99.
58 RGZ 53, 70; BGH NJW-RR 1989, 651.
59 TWT-*Tamm* § 300 Rn. 4 f.; *Brömmelmeyer*, Schuldrecht AT, § 12 Rn. 21 ff.
60 Siehe auch BGH NJW 2003, 3341 f.
61 Siehe im Einzelnen *Brömmelmeyer* Schuldrecht AT § 3 Rn. 55 ff.

▶ **BEISPIEL:** K hat bei Möbelhändler V einen antiken Sekretär (Einzelstück) bestellt. Auf der Fahrt zu K wird der Sekretär bei einem Unfall zerstört, für den der Fahrer des V nicht verantwortlich ist. – Die Lieferung des Sekretärs ist unmöglich, so dass V gem. § 275 Abs. 1 BGB von seiner Leistungspflicht (Besitz- und Eigentumsübertragung) frei wird. K braucht dafür aber auch keinen Kaufpreis zu zahlen (§ 326 Abs. 1 Satz 1 BGB). Das heißt: Käufer K trägt die Leistungs-, Verkäufer V die Preisgefahr. ◀

46   Geht die Preisgefahr auf den *Käufer* über, so bleibt er trotz eines zufälligen Untergangs der Kaufsache zur Kaufpreiszahlung verpflichtet. Ein **Gefahrübergang** kann sich aus dem allgemeinen Schuldrecht (§ 326 Abs. 2 Satz 1 Var. 1 und 2 sowie Abs. 3 Satz 1 BGB)[62] oder aus §§ 446 f. BGB ergeben.

a) Gefahrübergang gemäß § 446 Satz 1 BGB

47   Nach § 446 Satz 1 BGB geht die Preisgefahr mit **Übergabe der Kaufsache** auf den Käufer über. Dies beruht auf dem Rechtsgedanken, dass der jeweilige Besitzer dazu berufen ist, den Besitz zu schützen.[63] Im Normalfall fallen Besitz- und Eigentumsübertragung allerdings zusammen, sodass § 446 Satz 1 BGB gar nicht mehr zum Tragen kommt: Hat V sein Fahrrad an K verkauft, übergeben und übereignet, und geht das Fahrrad anschließend unter, so spielt die Preisgefahr keine Rolle mehr: Die Lieferungspflicht des V ist durch Erfüllung (§ 362 Abs. 1 BGB) und nicht durch Unmöglichkeit (§ 275 Abs. 1 BGB) erloschen – mit der Folge, dass auch §§ 326, 446 f. BGB nicht anwendbar sind.

48   Praktisch relevant wird § 446 Satz 1 BGB bei einem **Kauf unter Eigentumsvorbehalt** (§ 449 Abs. 1 BGB), bei dem der Verkäufer dem Käufer vorläufig nur Besitz an der Kaufsache verschafft. Hat V das Fahrrad an K übergeben, das Eigentum jedoch nur unter der aufschiebenden Bedingung (siehe § 158 Abs. 1 BGB) vollständiger Kaufpreiszahlung übertragen, so geht mit der Übergabe auch die Gefahr auf K über: Das Risiko, dass das Fahrrad anschließend durch einen von keiner der Parteien zu vertretenden Umstand untergeht, trägt nun K als Besitzer (§ 446 Satz 1 BGB) – und nicht mehr V als Eigentümer.

▶ **BEACHTE:** Nach § 446 Satz 3 steht es der Übergabe gleich, wenn der Käufer im Verzug der Annahme ist. Die Bedeutung dieser Regelung ist unklar. Ihre Rechtsfolge – Gefahrübergang bereits bei Eintritt des Annahmeverzugs – ergibt sich bereits aus § 326 Abs. 2 Satz 1 Var. 2 BGB. § 446 Satz 3 BGB dient so gesehen also nur der Klarstellung. ◀

b) Gefahrübergang beim Versendungskauf gemäß § 447 BGB

49   Klassisches Klausurproblem ist der **Gefahrübergang beim Versendungskauf** (§ 447 Abs. 1): Hat der Verkäufer die Kaufsache auf Verlangen des Käufers nach einem anderen Orte als dem Erfüllungsort versendet, so geht die Preisgefahr auf den Käufer über, sobald er die Sache an die Transportperson ausgeliefert hat. Der Käufer bleibt also ausnahmsweise zur Kaufpreiszahlung verpflichtet, wenn die Kaufsache auf seine Initiative hin „nach einem anderen Ort als dem Erfüllungsort (= Leistungsort)" verschickt wurde und währenddessen zufällig untergegangen ist. Der Verkäufer wird so gestellt, als ob er die Kaufsache bereits übergeben hätte. Die Wirkung des § 447 BGB ist auf sogenannte typische **Transportschäden** zu beschränken, also etwa Beschädigun-

---

62   Siehe im Einzelnen *Brömmelmeyer* Schuldrecht AT § 3 Rn. 52 ff.
63   Palandt-*Weidenkaff* § 446 Rn. 1.

gen durch einen Verkehrsunfall oder Verlust durch Diebstahl auf dem Lagerplatz des Frachtführers.[64]

Bei einem **Verbrauchsgüterkauf** (Begriff: § 474 Abs. 1 BGB, hier: § 12) ist § 475 Abs. 2 BGB zu beachten, der den Gefahrübergang auf den Käufer im Interesse eines effektiven Verbraucherschutzes noch weiter einschränkt: Danach gilt § 447 Abs. 1 BGB mit der Maßgabe, dass die Gefahr des zufälligen Untergangs und der zufälligen Verschlechterung *nur dann* auf den Käufer übergeht, wenn der Käufer den Spediteur, den Frachtführer oder die sonst zur Ausführung der Versendung bestimmte Person oder Anstalt mit der Ausführung beauftragt hat und der Unternehmer dem Käufer diese Person oder Anstalt nicht zuvor benannt hat.

50

▶ **BEISPIEL:** K wohnt in Berlin und bestellt als Verbraucher Möbel bei dem örtlichen Möbelhändler V. Dabei vereinbart er mit V, dass die Möbel zu seinem Ferienhaus an der Ostsee geliefert werden sollen und V die Versendung veranlassen soll. Auf dem Weg an die Ostsee werden die Möbel gestohlen. § 447 BGB entfaltet nach § 475 Abs. 2 BGB bei Verbrauchsgüterkaufverträgen keine Wirkung. Würde K dagegen nicht als Verbraucher handeln, träfen ihn die Folgen des Diebstahls, d.h. er müsste die Möbel bezahlen und könnte dafür allenfalls von V gemäß § 285 BGB Herausgabe eines stellvertretenden commodum (ggf.: Ansprüche gegen einen Versicherer) verlangen. ◀

▶ **LÖSUNGSHINWEISE ZU FALL 6:** V und K haben einen Kaufvertrag geschlossen. Zwar ist die Kanzleisoftware ein digitaler Inhalt (vgl. § 327 Abs. 2 Satz 1 BGB) und keine Sache (= körperlicher Gegenstand i.S. von § 90 Satz 1 BGB); sie ist jedoch als sonstiger Kaufgegenstand im Sinne von § 453 Abs. 1 Satz 1 BGB anzusehen, so dass Kaufrecht zur Anwendung kommt und K ein Nacherfüllungsanspruch gemäß §§ 437 Nr. 1, 439 Abs. 1 BGB zusteht. § 453 Abs. 1 Satz 2 und 3 BGB verweist im Hinblick auf Verbraucherverträge über den Kauf digitaler Inhalte zwar auf den Nacherfüllungsanspruch gem. §§ 327i Nr. 1, 327l BGB. Rechtsanwalt R handelt jedoch als selbständiger Berufsträger (*Kanzlei*software!) und damit als Unternehmer (§ 14 Abs. 1 BGB), nicht als Verbraucher (§ 13 BGB). ◀

WIEDERHOLUNGS- UND VERTIEFUNGSFRAGEN

> In welchen Fällen ist auf einen Digitalkauf das Recht der Verbraucherverträge über digitale Produkte anwendbar?
> Ist der Kauf einer Ware mit digitalen Elementen oder Extras ein Sach- oder ein Digitalkauf?
> Kann der Käufer einen nichtigen Kaufvertrag widerrufen?
> Was kann – außer einer Sache – noch Gegenstand eines Kaufvertrags sein?
> Kann der Verkäufer mit einer mangelhaften Sache erfüllen?
> Welche Leistungspflichten stehen im Kaufvertrag im Synallagma?
> Wird der Käufer allein durch Abschluss eines Kaufvertrags Eigentümer der Kaufsache?
> Welche Nebenpflichten treffen den Verkäufer?
> Erfüllt der Käufer mit einer Banküberweisung seine Kaufpreiszahlungspflicht?

---

64 RGZ 93, 330, 323; BGH NJW 1965, 1324; ablehnend Staudinger-*Beckmann* § 446 Rn. 17; MünchKomm-*Westermann* § 447 Rn. 23. Der Diebstahl-Fall ist in RGZ 96, 258 f. entschieden.

§ 7 Mangelbegriff

▶ **FALL 7:** K kauft bei V einen Schrank. Im Kaufvertrag wird er mit „Farbe: Buche" bezeichnet. Nach Lieferung entdeckt K, dass der Schrank entgegen seiner Vorstellung lediglich ein Buche-Furnier aufweist, im Übrigen aber aus Pressholz besteht. Vereinbarungsgemäß wurde der Schrank in Einzelteilen zur Selbstmontage geliefert; eine Montageanleitung ist beigefügt. Als K den Schrank fast fertig montiert hat, stürzt er zusammen, nach Auffassung von K, weil in der Montageanleitung die Verwendung einer falschen Verbindungsschraube vorgesehen war. Schließlich erinnert sich K, dass auf der Website des Herstellers der Schrank mit „Buche massiv" beschrieben ist. K fragt, ob ihm Rechte wegen eines Mangels gegen V zustehen. ◀

I. Einführung

1 Der Käufer hat Anspruch auf Lieferung einer mangel*freien* Kaufsache (§ 433 Abs. 1 Satz 2 BGB), braucht eine mangel*hafte* Kaufsache also nicht anzunehmen. Nimmt er sie an, etwa, weil er den Mangel bei der Übergabe gar nicht bemerkt hat, so stehen ihm die in § 437 BGB aufgeführten Rechte des Käufers bei Mängeln zu. Hat Käufer K bspw. eine Espresso-Maschine erworben, die nicht funktioniert, so kann er u.a. gemäß §§ 437 Nr. 1, 439 Abs. 1 Alt. 1 BGB von V verlangen, dass er den Mangel beseitigt. Dieses Kapitel (§ 7) behandelt nur den **Begriff des Mangels**. Die Rechte des Käufers bei Mängeln thematisiert § 8. Mögliche Einschränkungen und Erweiterungen der Mängelrechte finden Sie in § 10.

2 Bei Kaufverträgen richtet sich die Mangelfreiheit des Kaufgegenstands grundsätzlich nach §§ 434 f. BGB, die **zwischen Sach- und Rechtsmangel unterscheiden:** Ein **Sachmangel** (§ 434 BGB) betrifft primär die physische Beschaffenheit der Kaufsache und ist bspw. dann anzunehmen, wenn das Display eines verkauften Mobiltelefons einen Sprung hat. Ein **Rechtsmangel** (§ 435 BGB) betrifft die dem Käufer eingeräumte rechtliche Dispositionsfreiheit über die Kaufsache (siehe § 903 Satz 1 BGB) und liegt z.B. dann vor, wenn die verkaufte Eigentumswohnung (anders als vereinbart) vermietet ist, so dass der Käufer als neuer Eigentümer nicht frei darüber verfügen kann (siehe § 566 BGB – Kauf bricht nicht Miete).

3 Die Regelung des Sach- und Rechtsmangels (§§ 434 f. BGB) ist nicht nur auf den **Kauf von Sachen** anwendbar; sie gilt vielmehr auch für den **Kauf von Rechten** (nur Rechtsmängel!) **und sonstigen Gegenständen** (§ 453 Abs. 1 Satz 1 BGB). Beim Digitalkauf (Beispiel: Kauf eines E-Books) ist zu unterscheiden: Handelt sich um einen Verbrauchervertrag über den Verkauf digitaler Inhalte durch einen Unternehmer (§ 453 Abs. 1 Satz 2 BGB), so sind anstelle der §§ 434 f. BGB die Parallelvorschriften in §§ 327d ff. BGB (Vertragsmäßigkeit digitaler Produkte) anzuwenden (§ 453 Abs. 1 Satz 3 BGB); andernfalls gelten gem. § 453 Abs. 1 Satz 1 BGB die §§ 434 f. BGB entsprechend; digitale Inhalte sind sonstige Kaufgegenstände.

4 Besonderheiten bestehen im **Verbrauchsgüterkaufrecht:** Beim Kauf eines körperlichen Datenträgers, der ausschließlich als Träger digitaler Inhalte dient sind anstelle der §§ 434 f. BGB die §§ 327 ff. BGB anwendbar (§ 475a Abs. 1 BGB). Dasselbe gilt für den Kauf von Waren mit digitalen Extras, wenn der Mangel nicht die Kauf*sache*, sondern das digitale Produkt als *add-on* betrifft (§ 475a Abs. 2 BGB). Beim Kauf von Waren mit digitalen Elementen sind neben §§ 434 f. BGB auch noch die §§ 475b Abs. 2 bis 4 und § 475c BGB anzuwenden, die u.a. besondere (subjektive und objektive)

Anforderungen an die *Updates* der digitalen Elemente vorsehen.[1] Dementsprechend wäre ein *Fitness-Tracker* bspw. dann mangelhaft, wenn der Verkäufer nicht für die *Updates* der für die Funktionsfähigkeit erforderlichen Herzfrequenz-App sorgt (§ 475b Abs. 4 Nr. 2 BGB).

II. Sachmangel

1. Regelungsstruktur des § 434 BGB

Nach § 434 Abs. 1 BGB ist die Sache (ab bzw. seit dem 1.1.2022) frei von Sachmän-   5
geln, wenn sie bei Gefahrübergang den subjektiven Anforderungen (Absatz 2), den objektiven Anforderungen (Absatz 3) und den Montageanforderungen entspricht (Absatz 4). Man prüft den Sachmangel also, indem man der Frage nachgeht, ob die Kaufsache alle (subjektiven und objektiven) Anforderungen erfüllt und ob ggf. auch den Montageanforderungen Rechnung getragen wurde. Im Detail ergibt sich folgendes Bild:

Mit der Neuregelung ändert sich der Mangelbegriff auf den ersten Blick kaum: § 434   6
Abs. 1 BGB a.F. knüpfte genauso an die vereinbarte Beschaffenheit (Satz 1), die nach dem Vertrag vorausgesetzte (Satz 2 Nr. 1) und die gewöhnliche Verwendung sowie die übliche Beschaffenheit an (Nr. 2). Die Begründung betont allerdings, dass sich der systematische Ansatz geändert habe, weil § 434 Abs. 1 BGB nunmehr „einen **Gleichrang der subjektiven, der objektiven Anforderungen und der Montageanforderungen**" vorsehe – mit der Folge, dass die Parteien im Falle eines Verbrauchsgüterkaufs nicht mehr

---

1 Einzelheiten: § 12 Rn. 49 f.

ohne weiteres eine den objektiven Anforderungen vorgehende Beschaffenheitsvereinbarung treffen könnten.[2] Dementsprechend bestimme § 476 Abs. 1 Satz 2 BGB, dass man bei einem Verbrauchsgüterkauf von den in § 434 Abs. 3 BGB geregelten objektiven Anforderungen (vor Mitteilung eines Mangels) durch Vertrag nur abweichen könne, wenn (1.) der Verbraucher vor der Abgabe seiner Vertragserklärung eigens davon in Kenntnis gesetzt wurde, dass ein bestimmtes Merkmal der Ware von den objektiven Anforderungen abweiche und (2.) die Abweichung i.S. der Nummer 1 im Vertrag ausdrücklich und gesondert vereinbart wurde.

7   Tatsächlich stellt § 434 Abs. 1 BGB **subjektive Anforderungen, objektive Anforderungen und (im Falle einer Montage) Montagevereinbarungen** nunmehr im Ansatz auf eine Stufe; sie gelten **kumulativ**.[3] Das Schrifttum zur Warenkaufrichtlinie nimmt teils sogar an, dass die Kaufsache „vor allem" objektive Anforderungen erfüllen müsse und dass man nur durch negative Beschaffenheitsvereinbarungen davon abweichen könne.[4] Dem könnte man künftig durch eine veränderte Prüfungsreihenfolge Rechnung tragen – und zunächst die objektiven Anforderungen (§ 434 Abs. 3 BGB) prüfen, um dann zu klären, ob die Parteien zusätzliche subjektive Anforderungen (Absatz 2) vereinbart haben oder durch negative Beschaffenheitsvereinbarungen (ggf.: in der Form des § 476 Abs. 1 Satz 2 BGB) von den objektiven Anforderungen abgewichen sind. Dagegen spricht jedoch, dass § 434 Abs. 3 BGB die objektiven Anforderungen nur als Maßstab anlegt, „[s]oweit nicht wirksam etwas anderes vereinbart wurde". Im Falle einer Kollision bleibt es also bei dem Vorrang der Parteivereinbarung.[5] Damit sollte es auch bei der bisherigen **Prüfungsreihenfolge** bleiben:

■ Haben die Parteien (ggf.: unter Beachtung von § 476 Abs. 1 Satz 2 BGB) eine wirksame Beschaffenheits- oder Verwendungsvereinbarung getroffen (§ 434 Abs. 2 Nr. 1 und 2 BGB), so ist bei der Prüfung eines angeblichen Mangels vorrangig auf die subjektiven Anforderungen abzustellen.

■ Haben die Parteien keine wirksame Beschaffenheits- oder Verwendungsvereinbarung getroffen oder geht es um eine von der Vereinbarung nicht umfasste Beschaffenheit oder Verwendung, so kommt es stattdessen bzw. zusätzlich auf die objektiven Anforderungen, d.h. darauf an, ob sich die Sache für die gewöhnliche Verwendung eignet und ob sie der üblichen und vernünftigerweise zu erwartenden Beschaffenheit entspricht (§ 434 Abs. 3 BGB).

8   Die **Legitimität der abgestuften Prüfung des Mangels** lässt sich am einfachsten anhand eines Beispiels verdeutlichen: Hat Fahrradhändler V ein Fahrrad verkauft, das laut Herstellerangaben einen Gepäckträger haben müsste, das stattdessen jedoch, wie V und der eigens davon in Kenntnis gesetzte Käufer K (Verbraucher) ausdrücklich und gesondert vereinbart haben (vgl. § 476 Abs. 1 Satz 2 BGB), eine Halterung für eine Fahrradtasche besitzt, so liegt darin kein Mangel i.S. von § 434 Abs. 3 BGB. Das Fahrrad weist ja die vereinbarten (von der Normalbeschaffenheit abweichenden) Merkmale auf. K erhält genau das Fahrrad, das er gekauft hat. Das Gleiche gilt, wenn V gerade im Hinblick auf den an sich öffentlich angekündigten, tatsächlich jedoch – wie vereinbart – fehlenden Gepäckträger einen Preisnachlass gewährt. Mangelhaft wäre

---

2 Begründung der Bundesregierung zum Entwurf eines Gesetzes zur Regelung des Verkaufs von Sachen mit digitalen Elementen und anderer Aspekte des Kaufvertrags, BT-Drucks. 19/27424, S. 23.
3 *Pfeiffer* GPR 2021, 120, 121 ff., zum Regierungsentwurf.
4 *Staudenmayer* ZEuP 2019, 663, 678 und ders. NJW 2019, 2889, 2890, jeweils zur Warenkaufrichtlinie.
5 Siehe auch: *Lorenz* NJW 2021, 2065, 2066.

das Fahrrad auch in diesem Falle nicht. Die Beschaffenheitsvereinbarung (bei einem Verbrauchsgüterkauf: die ausdrückliche und gesonderte Beschaffenheitsvereinbarung zwischen dem Verkäufer und dem eigens davon in Kenntnis gesetzten Käufer) geht vor.[6]

2. Subjektive Anforderungen

Nach § 434 Abs. 2 BGB entspricht die Sache den subjektiven Anforderungen, wenn sie (1.) die vereinbarte Beschaffenheit hat, (2.) sich für die nach dem Vertrag vorausgesetzte Verwendung eignet und (3.) mit dem im Vertrag vereinbarten Zubehör und den vereinbarten Anleitungen, einschließlich Montage- und Installationsanleitungen, übergeben wird. Das heißt im Kern, dass **die Kaufsache der vertraglichen Vereinbarung der Parteien entsprechen** muss und ansonsten mangelhaft ist.[7]   9

a) Beschaffenheitsvereinbarung

Nach § 434 Abs. 2 Satz 1 Nr. 1 BGB entspricht die Sache nur dann den subjektiven Anforderungen, wenn sie die **vereinbarte Beschaffenheit** aufweist. Es kommt also darauf an, ob die Ist-Beschaffenheit der Kaufsache mit der vertraglich vereinbarten Soll-Beschaffenheit übereinstimmt; andernfalls liegt ein subjektiver Mangel vor.   10

aa) Beschaffenheit

Den Begriff der **Beschaffenheit** versteht man i.S. von „jegliche Merkmale einer Sache, die der Sache selbst anhaften oder sich aus ihrer Beziehung zur Umwelt ergeben."[8] Dieses Begriffsverständnis wird in Satz 2 mit Regelbeispielen verknüpft: Zu der Beschaffenheit gehören Art, Menge, Qualität, Funktionalität, Kompatibilität, Interoperabilität und sonstige Merkmale der Sache, für die die Parteien Anforderungen im Vertrag vereinbart haben (Satz 2).   11

Der Beschaffenheitsbegriff umfasst alle **Faktoren, die der Sache physisch unmittelbar anhaften.** Das heißt bspw. beim Kauf eines Autos, dass u.a. Marke und Motorisierung, gefahrene Kilometer, Benzin- bzw. Energieverbrauch und CO_2-Emissionen zur Beschaffenheit der Kaufsache gehören. Beim Tierkauf kann als Beschaffenheitsmerkmal bspw. vereinbart sein, dass das verkaufte Pferd brav und umgänglich, leichttrittig und lektionssicher sein soll.[9]   12

Der BGH legt in st. Rechtsprechung einen weiten Beschaffenheitsbegriff zugrunde.[10] Danach sind als Beschaffenheit einer Sache sowohl alle Faktoren anzusehen, die der Sache selbst anhaften, als auch alle **Beziehungen der Sache zur Umwelt,** die nach der Verkehrsauffassung Einfluss auf die Wertschätzung der Sache haben.[11] Dementsprechend hat der BGH u.a. entschieden, dass das **Bestehen einer Herstellergarantie** (im konkreten Fall: für einen Audi TT) in der Regel ein Beschaffenheitsmerkmal der   13

---

6 BGH NJW 2019, 2380, 2381 (auf der Basis des Kaufrechts vor 2022).
7 Begründung der Bundesregierung zum Entwurf eines Gesetzes zur Regelung des Verkaufs von Sachen mit digitalen Elementen und anderer Aspekte des Kaufvertrags, BT-Drucks. 19/27424, S. 23.
8 Begründung der Bundesregierung zum Entwurf eines Gesetzes zur Regelung des Verkaufs von Sachen mit digitalen Elementen und anderer Aspekte des Kaufvertrags, BT-Drucks. 19/27424, S. 23.
9 OLG Oldenburg BeckRS 2018, 24643 (Bockiges Pferd).
10 BGH VersR 2020, 1261, Rn. 37, m.w.N.
11 BGH VersR 2020, 1261; siehe auch: BGH NJW 2016, 2874 f., unter Berufung auf Art. 2 Abs. 1 VerbrGKRL; BGH NJW 2013, 1948, 1949; BGH NJW 2013, 1671, 1672; BGH BeckRS 2014, 17609 Rn. 17.

Kaufsache darstellt. Es handle sich um ein auf das Fahrzeug bezogenes Rechtsverhältnis zwischen Fahrzeughalter und Fahrzeughersteller, der für die Kosten bestimmter Reparaturen des Fahrzeugs aufkomme. Damit handle es sich um eine Beziehung der Kaufsache zur Umwelt, die nach der Verkehrsauffassung Einfluss auf die Wertschätzung der Sache habe.[12] Die Frage ob „jeder tatsächliche Bezug zum Kaufgegenstand" unter den Begriff der Beschaffenheit subsumiert werden kann, hat der BGH bisher offengelassen.[13] Im Hinblick auf Beschaffenheits*vereinbarungen* spricht die Privatautonomie der Parteien dafür, den Begriff tatsächlich so weit auszulegen und auf alle Faktoren zu erstrecken, die die Parteien im konkreten Einzelfall hinsichtlich der Kaufsache vereinbart haben.

14   Die Merkmale der **Funktionalität, Kompatibilität und Interoperabilität** kommen beim Digitalkauf und beim Kauf von Waren mit digitalen Elementen zum Tragen und werden in § 327e Abs. 2 Satz 2 – 4 BGB definiert. Diese Legaldefinitionen sind zwar gem. § 327a Abs. 3 Satz 1 BGB nicht unmittelbar auf Kaufverträge über Sachen mit digitalen Elementen anwendbar. Es ist jedoch von einem einheitlichen Begriffsverständnis auszugehen, so dass man auch im Kaufrecht grundsätzlich auf § 327e Abs. 2 BGB zurückgreifen kann.

- Der Begriff „**Funktionalität**" meint gem. § 327e Abs. 2 Satz 2 BGB die Fähigkeit eines digitalen Produkts, seine Funktionen seinem Zweck entsprechend zu erfüllen.[14]
- **Kompatibilität** ist gem. § 327e Abs. 2 Satz 3 BGB die Fähigkeit eines digitalen Produkts, mit Hard- oder Software zu funktionieren, mit der digitale Produkte derselben Art in der Regel genutzt werden, ohne dass sie konvertiert werden müssen.
- Der Begriff der **Interoperabilität** steht gem. § 327e Abs. 2 Satz 4 BGB für die Fähigkeit eines digitalen Produkts, mit anderer Hardware oder Software als derjenigen, mit der digitale Produkte derselben Art in der Regel genutzt werden, zu funktionieren.[15]

Hat Unternehmer U also eine (standardisierte) Software für sein Rechnungswesen gekauft und stellt sich anschließend heraus, dass sich diese für das Betriebssystem macOS programmierte Software *anders als vereinbart* nicht mit dem von U genutzten Betriebssystem LINUX versteht, so liegt mangels **Interoperabilität** ein Sachmangel der Software i.S. von § 434 Abs. 2 Satz 1 Nr. 1, Satz 2 BGB vor. Nutzt Unternehmer U stattdessen das Betriebssystem macOS und lässt sich die dafür programmierte Software trotzdem nicht installieren, fehlt es an der **Kompatibilität**, weil sich die Software nicht in der eigentlich dafür vorgesehenen Systemumgebung betreiben lässt.

15   Klarzustellen ist, dass der **Wert der Sache** kein Beschaffenheitsmerkmal ist. Er haftet der Kaufsache nicht physisch an und hätte, selbst wenn man ihn unter „Beziehungen des Kaufgegenstands zur Umwelt" fassen wollte, keinen Einfluss auf seine Wertschätzung. Die Parallele zu dem Begriff der Eigenschaften i.S. von § 119 Abs. 2 BGB liegen auf der Hand:[16] Ein Käufer kann den Kaufvertrag weder mit der Begründung anfechten, er habe sich über den Wert der Kaufsache geirrt (vgl. § 119 Abs. 2 BGB), noch kann er sich darauf berufen, dass die Kaufsache allein aufgrund ihres (angeblich) geringeren Werts einen Mangel aufweise.

12 BGH NJW 2016, 2874, 2875.
13 BGH NJW 2016, 2874, 2875 m.w.N.
14 Siehe auch: Erwägungsgrund 27 WKRL.
15 Siehe auch: Erwägungsgrund 27 WKRL.
16 Siehe auch: Palandt-*Weidenkaff* § 434 Rn. 12.

Der **Kaufpreis** ist ebenfalls kein Beschaffenheitsmerkmal der Kaufsache, sondern Entgelt für die Kaufsache. Das OLG München[17] hat zudem entschieden, dass auch der (frühere) Anschaffungspreis einer Kaufsache kein Beschaffenheitsmerkmal sei; er hafte der Sache nicht unmittelbar an und betreffe auch nicht die Beziehung der Sache zur Umwelt bzw. ihre tatsächlichen, rechtlichen und wirtschaftlichen Verhältnisse, die nach der Verkehrsauffassung einen Einfluss auf Nutzen und Wertschätzung hätten.[18] Hat V also ein Haus einschließlich einer Einbauküche verkauft, die angeblich 25.000 Euro, tatsächlich jedoch nur 12.500 Euro gekostet hat, so ist das Haus allein aufgrund dieser Falschangabe noch nicht mangelhaft. Rechte des Käufers bei Mängeln (§ 437 Nr. 1-3 BGB) entstehen also nicht. Dafür kann K jedoch Schadensersatz gemäß §§ 280 Abs. 1, 241 Abs. 2 i.V.m. § 311 Abs. 2 BGB *(culpa in contrahendo)* verlangen.[19] 16

Im Hinblick darauf, dass auch die Menge zu der Beschaffenheit gehört, stellen auch Mengenabweichungen einen Mangel dar, § 434 Abs. 2 Satz 2 BGB. 17

bb) Beschaffenheitsvereinbarung

Eine **Beschaffenheitsvereinbarung** setzt nach st. BGH-Rechtsprechung voraus, dass „der Verkäufer in vertragsgemäß bindender Weise die Gewähr für das Vorhandensein einer Eigenschaft der Kaufsache übernimmt und damit seine Bereitschaft zu erkennen gibt, für alle Folgen des Fehlens dieser Eigenschaft einzustehen."[20] Damit stellt der BGH ausdrücklich so „strenge Anforderungen", dass eine Beschaffenheitsvereinbarung nur „in eindeutigen Fällen in Betracht" kommt.[21] Heißt es also in einem Kaufvertrag „Der Verkäufer erklärt, dass der verkaufte BMW eine Gesamtfahrleistung von 20.000 km aufweist", so liegt darin eine Beschaffenheitsvereinbarung, heißt es stattdessen nur „Gesamtfahrleistung lt. Tacho" oder „lt. Vorbesitzer", so reicht das nicht aus.[22] Heißt es im Kaufvertrag „HU neu" oder „TÜV neu", so geht der BGH von der stillschweigenden Vereinbarung aus, dass die Hauptuntersuchung (HU) nicht nur stattgefunden hat, sondern dass sich das verkaufte Fahrzeug auch in einem für die HU geeigneten verkehrssicheren Zustand befindet.[23] 18

Die Beschränkung auf eindeutige Beschaffenheitsvereinbarungen bedeutet nicht, dass diese **ausdrücklich** getroffen werden müssten.[24] Der BGH hat klargestellt, dass es für den Abschluss einer Beschaffenheitsvereinbarung zweier aufeinander bezogener korrespondierender Willenserklärungen nach §§ 145 ff. BGB (Angebot und Annahme) bedarf,[25] dass diese Willenserklärungen jedoch durchaus auch stillschweigend – mithin **durch schlüssiges Verhalten** – abgegeben werden können.[26] Eine Beschaffenheitsvereinbarung kann sich also auch aus den Umständen des Vertragsschlusses ergeben, etwa 19

---

17 OLG München BeckRS 2019, 23762 mit irreführendem Leitsatz.
18 OLG München BeckRS 2019, 23762 Rn. 5.
19 OLG München BeckRS 2019, 23762 Rn. 6.
20 BGH BeckRS 2019, 5783 Rn. 22; BGH NJW 2008, 1517; BGH NJW 2017, 2817, 2818.
21 BGH BeckRS 2019, 5783 Rn. 22; BGH NJW 2016, 2874, 2875; BGH NJW 2016, 3015, 3018; BGH NJW 2018, 146; BGH NJW 2018, 150, 151.
22 Palandt-*Weidenkaff* § 434 Rn. 15 m.w.N.; siehe auch: OLG Koblenz, NJW-RR 2020, 236 zur konkludenten Vereinbarung eines „Werkwagens".
23 BGH NJW 2015, 1669, 1670; BGH NJW 1988, 1378, 1379; siehe auch BGH NJW 2013, 2749, 2750.
24 BGH NJW 2016, 1815; Begründung der Bundesregierung zum Entwurf eines Gesetzes zur Regelung des Verkaufs von Sachen mit digitalen Elementen und anderer Aspekte des Kaufvertrags, BT-Drucks. 19/27424, S. 23.
25 BGH NJW 2018, 150, 152.
26 BGH NJW 2018, 150, 152; BGH NJW 2016, 3015, 3016 f.

aus dem Kontext der dabei geführten Gespräche oder den bei dieser Gelegenheit abgegebenen Beschreibungen.[27] Dabei kommt es auf die Unterscheidung zwischen „positiver" und „negativer" Beschaffenheit nicht an.[28] Denn es macht keinen Unterschied, ob die Eigenschaft vorhanden (z.B.: „Denkmal") oder nicht vorhanden („kein Denkmal") sein soll.[29]

▶ **BEACHTE:** Beschaffenheitsvereinbarungen spielen in der (Klausur-)Praxis auch deswegen eine große Rolle, weil sie nicht unter einen ggf. vereinbarten allgemeinen **Haftungsausschluss** fallen. Der BGH[30] hat eine „Auslegungsregel" entwickelt, die besagt, „dass sich ein zwischen den Parteien vereinbarter allgemeiner Ausschluss der Haftung für Sachmängel nicht auf eine von den Parteien nach … [§ 434 Abs. 2 Satz 1 Nr. 1 BGB] vertraglich vereinbarte Beschaffenheit erstreckt." Das ist auch konsequent: Ein Verkäufer, der durch eine Beschaffenheitsvereinbarung signalisiert, dass er die Gewähr für bestimmte Merkmale der Kaufsache übernimmt, kann sich später nicht darauf berufen, dass er aufgrund eines ebenfalls vereinbarten (generellen) Haftungsausschlusses nicht für diese Merkmale einzustehen brauche (Verbot widersprüchlichen Verhaltens). ◀

20   Besonderheiten bestehen aufgrund des Formenzwangs (§ 311b Abs. 1 BGB) beim **Kauf einer Immobilie:** Der BGH hat insoweit klargestellt, dass eine vorvertragliche Beschreibung von Eigenschaften eines Grundstücks oder Gebäudes, die im notariellen Kaufvertrag keinen Niederschlag findet, in aller Regel nicht zu einer Beschaffenheitsvereinbarung führt.[31] Diese Einschränkung beruht darauf, dass die Parteien bei einem beurkundungsbedürftigen Rechtsgeschäft alle Erklärungen in den (zu beurkundenden) Vertrag aufnehmen müssen, die eine Regelung enthalten, d.h. Rechtswirkungen erzeugen sollen. Dazu gehören eben auch Beschaffenheitsvereinbarungen.[32]

b) Eignung für die nach dem Vertrag vorausgesetzte Verwendung

21   Das Kaufrecht geht (realitätsnah) davon aus, dass in der Praxis keineswegs in jedem Kaufvertrag die Beschaffenheit vereinbart wird. Je alltäglicher ein Geschäft ist, umso häufiger fehlt es an einer (vollständigen) Vereinbarung über die Beschaffenheit der Sache im Einzelnen. Meist richten sich die Vorstellungen der Parteien nämlich nicht auf einzelne Beschaffenheitsmerkmale, sondern darauf, dass die Sache für einen **bestimmten Verwendungszweck** tauglich sein soll. Der Käufer, der im Baumarkt nach einer Bohrmaschine fragt, wird typischerweise berichten, wofür er die Bohrmaschine braucht (soll auch Schrauben eindrehen können) und nicht die Frage stellen, ob die Bohrmaschine über eine variable Drehzahlregelung verfügt. Dem trägt § 434 Abs. 2 Satz 1 Nr. 2 BGB mit der Einbeziehung der „nach dem Vertrag vorausgesetzte[n] Verwendung" Rechnung.[33]

22   Im Lichte der Warenverkaufsrichtlinie eignet sich die Kaufsache für die „nach dem Vertrag vorausgesetzte Verwendung", wenn sie sich für einen bestimmten vom Käufer angestrebten Zweck eignet, den der Käufer „dem Verkäufer spätestens bei Abschluss

---

27   BGH NJW 2016, 1815.
28   BGH NJW 2019, 2380, 2381 f.
29   BGH NJW 2019, 2380, 2382.
30   BGHZ 170, 86, 97; BGH NJW 2016, 1815.
31   BGH NJW 2016, 1815, 1816; siehe auch: OLG München BeckRS 2019, 23762.
32   BGH NJW 2016, 1815, 1816.
33   Begründung des Schuldrechtsmodernisierungsgesetzes, BT-Drucks. 14/6040, S. 213.

des Kaufvertrags zur Kenntnis gebracht und dem der Verkäufer zugestimmt hat."[34] Dafür ist *keine ausdrückliche* Zustimmung des Verkäufers erforderlich.[35] Vielmehr genügt es, wenn der Verkäufer den Kaufvertrag in Kenntnis der vom Käufer angestrebten Verwendung abschließt, ohne mitzuteilen, dass sich die Kaufsache nicht für diese Verwendung eignet.[36] Der Verkäufer gibt damit zu erkennen, dass er der ihm zur Kenntnis gebrachten Verwendung zustimmt.[37]

Der BGH hat die Regelung in dem heutigen § 434 Abs. 2 Satz 1 Nr. 2 BGB im **Vo-**   23 **gelfutter-Fall** eng ausgelegt.[38] Der Käufer hatte als Hersteller des Vogelfutters für 90.000 Euro eine neue Maschine gekauft, mit der das Vogelfutter in Plastikbeutel verpackt und verschweißt werden sollte. Im Nachhinein stellte sich heraus, dass die Maschine viel langsamer verpackt als erwartet (nur 9 statt 20 5kg-Beutel pro Minute). Dementsprechend trug der Käufer vor, dass der vertraglich vorausgesetzte Zweck einer „regelmäßigen Produktion mit verlässlichen und gegenüber der alten Maschine verbesserten Stückzahlen" nicht erreicht werde. Der BGH ist dem nicht gefolgt. § 434 BGB ziele mit dem Merkmal der „nach dem Vertrag vorausgesetzten Verwendung" nicht auf konkrete Eigenschaften der Kaufsache ab, die der Käufer sich vorstelle, sondern darauf, ob die Sache für die dem Verkäufer erkennbare Verwendung (Nutzungsart) durch den Käufer geeignet sei. Die nach dem Vertrag vorausgesetzte Verwendung sei allein nach dem Einsatzzweck (hier: Verpackung von Vogelfutter in zu verschweißende Plastikbeutel) zu bestimmen. Nur, wenn die verkaufte Maschine dafür nicht geeignet sein sollte, liege ein Mangel i.S. von (heute) § 434 Abs. 2 Satz 1 Nr. 2 BGB vor.

Der Bundesgerichtshof verlangt insoweit subtile Differenzierungen. Im **Ebersperma-**   24 **Fall** hatte die Käuferin als Inhaberin eines Landwirtschaftsbetriebs Ebersperma gekauft, mit dem ihre Zuchtsauen besamt werden sollten.[39] Das Ebersperma war mit einem PRRS-Virus infiziert, obwohl der Verkäufer mit der Bezeichnung „PRRS-freier Betrieb" geworben hatte. Der BGH hat eine Beschaffenheitsvereinbarung (heute: § 434 Abs. 2 Satz 1 Nr. 1 BGB) verneint, hat jedoch entschieden, dass sich das Ebersperma nicht für die vertraglich vorausgesetzte – und zugleich gewöhnliche – Verwendung eigne. Die Eignung einer Sache für eine bestimmte Verwendung sei nicht erst zu verneinen, wenn die Tauglichkeit der Kaufsache zu diesem Gebrauch ganz aufgehoben sei, sondern bereits dann, wenn sie lediglich gemindert sei. Das sei bei dem mit dem PRRS-Virus belasteten Ebersperma der Fall, weil mit der Verwendung eine erhebliche, mit der Trächtigkeit verbundene gesundheitliche Gefährdung der zu belegenden Sauen verbunden sei.[40] Die Rechtsauffassung des OLG Schleswig, der infizierte Ebersamen sei für die vorgesehene Verwendung geeignet, weil es möglich sei, die Zuchtsauen zu besamen,[41] hat der BGH verworfen. Der Unterschied zum Vogelfutter-Fall besteht darin, dass die Verpackungsmaschine *prinzipiell* für die Herstellung fehlerfreier Vogel-

34   Art. 6 lit. c) der WKRL; siehe auch: Begründung der Bundesregierung zum Entwurf eines Gesetzes zur Regelung des Verkaufs von Sachen mit digitalen Elementen und anderer Aspekte des Kaufvertrags, BT-Drucks. 19/27424, S. 23.
35   Begründung der Bundesregierung zum Entwurf eines Gesetzes zur Regelung des Verkaufs von Sachen mit digitalen Elementen und anderer Aspekte des Kaufvertrags, BT-Drucks. 19/27424, S. 23.
36   Begründung der Bundesregierung zum Entwurf eines Gesetzes zur Regelung des Verkaufs von Sachen mit digitalen Elementen und anderer Aspekte des Kaufvertrags, BT-Drucks. 19/27424, S. 23.
37   Begründung der Bundesregierung zum Entwurf eines Gesetzes zur Regelung des Verkaufs von Sachen mit digitalen Elementen und anderer Aspekte des Kaufvertrags, BT-Drucks. 19/27424, S. 23.
38   BGH NJW 2019, 1937.
39   BGH NJW 2017, 2817.
40   BGH NJW 2017, 2817, 2818.
41   BGH NJW 2017, 2817, 2818.

futter-Verpackungen geeignet war, während der Ebersamen *prinzipiell nicht* für eine (gefahrlose) Besamung der Sauen in Betracht kam.

▶ **BEACHTE:** Die nach dem Vertrag vorausgesetzte Verwendung kann sich von der gewöhnlichen Verwendung der Kaufsache unterscheiden.[42] Letztlich kommt § 434 Abs. 2 Satz 1 Nr. 2 BGB vor allem dann eine gegenüber Absatz 3 eigenständige Bedeutung zu, wenn die Parteien eine andere als die gewöhnliche Verwendung vereinbart haben.[43] ◀

25   Die Rechtsprechung geht teilweise davon aus, dass die **vertraglich vorausgesetzte Verwendung** ausnahmsweise sogar **Vorrang vor der vertraglich vereinbarten Beschaffenheit** hat: Hat V Saatgut an K verkauft, das K (wie vertraglich vorausgesetzt) auf seinem Bayerischen Acker aussäen will, so ist das Saatgut nach einem Urteil des OLG München[44] gemäß (heute) § 434 Abs. 2 Satz 1 Nr. 2 BGB mangelhaft, wenn es gentechnisch so verändert wurde, dass es im Inland nicht ausgesät werden darf. Das gelte selbst bei einer Beschaffenheitsvereinbarung (Nummer 1), die besagt, dass „Saatgut mit Beimischungen von geringen Spuren gentechnisch verändertem Materials als nicht mangelhaft gilt."[45] Das Urteil ist indes angreifbar: Die Parteien hatten die Verwendung im Inland individuell-konkret, die Beschaffenheit hingegen nur in Form einer generell abstrakten AGB-Klausel vereinbart.[46] Dementsprechend hätte das OLG München den Fall über § 305b BGB (Vorrang der Individualvereinbarung) lösen können – ohne die abgestufte Prüfung gemäß § 434 BGB in Frage zu stellen.

c) Übergabe mit dem vereinbarten Zubehör und den vereinbarten Anleitungen

26   Nach § 434 Abs. 2 Satz 1 Nr. 3 BGB entspricht die Sache nur den subjektiven Anforderungen, wenn sie mit dem im Vertrag vereinbarten Zubehör und mit Anleitungen, einschließlich Montage- und Installationsanleitungen, übergeben wird. Hat V also ein Smartphone mit Ladekabel verkauft, so ist die Kaufsache mangelhaft, wenn das Ladekabel fehlt.

3. Objektive Anforderungen

27   § 434 Abs. 3 Satz 1 BGB knüpft bei den **objektiven Anforderungen an die Kaufsache** an vier unterschiedliche Merkmale an, nämlich an die Eignung für die gewöhnliche Verwendung (Nummer 1), an die übliche und zu erwartende Beschaffenheit (Nummer 2), an die Beschaffenheit einer (ggf. bereitgestellten) Probe oder eines Musters (Nummer 3) und an die berechtigen Erwartungen an Zubehör und Anleitungen (Nummer 4). Die Merkmale müssen **kumulativ** vorliegen, wenn die Kaufsache mangelfrei sein soll.[47] Das heißt: Die Kaufsache ist bspw. dann mangelhaft, wenn sie sich für die gewöhnliche Verwendung eignet, aber nicht die übliche und (objektiv) zu erwartende Beschaffenheit aufweist – und umgekehrt.

---

42   BGH NJW 2017, 2817, 2818; BGH NJW 2019, 1937, 1938; BGH NJW-RR 2012, 1078.
43   BGH NJW 2019, 1937, 1938.
44   OLG München NJW-RR 2015, 435; siehe auch: Palandt-*Weidenkaff* § 434 Rn. 13.
45   OLG München NJW-RR 2015, 435, 436.
46   OLG München NJW-RR 2015, 435, 437.
47   BGH NJW 2019, 1133, 1135 f.

a) Eignung für die gewöhnliche Verwendung

Die Sache entspricht den objektiven Anforderungen, wenn sie sich für die **gewöhnliche** **28** **Verwendung** eignet (§ 434 Abs. 3 Satz 1 Nr. 1 BGB). Bei der Beurteilung sind das bestehende Unionsrecht und das nationale Recht, technische Normen oder – in Ermangelung solcher technischen Normen – anwendbare sektorspezifische Verhaltenskodizes zu berücksichtigen.[48] § 434 Abs. 3 BGB ist ggf. in diesem Sinne richtlinienkonform auszulegen (siehe Art. 7 Abs. 1 Buchstabe a WKRL).

Ein (neu oder gebraucht) gekauftes **Kraftfahrzeug** eignet sich nur dann für die gewöhn- **29** liche Verwendung (im Straßenverkehr), wenn es „keine technischen Mängel aufweist, die die Zulassung zum Straßenverkehr hindern oder die Gebrauchsfähigkeit aufheben oder beeinträchtigen".[49] Dementsprechend geht der BGH im sogenannten **Diesel-Skandal** davon aus, dass ein Fahrzeug mangelhaft ist, wenn bei Übergabe an den Käufer eine – den Stickoxidausstoß auf dem Prüfstand gegenüber dem Normalbetrieb redu- zierende – (unzulässige) Abschalteinrichtung installiert ist;[50] aufgrund der (latenten) Gefahr einer (behördlichen) Betriebsuntersagung sei der (ungestörte) Betrieb des Fahr- zeugs im Straßenverkehr nicht gewährleistet.[51] Der BGH hat zudem, ein Kraftfahrzeug als mangelhaft i.S. von (heute) § 434 Abs. 3 BGB beanstandet, bei dem die **Kupplungs- überhitzungsanzeige** den Fahrer zum Anhalten aufgefordert hatte, um die Kupplung abkühlen zu lassen – obwohl das eigentlich gar nicht notwendig gewesen wäre;[52] auch insoweit sei die ungestörte Verwendung im Straßenverkehr nicht gewährleistet.

b) Übliche und zu erwartende Beschaffenheit

Die Sache entspricht den objektiven Anforderungen, wenn sie eine Beschaffenheit **30** aufweist, die bei Sachen derselben Art üblich ist und die der Käufer erwarten kann – und zwar unter Berücksichtigung (a) der Art der Sache und (b) der öffentlichen Äußerungen, die von dem Verkäufer oder einem anderen Glied der Vertragskette oder in deren Auftrag, insbesondere in der Werbung oder auf dem Etikett, abgegeben wur- den (§ 434 Abs. 3 Satz 1 Nr. 2 BGB). Dabei ist der Hinweis auf die Beschaffenheit, „die der Käufer erwarten kann" i.S. der berechtigten Erwartungen des (potentiellen) Käufers zu verstehen; es geht darum, was er „vernünftigerweise" erwarten kann und was „angemessen" ist.[53]

aa) Übliche Beschaffenheit

Die Sache muss eine Beschaffenheit aufweisen, die bei Sachen der gleichen Art üblich **31** ist und die der Käufer nach der Art der Sache erwarten kann. Zu der **üblichen Beschaf- fenheit** gehören Menge, Qualität und sonstige Merkmale der Sache, einschließlich ihrer Haltbarkeit, Funktionalität (siehe § 327e Abs. 2 Satz 2 BGB), Kompatibilität (§ 327e Abs. 2 Satz 3 BGB) und Sicherheit. Das Schrifttum sieht teils eine erhebliche

---

48 Begründung der Bundesregierung zum Entwurf eines Gesetzes zur Regelung des Verkaufs von Sachen mit digitalen Elementen und anderer Aspekte des Kaufvertrags, BT-Drucks. 19/27424, S. 23.
49 BGH NJW 2019, 292, 294; BGH, NJW 2019, 1133.
50 BGH NJW 2019, 1133 f. und Leitsätze 1 und 2.
51 BGH NJW 2019, 1133, Leitsatz 2 und S. 1135 f.
52 BGH NJW 2019, 292, Leitsatz 1 und S. 294.
53 Erwägungsgründe 24 WKRL. Dies soll „objektiv unter Berücksichtigung der Art und des Zwecks des Vertrags, der Umstände des Einzelfalls und der Gebräuche und Gepflogenheiten der Vertragsparteien bestimmt werden".

Sprengkraft des Haltbarkeitskriteriums, weil es den maßgeblichen Zeitpunkt für das Vorliegen des Mangels aushebe.[54] Die Begründung hebt indes eigens hervor, dass der Verkäufer nach § 434 Abs. 3 BGB nicht dafür hafte, dass die Sache tatsächlich ihre erforderlichen Funktionen und ihre Leistung bei normaler Verwendung behalte.[55] Der Hinweis auf die **Haltbarkeit** soll also nicht i.S. einer Haltbarkeitsgarantie zu verstehen sein.[56]

32   Mit § 434 Abs. 3 Satz 1 Nr. 2 BGB knüpft das Kaufrecht an die **Normalbeschaffenheit** der Kaufsache und die **objektiv berechtigten Erwartungen** des Käufers an.[57] Die Einordnung eines (angeblichen) Defizits als Mangel setzt zunächst also die Klärung der Normalbeschaffenheit voraus: Hat V eine (neue) *Vespa* an K verkauft, bei der die Tankanzeige nicht funktioniert, so ist ein Mangel i.S. von § 434 Abs. 1 Satz 2 Nr. 2 BGB auch dann zu bejahen, wenn V (wahrheitsgemäß) mitteilt, dass die Tankanzeige bei keiner *Vespa* richtig funktioniere; es ist nämlich nicht lediglich eine auf denselben Fahrzeugtyp des Herstellers bezogene markeninterne Betrachtung anzustellen, sondern ein herstellerübergreifender Vergleichsmaßstab heranzuziehen, der Serienfehler unberücksichtigt lässt.[58]

33   Bei der Beurteilung eines (angeblichen) Mangels ist an die objektiv zu erwartende Normal- und nicht an die **Idealbeschaffenheit** anzuknüpfen. Der Unterschied lässt sich anhand eines BGH-Urteils zum Kauf eines Wohnmobils veranschaulichen: Der Käufer hatte beanstandet, dass sich die Eingangstür zum Wohnbereich bei geöffnetem Fenster nicht bis zum Anschlag (um 180°) öffnen lasse.[59] Der BGH hat einen Mangel i.S. von (heute) § 434 Abs. 3 Satz 1 Nr. 2 BGB verneint. Die Funktion von Tür und Fenster sei in vollem Umfang gegeben, so dass die **Eignung** des Wohnmobils **zur gewöhnlichen Verwendung** – als Fahrzeug zum Wohnen – nicht in Frage stehe. Im Hinblick auf die **Beschaffenheit, die der Käufer nach der Art der Sache erwarten könne,** komme es auf die objektiv berechtigte Käufererwartung an, die sich im Regelfall an der üblichen Beschaffenheit gleichartiger Sachen orientiere.[60] Dass es zum allgemeinen und deshalb von Käufern berechtigterweise erwarteten Ausstattungsstandard von Wohnmobilen gehöre, dass die Eingangstür um 180° geöffnet werden könne, hält der BGH für fernliegend, weil dies für einen problemlosen Ein- und Ausstieg nicht erforderlich sei. Ein Käufer könne i.Ü. auch bei einem teuren Wohnmobil keine unter Gesichtspunkten des Komforts in jeder Hinsicht optimale Konstruktionsweise erwarten.[61]

34   Im Hinblick auf die umfangreiche Rechtsprechung zur Normalbeschaffenheit und zu den berechtigten Erwartungen des Käufers liegt es nahe, **Fallgruppen** zu bilden, die hier jedoch nur angedeutet werden können. Beim **Kauf von Gebrauchtwagen** ist darauf abzustellen, was von einem Fahrzeug des betreffenden Alters zu erwarten ist.[62] Verschleißerscheinungen, mit denen zu rechnen ist, stellen daher keinen Mangel dar.[63] Beim **Immobilienkauf** gilt: Begründet die frühere Nutzung eines Grundstücks (bspw.

---

54 *Kupfer/Weiß* VuR 2020, 95 m.w.N.; a.A.: *Staudenmayer* NJW 2019, 2889, 2890.
55 Begründung der Bundesregierung zum Entwurf eines Gesetzes zur Regelung des Verkaufs von Sachen mit digitalen Elementen und anderer Aspekte des Kaufvertrags, BT-Drucks. 19/27424, S. 24.
56 *Staudenmayer* NJW 2019, 2889, 2890.
57 BGH NJW 2019, 292, 295; BGH NJW 2009, 2056, 2057.
58 BGH NJW 2019, 292, 294; BGH NJW 2009, 2056 f.
59 BGH NJW 2011, 2872.
60 BGH NJW 2011, 2872, 2873.
61 BGH NJW 2011, 2872, 2873.
62 BGH NJW 1984, 1454 f.
63 Vgl. BGH NJW 2006, 434, Leitsatz 1 und S. 435; BGH NJW 2009, 1588 (normale Verschleißerscheinungen).

als Tankstelle) einen Altlastenverdacht, so weist dies auf einen Sachmangel i.S. von § 434 Abs. 3 Satz 1 Nr. 2 BGB hin, ohne dass weitere Umstände hinzutreten müssen.[64] Beim **Tierkauf** darf man die Normal- nicht mit der Idealbeschaffenheit verwechseln: Der Käufer kann selbst beim Kauf eines Dressurpferdes für 100.000 Euro nicht erwarten, dass das Tier dem physiologischen oder biologischen Ideal entspricht.[65]

bb) Erwartungen aufgrund öffentlicher Äußerungen

Die Kaufsache muss die Beschaffenheit aufweisen, die der Käufer unter Berücksichtigung der öffentlichen Äußerungen erwarten kann, die von dem Verkäufer oder einem anderen Glied der Vertragskette oder in deren Auftrag, insbesondere in der Werbung oder auf dem Etikett, abgegeben wurden (§ 434 Abs. 3 Satz 1 Nr. 2 Buchstabe b BGB). Bei Einführung der Vorgängerregelung (2001) hatte man vor allem **öffentliche Äußerungen des (von dem Verkäufer verschiedenen) Herstellers** im Blick. Derjenige, der seiner Kaufentscheidung derartige Herstellerangaben zugrunde lege, müsse auf die inhaltliche Richtigkeit vertrauen können.[66] Deshalb führt bspw. die fehlerhafte Angabe des Herstellers über den Kraftstoffverbrauch zu einem Mangel des von dem Händler verkauften Neuwagens.[67]

▶ **BEACHTE:** Öffentliche Äußerungen erfolgen keineswegs nur dann „im Auftrag" des Verkäufers oder eines anderen Gliedes der Vertragskette, wenn sie im Rahmen eines Auftrages gemäß §§ 662 ff. BGB getätigt werden. Ein „Auftrag" in diesem Sinne kann auch im Rahmen eines Dienst- oder Arbeitsverhältnisses erfolgen, etwa, wenn ein Dienstleister oder ein Angestellter mit der Schaltung von Werbung oder Anzeigen beauftragt wird.[68] ◀

Unter den **Begriff der öffentlichen Äußerung** fallen keine Äußerungen in individuellen Verkaufsgesprächen. Darunter fällt jedoch Werbung, die sich an einen geschlossenen Personenkreis, z.B. an Fachhändler wendet.[69] Die Werbung muss sich auf bestimmte (nachprüfbare) Eigenschaften des Kaufgegenstandes beziehen, so dass allgemeine Werbeanpreisungen wie *„Red Bull"* verleiht Flügel" nicht zu berücksichtigen sind.

▶ **BEISPIEL:** V vertreibt Kunststoffkorken für Weinflaschen. In seinem Katalog behauptet er, Kunststoffkorken seien eine „Alternative zum Naturkork", und mit den Kunststoffkorken könne eine „enorme Qualitätssicherung für Ihre Kunden erreicht werden". Das Weingut K kauft eine große Menge derartiger Kunststoffkorken, stellt jedoch fest, dass bereits zu einem Zeitpunkt Oxidationserscheinungen an seinen Weinen auftreten, zu dem dies bei Naturkorken nicht der Fall ist. – Auch wenn weder eine Vereinbarung über die Beschaffenheit der Korken vorliegt (§ 434 Abs. 2 Satz 1 Nr. 1 BGB) noch über ihre übliche Haltbarkeit etwas feststeht, muss sich V doch seine Äußerungen in seinem Katalog zurechnen lassen (§ 434 Abs. 3 Satz 1 Nr. 2 BGB).[70] ◀

Bei einem **Immobilienkauf** bestimmen auch die in einem Exposé, d.h. die in einer für alle potentiellen Käufer gedachten Beschreibung des Kaufobjekts enthaltenen Beschaf-

35

36

37

---

64 BGH BeckRS 2017, 130734.
65 OLG Hamm BeckRS 2019, 7050 Rn. 26; siehe auch: BGH NJW 2018, 150, 152 m.w.N.
66 Begründung des Schuldrechtsmodernisierungsgesetzes, BT-Drucks. 14/6040, S. 214.
67 BGHZ 132, 55; BGH NJW 1997, 2590; Begründung des Schuldrechtsmodernisierungsgesetzes, BT-Drucks. 14/6040, S. 214.
68 Begründung der Bundesregierung zum Entwurf eines Gesetzes zur Regelung des Verkaufs von Sachen mit digitalen Elementen und anderer Aspekte des Kaufvertrags, BT-Drucks. 19/27424, S. 24.
69 *Weiler* WM 2002, 1784, 1786; Bamberger/Roth-*Faust* § 434 Rn. 81.
70 Nach BGH NJW-RR 2010, 1329. Der BGH hat den Fall an das Berufungsgericht zurückverwiesen.

fenheitsangaben die Soll-Beschaffenheit.[71] Heißt es in dem Exposé, es bestehe die Erlaubnis, zwei bis drei Pferdeboxen auf dem Grundstück zu errichten und stellt sich im Nachhinein heraus, dass es dafür keine Baugenehmigung gibt und dass die Bebauung öffentlich-rechtlich auch nicht genehmigungsfähig ist, so weist das Kaufobjekt einen Sachmangel i.S. von § 434 Abs. 3 BGB auf.[72] Das widerspricht auf den ersten Blick zwar der BGH-Rechtsprechung zu Beschaffenheitsvereinbarungen, die grundsätzlich nur berücksichtigt werden, wenn sie im notariellen Kaufvertrag enthalten sind (siehe oben). Der BGH beruft sich insoweit jedoch auf den fundamentalen Unterschied zwischen dem subjektiven Mangelbegriff, der an die konkrete, gemäß § 311b Abs. 1 BGB zu beurkundende Beschaffenheits*vereinbarung* anknüpft (heute: § 434 Abs. 2 Satz 1 Nr. 1 BGB), und dem objektiven Mangelbegriff, der – unabhängig von der konkreten Parteivereinbarung – die Normalbeschaffenheit unter Berücksichtigung der öffentlichen Äußerungen des Verkäufers bzw. des von ihm beauftragten Maklers bestimmt (heute: § 434 Abs. 3 BGB).[73] Man muss also sehr sorgfältig unterscheiden: Behauptet der Verkäufer in einem persönlichen Verkaufsgespräch fälschlich, dass die Erlaubnis für den Bau einer Pferdebox vorliege, so begründet dies – mangels Beurkundung dieser Beschaffenheitsvereinbarung – keinen Mangel i.S. von § 434 Abs. 2 BGB und – mangels öffentlicher Äußerung – auch keinen Mangel i.S. von § 434 Abs. 3 BGB. Behauptet der Verkäufer stattdessen in einem öffentlichen, bspw. über eine Immobilien-Plattform im Internet verfügbaren Exposé fälschlich, dass die Erlaubnis vorliege, so ist ein Mangel i.S. von § 434 Abs. 3 BGB zu bejahen, weil die allgemein geweckten (berechtigten) Erwartungen des Käufers nicht erfüllt werden.

38 Der Verkäufer ist an die öffentlichen Äußerungen gem. § 434 Abs. 3 Satz 3 BGB *nicht* gebunden, wenn er sie nicht kannte und auch nicht kennen konnte, wenn die Äußerung im Zeitpunkt des Vertragsschlusses in derselben oder in gleichwertiger Weise berichtigt war oder wenn die Äußerung die Kaufentscheidung nicht beeinflussen konnte.

▶ **BEACHTE:** In § 434 Abs. 1 BGB a.F. hieß es, dass sich die Beschaffenheit auch nach den öffentlichen Äußerungen des Herstellers richte, „es sei denn, dass der Verkäufer die Äußerung nicht kannte und auch nicht kennen musste", d.h. fahrlässig nicht kannte (vgl. § 121 Abs. 2 BGB). Damit stand fest, dass der Verkäufer ggf. darlegen und beweisen musste, dass ihm die öffentliche Äußerung ausnahmsweise nicht zuzurechnen war. Diese Beweislastverteilung soll sich durch die Neufassung nicht ändern. Der Unterschied zwischen Kennen-müssen (§ 434 Abs. 1 BGB a.F.) und Kennen-können (§ 434 Abs. 3 BGB) dürfte auch kaum eine Rolle spielen; im Lichte von Art. 7 Abs. 2 Buchstabe a) WKRL kommt es darauf an, ob der Verkäufer die öffentliche Erklärung „vernünftigerweise nicht kennen konnte". Das wird der Fall sein, wenn auch ein Verkäufer, der die im Verkehr erforderliche Sorgfalt beachtet (§ 276 Abs. 2 BGB), sie nicht zu kennen brauchte. ◀

39 ▶ **BEISPIEL:** Hersteller H wirbt über alle Social-Media-Kanäle damit, dass das Betriebssystem seiner alten, noch im Fachhandel verfügbaren Mobiltelefone auf Dauer von dem populären Messenger-Dienst *fastcom* unterstützt wird. K kauft eines dieser Mobiltelefone bei Fachhändler V, muss drei Monate später jedoch erfahren, dass der Messenger-Dienst, die Unterstützung des Betriebssystems in Kürze einstellen wird. Liegt ein Mangel vor, wenn V

---

71 BGH NJW 2019, 2380, 2381; siehe auch: BGH NJW-RR 2018, 752 (trockener Keller).
72 BGH NJW 2019, 2380, 2381.
73 BGH NJW 2019, 2380, 2381; siehe zuvor bereits: BGHZ 207, 349, 354; BGH NJW 2017, 150, 151; BGH NJW 2018, 1954, 1956.

nachweisen kann, dass er von der Werbeaussage des Herstellers keine Kenntnis hatte? – V kannte die Werbeaussage zwar nicht. Er hätte sie jedoch vernünftigerweise kennen können; als seriöser Fachhändler sollte er sich über die Werbung für die von ihm vertriebenen Mobiltelefone auf dem Laufenden halten. Ein Sachmangel nach § 434 Abs. 3 BGB liegt vor. ◄

Um die Erweiterung des Haftungsrisikos des Verkäufers in Grenzen zu halten, schließt § 434 Abs. 3 Satz 3 BGB die Haftung für (angebliche) Mängel durch **Berichtigung** der Äußerung „in derselben oder in gleichwertiger Weise" aus. Erforderlich ist eine ähnlich öffentlich wirksame Kommunikation, nicht unbedingt derselbe Kommunikationskanal. Die Berichtigung muss auf die ursprüngliche Aussage Bezug nehmen.[74]   40

Der Verkäufer haftet auch dann nicht, wenn die Äußerung die Kaufentscheidung nicht beeinflussen konnte (§ 434 Abs. 3 Satz 3 BGB), wenn also eine **Kausalität zwischen Werbeaussage und Kaufentscheidung** auszuschließen ist.   41

c) Beschaffenheit einer Probe oder eines Musters

Die Sache entspricht nur den objektiven Anforderungen, wenn sie der **Beschaffenheit einer Probe oder eines Musters** entspricht, die oder das der Verkäufer dem Käufer vor Vertragsschluss zur Verfügung gestellt hat (§ 434 Abs. 3 Nr. 3 BGB).   42

d) Zubehör und Anleitungen

Die Sache ist mit dem **Zubehör** einschließlich der **Verpackung**, der **Montage- oder Installationsanleitung sowie anderen Anleitungen** zu übergeben, deren Erhalt der Käufer (vernünftigerweise) erwarten kann (§ 434 Abs. 3 Nr. 4 BGB). In Folge dessen kommt bspw. bei einer fehlenden oder fehlerhaften Montageanleitung eine Nachlieferung (§§ 437 Nr. 1, 439 Abs. 1 Alt. 2 BGB) in Betracht. Hat sich die fehlerhafte Montageanleitung bereits in der Montage selbst niedergeschlagen, kommt § 434 Abs. 4 BGB zum Tragen (Montageanforderungen).   43

4. Montageanforderungen

Die Sache entspricht gem. § 434 Abs. 4 BGB den **Montageanforderungen**, wenn (1.) die Montage sachgemäß durchgeführt worden ist oder (2.) die Montage zwar unsachgemäß durchgeführt worden ist, dies jedoch weder auf einer unsachgemäßen Montage durch den Verkäufer noch auf einem Mangel in der vom Verkäufer übergebenen Anleitung beruht. Daraus folgt, dass eine Kaufsache nicht nur bei sachgemäßer Montage den Montageanforderungen entspricht, sondern auch bei *unsachgemäßer Montage*, solange der Montagefehler *nicht* dem Verkäufer zuzurechnen ist. Dementsprechend ist die Kaufsache mangelhaft, wenn   44

- der Verkäufer oder ein Erfüllungsgehilfe des Verkäufers (§ 278 BGB)[75] die Montage unsachgemäß durchgeführt hat oder

---

74 *Reinicke/Tiedtke* Rn. 336.
75 Begründung der Bundesregierung zum Entwurf eines Gesetzes zur Regelung des Verkaufs von Sachen mit digitalen Elementen und anderer Aspekte des Kaufvertrags, BT-Drucks. 19/27424, S. 25 spricht von einer Montage, die „vom Verkäufer oder unter seiner Verantwortung vorgenommen wurde".

■ der Käufer die Montage unsachgemäß durchgeführt hat und der Montagefehler auf einen Mangel in der vom Verkäufer zur Verfügung gestellten Anleitung zurückzuführen ist.[76]

Hat Verkäufer V bspw. die verkaufte Waschmaschine so angeschlossen, dass sie kein Wasser zieht, so liegt aufgrund von § 434 Abs. 4 Nr. 1 BGB ein Mangel vor – die Montage ist unsachgemäß durchgeführt worden –, hat Käufer K die Waschmaschine aufgrund einer fehlerhaften Montageanleitung so angeschlossen, dass sie kein Wasser zieht, greift Nummer 2 – eine unsachgemäße Montage des Verkäufers liegt zwar nicht vor; die unsachgemäße Montage beruht jedoch auf einem Mangel in der vom Verkäufer übergebenen Anleitung.

5. Falschlieferung

45   Nach § 434 Abs. 5 BGB steht es einem Sachmangel gleich, wenn der Verkäufer eine andere Sache als die vertraglich geschuldete Sache liefert.

▶ **Beispiel:** K bestellt einen weißen Schrank, geliefert wird ein brauner Schrank. Ist es ein Mangel des braunen Schranks, kein weißer Schrank zu sein? Nein! Es handelt sich um ein aliud. Nach § 434 Abs. 5 BGB ist der braune Schrank jedoch wie ein mangelhafter weißer Schrank zu behandeln. ◀

46   Beim aliud kommt es – genau wie bei einem Quantitätsmangel – darauf an, ob der Käufer die mangelhafte Lieferung **als Erfüllung gelten lässt**. Erkennt er sofort, dass ihm ein falscher Gegenstand geliefert wurde und weist er daher die Leistung zurück, so behält er seinen ursprünglichen Erfüllungsanspruch. Da er nicht zur Annahme verpflichtet ist, gerät er auch nicht in Annahmeverzug (§ 293 BGB). Ein Gefahrübergang gemäß § 446 Satz 3 BGB findet nicht statt. Bemerkt er dagegen die Falschlieferung nicht und nimmt er die Sache als Erfüllung an (§ 363 BGB), bleiben ihm nur die Rechte nach § 437 Nr. 1-3 BGB.

47   Die Erfüllungswirkung mit einem aliud tritt nur dann ein, wenn der Verkäufer den Kaufvertrag mit dem gelieferten Gegenstand erfüllen *wollte* (**Tilgungsbestimmung**). Bei einer bloßen Verwechslung fehlt es dagegen an der Tilgungsbestimmung, so dass der Verkäufer den Gegenstand nach § 812 Abs. 1 Satz 1 Alt. 1 BGB zurückfordern (kondizieren) kann.

6. Mangel bei Gefahrübergang

48   § 434 Abs. 1 BGB nennt als Zeitpunkt, zu dem die Mangelfreiheit vorliegen muss, den **Gefahrübergang**. Die Gefahr geht gemäß § 446 Satz 1 BGB mit der **Übergabe der Kaufsache** über – und zwar auch, wenn sich der Verkäufer das Eigentum vorbehalten hat (§ 449 Abs. 1 BGB).[77] Die Parteien können den Zeitpunkt des Gefahrübergangs allerdings (vor)verlegen – auch im Rahmen eines Verbrauchsgüterkaufs.[78] Heißt es bspw. in den AGB eines Auktionshauses, die Gefahr gehe bereits mit dem Zuschlag (siehe § 156 BGB) auf den Käufer über, so ist eine solche Regelung nicht zu beanstanden.[79]

---

76 Begründung der Bundesregierung zum Entwurf eines Gesetzes zur Regelung des Verkaufs von Sachen mit digitalen Elementen und anderer Aspekte des Kaufvertrags, BT-Drucks. 19/27424, S. 25.
77 Einzelheiten: *Brömmelmeyer* Schuldrecht AT § 6 Rn. 59 ff.
78 BGH NJW 2014, 1086; OLG Hamm BeckRS 2019, 7050 Rn. 25.
79 OLG Hamm BeckRS 2019, 7050 Rn. 25.

▶ **BEACHTE:** Besonderheiten bestehen beim **Verbrauchsgüterkauf einer Ware mit digitalen Elementen.** Gemäß § 475b Abs. 3 und 4 BGB entspricht eine Ware mit digitalen Elementen nur den subjektiven und objektiven Anforderungen, wenn für diese digitalen Elemente die im Kaufvertrag vereinbarten bzw. die objektiv erforderlichen Aktualisierungen bereitgestellt werden. Dabei kommt es nicht mehr auf den Zeitpunkt des Gefahrübergangs, sondern auf spätere Zeitpunkte an, zu denen Aktualisierungsbedarf besteht. Dogmatisch gesehen führt diese Regelung dazu, dass der grundsätzlich auf einen einmaligen (punktuellen) Leistungsaustausch gerichtete Kaufvertrag zu einem **Dauerschuldverhältnis** bzgl. der digitalen Elemente wird. Der Verkäufer ist nicht nur verpflichtet, einmalig Besitz und Eigentum an der Ware zu übertragen (§ 433 Abs. 1 BGB); er muss die Funktionsfähigkeit der digitalen Elemente mithilfe von *Updates* oder *Upgrades* auch während des nach dem Vertrag maßgeblichen bzw. vernünftigerweise zu erwartenden Zeitraums gewährleisten. ◀

Befindet sich der Käufer in **Annahmeverzug,** so geht die Gefahr ausnahmsweise schon vor Übergabe der Kaufsache über (§ 446 Satz 3 BGB). Dasselbe gilt u.U. bei einem Versendungskauf (§ 447 Abs. 1 BGB). Dort geht die Gefahr bereits dann auf den Käufer über, wenn der Verkäufer die Kaufsache der mit der Versendung betrauten Person übergibt. Beim Verbrauchsgüterkauf ist § 447 BGB nur in dem seltenen Fall anzuwenden, in dem der Käufer die zur Ausführung der Versendung bestimmte Person oder Anstalt beauftragt und der Unternehmer dem Käufer diese Person oder Anstalt nicht zuvor benannt hat (§ 475 Abs. 2 BGB). 49

7. Parallelität des Mangelbegriffs bei Verträgen über digitale Produkte

Legt man den Begriff des **Sachmangels im Kaufrecht** (§ 434 BGB) neben den des **Produktmangels bei Verbraucherverträgen über digitale Produkte** (§ 327e BGB), so erkennt man sofort die Parallelität: Ebenso wie § 434 knüpft auch § 327e BGB an subjektive (Absatz 2) und objektive Anforderungen an (Absatz 3). Beim Verbrauchervertrag über digitale Produkte kommt es jedoch nicht auf Montage-, sondern auf sog. „Integrationsanforderungen" an (§ 327e Abs. 4 BGB): Integration ist die Verbindung und die Einbindung eines digitalen Produkts mit den oder in die Komponenten der digitalen Umgebung des Verbrauchers, damit das digitale Produkt gemäß den gesetzlichen Anforderungen genutzt werden kann (§ 327e Abs. 4 Satz 2 BGB). Digitale Umgebung sind Hardware, Software oder Netzverbindungen aller Art, die vom Verbraucher für den Zugang zu einem digitalen Produkt oder die Nutzung eines digitalen Produkts verwendet werden (Satz 3). Davon abgesehen stellt § 327e Abs. 1 Satz 2 und 3 BGB nicht auf den (im Kaufrecht mit der physischen Übergabe verknüpften) Gefahrübergang ab – sondern auf die Bereitstellung der digitalen Inhalte und Dienstleistungen. 50

III. Rechtsmangel

1. Begriff

Nach § 435 BGB ist die Sache frei von Rechtsmängeln, wenn Dritte in Bezug auf die Kaufsache keine oder nur die im Kaufvertrag übernommenen Rechte gegen den Käufer geltend machen können. Daher muss der Verkäufer, um seine Leistungspflicht (Besitz- und Eigentumsübertragung) gemäß § 433 Abs. 1 BGB zu erfüllen, nicht nur das (materielle) Eigentum als solches übertragen, sondern auch dafür sorgen, dass der Käufer die Kaufsache unangefochten und frei von Rechten Dritter erwirbt und nutzen kann.[80] 51

---

80 BGH NJW 2017, 1666.

Der Käufer muss, so wie in § 903 Satz 1 BGB für den Eigentümer vorgesehen, in die Lage versetzt werden, nach Belieben mit der Sache zu verfahren.[81] Folgerichtig geht der BGH davon aus, dass ein **Rechtsmangel** immer dann vorliegt, wenn **Rechte eines Dritten eine individuelle Belastung des Käufers ergeben**, also geeignet sind, ihn in der ungestörten Ausübung der ihm nach § 903 Satz 1 BGB gebührenden Rechtsposition zu beeinträchtigen.[82]

▶ **BEISPIEL:** V verkauft K formgerecht eine Eigentumswohnung, wobei beide Parteien davon ausgehen, dass K sie selbst nutzen will. Als K einziehen will, stellt er fest, dass V die Eigentumswohnung an Mieter M vermietet hat. Nach Lektüre von § 566 BGB entdeckt er zu seiner unangenehmen Überraschung, dass er in die Stellung des Vermieters eingerückt ist und den Mietvertrag nicht, jedenfalls nicht fristlos, kündigen kann. Die Eigentumswohnung weist in diesem Fall einen Rechtsmangel auf; K stehen die sich aus § 437 Nr. 1-3 BGB ergebenden Rechte des Käufers bei Mängeln zu. ◀

52   Im Falle der vermieteten Eigentumswohnung ist das Eigentum mit einem nicht vereinbarten schuldrechtlichen Nutzungsrecht belastet. Der Verkäufer kann dem Käufer aber immerhin das Eigentum übertragen. Dagegen liegt kein Rechtsmangel, sondern Unmöglichkeit (§ 275 Abs. 1 BGB) vor, wenn der Verkäufer dem Käufer schon das Eigentum als solches nicht verschaffen kann: [83]

▶ **BEISPIEL:** A stiehlt in einer BGB-Vorlesung den Schönfelder der X und verkauft ihn anschließend an G. A kann G kein Eigentum gemäß § 929 Satz 1 BGB verschaffen, weil X ihr Eigentum wegen § 935 Abs. 1 Satz 1 BGB nicht verliert (kein gutgläubiger Erwerb gestohlenen Gutes). Die Erfüllung des Kaufvertrags war von Anfang an unmöglich. G steht kein Nacherfüllungsanspruch wegen eines Rechtsmangels zu (§§ 437 Nr. 1, 439 Abs. 1 BGB), sondern ein Anspruch auf Rückzahlung des Kaufpreises wegen Unmöglichkeit (§§ 326 Abs. 1 Satz 1, Abs. 4, 346 Abs. 1 BGB). ◀

53   § 435 BGB gilt nicht nur für den Sach-, sondern auch für den **Rechtskauf**. Dies ist vor allem beim Unternehmenskauf und beim Erwerb von Immaterialgüterrechten gemäß § 453 BGB wichtig. Dabei hat der Verkäufer grundsätzlich für die **Verität** des Rechts einzustehen,[84] also für den einredefreien Bestand des Rechts, nicht dagegen für seine Bonität, also seine Durchsetzbarkeit und Werthaltigkeit.

54   Entscheidend für die Frage, ob ein Rechtsmangel vorliegt, ist der Zeitpunkt, an dem der Erwerb durch den Käufer vollzogen werden soll.[85] Bei einer aufschiebend bedingten Übertragung, etwa bei einem Eigentumsvorbehalt, kommt es auf den Zeitpunkt des Bedingungseintritts an.[86] Steht jedoch schon vor Eigentums- oder Rechtsübertragung fest, dass der Rechtsmangel nicht beseitigt werden kann, ist ein Abwarten nicht erforderlich, so dass die Rechte des Käufers bei Mängeln auch schon vorher geltend gemacht werden können.

81   BGH NJW 2017, 1666.
82   BGH NJW 2017, 1666 unter Berufung auf *Westermann*.
83   *Reinicke/Tiedtke* Rn. 392; *Eckert/Maifeld/Mathiessen* Rn. 389; MünchKomm-*Westermann* § 435 Rn. 7; Bamberger/Roth-*Faust* § 435 Rn. 15; a.A. *Canaris* JZ 2003, 831, 832; *Medicus/Lorenz* Schuldrecht BT § 6 Rn. 51.
84   BGH NJW 2019, 145, 148.
85   Ebenso: Palandt-*Weidenkaff* § 435 Rn. 7; siehe aber: BGH NJW 2017, 1666, 1667; BGH NJW 2017, 3292, 3294.
86   Erman-*Grunewald* § 435 Rn. 16, § 449 Rn. 10.

2. Dingliche und obligatorische Rechte

Als Rechtsmängel kommen (wie der BGH etwas verschachtelt formuliert) **nicht nur** **55** **dingliche, sondern auch obligatorische Rechte** in Betracht, wenn ihre Ausübung eine tatsächliche Beeinträchtigung der Nutzung für den Käufer bedeutet, indem sie dem Rechtsinhaber ein Recht zum Besitz der Sache verschaffen.[87] Dementsprechend ist zu unterscheiden:

- Hat Verkäufer V das Eigentum an der Kaufsache übertragen, ist die Kaufsache jedoch mit **dinglichen Rechten**[88] wie Pfandrechten, Grundpfandrechten (Hypotheken, Grund- oder Rentenschulden) oder mit einem Nießbrauch belastet, liegt ein Rechtsmangel vor. Auch das **Anwartschaftsrecht eines Dritten auf den Eigentumserwerb** gehört hierher.

- **Obligatorische Rechte** sind Rechte Dritter i.S. des § 435 BGB, wenn aus ihnen ein Recht zum Besitz auch gegenüber dem Käufer abzuleiten ist. Das ist im Wesentlichen im Miet- und Pachtrecht der Fall, weil sich wegen §§ 566 bzw. 571 BGB das Miet- bzw. Pachtverhältnis mit dem Erwerber fortsetzt.

- Weiterhin kommen **Immaterialgüterrechte**[89] und allgemeine Persönlichkeitsrechte[90] Dritter als Rechtsmängel der Kaufsache in Betracht.

▶ **Beispiel:** Ein T-Shirt-Hersteller bügelt ein Bild von Boris Becker auf seine T-Shirts, ohne die Einwilligung von ihm zu haben. Ein Händler, der die T-Shirts erworben hat, kann sie nicht weiter veräußern, weil Boris Becker (berechtigte) Unterlassungsansprüche wegen Verletzung von § 12 BGB und seines allgemeinen Persönlichkeitsrechts geltend macht. Der BGH hat einen Rechtsmangel angenommen.[91] ◀

3. Öffentlich-rechtliche Beeinträchtigungen

Auch **auf öffentlichem Recht beruhende Eingriffsbefugnisse, Beschränkungen und Bin-** **56** **dungen,** können einen **Rechtsmangel** begründen, wenn sie die Nutzung der Kaufsache beeinträchtigen.[92] Wichtigster Anwendungsfall ist die fehlende Bebaubarkeit eines Grundstücks wegen einer öffentlich-rechtlichen Bebauungsbeschränkung.[93] Jüngst hat der BGH auch die Sozialbindung einer Wohnung als Rechtsmangel klassifiziert.[94] Einen Rechtsmangel nimmt man außerdem bei Einziehungs- und Beschlagnahmebefugnissen an.[95] Plastisches Beispiel ist der Fall „Rolls Royce Corniche" (2017):[96] Der BGH hielt den verkauften Rolls Royce aufgrund der Eintragung des Fahrzeugs in die Fahndungsliste des Schengener Informationssystems (SIS) mit Recht für mangelhaft. Bereits die Eintragung sei für den Käufer mit einer erheblichen Nutzungsbeeinträchtigung verbunden – u.a. mit der konkreten Gefahr der (jederzeitigen) behördlichen Beschlagnahme bei einer Polizeikontrolle.[97] Daher sei ein **Rechtsmangel** zu bejahen.

---

87 BGH NJW 2017, 1666.
88 *Reinicke/Tiedtke* Rn. 392.
89 Für das Patentrecht RGZ 163,1; BGH NJW 1973, 1545.
90 BGHZ 110, 196, 200 – Boris Becker.
91 BGHZ 110, 196, 199 f.; anders Bamberger/Roth-*Faust* § 435 Rn. 11: Sachmangel.
92 BGH NJW 2017, 1666.
93 BGH NJW 2013, 2182.
94 BGH NJOZ 2019, 898.
95 Vgl. BGHZ 67, 134, 137 bei einer mit öffentlichen Mitteln geförderten Wohnung und BGHZ 113, 106, 112 für den Fall der Beschlagnahme von mit Heizöl vermischtem Dieselkraftstoff.
96 BGH NJW 2017, 1666.
97 BGH NJW 2017, 1666, 1667.

Im Gegensatz dazu hat der BGH[98] in einem Fall, in dem (mutmaßlich) mit Salmonellen verseuchtes Hasenfleisch verkauft wurde, einen **Sachmangel** angenommen, weil die Kaufsache – unabhängig davon, dass sie (auch) der öffentlich-rechtlichen Beschlagnahme unterlag – nicht mehr für die vorgesehene Verwendung (Weiterveräußerung) tauglich war. Es kommt also darauf an, ob die Kaufsache – unabhängig von möglichen öffentlich-rechtlichen Eingriffen – bereits aufgrund ihrer tatsächlichen Beschaffenheit mangelhaft ist (Sachmangel) oder ob erst der (aktuelle oder potenzielle) öffentlich-rechtliche Eingriff den Käufer in der (von der Sachsubstanz her an sich möglichen) ungestörten Ausübung der ihm gebührenden Rechtsposition beeinträchtigt (Rechtsmangel).[99] Für **öffentliche Lasten** trifft § 436 BGB eine gesonderte Regelung.

4. Buchrechte

57   Nach § 435 Satz 2 BGB werden eingetragene, aber nicht bestehende Buchrechte einem Rechtsmangel gleichgestellt, weil sie den Käufer faktisch behindern[100] oder gar durch gutgläubigen Erwerb zum materiellen Recht erstarken können. Der Käufer hat einen **Löschungsanspruch** gegen den Verkäufer bezüglich dieser Buchrechte. Der Verkäufer schuldet ein „sauberes Grundbuch".[101] Die Kenntnis des Käufers von dem eingetragenen Recht führt nicht zum Anspruchsverlust (§ 442 Abs. 2 BGB).

IV. Rechtsfolgen

58   Die Rechte des Käufers bei Mängeln (§ 437 Nr. 1-3 BGB) bestehen unabhängig davon, ob im konkreten Einzelfall ein Sach- oder ein Rechtsmangel vorliegt. Die Rechtsfolgen sind also dieselben.

▶ **Lösungshinweise zu Fall 7:** K könnten die sich aus § 437 Nr. 1-3 BGB ergebenden Rechte des Käufers bei Mängeln zustehen. Ein Mangel lässt sich allerdings nicht damit begründen, dass V eine Beschaffenheitsvereinbarung nicht eingehalten hätte (§ 434 Abs. 2 Satz 1 Nr. 1 BGB). Aus der Bezeichnung „Farbe: Buche" ergibt sich nämlich nicht, dass damit ein massiver Buchenschrank gemeint ist. Es ist auch nicht üblich, dass Schränke aus Massivholz hergestellt werden (vgl. § 434 Abs. 3 Satz 1 Nr. 2 BGB). Allerdings muss sich V daran festhalten lassen, dass auf der Website des Herstellers der Schrank als „Buche massiv" bezeichnet wurde (§ 434 Abs. 3 Satz Nr. 2 Buchstabe b BGB), so dass im Ergebnis doch ein Mangel vorliegt. Ein Sachmangel ergibt sich ferner wegen der mangelhaften Montageanleitung aus § 434 Abs. 4 Nr. 2 BGB. ◀

Wiederholungs- und Vertiefungsfragen

> Welche Prüfungsreihenfolge ist bei § 434 BGB einzuhalten?
> Setzt die Bejahung eines Sachmangels i.S. des § 434 Abs. 2 oder 3 BGB voraus, dass das fragliche Beschaffenheitsmerkmal der Kaufsache unmittelbar anhaftet?
> Auf welchen Zeitpunkt ist hinsichtlich des Vorliegens eines Sachmangels abzustellen? Auf welchen Zeitpunkt bei einem Rechtsmangel?

---

98   BGH NJW 1972, 1462; siehe auch: BGH NJW 2017, 1666.
99   Im Detail: BGH NJW 2017, 1666, der sorgfältig abgrenzt, gleichzeitig aber klarstellt, dass sich „[s]chematische Lösungen" verbieten.
100 RGZ 88, 22: unzulässige Eintragungen.
101 Vgl. MünchKomm-*Westermann* § 435 Rn. 13.

> Inwieweit haftet der Verkäufer für Werbeaussagen? Kann er Äußerungen des Herstellers berichtigen?

> Wie sind die Beschaffenheitsmerkmale der Funktionalität, Kompatibilität und Interoperabilität i.S. von § 434 Abs. 2 Satz 2 BGB zu verstehen?

> Nach welchen Vorschriften muss der Verkäufer bei einer zusammen mit dem Kaufvertrag vereinbarten Montage des Kaufgegenstandes für Montagemängel einstehen?

> Stellen Falschlieferungen auch Sachmängel dar?

> Nach welchen Vorschriften richtet sich die Prüfung des Mangels bei einem Verbrauchsgüterkauf von Waren mit digitalen Elementen zusätzlich?

> Inwiefern ist der Verbrauchsgüterkauf einer Ware mit digitalen Elementen ein (auf das digitale Element bezogenes) Dauerschuldverhältnis?

> Sind die §§ 434 f. BGB auf einen Verbraucher-Kaufvertrag über ein digitales Produkt wie ein E-Book zum Download im Internet anwendbar, dass ein Unternehmer verkauft?

> Welche Rechte sind von § 435 BGB umfasst? Stellen auch öffentlich-rechtliche Gebrauchsbeschränkungen und öffentliche Lasten Rechtsmängel i.S. dieser Norm dar?

§ 8 Mängelrechte

▶ **FALL 8:**[1] K kauft für seinen Lieferservice „Lunch-in-Time" bei V im Februar 2014 einen Neuwagen der Marke M zu einem Kaufpreis von 100.000 Euro. Nach Kaufpreiszahlung wird das Fahrzeug im März 2014 an K übergeben. Wegen verschiedener Mängel muss K das Fahrzeug zwischen Oktober 2014 und Februar 2015 insgesamt siebzehnmal reparieren lassen. Ein von K beauftragter Sachverständiger stellt fest, dass es sich bei dem Fahrzeug um ein „Montagsauto" handelt, d.h., dass das Fahrzeug aufgrund schlechter Verarbeitung insgesamt sehr fehleranfällig ist. Im August 2015 erklärt K gegenüber V daher die Minderung des Kaufpreises um 20 % (= 20.000 Euro), obwohl zu diesem Zeitpunkt sämtliche Mängel von V behoben worden waren. Nachdem K im Oktober 2015 bei V erneut acht Mängel entdeckt, verlangt er von V im Dezember 2015 – weiterhin mit der Begründung, es handle sich um ein „Montagsauto" – Rückabwicklung des Kaufvertrages im Rahmen des Schadensersatzes statt der ganzen Leistung, d.h. Rückzahlung des Kaufpreises unter Anrechnung der bis dahin entstandenen Gebrauchsvorteile i.H.v. 10.000 Euro. Die im Oktober aufgetretenen Defekte sind zu diesem Zeitpunkt bereits von V behoben worden. V weigert sich zu zahlen. ◀

I. Überblick

1 § 437 BGB regelt laut Überschrift die **Rechte des Käufers bei Mängeln:** Der Käufer kann Nacherfüllung verlangen (Nr. 1), er kann von dem Kaufvertrag zurücktreten oder den Kaufpreis mindern (Nr. 2) und er kann Schadens- oder Aufwendungsersatz verlangen (Nr. 3). Dieser Katalog ist jedoch nicht abschließend. Bei Mängeln der Kaufsache kommen vielmehr auch noch andere Rechte des Käufers in Betracht: Fordert der Verkäufer Kaufpreiszahlung (§ 433 Abs. 2 BGB) obwohl die Kaufsache mangelhaft ist, so ist die Einrede des nichterfüllten Vertrags (§ 320 Abs. 1 BGB) zu prüfen – oder, falls der Nacherfüllungsanspruch des Käufers (§§ 437 Nr. 1, 439 Abs. 1 BGB) bereits verjährt sein sollte, die allgemeine Mängeleinrede. Hat der Verkäufer den Mangel der Kaufsache arglistig verschwiegen, so kommen außerdem auch noch Schadensersatzansprüche des Käufers gemäß §§ 280 Abs. 1, 241 Abs. 2 i.V.m. § 311 Abs. 2 BGB (culpa in contrahendo) in Betracht. Hinzu kommt die Möglichkeit der Anfechtung wegen arglistiger Täuschung gemäß § 123 Abs. 1 BGB, so dass sich folgendes Portfolio an Rechten ergibt:

---

1 Fall angelehnt an BGH NJW 2018, 2863 und NJW 2013, 1523.

Die Rechte des Käufers gemäß § 437 Nr. 1-3 BGB bestehen erst ab Gefahrübergang, 2
d.h. ab Übergabe der Kaufsache (§ 446 Satz 1 BGB). **Bis zum Gefahrübergang gilt
das allgemeine Leistungsstörungsrecht:** Der Käufer kann gemäß § 433 Abs. 1 BGB
die Lieferung einer Kaufsache „frei von Sach- und Rechtsmängeln" verlangen, kann
eine mangelhafte Kaufsache also bis zur Beseitigung eines *behebbaren* Mangels zu-
rückweisen.[2] Er kann die (nicht im Synallagma stehende) Abnahme (§ 433 Abs. 2
BGB) nämlich gemäß § 273 Abs. 1 BGB verweigern, bis die ihm gebührende Leistung
mangelfrei bewirkt wird (Zurückbehaltungsrecht). Das gilt auch bei geringfügigen
Mängeln.[3] Liegt ein *unbehebbarer* Mangel vor, so ist zu unterscheiden: Ist der unbehebbare Mangel *erheblich* (siehe § 323 Abs. 5 Satz 2 BGB), so kann der Käufer gemäß
§§ 323 Abs. 1, 326 Abs. 5 BGB zurücktreten, braucht die Kaufsache also auch nicht
mehr abzunehmen. Ist der unbehebbare Mangel *unerheblich*, so muss der Käufer
die Kaufsache zwar abnehmen – anders als bei einem behebbaren Mangel steht ihm
kein Zurückbehaltungsrecht gemäß § 273 Abs. 1 BGB bzgl. der Abnahme zu, weil
sein Lieferungsanspruch (§ 433 Abs. 1 BGB) wegen Unmöglichkeit (§ 275 Abs. 1 BGB)
entfällt. Er soll aber ausnahmsweise das Recht haben, den Kaufpreis bereits vor Gefahrübergang zu mindern (§§ 437 Nr. 2, 441 BGB), denn es verstieße gegen Treu und

---

2 BGH NJW 2017, 1100, 1102 (Lackkratzer). Dazu: *Wu* JuS 2020, 394, 397.
3 BGH NJW 2017, 1100, 1102 (Lackkratzer).

Glauben (§ 242 BGB), wenn der Verkäufer den vollen Kaufpreis verlangte, obwohl er ihn sofort nach Lieferung und (absehbarer) Minderung teils wieder zurückzahlen müsste (dolo agit).[4]

1. Rechte des Käufers bei Mängeln gemäß § 437 Nr. 1-3 BGB

a) Überblick

3   Bei den in § 437 Nr. 1-3 BGB bezeichneten Rechten handelt es sich teils um Ansprüche (siehe § 194 Abs. 1 BGB) und teils um Gestaltungsrechte[5]:

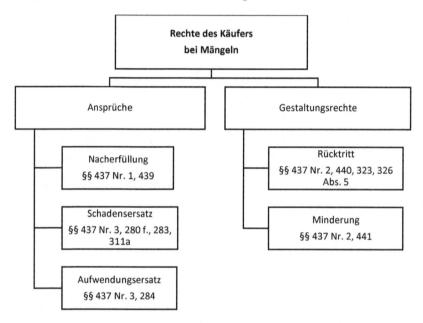

4   Im Regelfall sind auch **Gestaltungsrechte** aufgrund von Mängeln der Kaufsache nicht isoliert zu prüfen, sondern mit den sich aus ihrer Ausübung ergebenden **Ansprüchen** zu verknüpfen: Hat Käufer K aufgrund eines Mangels der Kaufsache seinen Rücktritt erklärt (§§ 437 Nr. 2, 323 BGB), so ist meist der sich aus § 346 Abs. 1 BGB ergebende Anspruch auf Rückzahlung des Kaufpreises (Zug um Zug gegen Rückgabe der Kaufsache) zu prüfen. Parallel dazu gilt für die Minderung: Hat Käufer K den Kaufpreis gemäß §§ 437 Nr. 2, 441 BGB herabgesetzt, so steht ihm in Fällen, in denen er den Kaufpreis bereits beglichen hat, ein Anspruch auf teilweise Rückzahlung gemäß § 441 Abs. 4 BGB zu.

b) Gefahrübergang

5   Die Rechte des Käufers gemäß § 437 Nr. 1-3 BGB setzen im Normalfall voraus, dass die Kaufsache einen **Sachmangel** aufweist, der gemäß § 434 Abs. 1 BGB bei **Gefahr-**

---

4 *Heinemeyer* NJW 2019, 1025, 1030; *Wu* JuS 2020, 394, 399.
5 Begriff: *Neuner* Allgemeiner Teil des Bürgerlichen Rechts § 20 Rn. 31.

übergang vorliegen muss.[6] Eigentlich ist es in sich widersprüchlich, Rechte des Käufers bei Mängeln *ab Gefahrübergang* zu gewähren. Die Gefahr geht nämlich gemäß § 446 Satz 1 BGB nur auf den Käufer über, wenn die verkaufte Sache „frei von Sach- und Rechtsmängeln" (§ 433 Abs. 1 Satz 2 BGB) übergeben wird; nur eine mangelfreie Sache ist die „verkaufte Sache" i.S.d. § 446 Satz 1 BGB.[7] Daher knüpft man (unausgesprochen) an den **hypothetischen Gefahrübergang** an und stellt die Frage, ob die Gefahr übergegangen wäre, wenn die Kaufsache keine Mängel aufgewiesen hätte (sehr str.).[8]

Man könnte meinen, dass der **Gefahrübergang** die Rechtslage in vielen Fällen gar 6
nicht ändert: Nehmen Sie an, V verkauft K einen Fiat 500. Bei Lieferung stellt K fest, dass der Fiat einen erheblichen Motorschaden hat. Weigert er sich, das mangelhafte Fahrzeug anzunehmen, so kann er nach erfolgloser Fristsetzung gemäß § 323 Abs. 1 BGB vom Kaufvertrag zurücktreten. Nimmt er das Fahrzeug an (Gefahrübergang!), so greifen die Rechte des Käufers bei Mängeln.[9] K kann noch immer zurücktreten, muss den Rücktritt nunmehr jedoch auch auf § 437 Nr. 2 BGB stützen. Der Eindruck, dies bleibe folgenlos, weil § 437 Nr. 2 BGB auch wieder nur auf § 323 Abs. 1 BGB verweist, wäre jedoch verfehlt. Markanter Unterschied ist die mögliche Unwirksamkeit des Rücktritts: Der Rücktritt wegen nicht oder nicht vertragsgemäß erbrachter Leistung ist unwirksam, wenn der Anspruch auf die Leistung oder der Nacherfüllungsanspruch verjährt ist und der Verkäufer sich hierauf beruft (siehe § 218 Abs. 1 Satz 1 BGB). Bis zum Gefahrübergang ist auf den Lieferungsanspruch (§ 433 Abs. 1 BGB) abzustellen, der gemäß §§ 199 Abs. 1, 195 BGB drei Jahre nach Kaufvertragsschluss verjährt. Ab Gefahrübergang ist auf den Nacherfüllungsanspruch (§§ 437 Nr. 1, 439 Abs. 1 BGB) abzustellen, der gemäß § 438 Abs. 1 Nr. 3 BGB innerhalb von zwei Jahren nach Lieferung verjährt.

2. Die Einrede des nicht erfüllten Vertrags

Der Verkäufer ist gemäß § 433 Abs. 1 Satz 2 BGB verpflichtet, dem Käufer die Kauf- 7
sache „frei von Sach- und Rechtsmängeln" zu verschaffen. Daraus folgt: Ist die Kaufsache mangelhaft, steht dem Käufer gemäß § 320 Abs. 1 BGB die **Einrede des nicht erfüllten Vertrags** zu. Der Käufer kann seine Leistung, d.h. die Kaufpreiszahlung gemäß § 433 Abs. 2 BGB, „bis zur Bewirkung der Gegenleistung", d.h. bis zu dem Zeitpunkt verweigern, zu dem ihm der Verkäufer Besitz und Eigentum an einer mangelfreien Kaufsache verschafft. Das gilt grundsätzlich auch nach Gefahrübergang: Hat V ein mangelhaftes Notebook gegen Rechnung an K geliefert, so braucht K die Rechnung erst zu bezahlen, wenn V das Notebook repariert oder das mangelhafte gegen ein mangelfreies Notebook ausgetauscht hat. Dogmatisch gesehen ist das auch stimmig: Die Erfüllungsansprüche des Käufers (§ 433 Abs. 1 BGB) und des Verkäufers (Absatz 2) stehen im Synallagma. Der Nacherfüllungsanspruch (§ 437 Nr. 1, 439 Abs. 1 BGB) tritt an die Stelle des Erfüllungsanspruchs des Käufers, so dass sich das Synallagma nach Gefahrübergang fortsetzt. Die Einrede des nicht erfüllten Vertrags (§ 320 Abs. 1 BGB) entfällt erst, wenn auch der Nacherfüllungsanspruch erlischt: Hat V den Mangel des Notebooks beseitigt, so muss K den Kaufpreis zahlen.

---

6 Im Detail zum Gefahrübergang: *Brömmelmeyer* Schuldrecht AT § 6 Rn. 44 f., 59-61.
7 *Heinemeyer* NJW 2019, 1025 f.
8 *Heinemeyer* NJW 2019, 1025, 1027, 1029, auch mit der Erläuterung anderer Lösungsansätze.
9 H.M., etwa MünchKomm-*Westermann* § 437 Rn. 6; *Wu* JuS 2020, 394.

3. Die Mängeleinrede

8   Unabhängig von der Einrede des nicht erfüllten Vertrags steht dem Käufer gegenüber einem Kaufpreisanspruch eine spezielle kaufrechtliche Rücktritts- bzw. Minderungseinrede zu, die sogenannte **allgemeine Mängeleinrede**.[10] Diese ist aus der Verjährungsvorschrift des § 438 Abs. 4 Satz 2 BGB für den Rücktritt bzw. aus § 438 Abs. 5 BGB für die Minderung abzuleiten: Nach § 438 Abs. 4 und 5 BGB braucht der Käufer den Kaufpreis nicht bzw. anteilig nicht zu zahlen, wenn er eigentlich zurücktreten bzw. mindern könnte, ihm dies aber wegen § 218 BGB verwehrt ist. Daher ist im Hinblick auf mögliche mängelbezogene Einreden des Käufers wie folgt abzuschichten:

- Bis zur Übergabe einer mangelfreien Kaufsache kann der Käufer die Kaufpreiszahlung gemäß § 320 Abs. 1 BGB verweigern (Einrede der Nichterfüllung).

- Ab Übergabe einer mangelhaften Kaufsache bis zum Eintritt der Verjährung des Nacherfüllungsanspruchs kann der Käufer die Kaufpreiszahlung gemäß § 320 Abs. 1 BGB verweigern (Einrede der Nicht-Nacherfüllung), solange die Nacherfüllung ausbleibt.

- Ab Eintritt der Verjährung des Nacherfüllungsanspruchs kann der Käufer die Kaufpreiszahlung gemäß § 438 Abs. 4 Satz 2 und 5 BGB verweigern, soweit er trotz Unwirksamkeit des Rücktritts bzw. der Minderung dazu berechtigt wäre (allgemeine Mängeleinrede).

II. Nacherfüllung

1. Begriff und Rechtsnatur des Nacherfüllungsanspruchs

9   Besteht ein **Nacherfüllungsanspruch** gemäß §§ 437 Nr. 1, 439 Abs. 1 BGB, so kann der Käufer nach seiner Wahl die Beseitigung des Mangels (Nachbesserung) oder die Lieferung einer mangelfreien Sache (Nachlieferung) verlangen. Die **Nachbesserung**, d.h. die Beseitigung des Mangels wird in aller Regel durch eine Reparatur des Kaufgegenstands erfolgen, wobei es dem Verkäufer überlassen bleibt, ob er dies durch Einsendung des Kaufgegenstands an den Hersteller bewirkt oder selber entweder beim Käufer oder in einer eigenen Werkstatt repariert. Bei der **Nachlieferung**, d.h. der Lieferung einer mangelfreien Sache hat der Käufer Anspruch auf Lieferung eines Ersatzgegenstands gleicher Art und Güte. Der Nacherfüllungsanspruch ist wie folgt zu prüfen:

Nacherfüllungsanspruch gemäß §§ 437 Nr. 1, 439 Abs. 1 BGB
1. Kaufvertrag
2. Mangel der Kaufsache bei Gefahrübergang (beim Rechtsmangel: bei Erwerb)
3. Kein Haftungsausschluss
4. Keine Unmöglichkeit der Nacherfüllung (§ 275 Abs. 1-3 BGB)
5. Keine sonstigen Einreden des Verkäufers a) Einrede unverhältnismäßiger Kostenbelastung (§ 439 Abs. 4 Satz 1 BGB) b) Einrede der Verjährung des Nacherfüllungsanspruchs (§§ 438, 214 BGB)

---

10   MünchKomm-*Westermann* § 438 Rn. 38; PWW-*D. Schmidt* § 438 Rn. 25 ff.

Der Nacherfüllungsanspruch ist ein modifizierter Erfüllungsanspruch: Dem Käufer 10
steht aufgrund des Kaufvertrags ein (Erfüllungs-)Anspruch auf Lieferung einer mangelfreien Kaufsache zu (§ 433 Abs. 1 BGB). Erfüllt der Verkäufer diesen Anspruch, so
erlischt er (§ 362 Abs. 1 BGB). Liefert der Verkäufer eine mangelhafte Kaufsache,
lebt der ursprüngliche Erfüllungs- als Nacherfüllungsanspruch fort. Die Lieferung
(= Besitz- und Eigentumsübertragung) führt bei Mängeln der gelieferten Kaufsache
also nicht zum Erlöschen, sondern zur Umgestaltung des Erfüllungs- in einen Nacherfüllungsanspruch.

2. Der Vorrang der Nacherfüllung

Die Rechte des Käufers bei Mängeln sind nicht gleichrangig: Primär ist der Verkäufer 11
zur Nacherfüllung gemäß §§ 437 Nr. 1, 439 BGB verpflichtet. Nur wenn die Nacherfüllung ausbleibt oder scheitert, kann der Käufer auf die anderen (sekundären) Rechte,
d.h. auf Rücktritt und Minderung (§§ 437 Nr. 2, 440 f. BGB) bzw. auf Schadens-
und Aufwendungsersatz (§§ 437 Nr. 3, 280 f., 283 f., 311a BGB) zurückgreifen. Dieser
Vorrang der Nacherfüllung ist interessengerecht, weil Nacherfüllungsansprüche bei
Lieferung einer mangelhaften Sache im **Rechtsbewusstsein des Käufers** im Vordergrund
stehen – er erwartet in erster Linie, dass die fehlerhafte Kaufsache repariert oder
umgetauscht wird.[11] Hinzukommt, dass der Vorrang der Nacherfüllung mit einem
legitimen **Recht des Verkäufers zur zweiten Andienung** einhergeht:[12] Mit der Möglichkeit der Nacherfüllung soll dem Verkäufer eine „letzte" Chance eingeräumt werden,
seine Pflicht aus § 433 Abs. 1 BGB durch Beseitigung des Mangels oder Lieferung einer
mangelfreien Sache – wenn auch erst im zweiten Anlauf – doch noch zu erfüllen,
um den mit einer Rückabwicklung des Kaufvertrags verbundenen wirtschaftlichen
Nachteil abzuwenden.[13]

Das BGB verwirklicht den Vorrang der Nacherfüllung dadurch, dass es alle anderen 12
Rechte des Käufers bei Mängeln an eine **erfolglose Fristsetzung** bindet:[14] Nehmen Sie
an, Käufer K wollte wegen eines Mangels des von ihm gekauften Laptops zurücktreten
(§§ 437 Nr. 2, 323 Abs. 1 BGB). Das Rücktrittsrecht setzt gemäß § 323 Abs. 1 BGB
voraus, dass der Käufer dem Verkäufer zuvor erfolglos eine angemessene Frist zur
Nacherfüllung bestimmt hat.[15] Dieses Erfordernis erfolgloser Fristsetzung gilt auch für
die Minderung (§§ 437 Nr. 2, 441 Abs. 1 Satz 1, 323 Abs. 1 BGB), die Haftung auf
Schadensersatz (§§ 437 Nr. 3, 281 Abs. 1 Satz 1 BGB) und die Inanspruchnahme auf
Aufwendungsersatz (§§ 437 Nr. 3, 284, 281 Abs. 1 Satz 1 BGB).

▶ **BEACHTE:** Bei einem **Verbrauchsgüterkauf** (§ 474 Abs. 1 BGB) braucht Käufer K zwar
keine Frist zu setzen (e § 475d Abs. 1 Nr. 1 BGB), es bleibt aber bei dem Vorrang der Nacherfüllung. Ein Rücktritt und Haftung auf Schadensersatz kommen nämlich grundsätzlich erst
in Betracht, wenn der Unternehmer die Nacherfüllung trotz Ablaufs einer angemessenen
(nicht unbedingt von dem Verbraucher *gesetzten*) Frist, ab dem Zeitpunkt, zu dem der
Verbraucher ihn über den Mangel unterrichtet hat, nicht vorgenommen hat. ◀

Vorrang der Nacherfüllung bedeutet, dass es dem Käufer *obliegt*, vor der Geltendma- 13
chung der in § 437 Nr. 2 und 3 BGB aufgeführten Rechte ein Nacherfüllungsverlangen

---

11 Begründung des Schuldrechtsmodernisierungsgesetzes, BT-Drucks.12/6040, S. 220.
12 Im Anschluss an BT-Drucks. 14/6040, S. 220; etwa PWW-*D. Schmidt* § 437 Rn. 15.
13 BGH NJW 2008, 2837, 2838.
14 BGH NJW 2005, 1348, 1350.
15 BGH NJW 2015, 3455, 3457.

an den Verkäufer zu richten.[16] Eine **Obliegenheit** ist eine unechte Rechtspflicht des Käufers gegen sich selbst: Der Verkäufer kann (selbstverständlich) nicht von dem Käufer verlangen, Nacherfüllungsansprüche geltend zu machen. Der Käufer ist also nicht i.S. einer echten Rechtspflicht dazu verpflichtet. Er kann weitergehende Mängelrechte (Rücktritt, Minderung usw.) jedoch nur dann geltend machen, wenn er zuvor Nacherfüllung verlangt hat; es obliegt ihm also im eigenen Interesse, den Verkäufer zunächst auf Nacherfüllung in Anspruch zu nehmen.

▶ **BEACHTE:** Eine unberechtigte Inanspruchnahme auf Nacherfüllung kann zu einer Haftung des Käufers auf Schadensersatz führen: Hätte Käufer K bspw. beim Kauf eines Computers erkennen können und müssen, dass die angeblich mangelhafte (kabellose) Tastatur, nur deswegen nicht funktioniert, weil er die Batterien falsch eingelegt hat, so haftet er gegenüber Verkäufer V gemäß §§ 280 Abs. 1, 241 Abs. 2 BGB für die Kosten etwaiger Reparaturversuche.[17] ◀

14   Die Obliegenheit des Käufers, vor Geltendmachung der in § 437 Nr. 2 und 3 BGB aufgeführten Rechte ein **Nacherfüllungsverlangen** an den Verkäufer zu richten, umfasst auch die Bereitschaft, dem Verkäufer die Kaufsache zur Überprüfung der erhobenen Mängelrügen für eine entsprechende Untersuchung zur Verfügung zu stellen. Erst aufgrund einer solchen Untersuchung kann der Verkäufer beurteilen, ob die gerügten Mängel bestehen und bei Gefahrübergang vorgelegen haben. Daher ist der Verkäufer auch nur unter diesen Voraussetzungen überhaupt zur Nacherfüllung verpflichtet.[18] § 439 Abs. 5 BGB bestimmt nunmehr (seit bzw. ab dem 1.1.2022) ausdrücklich, dass der Käufer dem Verkäufer die Sache zum Zweck der Nacherfüllung zur Verfügung zu stellen hat. Soweit der Gesetzgeber darin – unter Berufung auf Art. 14 Abs. 2 Satz 1 WKRL[19] – eine „erzwingbare Pflicht" sieht, ist dem *nicht* zu folgen; einer (rein) hypothetischen Klage des Verkäufers auf Zur-Verfügung-Stellung der Kaufsache zur Nachbesserung könnte der Käufer ja auch jederzeit den Boden entziehen – u.a., indem er auf die Nacherfüllung verzichtet. Dagegen kann der Verkäufer, der die mangelhafte Kaufsache im Rahmen einer Nach*lieferung* durch eine andere (mangelfreie) ersetzt hat, tatsächlich gem. § 439 Abs. 6 BGB Rückgewähr der mangelhaften Kaufsache verlangen (Satz 1) – und zwar auf seine Kosten (Satz 2).

15   Da es dem Käufer obliegt, den Verkäufer zur Nacherfüllung aufzufordern und sich bereit zu erklären und ggf. auch bereit zu sein, dem Verkäufer die (angeblich) mangelhafte Kaufsache zur Überprüfung zur Verfügung zu stellen, handelt es sich bei dem Nacherfüllungsanspruch um einen sogenannten verhaltenen Anspruch.[20] Das heißt, **Fälligkeit** (§ 271 Abs. 1 Hs. 2 BGB) und **Erfüllbarkeit** (Halbsatz 3) **des Nacherfüllungsanspruchs** setzen voraus, dass der Käufer Nachbesserung *oder* Nachlieferung verlangt und dem Verkäufer die Untersuchung der Kaufsache ermöglicht.

---

16   BGH NJW 2015, 3455, 3457.
17   BGH NJW 2008, 1147 (Lichtrufanlage); siehe auch: *Faust* JuS 2008, 746, 748; *Looschelders* Schuldrecht BT § 4 Rn. 27.
18   BGH NJW 2019, 3453, 3454.
19   In Art. 14 Abs. 2 WKRL heißt es wörtlich: „Hat die Abhilfe der Vertragswidrigkeit durch Nachbesserung der Waren oder durch Ersatzlieferung zu erfolgen, so stellt der Verbraucher die Waren zur Verfügung".
20   Ebenso: NK-*Schwab* § 271 BGB Rn. 4.

3. Wahlrecht zwischen Nachbesserung und Nachlieferung

Der **Käufer** hat gemäß § 439 Abs. 1 BGB die **Wahl** zwischen Nachbesserung (Beseiti- [16] gung des Mangels) und Nachlieferung (Lieferung einer Ersatzsache).[21] Er ist in seiner Wahl frei und kann das Wahlrecht grundsätzlich nach seinem Interesse ausüben, ohne das Interesse des Verkäufers in den Vordergrund stellen zu müssen.[22] Daraus folgt: Der Käufer kann Nachbesserung (§ 439 Abs. 1 Alt. 1 BGB) grundsätzlich auch dann verlangen, wenn die Beseitigung des Mangels den Verkäufer stärker belastet als die mögliche Nachlieferung (Alternative 2) – und umgekehrt. Die Einrede unzulässiger Rechtsausübung (§ 242 BGB) steht dem Verkäufer nicht zu.[23] Er kann die vom Käufer gewählte Art der Nacherfüllung erst dann verweigern, wenn sie unmöglich (§ 275 Abs. 2 und 3 BGB) oder mit unverhältnismäßigen Kosten verbunden ist (siehe § 439 Abs. 4 BGB).

▶ **BEACHTE:** Beim Verbrauchervertrag über digitale Produkte steht dem Verbraucher – anders als hier – gem. § 327l Abs. 1 BGB kein Wahlrecht zu. ◀

Die **Rechtsnatur des Wahlrechts** ist streitig. Nach einer Mindermeinung handelt es sich [17] um eine Wahlschuld (§§ 262 f. BGB) – mit der Folge, dass der Käufer an seine einmal getroffene Entscheidung gebunden wäre (§ 263 Abs. 2 BGB).[24] Nach h.L. handelt es sich um einen Fall der (gesetzlich nicht geregelten) **elektiven Konkurrenz**, so dass dem Käufer ein *ius variandi* zusteht, d.h. er kann auch von der einen auf die andere Nacherfüllungsart überwechseln.[25] Parallel dazu geht auch der BGH davon aus, dass die Ausübung [sic] des Nacherfüllungsanspruchs – anders als die Ausübung des Rück- tritts- und Minderungsrechts – gesetzlich *nicht* als (bindende) Gestaltungserklärung ausgeformt worden ist.[26] Der Käufer sei grundsätzlich also auch nicht gehindert, von der zunächst gewählten Art der Nacherfüllung wieder Abstand zu nehmen.[27] Der BGH beruft sich insoweit auf den Normzweck des § 439 Abs. 1 BGB, der dem Käufer eine Befugnis zur Auswahl gewähre und seine Rechte gegenüber dem Verkäufer erweitere. Der Gesetzgeber habe es als legitim angesehen, den Käufer, der mit der Nacherfüllung das erhalten solle, was er vertraglich zu beanspruchen habe, entscheiden zu lassen, auf welche Weise das Vertragsziel der Lieferung einer mangelfreien Sache doch noch erreicht werden könne.[28]

4. Modalitäten der Nacherfüllung

Die Modalitäten, d.h. die Art und Weise der Nacherfüllung richtet sich in erster [18] Linie danach, ob der Käufer **Nachbesserung** gemäß § 439 Abs. 1 Alt. 1 BGB **oder Nachlieferung** gemäß Alternative 2 beansprucht. Die Frage des Erfüllungsortes und der Kostentragung stellt sich jedoch in beiden Fällen.

---

21 Zum Wahlrecht MünchKomm-*Westermann* § 439 Rn. 4 f.; *Eckert/Maifeld/Matthiessen*, Rn. 583; *Schroeter* NJW 2006, 1761.
22 BGH NJW 2019, 292, 296 (Kupplungsüberhitzungsanzeige).
23 BGH NJW 2019, 292, 296 (Kupplungsüberhitzungsanzeige).
24 So *Büdenbender* AcP 205 (2005) 386 ff.; Erman-*Grunewald* § 439 Rn. 6.
25 Dauner-Lieb/Konzen/Schmidt-*Derleder* 424 f.; MünchKomm-*Westermann* § 439 Rn. 4 f.; allg. zu Wahlschuld und elektiver Konkurrenz: *Brömmelmeyer* Schuldrecht AT § 9 Rn. 31.
26 BGH NJW 2019, 292, 295 (Kupplungsüberhitzungsanzeige).
27 BGH NJW 2019, 292, 295 (Kupplungsüberhitzungsanzeige).
28 BGH NJW 2019, 292, 295 (Kupplungsüberhitzungsanzeige) m.w.N. und mit dem Hinweis, dass sich aufgrund besonderer Umstände des Einzelfalls Einschränkungen aus Treu und Glauben (§ 242 BGB) ergeben könnten.

a) Erfüllungsort

19 Der **Erfüllungsort**, an dem der Verkäufer die Kaufsache gemäß §§ 437 Nr. 1, 439 Abs. 1 BGB zu reparieren bzw. zu ersetzen hat, kann praktisch in hohem Maße relevant sein: Nehmen Sie an, Käufer K aus München kauft bei Verkäufer V in Frankfurt (Oder) einen (Camping-)Faltanhänger für seinen Urlaub am Scharmützelsee. Nach seiner Rückkehr aus dem Urlaub beanstandet K mehrere Mängel und fordert V auf, den Faltanhänger in München abzuholen und zu reparieren. V meint, K müsse den Faltanhänger zur Reparatur bei ihm in Frankfurt (Oder) vorbeibringen.[29]

20 Der Erfüllungsort ist im Kaufrecht nicht eigenständig geregelt, so dass der BGH auf § 269 Abs. 1 BGB zurückgreift.[30] Entscheidend sind in erster Linie die **von den Parteien getroffenen Vereinbarungen**.[31] Fehlen vertragliche Abreden über den Erfüllungsort, ist auf die jeweiligen Umstände, insbesondere die Natur des Schuldverhältnisses, abzustellen. Lassen sich auch hieraus keine abschließenden Erkenntnisse gewinnen, ist der Erfüllungsort letztlich an dem Ort anzusiedeln, an welchem der Verkäufer zum Zeitpunkt der Entstehung des Schuldverhältnisses seinen Wohnsitz (§ 269 Abs. 1 BGB) oder seine gewerbliche Niederlassung (Absatz 2) hatte.[32] Es kommt also *nicht* auf den aktuellen Belegenheitsort der Sache an. Das hieße im Hinblick auf den Beispielsfall an sich: K muss V Gelegenheit zur Nacherfüllung in Frankfurt (Oder) geben.

21 Besonderheiten bestehen indes beim **Verbrauchsgüterkauf**. Der EuGH hat nämlich in der *Fülla*-Entscheidung klargestellt, dass die Nacherfüllung gemäß Art. 3 Abs. 3 VerbrGKRL im Interesse eines wirksamen Verbraucherschutzes „unentgeltlich und innerhalb einer angemessenen Frist sowie *ohne erhebliche Unannehmlichkeiten* für den Verbraucher erfolgen" müsse;[33] solche, mit den Erfordernissen des Art. 3 Abs. 3 VerbrGKRL unvereinbare Unannehmlichkeiten befürchtet der EuGH vor allem dann, wenn die Verbrauchsgüter „besonders sperrig oder zerbrechlich" oder wenn „im Zusammenhang mit dem Versand besonders komplexe Anforderungen zu beachten sind"[34] (vgl. nunmehr: Art. 14 Abs. 1 lit. c WKRL). Überträgt man diese Formel auf den (vom BGH entschiedenen) Faltanhänger-Fall, so spricht viel dafür, dass er künftig anders zu entscheiden wäre: Muss der Käufer den (mehr als sperrigen) Faltanhänger über eine so große Entfernung verbringen, so könnte ihn die damit verbundene Belastung durchaus (richtlinienwidrig) von der Geltendmachung seiner Ansprüche abhalten.

b) Kosten der Nacherfüllung

22 Die Nacherfüllung findet grundsätzlich auf Kosten des Verkäufers statt. Nach § 439 Abs. 2 BGB gehört zur Nacherfüllung insbesondere die Übernahme der dafür erforderlichen Aufwendungen wie **Transport-, Wege-, Arbeits- und Materialkosten**. Die Aufzählung ist nur beispielhaft; der Verkäufer hat alle erforderlichen Aufwendungen zu tragen, auch wenn sie beim Käufer angefallen sind. So muss der Verkäufer dem Käufer bspw. die Verpackungs- und Versendungskosten erstatten, wenn er verlangt, dass der Käufer den mangelhaften Kaufgegenstand an den Hersteller einschickt. Er trägt auch die Kosten, die beim Verbringen des Kaufgegenstandes in eine Werkstatt des

---

29 Nach: BGH NJW 2011, 2278.
30 BGH NJW 2011, 2278 Leitsatz 1.
31 BGH NJW 2011, 2278, 2280.
32 BGH NJW 2011, 2278 Leitsatz 2.
33 EUGH, Urt. v. 23.5.2019, Rs. C-52/18 – Fülla, NJW 2019, 2007, 2008 (ECLI:EU:C:2019:447).
34 EUGH, Urt. v. 23.5.2019, Rs. C-52/18 – Fülla, NJW 2019, 2007, 2009 (ECLI:EU:C:2019:447).

Verkäufers entstehen. Erfasst werden auch die zur Klärung von Mangelerscheinungen erforderlichen **Kosten eines Sachverständigen** sowie **vorgerichtliche Rechtsanwaltskosten**, die der Durchsetzung des Nacherfüllungsanspruchs dienen.[35]

▶ **BEACHTE:** § 439 Abs. 2 BGB stellt eine eigenständige **Anspruchsgrundlage** dar.[36] ◀

Hat der Käufer die mangelhafte Sache gemäß ihrer Art und ihrem Verwendungszweck in eine andere Sache eingebaut oder an eine andere Sache angebracht bevor der Mangel offenbar wurde, ist der Verkäufer im Rahmen der Nacherfüllung verpflichtet, dem Käufer die erforderlichen Aufwendungen für das Entfernen der mangelhaften und den Einbau oder das Anbringen der nachgebesserten oder gelieferten mangelfreien Sache zu ersetzen (§ 439 Abs. 3 BGB). 23

Die Pflicht des Verkäufers, Aus- und Einbaukosten zu tragen, regelt das Kaufrecht erst seit 2018.[37] Die Regelung geht auf das EuGH-Urteil in den Fällen *Weber und Putz* zurück.[38] Der EuGH hat die o.a. Pflicht aus der Verbrauchsgüterkaufrichtlinie entnommen und damit begründet, dass der Europäische Gesetzgeber die Unentgeltlichkeit der Herstellung des vertragsgemäßen Zustandes des Verbrauchsguts durch den Verkäufer zu einem wesentlichen Bestandteil des für den Verbraucher gewährleisteten Schutzes machen wollte.[39] Der BGH hatte zuvor die gegenteilige Rechtsauffassung vertreten, ohne den EuGH anzurufen,[40] sich aber schließlich doch zu einer Vorlage an den EuGH gemäß Art. 267 AEUV durchgerungen[41] und den Fall anschließend nach den Vorgaben des EuGH entschieden.[42] Die frühere BGH-Rechtsprechung, wonach die Aus- und Einbaukosten allenfalls unter dem Gesichtspunkt des Schadens- bzw. Aufwendungsersatzes (§§ 437 Nr. 3, 280 Abs. 1, 3, 281, 284 BGB) geltend gemacht werden können (Parkettstäbe-Fall),[43] ist obsolet. § 439 Abs. 3 BGB gilt zudem für alle Kaufverträge, nicht nur für den Verbrauchsgüterkauf. 24

▶ **BEACHTE:** Bei einer ggf. gebotenen richtlinienkonformen Auslegung von § 439 Abs. 3 BGB ist nunmehr an Art. 14 Abs. 3 der Warenkaufrichtlinie anzuknüpfen. § 439 Abs. 3 BGB ist grundsätzlich richtlinienkonform, obwohl er den in Art. 14 Abs. 3 WKRL vorgesehenen Aus- und Einbauanspruch gegen den Verkäufer nicht übernimmt; insoweit eröffnet die Richtlinie den Mitgliedstaaten einen Regelungsspielraum. ◀

c) Nacherfüllung nach Fristablauf?

Der Käufer kann auch nach Ablauf der von ihm gesetzten Frist noch Nacherfüllung verlangen. Es ist seine Sache, ob er an dem Nacherfüllungsanspruch festhält oder auf nunmehr verfügbare andere Rechte des Käufers bei Mängeln ausweicht. Der Nacherfüllungsanspruch erlischt jedoch durch **Rücktritt** (§§ 437 Nr. 2, 323 Abs. 1 BGB): Der Rücktritt verwandelt das Schuld- in ein Rückgewährschuldverhältnis, so dass Erfüllungs- bzw. Nacherfüllungsansprüche erlöschen und bereits ausgetauschte Leistungen 25

---

35 BGH NJW 2019, 292, 299 (Kupplungsüberhitzungsanzeige); siehe auch: BGH NJW 2014, 2351, 2352.
36 BGH NJW 2019, 292, 299 (Kupplungsüberhitzungsanzeige), st. Rechtsprechung.
37 Gesetz v. 28.4.2017, BGBl. I., S. 969 ff.
38 EuGH, Urt. v. 16.6.2011, verb. Rs. C-65/09 und C-87/09 – Weber und Putz, NJW 2011, 2269 (ECLI:EU:C:2011:396); vgl. auch Reich/*Micklitz*/Rott/Tonner European Consumer Law 181 ff.
39 EuGH, Urt. v. 16.6.2011, verb. Rs. C-65/09 und C-87/09 – Weber und Putz, NJW 2011, 2269, 2271 (ECLI:EU:C:2011:396).
40 BGHZ 177, 224 (Parkettstäbe).
41 BGH NJW 2009, 1660.
42 BGHZ 192, 148 mit Besprechung *Faust* JuS 2012, 456.
43 BGHZ 177, 224.

ggf. Zug um Zug zurück zu gewähren sind. Der Nacherfüllungsanspruch erlischt zudem durch die Erklärung der **Minderung** (gemäß §§ 437 Nr. 2, 441 Abs. 1 Satz 1 BGB), die unmittelbar zu einer Herabsetzung des Kaufpreises führt, das Schuldverhältnis also – ebenso wie ein Rücktritt – umgestaltet, und durch die Inanspruchnahme auf **Schadensersatz statt der Leistung** (§ 437 Nr. 3 BGB),[44] denn § 281 Abs. 4 BGB bestimmt, dass der Anspruch auf die Leistung, d.h. der Erfüllungs- bzw. Nacherfüllungsanspruch (als modifizierter Erfüllungsanspruch) ausgeschlossen ist, sobald der Gläubiger (Käufer) statt der Leistung Schadensersatz verlangt.

26   Umstritten ist, ob der Verkäufer den Rücktritt nach Fristablauf durch Nacherfüllung abwenden kann, solange der Käufer nicht zurückgetreten ist.[45] Richtigerweise ist im konkreten Einzelfall nach Treu und Glauben (§ 242 BGB) zu entscheiden: Bemüht sich der Verkäufer erkennbar um die Nacherfüllung, so verhält sich der Käufer, der ihm dabei zusieht, um dann, aus heiterem Himmel, seinen Rücktritt zu erklären, treuwidrig.

d) Rückgabe im Falle der Nachlieferung

27   Liefert der Verkäufer gemäß § 439 Abs. 1 Alt. 2 BGB (Nachlieferung) eine mangelfreie Sache, so kann er vom Käufer Rückgewähr der mangelhaften Sache nach Maßgabe der §§ 346 bis 348 BGB verlangen (§ 439 Abs. 6 Satz 1 BGB). In einer Falllösung ist diese Rückgabepflicht Teil des zu prüfenden Anspruchs. Man prüft den Anspruch des Käufers gegen den Verkäufer auf Lieferung einer mangelfreien Sache (§§ 437 Nr. 1, 439 Abs. 1 Alt. 2 BGB) Zug um Zug gegen Rückgabe der mangelhaften Sache.[46]

28   Die **Rückabwicklung** erfolgt ansonsten wie beim Rücktritt gemäß §§ 346 ff. BGB, d.h. der Käufer schuldet Nutzungsentschädigung und ggf. Wertersatz, falls er die Sache durch Nichtbeachtung der eigenüblichen Sorgfalt beschädigt hat. Die Nutzungsentschädigung ist umso höher, je länger der Käufer die Kaufsache genutzt hat, so dass eine längere Zeit nach Gefahrübergang geltend gemachter Nachlieferungsanspruch für den Käufer nicht unproblematisch ist. Besonderheiten gelten beim Verbrauchsgüterkauf: Gemäß § 475 Abs. 3 Satz 1 BGB ist § 439 Abs. 6 BGB mit der Maßgabe anzuwenden, dass Nutzungen nicht herauszugeben oder durch ihren Wert zu ersetzen sind.

5. Grenzen des Nacherfüllungsanspruchs

29   In bestimmten Fällen beschränkt sich der Nacherfüllungsanspruch alternativ auf Nachbesserung (Beseitigung des Mangels) *oder* Nachlieferung (Lieferung einer Ersatzsache) oder er scheidet ganz aus, weil beide Nacherfüllungsarten unmöglich oder mit unverhältnismäßigen Kosten verbunden sind:

---

44   *Oetker/Maultzsch* § 2 E II, 3, 272 ff.; *Derleder/Zänker* NJW 2003, 2777.
45   So MünchKomm-*Ernst* § 281 Rn. 80 ff.; *Derleder/Zänker* NJW 2003, 2777, 2778.
46   Kritisch: MünchKomm-*Westermann*, § 439 Rn. 17.

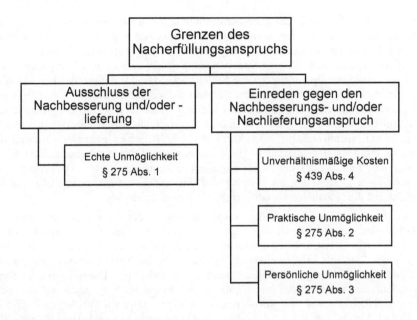

a) Echte Unmöglichkeit

Der Käufer kann zwischen Nachbesserung und Nachlieferung wählen – es sei denn,   30
es liegt aufgrund eines unüberwindlichen Leistungshindernisses **echte Unmöglichkeit**
(§ 275 Abs. 1 BGB) vor. Dabei sind mehrere Fallkonstellationen zu unterscheiden:
Denkbar ist, dass Nachbesserung *und* Nachlieferung unmöglich sind. Denkbar ist aber
auch, dass nur die Nachbesserung *oder* nur die Nachlieferung unmöglich ist – mit der
Folge, dass sich der Nacherfüllungsanspruch auf die noch mögliche Nacherfüllungsart
beschränkt.

Fälle, in denen beide Nacherfüllungsarten unmöglich sind, sind auf den ersten Blick   31
selten, denn praktisch jedes moderne Massenprodukt lässt sich reparieren oder ersetzen und selbst in Fällen, in denen die eine Art der Nacherfüllung ausscheidet, kommt
die andere meist noch in Betracht: Hat Verkäufer V versehentlich ein anderes als das
verkaufte Smartphone geliefert (siehe § 434 Abs. 5 BGB), so scheidet eine Nach*besserung* zwar aus (keine Reparatur macht aus einem iPhone ein Samsung Galaxy), eine
Nach*lieferung* ist jedoch unproblematisch möglich: V kann das gelieferte Mobiltelefon gegen das geschuldete austauschen. Lehrbuchbeispiel für die Fälle, in denen **jede
Form der Nacherfüllung unmöglich** ist, ist der Kauf eines Kunstwerks, das nicht wie
vereinbart von *Pablo Picasso*, sondern von *Max Mustermann* stammt. Nach*besserung*
und Nach*lieferung* scheiden aus: Niemand macht aus dem *Mustermann* einen echten
Picasso und niemand kann einen identischen *Picasso* liefern. V kann also auch kein
Ersatzbild liefern. In Fällen, in denen jede Art der Nacherfüllung unmöglich ist, steht
dem Käufer **kein Nacherfüllungsanspruch** zu (§ 275 Abs. 1 BGB). Das heißt auch, dass
er **keine Frist zur Nacherfüllung** (mehr) zu setzen braucht, bevor er auf die subsidiären
Rechte bei Mängeln (Rücktritt und Minderung, Inanspruchnahme auf Schadens- oder
Aufwendungsersatz) ausweichen kann.

32   Der BGH[47] hat **Unmöglichkeit jeder Nacherfüllung** u.a. auch beim Tierkauf angenommen: Käufer K hatte im **Dackelfall** einen Dackelwelpen erworben, der unter einer genetisch bedingten Fehlstellung des Hinterbeins und damit an einem Mangel i.S. von §§ 434 Abs. 1, 90a BGB litt. Eine Nachbesserung (§ 439 Abs. 1 Alt. 1 BGB) schloss der BGH aus, weil eine Operation nur die Fehlstellung, d.h. das äußere Erscheinungsbild des Dackels korrigiert, den genetischen Defekt jedoch nicht beseitigt hätte; sie wäre außerdem nur um den Preis eines neuen Mangels, nämlich des künstlich veränderten Knochenbaus möglich gewesen, der neue gesundheitliche Risiken mit sich gebracht hätte.[48] Eine Nachlieferung (§ 439 Abs. 1 Alt. 2 BGB) schied ebenfalls aus, weil die Lieferung eines anderen (gesunden) Dackelwelpen wegen der inzwischen entstandenen emotionalen Bindung an den – als Familienhund angeschafften – Dackel nicht in Betracht kam.[49] Damit lag im Hinblick auf die Nachbesserung *anfängliche* und im Hinblick auf die Nachlieferung *nachträgliche* Unmöglichkeit vor.

33   Beispiel für die **Unmöglichkeit der Nachbesserung** ist der Kauf eines (gebrauchten) Unfallwagens, der als unfallfrei verkauft wird: Eine Beseitigung des Mangels (§ 437 Nr. 1, 439 Abs. 1 Alt. 1 BGB) ist nicht möglich. Keine Reparatur macht aus dem Unfallwagen ein unfallfreies Fahrzeug.[50] Dagegen ist die **Nachlieferung** eines (gleichwertigen und gleichartigen) Gebrauchtwagens u.U. möglich.[51] Daraus, dass der Kauf eines Gebrauchtwagens (im Normalfall) ein **Stückkauf** ist, folgt nicht automatisch, dass eine Nachlieferung von vornherein ausscheidet. Dagegen spricht, dass §§ 437 Nr. 1, 439 Abs. 1 BGB keine solche Einschränkung enthalten und dass der generelle Ausschluss der Nachlieferung beim Stückkauf das Primat der Nacherfüllung unterliefe.[52] Der BGH hält die Lieferung einer Ersatzsache dann für möglich, wenn die Parteien bei Kaufvertragsschluss die – ggf. durch Auslegung zu ermittelnde – Vorstellung hatten, dass die Kaufsache im Falle ihrer Mangelhaftigkeit durch eine gleichartige und gleichwertige ersetzt werden können soll.[53] Beim Kauf eines Gebrauchtwagens – oder anderer gebrauchter Sachen – ist das allerdings meist nicht der Fall, weil der Käufer seine Kaufentscheidung aufgrund des bei der Besichtigung des gekauften Fahrzeugs gewonnenen persönlichen Eindrucks von den technischen Eigenschaften, der Funktionsfähigkeit und dem äußeren Erscheinungsbilds des individuellen Fahrzeugs trifft; ging es ihm ausnahmsweise nicht um ein individuelles Fahrzeug, sondern um einen bestimmten Fahrzeugtyp mit einer bestimmten (Mindest-)Ausstattung, so kommt eine Ersatzlieferung jedoch durchaus in Betracht.[54]

34   Parallel dazu kann sich auch beim **Kauf eines Neuwagens** die Frage der Unmöglichkeit der Nachlieferung gemäß § 437 Nr. 1, 439 Abs. 1 Alt. 2 BGB stellen.

▶ **BEISPIEL:** Käufer K verlangt aufgrund eines Mangels des gekauften Neuwagens (Software-Fehler, der zu einer Fehlfunktion der Kupplungsüberhitzungsanzeige führt) Ersatzlieferung. V wendet Unmöglichkeit ein, weil die aktuell produzierte Modellversion mit einer

---

47   BGH NJW 2005, 2852; vgl. auch: OLG Köln NJW-RR 2018, 436 (Freizeitpferd).
48   BGH NJW 2005, 2852, 2853.
49   BGH NJW 2005, 2852, 2853, unter III.1.b) und c) – insoweit allerdings nur mit dem Bericht über die (mit der Revision nicht angegriffene) Feststellung des Berufungsgerichts.
50   Im Erg. ebenso: BGH NJW 2006, 2839, 2840; BGH NJW 2013, 1733.
51   BGH NJW 2006, 2839, 2840 f.
52   BGH NJW 2006, 2839, 2840 f.
53   BGH NJW 2006, 2839, 2841.
54   BGH NJW 2006, 2839, 2841.

neueren Software ausgestattet und demnach nicht mehr identisch mit dem gekauften Modell sei. ◀

Der BGH hat Unmöglichkeit verneint. Der Anspruch auf Ersatzlieferung (§ 439 Abs. 1   **35**
Alt. 2 BGB) richte sich darauf, dass anstelle der ursprünglich gelieferten mangelhaften Kaufsache nunmehr eine mangelfreie, im Übrigen aber gleichartige und gleichwertige Sache zu liefern ist.[55] Besteht der Unterschied zwischen der gekauften (mangelhaften) und der aktuellen Modellversion im Kern darin, dass die aktuellen Modelle mit einer neueren und nunmehr fehlerfreien Software ausgestattet sind, so rechtfertigt dies nicht den Rückschluss auf Unmöglichkeit; vielmehr ermöglicht erst die neuere Software die Lieferung einer mangelfreien (gleichartigen und gleichwertigen, aber gerade im Hinblick auf den Mangel eben nicht identischen) Ersatzsache. Parallel dazu hat der BGH[56] Unmöglichkeit auch in Dieselskandal-Fällen abgelehnt, in denen sich Hersteller und Händler darauf berufen haben, dass der verkaufte Fahrzeugtyp gar nicht mehr hergestellt werde. Der Nachlieferungsanspruch beziehe sich auf gleichartige und gleichwertige und gerade nicht notwendigerweise identische Sachen. Da bei Neuwagen in der Regel mit der Produktion und dem Markteintritt eines Nachfolgemodells zu rechnen sei, seien bei der Frage der Austauschbarkeit der Modelle kleinere oder größere Abweichungen zwischen Vorgänger- und Nachfolgemodell für die Interessenlage des Verkäufers normalerweise irrelevant.[57]

b) Einrede der Unverhältnismäßigkeit

Nach § 439 Abs. 4 BGB kann der Verkäufer die vom Käufer gewählte Art der Nach-   **36**
erfüllung unbeschadet des § 275 Abs. 2 und 3 BGB – d.h. ohne dass er gehindert wäre, auch die Einreden der Unmöglichkeit zu erheben – verweigern, wenn sie nur mit **unverhältnismäßigen Kosten** möglich ist. Der BGH spricht von **relativer Unverhältnismäßigkeit**, „wenn die vom Käufer gewählte Art der Nacherfüllung im Vergleich zu der anderen Art der Nacherfüllung unverhältnismäßige Kosten verursacht", und nimmt **absolute Unverhältnismäßigkeit** an, wenn die vom Käufer gewählte Art der Nacherfüllung schon für sich allein unverhältnismäßige Kosten verursacht.[58] Im Hinblick auf den Beurteilungszeitpunkt gilt: Für die Feststellung ist grundsätzlich der Zugang des Nacherfüllungsverlangens maßgeblich.[59]

§ 439 Abs. 4 BGB dient dem **Schutz des Verkäufers.**[60] Der BGH erwartet jedoch eine   **37**
umfassende Interessenabwägung nach Treu und Glauben[61] und unter Berücksichtigung aller Umstände des Einzelfalls.[62] Maßgeblich sind gemäß § 439 Abs. 4 Satz 2 BGB insbesondere der Wert der Sache in mangelfreiem Zustand, die Bedeutung des Mangels und die Möglichkeit des Käufers, ohne erhebliche Nachteile, auf die andere Art der Nacherfüllung zurückzugreifen. Diese Kriterien haben genau genommen allerdings nichts mit der Frage unverhältnismäßiger Kosten zu tun;[63] vielmehr ist die Unverhält-

---

55 BGH NJW 2019, 292, 295.
56 BGH NJW 2019, 292.
57 BGH NJW 2019, 292, 295.
58 BGH NJW 2009, 1660, 1661; BGH NJW 2015, 468, 472; so gesehen irreführend: MünchKomm-*Westermann* § 439 Rn. 27.
59 BGH NJW 2019, 292, 298 (Kupplungsüberhitzungsanzeige).
60 BGH NJW 2015, 468, 471 f.
61 BGH NJW 2015, 468, 472 f.
62 BGH NJW 2015, 468, 472 (im Hinblick auf die Prüfung absoluter Unverhältnismäßigkeit).
63 Ähnlich: BGH NJW 2019, 292, 297 (Kupplungsüberhitzungsanzeige).

nismäßigkeit im Rahmen einer wertenden Betrachtungsweise auch anhand dieser Faktoren zu überprüfen. Dabei kann auch das Verschulden des Verkäufers ins Gewicht fallen.[64] Die Höhe des Kaufpreises ist nicht als Kriterium aufgeführt. Daher kann der Verkäufer (angeblich) unverhältnismäßige Kosten auch nicht damit begründen, dass er die Kaufsache besonders günstig verkauft habe, dass man also nicht von ihm erwarten könne, dass er jetzt auch noch die (hohen) Kosten der gewählten Art der Nacherfüllung trage.[65]

38   Ein **Musterbeispiel für die Prüfung der Unverhältnismäßigkeit** gemäß § 439 Abs. 4 BGB findet sich in dem bereits erwähnten BGH-Urteil zur Kupplungsüberhitzungsanzeige:[66] Verkäufer V hatte Käufer K einen Neuwagen verkauft, dessen Fahrzeugsoftware im Textdisplay des Radios immer wieder (grundlos) vor einer Kupplungsüberhitzung gewarnt und den Fahrer aufgefordert hatte, das Fahrzeug anzuhalten, um die Kupplung abkühlen zu lassen. Der Käufer verlangte (nach mehreren erfolglosen Reparaturversuchen) Lieferung einer mangelfreien Ersatzsache (Zug um Zug gegen Rückgabe des ausgelieferten Fahrzeugs). V verweigerte die Nachlieferung unter Berufung darauf, dass die Kosten „um ein Vielfaches" höher seien als die einer Nachbesserung (einfaches Software-Update). Der BGH hat entschieden, dass es trotz des (unterstellten) Missverhältnisses der Kosten nicht zu beanstanden sei, ggf. maßgeblich auf andere Faktoren wie die Bedeutung des Mangels und die Nachteile abzustellen, die dem Käufer im Falle der alternativen Nachbesserung entstünden (siehe § 439 Abs. 4 Satz 2 BGB).[67] Die **Bedeutung des Mangels** ergebe sich daraus, dass der falsche Alarm objektiv nicht gebotene Fahrtunterbrechungen verursache und die Gebrauchsfähigkeit des Fahrzeugs aus diesem Grunde spürbar einschränke.[68] Erhebliche **Nachteile für den Käufer**, die mit dem Rückgriff auf die andere Art der Nacherfüllung verknüpft wären, könnten sich ergeben, wenn V den Mangel durch die alternative Nachbesserung nicht vollständig, nachhaltig und fachgerecht beseitigen könne.[69] Kann V den Mangel der Kupplungsüberhitzungsanzeige stattdessen durch ein einfaches Software-Update effektiv beseitigen, so kann er die Einrede der Unverhältnismäßigkeit gemäß § 439 Abs. 4 BGB erheben.

39   Der BGH hat starre Grenzwerte für die Bejahung unverhältnismäßiger Kosten abgelehnt, **Faustregeln** jedoch im Interesse der Rechtssicherheit als einen ersten Anhaltspunkt anerkannt.[70] Beim **Immobilienkauf** kann ein Anspruch auf Nacherfüllung wegen unverhältnismäßiger Kosten dann verweigert werden, wenn diese Kosten entweder den Verkehrswert des Grundstücks in mangelfreiem Zustand oder 200 % des mangelbedingten Minderwerts übersteigen.[71] Bei **anderen Kaufverträgen** nehmen Teile des Schrifttums absolute Unverhältnismäßigkeit an, wenn die Kosten der Nacherfüllung 150 % des Werts der Sache im mangelfreien Zustand oder 200% des mangelbedingten Minderwerts übersteigen.[72]

---

64   BGH NJW 2019, 292, 300 (Kupplungsüberhitzungsanzeige).
65   BGH NJW 2015, 468, 472. Methodisch ist der Rückschluss aus § 439 Abs. 4 Satz 2 BGB angreifbar, weil dieser die Beurteilungskriterien nicht abschließend aufführt („insbesondere").
66   BGH NJW 2019, 292 (Kupplungsüberhitzungsanzeige).
67   BGH NJW 2019, 292, 297.
68   BGH NJW 2019, 292, 297.
69   BGH NJW 2019, 292, 298.
70   BGH NJW 2015, 468, 472; BGH NJW 2009, 1660, 1661.
71   BGH NJW 2015, 468.
72   *Bitter/Meidt* ZIP 2001, 2114, 2121; aufgegriffen in BGH NJW 2009, 1662 und in BGH NJW 2015, 468, 472 – ohne das sich der BGH diese Faustformel wirklich zu eigen gemacht hätte.

Sind die Kosten beider Nacherfüllungsarten jeweils isoliert betrachtet nicht unverhält- 40
nismäßig, kann sich die Unverhältnismäßigkeit der Kosten trotzdem noch aus einem
Kostenvergleich ergeben. Hält man die in der Literatur[73] vorgeschlagene 10%-Regel
für richtig, so könnte ein Verkäufer eine Nachlieferung dann ablehnen, wenn die damit
verbundenen Kosten um mindestens 10% über den Kosten der Nachbesserung liegen
sollten. Dem liegt die richtige Erwägung zugrunde, dass je nach Fallkonstellation die
eine oder die andere Art der Nacherfüllung wirtschaftlich sinnvoll sein kann. Bei
alledem darf jedoch nicht aus dem Blick geraten, dass die Kriterien für „unverhältnismäßige Kosten" nicht die Grundentscheidung des Gesetzgebers bzw. der Richtlinie für
ein Wahlrecht des Käufers bzw. Verbrauchers unterlaufen dürfen. Der BGH hat zudem
entschieden, dass sich der Kostenvergleich gemäß § 439 Abs. 4 BGB „einer verallge-
meinerungsfähigen Betrachtung entziehe und aufgrund einer umfassenden Interessenabwägung unter Würdigung aller maßgeblichen Umstände des konkreten Einzelfalls"
festzustellen sei.[74]

Da bei der Prüfung der Unverhältnismäßigkeit auch die Frage zu berücksichtigen ist, 41
ob auf die **andere Art der Nacherfüllung ohne erhebliche Nachteile für den Käufer**
zurückgegriffen werden könnte (§ 439 Abs. 4 Satz 2 BGB), ist ggf. auch in Rechnung
zu stellen, dass eine an Stelle der Nachlieferung in Betracht gezogene Nachbesserung
den Wiederverkaufswert für den Käufer mindern oder mit erheblichen Unannehmlichkeiten (z.B. Reparatur in der Wohnung)[75] verbunden sein kann. Der Käufer kann also
nicht in jedem Fall auf die kostengünstigere Art der Nacherfüllung verwiesen werden.
Man kann schließlich darauf abstellen, wie lange der Käufer auf einen mangelfreien
Kaufgegenstand verzichten muss,[76] und ob man von ihm erwarten kann, dem Verkäufer noch für die ordnungsgemäße Durchführung zu vertrauen.

c) Einreden der Unmöglichkeit

Die **Einrede praktischer Unmöglichkeit** (§ 275 Abs. 2 BGB)[77] spielt im Rahmen von 42
Nacherfüllungsansprüchen kaum eine Rolle, weil § 439 Abs. 4 BGB eine weiterrei-
chende Regelung für alle Fälle enthält, in denen es um die mit der gewählten Art der
Nacherfüllung verbundenen Kosten geht. Parallel dazu spielt auch die **Einrede persönlicher Unmöglichkeit** (§ 275 Abs. 3 BGB)[78] kaum eine Rolle, weil die Leistungspflicht
des Verkäufers keine höchstpersönliche Leistung ist.

6. Kein Recht zur Selbstvornahme

Anders als im Werkvertrags- und im Mietrecht (§§ 634 Nr. 2, 637 BGB und § 536a 43
Abs. 2 BGB) ist im Kaufrecht **kein Recht zur Selbstvornahme** vorgesehen. Recht zur
Selbstvornahme hieße, dass der Käufer etwaige Mängel der Kaufsache selbst beheben
und dem Verkäufer anschließend die damit verbundenen Aufwendungen in Rechnung
stellen könnte.

---

73 *Bitter/Meidt* ZIP 2001, 2114, 2122; siehe auch Bamberger/Roth-*Faust* § 439 Rn. 47. Für eine 20%-Grenze: LG
    Ellwangen NJW 2003, 517; siehe auch: *Kirsten* ZGS 2005, 66, 73.
74 BGH NJW 2019, 292, 296 (Kupplungsüberhitzungsanzeige).
75 Darauf stellt auch MünchKomm-*Westermann* § 439 Rn. 22 ab.
76 Auf die Dauer der Reparatur wird inzwischen allgemein abgestellt, Staudinger-*Matusche-Beckmann* § 439
    Rn. 119; MünchKomm-*Westermann* § 439 Rn. 22; Bamberger/Roth-*Faust* § 439 Rn. 44.
77 Dazu allg.: *Brömmelmeyer* Schuldrecht AT § 6 Rn. 29-35.
78 Dazu allg.: *Brömmelmeyer* Schuldrecht AT § 6 Rn. 38-40.

▶ **BEISPIEL:** Spediteur S kauft ein Navigationsgerät und stellt kurz nach Lieferung fest, dass sich das Kartenmaterial nicht aktualisieren lässt. Er lässt auf eigene Kosten bei dem Dritten D nachbessern und stellt Verkäufer V nunmehr die Kosten der Nachbesserung in Rechnung. V lehnt ab. ◀

44   Das BGB gibt V Recht: S kann den Mangel des Navigationsgeräts zwar von D beheben lassen – S ist ja Eigentümer und kann gemäß § 903 Satz 1 BGB nach Belieben mit der Sache verfahren; er kann aber keine Kostenerstattung verlangen. Denkbar wäre zwar, dass S gemäß §§ 437 Nr. 3, 280 Abs. 1, 3, 281 Abs. 1 BGB **Schadensersatz statt der Leistung** verlangt und einen Schaden in Höhe der Reparaturkosten geltend macht (§ 249 Abs. 2 Satz 1 BGB). Das setzt jedoch voraus, dass S dem V zuvor erfolglos eine Frist zur **Nacherfüllung** gesetzt hat (§ 281 Abs. 1 Satz 1 BGB) und dass V außerdem für den Mangel verantwortlich ist (§ 280 Abs. 1 Satz 2 BGB).

45   Hielte man eine sofortige Selbstvornahme auf Kosten des Verkäufers für möglich, so entfiele der (in dem Erfordernis erfolgloser Fristsetzung angelegte) Vorrang der Nacherfüllung. Trotzdem haben Teile der Literatur einen Kostenerstattungsanspruch gemäß § 326 Abs. 2 Satz 2 BGB (analog) bejaht.[79] Der BGH[80] ist dem mit Recht nicht gefolgt: Die §§ 437 ff. BGB enthalten eine insoweit abschließende Regelung, die auch einen Anspruch auf Herausgabe ersparter Aufwendungen gemäß § 326 Abs. 2 BGB (analog) ausschließen; anderenfalls würde dem Käufer im Ergebnis ein Selbstvornahmerecht auf Kosten des Verkäufers zugebilligt, auf das der Gesetzgeber bewusst verzichtet hat, und damit der Vorrang der Nacherfüllung unterlaufen, der den §§ 437 ff. BGB zu Grunde liegt.[81]

III. Rücktritt und Minderung

1. Rücktritt

46   Bei Mängeln der Kaufsache räumen §§ 437 Nr. 2, 323 BGB dem Käufer ein **Rücktrittsrecht** ein, das wie folgt zu prüfen ist:

Rücktrittsrecht gemäß §§ 437 Nr. 2, 323 BGB
1. Kaufvertrag
2. Mangel der Kaufsache bei Gefahrübergang (beim Rechtsmangel: bei Erwerb)
3. Erfolglose Fristsetzung (§ 323 Abs. 1 BGB) oder Entbehrlichkeit gem. §§ 440, 323 Abs. 2, 326 Abs. 5 BGB oder – beim Verbrauchsgüterkauf – gem. §§ 475d Abs. 1, 326 Abs. 5 BGB
4. Kein Rücktrittsausschluss a) Kein vertraglicher Rücktrittsausschluss b) Kein gesetzlicher Rücktrittsausschluss aufgrund der Unerheblichkeit des Mangels (§ 323 Abs. 5 Satz 2 BGB) oder überwiegender Verantwortlichkeit des Käufers (§ 323 Abs. 6 Alt. 1 BGB)
5. Keine Unwirksamkeit des Rücktritts gemäß §§ 438 Abs. 4, 218 BGB

---

79 Bamberger/Roth-*Faust* § 437 Rn. 37 m.w.N.; *Herresthal/Riehm* NJW 2005, 1157; *Ebert* NJW 2004, 1761, 1763; *Lorenz* NJW 2006, 1175; für eine Lösung über § 347 Abs. 2 Satz 2 BGB: *Lerach* JuS 2008, 953.
80 BGH NJW 2006, 988, 989; BGHZ 162, 219; BGH NJW 2006, 988; BGH NJW 2006, 1195.
81 BGH NJW 2006, 988, 989; BGHZ 162, 219; BGH NJW 2006, 988; BGH NJW 2006, 1195.

Bitte beachten Sie dabei, dass der Rücktritt meist nicht isoliert, sondern im Rahmen eines Rückzahlungsanspruchs des Käufers zu prüfen sein wird (also: § 346 Abs. 1 i.V.m. §§ 437 Nr. 2, 323 BGB) und dass dann nicht nur das **Rücktrittsrecht**, sondern auch die **Rücktrittserklärung** zu prüfen ist (§ 349 BGB). 47

a) Erfolglose Fristsetzung

Ein Rücktritt gemäß § 323 Abs. 1 BGB setzt voraus, dass der Gläubiger „dem Schuld- 48
ner erfolglos eine angemessene Frist zur Leistung oder Nacherfüllung bestimmt hat". Das Erfordernis erfolgloser Fristsetzung soll dem Schuldner eine letzte Chance ver- schaffen, die fällige Leistung zu erbringen bzw. die Mängel der Leistung zu beheben, um sich so das Entgelt für die Leistung zu sichern und den Rücktritt abzuwenden. Die Fristsetzung ist eine rechtsgeschäftsähnliche Handlung; sie setzt eine Leistungsauf- forderung voraus, die „den Schuldner [...] noch einmal in nachhaltiger Form zur ordnungsgemäßen Erfüllung des Vertrags" anhält und ihm klarmacht, „dass nach fruchtlosem Ablauf der Frist die Leistung [...] abgelehnt werde".[82] Für eine Fristset- zung reicht es aus, „wenn der Gläubiger durch das Verlangen nach sofortiger, un- verzüglicher oder umgehender Leistung oder [durch] vergleichbare Formulierungen deutlich macht, dass dem Schuldner für die Erfüllung nur ein begrenzter Zeitraum zur Verfügung steht".[83] Eine konkrete Dauer oder ein konkretes Datum braucht also nicht angegeben zu werden (str.). Der BGH[84] hat im Einzelfall sogar ganz auf eine zeit- liche Komponente der Fristsetzung verzichtet, unterläuft damit aber den Unterschied zwischen Leistungsaufforderung und Fristsetzung.[85]

Bleibt die Frage, **wann die Frist erfolglos abgelaufen ist**: Nehmen Sie an, Käufer K hat 49
sich einen Audi A1 gekauft, Mängel der Lackierung beanstandet und Verkäufer V am 14.5. eine angemessene Frist zur Nachbesserung bis zum 30.5. gesetzt. V reagiert am 28.5. mit einer ersten Rückfrage und geht davon aus, dass K nach Fristablauf nicht zu- rücktreten kann; er, V, habe ja reagiert. Die Lösung dieses Falls ist auf den ersten Blick ganz einfach: Da V den Mangel innerhalb der Frist nicht beseitigt hat, stand K ein Rücktrittsrecht gemäß §§ 437 Nr. 2, 323 Abs. 1 BGB zu. Das OLG Frankfurt am Main hielt einen Rücktritt indes für ausgeschlossen;[86] für eine Nacherfüllung innerhalb der Frist sei es nicht erforderlich, dass der Erfolg der Nacherfüllung innerhalb der Frist eintrete; ausreichend sei „eine erste Leistungshandlung", die hier darin bestehen soll, dass V den K innerhalb der Frist wegen des Mangels angeschrieben habe. Dem ist indes nicht zu folgen. Konsequenz wäre ja, dass der Verkäufer innerhalb der Frist bloß in irgendeiner Form reagieren und mitteilen müsste, dass er eine Nacherfüllung (Nachbesserung oder -lieferung) vorbehaltlich einer Untersuchung der Kaufsache nicht vor vornherein ausschließe. Richtig ist stattdessen, dass (die ggf. erforderliche Mit- wirkung des Käufers unterstellt) der Nacherfüllungs-Erfolg fristgerecht herbeigeführt wird. Das hat der BGH inzwischen auch so entschieden: Eine zur Durchführung der Nacherfüllung vom Käufer gesetzte (angemessene) Frist ist nur dann gewahrt, wenn der Verkäufer den gerügten Mangel innerhalb der Frist behebt.[87]

---

82 BGH NJW 2010, 2200, 2201.
83 BGH NJW 2009, 3153, 3154.
84 BGH NJW 2015, 2564.
85 Kritisch: *Brömmelmeyer* Schuldrecht AT § 11 Rn. 20.
86 OLG Frankfurt a.M. BeckRS 2019, 30285.
87 BGH DAR 2020, 687, 688 f.

b) Entbehrlichkeit der Fristsetzung

50   Die Fristsetzung ist in einer Reihe von Fällen **entbehrlich**. Der BGH ging bisher davon aus, dass §§ 323 Abs. 2, 440 BGB die Voraussetzungen, unter denen eine Fristsetzung ausnahmsweise entbehrlich ist, *abschließend* regeln.[88] Nunmehr ist jedoch zu unterscheiden: Mit § 475d BGB gilt ab bzw. seit dem 1.1.2022 eine eigenständige, von §§ 323 Abs. 2, 440 BGB abweichende Regelung für die **Entbehrlichkeit der Fristsetzung beim Verbrauchsgüterkauf**. Nur bei Unmöglichkeit der Nacherfüllung ist die Fristsetzung gemäß § 326 Abs. 5 BGB unabhängig von der Einordnung eines Kaufvertrags als Verbrauchsgüterkauf entbehrlich. Daraus ergibt sich folgendes Bild:

aa) Entbehrlichkeit der Fristsetzung gemäß § 323 Abs. 2 BGB

51   Nach § 323 Abs. 2 Nr. 1 BGB ist die Fristsetzung entbehrlich, wenn der Schuldner die Leistung **ernsthaft und endgültig verweigert** hat. Nach st. BGH-Rechtsprechung sind an das Vorliegen einer ernsthaften und endgültigen (Nach-)Erfüllungsverweigerung strenge Anforderungen zu stellen;[89] sie liegt nur vor, wenn der Schuldner unmissverständlich und eindeutig zum Ausdruck bringt, er werde seinen Vertragspflichten unter keinen Umständen nachkommen.[90] Dementsprechend kann in dem bloßen Bestreiten von Mängeln noch nicht ohne weiteres eine endgültige Nacherfüllungsverweigerung gesehen werden. Vielmehr müssen weitere Umstände hinzutreten, welche die Annahme rechtfertigen, dass der Schuldner über das Bestreiten der Mängel hinaus bewusst und endgültig die Erfüllung seiner Vertragspflichten ablehnt und es damit ausgeschlossen

---

88   BGH NJW 2017, 153, 154; BGH NJW 2013, 1523.
89   BGH NJW 2015, 3455, 3457.
90   BGH NJW 2015, 3455, 3457.

erscheint, dass er sich von einer Nacherfüllungsaufforderung werde umstimmen lassen.[91] Entscheidend ist letztlich, ob die **Nacherfüllungsverweigerung** bei objektiver und verständiger Betrachtung als „**letztes Wort**" des Verkäufers erscheint (Theorie des letzten Wortes);[92] nur wenn das der Fall ist, braucht der Käufer keine Frist mehr zu setzen.

Eine Fristsetzung kann weiterhin nach § 323 Abs. 2 Nr. 2 BGB unterbleiben, wenn ein **einfaches (relatives) Fixgeschäftes** vorliegt[93] oder wenn **besonderer Umstände** vorliegen, die „unter Abwägung der beiderseitigen Interessen den sofortigen Rücktritt rechtfertigen", (Nr. 3). Das ist der Fall, wenn die Basis für eine kooperative Nacherfüllung zerstört ist: Der BGH[94] hat bereits entschieden, dass besondere Umstände insbesondere bei **arglistiger Täuschung** über Mängel der Kaufsache anzunehmen sind. Dem Käufer stehe in diesem Fall gemäß §§ 437 Nr. 2, 323 Abs. 1, Abs. 2 Nr. 3 BGB ein *sofortiges* Rücktrittsrecht zu. Bei der Interessenabwägung falle zulasten des Verkäufers ins Gewicht, dass durch die arglistige Täuschung die für eine Nacherfüllung erforderliche Vertrauenslage beschädigt sei.[95] Etwas anderes gelte allerdings, wenn der Käufer dem Verkäufer nach der Entdeckung des verschwiegenen Mangels eine Frist zu dessen Behebung setze, denn er gebe damit zu erkennen, dass sein Vertrauen in die Bereitschaft zur ordnungsgemäßen Nacherfüllung trotz des arglistigen Verhaltens des Verkäufers nach wie vor bestehe.[96]

52

bb) Unverhältnismäßige Kosten der Nacherfüllung

Nach § 440 Satz 1 Var. 1 BGB bedarf es keiner Fristsetzung, wenn der Verkäufer **beide Arten der Nacherfüllung** gemäß § 439 Abs. 4 BGB verweigert, d.h. Nachbesserung *und* Nachlieferung unter Berufung auf (angeblich) **unverhältnismäßige Kosten** ablehnt. Fraglich ist allerdings, welchen Mehrwert § 440 Satz 1 Var. 1 BGB gegenüber § 323 Abs. 2 Nr. 1 BGB haben soll.

53

▶ **Beispiel:** Käufer K hat für den von ihm gewerblich betriebenen Bootsverleih ein Motorboot gekauft. Kurz nach der Lieferung stellt sich heraus, dass das Boot mangelhaft ist. K verlangt Nachbesserung. Verkäufer V teilt unmissverständlich mit, dass er die Beseitigung des Mangels aufgrund unverhältnismäßiger Kosten (§ 439 Abs. 4 BGB) ablehne; eine Nachlieferung schließe er ebenso aus, weil auch sie (angeblich) mit unverhältnismäßigen Kosten verbunden wäre. ◀

In diesem Beispielfall kann K gemäß §§ 439 Nr. 2, 323 Abs. 1 BGB ohne Fristsetzung zurücktreten, wenn ihm ein Nachbesserungsanspruch zusteht (§§ 437 Nr. 1, 439 Abs. 1 Alt. 1 BGB), V die Beseitigung des Mangels jedoch ernsthaft und endgültig verweigert hat (§ 323 Abs. 2 Nr. 1 BGB). Hat V „die vom Käufer gewählte Art der Nacherfüllung" allerdings gemäß § 439 Abs. 4 Satz 1 BGB *mit Recht* verweigert, so scheidet die Entbehrlichkeit der Fristsetzung auf dieser Basis aus, denn § 323 Abs. 2 BGB setzt eine durchsetzbare Forderung voraus.[97] K müsste also „auf die andere Art der Nacherfüllung" (§ 439 Abs. 4 Satz 3 BGB), hier also auf die Lieferung eines mangelfreien Motorbootes (Nachlieferung) ausweichen. Kann V auch die Nachlieferung

54

---

91 BGH NJW 2015, 3455, 3457.
92 BGH NJW 2015, 3455, 3457; BGH NJW 2011, 2872, 2873.
93 Zum relativen Fixgeschäft: *Brömmelmeyer,* Schuldrecht AT § 11 Rn. 26.
94 BGH NJW 2007, 835.
95 BGH NJW 2007, 835, 836.
96 BGH NJW 2010, 1805.
97 MünchKomm-*Ernst* § 323 Rn. 93.

wegen unverhältnismäßiger Kosten verweigern, stünde K auch insoweit kein durchsetzbarer Nacherfüllungsanspruch zu, so dass sich die Entbehrlichkeit der Fristsetzung auch insoweit nicht aus § 323 Abs. 2 BGB ergäbe. Einschlägig wäre dann aber § 440 Satz 1 Var. 1 BGB. Dogmatisch gesehen kommt § 440 Satz 1 Var. 1 BGB also dann zum Tragen, wenn der Verkäufer beide Arten der Nacherfüllung *zu Recht* wegen unverhältnismäßiger Kosten verweigert hat.[98] Man würde das sofortige Rücktrittsrecht jedoch entwerten, wenn ausgerechnet der Käufer behaupten und beweisen müsste, dass sich der Verkäufer gemäß § 439 Abs. 4 BGB *zu Recht* auf die unverhältnismäßigen Kosten der Nacherfüllung berufen hat. Deswegen besteht Einigkeit darüber, dass es darauf nicht ankommt: Hat V die Einrede unverhältnismäßiger Kosten bzgl. beider Arten der Nacherfüllung geltend gemacht, so kann K sofort zurücktreten; ob der Tatbestand des § 439 Abs. 4 BGB tatsächlich erfüllt ist, ist irrelevant.[99]

cc) Fehlschlagen der Nacherfüllung

55   Das Nacherfüllungsrecht des Verkäufers wird durch die zweite Variante des § 440 Satz 1 BGB begrenzt. Sie sieht einen sofortigen Rücktritt des Käufers vor, wenn die ihm zustehende Art der Nacherfüllung fehlgeschlagen ist (siehe auch § 309 Nr. 8 b) BGB). Dem Käufer steht die Art der Nacherfüllung zu, die er gewählt hat und die der Verkäufer nicht zu Recht verweigert. Damit genügt schon das Fehlschlagen einer der beiden Nacherfüllungsvarianten. Es ist dem Käufer nicht zuzumuten, sich nach erfolglosen Nach*besserungs*versuchen des Verkäufers noch auf weitere Versuche der Nach*lieferung* durch den Verkäufer einzulassen – oder umgekehrt.

56   Nach § 440 Satz 2 BGB gilt eine Nachbesserung nach dem **zweiten Versuch** als fehlgeschlagen, wenn sich nicht insbesondere aus der Art der Sache oder des Mangels oder den sonstigen Umständen etwas anderes ergibt. Auch der zweite Versuch muss innerhalb der vom Käufer gesetzten Frist fehlschlagen; der Käufer ist nicht etwa verpflichtet, nach dem ersten misslungenen Versuch dem Verkäufer erneut eine Frist einzuräumen.[100] Bei sehr geringfügigen Mängeln (Beispiel: Lackschäden an einem neuen Auto) wird der Käufer allerdings mehr als zwei Nachbesserungsversuche akzeptieren müssen, bei besonders gravierenden Mängeln (Beispiel: sehr aufwändige, langandauernde Reparatur eines Kaufgegenstandes, den der Käufer dringend benötigt) kann bereits nach einem erfolglosen Nachbesserungsversuch von Fehlschlagen die Rede sein. Ein Fehlschlagen ist auch möglich, wenn der Verkäufer nicht oder nicht mehr über die technischen Voraussetzungen verfügt oder auf sie zugreifen kann, die zur Durchführung der Nachbesserung erforderlich sind, oder wenn der Verkäufer die Nachbesserung erst nach einigen Wochen „wegen Überlastung des Kundendienstes" oder weil Ersatzteile erst nach längerer Zeit zu beschaffen sind, durchführen will.

dd) Unzumutbarkeit der Nacherfüllung

57   Nach § 440 Satz 1 Var. 3 BGB bedarf es der Fristsetzung auch dann nicht, wenn die dem Käufer zustehende Art der Nacherfüllung ihm unzumutbar ist. Für die Beurteilung, ob die Nacherfüllung für den Käufer in diesem Sinne unzumutbar ist,

---

98   Damit erfüllt § 440 Satz 1 Var. 1 BGB im Ergebnis dieselbe Funktion wie § 326 Abs. 5 BGB in Fällen der Unmöglichkeit.

99   MünchKomm-*Westermann* § 440 Rn. 5; Staudinger-*Matusche-Beckmann* § 440 Rn. 13; Erman-*Grunewald* § 440 Rn. 2; vgl. Bamberger/Roth-*Faust* § 440 Rn. 16.

100   TWT-*Richter* § 440 Rn. 4; Bamberger/Roth-*Faust* § 440 Rn. 36.

sind alle Umstände des Einzelfalls zu berücksichtigen. Dazu zählen neben Art und Ausmaß einer Beeinträchtigung der Interessen des Käufers etwa auch die Zuverlässigkeit des Verkäufers und diesem vorzuwerfende Nebenpflichtverletzungen sowie ein dadurch möglicherweise gestörtes Vertrauensverhältnis zwischen den Parteien.[101] Eine Nacherfüllung ist insbesondere unzumutbar, wenn der Verkäufer den Käufer arglistig getäuscht hat.[102]

Der BGH hat aus den Materialien entnommen, dass „der Gesetzgeber über die in § 440 Satz 1 Var. 3 BGB geregelte Variante der Unzumutbarkeit einen Rücktritt ohne vorherige Fristsetzung jedenfalls bei einem **Verbrauchsgüterkauf** auch in Fällen zulassen wollte, in denen eine vom Käufer berechtigterweise gewählte Art der Nacherfüllung zwar (noch) nicht endgültig vom Verkäufer verweigert ist und auch nicht als in einem engeren Wortsinn fehlgeschlagen angesehen werden kann, in denen der Verkäufer einer Nacherfüllung aber unberechtigt Hindernisse in den Weg gestellt hat, die geeignet sind, dem Käufer erhebliche Unannehmlichkeiten in Bezug auf den von ihm erstrebten Gebrauchszweck zu bereiten."[103] 58

▶ **BEISPIEL:** Hat Käufer K beanstandet, dass das Kupplungspedal des gekauften Volvo 50 gelegentlich am Fahrzeugboden hängen bleibe, hat Verkäufer V bei einer oberflächlichen Überprüfung keinen Mangel festgestellt und hat er K daraufhin darauf verwiesen, dass er den Volvo bei erneuten Problemen ja erneut vorstellen könne, so ist K eine Nachbesserung (§§ 437 Nr. 1, 439 Abs. 1 Alt. 1 BGB) nicht (mehr) zuzumuten: Das Fahrzeug war aufgrund des Hängenbleibens nicht verkehrssicher, K brauchte die „Hinhaltetaktik" (*Mankowski*) des V nicht hin- und das Risiko einer weiteren Benutzung im Straßenverkehr nicht auf sich zu nehmen.[104] ◀

Im Hinblick auf § 475d Abs. 1 BGB gilt § 440 Satz 1 BGB ab bzw. seit dem 1.1.2022 nicht mehr für den Verbrauchsgüterkauf. Man wird das BGH-Urteil jedoch auf § 475d Abs. 1 Nr. 5 BGB übertragen können, der i.V.m. § 475 Abs. 5 BGB besagt, dass der Käufer dann keine Frist zur Nacherfüllung zu setzen braucht, wenn es nach den Umständen offensichtlich ist, dass der Unternehmer die Nacherfüllung nicht ordnungsgemäß, d.h. nicht ohne erhebliche Unannehmlichkeiten für den Verbraucher durchführen wird. Ob der BGH seine Rechtsprechung zu § 440 Satz 1 Var. 3 BGB beibehält, d.h. ob er sie auch auf den Nicht-Verbrauchsgüterkauf ausdehnt, bleibt abzuwarten. 59

ee) Unmöglichkeit der Nacherfüllung

Der Käufer kann auch bei **Unmöglichkeit** gemäß § 275 Abs. 1-3 BGB ohne Fristsetzung zurücktreten.[105] Dies ergibt sich aus § 326 Abs. 5 BGB, der auf die Rücktrittsvorschrift des § 323 BGB verweist, dabei aber die Fristsetzung für entbehrlich erklärt. Der BGH[106] betont in st. Rechtsprechung, dass die Fristsetzung nach § 326 Abs. 5 BGB nur dann entbehrlich ist, wenn beide Arten der Nacherfüllung unmöglich sind. Kauft K also einen (gebrauchten) BMW mit nicht zugelassen Winterrädern (siehe § 19 Abs. 3 StVZO), so mag die Nach*besserung* dieser Räder objektiv unmöglich sein; eine 60

---

101 BGH NJW 2017, 153, 154 f.
102 BGH NJW 2007, 835.
103 BGH NJW 2017, 153, 154.
104 BGH NJW 2017, 153, insbesondere Rn. 24 f. mit Anm. *Mankowski*.
105 Bamberger/Roth-*Faust* § 437 Rn. 14; Tamm/Tonner/Brönneke-*Schwartze* § 14a Rn. 71.
106 BGH BeckRS 2019, 35942 Leitsatz 2 und Rn. 39; BGHZ 168, 64, 67; BGH NJW 2008, 53, 55.

Nachlieferung gleichartiger und gleichwertiger Winterräder ist jedoch möglich, so dass K zunächst eine Frist zur Nacherfüllung hätte setzen müssen.[107]

ff) Verbrauchsgüterkauf

61   Beim **Rücktritt von einem Verbrauchsgüterkauf** (§ 474 Abs. 1 BGB) bedarf es der in § 323 Abs. 1 BGB bestimmten Fristsetzung zur Nacherfüllung gemäß § 475d Abs. 1 BGB und abweichend von § 323 Abs. 2 und § 440 BGB nicht, wenn

1. der Unternehmer die Nacherfüllung trotz Ablaufs einer angemessenen Frist, ab dem Zeitpunkt zu dem der Verbraucher ihn über den Mangel unterrichtet hat, nicht vorgenommen hat,
2. sich trotz der vom Unternehmer versuchten Nacherfüllung ein Mangel zeigt,
3. der Mangel derart schwerwiegend ist, dass der sofortige Rücktritt gerechtfertigt ist,
4. der Unternehmer die gemäß § 439 Abs. 1 oder 2 oder § 475 Abs. 5 ordnungsgemäße Nacherfüllung verweigert hat oder
5. es nach den Umständen offensichtlich ist, dass der Unternehmer nicht gem. § 439 Abs. 1 oder 2 oder § 475 Abs. 5 BGB ordnungsgemäß nacherfüllen wird.[108]

62   Bei einem Verbrauchsgüterkauf wäre die **Bindung des Rücktritts an eine erfolglose Fristsetzung** (§ 323 Abs. 1 BGB) nicht mit der Warenkaufrichtlinie zu vereinbaren: § 323 Abs. 1 BGB verlangt eine Frist*setzung*, Art. 13 Abs. 4 lit. a) WKRL aber nur den Ablauf einer angemessenen Frist.[109] Dementsprechend regelt § 475d Abs. 1 BGB die Entbehrlichkeit der Fristsetzung eigenständig.

c) Erheblichkeit des Mangels und Verantwortlichkeit des Käufers

63   Ein Rücktritt gemäß §§ 437 Nr. 2, 323 Abs. 1 BGB scheidet aus, wenn der Mangel zum Zeitpunkt der Rücktrittserklärung unerheblich ist (§ 323 Abs. 5 Satz 2 BGB). Die **Erheblichkeit des Mangels** ist – wie sich aus der ins Negative gewendeten Formulierung „kann […] [ausnahmsweise] nicht zurücktreten, wenn die Pflichtverletzung unerheblich ist" ergibt – zu vermuten (Beweislastumkehr); ggf. muss also der Verkäufer behaupten und beweisen, dass der Mangel (ausnahmsweise) geringfügig ist. Der BGH verlangt insoweit eine umfassende Interessenabwägung auf der Grundlage aller Umstände des Einzelfalls.[110] Dabei ist je nach Mangel zu unterscheiden:

---

107   Eine Nach*besserung* des BMW wäre m.E. ohnehin dadurch möglich, dass die nicht zugelassenen durch zugelassene Winterräder ausgetauscht werden. Darauf stellt der BGH indes nicht ab.

108   Bis zum Inkrafttreten des § 475d BGB am 1.1.2022 fehlte eine auch schon aufgrund der VerbrGKRL gebotene Sonderregelung für den Verbrauchsgüterkauf. Dazu: MünchKomm-*Lorenz* Vor § 474 Rn. 25; *Lorenz* NJW 2005, 1889; *Herresthal* WM 2007, 1354; Bamberger/Roth-*Faust* § 437 Rn. 18.

109   Dazu auch: Begründung, der Bundesregierung zum Entwurf eines Gesetzes zur Regelung des Verkaufs von Sachen mit digitalen Elementen und anderer Aspekte des Kaufvertrags, BT-Drucks. 19/27424, S. 36.

110   BGH NJW 2017, 153, 155; BGH NJW 2014, 3229 f.

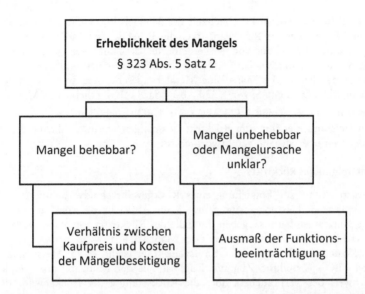

Der Bundesgerichtshof geht davon aus, dass die Erheblichkeitsschwelle des § 323   64
Abs. 5 Satz 2 BGB bei einem behebbaren Sachmangel jedenfalls in der Regel bereits
dann erreicht ist, wenn der Mangelbeseitigungsaufwand einen Betrag von 5 % des
Kaufpreises überschreitet.[111] Entscheidend ist also das Verhältnis zwischen Kaufpreis
und Kosten der Mängelbeseitigung[112] und nicht das Ausmaß der Funktionsbeeinträchtigung.[113] Auf das Ausmaß der Funktionsbeeinträchtigung kommt es nur dann entscheidend an, wenn der Mangel nicht oder nur mit hohen Kosten behebbar oder die
Mangelursache im Zeitpunkt der Rücktrittserklärung ungeklärt ist.[114] Der BGH hat
auf dieser Basis bspw. das (im Hinblick auf die Ursachen ungeklärte) sporadische
Hängenbleiben des Kupplungspedals eines verkauften Volvo als erheblichen Mangel
eingestuft.[115] Es handle sich nämlich nicht um einen bloßen Komfortmangel, sondern
um eine mögliche Beeinträchtigung der Verkehrssicherheit.[116]

In bestimmten Fällen ist die **Erheblichkeit indiziert**: Der BGH verneint eine unerhebli-   65
che Pflichtverletzung in der Regel bei **Arglist**[117] und betont, dass § 323 Abs. 5 Satz 2
BGB nicht an den Mangel, sondern an den (weiteren) Begriff der Pflichtverletzung
anknüpfe. Das lasse Raum für die Berücksichtigung arglistigen Verhaltens.[118] Dem ist
jedoch schon aufgrund der Regelungssystematik nicht zu folgen: § 323 Abs. 5 Satz 2
BGB schließt den Rücktritt wegen einer Schlechtleistung aus, wenn die in der Schlechtleistung liegende Pflichtverletzung unerheblich sein sollte. Er bezieht sich also auf
vertragliche Leistungs- und nicht auf vorvertragliche Rücksichtspflichten; eine arglistige Täuschung ist indes eine vorvertragliche (Rücksichts-) Pflichtverletzung.[119] Daher

---

111   BGH NJW 2017, 153, 155; BGH NJW 2014, 3229, 3231.
112   BGH NJW 2011, 2872, 2874.
113   BGH NJW 2011, 2872, 2874.
114   BGH NJW 2011, 2872, 2874.
115   BGH NJW 2017, 153, 155 m.w.N.
116   BGH NJW 2017, 153, 155.
117   BGH NJW 2007, 835; BGH NJW 2006, 1960.
118   BGH NJW 2007, 835; BGH NJW 2006, 1960.
119   *Brömmelmeyer* Schuldrecht AT § 11 Rn. 32 m.w.N.

ist allein auf die (objektive) Erheblichkeit des Mangels abzustellen. Davon abgesehen nimmt der BGH aber zu Recht an, dass die Erheblichkeit indiziert ist, wenn der Mangel auf eine **Abweichung von der vereinbarten Beschaffenheit** (§ 434 Abs. II Satz 1 Nr. 1 BGB) zurückzuführen ist:[120] Haben die Parteien einen Kaufvertrag über eine Corvette in der Farbe „Le Mans Blue Metallic" geschlossen, so weist die gelieferte Corvette in schwarz einen i.S. von § 323 Abs. 5 Satz 2 BGB erheblichen Mangel auf.[121]

66 Ein Rücktritt scheidet gemäß § 323 Abs. 6 Alt. 1 BGB auch dann aus, wenn der Käufer für „den Umstand, der ihn zum Rücktritt berechtigen würde", d.h. für den Mangel, allein oder weit überwiegend verantwortlich ist.

d) Rechtsfolgen des Rücktritts

67 Der Rücktritt führt zur Entstehung eines **Rückgewährschuldverhältnisses** (§§ 346 ff. BGB). Empfangene Leistungen sind gemäß § 346 Abs. 1 BGB zurück zu gewähren und gezogene Nutzungen herauszugeben. Im Falle des Rücktritts von einem Verbrauchsgüterkaufvertrag ist § 346 Abs. 1 BGB mit der Maßgabe anzuwenden, dass der Unternehmer die Kosten der Rückgabe der Kaufsache trägt (siehe § 475 Abs. 6 Satz 1 BGB), und § 348 BGB (Erfüllung Zug um Zug) ist mit der Maßgabe anzuwenden, dass der Nachweis des Verbrauchers über die Rücksendung der Rückgewähr der Ware gleichsteht (Satz 2).

68 Zu den **Nutzungen i.S. von § 346 Abs. 1 BGB** zählen auch die **Gebrauchsvorteile** (§ 100 BGB). Der Käufer muss also für die Zeit, in der er den Kaufgegenstand nutzen konnte, eine **Nutzungsentschädigung** leisten. Diese berechnet man unter Zugrundelegung der Lebensdauer des Kaufgegenstandes und des Kaufpreises.

▶ **BEISPIEL:** Bauunternehmer B kauft sich ein Mobiltelefon für sein Unternehmen mit voraussichtlich vier Jahren Lebensdauer zum Preis von 1.000 Euro. Tritt K nach einem Jahr wegen eines Mangels vom Kaufvertrag zurück, kann Verkäufer V neben der Rückgewähr des Mobiltelefons von K auch 250 Euro Nutzungsentschädigung verlangen. Dies macht das Rücktrittsrecht für den Käufer nicht unbedingt attraktiv. ◀

69 Kann der Käufer den Kaufgegenstand nicht mehr zurückgeben, so schuldet er grundsätzlich gemäß § 346 Abs. 2 BGB **Wertersatz**. Etwas anders gilt allerdings gemäß § 346 Abs. 3 Satz 1 BGB,

- wenn sich der zum Rücktritt berechtigende Mangel erst während einer Verarbeitung oder Umgestaltung des Kaufgegenstands gezeigt hat (Nummer 1),
- wenn der Verkäufer den Untergang der Kaufsache zu vertreten hat (Nummer 2) oder
- wenn der Untergang oder die Verschlechterung beim (zum Rücktritt berechtigten) Käufer eingetreten ist, obwohl dieser diejenige Sorgfalt beobachtet hat, die er in eigenen Angelegenheiten anzuwenden pflegt (Nummer 3).

  ▶ **BEISPIEL:** Käufer K aus Berlin Kreuzberg tritt gemäß §§ 437 Nr. 2, 323 Abs. 1 BGB vom Kaufvertrag über ein Fahrrad zurück und vereinbart mit Verkäufer V, das Fahrrad am nächsten Morgen zurückzugeben. In der Nacht wird das im Fahrradkeller des K angeschlossene Fahrrad gestohlen. – K braucht trotz § 346 Abs. 2 Satz 1 Nr. 3 BGB gemäß § 346 Abs. 3 Satz 1 Nr. 3 BGB keinen Wertersatz für das abhandengekommene Fahrrad

---

120 BGH NJW 2013, 1365.
121 BGH NJW-RR 2010, 1289, 1291.

zu leisten; nichts spricht dafür, dass er hier seine eigenübliche Sorgfalt verletzt haben könnte. Hat er das Fahrrad stattdessen unabgeschlossen an der Straße stehen lassen, hat er V den Wert zu ersetzen, denn angesichts der Diebstahlsgefahr in Kreuzberg wird man ein solches Verhalten bereits als grob fahrlässig einstufen müssen (siehe § 277 BGB). ◄

2. Minderung

§§ 437 Nr. 2, 440 f. BGB räumen dem Käufer das Recht ein, den Kaufpreis durch Erklärung gegenüber dem Verkäufer zu mindern. Dieses **Minderungsrecht** soll dem möglichen Käuferinteresse Rechnung tragen, die mangelhafte Sache zu behalten und durch Herabsetzung des Kaufpreises um den angemessenen Betrag (§ 441 Abs. 3 BGB) die Äquivalenz von Leistung und Gegenleistung wiederherzustellen.[122] Dabei ergibt sich aus der Formulierung des § 441 Abs. 1 Satz 1 BGB "statt zurückzutreten", dass die Minderung grundsätzlich an die **Rücktrittsvoraussetzungen**, d.h. insbesondere an das Erfordernis erfolgloser Fristsetzung (§ 323 Abs. 1 Satz 1 BGB) bzw. an einen erfolglosen Fristablauf beim Verbrauchsgüterkauf (§ 475d Abs. 1 Nr. 1 BGB) gebunden ist. Der Vorrang der Nacherfüllung gilt also auch hier. 70

Bitte beachten Sie, dass die Minderung meist im Rahmen eines **Rückzahlungsanspruchs des Käufers** zu prüfen ist, der den Kaufpreis in voller Höhe beglichen hat und nunmehr, nach Entdeckung des Mangels, mindert und gemäß §§ 441 Abs. 4, 346 Abs. 1 BGB Erstattung des zu viel gezahlten Kaufpreises verlangt; ggf. ist also nicht nur das Recht zur Minderung zu prüfen, sondern auch die Minderungserklärung (§ 441 Abs. 1 Satz 1 BGB) und die mögliche Unwirksamkeit der Minderung gemäß §§ 438 Abs. 5, 218 BGB wegen der Einrede der Verjährung des Nacherfüllungsanspruchs. Dementsprechend ergibt sich folgende Prüfungsreihenfolge: 71

Minderungsrecht gemäß §§ 437 Nr. 2, 441 Abs. 1 BGB
1. Kaufvertrag
2. Mangel der Kaufsache bei Gefahrübergang (beim Rechtsmangel: bei Erwerb)
3. Erfolglose Fristsetzung (§§ 441 Abs. 1 Satz 1, 323 Abs. 1 BGB) oder Entbehrlichkeit gem. §§ 441 Abs. 1 Satz 1, 440, 323 Abs. 2, 326 Abs. 5 BGB oder – beim Verbrauchsgüterkauf – gem. §§ 475d Abs. 1, 326 Abs. 5 BGB
4. Kein Minderungsausschluss a) Kein vertraglicher Minderungsausschluss b) Kein gesetzlicher Minderungsausschluss aufgrund überwiegender Verantwortlichkeit des Käufers (§ 323 Abs. 6 Alt. 1 BGB)
5. Keine Unwirksamkeit der Minderung gemäß §§ 438 Abs. 5, 218 BGB

a) Voraussetzungen der Minderung

Minderungs- und Rücktrittsvoraussetzungen stimmen grundsätzlich überein. Anders als der Rücktritt ist die Minderung nach § 441 Abs. 1 Satz 2 BGB allerdings nicht ausgeschlossen, wenn der **Mangel unerheblich** ist: § 441 Abs. 1 Satz 2 BGB bestimmt ausdrücklich, dass § 323 Abs. 5 Satz 2 BGB auf die Minderung nicht anzuwenden ist. 72

---

122 BGH NJW 2018, 2863, 2865.

Das ist auch überzeugend: Der Käufer soll bei unerheblichen Mängeln nicht gleich den Kaufvertrag auflösen können (Rücktritt), er soll aber den Kaufpreis – ggf. eben nur geringfügig – herabsetzen können.

b) Rechtsfolgen der Minderung

73   Die Minderung führt zur Herabsetzung des Kaufpreises. Der herabgesetzte Kaufpreis ist nach der Formel des § 441 Abs. 3 Satz 1 BGB zu berechnen, in die der Kaufpreis, der Wert der Sache in mangelfreiem Zustand und der tatsächliche Wert der Kaufsache eingehen:

$$\text{Herabgesetzter Kaufpreis} = \frac{\text{Wert im mangelhaften Zustand x vereinbarter Kaufpreis}}{\text{Wert im mangelfreien Zustand}}$$

Nehmen Sie an, K kauft bei V ein Smartphone für 600 Euro. Da das Smartphone einen kleineren Speicher hat als vereinbart, liegt sein Wert lediglich bei 450 Euro statt bei 650 Euro. Erklärt K die Minderung, beträgt der geminderte Kaufpreis 415,38 Euro. Lässt sich der Wert der Kaufsache (im mangelhaften oder mangelfreien Zustand) nicht eindeutig ermitteln, ist gemäß § 441 Abs. 3 Satz 2 BGB zu schätzen. Erklärt der Käufer die Minderung, **erlischt** der Kaufpreisanspruch des Verkäufers in Höhe des **Mehrbetrags**. Hat der Käufer bereits den vollen Kaufpreis bezahlt, kann er nach §§ 441 Abs. 4, 346 Abs. 1 BGB den Mehrbetrag **zurückfordern**.

74   Übt der Käufer sein Minderungsrecht aus, erklärt er damit zugleich, die Kaufsache trotz des Mangels – zu einem gemäß § 441 Abs. 3 BGB herabgesetzten Kaufpreis – zu behalten und insofern am Kaufvertrag festhalten zu wollen.[123] Diese Entscheidung wird für den Käufer aufgrund der Konzeption des Minderungsrechts als Gestaltungsrecht mit Zugang der Minderungserklärung verbindlich, d.h. er kann sie nicht mehr einseitig widerrufen.[124] Daraus folgt, dass der Käufer nach wirksam erklärter Minderung (unter Berufung auf denselben Mangel) nicht mehr zurückzutreten oder Schadensersatz statt der *ganzen* Leistung verlangen kann, denn beides hätte gemäß §§ 346 ff. BGB bzw. §§ 281 Abs. 5 BGB i.V.m. §§ 346 ff. BGB die Rückabwicklung des Vertrags zur Folge.[125] Mit der Minderung hat der Käufer das ihm vom Gesetzgeber eingeräumte Wahlrecht zwischen dem Festhalten am und dem Lösen vom Kaufvertrag „verbraucht".[126] Es bleibt ihm jedoch unbenommen, einen Anspruch auf Schadensersatz statt der Leistung (kleiner Schadensersatz) für Schäden geltend zu machen, die ihm zusätzlich zu dem bereits durch die Herabsetzung des Kaufpreises kompensierten Schaden entstanden sind.[127]

IV. Schadensersatz

1. Überblick

75   Ist die Kaufsache mangelhaft, so kann der Käufer ggf. auch Schadensersatz gemäß §§ 437 Nr. 3, 440, 280 f., 283 und 311a BGB verlangen. Diese Haftung ist Teil des

---

123   BGH NJW 2018, 2863, 2865 (Montagsauto) mit Verweis auf BT-Drucks. 14/6040, S. 223.
124   BGH NJW 2018, 2863, 2865 (Montagsauto).
125   BGH NJW 2018, 2863, 2867 f. (Montagsauto) krit. *Stöber* NJW 2018, 2834, 2835 f.
126   BGH NJW 2018, 2863, 2867 (Montagsauto).
127   BGH NJW 2018, 2863, 2866 f. (Montagsauto).

im allgemeinen Leistungsstörungsrecht verankerten Systems der Schadensersatzansprüche[128] und lässt sich wie folgt skizzieren:

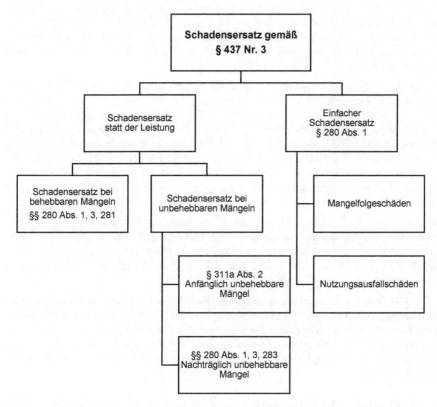

Bei § 437 Nr. 3 BGB geht es grundsätzlich nur um das **Erfüllungsinteresse**: Hat Verkäufer V eine Kaufsache geliefert, die (entgegen § 433 Abs. 1 Satz 2 BGB) einen Mangel aufweist, so ist das Erfüllungsinteresse des K verletzt. Deswegen gewähren ihm § 437 Nr. 1, 439 Abs. 1 BGB ja auch einen Nach*erfüllungs*anspruch. **Schadensersatz statt der Leistung** kann der Käufer verlangen

76

- gemäß §§ 437 Nr. 3, 280 Abs. 1, 3, 281 Abs. 1 BGB, wenn er dem Verkäufer V erfolglos eine Frist zur Nacherfüllung gesetzt hat – oder die Fristsetzung ausnahmsweise entbehrlich ist,

- gemäß §§ 437 Nr. 3, 311a Abs. 2 BGB, wenn bereits bei Kaufvertragsschluss ein unbehebbarer Mangel der Kaufsache vorlag, eine Nacherfüllung also von Anfang an unmöglich war, und

- gemäß §§ 437 Nr. 3, 280 Abs. 1, 3, 283 BGB, wenn der unbehebbare Mangel der Kaufsache erst nach Kaufvertragsschluss entsteht, so dass eine Nacherfüllung nachträglich unmöglich geworden ist.

---

128   Dazu grundlegend: *Brömmelmeyer* Schuldrecht AT § 8 Rn. 1 ff.

77   Eine Haftung auf Schadensersatz setzt grundsätzlich die **Verantwortlichkeit** des Verkäufers für den Mangel voraus, die gemäß § 280 Abs. 1 Satz 2 BGB zu vermuten ist: Hinter der ins Negative gewendeten Formulierung („es sei denn, dass …") verbirgt sich eine **Beweislastumkehr** zulasten des Verkäufers. Der Maßstab des Vertretenmüssens bestimmt sich nach § 276 BGB. Danach haftet der Verkäufer nicht nur für Vorsatz und Fahrlässigkeit, sondern auch bei Übernahme einer **Garantie** oder eines Beschaffungsrisikos.

78   Ein möglicher **Schadensersatzanspruch gemäß §§ 280 Abs. 1, 2, 286 BGB wegen Verzögerung der Leistung** gehört nicht hierher: im Rahmen von § 437 Nr. 3 BGB geht es um die Schlechtleistung (Mängel), nicht um die „nicht-rechtzeitige" Leistung. Die Rechtslage ist allerdings umstritten. In der Literatur wird teils vertreten, dass eine Haftung gemäß §§ 437 Nr. 3, 280 Abs. 1, 2, 286 BGB in Betracht komme, wenn sich der Verkäufer mit der Nacherfüllung in Verzug befindet.[129] Der BGH löst solche Fälle jedoch mit Recht über §§ 437 Nr. 3, 280 Abs. 1 BGB.[130] Danach kann der Käufer den Ersatz eines **mangelbedingten Nutzungsausfallschaden** verlangen ohne dass es auf einen möglichen Verzug ankäme.[131]

79   Bei § 437 Nr. 3 BGB geht es nicht primär um das **Integritätsinteresse,** so dass auch eine (mögliche) Haftung des Verkäufers gemäß §§ 280 Abs. 1, 3, 282 BGB ebenfalls nicht hierhergehört – ebenso wenig wie eine mögliche Haftung gemäß §§ 280 Abs. 1, 241 Abs. 2 BGB oder §§ 280 Abs. 1, 241 Abs. 2 BGB i.V.m. § 311 Abs. 2 BGB (culpa in contrahendo).

▶ **BEISPIEL:** Hat V eine Tischtennisplatte an K verkauft und beschädigt er bei Lieferung die Terrassentür, so haftet er gemäß §§ 280 Abs. 1, 241 Abs. 2 BGB auf Schadensersatz, weil er seine Rücksichtspflicht verletzt und das Eigentum des K beschädigt hat. Die Frage, ob die Tischtennisplatte mangelhaft war oder nicht, spielt in Fällen wie diesen überhaupt keine Rolle. Denkbar ist allerdings eine c.i.c.-Haftung des Verkäufers für arglistig verschwiegene Mängel. ◀

2. Schadensersatz statt der Leistung

a) Schadensersatz gemäß §§ 437 Nr. 3, 280 Abs. 1, 3, 281 BGB

80   Bei Mängeln der Kaufsache kann der Käufer **Schadensersatz statt der Leistung** beanspruchen: Hat Käufer K ein mangelhaftes Fahrrad gekauft, hat Verkäufer V den Mangel zu vertreten und ist er nicht zur Nacherfüllung gemäß §§ 437 Nr. 1, 439 Abs. 1 BGB bereit oder imstande, so kann K nach erfolgloser Fristsetzung den Minderwert des Fahrrads als Schaden liquidieren. Dieser Schadensersatzanspruch ist grundsätzlich wie folgt zu prüfen:

---

129   *Brox/Walker* Schuldrecht BT § 4 Rn. 106; *Grigoleit/Bender* ZfPW 2019, 1, 50 ff.
130   BGHZ 181, 317.
131   Dazu im Einzelnen *Brömmelmeyer* Schuldrecht AT § 8 Rn. 70 ff.

Anspruch des Käufers gegen den Verkäufer auf Schadensersatz statt der Leistung gemäß §§ 437 Nr. 3, 280 Abs. 1, 3, 281 BGB
1. Kaufvertrag
2. Pflichtverletzung
a) Mangel der Kaufsache bei Gefahrübergang (beim Rechtsmangel: bei Erwerb) *oder*
b) Mangelhafte bzw. ausbleibende Nacherfüllung
3. Verantwortlichkeit des Verkäufers (§§ 280 Abs. 1 Satz 2, 276 BGB)
4. Erfolglose Fristsetzung (§ 281 Abs. 1 Satz 1 BGB) oder Entbehrlichkeit (§§ 440 Satz 1, 281 Abs. 2 BGB oder § 475d Abs. 2 BGB)
5. Kein Haftungsausschluss

Die **Pflichtverletzung des Verkäufers** besteht grundsätzlich darin, dass er eine Kaufsache übergibt und übereignet, die entgegen § 433 Abs. 1 Satz 2 BGB einen Mangel aufweist. Die Pflichtverletzung kann jedoch bei behebbaren Mängeln auch darin bestehen, dass der Verkäufer die sich aus §§ 437 Nr. 1, 439 Abs. 1 BGB ergebende Pflicht zur Nacherfüllung nicht oder nicht ordnungsgemäß erfüllt.   **81**

▶ **BEISPIEL:** K hat bei Kfz-Händler V einen Gebrauchtwagen der Marke Brilliance BS 4 gekauft, bei dem bereits kurz nach Lieferung Korrosionsschäden auftreten. Die Korrosion ist auf Verarbeitungsfehler bei der Produktion zurückzuführen. K fordert V zur Reparatur auf und setzt ihm eine angemessene Frist. Da V die lästige Inanspruchnahme auf Nacherfüllung ignoriert, verlangt K nunmehr Schadensersatz statt der Leistung in Höhe der Kosten für die Beseitigung der Korrosionsschäden (2.200 Euro). ◀

Der BGH geht davon aus, dass dem Käufer in Fällen wie diesen Schadensersatz statt der Leistung unter zwei Gesichtspunkten zustehen kann: Zum einen kann der Verkäufer seine Pflicht zur Lieferung der mangelfreien Kaufsache (§ 433 Abs. 1 Satz 2 BGB) schuldhaft verletzt haben; zum anderen kann sich ein solcher Anspruch unter dem Gesichtspunkt einer Verletzung der Verpflichtung des Verkäufers zur Nacherfüllung (§ 439 Abs. 1 BGB) ergeben.[132] Hier steht K ein Schadensersatzanspruch wegen einer Verletzung der Pflicht des V zur Lieferung eines mangelfreien Pkw nicht zu, weil V die in der Lieferung des mangelhaften Fahrzeugs liegende Pflichtverletzung nicht zu vertreten hat (§ 280 Abs. 1 Satz 2 BGB): Die Korrosionsschäden sind auf Verarbeitungsfehler bei der Produktion zurückzuführen und erst nach der Übergabe des Fahrzeugs aufgetreten. Ein Verschulden des Herstellers muss sich V nicht gemäß § 278 Satz 1 BGB zurechnen lassen.[133] K steht jedoch ein Schadensersatzanspruch gemäß §§ 437 Nr. 3, 280 Abs. 1, 3, 281 Abs. 1 BGB zu, weil V seine Pflicht zur Nacherfüllung (§ 439 Abs. 1 Alt. 1 BGB) schuldhaft verletzt hat, indem er die Korrosionsschäden trotz Fristsetzung (vorsätzlich) nicht beseitigt hat.[134]   **82**

Hat Käufer K kein Interesse daran, die mangelhafte Kaufsache zu behalten, so kann er **Schadensersatz statt der ganzen Leistung** verlangen. Schadensersatz statt der ganzen Leistung bedeutet, dass der Käufer die Kaufsache insgesamt ablehnt und stattdessen Schadensersatz beansprucht. Das kommt allerdings gemäß § 281 Abs. 1 Satz 3 BGB   **83**

---

132   BGH NJW 2015, 2244; BGHZ 195, 135, 137; siehe auch das plastische Beispiel bei *Looschelders* Schuldrecht BT § 4 Rn. 57.
133   BGH NJW 2015, 2244; BGHZ 200, 337, 346.
134   BGH NJW 2015, 2244.

nicht in Betracht, wenn die Pflichtverletzung unerheblich ist. In diesem Fall ist das Prüfungsschema also um den Prüfungspunkt „Kein Ausschluss aufgrund der Unerheblichkeit des Mangels" (§ 281 Abs. 1 Satz 3 BGB)" zu ergänzen.

84   Der Käufer muss wie beim Rücktritt eine **Frist zur Nacherfüllung** setzen, die ausnahmsweise, aus den in §§ 281 Abs. 2, 440 BGB genannten Gründen, entbehrlich sein kann. § 281 Abs. 2 BGB entspricht im Wesentlichen § 323 Abs. 2 BGB. Der Käufer muss insbesondere dann keine Nachfrist setzen, wenn der Verkäufer die Leistung ernsthaft und endgültig verweigert. Anders als beim Rücktritt befreit allerdings nicht schon ein relatives Fixgeschäft vom Erfordernis der Nachfristsetzung.[135]

85   Für den **Verbrauchsgüterkauf** gelten die Sonderbestimmungen in § 475d Abs. 2 Satz 1 BGB i.V.m. Absatz 1, die anstelle der §§ 281 Abs. 2, 440 BGB anzuwenden sind (siehe § 475d Abs. 2 Satz 2 BGB)

b) Schadensersatz gemäß §§ 437 Nr. 3, 311a Abs. 2 BGB (anfängliche Unmöglichkeit)

86   Begehrt der Käufer **Schadensersatz wegen eines anfänglich unbehebbaren Mangels** (anfängliche Unmöglichkeit), so richtet sich die Haftung nach §§ 437 Nr. 3, 311a Abs. 2 BGB. Eine Haftung gemäß §§ 280 ff. BGB kommt nicht in Betracht, weil der Verkäufer keine Pflicht aus dem Kaufvertrag verletzt: Bereits bei Kaufvertragsschluss steht ja fest, dass die Leistung, d.h. die Lieferung der Sache frei von Mängeln, unmöglich, der Verkäufer also nicht zur Leistung verpflichtet ist (§ 275 Abs. 1 BGB). Denkbar ist auch hier eine Haftung auf Schadensersatz statt der Leistung bzw. – sollte der anfänglich unbehebbare Mangel nicht unerheblich sein (§§ 311a Abs. 2 Satz 3, 281 Abs. 1 Satz 3 BGB) – auf Schadensersatz statt der ganzen Leistung. Die Haftung setzt gemäß § 311a Abs. 2 Satz 2 BGB voraus, dass der Verkäufer bei Abschluss des Kaufvertrags wusste oder hätte wissen können und müssen, dass die Kaufsache einen unbehebbaren Mangel aufweist. Davon geht das BGB i.S. einer widerlegbaren Vermutung aus. Die Haftung entfällt nur, wenn der Verkäufer den unbehebbaren Mangel bei Vertragsschluss nicht kannte und seine Unkenntnis auch nicht zu vertreten hat.

c) Schadensersatz gemäß §§ 437 Nr. 3, 280 Abs. 1, 3, 283 BGB (nachträgliche Unmöglichkeit)

87   In Fällen, in denen die Kaufsache einen **nachträglich unbehebbaren Mangel** aufweist (nachträgliche Unmöglichkeit), kommt eine Haftung auf Schadensersatz gemäß §§ 280 Abs. 1, 3, 283 BGB in Betracht. Der Unterschied zur Haftung auf Schadensersatz gemäß §§ 280 Abs. 1, 3, 281 BGB besteht darin, dass es keiner Fristsetzung bedarf; ist der Mangel weder durch Nachbesserung noch durch Nachlieferung behebbar, wäre einer Frist zur Nacherfüllung ja auch sinnlos.

88   Im Hinblick auf die **Verantwortlichkeit** des Verkäufers (§§ 280 Abs. 1 Satz 2, 276 BGB) reicht es im Lichte der BGH-Rechtsprechung zu den möglichen Bezugspunkten der Pflichtverletzung alternativ aus, dass der Verkäufer den Mangel der Kaufsache *oder* die Unbehebbarkeit des Mangels zu vertreten hat: Nehmen Sie an, V verkauft K (vorsätzlich) 1t minderwertiger Äpfel (Vorratsschuld). Er hofft, dass K die Äpfel nicht beanstandet, wäre andernfalls aber bereit, sie gegen höherwertige Äpfel aus seinem Vorrat auszutauschen. Kurz nach Lieferung wird dieser Vorrat durch Zufall vernichtet.

---

135   Vgl. etwa *Weiler* § 25 Rn. 16.

K stünde in diesem Fall ein Schadensersatzanspruch gemäß §§ 437 Nr. 3, 280 Abs. 1, 3, 283 BGB zu. Die (Nach-)Lieferung von Äpfeln mittlerer Art und Güte (§ 243 Abs. 2 BGB) aus dem Vorrat des V ist unmöglich geworden (§ 275 Abs. 1 BGB). V hat die Mängel der gelieferten Äpfel zu vertreten. Darauf, dass er nur den Mangel, nicht aber die Unmöglichkeit der Nachlieferung zu vertreten hat, kommt es nicht an.[136]

d) Inhalt und Umfang des Schadensersatzanspruchs

Die Haftung auf Schadensersatz statt der Leistung ist auf das **positive Interesse** (Erfül-   89
lungsinteresse) gerichtet, d.h. der Käufer ist so zu stellen, wie er bei ordnungsgemäßer Erfüllung des Kaufvertrags stünde. Beansprucht ein Käufer K also aufgrund eines Mangels des gekauften Fahrrads Schadensersatz statt der Leistung, so kann er das Fahrrad behalten und den mit dem Mangel verbundenen Minderwert als Schaden liquidieren. Er kann das Fahrrad bspw. in einen vertragsgemäßen Zustand versetzen und den Aufwand dafür vom Verkäufer verlangen. Beansprucht K stattdessen Schadensersatz statt der ganzen Leistung, so kann er das gekaufte Fahrrad zurückgeben und die Rückzahlung des Kaufpreises verlangen. Hätte K das mangelfreie Fahrrad für einen höheren Kaufpreis an den Dritten D weiterverkaufen können, so könnte er in beiden Fällen auch den ihm entgangenen Gewinn gemäß §§ 437 Nr. 3, 280 f., 283 und 311a BGB i. V. m. § 252 Satz 1 BGB als Schaden geltend machen.

3. Einfacher Schadensersatz

Einfacher Schadensersatz gemäß §§ 437 Nr. 3, 280 Abs. 1 BGB kommt in Fällen in   90
Betracht, in denen der Mangel der Kaufsache weitere Schäden ausgelöst hat, die auch durch eine mögliche Nacherfüllung nicht mehr zu beseitigen wären.

a) Mangelfolgeschaden

Führt der Mangel der Kaufsache zu einem **Mangelfolgeschaden**, d.h. zu einem Scha-   91
den, den der Verkäufer auch durch Nacherfüllung gemäß §§ 437 Nr. 1, 439 Abs. 1 BGB nicht mehr beseitigen könnte, so kann der Käufer gemäß §§ 437 Nr. 1, 280 Abs. 1 BGB Schadensersatz verlangen, ohne dass er vorher erfolglos eine Frist zur Nacherfüllung setzen müsste.

▶ **BEISPIEL:** V verkauft K eine Bohrmaschine. Bei Inbetriebnahme geht die Bohrmaschine aufgrund minderwertiger Bauteile in Flammen auf. K wird verletzt und verlangt von V Schadensersatz in Höhe der ärztlichen Behandlungskosten. ◀

K könnte in diesem Fall einen einfachen Schadensersatzanspruch gemäß §§ 437 Nr. 3,   92
280 Abs. 1 BGB geltend machen. Eine Frist braucht er dafür nicht zu setzen. Der Schaden in Gestalt der Behandlungskosten ist bereits **endgültig eingetreten** und lässt sich auch durch Nacherfüllung, d.h. durch Reparatur der Bohrmaschine (§ 439 Abs. 1 Alt. 1 BGB) bzw. durch Lieferung eines Ersatzes (Alternative 2) nicht mehr beseitigen; so gesehen wäre es auch nicht sachgerecht, die Haftung des V für die Behandlungskosten an eine entsprechende Fristsetzung zu binden.

---

[136] Ebenso wie hier: *Looschelders* Schuldrecht BT § 4 Rn. 61; dagegen: *Medicus/Lorenz* Schuldrecht BT § 7 Rn. 82.

b) Nutzungsausfallschaden

93 Ein Nutzungsausfallschaden kommt insbesondere dann in Betracht, wenn die Kaufsache Mittel zum Zweck ist: Nehmen Sie an, V verkauft einen Industrieroboter an K, der pünktlich geliefert wird, aufgrund erheblicher Mängel jedoch nicht betriebsbereit ist. Durch die Produktionsausfälle entsteht K bis zur Beseitigung der Mängel ein Nutzungsausfallschaden in Höhe von 250.000 Euro. Dieser Fall wirft die Frage auf, ob K Ersatz des Nutzungsausfallschadens gemäß §§ 280 Abs. 1, 2, 286 BGB (Leistungsverzögerung) oder gemäß §§ 437 Nr. 3, 280 Abs. 1 BGB verlangen kann. Der Unterschied besteht darin, dass §§ 280 Abs. 1, 2, 286 BGB Verzug verlangen. Nach einer Mindermeinung soll die Lieferung einer mangelhaften Leistung als Verzögerung der mangelfreien Leistung einzustufen sein, so dass der Nutzungsausfallschaden gemäß §§ 280 Abs. 1, 2, 286 BGB erst ab Eintritt des Verzugs liquidiert werden kann; andernfalls stünde, so die Begründung, derjenige, der gar nicht leiste, besser da, als derjenige, der immerhin (schlecht) leistet.[137] Der BGH[138] vertritt stattdessen, dass der Käufer Ersatz des mangelbedingten Nutzungsausfallschadens nach §§ 437 Nr. 3, 280 Abs. 1 BGB und damit unabhängig von einem Verzug des Käufers verlangen kann. Das trifft auch zu, weil der Gesetzgeber ausdrücklich klarstellt, dass er den Nutzungsausfallschaden aufgrund einer Schlechtleistung nicht an §§ 280 Abs. 2, 286 BGB binden will,[139] und weil § 286 BGB in § 437 Nr. 3 BGB nicht aufgeführt ist.

4. Schadensersatz gemäß §§ 280 Abs. 1, 241 Abs. 2, 311 Abs. 2 BGB (c.i.c)

94 Das Kaufrecht regelt die Rechte des Käufers bei Mängeln grundsätzlich abschließend, sodass an sich auch eine Haftung auf Schadensersatz gemäß §§ 280 Abs. 1, 241 Abs. 2 BGB i.V.m. § 311 Abs. 2 BGB (culpa in contrahendo) ausgeschlossen ist. Etwas anderes gilt jedoch bei Arglist.

▶ **BEISPIEL:** V hat K ein Einfamilienhaus verkauft, hat ihn jedoch bewusst nicht darüber aufgeklärt, dass die Immobilie mit Asbest belastet ist. Asbest ist karzinogen – wird es freigesetzt, weist es ein erhebliches gesundheitsgefährdendes Potential auf. ◀

95 In dem Beispielsfall hätte die Haftung des Verkäufers auf Schadensersatz statt der Leistung gemäß §§ 437 Nr. 3, 280 Abs. 1, 3, 281 BGB an sich Vorrang vor der Haftung aus culpa in contrahendo. Der Vorrang des Kaufrechts entfällt allerdings bei arglistigem (= vorsätzlichem) Verhalten des Verkäufers, weil die Besonderheiten des Kaufrechts in diesem Falle gar nicht zum Tragen kommen: Die Haftung auf Schadensersatz gemäß §§ 437 Nr. 3, 280 Abs. 1, 3, 281 setzt ggf. keine Fristsetzung voraus (§ 281 Abs. 2 Alt. 2 BGB) und an die Stelle der kurzen Verjährung gemäß § 438 Abs. 1 Nr. 2 und 3 BGB tritt gemäß § 438 Abs. 3 BGB die regelmäßige Verjährungsfrist von 30 Jahren. Hinzu kommt, dass der arglistig handelnde Verkäufer generell nicht schutzbedürftig ist. Daraus folgt, dass K in unserem Beispielsfall auch gemäß §§ 280 Abs. 1, 241 Abs. 2 i.V.m. § 311 Abs. 2 Nr. 1 BGB Schadensersatz in Höhe der Kosten der Asbestsanierung verlangen kann; schließlich hat V den K vorsätzlich nicht von der Belastung mit Asbest in Kenntnis gesetzt.

---

137 *Brox/Walker* Schuldrecht BT § 4 Rn. 106.
138 BGHZ 181, 317.
139 Vgl. Begründung des Schuldrechtsmodernisierungsgesetzes, BT-Drucks. 14/6040, S. 225.

V. Verjährung

Mängelansprüche verjähren bei beweglichen Kaufsachen (in Einklang mit der Ver- 96
brauchsgüterkaufrichtlinie) in **zwei Jahren** (§ 438 Abs. 1 Nr. 3 BGB). Die regelmäßige
Verjährungsfrist von drei Jahren (§ 195 BGB) wird also verkürzt.

In zwei Fällen ist die Frist **länger**, nämlich bei **Bauwerken** (5 Jahre: § 438 Abs. 1 Nr. 2 97
BGB) und bei **Ansprüchen aus einem dinglichen Recht eines Dritten** (30 Jahre: § 438
Abs. 1 Nr. 1 BGB). Nummer 1 hat die Funktion, einen Gleichlauf mit dem allgemeinen
Verjährungsrecht herbeizuführen, das in § 197 Abs. 1 Nr. 1 BGB eine 30-jährige Verjährung für dingliche Herausgabeansprüche enthält. Diese Vorschrift soll im Kaufrecht
nicht durchbrochen werden. Sie kommt bspw. zur Anwendung, wenn das dem Käufer
verschaffte Eigentum mit einem Nießbrauch eines Dritten belastet ist.

Die **Berechnung** der Verjährung knüpft bei beweglichen Sachen an die **Ablieferung**, bei 98
Grundstücken an die Übergabe an, § 438 Abs. 2 BGB; anders als bei § 199 Abs. 1 BGB
kommt es weder auf die Kenntnis noch auf das Kennenmüssen des Käufers an. Daraus
folgt u.a., dass kaufrechtliche Schadensersatzansprüche wegen eines Mangels im Zweifel eher verjähren als Schadensersatzansprüche aus unerlaubter Handlung (§§ 823 ff.
BGB) – die Inanspruchnahme aus Delikt kommt u.U. also als Rückfallposition in
Betracht, wenn vertragliche Schadensersatzansprüche bereits verjährt sind.

§ 438 Abs. 1 BGB verweist auf § 437 Nr. 1 und 3 BGB, d.h. nicht auf Nr. 2, die 99
Rücktritt und Minderung betrifft, weil nur Mängel*ansprüche* verjähren können. Dennoch können auch Rücktritt und Minderung (bei beweglichen Sachen) nur innerhalb
von zwei Jahren ab Ablieferung der Kaufsache geltend gemacht werden. Dies ergibt
sich aus § 218 BGB, wonach ein Rücktritt unwirksam ist, wenn der Nacherfüllungsanspruch verjährt ist. Auf diese Vorschrift verweist § 438 Abs. 4 Satz 1 BGB. Dies gilt
auch für die Minderung (siehe § 438 Abs. 5 BGB). § 218 BGB sorgt auch für den
Fall vor, dass ein Nacherfüllungsanspruch nicht besteht, etwa bei einem unbehebbaren
Mangel. In diesem Fall ist auf die hypothetische Verjährung eines fiktiven Nacherfüllungsanspruchs abzustellen (§ 218 Abs. 1 Satz 2 BGB).[140] Der Rücktritt muss vor
Ablauf der Verjährung des ggf. fiktiven Nacherfüllungsanspruchs erklärt werden.[141]
Der aus dem Rücktritt folgende Anspruch auf Rückzahlung des Kaufpreises unterliegt
der allgemeinen Verjährung.[142]

Nach § 438 Abs. 3 Satz 1 BGB gilt die spezielle Verjährungsregelung nicht, wenn der 100
Verkäufer den Mangel **arglistig verschwiegen** hat. Es kommen dann die allgemeinen
Verjährungsvorschriften zur Anwendung, d.h. die Verjährung endet gemäß §§ 195,
199 BGB drei Jahre ab Kenntnis zum Ende des Kalenderjahres. Da dies kürzer ist als
die fünfjährige Frist bei Bauwerken gemäß Absatz 1 Nr. 2, ordnet Absatz 3 Satz 2 an,
dass die längere Frist durch Absatz 3 nicht verkürzt wird. Der Sache nach spielt Absatz
3 bei Bauwerken daher keine Rolle.

▶ **BEACHTE:** Beim Verbrauchsgüterkauf bestehen Sonderbestimmungen auch für die Verjährung (§ 475e BGB). ◀

▶ **LÖSUNGSHINWEISE ZU FALL 8:** K macht einen Schadensersatzanspruch statt der ganzen
Leistung gemäß §§ 280 Abs. 1, 3, 281, 437 Nr. 3 BGB geltend. Obgleich die konkret entdeck-

---

140 Vgl. auch TWT-*Richter* § 438 Rn. 3; Bamberger/Roth-*Faust* § 438 Rn. 49.
141 BGHZ 170, 31.
142 BGHZ 170, 31.

ten Einzeldefekte zum Zeitpunkt des Schadensersatzverlangens des K (Dezember 2015) bereits von V behoben worden waren, begründet bereits die gutachterlich festgestellte und auf herstellungsbedingten Qualitätsmängeln beruhende Fehleranfälligkeit des Fahrzeugs („Montagsauto") einen Sachmangel.[143] In einem solchen Fall kann das Vertrauen des Käufers in die ordnungsgemäße Herstellung des Fahrzeugs durch die gehäuft zutage tretende Fehleranfälligkeit so ernsthaft erschüttert worden sein, dass ihm eine Nacherfüllung allein aus diesem Grunde nicht (mehr) zuzumuten und daher eine Fristsetzung gemäß § 440 S. 1 Var. 3 BGB entbehrlich ist.[144] Allerdings scheidet ein Schadensersatzanspruch statt der ganzen Leistung trotzdem aus, denn K hat bereits im August 2015 von seinem Minderungsrecht (§ 437 Nr. 2 BGB) Gebrauch gemacht. Als Gestaltungserklärung ist die Minderungserklärung mit Zugang bei V wirksam und für K bindend geworden. Mit seiner Entscheidung für die Minderung hat sich K gleichzeitig verbindlich für ein Festhalten an dem Kaufvertrag entschieden. Er kann somit nicht nur nicht mehr zurücktreten; er kann auch keinen Schadensersatz statt der *ganzen* Leistung mehr verlangen, denn auch dies würde gemäß § 281 Abs. 5 BGB zur Rückabwicklung des Kaufvertrags führen. ◄

WIEDERHOLUNGS- UND VERTIEFUNGSFRAGEN

> Muss ein Käufer, der ein Rücktritts- oder Minderungsrecht hat, zunächst den vollen Kaufpreis zahlen?
> Woraus ergibt sich der Vorrang der Nacherfüllung?
> Welche Arten der Nacherfüllung sind zu unterscheiden? Wem steht das Wahlrecht zu?
> Welche Folgen hat die nachträgliche Unmöglichkeit der vom Käufer gewählten Nacherfüllungsart?
> Unter welchen Voraussetzungen kann der Verkäufer die vom Käufer gewählte Art der Nacherfüllung verweigern?
> Darf der Verkäufer die vom Käufer gewählte Variante der Nacherfüllung auch dann verweigern, wenn die Nacherfüllung der anderen Variante unmöglich ist?
> Trägt der Verkäufer bei einer Nachlieferung die Kosten für den Ausbau der mangelhaften Sache und den Einbau der nachgelieferten Sache?
> Muss der Käufer, der eine mangelhafte Sache im Rahmen eines Nachlieferungsbegehrens zurückgibt, dafür Nutzungsentschädigung bzw. Wertersatz leisten?
> Wann kann der Käufer vom Kaufvertrag zurücktreten? Welche Erfordernisse müssen vorliegen?
> Wie ist ein Kaufvertrag nach Rücktritt rückabzuwickeln?
> Nennen Sie die Fälle, in denen eine Fristsetzung entbehrlich ist! Bitte unterscheiden Sie dabei zwischen „normalen" Kaufverträgen und Verbrauchsgüterkäufen.
> Wann ist ein Fehlschlagen i.S. des § 440 BGB anzunehmen?
> Gilt die Erheblichkeitsschwelle des § 323 Abs. 5 Satz 2 BGB auch bei der Minderung?
> Wie ist der Minderungsbetrag rechnerisch zu ermitteln?
> Was ist der Unterschied zwischen dem Schadensersatzanspruch aus §§ 437 Nr. 3, 280 Abs. 1 BGB und dem aus §§ 437 Nr. 3, 280 Abs. 1, 3, 281 BGB?

---

143   Siehe BGH NJW 2018, 2863, 2864.
144   BGH NJW 2013, 1523, 1524 m.w.N.

> Welche Verjährungsfristen gelten im Kaufvertragsrecht? Was gilt für Rücktritt und Minderung?
> Woran knüpft die Berechnung der Verjährung im Kaufrecht im Unterschied zu §§ 195, 199 BGB an?

§ 9 Regress in der Lieferkette

▶ **FALL 9:** Einzelhändler E bestellt Anfang 2018 bei Großhändler G 40 neue Mikrowellen des Herstellers H, die am 4.5.2018 geliefert werden. Ein Jahr später, am 16.5.2019, kauft Kunde K bei E eine der Mikrowellen. Fast anderthalb Jahre nach dem Kauf, im Oktober 2020, stellt K fest, dass die Tür der Mikrowelle wegen eines Herstellungsfehlers nicht mehr ordnungsgemäß schließt und nimmt E auf Nachbesserung in Anspruch. Nach der Reparatur am 13.11. verlangt E im Dezember 2020 wahlweise von H oder G Erstattung der dadurch entstandenen Transport-, Wege-, Arbeits- und Materialkosten. Zu Recht? ◀

I. Überblick

1 Hinter dem „Regress in der Lieferkette" verbirgt sich der in §§ 445a ff., 478 BGB geregelte **Rückgriff des Verkäufers bzw. Unternehmers**. Es geht im Kern darum, dass der Verkäufer, der gemäß §§ 437 ff. BGB auch für die Mängel der Kaufsache haftet, für die er nicht selbst verantwortlich ist, Regress (= Rückgriff) bei seinem eigenen Verkäufer (= Lieferant) nehmen kann. Die Regressvorschriften modifizieren die Regelung der Mängelrechte in §§ 437 ff. BGB nur punktuell, bilden also keine in sich abgeschlossene Regelung.

2 Dreh- und Angelpunkt der Rückgriffs-Regelung ist die **Lieferkette** auf der Basis mehrerer nacheinander geschalteter Kaufverträge: Meist verkauft ein Hersteller ein von ihm hergestelltes Produkt nicht direkt an den Endkunden, sondern auf dem Umweg über einen oder mehrere Händler (Groß- und Einzelhändler). Der Hersteller verkauft gegebenenfalls also an den (Groß-)Händler 1, Händler 1 an den (Einzel-)Händler 2 und der Händler 2 an den Endkunden. Dadurch entsteht eine **Kaufvertrags- und Lieferkette,** die sich wie folgt visualisieren lässt:

Hersteller	Händler 1	Händler 2	Endkunde
Lieferant 2	Lieferant 1	Letztverkäufer	Letztkäufer

3 Kaufvertrags- und Lieferketten wie diese können dazu führen, dass der Letztverkäufer gegenüber dem Letztkäufer für Mängel haften muss, für die er gar nicht verantwortlich ist – z.B., weil sie auf einem Fehler des Herstellers beruhen.[1] Der Letztverkäufer kann dann zwar den Händler, der ihm die Sache verkauft hatte, den sogenannten Lieferanten (siehe § 445a Abs. 1 BGB), gemäß § 437 Nr. 1-3 BGB auf Gewährleistung in Anspruch nehmen. Es besteht jedoch die Gefahr, dass der Letztverkäufer auf den Kosten einer Nacherfüllung sitzen bleibt, z.B., wenn er erst zu einem Zeitpunkt auf Nacherfüllung in Anspruch genommen wird, in dem seine eigenen Mängelansprüche bereits verjährt sind. Um solche „Regressfallen"[2] zu vermeiden und sicherzustellen, dass die Nacherfüllungskosten entlang der Lieferkette möglichst problemlos an den eigentlich Verantwortlichen „durchgereicht" werden können, modifizieren und ergänzen die §§ 445a ff., 478 BGB die allgemeine Mängelgewährleistung.[3]

---

1 Vgl. Begründung des Schuldrechtmodernisierungsgesetzes, BT-Drucks. 14/6040, S. 247.
2 Siehe Staudinger-*Matusche-Beckmann* (2013) Vorbem zu §§ 478 ff Rn. 5.
3 Siehe Begründung des Schuldrechtmodernisierungsgesetzes, BT-Drucks. 14/6040, S. 247 f.; BT-Drucks. 18/8486, S. 33.

Bei der Ausgestaltung des Rückgriffs in der Lieferkette hat man bewusst darauf ver- 4
zichtet, einen Direktanspruch gegen den Hersteller zu schaffen.[4] Der **Rückgriff** soll
stattdessen **innerhalb der jeweiligen Vertragsbeziehungen** stattfinden, damit eine von
§§ 445a f. BGB abweichende vertragliche Regelung des Rückgriffsverhältnisses möglich bleibt (siehe jedoch § 478 Abs. 2 BGB).[5] Spezifisch geregelt ist dabei nur das
Rechtsverhältnis zwischen dem Letztverkäufer und seinem Lieferanten. Diese Regelungen werden jedoch durch §§ 445a Abs. 3, 445b Abs. 3 und 478 Abs. 3 BGB auf die
übrigen Glieder der Lieferkette erstreckt.

II. Selbstständiger Regress

Beim Verkauf einer neu hergestellten Sache kann der Verkäufer gemäß § 445a Abs. 1 5
BGB von dem Verkäufer, der ihm die Sache verkauft hatte (Lieferant), Ersatz der Aufwendungen verlangen, die er im Verhältnis zum Käufer gemäß § 439 Abs. 2, 3 und 6
Satz 2 sowie gem. § 475 Abs. 4 BGB zu tragen hatte, wenn der vom Käufer geltend
gemachte Mangel bereits beim Übergang der Gefahr auf den Verkäufer vorhanden
war. Hat E (Verkäufer) also eine Mikrowelle an K (Käufer) verkauft (Fall 9) und
ist er K gegenüber aufgrund eines Mangels zur Nacherfüllung verpflichtet (§§ 437
Nr. 1, 439 Abs. 1 BGB), so kann er die Kosten der Nacherfüllung im Rahmen eines
Aufwendungsersatzanspruchs gegen den Lieferanten (G) geltend machen, wenn der
Mangel bereits bei Übergabe der Mikrowelle an E vorhanden war.

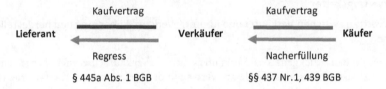

Bitte beachten Sie die **Terminologie**: Verkäufer und Käufer sind immer die Parteien des 6
letzten Kaufvertrags in der Lieferkette. Als Lieferanten bezeichnet man den Verkäufer,
der an den Verkäufer verkauft. Der Letztverkäufer ist an sich auch ein Lieferant. Er
liefert (i.S. von: er übergibt und übereignet) die Kaufsache an den Letztkäufer. Das
BGB bezeichnet ihn jedoch in § 445a Abs. 1 BGB nur als Verkäufer und nicht als
Lieferanten.

Die Regelung in § 445a Abs. 1 BGB beruht darauf, dass die Nacherfüllung (§ 439 7
Abs. 1 BGB) u.U. mit erheblichen Kosten verbunden ist: Der (Letzt-)Verkäufer (in Fall
9: E) muss dem Käufer alle Aufwendungen ersetzen, die zum Zwecke der Nacherfüllung erforderlich sind, wie etwa Transport-, Arbeits- sowie Ein- und Ausbaukosten
(§ 439 Abs. 2 und 3 BGB). Er muss die Kaufsache außerdem auf seine Kosten zurücknehmen (§ 439 Abs. 6 Satz 2 BGB). Beruht die Nacherfüllung auf einem entlang der
Lieferkette weitergereichten Mangel, so ist es nicht zu rechtfertigen, dass ausgerechnet
der dafür nicht verantwortliche Verkäufer die Kosten trägt. Er muss Regress nehmen
können. Ohne § 445a Abs. 1 BGB könnte er die Kosten jedoch allenfalls als Mangelfolgeschaden gemäß §§ 437 Nr. 1, 280 Abs. 1 BGB, d.h. nur dann gegenüber dem
Lieferanten geltend machen, wenn dieser den Mangel zu vertreten hätte (§§ 280 Abs. 1

---

4 Vgl. Begründung des Schuldrechtmodernisierungsgesetzes, BT-Drucks. 14/6040, S. 247.
5 Siehe Begründung des Schuldrechtmodernisierungsgesetzes, BT-Drucks. 14/6040, S. 247.

Satz 2, 276 BGB).[6] Bei Herstellungsfehlern ist das meist nicht der Fall, so dass § 445a Abs. 1 BGB (als eigenständige Anspruchsgrundlage) einen **verschuldensunabhängigen Aufwendungsersatzanspruch** einführt,[7] der auch diese Fälle erfasst und den Sie wie folgt prüfen können:

Aufwendungsersatzanspruch des Verkäufers gegen seinen Lieferanten gemäß § 445a Abs. 1 BGB
1. Kaufvertragskette a) Kaufvertrag zwischen Verkäufer und Käufer („Verkauf") über eine neu hergestellte Sache b) Kaufvertrag zwischen Lieferant („Verkäufer, der dem Verkäufer die Sache verkauft hat") und Verkäufer über dieselbe Sache 2. Unternehmereigenschaft des Lieferanten 3. Mangel der Kaufsache bei Gefahrübergang auf den Verkäufer oder Verletzung der Aktualisierungspflicht 4. Kein Ausschluss der Gewährleistung 5. Rechtsfolge Ersatz der Aufwendungen, die der Verkäufer im Rahmen der dem Käufer geschuldeten Nacherfüllung zu tragen hatte

1. Kaufvertragskette

a) Kaufvertrag zwischen Verkäufer und Käufer („Verkauf") über eine neu hergestellte Sache

8 § 445a regelt den Rückgriff des Verkäufers beim „Verkauf einer neu hergestellten Sache", setzt also voraus, dass der letzte Vertrag in der Lieferkette ein Kaufvertrag ist – oder zumindest ein Vertrag, auf den das Kaufrecht entsprechend anwendbar ist (siehe §§ 480, 650 BGB).[8] Eine analoge Anwendung auf andere Vertragstypen, insbesondere auf Werkverträge, scheidet mangels planwidriger Regelungslücke aus.[9]

9 Der Rückgriff des Verkäufers ist gemäß § 445a Abs. 1 BGB nur bei Kaufverträgen über **neu hergestellte Sachen** vorgesehen.[10] „Neu hergestellt" ist als Synonym für „nicht gebraucht", d.h. noch nicht (auch nicht nur kurz) benutzt zu verstehen.[11] Hintergrund ist, dass die Mangelhaftigkeit gebrauchter Sachen nicht mehr primär auf einen Fehler im Herstellungsprozess, sondern auch auf den zwischenzeitlichen Gebrauch der Sache zurückzuführen sein kann.

b) Kaufvertrag zwischen Lieferant und Verkäufer über dieselbe Sache

10 Der Rückgriffsanspruch des Verkäufers richtet sich gegen „den Verkäufer, der ihm die Sache verkauft hat (Lieferant)" (§ 445a Abs. 1 BGB). Erforderlich ist also ein weiterer

---

6 Vgl. Begründung des Schuldrechtmodernisierungsgesetzes, BT-Drucks. 14/6040, 248; MünchKomm-*Lorenz* § 445a Rn. 9, 23.
7 Siehe Begründung des Schuldrechtmodernisierungsgesetzes, BT-Drucks. 14/6040, 248 f.
8 Siehe BGH NJW 2014, 2183, 2185 f.; MünchKomm-*Lorenz* § 445a Rn. 12 zur Anwendbarkeit auf den Werklieferungsvertrag.
9 Wohl h.M.; siehe MünchKomm-*Lorenz* Rn. 13 m.w.N.
10 Krit. zu dieser Einschränkung *Maultzsch* ZfPW 2018, 1, 22 f.; BeckOK-*Faust* § 445a Rn. 11.
11 Siehe Begründung des Schuldrechtmodernisierungsgesetzes, BT-Drucks. 14/6040, S. 248 f.

Kaufvertrag zwischen Lieferant (bei diesem Kaufvertrag: Verkäufer) und Verkäufer (bei diesem Kaufvertrag: Käufer).

2. Unternehmereigenschaft des Lieferanten

Die Legaldefinition in § 445a Abs. 1 BGB besagt isoliert betrachtet zwar nicht, dass der Lieferant Unternehmer (§ 14 Abs. 1 BGB) sein muss, die Norm ist insofern jedoch **teleologisch zu reduzieren** (str.):[12] Die §§ 445a Abs. 3, 445b Abs. 3, 478 Abs. 3 BGB sehen Regressansprüche gegen die dem Lieferanten vorgelagerten Verkäufer nämlich nur vor, wenn es sich um Unternehmer handelt. Das muss bei wertenden Betrachtung auch für den Lieferanten gelten, der auf Regress in Anspruch genommen wird.[13]   11

3. Mangel der Kaufsache im relevanten Zeitpunkt

Die Aufwendungen des Verkäufers müssen auf einem **Mangel** beruhen, der bereits **bei Gefahrübergang** (§§ 446 f. BGB) auf ihn vorhanden war. Ist der Mangel erst beim Verkäufer entstanden, z.B. während der Lagerung der Sache, scheidet ein Anspruch gemäß § 445a Abs. 1 BGB aus.[14] Erforderlich ist Mangelidentität, d.h. dass der vom Käufer gegenüber dem Verkäufer beanstandete Mangel mit dem Mangel bei Gefahrübergang auf den Verkäufer übereinstimmen muss.[15] Die Mangelidentität kann u.a. daran scheitern, dass in den jeweiligen Kaufverträgen jeweils unterschiedliche Soll-Beschaffenheiten maßgeblich sind: Verkauft Lieferant L dem Verkäufer V eine Waschmaschine, die einen Kratzer aufweist, unter Hinweis auf diesen Defekt mit einem entsprechenden Preisnachlass, ist der Kratzer im Verhältnis zwischen Lieferant und Verkäufer kein Mangel.[16] Verschweigt der Verkäufer den Kratzer allerdings beim Weiterverkauf der Maschine, kann der Kratzer sehr wohl einen Mangel darstellen, so dass dem Käufer ein Anspruch auf Nacherfüllung gegen den Verkäufer zusteht. Ein Regressanspruch des Verkäufers gemäß § 445a Abs. 1 BGB scheidet in Fällen wie diesen aus.   12

▶ **BEACHTE:** Beim **Verbrauchsgüterkauf einer Ware mit digitalen Elementen** (vgl. § 327a Abs. 3 Satz 1 BGB) sieht der in § 445a Abs. 1 BGB in Bezug genommene § 475b Abs. 4 BGB eine laufende Aktualisierungspflicht vor; insoweit kann es nicht auf den Gefahrübergang ankommen, so dass § 445a Abs. 1 BGB nur verlangt, dass „der vom Käufer geltend gemachte Mangel ... auf einer Verletzung der Aktualisierungspflicht gemäß § 475b Abs. 4 BGB beruht."[17] Das muss im Ergebnis auch für den Nicht-Verbrauchsgüterkauf von Sachen mit digitalen Elementen gelten. Davon abgesehen wird § 475b Abs. 3 BGB in § 445a Abs. 1 BGB nicht in Bezug genommen, weil der Lieferant nur die Aufwendungen für (objektiv) übliche, nicht aber für zusätzlich (subjektiv) von Verkäufer und Käufer vereinbarte *Updates* übernehmen soll.[18] ◀

---

12 Wie hier z.B. BeckOK-*Faust* § 445a Rn. 8; Palandt-*Weidenkaff* § 445a Rn. 3; a.A. MünchKomm-*Lorenz* § 445a Rn. 17 f.

13 Siehe BeckOK-*Faust* § 445a Rn. 8.

14 Siehe Jauering-*Berger* § 445a Rn. 3.

15 Siehe MünchKomm-*Lorenz* § 445a Rn. 31.

16 Beispiel nach Begründung des Schuldrechtmodernisierungsgesetzes, BT-Drucks. 14/6040, S. 248.

17 Krit. zu dieser Regelung und für eine teleologische Reduktion in Fällen, in denen „das unterlassene Zurverfügungstellen von Aktualisierungen beim Verbraucher allein aus der Sphäre des Verkäufers selbst herrührt und nicht auf den Lieferanten oder einen Dritten zurückzuführen ist": Lorenz NJW 2021, 2065, Rn. 20.

18 Begründung der Bundesregierung zum Entwurf eines Gesetzes zur Regelung des Verkaufs von Sachen mit digitalen Elementen und anderer Aspekte des Kaufvertrags, BT-Drucks. 19/27424, S. 27.

4. Kein Ausschluss der Gewährleistung

13 Die Gewährleistungsrechte des Verkäufers dürfen **nicht vertraglich oder gesetzlich ausgeschlossen sein.** Bei einem beiderseitigen Handelskauf ist die Rügeobliegenheit (§ 377 HGB) des Verkäufers gegenüber dem Lieferanten zu beachten (siehe § 445a Abs. 4 BGB).

5. Ersatz der Aufwendungen, die der Verkäufer im Rahmen der dem Käufer geschuldeten Nacherfüllung zu tragen hatte

14 Der Verkäufer muss die in § 445a Abs. 1 BGB genannten Nacherfüllungsaufwendungen zu tragen gehabt haben. Das bedeutet, dass nur solche Kosten in der Lieferkette weitergereicht werden können, zu deren Übernahme der Verkäufer im Verhältnis zum Käufer gesetzlich verpflichtet war. Dem Käufer muss also ein **einredefreier Anspruch** gegen den Verkäufer **auf Aufwendungsersatz** gemäß § 439 Abs. 2, 3, 6 Satz 2 BGB zugestanden haben. Dies bedeutet, dass dem Verkäufer u.a. dann kein Aufwendungsersatzanspruch gegen den Lieferanten zusteht, wenn er gegenüber dem Käufer von einer Einrede gemäß § 439 Abs. 4 BGB hätte Gebrauch machen können.[19] Übernimmt der Verkäufer freiwillig Kosten, kann er diese nicht gemäß § 445a Abs. 1 BGB vom Lieferanten ersetzt verlangen:[20] Sind also z.B. die Kosten einer Reparatur im Vergleich zu den Kosten einer Nachlieferung (relativ) unverhältnismäßig (§ 439 Abs. 4 BGB) und nimmt der Verkäufer dennoch eine Reparatur vor, kann er von seinem Lieferanten gemäß § 445a Abs. 1 BGB nur die fiktiven Kosten der Nachlieferung fordern.

III. Unselbstständiger Regress

15 Bei Mängeln der Kaufsache kann auch ein „Verkäufer" i.S. von § 445a BGB die allgemeinen Mängelrechte (§ 437 Nr. 1-3 BGB) geltend machen – und zwar gegenüber dem Lieferanten. § 445a Abs. 2 BGB besagt insoweit, dass es „wegen des vom Käufer geltend gemachten Mangels der sonst erforderlichen Fristsetzung [des Verkäufers gegenüber dem Lieferanten] nicht bedarf, wenn der Verkäufer die verkaufte neu hergestellte Sache als Folge ihrer Mangelhaftigkeit zurücknehmen musste oder der Käufer den Kaufpreis gemindert hat." Anders als § 445a Abs. 1 BGB begründet Absatz 2 keinen selbständigen Anspruch, sondern knüpft an die allgemeinen Mängelrechte an:[21] Lediglich die für die Inanspruchnahme der in § 437 Nr. 2 und 3 BGB bezeichneten Rechte erforderliche **Fristsetzung gegenüber dem Lieferanten** ist ggf. gemäß § 445a Abs. 2 BGB **entbehrlich.** Der Verkäufer kann gegebenenfalls also *sofort* von dem Kaufvertrag mit dem Lieferanten zurücktreten, *sofort* mindern oder *sofort* Aufwendungs- oder Schadensersatz verlangen.

16 In der Falllösung prüft man die **Entbehrlichkeit der Fristsetzung** im Rahmen eines möglichen Rücktritts des Verkäufers vom Kaufvertrag mit dem Lieferanten bzw. der möglichen Minderung des insoweit gezahlten bzw. zu zahlenden Kaufpreises (§ 437 Nr. 2 BGB). Denkbar ist auch die Prüfung im Rahmen der Inanspruchnahme des Lieferanten auf Schadens- oder Aufwendungsersatz (§ 437 Nr. 3).

17 Die Entbehrlichkeit der Fristsetzung setzt gemäß § 445a Abs. 2 BGB eine Rücknahmepflicht des Verkäufers infolge der Mangelhaftigkeit oder eine Minderung durch den

---

19 Staudinger-*Matusche-Beckmann* (2013) § 478 Rn. 71; jurisPK-*Ball* § 445a Rn. 11.
20 jurisPK-*Ball* § 445a Rn. 11.
21 Siehe Begründung des Schuldrechtmodernisierungsgesetzes, BT-Drucks. 14/6040, S. 247 f.

Käufer voraus. Eine **Rücknahmepflicht** des Verkäufers „als Folge der Mangelhaftigkeit" kommt in Betracht,

- wenn der Käufer gemäß § 437 Nr. 2 Alt. 1 BGB vom Kaufvertrag zurückgetreten ist,
- wenn der Käufer gemäß §§ 437 Nr. 3 Alt. 1, 280 Abs. 1, 3, 281 bzw. 283 oder 311a Abs. 2 BGB Schadensersatz *statt der ganzen Leistung* (sogenannter großer Schadensersatz) verlangt,
- wenn der Verkäufer durch Lieferung einer mangelfreien Sache nacherfüllt hat (§ 439 Abs. 6 BGB), oder
- wenn der Käufer die Sache von vornherein wegen des Mangels zurückgewiesen hat.[22]

Rücknahmegrund muss ein Mangel sein. Daran fehlt es, wenn der Verkäufer die Sache aus einem anderen Grund zurücknimmt – bspw. dann, wenn der Käufer gemäß § 355 Abs. 1 BGB widerrufen hat.[23] Es kommt darauf an, dass der Käufer (1.) ein einredefreies Gewährleistungsrecht ausgeübt und dadurch (2.) eine Rücknahmepflicht des Verkäufers ausgelöst hat. Nicht erforderlich ist (entgegen dem Wortlaut des § 445a Abs. 2 BGB), dass der Käufer die Sache tatsächlich bereits zurückgegeben hat (str.).[24]   18

▶ **BEACHTE:** Dem Verkäufer steht bei Rücktritt, Nachlieferung und Inanspruchnahme auf Schadensersatz statt der ganzen Leistung ein Rückgewähr*anspruch* zu (siehe §§ 346 Abs. 1, 439 Abs. 5 BGB), er ist also nicht ohne weiteres auch zur Rücknahme verpflichtet.[25] Dementsprechend ist § 445a Abs. 2 BGB zu lesen i.S. von: „Kein Fristsetzungserfordernis, wenn der Verkäufer die Rückgewähr der verkauften neu hergestellten Sache verlangen konnte." Ansonsten würde man dem Verkäufer u.U. den Rückgriff in Fällen abschneiden, in denen die Rücknahmepflicht umstritten ist. ◀

Die Nacherfüllungsfrist ist gemäß § 445a Abs. 2 Alt. 2 BGB auch im Falle einer **Minderung** entbehrlich.[26] Da Minderung und kleiner Schadensersatzes gemäß §§ 437 Nr. 3 Alt. 1, 280 Abs. 1, 3, 281 BGB im Ergebnis vergleichbar sind (in beiden Fällen behält der Käufer die mangelhafte Sache und befriedigt sein Erfüllungsinteresse durch eine Geldleistung),[27] gilt § 445a Abs. 2 Alt. 2 BGB für den **kleinen Schadensersatz** analog.[28]   19

IV. Verjährung von Rückgriffsansprüchen

Für Mängelansprüche des Verkäufers gegen den Lieferanten gilt für (neu hergestellte) bewegliche Sachen die zweijährige Verjährungsfrist gemäß § 438 Abs. 1 Nr. 3 BGB, die mit der Ablieferung der Sache beginnt (Absatz 2). Dasselbe gilt gemäß § 445b Abs. 1 BGB für den selbständigen Regressanspruch aus § 445a Abs. 1 BGB. Dass die zweijährigen Verjährungsfristen an die Ablieferung der Sache anknüpfen, birgt für den Verkäufer allerdings die Gefahr, dass er auf den Nacherfüllungskosten sitzen bleibt: 20

---

22 Siehe Begründung des Schuldrechtmodernisierungsgesetzes, BT-Drucks. 14/6040, S. 247 f.; BeckOK-*Faust* § 445a Rn. 30.
23 Siehe Begründung des Schuldrechtmodernisierungsgesetzes, BT-Drucks. 14/6040, S. 248.
24 BeckOK-*Faust* § 445a Rn. 33 m.w.N.; a.A. Soergel-*Wertenbruch* § 478 Rn. 53, 57, 62.
25 BeckOk-*Faust* § 445a Rn. 28; zur Diskussion mit Blick auf die dogmatische Begründung und Qualifikation einer Rücknahmepflicht bei Rückgabepflicht gemäß § 346 Abs. 1 BGB siehe MünchKomm-*Gaier* § 346 Rn. 18; MünchKomm-*Lorenz* § 445a Rn. 48 m.w.N.; für eine Rücknahmepflicht bei Nachlieferung aber: Palandt-*Weidenkaff* § 439 Rn. 26.
26 Siehe BeckOK-*Faust* § 445a Rn. 31.
27 MünchKomm-*Lorenz* § 445a Rn. 48.
28 H.M.; siehe MünchKomm-*Lorenz* § 445a Rn. 48 m.w.N.

Hat er die Sache bspw. sechs Monate bei sich eingelagert, bevor er sie weiterverkauft hat, und nimmt ihn der Käufer erst kurz vor Ablauf der zweijährigen Verjährungsfrist in Anspruch, wären die eigenen Gewährleistungsansprüche des Verkäufers zu diesem Zeitpunkt bereits verjährt (siehe bereits Rn. 1).[29] Um dies zu verhindern, sieht § 445b Abs. 2 BGB für die Verjährung der in §§ 437, 445a Abs. 1 BGB bestimmten Ansprüche eine **Ablaufhemmung** vor. Sie verjähren danach frühestens zwei Monate nach dem Zeitpunkt, in dem der Verkäufer die Ansprüche des Käufers erfüllt hat.

V. Regress in der Lieferkette beim Verbrauchsgüterkauf

21 § 478 BGB sieht spezifische Rückgriffserleichterungen für den Fall vor, dass der letzte Kaufvertrag in der Lieferkette ein **Verbrauchsgüterkauf** i.S. von § 474 Abs. 1 BGB ist.[30]

1. Ausweitung des Anwendungsbereichs der Beweislastumkehr

22 Für den Verkäufer wirkt sich vor allem die **Beweislastumkehr zugunsten des Käufers** (§ 477 BGB) als Belastung aus (siehe § 12 Rn. 71 ff.). Lässt sich der Zeitpunkt der Mangelentstehung nicht mehr feststellen und kann der Verkäufer die Vermutung daher nicht entkräften, wird es ihm in der Regel auch nicht gelingen, den ihm grundsätzlich gemäß § 363 BGB gegenüber seinem Lieferanten obliegenden Nachweis zu erbringen, dass der Mangel bereits bei Gefahrübergang an ihn selbst vorlag.[31] Damit auch der Verkäufer in dem Umfang von der Beweislastumkehr profitieren kann, in dem sie dem Verbraucher zugutekommt,[32] sieht § 478 Abs. 1 BGB vor, dass § 477 BGB sowohl auf den Aufwendungsersatzanspruch gemäß § 445a Abs. 1 BGB als auch auf die gemäß § 445a Abs. 2 BGB modifizierten Mängelgewährleistungsansprüche Anwendung findet.

2. Halbzwingende Regelung

23 Mit § 478 Abs. 2 schränkt das BGB die Dispositionsfreiheit des Lieferanten und des Verkäufers zugunsten des Verkäufers ein: Auf eine vor Mitteilung eines Mangels an den Lieferanten getroffene Vereinbarung, die zum Nachteil des Unternehmers (Verkäufers) von Absatz 1 sowie von den §§ 433 bis 435, 437, 439 bis 443, 445a Abs. 1 und 2 sowie den §§ 445b, 475b und 475c BGB, abweicht, kann sich der Lieferant nicht berufen, wenn dem Rückgriffsgläubiger kein gleichwertiger Ausgleich eingeräumt wird (Satz 1). Flankiert wird dieser Verkäuferschutz durch ein Umgehungsverbot (Satz 3) Hintergedanke dieser Regelung war es, insbesondere den im Verhältnis zu Großhändlern oder dem Hersteller (angeblich) schwächeren Händler als in der Regel letztes Glied in der Lieferkette besonders zu schützen.[33] Von den Einschränkungen gemäß § 478 Abs. 2 Satz 1 BGB ausgenommen sind nachteilige Vereinbarungen über **Schadensersatzansprüche** (§ 478 Abs. 2 Satz 2 BGB).

▶ **LÖSUNGSHINWEISE ZU FALL 9:** E hat einen Anspruch gegen G auf Aufwendungsersatz gemäß § 445a Abs. 1 BGB., der auch noch durchsetzbar ist. Er wäre an sich zwar gemäß §§ 445b Abs. 1 i.V.m. 187 Abs. 1, 188 Abs. 2 BGB mit Ablauf des 4.5.2020 verjährt. Zugunsten

---

29 Beispiel in Begründung des Schuldrechtmodernisierungsgesetzes, BT-Drucks. 14/6040, S. 250.
30 Siehe MünchKomm-*Lorenz* § 478 Rn. 4.
31 Vgl. Begründung des Schuldrechtmodernisierungsgesetzes, BT-Drucks. 14/6040, S. 248.
32 Siehe Begründung des Schuldrechtmodernisierungsgesetzes, BT-Drucks. 14/6040, S. 248.
33 Siehe Begründung des Schuldrechtmodernisierungsgesetzes, BT-Drucks. 14/6040, S. 249; zweifelnd mit Blick auf die Typizität dieses Kräfteverhältnisses auch MünchKomm-*Lorenz* § 478 Rn. 4 m.w.N.

des E wirkt jedoch die zweimonatige Ablaufhemmung gemäß § 445b Abs. 2 BGB, so dass sein Anspruch auch im Dezember 2020 noch durchsetzbar ist. Da nur G Vertragspartner des E ist und §§ 445a, 478 BGB keinen Direktanspruch gegen den Hersteller begründen, scheidet eine Haftung des H gegenüber E aus. ◀

WIEDERHOLUNGS- UND VERTIEFUNGSFRAGEN

> Wen bezeichnet das BGB als Lieferanten?
> Warum gelten die §§ 445a f., 478 BGB nur für den Verkauf neu hergestellter Sachen?
> Wie verhält sich § 445a Abs. 1 BGB zu den Mängelansprüchen des Käufers gemäß § 437 BGB?
> Warum sieht § 445b Abs. 2 BGB eine Ablaufhemmung für die Verjährung der Regressansprüche in der Lieferkette vor?
> Was unterscheidet die Regelung in § 478 Abs. 2 Satz 1 BGB von der Regelung in § 476 Abs. 1 Satz 1 BGB?

§ 10 Einschränkungen und Erweiterungen der Mängelhaftung

▶ **FALL 10:**[1] V schaltet auf der Plattform „mobile.de" eine Anzeige über den Verkauf eines gebrauchten Opel Adam *Slam* 1.4 für 10.000 Euro. Es handelt sich jedoch in Wirklichkeit um einen Opel Adam *Jam* 1.4, der eine schlechtere Ausstattung aufweist. Die Kardiologin K meldet sich auf die Anzeige bei V und kauft das Fahrzeug für ihre Praxis. In dem Kaufvertrag wird das Fahrzeug nur mit der Herstellerbezeichnung "Opel" und der Typenbezeichnung "Adam" ohne einen Hinweis auf eine bestimmte Ausstattungsvariante (Slam oder Jam) beschrieben. Außerdem enthält der Vertrag folgende Bestimmung: "Der Verkäufer verkauft hiermit das nachstehend bezeichnete gebrauchte Kraftfahrzeug an den Käufer. Der Verkäufer übernimmt für die Beschaffenheit des verkauften Kraftfahrzeugs keine Gewährleistung." Hat V die Haftung damit wirksam ausgeschlossen? ◀

I. Überblick

1 Die Haftung des Verkäufers für Mängel der Kaufsache (§§ 437 ff. BGB) ist in bestimmten Fallkonstellationen *kraft Gesetzes* ausgeschlossen bzw. begrenzt: Kennt der Käufer den Mangel der Kaufsache bereits bei Abschluss des Kaufvertrags, so ist die Haftung ausgeschlossen (§ 442 Abs. 1 Satz 1 BGB). Wird die Kaufsache öffentlich versteigert, so ist die Haftung begrenzt (§ 445 BGB). Die Rechte des Käufers bei Mängeln stehen außerdem zur Disposition der Parteien: aufgrund ihrer Privatautonomie können sie *vertraglich* von den gesetzlichen Gewährleistungsrechten abweichen; sie können sie in Form einer Garantie (§ 443 Abs. 1 BGB) erweitern, sie können sie aber auch einschränken oder ausschließen. Das BGB schützt den Käufer allerdings davor, dass vertragliche Haftungsausschlüsse und -beschränkungen seine Rechte zu weit aushöhlen. § 444 BGB bestimmt bspw., dass sich ein Verkäufer, der einen Mangel arglistig verschweigt, nicht auf eine Vereinbarung berufen kann, durch welche die Rechte des Käufers wegen eines Mangels ausgeschlossen oder beschränkt werden.

▶ **BEACHTE:** Besonderheiten ergeben sich beim **Verbrauchsgüterkauf**, weil **§ 475 Abs. 3 Satz 2 BGB** u.a. die §§ 442, 445 BGB für nicht anwendbar erklärt. Ein Haftungsausschluss bei Kenntnis (§ 442 BGB) wäre bei einem Verbrauchsgüterkauf unvereinbar mit Art. 7 Abs. 5 WKRL, der einen die Haftung begründenden Mangel *nur* ausschließt, wenn der Verbraucher eigens darüber in Kenntnis gesetzt wurde, dass ein bestimmtes Merkmal der Waren von bestimmten objektiven Anforderungen abweicht (siehe § 434 Abs. 1, 3 BGB) und wenn er bei Abschluss des Kaufvertrags ausdrücklich und gesondert zugestimmt hat.[2] Die Einzelheiten behandeln wir in § 12. ◀

2 Einen **Überblick** über mögliche Einschränkungen und Erweiterungen der Haftung des Verkäufers für Mängel (außerhalb des Verbrauchsgüterkaufs) finden Sie hier:

---

1 Fall nach BGH NJW 2018, 146.
2 Begründung, der Bundesregierung zum Entwurf eines Gesetzes zur Regelung des Verkaufs von Sachen mit digitalen Elementen und anderer Aspekte des Kaufvertrags, BT-Drucks. 19/27424, S. 28 f.; anders noch: Art. 2 Abs. 3 VerbrGKRL.

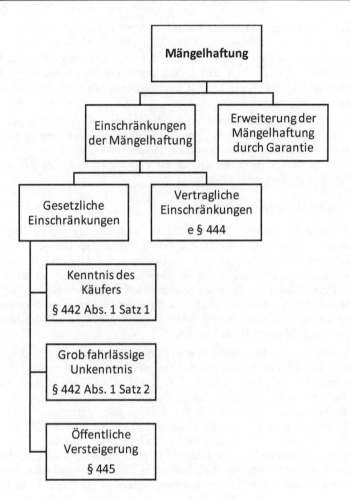

II. Gesetzliche Haftungsausschlüsse und -beschränkungen

1. Kenntnis des Käufers

Nach § 442 Abs. 1 Satz 1 BGB sind die Rechte des Käufers wegen eines Mangels   3
ausgeschlossen, wenn der Käufer den Mangel bereits bei Vertragsschluss kennt.[3] Hat
er rechtzeitig, d.h. noch vor bzw. bei Abschluss des Kaufvertrags erkannt, dass die
Kaufsache mangelhaft ist, so ist er nicht schutzwürdig.[4] Es steht ihm ja frei, auf den
Kauf zu verzichten oder unter Berufung auf den Mangel einen niedrigeren Kaufpreis
zu verhandeln.[5]

Kenntnis im Sinne von § 442 Abs. 1 Satz 1 BGB bedeutet, dass der Käufer positiv   4
weiß, dass durch den von ihm beobachteten Mangel **der Wert oder die Tauglichkeit**

---

3 Zum maßgeblichen Zeitpunkt beim Grundstückskauf: BGH NJW 2011, 2953; BGH NJW 2012, 2793 (Zeitpunkt
    der Beurkundung des Angebots durch Käufer).
4 BGH NJW 1989, 2050; Palandt-*Weidenkaff* § 442 Rn. 1 f.
5 Im Einzelnen: MünchKomm-*Westermann* § 442 Rn. 1.

des Verkaufsobjekts beeinträchtigt ist.[6] Ein bloßer Verdacht reicht nicht aus. Rechtsfolge der Kenntnis ist der Haftungsausschluss zugunsten des Verkäufers. Dieser Haftungsausschluss gilt selbst dann, wenn der Verkäufer versucht haben sollte, den Käufer arglistig zu täuschen (§ 442 Abs. 1 Satz 2 BGB *arg. e contrario*). Kennt der Käufer nicht alle Mängel der Kaufsache, so kann er (nur) wegen der ihm unbekannten Mängel Gewährleistung verlangen.[7]

5   Die Kenntnis des Käufers schließt die Haftung des Verkäufers für Mängel ausnahmsweise nicht aus, wenn der Mangel in einem **im Grundbuch eingetragenen Recht** besteht: Ein solches Recht (bspw. eine Hypothek) hat der Verkäufer gemäß § 442 Abs. 2 BGB auch dann zu beseitigen, wenn der Käufer von der Existenz des Rechts durch Einsicht in das Grundbuch gewusst hat.

2. Grob fahrlässige Unkenntnis des Käufers

6   § 442 Abs. 1 Satz 2 BGB besagt, dass der Käufer Mängelrechte grundsätzlich nicht geltend machen kann, wenn ihm der Mangel **infolge grober Fahrlässigkeit unbekannt** geblieben ist. Grobe Fahrlässigkeit setzt einen objektiv schwerwiegenden und subjektiv nicht entschuldbaren Verstoß gegen die im Verkehr erforderliche Sorgfalt voraus.[8] Dabei kann es dem Käufer im Allgemeinen nicht als Sorgfaltsverstoß angelastet werden, wenn er sich auf die Angaben des Verkäufers zum Kaufgegenstand verlässt und deshalb keine eigenen Nachforschungen anstellt.[9] § 442 Abs. 1 Satz 2 BGB begründet **keine Untersuchungsobliegenheit des Käufers**.[10]

7   In besonders gelagerten Fällen kann sich eine Untersuchungsobliegenheit des Käufers allerdings aus § 242 BGB oder einer entsprechenden Vereinbarung ergeben: Das OLG Saarbrücken erwartet von einem gewerblichen Kfz-Händler (Käufer), auch wenn er Geschäfte mit Privatpersonen macht, dass er den ihm angebotenen Gebrauchtwagen einer „im Kfz-Handel […] allgemein üblichen Sichtprüfung" unterzieht.[11] Ignoriert er auffällige Indizien, die bereits bei bloßer Inaugenscheinnahme für einen Unfallschaden des als unfallfrei verkauften Fahrzeugs sprechen, so handelt er grob fahrlässig.[12] Parallel dazu hat das LG Dortmund einer erfahrenen Orchestermusikerin vorgeworfen, dass sie bestimmte Misstöne (sogenannte Wolftöne) einer für 10.000 Euro gekauften Geige in der ihr eingeräumten Testphase vor Kaufvertragsschluss (14 Tage) nicht bemerkt und dadurch ihre (m.E. konkludent vereinbarte) Untersuchungsobliegenheit grob fahrlässig verletzt hat.[13]

▶ **Hinweis für Fortgeschrittene:** Beim **beiderseitigen Handelskauf** trifft den Käufer grundsätzlich eine Untersuchungs- und Rügeobliegenheit (§ 377 Abs. 1 HGB). Rügt der Käufer einen bei der Untersuchung erkennbaren Mangel nicht, so gilt die Ware als genehmigt (Absatz 2), so dass der Käufer seine Mängelrechte verliert – es sei denn, der Verkäufer hat arglistig gehandelt (Absatz 5). ◀

---

6   RGZ 149, 401; BGH NJW 1981, 2640.
7   BGH NJW 1981, 2640.
8   BGH NJW-RR 2012, 111, 112; OLG Saarbrücken NJW-RR 2017, 434, 435.
9   BGH BeckRS 2013, 5054 Rn. 15.
10   OLG Saarbrücken NJW-RR 2017, 434, 435.
11   OLG Saarbrücken NJW-RR 2017, 434, 435.
12   OLG Saarbrücken NJW-RR 2017, 434, 435.
13   LG Dortmund NJW-RR 2018, 440, 441 f.

Trotz grob fahrlässiger Unkenntnis des Mangels verliert der Käufer seine Rechte nicht, 8
wenn der Verkäufer den Mangel **arglistig verschwiegen** oder eine **Garantie für die Beschaffenheit** der Sache übernommen hat (§ 442 Abs. 1 Satz 2 BGB).

Ein arglistiges **Verschweigen** setzt zunächst voraus, dass der Verkäufer zur Aufklärung 9
verpflichtet ist.[14] Das ist u.a. der Fall bei einem Kfz-Händler, der den Käufer ungefragt über die Unfalleigenschaft eines Gebrauchtwagens aufklären muss[15] – es sei denn, der Unfall hat lediglich zu einem Bagatellschaden geführt.[16] Dasselbe gilt beim **Verkäufer einer Immobilie**, der den Käufer ggf. auf eine gesundheitsgefährdende Asbestbelastung[17] oder auf Altlasten hinzuweisen hat.[18]

Der Verkäufer handelt **arglistig**, wenn er den Sachmangel „mindestens für möglich 10
hält und gleichzeitig weiß oder damit rechnet und billigend in Kauf nimmt, dass der Käufer den Sachmangel nicht kennt und bei Offenbarung den Vertrag nicht oder nicht mit dem vereinbarten Inhalt geschlossen hätte."[19] Daraus folgt, dass der Verkäufer bereits dann arglistig handelt, wenn er **Erklärungen „ins Blaue hinein"** abgibt:[20] Hat Verkäufer V das von ihm verkaufte Bild trotz begründeter Zweifel dem Künstler *Fohr* zugeschrieben, so hat er den Mangel (das Bild stammte tatsächlich nicht von *Fohr*, sondern „nur" von *Rottmann*) arglistig verschwiegen.[21]

Trotz grober Fahrlässigkeit des Käufers haftet der Verkäufer für Mängel der Kaufsa- 11
che, wenn er eine **Garantie** (siehe Rn. 23) abgibt, d.h. in vertragsmäßig bindender Weise die Gewähr für eine vereinbarte Beschaffenheit der Kaufsache übernimmt und damit zu erkennen gibt, dass er für alle Folgen des Fehlens einer solchen einstehen will.[22]

▶ **BEISPIEL:**[23] Verkäufer V verspricht Malermeister M verbindlich, dass ein bestimmter Klebstoff zur Befestigung von Styroporquadern an der Decke geeignet ist. M hätte als Fachmann auf den ersten Blick erkennen können und müssen, dass der Klebstoff offensichtlich ungeeignet ist. Trotzdem kauft und verwendet er ihn zur Renovierung. Prompt fallen die Styroporquader von der Decke. M kannte den Mangel, nämlich die Ungeeignetheit des Klebstoffs für das Befestigen von Styroporquadern (siehe § 434 Abs. 2 Satz 1 Nr. 2 BGB), in Folge grober Fahrlässigkeit nicht. V hat jedoch eine Garantie für die Eignung des Klebstoffes übernommen, so dass M trotzdem Rechte des Käufers bei Mängeln (§ 437 BGB) geltend machen kann. ◀

III. Vertragliche Haftungsausschlüsse und -beschränkungen

Haftungsausschlüsse und -beschränkungen können im Rahmen der gesetzlichen Gren- 12
zen auch privatautonom **vereinbart** werden (e § 444 BGB) – bspw. durch AGB-Klauseln wie „gekauft wie besichtigt" oder „unter Ausschluss jeder Gewährleistung."[24] Der BGH legt solche Klauseln objektiv, auf der Grundlage des Empfängerhorizonts

---

14 Siehe zu den Aufklärungspflichten: *Brömmelmeyer* Schuldrecht AT § 3 Rn. 10 ff.
15 BGH NJW 1982, 1386.
16 BGH NJW 1982, 1386.
17 BGH NJW 2009, 2120.
18 BGH NJW 2001, 64.
19 BGH NJW 2019, 2380, 2382; st. Rechtsprechung: BGH NJW 2018, 389, 390 m.w.N.
20 OLG Frankfurt BeckRS 2018, 8370 Rn. 49 m.w.N. zur BGH-Rechtsprechung.
21 OLG Frankfurt BeckRS 2018, 8370 Rn. 49 ff.
22 BGH NJW 2011, 2653, 2656.
23 Nach BGHZ 50, 200.
24 Palandt-*Weidenkaff* § 444 Rn. 15 ff.

und – als Ausnahme von der sich aus dem dispositiven Recht ergebenden Haftung – eng aus.[25] Besichtigungsklauseln („wie besichtigt") beziehen sich in aller Regel nur auf **erkennbare Mängel**.[26] Dagegen schließt eine Klausel wie „unter Ausschluss jeder Gewährleistung" auch die Haftung für **verborgene Mängel** aus.[27] Ein allgemeiner Haftungsausschluss erfasst ggf. auch die nach den öffentlichen Äußerungen des Verkäufers (§ 434 Abs. 3 Satz 1 Buchstabe b BGB) zu erwartenden Eigenschaften des Kaufobjekts.

13   Das BGB setzt vertraglichen Haftungsausschlüssen und -beschränkungen im Interesse des Käufer- und (ggf.) des Verbraucherschutzes (siehe §§ 474 ff. BGB) **klare Grenzen:**

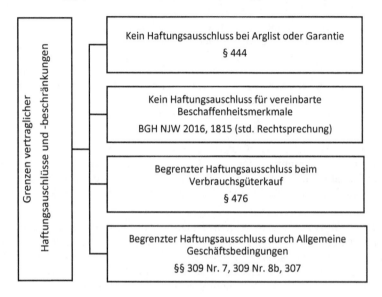

1. Kein Haftungsausschluss bei Arglist oder Garantie (§ 444 BGB)

14   Nach § 444 BGB kann sich der Verkäufer nicht auf eine Vereinbarung berufen, durch welche die Rechte des Käufers bei Mängeln ausgeschlossen oder beschränkt werden, soweit er den Mangel arglistig verschwiegen oder eine Garantie für die Beschaffenheit der Kaufsache übernommen hat.

a) Arglistiges Verschweigen

15   Der Verkäufer verschweigt einen offenbarungspflichtigen Sachmangel arglistig, wenn er ihn zumindest für möglich hält und weiß oder damit rechnet und billigend in Kauf nimmt, dass der Käufer den Sachmangel nicht kennt und bei Offenbarung den Kaufvertrag nicht oder nicht mit dem vereinbarten Inhalt geschlossen hätte.[28] Dafür finden sich in der Rechtsprechung eine Reihe von Beispielen:

---

25 BGH NJW 2016, 2495, 2496.
26 BGH NJW 2016, 2495, 2496 (st. Rechtsprechung).
27 BGH NJW 1979, 1886, vor allem zur Rechtmäßigkeit der Klausel „gebraucht, wie besichtigt und unter Ausschluss jeder Gewährleistung" im Gebrauchtwagenhandel.
28 BGH NJW 2019, 2380, 2382; OLG München BeckRS 2019, 9735 Rn. 11.

- Hat Verkäufer V ein Grundstück mithilfe eines Exposés verkauft, in dem es fälschlich heißt, dass eine Baugenehmigung für die Errichtung sogenannter Pferdeboxen besteht, so handelt er arglistig, wenn er wusste, dass dafür keine gesicherte Tatsachengrundlage bestand, wenn er anders gewendet also „ins Blaue hinein" behauptet hat, dass eine Baugenehmigung vorliegt.[29]

- Hat ein Kunsthändler ein von ihm verkauftes Bild trotz unterschiedlicher, ihm bekannter Expertisen unkritisch (erneut: „ins Blaue hinein") dem prominenteren (im Ergebnis: falschen) Künstler zugeschrieben, so handelt er ebenfalls arglistig.[30]

- Hat Verkäufer V ein Kfz verkauft ohne auf den ihm aufgrund des schriftlichen TÜV-Berichts bekannten bzw. für möglich gehaltenen Mangel (undichter Motor – Ölverlust mit Abtropfen) hinzuweisen, so verschweigt er den Mangel arglistig.[31] Das gilt auch dann, wenn er die genaue Ursache des Mangels nicht kennt.[32]

Maßgeblicher Zeitpunkt für die mögliche Arglist des Verkäufers ist der Zeitpunkt, in dem die Parteien des Kaufvertrags die Haftung ausschließen. Es kommt also nicht auf den Zeitpunkt der Übergabe der Kaufsache an:[33] Hat Verkäufer V den Käufer nicht darauf hingewiesen, dass der Motor des verkauften Fahrzeugs laut TÜV-Bericht undicht ist, so kann er sich nicht auf den vereinbarten Haftungsausschluss und darauf berufen, dass er irrtümlich angenommen habe, dass der Mangel bis zur Übergabe noch behoben werde.[34] Der Verkäufer muss den Käufer also über alle Mängel aufklären, die er zum Zeitpunkt der Vereinbarung des Haftungsausschlusses – im Regelfall also: bei Abschluss des Kaufvertrags – für möglich hält.[35]

16

Das BGB wählt in § 444 die Formulierung, der Verkäufer könne sich auf den Haftungsausschluss *„nicht berufen, soweit* er den Mangel arglistig verschwiegen" habe, und signalisiert damit, dass es verfehlt wäre, einen Haftungsausschluss („verkaufe unter Ausschluss jeder Gewährleistung") gemäß § 444 Alt. 1 BGB insgesamt für unwirksam zu erklären.[36] Der Haftungsausschluss ist grundsätzlich wirksam, nur schließt er die Haftung für einen im konkreten Einzelfall arglistig verschwiegenen Mangel nicht aus. Bei anderen Mängeln könnte sich der Verkäufer nach wie vor auf den Haftungsausschluss berufen. Man kann also allenfalls sagen, dass ein ggf. vereinbarter Haftungsausschluss im Hinblick auf arglistig verschwiegene Mängel nicht wirksam wird.[37]

17

b) Garantie

Haftungsausschlüsse und -beschränkungen greifen nicht, soweit der Verkäufer eine **Garantie** für die Beschaffenheit der Sache übernommen hat (§ 444 Alt. 2 BGB). Der Verkäufer haftet allerdings nur für das unbeschränkt und unbeschränkbar, was er tatsächlich garantiert hat. Garantiert Verkäufer V bspw. für die Verkehrssicherheit

18

---

29 BGH NJW 2019, 2380, 2382.
30 OLG Frankfurt a.M. BeckRS 2018, 8370 (Falscher Fohr), Leitsatz 2 (bzgl. § 438 Abs. 3 Satz 1 BGB).
31 OLG München BeckRS 2019, 9735.
32 OLG München BeckRS 2019, 9735 Rn. 11.
33 OLG München BeckRS 2019, 9735 Rn. 14, Palandt-*Weidenkaff* § 444 Rn. 6.
34 OLG München BeckRS 2019, 9735 Rn. 14.
35 OLG München BeckRS 2019, 9735 Rn. 14.
36 Siehe aber: Palandt-*Weidenkaff* § 444 Rn. 14.
37 Vgl. dazu auch die Änderung des § 444 BGB v. 2.12.2004, BGBl. 2004 I, S. 3103: „[...], wenn er den Mangel arglistig verschwiegen [...] hat" wurde durch „[...], *soweit* er den Mangel arglistig verschwiegen [...] hat" ersetzt.

des verkauften Fahrrads, so kann er zwar die Haftung für Mängel der Bremse nicht ausschließen – wohl aber die Haftung für die Funktionsfähigkeit eine Trinkflaschenhalters.

2. Kein Haftungsausschluss für vereinbarte Beschaffenheitsmerkmale

19   Ein vertraglich vereinbarter Haftungsausschluss kommt nicht zum Tragen, soweit die Parteien eine bestimmte Beschaffenheit der Kaufsache vereinbart haben: Der BGH[38] hat eine **Auslegungsregel** entwickelt, die besagt, dass sich ein zwischen den Parteien vereinbarter allgemeiner Ausschluss der Haftung für Sachmängel nicht auf eine von den Parteien (heute § 434 Abs. 2 Satz 1 Nr. 1 BGB) vertraglich vereinbarte Beschaffenheit erstreckt. Das ist auch konsequent: Ein Verkäufer, der durch eine Beschaffenheitsvereinbarung signalisiert, dass er für bestimmte Merkmale der Kaufsache einstehen will, kann sich später nicht darauf berufen, dass er aufgrund eines ebenfalls vereinbarten Haftungsausschlusses nicht für diese Merkmale einzustehen braucht.

▶ **BEACHTE:** Beschaffenheitsvereinbarung und Garantie setzen gleichermaßen voraus, dass der Verkäufer in vertragsgemäß bindender Weise die Gewähr für das Vorhandensein einer Eigenschaft übernimmt und damit seine Bereitschaft zu erkennen gibt, für alle Folgen des Fehlens dieser Eigenschaft einzustehen.[39] Der Unterschied besteht darin, dass (isolierte) Beschaffenheitsvereinbarungen einen Mangel (§ 434 BGB) und ggf. die gesetzliche Mängelhaftung begründen, während der Verkäufer durch eine Garantie Verpflichtungen „zusätzlich zu der gesetzlichen Mängelhaftung" (§ 443 Abs. 1 BGB) eingeht.[40] ◀

▶ **BEISPIEL (BGHZ 50, 200):** Im Styroporquader-Fall (s.o.) übernimmt Verkäufer V die Garantie dafür, dass der Klebstoff geeignet ist, die Styroporquader zu befestigen. Eine Haftungsbeschränkung wäre insoweit unzulässig. V haftet also für alle Schäden, die dem Malermeister dadurch entstehen, dass die Styroporquader dennoch von der Decke fallen – bspw. für Mangelfolgeschäden gemäß §§ 437 Nr. 1, 280 Abs. 1 BGB (einfacher Schadensersatz) (siehe § 8 Rn. 90 f.). ◀

3. Grenzen beim Verbrauchsgüterkauf (§ 476 BGB)

20   Für den **Verbrauchsgüterkauf** (§ 474 Abs. 1 BGB gelten abweichende Bestimmungen zu Haftungsbeschränkungen und -ausschlüssen (Einzelheiten: § 12 Rn. 32 f.):

- §§ 442, 445 BGB sind gem. § 475 Abs. 3 Satz 2 BGB nicht anzuwenden.
- Nach § 476 Abs. 1 Satz 1 BGB kann sich der Unternehmer auf eine (vor Mitteilung eines Mangels) getroffene Vereinbarung nicht berufen, wenn sie zum Nachteil des Verbrauchers von den §§ 433 bis 435, 437, 439 bis 441 und 443 BGB abweicht; ein Dispens von den objektiven Anforderungen an die Ware (§ 434 Abs. 3 BGB) ist allerdings nach Maßgabe von § 476 Abs. 1 Satz 2 BGB möglich. § 476 Abs. 2 BGB begrenzt die Möglichkeiten zur Erleichterung der Verjährung vor Mitteilung des Mangels. Nach § 476 Abs. 3 BGB sind **Schadensersatzansprüche** auch beim Verbrauchsgüterkauf beschränkbar. § 476 Abs. 4 BGB statuiert ein **Umgehungsverbot**.

---

38   BGH NJW 2007, 1346, 1349; BGH NJW 2013, 1074, 1076; BGH NJW 2016, 1815.
39   BGH BeckRS 2019, 5783 (st. Rechtsprechung) zur Beschaffenheitsvereinbarung; BGH NJW 2011, 2653 (st. Rechtsprechung) zur Garantie.
40   Siehe auch Schulze-*Saenger* § 443 Rn. 6; BeckOK BGB-*Faust* § 443 Rn. 11.

4. Grenzen bei Allgemeinen Geschäftsbedingungen

Haftungsausschlüsse und -beschränkungen in Form Allgemeiner Geschäftsbedingung-   21
en unterliegen der allgemeinen **Einbeziehungs- und Inhaltskontrolle** gemäß §§ 305 ff.
BGB.[41] Einschlägig ist insbesondere das Klauselverbot in § 309 Nr. 7 BGB, das auch
Pflichtverletzungen erfasst, die in der Lieferung einer mangelhaften Sache bestehen.[42]
Danach gilt:

- Haftungsausschlüsse oder -beschränkungen für Schäden aus der Verletzung des Lebens, des Körpers oder der Gesundheit, die auf fahrlässige Pflichtverletzungen des Verkäufers oder vorsätzliche oder fahrlässige Pflichtverletzungen seines gesetzlichen Vertreters oder Erfüllungsgehilfen zurückzuführen sind, sind gemäß § 309 Nr. 7 a) BGB unwirksam.

- Haftungsausschlüsse oder -beschränkungen für grob fahrlässige Pflichtverletzungen des Verkäufers oder vorsätzliche oder grob fahrlässige Pflichtverletzungen seines gesetzlichen Vertreters oder Erfüllungsgehilfen sind gemäß § 309 Nr. 7 b) BGB generell, d.h. ohne Rücksicht auf die verletzten Rechtsgüter, unwirksam.

Haftungsausschlüsse und -beschränkungen müssen auch den Anforderungen des § 309   22
Nr. 8 b) BGB genügen. Danach ist es bei Kaufverträgen über neue Sachen zum Beispiel
nicht möglich, die Ansprüche gegen den Verwender wegen eines Mangels insgesamt
oder bezüglich einzelner Teile auszuschließen (Buchstabe aa) oder auf ein Recht auf
Nacherfüllung zu beschränken (Buchstabe bb).

▶ **BEACHTE:** § 309 Nr. 8 b) BGB ist zwar gemäß § 310 Abs. 1 Satz 1 BGB nicht auf Allgemeine Geschäftsbedingungen anwendbar, die gegenüber einem Unternehmer verwendet werden. Der Verstoß gegen § 309 Nr. 8 b) BGB ist jedoch auch im Verkehr zwischen Unternehmen ein Indiz für die Unwirksamkeit der Klausel (str.).[43] Bei einem Verbrauchsgüterkauf kommt es nur bei einem Ausschluss oder einer Beschränkung des Anspruchs auf Schadensersatz auf § 309 Nr. 8b) BGB an (siehe § 476 Abs. 3 BGB), weil andere Haftungsausschlüsse und -beschränkungen sowieso unzulässig sind (§ 476 Abs. 1 BGB). ◀

IV. Garantien

Garantien des Verkäufers, des Herstellers oder eines sonstigen Dritter können die   23
Haftung für Mängel erweitern bzw. begründen und dadurch die Position des Käufers
stärken. Zentrale Norm für Garantien im BGB ist § 443. Nach der Legaldefinition
in Absatz 1 kommt eine Garantie dadurch zustande, dass der Verkäufer „zusätzlich
zu der gesetzlichen Mängelhaftung" bestimmte Verpflichtungen eingeht. Das heißt
jedoch nicht, dass die Garantie ein einseitiges Rechtsgeschäft wäre. Es besteht vielmehr Konsens darüber, dass eine **vertragliche Vereinbarung** notwendig ist.[44] Fallen
die Person des Verkäufers und die des Garantiegebers wie bei der **Herstellergarantie**
auseinander, kommt eine solche Vereinbarung ggf. dadurch zustande, dass der Ware
eine Garantie als Angebot des Herstellers beiliegt, das der Kunde konkludent durch die

---

41 Ausführlich zur AGB-Kontrolle: *Brömmelmeyer* Schuldrecht AT § 3 Rn. 111 ff.
42 Begründung des Schuldrechtsmodernisierungsgesetzes, BT-Drucks. 14/6040, S. 156; siehe auch: Palandt-*Grüneberg* § 309 Rn. 40.
43 BGH NJW 2007, 3774 m.w.N. (str.); siehe auch: Palandt-*Grüneberg* § 307 Rn. 40.
44 Bamberger/Roth-*Faust* § 443 Rn. 18; MünchKomm-*Westermann* § 443 Rn. 18; Jauernig-*Berger* § 443 Rn. 12; a.A. jurisPK-*Pammler* § 443 Rn. 12, 33 ff.

Entgegennahme der Ware inklusive Garantie annimmt.[45] Auf den Zugang der Annahme verzichtet der Hersteller in diesen Fällen gemäß § 151 Satz 1 BGB.[46] Denkbar sind auch konkludente Garantievereinbarungen.[47]

24   Der maßgebliche Inhalt der Garantie wird durch die **Garantievereinbarung** bestimmt, aus der sich typischerweise der **Garantiefall** (= die Voraussetzungen für den Erwerb der Rechte aus der Garantie), der **Garantiezeitpunkt** (= Zeitpunkt zu dem die garantierte Beschaffenheit oder die zugesagten Anforderungen vorliegen müssen) bzw. die **Garantiefrist** (= Geltungsdauer der Garantie) und die **Rechte aus der Garantie** (= die Leistungen zu denen sich der Garantiegeber im Garantiefall verpflichtet) ergeben kann.[48] § 443 Abs. 1 BGB enthält einen nicht abschließenden Katalog möglicher Rechte aus der Garantie („insbesondere"). Sie können bspw. in der Verpflichtung bestehen, den Kaufpreis zu erstatten, die Sache auszutauschen, nachzubessern oder in ihrem Zusammenhang Dienstleistungen zu erbringen.

> ▶ **BEACHTE:** Im Falle eines **Verbrauchsgüterkaufs** muss die Garantieerklärung einfach und verständlich abgefasst sein (§ 479 Abs. 1 Satz 1 BGB); sie muss einen bestimmten Mindestinhalt aufweisen (Satz 2) und auf einem dauerhaften Datenträger (vgl. § 126b BGB) verfügbar gemacht werden (Absatz 2). ◀

25   Eine Garantie geht begriffsnotwendig über die gesetzlichen Rechte des Käufers bei Mängeln (§ 437 Nr. 1-3 BGB) hinaus.[49] Bei Hersteller- und sonstigen Drittgarantien ist das unproblematisch, weil der Käufer ohne eine solche Garantie weder den Hersteller noch den Dritten in Anspruch nehmen könnte. Dagegen ist bei einer Verkäufergarantie zu unterscheiden: Hat sich ein Kfz-Händler (Verkäufer) in einer „Garantieerklärung" zur Nacherfüllung verpflichtet, so ist das nicht mehr als ein – gemäß § 3 Abs. 3 UWG i.V.m. Anhang Nr. 9 unzulässiger – Etikettenschwindel; er haftet ja ohnehin auf Nacherfüllung. Hat er sich hingegen verpflichtet,

- Rücktritt und Minderung bei Mängeln der Kaufsache auch ohne vorherige (erfolglose) Fristsetzung zur Nacherfüllung, d.h. sofort zu akzeptieren,
- verschuldensunabhängig Schadensersatz zu leisten oder
- dem Käufer bei einer ggf. erforderlichen Reparatur kostenlos ein Ersatzfahrzeug zur Verfügung zu stellen (Mobilitätsgarantie),[50]

so räumt er dem Käufer eine über die gesetzlichen Rechte bei Mängeln hinausgehende Rechtsposition ein. Eine Garantie liegt vor.

26   Der Käufer kann sich gemäß § 443 Abs. 1 BGB entscheiden, ob er seine Rechte aus der Garantie, seine Mängelrechte gemäß § 437 BGB oder beides zusammen geltend macht („zusätzlich zu der gesetzlichen Mängelhaftung"). Letzteres ist insbesondere bei Hersteller- und sonstigen Drittgarantien denkbar. Stimmen die Rechte des Käufers gemäß § 437 BGB und die Rechte aus der Garantie des Herstellers und/oder des Dritten inhaltlich überein, haften Verkäufer und Garantiegeber als **Gesamtschuldner** gemäß § 421 BGB.[51] Eine Garantie, die die Rechte des Käufers gemäß § 437 BGB ein-

---

45 Vgl. dazu Münch-Komm-*Westermann* § 443 Rn. 6; Tamm/*Tonner*/Brönneke Verbraucherrecht § 21 Rn. 10.
46 Erman-*Grunewald* § 443 Rn. 7; Bamberger/Roth-*Faust* § 443 Rn. 19.
47 BGH NJW 1995, 518; BGH NJW 1996, 836; BGH NJW 1996, 1337; BGH DNotZ 2007, 524; BGH NJW-RR 2010, 1329.
48 jurisPK-*Pammler* § 443 Rn. 46; Schulze-*Saenger* § 443 Rn. 7.
49 jurisPK-*Pammler* § 443 Rn. 9, 36.
50 Beispiel nach *Looschelders* Schuldrecht BT § 7 Rn. 3.
51 Bamberger/Roth-*Faust* § 443 Rn. 55.

schränkt, ist grundsätzlich unwirksam, es sei denn, dem Käufer wurde die Einschränkung, die mit §§ 444, 476 BGB vereinbar sein müsste, deutlich ersichtlich gemacht.[52]

1. Erscheinungsformen

Im Hinblick auf die **Erscheinungsformen der Garantie** unterscheidet § 443 BGB wie folgt: 27

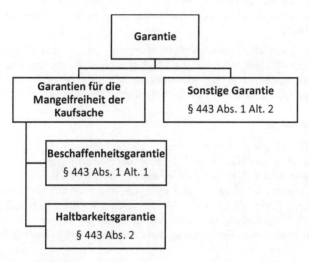

2. Beschaffenheitsgarantie

Eine **Beschaffenheitsgarantie** liegt nach der umständlichen Definition in § 443 Abs. 1 Alt. 1 BGB vor, wenn der Verkäufer, der Hersteller oder ein sonstiger Dritter in einer Erklärung oder einschlägigen Werbung, die vor oder bei Abschluss des Kaufvertrags verfügbar war, zusätzlich zu der gesetzlichen Mängelhaftung insbesondere die Verpflichtung eingeht, den Kaufpreis zu erstatten, die Sache auszutauschen, nachzubessern oder komplementäre Dienstleistungen zu erbringen, falls die Kaufsache nicht diejenige Beschaffenheit aufweist, die in der Erklärung oder einschlägigen Werbung beschrieben sind. 28

▶ **BEACHTE:** Bei der Beschaffenheitsgarantie i.S. von § 433 Abs. 1 Alt. 1 BGB kann es sich zugleich um eine Garantie i.S. der §§ 442 Abs. 1 Satz 2, 444 f. BGB, d.h. um eine verschuldensunabhängige Einstandspflicht des Verkäufers für die vereinbarte Beschaffenheit handeln.[53] Notwendig ist das aber nicht.[54] ◀

3. Haltbarkeitsgarantie

Im Falle einer **Haltbarkeitsgarantie** (§ 443 Abs. 2 BGB) übernimmt der Garantiegeber die Gewähr dafür, dass die Kaufsache für eine bestimmte Dauer eine bestimmte Beschaffenheit *behält*. Tritt während der Garantiefrist ein Sachmangel auf, wird wi- 29

---

52 Erman-*Grunewald* § 443 Rn. 15.
53 BGH NJW 2007, 1346, 1348.
54 *Looschelders* Schuldrecht BT § 7 Rn. 6.

derleglich vermutet, dass dieser die Rechte aus der Garantie begründet.[55] Es obliegt dann dem Verkäufer zu beweisen, dass die vertraglichen Voraussetzungen des Garantiefalles nicht vorliegen, bspw. weil der Mangel vom Käufer nach Gefahrübergang herbeigeführt worden ist.[56] Die Garantiefrist kann entweder anhand einer Zeitdauer oder anhand von Umständen wie dem Kilometerstand eines Kfz festgelegt werden.[57] Vertragliche Vereinbarungen über den Fristbeginn sind möglich.[58] Wenn solche Vereinbarungen fehlen, beginnt die Frist in der Regel mit Übergabe der Kaufsache.[59] Die Garantiefrist ist von der Verjährung der Rechte des Käufers, die sich aus der Garantie ergeben, zu unterscheiden.

▶ **MERKE:** Der Unterschied zwischen Beschaffenheits- und Haltbarkeitsgarantie betrifft den Garantiezeitpunkt: Beschaffenheitsgarantien greifen, wenn die Sache bei Gefahrübergang mangelhaft ist, Haltbarkeitsgarantien decken Fälle ab, in denen die Sache bei Gefahrübergang mangelfrei ist, aber innerhalb der Garantiefrist ein Mangel auftritt.[60] ◀

4. Sonstige Garantien

30   **Sonstige Garantien** beziehen sich auf „andere als die Mängelfreiheit betreffende Anforderungen […], die in der [Garantie-]Erklärung oder einschlägigen Werbung beschrieben sind" (§ 443 Abs. 1 Alt. 2 BGB). Gemeint ist die Übernahme einer Garantie für zukünftige Umstände, bei denen es sich nicht um Eigenschaften der Kaufsache selbst handelt und deren Fehlen damit keinen Mangel nach § 434 BGB begründet.[61] Denkbar erscheint dies lt. Begründung der Schuldrechtsreform bspw. für den Fall, dass der Verkäufer dem Käufer eines Grundstücks den zukünftigen Erlass eines Bebauungsplans zusagt.

5. Selbstständige und unselbstständige Garantien

31   In Rechtsprechung und Literatur wird teilweise zwischen selbstständiger und unselbstständiger Garantie unterschieden.[62] Wenn durch eine Garantievereinbarung zwischen Käufer und Verkäufer kaufrechtliche Ansprüche des Käufers erweitert werden, wird keine neue Anspruchsgrundlage geschaffen, sondern lediglich die gesetzliche Haftung des Verkäufers vertraglich erweitert. Dann spricht man von einer **unselbstständigen Garantie**.[63] So kann die Zeit der Garantie länger sein als die gesetzliche Verjährungsfrist oder der Verkäufer kann für die Mängelfreiheit nicht nur für den Zeitpunkt der Übergabe, sondern auch für eine bestimmte Frist danach einstehen wollen. Für die unselbstständige Garantie des Verkäufers gilt die kaufrechtliche Verjährung nach § 438 BGB. Eine **selbstständige Garantie** schafft dagegen eine Haftung außerhalb der kaufrechtlichen Gewährleistung.[64] In diesem Fall beinhaltet der Garantievertrag eine

55 MünchKomm-*Westermann* § 443 Rn. 23.
56 MünchKomm-*Westermann* § 443 Rn. 23.
57 Begründung des Schuldrechtsmodernisierungsgesetzes, BT-Drucks. 14/6040, S. 239.
58 BGHZ 75, 79.
59 Begründung des Schuldrechtsmodernisierungsgesetzes, BT-Drucks. 14/6040, S. 239.
60 BeckOK BGB-*Faust* § 443 Rn. 14.
61 Begründung, BT-Drucks. 17/12637, S. 68.
62 MünchKomm-*Westermann* § 443 Rn. 8; Jauernig-*Berger* § 443 Rn. 9; Schulze-*Saenger* § 443 Rn. 2, 6; jurisPK-*Pammler* § 443 Rn. 19, 28; Bamberger/Roth-*Faust* § 443 Rn. 16 f., der jedoch die Unterscheidung für überflüssig hält.
63 *Eckert/Maifeld/Mathiessen* Rn. 1364; *Grützner/Schmidl* NJW 2007, 3610, 3611.
64 Bamberger/Roth-*Faust* § 443 Rn. 16 f.; Jauernig-*Berger* § 443 Rn. 9.

eigenständige Anspruchsgrundlage. Die Verjährungsfrist richtet sich nach der regelmäßigen Verjährung (§§ 199, 195 BGB).

▶ **LÖSUNGSHINWEISE ZU FALL 10:** V hat seine Haftung wirksam ausgeschlossen. Die in der Internetanzeige enthaltene Angabe der Ausstattungsvariante *Slam* stellt zwar eine öffentliche Äußerung im Sinne von § 434 Abs. 3 Satz 1 Nr. 2 Buchst. b BGB dar, die grundsätzlich eine Sachmängelhaftung des Verkäufers begründen kann. V hat jedoch „für die Beschaffenheit des verkauften Fahrzeugs keine Gewährleistung" übernommen. Dieser allgemeine Haftungsausschluss ist so auszulegen, dass er sich auch auf die Haftung für Eigenschaften bezieht, die der Käufer nach den öffentlichen Äußerungen des Verkäufers erwarten kann.[65] Bedenken könnte man im Hinblick auf die BGH-Rechtsprechung haben, denn der BGH legt Haftungsausschlüsse für Sachmängel dahin aus, dass sie *nicht* für das Fehlen der vereinbarten Beschaffenheit (§ 434 Abs. 2 Satz 1 Nr. 1 BGB) gelten. Diese Rechtsprechung lässt sich jedoch nicht auf öffentliche Äußerungen über Eigenschaften der Kaufsache i.S. von § 434 Abs. 3 Satz 1 Nr. 2 Buchstabe b BGB übertragen.[66] Das Gesetz hat öffentliche Äußerungen nicht mit einer Beschaffenheitsvereinbarung gleichgesetzt; es zählt sie vielmehr zu der Beschaffenheit nach § 434 Abs. 3 Satz 1 Nr. 2 BGB, also zu der Beschaffenheit, die bei Sachen der gleichen Art üblich ist und die der Käufer erwarten kann.[67] Insoweit ist ein Haftungsausschluss möglich. ◀

WIEDERHOLUNGS- UND VERTIEFUNGSFRAGEN

> In welchen Fällen können die Mängelrechte beim Kaufvertrag nach dem BGB entfallen?

> Wieso erklärt § 475 Abs. 3 Satz 2 BGB die Regelung des § 442 BGB für nicht anwendbar, wenn ein Verbrauchsgüterkauf vorliegt?

> In welchen Fällen kann sich der Verkäufer nicht auf einen vereinbarten Haftungsausschluss berufen?

> Wo liegen die Grenzen für Haftungsausschlüsse und -beschränkungen gegenüber Nicht-Verbrauchern?

> Wodurch unterscheiden sich Beschaffenheits- und Haltbarkeitsgarantie?

---

65 BGH NJW 2018, 146 f., anhand von § 434 BGB a.F.
66 BGH NJW 2018, 146 f., anhand von § 434 BGB a.F.
67 BGH NJW 2018, 146 f., anhand von § 434 BGB a.F.; vgl. auch Begründung des Schuldrechtsmodernisierungsgesetzes, BT-Drucks. 14/6040, S. 214.

§ 11 Besondere Arten des Kaufs und Tausch

1   Das BGB regelt auch besondere Arten des Kaufs und den Tausch. Im zweiten Untertitel des Kaufrechts (§§ 454 ff. BGB) hat der Gesetzgeber den **Kauf auf Probe** (§§ 454 f. BGB), den **Wiederkauf** (§ 456 ff. BGB) und den in der Praxis besonders relevanten **Vorkauf** (§§ 463 ff. BGB) geregelt. Im vierten Untertitel des Kaufrechts ist der Tausch (§ 480 BGB) geregelt.

I. Kauf auf Probe

2   §§ 454 f. BGB regeln den **Kauf auf Probe**. Bei einem Kauf auf Probe steht der Kaufvertrag im Zweifel unter der *aufschiebenden* Bedingung (§ 158 Abs. 1 BGB) der Billigung durch den Käufer (siehe § 454 Abs. 1 Satz 2 BGB). Die Billigung steht im Belieben des Käufers (§ 454 Abs. 1 Satz 1 BGB). Eine Vereinbarung, wonach die Verweigerung der Billigung zu begründen ist, ist nicht zulässig.[1] Der Verkäufer kann dem Käufer eine Billigungsfrist setzen (§ 455 Satz 1 BGB). Billigt der Käufer den Kaufgegenstand, so tritt die Bedingung ein und der Kaufvertrag wird wirksam. Die Billigung ist eine rechtsgestaltende, dem Verkäufer gegenüber abzugebende Willenserklärung, die auch schlüssig erfolgen kann.[2] Die Gefahr geht erst mit der Billigung über.[3]

3   Vom Kauf auf Probe zu unterscheiden ist der gesetzlich nicht geregelte **Kauf mit Umtauschvorbehalt**.[4] Der Käufer erhält dabei das Recht, innerhalb eines festgelegten Zeitraums eine andere Kaufsache gegen Rückgabe der ursprünglichen Kaufsache zu erwerben. Man spricht daher auch von einem **Kauf mit Ersetzungsbefugnis**.[5] Der Verkäufer kann auch über eine bloße Ersetzungsbefugnis hinausgehen und dem Käufer ein freies Rücktrittsrecht einräumen. Da der Verkäufer gesetzlich kein Umtauschrecht gewähren muss, darf er es auch beliebig einschränken, z.B. indem er den Umtausch nur innerhalb einer kurzen Zeitspanne ermöglicht oder nur bestimmte Kaufsachen für den Umtausch zur Verfügung stellet. Er muss allerdings darauf achten, dass er dabei keine Formulierungen wählt, die beim Käufer den Eindruck erwecken könnten, auch seine Mängelrechte seien entsprechend beschränkt. Ein Kassenzettel-Aufdruck „Umtausch nur innerhalb von zehn Tagen" bedeutet selbstverständlich nicht, dass der Käufer nicht auch später Rechte wegen eines Mangels geltend machen kann.

II. Wiederkauf

4   §§ 456 ff. BGB regeln den **Wiederkauf**: Hat sich der Verkäufer in dem Kaufvertrag das Recht des Widerkaufs vorbehalten, so kommt der Wiederkauf mit der Erklärung des Verkäufers gegenüber dem Käufer, dass er das Wiederkaufsrecht ausübe, zustande (§ 465 Abs. 1 Satz 1 BGB). Der BGH geht rechtlich-konstruktiv davon aus, dass die Vereinbarung eines Wiederkaufsrechts eine neben den eigentlichen Kaufvertrag tretende Rückkaufabrede darstellt, die dem Verkäufer einen aufschiebend bedingten Anspruch auf (Rück-)Übereignung des Kaufgegenstands gewährt.[6] Durch die Wiederkaufserklärung wird der bereits bedingt abgeschlossene Wiederkaufvertrag mit dem

---

1 BGH WM 1970, 877, 878.
2 RGZ 137, 297, 300.
3 BGH NJW-RR 2004, 1058 f.
4 Begriff: Palandt-*Weidenkaff* Vorb v § 454 Rn. 3.
5 Staudinger-*Mader/Schermaier* Vorbem zu §§ 454 ff Rn. 5.
6 BGH NJW 2000, 1332.

Eintritt der Bedingung wirksam.[7] Eine solche vertragliche Abrede braucht nicht in der Kaufvertragsurkunde selbst enthalten sein, sondern kann auch Inhalt einer gesonderten, auf den Kaufvertrag Bezug nehmenden notariellen Urkunde sein.[8] Die Ausübung des Wiederkaufsrechts steht dem Verkäufer frei. Die Wiederkaufserklärung bedarf nicht der ggf. für den Kaufvertrag bestimmten Form (§ 456 Abs. 1 Satz 2 BGB).

III. Vorkauf

Der Vorkauf (§§ 463 ff. BGB), ist sicher die bedeutendste der drei besonderen Arten   5
des Kaufs: Beim Vorkauf hat ein möglicher Käufer (der zum Vorkauf **Berechtigte**) mit dem Verkäufer (dem zum Verkauf **Verpflichteten**) vereinbart, dass er die Sache zu denselben Bedingungen wie ein Dritter erwerben darf, wenn der Verkäufer die Kaufsache verkauft. Dafür muss es allerdings zu einem Vertragsschluss zwischen Verkäufer und den Dritten kommen (**Vorkaufsfall**).

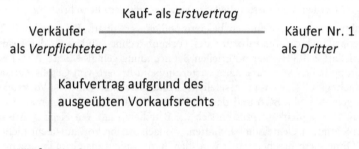

Der Berechtigte tritt nicht in den Kaufvertrag zwischen dem Verkäufer und dem Drit-   6
ten ein; es kommt vielmehr ein selbstständiger Kaufvertrag zwischen Verkäufer und Berechtigtem zustande. Die Bestimmungen des Kaufvertrags zwischen dem Vorkaufsberechtigten und dem Vorkaufsverpflichteten werden nicht zwischen diesen ausgehandelt; stattdessen sind sie, wie aus § 464 Abs. 2 BGB folgt, aus dem Erstvertrag mit dem Dritten zu entnehmen.[9] Das entspricht der Struktur des Vorkaufs und der für ihn typischen Interessenlage in der Mehrzahl der Fälle.[10] Aus ihr geht zum einen hervor, dass der Vorkaufsberechtigte keine anderen, insbesondere keine ungünstigeren Bedingungen für und gegen sich gelten zu lassen braucht als diejenigen, die mit dem Dritten vereinbart sind.[11] Zum anderen soll auch der Verpflichtete grundsätzlich nicht schlechter gestellt werden als bei der Durchführung des Vertrags mit dem Dritten.[12]

Der zum Vorkauf verpflichtete Verkäufer kann in die Lage geraten, sich zwei Käufern   7
gegenüber zu sehen und beiden Käufern gegenüber zur Leistung verpflichtet zu sein, denn der Kaufvertrag mit dem Dritten bleibt auch bei Ausübung des Vorkaufsrechts

---

7   BGH NJW 2000, 1332.
8   BGH NJW 2000, 1332.
9   BGH MittBayNot 2018, 328 Rn. 10, mit Anm. *Grziwotz* und dem Hinweis, dass u.a. die Fälligkeit des Kaufpreises ggf. an veränderte Umstände anzupassen ist (Rn. 6).
10   BGH MittBayNot 2018, 328 Rn. 10.
11   BGH MittBayNot 2018, 328 Rn. 10.
12   BGH MittBayNot 2018, 328 Rn. 10.

wirksam. Da er nur an einen Käufer leisten kann, haftet er ggf. gegenüber dem anderen Käufer auf Schadensersatz statt der Leistung gemäß §§ 280 Abs. 1, 3, 283 BGB (subjektive Unmöglichkeit). Um dies zu vermeiden, wird er sinnvollerweise in den Kaufvertrag mit dem Dritten eine auflösende Bedingung oder ein Rücktrittsrecht für den Fall der Ausübung des Vorkaufsrechts aufnehmen.

8   Der Verkäufer muss den Vorkaufsberechtigten über den Inhalt des Vertrags mit dem Dritten informieren (§ 469 Abs. 1 BGB). Der Vorkaufsberechtigte kann sodann sein Vorkaufsrecht durch Erklärung gegenüber dem Verkäufer auszuüben (§ 464 Abs. 1 BGB). Da Verkäufer und Dritter ggf. daran interessiert sind, dass der Vorkaufsberechtigte sein Recht nicht geltend macht, werden gelegentlich **Nebenleistungen** des Käufers (§ 466 BGB) vereinbart, die der Vorkaufsberechtigte nicht erfüllen kann. Die Rechtsprechung schränkt deshalb zum Schutz des Vorkaufsberechtigten die Zulässigkeit der Vereinbarung von Nebenleistungen ein. Regelungen, die nur vereinbart werden, um den Berechtigten von der Ausübung des Vorkaufsrechts abzuhalten (sogenannte Fremdkörper), werden nicht Bestandteil des Vertrags mit dem Berechtigten.[13]

9   Vorkaufsrechte werden vornehmlich bei **Immobilien** vereinbart. Bei Immobilienkaufverträgen bedarf auch die Vereinbarung des Vorkaufsrechts – anders als die Ausübung (§ 464 Abs. 1 Satz 2 BGB) – der notariellen Beurkundung gemäß § 311b Abs. 1 Satz 1 BGB. Bedeutung haben Vorkaufsrechte weiterhin beim Erwerb von Gesellschaftsanteilen. Schließlich gibt es wichtige **gesetzliche Vorkaufsrechte**, wie das Vorkaufsrecht des Mieters gemäß § 577 BGB und das Vorkaufsrecht der Gemeinde gemäß §§ 24 ff. BauGB. Beim Immobilienkauf müssen sich die Beteiligten ggf. ein Negativ-Attest der (vorkaufsberechtigten) Gemeinde beschaffen, wonach sie ihr Vorkaufsrecht nicht ausüben wird. Ohne diese Bescheinigung wird der Erwerb nicht ins Grundbuch eingetragen.

10   Das schuldrechtliche Vorkaufsrecht ist vom **dinglichen Vorkaufsrecht** gemäß § 1094 BGB abzugrenzen. Im Gegensatz zum schuldrechtlichen Vorkaufsrecht entsteht das dingliche Vorkaufsrecht erst durch seine Eintragung. Es hat zugunsten des Berechtigten die Wirkung einer Vormerkung (vgl. §§ 1098 Abs. 2, 883 Abs. 2, 888 BGB).

IV. Tausch

11   Der Begriff **Tausch** besagt, dass die Beteiligten Leistungen austauschen, ohne dass eine dieser Leistungen in einer Bezahlung (in Geld) bestünde. Man tauscht bspw. einen Hockey- gegen einen Tennisschläger und verzichtet auf Geld als Tausch- oder Zahlungsmittel. „Tausch", heißt es in den Motiven, „ist ein gegenseitiger Vertrag über den Umsatz eines individuellen Wertes gegen einen anderen individuellen Wert".[14] Dabei muss es sich nicht notwendigerweise um eine Sache handeln; getauscht werden können auch Rechte und sonstige Vermögenswerte. Klarzustellen ist, dass der Tausch, genau wie der Kaufvertrag, ein Verpflichtungsgeschäft ist: Die Tauschpartner, die sich verpflichtet haben, Hockey- und Tennisschläger zu tauschen (§§ 480, 433 BGB), müssen ihre Verpflichtungen also noch erfüllen, in dem der eine dem anderen den Hockey- bzw. den Tennisschläger übergibt und übereignet (§ 929 S. 1 BGB). Das Trennungsprinzip gilt auch hier.

---

13   BGHZ 77, 359; vgl. TWT-*Tonner* § 464 Rn. 9, MünchKomm-*Westermann* § 463 Rn. 24.
14   Motive II, S. 366; siehe auch: Palandt-*Weidenkaff* § 480 Rn. 1.

Die Tauschpartner können vereinbaren, dass eine mögliche Wertdifferenz zwischen den beiden Leistungsgegenständen durch eine Geldzahlung ausgeglichen wird. Dann wird aber häufig ein **Doppelkauf**[15] oder ein Kauf mit Ersetzungsbefugnis vorliegen. Beim Doppelkauf werden zwei Kaufverträge abgeschlossen, wobei die Parteien zwischen ihrer Rolle als Verkäufer und Käufer wechseln, während beim Tausch nur ein Vertrag vorliegt. Zur Unterscheidung muss man fragen, ob die Parteien die beiden Transaktionen als unabhängig voneinander gewollt haben. Ist dies nicht der Fall, haben sie einen Tausch vereinbart. 12

Der **Kauf mit Ersetzungsbefugnis** spielt vor allem beim Autokauf eine Rolle, wenn der Käufer sein gebrauchtes Fahrzeug in Zahlung gibt. Diese Konstellation sieht die Rechtsprechung nicht als Tausch an, vielmehr wird dem Käufer lediglich die Befugnis eingeräumt, an Stelle eines Teils des Kaufpreises sein gebrauchtes Fahrzeug hinzugeben (Hingabe an Erfüllungsstatt gemäß § 364 Abs. 1 BGB; vgl. zur Schlechtleistung dann § 365 BGB). [16] 13

§ 480 BGB verweist zur Durchführung des Tausches auf die kaufrechtlichen Vorschriften. Danach hat jede Partei wie ein Verkäufer die Pflicht, der jeweils anderen Partei die vereinbarte Sache oder den sonstigen Vermögenswert frei von Mängeln zu verschaffen (§ 433 Abs. 1 BGB); jede Partei ist zudem wie ein Käufer zur **Abnahme** verpflichtet (§ 433 Abs. 2 BGB). Das Gewährleistungsrecht gilt entsprechend. 14

WIEDERHOLUNGS- UND VERTIEFUNGSFRAGEN

> Was ist ein Kauf auf Probe, was ein Wiederkauf?
> Was versteht man unter „Vorkaufsfall"?
> Bleibt der Kaufvertrag mit dem Käufer bestehen, wenn der Vorkaufsberechtigte sein Recht ausübt?
> Welche Rolle spielen Nebenleistungen, wenn ein Vorkaufsrecht zugunsten eines Dritten besteht?
> Wie ist der Tausch vom Doppelkauf und von der Inzahlungnahme abzugrenzen?

---

15 BGHZ 49, 7.
16 BGHZ 46, 338, 340.

§ 12 Verbrauchsgüterkauf

▶ **FALL 11:** K lässt sich als Rechtsanwalt nieder und kauft anschließend bei V einen Gebrauchtwagen, den er teils beruflich, vor allem aber privat nutzen will. Daneben übergibt V dem K eine Urkunde, in der es heißt: „Unsere Garantie für Gebrauchte: Kostenloser Austausch von schadhaft gewordenen Teilen (außer Verschleißteilen) während des ersten Jahres nach Übergabe." Drei Monate nach Übergabe versagt während der Fahrt plötzlich die Lenkung. K rast gegen eine Grundstücksmauer, die ebenso wie das Fahrzeug erheblich beschädigt wird. Der Zustand der Lenkung vor dem Unfall ist nicht mehr zu rekonstruieren. K verlangt von V nicht nur die Reparatur des Fahrzeugs, sondern auch Schadensersatz in Höhe des Betrags, den er als Ersatz für die beschädigte Mauer zahlen musste. V meint, von einem Mangel der Lenkung könne keine Rede sein; K habe wohl nicht aufgepasst. Überdies habe er Schadensersatzansprüche wirksam ausgeschlossen. ◀

I. Einleitung und Überblick

1   Die Regelung über den Verbrauchsgüterkauf geht auf die **Richtlinie über den Verbrauchsgüterkauf** (RL 1999/44/EG – VerbrGKRL)[1] zurück, die den Binnenmarkt vollenden und zu diesem Zweck einen wirksamen Verbraucherschutz gewährleisten sollte.[2] Da die mit der Verbrauchsgüterkaufrichtlinie verbundene **Mindestharmonisierung** nicht ausreicht, um den Binnenmarkt wirklich zu vollenden,[3] hat der Europäische Gesetzgeber am 20.5.2019 die **Warenkaufrichtlinie** (RL 2019/771/EU – WKRL) erlassen,[4] die die Verbrauchsgüterkaufrichtlinie ab bzw. seit dem 1.1.2022 ersetzt, den Mangelbegriff und die Rechte des Käufers bei Mängeln **vollständig harmonisiert** und das Niveau des Verbraucherschutzes im Vergleich zur Verbrauchsgüterkaufrichtlinie nochmals anhebt.[5] Gleichzeitig hat der Europäische Gesetzgeber die **Richtlinie über digitale Inhalte und digitale Dienstleistungen** (RL 2019/770/EU)[6] erlassen, die ebenfalls den Binnenmarkt verwirklichen und im Hinblick auf die entsprechenden Verträge ein hohes Maß an Verbraucherschutz auf der Basis vollständig harmonisierter Rechte gewährleisten will.[7]

2   Mit dem **Gesetz zur Regelung des Verkaufs von Sachen mit digitalen Elementen und anderer Aspekte des Kaufvertrags** v. 25.6.2021[8] hat die Bundesrepublik Deutschland die Warenkaufrichtlinie insb. im Recht des Verbrauchsgüterkaufs (§§ 474 ff. BGB) umgesetzt. Dagegen schlägt sich das **Gesetz zur Umsetzung der Richtlinie über bestimmte vertragsrechtliche Aspekte der Bereitstellung digitaler Inhalte und Dienstleistungen** v. 25.6.2021[9] in erster Linie im Allgemeinen Schuldrecht (§§ 241 ff. BGB), in der Regelung der **Verträge über digitale Produkte** (§§ 327-327u BGB) nieder; auch § 475a BGB geht jedoch auf dieses Gesetz zurück.

---

1 Richtlinie 1999/44/EG, ABl. EU Nr. 171 v. 7.7. 1999.
2 Vgl. Erwägungsgrund 1 f., 4 f. der VerbrGKRL; EuGH, Urt. v. 16.6.2011, verb. Rs. C-65/09 und C-87/09 – Weber und Putz, NJW 2011, 2269, 2272 (ECLI:EU:C:2011:396); Urt. v. 23.5.2019, Rs. C-52/18 – Fülla, NJW 2019, 2007, 2008 (ECLI:EU:C:2019:447).
3 RL 2019/771, ABl. EU Nr. 136 v. 22.5.2019, S. 28, Erwägungsgrund 10.
4 Richtlinie 2019/771/EU, ABl. EU Nr. L 136/28 v. 22.5.2019.
5 Erwägungsgrund 10.
6 Richtlinie 2019/770/EU, ABl. EU Nr. L 136/1 v. 22.5.2019.
7 Erwägungsgrund 3, 6.
8 BGBl. I, S. 2133.
9 BGBl. I, S. 2123.

§ 474 Abs. 1 BGB ist die **Eintrittskarte für das Recht des Verbrauchsgüterkaufs**, denn   3
die §§ 475 ff. BGB sind gem. § 474 Abs. 2 Satz 1 BGB nur anwendbar, wenn ein
Verbrauchsgüterkauf i.S. von Absatz 1 vorliegt. Daran schließen sich Regeln an über

■ anwendbare Vorschriften (§ 475 BGB),

■ den Verbrauchsgüterkaufvertrag über digitale Produkte (§ 475a BGB),

■ den Sachmangel einer Ware mit digitalen Elementen (§§ 475b und 475c BGB),

■ Rücktritt und Schadensersatz bei Mängeln der Kaufsache (§ 475d BGB),

■ die Verjährung wegen eines Mangels (§ 475e BGB),

■ abweichende Vereinbarungen (§ 476 BGB),

■ die Beweislastumkehr zugunsten des Käufers (§ 477 BGB),

■ den Rückgriff des Unternehmers in der Lieferkette (§ 478 BGB) und

■ Garantien (§ 479 BGB).

Dieses Regelungsregime ist im Interesse des Verbraucherschutzes halbzwingend, so
dass die Parteien nicht zum Nachteil des Käufers (Verbrauchers) davon abweichen
können (§ 476 Abs. 1 Satz 1 BGB).

II. Anwendungsbereich der §§ 475 ff. BGB

Die §§ 475 ff. BGB sind auf **Verbrauchsgüterkäufe** (hier: Rn. 5 ff.) anwendbar (§ 474   4
Abs. 2 Satz 1 BGB) – es sei denn, es handelt sich um Verbrauchsgüterkäufe gebrauchter
Waren, die in einer öffentlich zugänglichen Versteigerung verkauft werden, wenn dem
Verbraucher klare und umfassende Informationen darüber, dass die Vorschriften dieses
Untertitels nicht gelten, leicht verfügbar gemacht wurden (§ 474 Abs. 2 Satz 2 BGB).

1. Verbrauchsgüterkauf

Dreh- und Angelpunkt der §§ 474 ff. BGB ist der **Begriff des Verbrauchsgüterkaufs**.   5
Dabei handelt es sich um „Verträge, durch die ein Verbraucher von einem Unter-
nehmer eine Ware (§ 241a Abs. 1 BGB) kauft" (so die Legaldefinition in § 474
Abs. 1 Satz 1 BGB). Mit einem „Verbrauchsgut", das man so wie bspw. Lebensmittel.
*ver*braucht, hat das nur am Rande zu tun; auch langlebige Konsumgüter wie bspw.
Fernseher, Rechner, Smartphones usw. sind gemeint.

a) Kaufvertrag

Ein Verbrauchsgüterkauf ist ein **Kaufvertrag**. Die Kombination mit einer Dienstleis-   6
tung ist gemäß § 474 Abs. 1 Satz 2 BGB unschädlich. Der Begriff der Dienstleistung ist
(richtlinienkonform) weit auszulegen; er erfasst nicht nur tätigkeits- sondern auch er-
folgsbezogene Leistungen des Unternehmers, wie bspw. die Montage der Kaufsache.[10]
Die Dienstleistung braucht auch nicht unbedingt nur untergeordnete Nebenleistung zu
sein. Daher fällt bspw. der Kauf einer Einbauküche auch dann unter den Begriff des
Verbrauchsgüterkaufs, wenn eine Montage der Küche vereinbart wurde. Nicht mehr

---

10   BT-Drucks. 17/12637, S. 69; vertiefend: *Stamm* NJW 2020, 3057.

als Verbrauchsgüter*kauf* erfasst sind Verträge erst dann, wenn dem Kauf nur eine untergeordnete Rolle zukommt.[11]

b) Verbraucher und Unternehmer

7 Der Kaufvertrag muss zwischen einem Unternehmer als Verkäufer und einem Verbraucher als Käufer geschlossen worden sein. **Verbraucher** ist jede natürliche Person, die ein Rechtsgeschäft zu Zwecken abschließt, die überwiegend weder ihrer gewerblichen noch ihrer selbständigen beruflichen Tätigkeit zugerechnet werden können (§ 13 BGB). Die Einordnung richtet sich nach dem objektiven Zweck der angestrebten Transaktion im konkreten Einzelfall.[12] Daher kann die Rollenverteilung von Rechtsgeschäft zu Rechtsgeschäft variieren: Bestellt K im Rahmen ein und desselben Bestellvorgangs eine Lampe für ihr Ingenieur-Büro und eine (identische) Lampe für ihr privates Esszimmer, so fallen Handeln als Verbraucherin und unternehmerisches Handeln sogar in *uno acto* zusammen[13] – nur handelt es sich bei dem Kauf für das Esszimmer um einen Verbrauchsgüterkauf, bei der Bestellung der Lampe hingegen nicht.[14] Im Zweifel ist die Verbrauchereigenschaft einer natürlichen Person zu bejahen.[15]

8 **Unternehmer** ist eine natürliche oder juristische Person oder rechtsfähige Personengesellschaft, die bei Abschluss eines Rechtsgeschäfts in Ausübung ihrer gewerblichen oder selbständigen beruflichen Tätigkeit handelt (§ 14 Abs. 1 BGB). Eine gewerbliche berufliche Tätigkeit setzt „ein selbstständiges und planmäßiges, auf eine gewisse Dauer angelegtes Anbieten entgeltlicher Leistungen am Markt voraus".[16] Eine Gewinnerzielungsabsicht ist nicht erforderlich,[17] weil der Käufer unabhängig davon schutzbedürftig ist: Ein Pferdezüchter, der planmäßig und auf Dauer Deckhengste zum Kauf anbietet, ist also auch dann Unternehmer, wenn er so keine Gewinne erzielen und nur Verluste reduzieren will.[18] Dagegen ist ein Reitlehrer, der sein ausschließlich privat genutztes Dressurpferd verkauft, nicht ohne Weiteres als Unternehmer einzustufen.[19] Soweit der Unternehmerbegriff an selbständige berufliche Tätigkeiten anknüpft, sind vor allem freie Berufe[20] wie der des Rechtsanwalts bzw. der Rechtsanwältin gemeint; auch insoweit ist eine „selbständige, planvolle, auf gewisse Dauer ausgerichtete, entgeltliche Tätigkeit"[21] erforderlich.[22]

c) Ware

9 Die Einordnung eines Kaufs als Verbrauchsgüterkauf setzt ab bzw. seit dem 1.1.2022 voraus, dass Kaufgegenstand eine **Ware**, d.h. eine bewegliche Sache ist, die nicht auf Grund von Zwangsvollstreckungsmaßnahmen oder anderen gerichtlichen Maßnahmen

11 BT-Drucks. 17/12637, S. 60 f. (Hervorhebung d. Verf.); krit. BeckOK-*Faust* § 474 Rn. 11 f. Dazu: *Grunewald* NJW 2020, 2361, die nur Dienstvertragsrecht anwenden will, wenn der Dienstvertrag 75% des gesamten Vertragswerts ausmacht.
12 Siehe nur BGHZ 162, 253; BGH NJW 2018, 150, 153.
13 Siehe auch *Bülow/Artz* VerbrPrivR Rn. 54.
14 Siehe *Brömmelmeyer* Schuldrecht AT § 17 Rn. 13.
15 BGH NJW 2009, 3780; *Arnold/Hornung* JuS 2019, 1041, 1042.
16 BGHZ 167, 40, 44 f.; BGH NJW 2018, 150, 153.
17 BGHZ 167, 40, 46 f.; BGH NJW 2018, 150, 153.
18 BGHZ 167, 40.
19 BGH NJW 2018, 150, 153 f.
20 Siehe Definition mit Beispielen § 1 Abs. 2 PartGG.
21 MünchKomm-*Micklitz* § 14 Rn. 31.
22 Zu weiteren Einzelheiten zum Unternehmerbegriff siehe *Brömmelmeyer* Schuldrecht AT § 17 Rn. 17 ff.

verkauft wird (so die Legaldefinition in § 241a Abs. 1 BGB). In § 474 Abs. 1 Satz 1 BGB a.F. ist noch von beweglichen Sachen die Rede. Der Rechtsausschuss hat die Anknüpfung an den Begriff „Ware" u.a. mit der Warenkaufrichtlinie begründet.[23] Die Nichteinbeziehung von Sachen, die auf Grund gerichtlicher Maßnahmen verkauft werden, und die damit verbundenen Einschränkung des Anwendungsbereichs der §§ 474 ff. BGB sei mit der WKRL vereinbar, weil sie für diese Sachen nicht gelte (Art. 3 Abs. 4 lit. b WKRL).[24] Klarzustellen ist, dass die WKRL den Begriff der Ware so versteht, dass er auch bewegliche körperliche Gegenstände erfasst (siehe Art. 2 Nr. 5), die aufgrund gerichtlicher Maßnahmen verkauft werden; nur regelt sie diese Waren [!] eben nicht (siehe Art. 3 Abs. 4 lit. b WKRL).

Bewegliche Sachen im Sinne des BGB sind „nur körperliche Gegenstände" (§ 90 BGB). 10 Das sind Gegenstände, die im Raum abgegrenzt oder zumindest abgrenz*bar* sind.[25] Kaufverträge über Grundstücke und Rechtskäufe bleiben außen vor.[26] Fraglich ist, ob auch Kaufverträge über **Wasser, Gas und Strom** Verbrauchsgüterkäufe sein können – und zwar auch dann, wenn diese Güter leitungsgebunden geliefert und nicht (wie bei Wasser und Gas vorstellbar) in Behältnisse (Flaschen, Fässer, Kartuschen etc.) abgefüllt werden.[27] Die Warenkaufrichtlinie schreibt insoweit vor, dass Wasser, Gas und Strom als Waren, d.h. als bewegliche körperliche Gegenstände *gelten*, wenn sie in einem begrenzten Volumen oder in einer bestimmten Menge zum Verkauf angeboten werden (Art. 2 Nr. 5 lit. a) der Richtlinie). Es kommt also bei richtlinienkonformer Auslegung des § 474 Abs. 1 Satz 1 BGB darauf an, ob der Leistungsumfang im konkreten Einzelfall *be*grenzt ist, nicht darauf, ob die Leistung räumlich *ab*gegrenzt ist.

Im Kontext der Digitalisierung ist zu unterscheiden: Beim **Digitalkauf**, bspw. beim 11 Kauf einer Software zum Download, fehlt die für einen Verbrauchsgüterkauf unverzichtbare Ware, d.h. der körperliche Gegenstand (§ 90 BGB).

▶ **BEISPIEL:** Konrad (K) kauft als Verbraucher im App-Store des V (Unternehmer) die Golf-App „Handicap 54", die u.a. über einen GPS-Entfernungsmesser und hochauflösende Karten aller Golfplätze in Europa verfügt. Die App ist im App-Store zum Download verfügbar. In Fällen wie diesen liegt kein Verbrauchsgüterkauf vor, weil Kaufgegenstand allein der digitale Inhalt ist. Anwendbar sind (1.) die Vorschriften des allgemeinen Kaufrechts, die § 453 Abs. 1 Satz 2 BGB nicht ausschließt (u.a.: § 433 Abs. 2 BGB), und (2.) die Vorschriften über Verbraucherverträge (§§ 327 ff. BGB), die an die Stelle der gemäß § 453 Abs. 1 Satz 2 BGB nicht anzuwendenden Vorschriften des Kaufrechts treten (siehe § 453 Abs. 1 Satz 3 BGB). ◀

Dagegen kommt ein Verbrauchsgüterkauf i.S. von § 474 Abs. 1 BGB in Betracht, wenn eine **Ware mit digitalen Inhalten verknüpft** wird, d.h. dann, wenn die digitalen Inhalte auf einem körperlichen Datenträger (z.B.: CD-ROM, USB-Stick oder Speicherkarte) abgespeichert sind (s. § 475a Abs. 1 BGB)[28] oder der Kauf einer Ware mit digitalen Extras (§ 475a Abs. 2 Satz 1 BGB) oder digitalen Elementen (§ 327a Abs. 3 Satz 1 BGB) im Raum steht (Einzelheiten: Rn. 19 ff.).

---

23 Bericht des Ausschusses für Recht und Verbraucherschutz, BT-Drucks. 19/31116, S. 8.
24 Bericht des Ausschusses für Recht und Verbraucherschutz, BT-Drucks. 19/31116, S. 14 f.
25 Palandt-*Ellenberger* § 90 Rn. 1 (Hervorhebung d. Verf.).
26 Staudinger-*Matusche-Beckmann* § 474 Rn. 33.
27 Siehe auch Staudinger-*Matusche-Beckmann* § 474 Rn. 40.
28 Siehe nur BGH NJW 2007, 2394 m.w.N.

12   Auch Kaufverträge über **Tiere** können Verbrauchsgüterkäufe sein (§ 90a Satz 3 BGB).[29]

2. Keine Anwendung auf Verbrauchsgüterkäufe gebrauchter Waren in öffentlich zugänglichen Versteigerungen

13   Ein Verbrauchsgüterkauf kann sich sowohl auf neue als auch auf gebrauchte Kaufsachen beziehen. Die §§ 475 ff. BGB gelten allerdings nicht für **Verbrauchsgüterkaufverträge über gebrauchte Waren, die in einer öffentlich zugänglichen Versteigerung (§ 312g Abs. 2 Nr. 10 BGB) verkauft werden,** wenn dem Verbraucher klare und umfassende Informationen darüber, dass die §§ 475 ff. BGB nicht gelten, leicht verfügbar gemacht wurden (§ 474 Abs. 2 Satz 2 BGB). Die „Rückausnahme"[30] – mangels Hinweises auf die Nichtgeltung gelten die §§ 475 ff. BGB doch – ist neu; sie beruht auf Art. 3 Abs. 5 Satz 2 WKRL.

a) Öffentlich zugängliche Versteigerung

14   Der Begriff der „öffentlich zugänglichen Versteigerung" ist in § 312g Abs. 2 Nr. 10 BGB definiert. Da der Verbraucher laut dieser Legaldefinition zumindest die theoretische *Möglichkeit* haben muss, an der Versteigerung persönlich teilzunehmen, sind insbesondere reine *Online*-Auktionen (z.B. über eBay) nicht erfasst.[31] Dass der Verbraucher tatsächlich persönlich teilgenommen hat, ist nicht erforderlich.[32]

▶ **Hinweis für Fortgeschrittene:** Der Begriff der öffentlich *zugänglichen* Versteigerung ist weiter als der Begriff der **„öffentlichen Versteigerung"** (siehe § 383 Abs. 3 Satz 1 BGB), der nur die Versteigerung durch in besonderer Weise legitimierte Personen erfasst (Gerichtsvollzieher bzw. andere zu Versteigerungen befugte Beamte oder öffentlich angestellte Versteigerer). ◀

b) Gebrauchte Sache

15   Dass die §§ 475 ff. BGB speziell auf **gebrauchte Waren**, die in einer öffentlich zugänglichen Versteigerung verkauft werden, nicht anwendbar sind, erklärt sich dadurch, dass das Risiko eines Sachmangels bei gebrauchten Gegenständen – auch aus objektiver Käufersicht – deutlich gesteigert ist.[33] Daher sollen dem Verkäufer einer gebrauchten Ware bestimmte Haftungserleichterungen zugutekommen.[34]

16   Eine Ware ist **gebraucht**, wenn sie bereits benutzt worden bzw. schlicht „nicht mehr neu" ist.[35] Wann dies der Fall ist, bestimmt sich allein nach **objektiven Kriterien**, d.h. die Parteien können einen Kaufvertrag dem Anwendungsbereich der §§ 475 ff. BGB nicht entziehen, indem sie für eine objektiv neue Sache die Beschaffenheit „ge-

---

29   Siehe BGHZ 223, 235, 244.
30   Begründung der Bundesregierung zum Entwurf eines Gesetzes zur Regelung des Verkaufs von Sachen mit digitalen Elementen und anderer Aspekte des Kaufvertrags, BT-Drucks. 19/27424, S. 28.
31   Siehe Erwägungsgrund 24 der Richtlinie 2011/83/EU, ABl. EU Nr. L 304/64 v. 22.11.2001 (Verbraucherrechte-Richtlinie).
32   Palandt-*Weidenkaff* § 474 Rn. 2; Begründung der Bundesregierung zum Entwurf eines Gesetzes zur Regelung des Verkaufs von Sachen mit digitalen Elementen und anderer Aspekte des Kaufvertrags, BT-Drucks. 19/27424, S. 28.
33   BGHZ 223, 235, 249 m.w.N.
34   BGHZ 223, 235, 249 m.w.N.
35   BGHZ 223, 235, 248 mit Verweis auf „https://www.duden.de/rechtschreibung/gebraucht_gebrauchen"; siehe auch BGHZ 170, 31, 40 m.w.N.

braucht" vereinbaren.[36] In Zweifelsfällen ist abzuwägen, ob das **Sachmängelrisiko** für die verkaufte Ware bereits so weit angestiegen ist, dass eine Bewertung als „neu" nicht mehr angemessen wäre.[37] Die Abgrenzung zwischen „neu" und „gebraucht" hat Rechtsprechung und Literatur vor allem beim **Tierkauf** intensiv beschäftigt.

▶ **BEISPIEL:**[38] Verbraucher K kauft bei Unternehmer V auf einer öffentlich zugänglichen Versteigerung *in Variante a)* ein sechs Monate altes Hengstfohlen (*Henry*), das sich noch nicht von der Mutterstute abgesetzt hat, und in *Variante b)* einen zweieinhalb Jahre alten Hengst (*Hanuta*), der zu diesem Zeitpunkt weder als Reit- noch als Zuchttier verwendet und auch noch nicht angeritten worden ist. Kurz nach der Übergabe stellt sich heraus, dass *Henry* bzw. *Hanuta* erhebliche gesundheitliche Mängel aufweisen. K meint, das BGB schütze ihn als Käufer über das Recht des Verbrauchsgüterkaufs. Mit Recht? ◀

In *Fallvariante a)* ist das Recht des Verbrauchsgüterkaufs anwendbar, denn ein sechs **17** Monate altes **Hengstfohlen**, das sich noch nicht von der Mutterstute abgesetzt hat, ist – wie der BGH mit Recht annimmt – „ohne Zweifel" noch „jung" und damit noch nicht „gebraucht".[39] Zwar wohne Tieren bereits ab ihrer Geburt ein gewisses, nur schwer beherrschbares Sachmängelrisiko inne. Das heiße jedoch nicht, dass Tiere generell als „gebraucht" behandelt werden könnten. Denn in den §§ 90a Satz 3, 474 ff. BGB komme die gesetzgeberische Wertung zum Ausdruck, dass, mangels Sonderbestimmungen für Tiere, die für Sachen geltenden Vorschriften entsprechend anzuwenden und damit auch hier eine Unterscheidung zwischen „neu" und „gebraucht" zu treffen sei.[40] Entscheidend für die Abgrenzung sei dabei, ob das Sachmängelrisiko im Einzelfall – ggf. auch altersbedingt – derart angestiegen sei, dass eine Bewertung als „neu" nicht in Betracht komme.[41] Allein der Umstand, dass die Geburt des Tieres – wie in Variante a) – bereits einige Wochen oder Monate zurückliege, reiche dafür noch nicht aus.[42]

In dem der *Fallvariante b)* zugrundeliegenden Fall ist der BGH zu einem anderen **18** Ergebnis gekommen: Ein knapp zweieinhalb Jahre alter Hengst sei bereits über einen längeren Zeitraum so vielen **Verletzungs- und Gesundheitsgefahren** ausgesetzt – etwa durch triebgesteuertes Paarungsverhalten als unerfahrener Junghengst, durch nicht artgerechte Stall- oder Weidehaltung des von der Mutterstute abgesetzten Tieres, durch eine mögliche Fütterung mit ungeeigneter Nahrung oder durch unzureichende bzw. fehlerhafte tierärztliche Behandlung des Pferdes –, dass das Tier nicht mehr als „neu" anzusehen sei.[43]

3. Anwendung auf den Kauf von Waren, die mit digitalen Produkten verknüpft sind?

Beim Verbrauchsgüterkauf von Waren, die mit der Bereitstellung digitaler Produkte, **19** d.h. digitaler Inhalte und Dienstleistungen (vgl. § 327 Abs. 1 Satz 1 BGB), verknüpft sind, ist zu unterscheiden zwischen

---

36 Siehe BGHZ 170, 31, 42 f. m.w.N; krit. Staudinger-*Matusche-Beckmann* § 474 Rn. 52 ff.
37 Siehe BGHZ 223, 235, 252.
38 Angelehnt an BGHZ 170, 31 und 223, 235.
39 BGHZ 170, 31, 42.
40 BGHZ 170, 31, 41 mit Hinweis auf Begründung des Schuldrechtmodernisierungsgesetzes, BT-Drucks. 14/6040, S. 245; BGHZ 223, 235, 244.
41 Vgl. BGHZ 223, 235, 248 ff.
42 BGHZ 223, 235, 251.
43 BGHZ 223, 235, 254 f.

- dem Kauf eines körperlichen Datenträgers, der ausschließlich als Träger digitaler Inhalte dient (§ 475a Abs. 1 BGB),

- dem Kauf einer Ware mit digitalen Extras, d.h. einer Ware, die in einer Weise digitale Produkte enthält oder mit digitalen Produkten verbunden ist, dass die Sache ihre Funktionen auch ohne diese digitalen Produkte erfüllen kann (§ 475a Abs. 2 BGB), und

- dem Kauf einer Ware mit digitalen Elementen (§ 475b Abs. 1 Satz 1, 327a Abs. 3 Satz 1 BGB).

a) Verbrauchsgüterkaufvertrag über körperliche Datenträger i.S. von § 475a Abs. 1 BGB

20 Im Hinblick auf **Verbrauchsgüterkaufverträge, welche einen körperlichen Datenträger zum Gegenstand haben, der ausschließlich als Träger digitaler Inhalte dient,** trifft § 475a Abs. 1 Satz 1 BGB eine grundsätzliche Entscheidung: Die Kernvorschriften des Kaufrechts (insb.: § 433 Abs. 1 Satz 2, §§ 434 bis 442 BGB) sind *nicht* anzuwenden; stattdessen gelten gem. § 475a Abs. 1 Satz 2 BGB die Bestimmungen für Verbraucherverträge über digitale Produkte (§§ 327 ff. BGB); nur die §§ 327b und c BGB über die Bereitstellung digitaler Inhalte sind nicht anzuwenden (§ 327 Abs. 5 BGB). Dazu folgendes

▶ **BEISPIEL:** Studentin K kauft im Elektronik-Fachgeschäft des V das Computerspiel *Fiat Justitia*, eine DVD mit dem darauf abgespeicherten Spiel für den Jurastudierenden von heute. Da K für ihr Studium ein MacBook von *Apple* benutzt, fragt sie V mehrmals, ob das Spiel auch unter macOS (*Apple*-Betriebssystem) läuft. V bestätigt dies; trotz des Hinweises auf der Produktverpackung (Windows-Version) könne K das Spiel auch unter macOS nutzen. Bei der Installation stellt K fest, dass die gekaufte Version des Spiels unter macOS nicht funktioniert. K verlangt nunmehr von V Nachlieferung. ◀

21 Der Nacherfüllungsanspruch der K könnte sich entweder aus §§ 437 Nr. 1, 439 Abs. 1 BGB (Kaufrecht) oder aus §§ 327i Nr. 1, 327l BGB (Recht der Verbraucherverträge über digitale Produkte) ergeben: Liegt, wie hier, ein Verbrauchsgüterkauf i.S. von § 474 Abs. 1 Satz 1 BGB vor und ist Kaufgegenstand ein körperlicher Datenträger, der ausschließlich als Träger digitaler Inhalte dient, so sind die §§ 434-442 BGB gem. § 475a Abs. 1 Satz 1 BGB nicht anwendbar; stattdessen gelten gemäß Satz 2 die §§ 327 ff. und damit auch die Vorschriften über den Nacherfüllungsanspruch des Verbrauchers bei Mängeln (§§ 327i Nr. 1, 327l BGB).

aa) Körperlicher Datenträger, der ausschließlich als Träger digitaler Inhalte dienen soll

22 Der **Begriff des Datenträgers** setzt voraus, dass Daten in digitaler Form abgespeichert sind (s. auch: § 327 Abs. 2 Satz 1 BGB), so wie bspw. bei DVDs, CDs, USB-Sticks und Speicherkarten.[44] Schallplatten und (Audio-)Kassetten sind mangels digitaler Speicherung keine Datenträger.[45] Die erfassten Datenträger müssen aktuell als Träger digitaler

---

44 Begründung der Bundesregierung zum Entwurf eines Gesetzes zur Umsetzung der Richtlinie über bestimmte vertragsrechtliche Aspekte der Bereitstellung digitaler Inhalte und digitaler Dienstleistungen BT-Drucks. 19/27653, S. 42.

45 Begründung der Bundesregierung zum Entwurf eines Gesetzes zur Umsetzung der Richtlinie über bestimmte vertragsrechtliche Aspekte der Bereitstellung digitaler Inhalte und digitaler Dienstleistungen BT-Drucks. 19/27653, S. 42.

Inhalte dienen; es genügt also nicht, dass sie als Träger dienen *können*. Leermedien wie etwa CD-Rohlinge werden also nicht erfasst;[46] so dass bei Kaufgegenständen wie diesen allgemeines Kaufrecht anzuwenden wäre.

Die Einschränkung, dass die körperlichen Datenträger „ausschließlich" als Träger digi-   23
taler Inhalte dienen, soll lt. Begründung zum Ausdruck bringen, dass sie **nur als Träger der vertragsgegenständlichen digitalen Inhalte** dienen.[47] Sofern die Datenträger weitere Funktionen erfüllen, ist dies nicht gegeben. Dementsprechend fällt bspw. der Kauf einer SD-Karte, die teils wegen eines darauf abgespeicherten Programms, teils aber auch als Speichermedium verkauft wird, nicht unter § 475a Abs. 1 BGB. Datenträger, welche lediglich den Zugang zu oder die Bedienung von an anderen Speicherorten befindlichen digitalen Inhalten ermöglichen, werden ebenfalls nicht erfasst.

In unserem Beispielsfall in Rn. 20 liegt ein Verbrauchsgüterkauf i.S. von § 475a Abs. 1   24
BGB vor: V hat als Unternehmer (§ 14 BGB) an K als Verbraucherin (§ 13 BGB) eine DVD mit dem darauf abgespeicherten Spieleprogramm, d.h. eine Ware i.S. von § 241a Abs. 1 BGB verkauft. Die DVD als körperlicher, d.h. physisch greifbarer Datenträger dient zudem ausschließlich als Träger digitaler Inhalte; sie ist erkennbar nur ein (Transport- und Träger-) Medium; sobald der Käufer das Spiel auf seinem Rechner installiert hat, kann er die DVD im Grunde entsorgen. Ein Download aus dem Internet – ganz ohne DVD, CD-ROM u.ä. – wäre gleichwertig. Der Datenträger ist also nur ein an sich entbehrliches Werkzeug für den analogen Vertrieb.

bb) Anwendbare Vorschriften

Für den Verbrauchsgüterkauf eines digitalen Datenträgers, der ausschließlich als Trä-   25
ger digitaler Inhalte dient, gilt folgendes:

- Der Verkäufer ist gem. § 433 Abs. 1 Satz 1 BGB verpflichtet, dem Käufer (Verbraucher) Besitz und Eigentum an dem Datenträger zu verschaffen, der Käufer ist gem. § 433 Abs. 2 BGB verpflichtet, den Kaufpreis zu zahlen.

- Die Haftung des Verkäufers für mögliche Produktmängel richtet sich nach §§ 327d ff. BGB. Das Kauf-Gewährleistungsrecht (§§ 434-442 BGB) kommt nicht zum Tragen – genauso wenig wie die darauf bezogenen Regelungen in § 475 Abs. 3 Satz 1, Abs. 4-6 BGB. Die Regelung des Produktmangels (§§ 327e f. BGB) verdrängt auch §§ 475b und 475c BGB.

- Rücktritt, Schadensersatz und Verjährung sind in den §§ 327i ff. BGB eigenständig geregelt, so dass die auf das Kauf-Gewährleistungsrecht bezogenen Sonderbestimmungen für Rücktritt, Schadensersatz und Verjährung (§§ 475d- 475e BGB) nicht anzuwenden sind.

- § 327k BGB verdrängt die Regelung der Beweislastumkehr in § 477 BGB.

Löst man den *Fiat Justitia*-Fall auf der Basis der hier einschlägigen §§ 327i, 327l BGB,   26
so stellt man u.a. fest, dass das digitale Produkt einen sog. „Produktmangel" aufweist, weil es nicht den subjektiven Anforderungen entspricht: es entspricht nämlich nicht

---

46 Begründung der Bundesregierung zum Entwurf eines Gesetzes zur Umsetzung der Richtlinie über bestimmte vertragsrechtliche Aspekte der Bereitstellung digitaler Inhalte und digitaler Dienstleistungen BT-Drucks. 19/27653, S. 42.

47 Begründung der Bundesregierung zum Entwurf eines Gesetzes zur Umsetzung der Richtlinie über bestimmte vertragsrechtliche Aspekte der Bereitstellung digitaler Inhalte und digitaler Dienstleistungen BT-Drucks. 19/27653, S. 42.

den vereinbarten Anforderungen an die Interoperabilität (§ 327e Abs. 2 Satz 1 Nr. 1, Satz 3 BGB). Sollte die Nacherfüllung unmöglich (§§ 327l Abs. 2 Satz 1 Alt. 1 BGB) oder mit unverhältnismäßigen Kosten verbunden sein (§ 327l Abs. 2 Satz 1 Alt. 2 BGB), könnte K den Vertrag beenden (§§ 327i Nr. 2, 327m Abs. 1 Nr. 1 BGB) und die Rückzahlung des Kaufpreises verlangen (§ 327o Abs. 2 Satz 1 BGB), weil der Mangel ohne weiteres erheblich ist (§ 327m Abs. 2 Satz 1 BGB).

▶ **BEACHTE:** Anders als § 439 Abs. 1 BGB differenziert § 327l Abs. 1 BGB nicht zwischen den verschiedenen Möglichkeiten der Nacherfüllung. Dem Verbraucher steht kein Wahlrecht zu, entweder Nachbesserung des digitalen Inhalts oder dessen erneute Bereitstellung zu verlangen.[48] Der Unternehmer kann grds. also frei zwischen den Arten der Nacherfüllung wählen – auch wenn in unserem Beispielsfall praktisch nur die Nach*lieferung* einer von vornherein mit macOS kompatiblen Spieleversion in Betracht kommen dürfte; bei einer Nach*besserung* müsste V die gelieferte Windows-Version des Spiels ja (aufwendig) so umprogrammieren, dass Interoperabilität gewährleistet wäre. ◀

b) Verbrauchsgüterkauf über Waren mit digitalen Extras i.S. von § 475a Abs. 2 BGB

27   Auf einen **Verbrauchsgüterkaufvertrag über eine Ware, die in einer Weise digitale Produkte enthält oder mit digitalen Produkten verbunden ist, dass die Ware ihre Funktionen auch ohne diese digitalen Produkte erfüllen kann,** sind im Hinblick auf diejenigen Bestandteile des Vertrags, welche die digitalen Produkte betreffen, die folgenden Vorschriften *nicht* anzuwenden:

1. § 433 Abs. 1 Satz 1 und § 475 Abs. 1 BGB über die Übergabe der Kaufsache und die Leistungszeit sowie

2. § 433 Abs. 1 Satz 2, die §§ 434 bis 442, 475 Abs. 3 Satz 1, Abs. 4 bis 6, die §§ 475b bis 475e und die §§ 476 und 477 BGB über die Rechte bei Mängeln.

An die Stelle der nicht anzuwendenden Vorschriften treten die Vorschriften für Verbraucherverträge über digitale Produkte (§ 475a Abs. 2 BGB).

28   Das BGB hat für die in § 475a Abs. 2 BGB beschriebenen Waren keinen eigenen Begriff geprägt. Man kann aber von **Waren mit digitalen Extras** sprechen, weil die Ware auch ohne die digitalen Produkte funktionsfähig ist.[49] Das heißt anders gewendet: Digitale Extras sind nicht essentielle (komplementäre) digitale Inhalte oder Dienstleistungen, die als „add-ons" für die Funktionsfähigkeit der Ware selbst entbehrlich sind. Dem steht der **Verbrauchsgüterkaufvertrag über eine Ware mit digitalen Elementen** gegenüber, bei dem eine Sache in einer solchen Weise digitale Inhalte oder digitale Dienstleistungen enthält oder mit ihnen verbunden ist, dass sie ihre Funktionen ohne diese digitalen Inhalte oder digitalen Dienstleistungen *nicht* erfüllen kann (§ 327a Abs. 3 Satz 1 BGB).

29   Die Differenzierung zwischen digitalen Extras und digitalen Elementen ist mit erheblichen Unsicherheiten verbunden.[50] Im **Internet of Things** (IoT) wird es typischerweise

---

48 Begründung der Bundesregierung zum Entwurf eines Gesetzes zur Umsetzung der Richtlinie über bestimmte vertragsrechtliche Aspekte der Bereitstellung digitaler Inhalte und digitaler Dienstleistungen BT-Drucks. 19/27653, S. 66.

49 Dazu bereits: § 5 Rn. 3.

50 Kritisch: *Faust*, Stellungnahme zu den Entwürfen eines Gesetzes zur Umsetzung der Richtlinie über bestimmte vertragsrechtliche Aspekte der Bereitstellung digitaler Inhalte und digitaler Dienstleistungen und eines Gesetzes zur Regelung des Verkaufs von Sachen mit digitalen Elementen und anderer Aspekte des Kaufvertrags v. 3.5.2021, S. 12 f.

um Waren mit digitalen Elementen gehen: Der *Echo Dot* Lautsprecher vom Amazon, der die Kommunikation mit *Alexa* ermöglicht, der *Fitness-Tracker*, der die jeweiligen Laufstrecken über GPS ermittelt, und der Kühlschrank, bei dem die Temperatur über das Smartphone geregelt wird, – alle diese Waren können ihre Funktion nur erfüllen, wenn auch das digitale Produkt funktioniert. Beim **Kauf eines Smartphones** könnte man unterscheiden: Der Käufer erwartet bzgl. der Ware ohne weiteres, dass Telefon und Kamera funktionieren, dass Internet-Konnektivität möglich ist und dass bestimmte Programme (E-Mail, Instant-Messenger usw.) als Apps installiert sind bzw. installiert werden können; ohne ein Betriebssystem ist das nicht möglich, so dass das Betriebssystem ein (funktional unverzichtbares) digitales Element des Smartphones ist.[51] Dagegen ist die (ggf. auch über den *App-Store* verfügbare) Anwendungssoftware grds. nur digitales Extra, weil sie für die technische Funktionalität *der Ware* entbehrlich ist. Im Sinne einer Faustformel könnte man sagen: Wer bei einem *Smartphone* feststellt, dass die Kamera (sei es aufgrund eines Hard- oder eines Software-Fehlers) nicht funktioniert, wird sagen, das *Smartphone* funktioniert nicht – mit der Folge, dass auch die Kamera-*App* ein digitales Element ist –, wer feststellt, dass man telefonieren, fotografieren und im Internet surfen kann, dass sich jedoch eine einzelne (vorinstallierte oder wie im Kaufvertrag vereinbart über den AppStore herunterzuladende) Spiele-App, bspw. eine Schach-App nicht öffnen lässt, wird sagen, dass *Smartphone* funktioniert, nur die *App* eben nicht (digitales Extra). Ob die Rechtsprechung so oder anders abgrenzen wird, bleibt allerdings abzuwarten.

III. Sonderregelungen für den Verbrauchsgüterkauf

1. Fälligkeit und Erfüllbarkeit

§ 475 Abs. 1 Satz 1 BGB regelt die **Fälligkeit** von Lieferungs- (§ 433 Abs. 1 BGB) und Kaufpreisanspruch (Absatz 2) abweichend von § 271 BGB.[52] Haben die Parteien keinen Fälligkeitszeitpunkt vereinbart und lässt sich ein solcher auch aus den Umständen nicht entnehmen, kann der Gläubiger die Leistung nicht wie im Normalfall sofort (§ 271 Abs. 1 BGB) verlangen, sondern nur „unverzüglich", d.h. ohne schuldhaftes Zögern (§ 121 Abs. 1 Satz 1 BGB). Damit steht ausnahmsweise der Verkäufer (als Unternehmer) im Rahmen eines Verbrauchsgüterkaufs besser da als im allgemeinen Kaufrecht: Er braucht die Kaufsache nicht sofort zu übergeben und zu übereignen, sondern erst dann, wenn es ihm (subjektiv) zumutbar ist.[53] Hintergrund ist Art. 18 Abs. 1 der Verbraucherrechterichtlinie, der diesen Lieferungszeitpunkt verbindlich festlegt. Das gilt auch für die **Höchstfrist für die Übergabe der Kaufsache** (§ 475 Abs. 1 Satz 2 BGB: 30 Tage nach Vertragsschluss). Die Regelung der **Erfüllbarkeit** in § 475 Abs. 1 Satz 3 BGB, wonach die Vertragsparteien die Leistungen „sofort" bewirken können, ist überflüssig, denn sie entspricht der allgemeinen Regelung in § 271 Abs. 1 BGB.

30

---

51 Ebenso: Begründung der Bundesregierung zum Entwurf eines Gesetzes zur Umsetzung der Richtlinie über bestimmte vertragsrechtliche Aspekte der Bereitstellung digitaler Inhalte und digitaler Dienstleistungen BT-Drucks. 19/27653, S. 46.
52 Siehe allgemein zur Fälligkeit und Erfüllbarkeit *Brömmelmeyer* Schuldrecht AT, § 3 Rn. 45 f.
53 Siehe BT-Drucks. 17/12637, S. 70.

2. Gefahrübergang beim Versendungskauf

31   § 475 Abs. 2 BGB schränkt die allgemeine Regelung zum **Gefahrübergang beim Versendungskauf** erheblich ein: § 447 Abs. 1 BGB gilt mit der Maßgabe, dass die Gefahr des zufälligen Untergangs und der zufälligen Verschlechterung nur dann auf den Käufer übergeht, wenn der Käufer den Spediteur, den Frachtführer oder die sonst zur Ausführung der Versendung bestimmte Person oder Anstalt mit der Ausführung beauftragt *und* der Unternehmer dem Käufer diese Person oder Anstalt nicht zuvor benannt hat. Da es in der Praxis nur selten vorkommt, dass der Käufer den Transport in dieser Form selbst organisiert,[54] spielt der Gefahrübergang gemäß § 447 Abs. 1 BGB beim Verbrauchsgüterkauf praktisch keine Rolle.

3. Nichtanwendung der §§ 442, 445 und 447 Abs. 2 BGB

32   Nach § 475 Abs. 3 Satz 2 BGB sind bestimmte Vorschriften des allgemeinen Kaufrechts (§§ 442, 445, 447 Abs. 2 BGB) nicht auf den Verbrauchsgüterkauf anwendbar. § 442 Abs. 1 BGB schließt die Mängelrechte aus (Satz 1) bzw. schränkt sie ein (Satz 2), wenn der Käufer den Mangel bei Vertragsschluss kannte bzw. kennen musste. Diese Regel wäre bei einem Verbrauchsgüterkauf richtlinienwidrig (s. Art. 7 Abs. 5 WKRL), so dass sie gemäß § 475 Abs. 3 Satz 2 BGB nicht anzuwenden ist. Ein Haftungsausschluss kommt nur dann in Betracht, wenn (1.) die Kenntnis des Käufers (Verbrauchers) gerade darauf beruht, dass er rechtzeitig und eigens davon in Kenntnis gesetzt wurde, dass ein bestimmtes Merkmal der Ware von den objektiven Anforderungen abweicht, und wenn (2.) diese Abweichung ausdrücklich und gesondert vereinbart wurde (§ 476 Abs. 1 Satz 2 BGB).

33   Die in § 445 BGB vorgesehene **Haftungsbegrenzung zugunsten des Verkäufers bei öffentlichen Versteigerungen** (siehe § 383 Abs. 3 Satz 1 BGB) ist gemäß § 475 Abs. 3 Satz 2 BGB beim Verbrauchsgüterkauf nicht anwendbar. Dem Verbraucher stehen die Mängelrechte also auch dann zu, wenn der Verkäufer den Mangel nicht arglistig verschwiegen bzw. keine Garantie für die Beschaffenheit der Ware übernommen hat. Auch § 447 Abs. 2 BGB ist gemäß § 475 Abs. 3 Satz 2 BGB beim Verbrauchsgüterkauf nicht anwendbar.

4. Modifikationen des Nacherfüllungsanspruchs

a) Befreiung von der Pflicht zur Herausgabe von Nutzungen bzw. zur Nutzungsentschädigung

34   Bei Inanspruchnahme auf **Nachlieferung** (§§ 437 Nr. 1, 439 Abs. 1 BGB) kann der Verkäufer nach allgemeinem Kaufrecht (§ 439 Abs. 6 Satz 1 BGB) die Rückgewähr der mangelhaften Kaufsache nach Maßgabe der §§ 346 ff. BGB verlangen. Das Nachlieferungsverlangen hat insofern grundsätzlich dieselben Rechtsfolgen wie ein Rücktritt. Für den Verbrauchsgüterkauf gilt der Verweis auf die §§ 346 ff. BGB jedoch nur eingeschränkt: Der Käufer muss die mangelhafte Kaufsache zwar auch zurückgeben, ihn trifft jedoch aufgrund von § 475 Abs. 3 Satz 1 BGB **keine Pflicht zur Herausgabe von Nutzungen oder zum Ersatz ihres Wertes**. Dieser Dispens beruht auf Art. 14 Abs. 4 WKRL.

---

54   Vgl. Jauering-*Berger* § 475 Rn. 10.

▶ **Beachte:** § 475 Abs. 3 Satz 1 BGB gilt *nur* für das Rückgewährverlangen im Falle der Nachlieferung – nicht dagegen für den Rücktritt des Käufers gemäß § 437 Nr. 2 BGB;[55] für den Rücktritt von einem Verbrauchsgüterkauf gelten §§ 475 Abs. 6, 346 ff. BGB. ◀

b) Modalitäten der Nacherfüllung

§ 475 Abs. 5 BGB bestimmt in Einklang mit Art. 14 Abs. 1 der Warenkaufrichtlinie, **35** dass der Unternehmer die **Nacherfüllung innerhalb einer angemessenen Frist** ab dem Zeitpunkt, zu dem der Verbraucher ihn über den Mangel unterrichtet hat und **ohne erhebliche Unannehmlichkeiten für den Verbraucher** durchzuführen hat, wobei die Art der Sache sowie der Zweck, für den der Verbraucher die Sache benötigt, zu berücksichtigen sind. Die **Fristbindung** ex lege ist vor allem im Hinblick auf die anderen Rechte des Käufers bei Mängeln relevant: Gemäß § 475d Abs. 1 Nr. 1, Absatz 2 BGB bedarf es der für einen Rücktritt bzw. für eine Haftung auf Schadensersatz erforderlichen Fristsetzung (§§ 323 Abs. 1, 281 Abs. 1 BGB) nämlich nicht, wenn der Unternehmer die Nacherfüllung trotz Ablaufs einer angemessenen Frist, ab dem Zeitpunkt, zu dem der Verbraucher ihn über den Mangel unterrichtet hat, nicht vorgenommen hat. Das heißt im Klartext: Der Verbraucher kann ggf. zurücktreten bzw. Schadensersatz verlangen, ohne dass er dem Verkäufer vorher eigens (erfolglos) eine Frist setzen müsste. Die Frage, wie die **Durchführung einer Nacherfüllung ohne erhebliche Unannehmlichkeiten** erfolgt, hat der BGH bereits thematisiert:[56] Der Verbraucher brauche weder Handlungen vorzunehmen, die für ihn eine erhebliche Unannehmlichkeit darstellten, noch Nacherfüllungsmaßnahmen des Unternehmers zu dulden, aus denen für ihn erhebliche Unannehmlichkeiten entstünden. Dabei sei zu beachten, dass der Begriff der „erheblichen Unannehmlichkeiten" nicht auf finanzielle Aspekte beschränkt sei.[57] Der Verbraucher sei allerdings nicht vor sämtlichen Unannehmlichkeiten zu schützen, was sich eindeutig aus dem Zusatz „erheblich" ergebe. Ein gewisses Maß an Unannehmlichkeiten sei dem Verbraucher mithin zumutbar.[58]

Der EuGH hat in der Rechtssache *Fülla* (2019), auf der Grundlage der VerbrGKRL, **36** u.a. entschieden, dass die gebotene Durchführung ohne erhebliche Unannehmlichkeiten auch den **Ort der Nacherfüllung** beeinflussen kann.[59] So kann in bestimmten Fällen sowohl wegen der Art der Verbrauchsgüter, etwa weil sie besonders schwer, sperrig oder zerbrechlich sind, oder weil im Zusammenhang mit dem Versand besonders komplexe Anforderungen zu beachten sind, als auch wegen des Zwecks, für den ein Durchschnittsverbraucher sie benötigt und für den sie möglicherweise vorab aufgebaut werden müssen, ihre Beförderung an den Geschäftssitz des Verkäufers für diesen Verbraucher eine mit den richtlinienrechtlichen Erfordernissen unvereinbare erhebliche Unannehmlichkeit darstellen.[60] Diese Rechtsprechung bleibt auch auf der Grundlage der WKRL maßgeblich.

Für Aufwendungen, die dem Käufer im Rahmen der Nacherfüllung gemäß § 439 **37** Abs. 2 und 3 BGB entstehen und die vom Verkäufer zu tragen sind, hat er gegenüber dem Verkäufer gemäß § 475 Abs. 4 BGB **Anspruch auf einen Vorschuss.**

---

55 Vgl. BGH NJW 2010, 148.
56 BGH NJW 2011, 2278.
57 BGH NJW 2011, 2278 Rn. 41.
58 BGH NJW 2011, 2278 Rn. 43.
59 EuGH Urt. v. 23.5.2019, Rs. C-52/18 – Fülla/Toolport GmbH, Rn. 32 (ECLI:EU:C:2019:447).
60 EuGH Urt. v. 23.5.2019, Rs. C-52/18 – Fülla/Toolport GmbH, Rn. 43 (ECLI:EU:C:2019:447).

5. Modifikationen des Rücktritts und der Haftung auf Schadensersatz

38   Im Fall des **Rücktritts** wegen eines Mangels der Sache ist § 346 BGB gem. § 475 Abs. 6 Satz 1 BGB mit der Maßgabe anzuwenden, dass der Verkäufer stets die Kosten der Rückgabe der Ware trägt. § 348 BGB, der die Erfüllung Zug um Zug regelt, ist mit der Maßgabe anzuwenden, dass der Nachweis des Verbrauchers über die Rücksendung der Rückgewähr der Ware gleichsteht (§ 475 Abs. 6 Satz 2). Ein solcher Nachweis wird (lt. Begründung) in der Praxis regelmäßig durch Vorlage eines Einlieferungsbelegs der Post oder eines anderen Transportunternehmens (UPS und Co) erbracht werden können.[61]

39   Nach § 475d Abs. 1 BGB bedarf es für einen Rücktritt wegen eines Mangels der Ware der in § 323 Abs. 1 BGB bestimmten **Fristsetzung zur Nacherfüllung** nicht, wenn

1. der Unternehmer die Nacherfüllung trotz Ablaufs einer angemessenen Frist, ab dem Zeitpunkt, zu dem der Verbraucher ihn über den Mangel unterrichtet hat, nicht vorgenommen hat,

2. sich trotz der vom Unternehmer versuchten Nacherfüllung ein Mangel zeigt,

3. der Mangel derart schwerwiegend ist, dass der sofortige Rücktritt gerechtfertigt ist,

4. der Unternehmer die gem. § 439 Abs. 1 oder 2 BGB oder gem. § 475 Abs. 5 BGB ordnungsgemäße Nacherfüllung verweigert hat oder

5. es nach den Umständen offensichtlich ist, dass der Unternehmer nicht gem. § 439 Abs. 1 oder 2 oder § 475 Abs. 5 BGB ordnungsgemäß nacherfüllen wird.

Diese Regelung gilt wegen § 441 Abs. 1 Satz 1 BGB auch für die Minderung[62] und tritt an die Stelle der im allgemeinen Kaufrecht anwendbaren §§ 323 Abs. 2, 440 BGB, weil die Warenkaufrichtlinie die Entbehrlichkeit der Fristsetzung abweichend regelt.[63] Die Regelung in § 475d Abs. 1 Nr. 1 BGB weicht genau genommen allerdings nicht von § 323 Abs. 2 BGB, sondern von Absatz 1 ab: Beim Verbrauchsgüterkauf ist es nicht so, dass eine Fristsetzung grundsätzlich geboten (§ 323 Abs. 1 BGB) und nur ausnahmsweise entbehrlich wäre (Absatz 2). Es ist vielmehr so, dass von vornherein keine Frist zur Nacherfüllung gesetzt zu werden braucht, weil der Verbraucher die subsidiären Rechte des Käufers bei Mängeln (§ 437 Nr. 2 und 3 BGB) auch nach Ablauf einer angemessenen Frist geltend machen kann, die er dem Unternehmer (Verkäufer) *nicht eigens gesetzt* hat. Dieses Normverständnis wird durch das Regel-Ausnahme-Schema, das § 475d Abs. 1 Nr. 1 BGB (scheinbar) zugrunde liegt, eher verdunkelt als erhellt.

▶ **BEACHTE:** Hat der Verbraucher eine angemessene Frist gesetzt – obwohl ihm bei einem Verbrauchsgüterkauf gar keine Fristsetzung obliegt, so ist das unschädlich;[64] nach Ablauf einer angemessenen Frist kann er so oder so die subsidiären Rechte des Käufers bei Mängeln geltend machen. ◀

40   Im Hinblick auf die **Möglichkeit des Rücktritts nach Fristablauf** (§ 475d Abs. 1 Satz 1 Nr. 1 BGB) ist klarzustellen, dass der Unternehmer die Nacherfüllung gem. § 475 Abs. 5 BGB „innerhalb einer angemessenen Frist ab dem Zeitpunkt" durchzuführen

---

61   Begründung der Bundesregierung zum Entwurf eines Gesetzes zur Regelung des Verkaufs von Sachen mit digitalen Elementen und anderer Aspekte des Kaufvertrags, BT-Drucks. 19/27424, S. 29.
62   *Lorenz* NJW 2021, 2065, 2071.
63   Begründung der Bundesregierung zum Entwurf eines Gesetzes zur Regelung des Verkaufs von Sachen mit digitalen Elementen und anderer Aspekte des Kaufvertrags, BT-Drucks. 19/27424, S. 35.
64   Begründung der Bundesregierung zum Entwurf eines Gesetzes zur Regelung des Verkaufs von Sachen mit digitalen Elementen und anderer Aspekte des Kaufvertrags, BT-Drucks. 19/27424, S. 35.

hat, „zu dem der Verbraucher ihn über den Mangel unterrichtet hat". Die Dauer der Frist bestimmt sich nach den Umständen des Einzelfalls; sie ist ggf. unter Berücksichtigung von Rechtsprechung und Literatur zu § 323 Abs. 1 BGB zu ermitteln.[65] § 475d Abs. 1 *Nr. 1* BGB spricht bewusst davon, dass der Unternehmer „die Nacherfüllung ... nicht vorgenommen hat", verlangt also anders als Nummer 4 und 5 nicht, dass er die Nacherfüllung *ordnungsgemäß* durchgeführt hat. Daraus folgt, dass der Rücktritt ausscheidet, wenn der Unternehmer die Nacherfüllung im Ergebnis erfolgreich vorgenommen hat – wenn auch nicht unentgeltlich, nicht innerhalb angemessener Frist oder nicht ohne erhebliche Unannehmlichkeiten für den Verbraucher.[66] Dem Verbraucher steht es zwar frei, eine nicht ordnungsgemäße Nacherfüllung abzulehnen – oder sie anzunehmen und Schadensersatz neben bzw. unabhängig von der Leistung zu verlangen; er kann die Nacherfüllung aber nicht akzeptieren und anschließend zurücktreten.[67]

Nach § 475d Abs. 1 Nr. 2 BGB bedarf es für einen Rücktritt wegen eines Mangels 41 der Ware der in § 323 Abs. 1 bestimmten Fristsetzung nicht, wenn sich trotz der vom Unternehmer versuchten Nacherfüllung ein Mangel zeigt. Da es beim Verbrauchsgüterkauf ohnehin keiner Fristsetzung bedarf (s.o.), ist die Regelung so zu verstehen, dass auch eine nicht gesetzte Frist (i.S. von Nummer 1) nicht abzulaufen braucht, bevor der Verbraucher von seinem Rücktrittsrecht gem. § 323 Abs. 1 BGB Gebrauch machen kann. Dabei spielt es keine Rolle, ob ein Mangel auch nach dem Versuch der Nacherfüllung fortbesteht oder ob der Unternehmer im Rahmen der Nacherfüllung einen neuen, anderen Mangel verursacht. In beiden Fällen geht die WKRL (wie es die Bundesregierung formuliert) „davon aus, dass das Vertrauen des Verbrauchers dadurch so stark erschüttert sein kann, dass er dem Unternehmer keinen weiteren Nacherfüllungsversuch einräumen muss, sondern auf Gewährleistungsrechte der zweiten Stufe wechseln kann".[68] § 440 Satz 2 BGB, der besagt, dass eine Nacherfüllung nach dem erfolglosen zweiten Versuch als fehlgeschlagen gilt, ist gem. § 474d Abs. 1 BGB (aufgrund unionsrechtlicher Vorgaben) nicht auf Verbrauchsgüterkaufverträge anzuwenden; maßgeblich sind stattdessen die Umstände des Einzelfalls.[69]

Nach § 475d Abs. 1 Nr. 3 BGB bedarf es für einen Rücktritt wegen eines Mangels der 42 Ware der in § 323 Abs. 1 bestimmten Fristsetzung zur Nacherfüllung auch dann nicht, wenn der Mangel derart schwerwiegend ist, dass der sofortige Rücktritt gerechtfertigt ist. Die Begründung zu § 475a Abs. 1 Nr. 3 BGB verlangt insoweit eine Interessenabwägung im Einzelfall.[70]

Nach § 475d Abs. 1 Nr. 4 BGB bedarf es für einen Rücktritt wegen eines Mangels 43 der Ware der in § 323 Abs. 1 bestimmten Fristsetzung zur Nacherfüllung nicht, wenn der Unternehmer die gem. § 439 Abs. 1 oder 2 BGB oder gem. § 475 Abs. 5 BGB ordnungsgemäße Nacherfüllung verweigert hat. Ob er die Nacherfüllung zu Recht

---

65 Begründung der Bundesregierung zum Entwurf eines Gesetzes zur Regelung des Verkaufs von Sachen mit digitalen Elementen und anderer Aspekte des Kaufvertrags, BT-Drucks. 19/27424, S. 36.
66 Begründung der Bundesregierung zum Entwurf eines Gesetzes zur Regelung des Verkaufs von Sachen mit digitalen Elementen und anderer Aspekte des Kaufvertrags, BT-Drucks. 19/27424, S. 36 f.
67 Begründung der Bundesregierung zum Entwurf eines Gesetzes zur Regelung des Verkaufs von Sachen mit digitalen Elementen und anderer Aspekte des Kaufvertrags, BT-Drucks. 19/27424, S. 37.
68 Begründung der Bundesregierung zum Entwurf eines Gesetzes zur Regelung des Verkaufs von Sachen mit digitalen Elementen und anderer Aspekte des Kaufvertrags, BT-Drucks. 19/27424, S. 37.
69 Begründung der Bundesregierung zum Entwurf eines Gesetzes zur Regelung des Verkaufs von Sachen mit digitalen Elementen und anderer Aspekte des Kaufvertrags, BT-Drucks. 19/27424, S. 37.
70 Begründung der Bundesregierung zum Entwurf eines Gesetzes zur Regelung des Verkaufs von Sachen mit digitalen Elementen und anderer Aspekte des Kaufvertrags, BT-Drucks. 19/27424, S. 37 f.

oder zu Unrecht verweigert, spielt hier keine Rolle, weil der Verbraucher in beiden Fällen vom Kaufvertrag zurücktreten kann.[71] Nummer 4 knüpft bewusst an die ordnungsgemäße Nacherfüllung an: Erklärt der Unternehmer, er würde die Nacherfüllung zwar vornehmen – aber nicht unentgeltlich, nicht innerhalb einer angemessenen Frist oder nicht ohne erhebliche Unannehmlichkeiten –, so braucht der Verbraucher eine solche Nacherfüllung nicht zu akzeptieren.[72]

44   Nach § 475d Abs. 1 Nr. 5 BGB bedarf es der in § 323 Abs. 1 bestimmten Fristsetzung zur Nacherfüllung schließlich auch dann nicht, wenn es nach den Umständen offensichtlich ist, dass der Unternehmer nicht gem. § 439 Abs. 1 oder 2 BGB oder § 475 Abs. 5 BGB ordnungsgemäß, d.h. nicht unentgeltlich, nicht rechtzeitig oder nicht ohne erhebliche Unannehmlichkeiten nacherfüllen wird.

45   Für einen Anspruch auf **Schadensersatz wegen eines Mangels der Sache** bedarf es der in § 281 Abs. 1 BGB bestimmten Fristsetzung in den in § 475d Abs. 1 BGB bestimmten Fällen ebenfalls nicht (Absatz 2 Satz 1 BGB). § 281 Abs. 2 und § 440 sind nicht anzuwenden (§ 475d Abs. 2 Satz 2 BGB).

6. Garantien

46   Im Falle einer Garantie (Begriff: § 443 Abs. 1 BGB) im Rahmen eines Verbrauchsgüterkaufs muss die **Garantieerklärung** gem. § 479 Abs. 1 Satz 1 BGB einfach und verständlich abgefasst sein und bestimmte, in Satz 2 im Einzelnen aufgeführte Angaben enthalten. Der Garantiegeber muss u.a. auf die gesetzlichen Rechte des Verbrauchers bei Mängeln (§ 437 Nr. 1-3 BGB) und darauf hinweisen, dass diese Rechte durch die Garantie nicht eingeschränkt werden (Nummer 1). Die in der Begründung zu § 479 Abs. 1 BGB erhobene Forderung, es sei „deutlich hervorzuheben ..., dass die Garantie eine Verpflichtung darstellt, die zusätzlich zur gesetzlichen Gewährleistung besteht,"[73] findet sich im Normtext allerdings nicht wieder: Eine Formulierung wie in §§ 312j Abs. 2, 651f Abs. 2 BGB („in hervorgehobener Weise") fehlt.

47   Die Garantieerklärung ist dem Verbraucher spätestens zum Zeitpunkt der Lieferung der Kaufsache auf einem dauerhaften Datenträger (vgl. § 126b Satz 2 BGB) zur Verfügung zu stellen (§ 479 Abs. 2 BGB). Damit ist auch eine Garantieerklärung per E-Mail zulässig.[74] Hat der Hersteller gegenüber dem Verbraucher eine **Haltbarkeitsgarantie** übernommen (Begriff: § 443 Abs. 2 BGB), so hat der Verbraucher gem. § 479 Abs. 3 BGB gegen den Hersteller während des Zeitraums der Garantie mindestens einen **Anspruch auf Nacherfüllung** gem. § 439 Abs. 2, 3, 5 und 6 Satz 2 und § 475 Abs. 3 Satz 1 und Absatz 5 BGB. Dieser „materielle Mindestinhalt"[75] der Haltbarkeitsgarantie gewährleistet, dass es nicht zu einem Etikettenschwindel kommt.

---

71   Begründung der Bundesregierung zum Entwurf eines Gesetzes zur Regelung des Verkaufs von Sachen mit digitalen Elementen und anderer Aspekte des Kaufvertrags, BT-Drucks. 19/27424, S. 38.
72   Begründung der Bundesregierung zum Entwurf eines Gesetzes zur Regelung des Verkaufs von Sachen mit digitalen Elementen und anderer Aspekte des Kaufvertrags, BT-Drucks. 19/27424, S. 38.
73   Begründung der Bundesregierung zum Entwurf eines Gesetzes zur Regelung des Verkaufs von Sachen mit digitalen Elementen und anderer Aspekte des Kaufvertrags, BT-Drucks. 19/27424, S. 45.
74   Begründung der Bundesregierung zum Entwurf eines Gesetzes zur Regelung des Verkaufs von Sachen mit digitalen Elementen und anderer Aspekte des Kaufvertrags, BT-Drucks. 19/27424, S. 45; siehe auch: Palandt-*Ellenberger* § 126b Rn. 3.
75   Begründung der Bundesregierung zum Entwurf eines Gesetzes zur Regelung des Verkaufs von Sachen mit digitalen Elementen und anderer Aspekte des Kaufvertrags, BT-Drucks. 19/27424, S. 45.

Es liegt auf der Hand, dass die Wirksamkeit der Garantieverpflichtung *nicht* dadurch 48
berührt wird, dass sie den Mindestanforderungen aus § 479 Abs. 1-3 BGB *nicht*
entspricht (Absatz 4): Könnte sich der aus der Garantie in Anspruch genommene
Garantiegeber darauf berufen, dass die Garantie formal fehlerhaft bzw. inhaltlich unvollständig ist, so könnte er seine eigenen Verpflichtungen aus der Garantie dadurch
unterlaufen, dass er (bewusst) gegen § 479 Abs. 1-3 BGB verstößt.

7. Sachmangel einer Ware mit digitalen Elementen

§ 475b BGB behandelt den **Sachmangel beim Verbrauchsgüterkauf einer Ware mit** 49
digitalen Elementen: Er nimmt die Legaldefinition der Ware mit digitalen Elementen
in § 327a Abs. 3 Satz 1 BGB und die Auslegungsregel in § 327a Abs. 3 Satz 2 BGB
in Bezug, knüpft an den Mangelbegriff des § 434 BGB an (§ 475b Abs. 3 Nr. 1 und
Absatz 4 Nr. 1) und ergänzt ihn in Bezug auf eine mögliche Aktualisierungspflicht (*Updates* oder *Upgrades*) der digitalen Elemente (§ 475 Abs. 3 Nr. 2 und Absatz 4 Nr. 2
BGB). § 475c BGB ergänzt den Mangelbegriff in Fällen, in denen die digitalen Elemente nach den vertraglichen Vereinbarungen nicht (nur) einmalig, mit der Lieferung
der Ware, sondern dauerhaft über einen (bestimmten oder unbestimmten) Zeitraum
hinweg bereitzustellen sind: Hat Unternehmer U ein Navigationsgerät verkauft und
sich im Kaufvertrag verpflichtet, mindestens über die nächsten fünf Jahre die für die
Nutzung des Navigationsgeräts erforderlichen Echtzeit-Verkehrsdaten bereitzustellen,
so kommt neben §§ 434, 475b BGB auch § 475c BGB zum Tragen. Man muss also
unterscheiden:

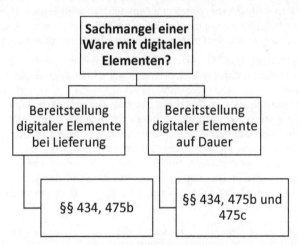

Eine **Ware mit digitalen Elementen** ist eine Ware, die in einer solchen Weise digitale 50
Inhalte (§ 327 Abs. 2 Satz 1 BGB) oder digitale Dienstleistungen (Satz 2) enthält oder
mit ihnen verbunden ist, dass sie ihre Funktionen ohne diese digitalen Inhalte oder
digitalen Dienstleistungen nicht erfüllen kann (§ 327a Abs. 2 Satz 1 BGB). Maßgeblich
ist die **Funktionalität der Kaufsache:**[76] Digitale Produkte sind als digitale Elemente
i.S. von §§ 475b Abs. 1, 327a Abs. 2 Satz 1 BGB anzusehen, wenn die Ware ihre subjektiv vereinbarten oder objektiv zu erwartenden Funktionen nicht ohne die digitalen

---

76   Dazu bereits: § 12 Rn. 29.

Produkte erfüllen kann. Bei einem Smartphone ist das Betriebssystem ein digitales Element, weil das Smartphone ohne Betriebssystem nicht einsatzfähig wäre.[77] Dagegen ist bspw. eine bestimmte (bereits installierte oder über den App-Store verfügbare) Spiele-App, die für die Funktionsfähigkeit des Smartphones als solche nicht erforderlich ist, nur als digitales Extra einzustufen. Keine Rolle spielt insoweit, ob das digitale Produkt vom Unternehmer selbst oder von einem Dritten bereitgestellt wird.[78]

51   § 475b erfüllt eine **Doppelfunktion:** §§ 475b Abs. 1, 327a Abs. 3 Satz 2 BGB erweitern die **Leistungspflicht des Verkäufers,** der nicht nur Besitz und Eigentum an der Ware, d.h. an der physischen Kaufsache (Hardware) zu übertragen hat (§ 433 Abs. 1 Satz 1 BGB), sondern im Zweifel auch zur Bereitstellung der digitalen Inhalte bzw. der digitalen Dienstleistungen verpflichtet ist.[79] § 475b Abs. 2-4, 6 BGB modifiziert den **Mangelbegriff des § 434 BGB** im Hinblick auf fehlende **Aktualisierungen** (Updates und Upgrades) und regelt den Sonderfall, dass der Verbraucher es versäumt, eine Aktualisierung zu installieren (Absatz 5).

▶ **BEACHTE:** Das BGB behandelt die Nichtaktualisierung als Mangel (§ 475b Abs. 3, Nr. 2, Abs. 4 Nr. 2 BGB) – mit der Folge, dass der Käufer ggf., gem. §§ 437 Nr. 1, 439 Abs. 1 BGB, Nacherfüllung (in Form eines Updates) verlangen kann –, räumt ihm aber nicht ausdrücklich einen (primären) Erfüllungsanspruch auf Aktualisierung ein.[80] Man muss also einen **Umkehrschluss** ziehen: Aus den in § 475 Abs. 3 und 4 BGB geregelten Anforderungen an die Mangelfreiheit folgt, dass der Unternehmer aufgrund vertraglicher Vereinbarung bzw. berechtigter Erwartungen **zu einer Aktualisierung verpflichtet** sein kann.[81] Das hält der Gesetzgeber (mit Recht) für zumutbar – u.a., weil die Kaufsache sonst, in einem sich ständig ändernden digitalen Umfeld, sehr schnell ihre Funktionsfähigkeit verlieren könnte, und weil der Unternehmer bzw. der Hersteller „Fernzugriffsmöglichkeiten auf die Sache" hat, das digitale Element also auch aus der Entfernung ändern oder aktualisieren kann.[82] ◀

52   Die **Auslegungsregel in §§ 475b Abs. 1 Satz 2, 327a Abs. 3 Satz 2 BGB** impliziert, dass sich die Leistungspflicht des Verkäufers (Unternehmers) grundsätzlich auch dann auf die Bereitstellung digitaler Elemente erstreckt, wenn ein Dritter sie bereitstellt: Beim Kauf des Smartphones ist der Verkäufer (im Zweifel) auch dann zur Bereitstellung des Betriebssystems verpflichtet, wenn es der Kunde über die Homepage eines Dritten selbst herunterladen und installieren soll. Das heißt: Digitale, von Dritten bereitgestellte Elemente werden so in den Kaufvertrag integriert, dass sich der Käufer im Falle von Mängeln nur bilateral mit dem Verkäufer, nicht aber mit dem Dritten auseinandersetzen muss. In der Begründung heißt es dazu, dass die Auslegungsregel „der Bedeutung und Funktion von digitalen Elementen für vernetzte Sachen gerecht"

---

77   Etwas anderes gilt, wenn die Parteien ausdrücklich vereinbart haben, dass das Smartphone ohne Betriebssystem verkauft wird; siehe Begründung der Bundesregierung zum Entwurf eines Gesetzes zur Regelung des Verkaufs von Sachen mit digitalen Elementen und anderer Aspekte des Kaufvertrags, BT-Drucks. 19/27424, S. 30 f.

78   Begründung der Bundesregierung zum Entwurf eines Gesetzes zur Regelung des Verkaufs von Sachen mit digitalen Elementen und anderer Aspekte des Kaufvertrags, BT-Drucks. 19/27424, S. 30 f.

79   Dazu sehr restriktiv: *Firsching* ZUM 2021, 210, 216, der davon ausgeht, dass „ein vertragsstrukturelles Einheitsmodell nur im Herstellerdirektvertrieb dem Parteiwillen entspricht".

80   Kritisch: *Pfeiffer* GPR 2021, 120, 125 f.

81   Siehe: Begründung der Bundesregierung zum Entwurf eines Gesetzes zur Regelung des Verkaufs von Sachen mit digitalen Elementen und anderer Aspekte des Kaufvertrags, BT-Drucks. 19/27424, S. 32 ff. (Aktualisierungsverpflichtung).

82   Begründung der Bundesregierung zum Entwurf eines Gesetzes zur Regelung des Verkaufs von Sachen mit digitalen Elementen und anderer Aspekte des Kaufvertrags, BT-Drucks. 19/27424, S. 32.

werde, „bei denen das Eigentum ohne funktionierende Software oder sonstige digitale Elemente vollständig entwertet" wäre. Es gehe darum, künstliche Vertragsaufspaltungen, Umgehungen und Unsicherheiten über den Umfang der vertraglichen Verpflichtungen sowohl bei den Unternehmern als auch bei den Verbrauchern zu vermeiden.[83] Dazu folgendes:

▶ **BEISPIEL:** Verbraucher K kauft bei Unternehmer V einen PC, auf dem das mitverkaufte Betriebssystem „Prestige OS" noch nicht installiert ist, dafür aber über die *Homepage* des Dritten D bereitgestellt wird. Nach dem Download stellt K fest, dass er bestimmte Programme wie Präsentationssoftware, E-Mail- und Instant-Messenger-Programme nicht installieren kann, weil das Betriebssystem fehlerhaft ist. V kann K in Fällen wie diesen nicht an den Dritten verweisen; er haftet als Verkäufer auch für Mängel des von dem Dritten bereitgestellten digitalen Elements. ◀

a) Sachmangel i.S. von § 475b BGB

Eine **Ware mit digitalen Elementen** ist gem. § 475b Abs. 2 BGB frei von Sachmängeln, wenn sie (1.) bei Gefahrübergang (§§ 446 f. BGB) und (2.) in Bezug auf eine etwaige Aktualisierungspflicht auch während des nach dem Vertrag maßgeblichen Zeitraums (§ 475b Abs. 3 Nr. 2 BGB) bzw. während des Zeitraums, den der Käufer (Verbraucher) mit Recht erwarten kann (Absatz 4 Nummer 2), den subjektiven und objektiven Anforderungen, sowie – in Fällen, in denen eine Montage oder Installation durchzuführen ist – den Montage- und den Installationsanforderungen entspricht. 53

Eine Ware mit digitalen Elementen entspricht gem. § 475b Abs. 3 BGB den **subjektiven Anforderungen**, wenn sie (1.) den Anforderungen des § 434 Abs. 2 BGB entspricht und wenn (2.) für die digitalen Elemente die im Kaufvertrag vereinbarten Aktualisierungen (*Updates* oder *Upgrades*)[84] während des nach dem Vertrag maßgeblichen Zeitraums bereitgestellt werden. Bereitstellung ist i.S. von § 327b Abs. 3 BGB zu verstehen[85] und bedeutet nicht, dass der Unternehmer selbst die Aktualisierung bereitstellen müsste; er kann die Bereitstellung gem. § 267 BGB auch einem Dritten, bspw. dem Hersteller, überlassen.[86] Nach dem bisherigen Kaufrecht begründete das Unterlassen von Aktualisierungen keinen Mangel, weil der Zeitpunkt, zu dem eine Aktualisierung erforderlich wird, in der Regel erst nach dem Zeitpunkt des Gefahrübergangs liegt und damit die Sache zum (maßgeblichen) Zeitpunkt des Gefahrübergangs (§§ 446 f. BGB) mangelfrei war.[87] Dabei konnte man jedoch nicht stehen bleiben: Die Funktionsfähigkeit einer Ware mit digitalen Elementen setzt typischerweise voraus, dass digitale Inhalte und Dienstleistungen an das sich ständig ändernde digitale Umfeld angepasst werden. Daher sind Aktualisierungen ein notwendiges Instrument, das sicherstellt, dass die Sache 54

---

83 Begründung der Bundesregierung zum Entwurf eines Gesetzes zur Regelung des Verkaufs von Sachen mit digitalen Elementen und anderer Aspekte des Kaufvertrags, BT-Drucks. 19/27424, S. 32.

84 Begründung der Bundesregierung zum Entwurf eines Gesetzes zur Regelung des Verkaufs von Sachen mit digitalen Elementen und anderer Aspekte des Kaufvertrags, BT-Drucks. 19/27424, S. 32.

85 Dazu auch: Begründung der Bundesregierung zum Entwurf eines Gesetzes zur Regelung des Verkaufs von Sachen mit digitalen Elementen und anderer Aspekte des Kaufvertrags, BT-Drucks. 19/27424, S. 32, die die in der Legaldefinition in § 327b Abs. 3 BGB verwendeten Formulierungen „zur Verfügung gestellt" und „zugänglich machen" noch genauer erläutert.

86 Begründung der Bundesregierung zum Entwurf eines Gesetzes zur Regelung des Verkaufs von Sachen mit digitalen Elementen und anderer Aspekte des Kaufvertrags, BT-Drucks. 19/27424, S. 32.

87 Begründung der Bundesregierung zum Entwurf eines Gesetzes zur Regelung des Verkaufs von Sachen mit digitalen Elementen und anderer Aspekte des Kaufvertrags, BT-Drucks. 19/27424, S. 32, unter Berufung auf OLG Koblenz BeckRS 2009, 14285.

genauso funktioniert wie zum Zeitpunkt der Lieferung. Inhalt und Reichweite der Aktualisierungsverpflichtung richten sich (in den von § 475b Abs. 3 BGB erfassten Fällen) nach der vertraglichen Vereinbarung; ob lediglich Sicherheitsupdates stattfinden oder ob ein Upgrade auf die jeweils neueste (Betriebs-)Software erfolgen muss, können die Parteien selbst bestimmen.[88] Ein Mangel liegt vor, wenn die Aktualisierung unterbleibt, fehlerhaft ist oder unvollständig erfolgt.[89]

55   Eine Ware mit digitalen Elementen entspricht gem. § 475b Abs. 4 BGB den **objektiven Anforderungen**, wenn (1.) sie den Anforderungen des § 434 Abs. 3 BGB entspricht und (2.) dem Verbraucher während des Zeitraums, den er aufgrund der Art und des Zwecks der Ware und ihrer digitalen Elemente sowie unter Berücksichtigung der Umstände und der Art des Vertrags erwarten kann, Aktualisierungen bereitgestellt werden, die für den Erhalt der Vertragsmäßigkeit der Sache erforderlich sind, und der Verbraucher über diese Aktualisierungen informiert wird. Entscheidend ist der Zeitraum, in dem der Verbraucher vernünftigerweise Aktualisierungen erwarten kann. Der BGB-Gesetzgeber hat den in der WKRL verwendeten Begriff „vernünftigerweise" zwar vermieden;[90] im Rahmen einer richtlinienkonformen Auslegung des § 475b Abs. 4 BGB wird er die Rechtsanwendung jedoch absehbar beherrschen. Das ändert allerdings nichts daran, dass die Festlegung des gebotenen Aktualisierungszeitraums bis auf weiteres mit erheblicher Rechtsunsicherheit einhergehen wird.[91] Im Anschluss an *Lorenz*[92] gilt: Je höherwertiger die Ware ist, desto länger darf mit Aktualisierungen gerechnet werden. Davon abgesehen ist die Lebensdauer zu berücksichtigen, die die Ware nach allgemeiner Lebenserfahrung aufweist.[93]

56   Unterlässt es der Verbraucher, eine Aktualisierung, die ihm gem. § 475b Abs. 4 BGB bereitgestellt worden ist, innerhalb einer angemessenen Frist zu installieren, so haftet der Unternehmer *nicht* für einen Sachmangel, der allein auf das Fehlen dieser Aktualisierung zurückzuführen ist, wenn (1.) der Unternehmer den Verbraucher über die Verfügbarkeit der Aktualisierung und die Folgen einer unterlassenen Installation informiert hat und (2.) die Tatsache, dass der Verbraucher die Aktualisierung nicht oder unsachgemäß installiert hat, nicht auf eine dem Verbraucher bereitgestellte mangelhafte Installationsanleitung zurückzuführen ist.

▶ **BEACHTE:** § 475b Abs. 4 und 5 BGB sind gem. § 476 Abs. 1 Satz 2 BGB unter bestimmten Voraussetzungen abdingbar. ◀

57   Soweit eine **Montage oder Installation** durchzuführen ist, entspricht die Ware mit digitalen Elementen (1.) den Montageanforderungen, wenn sie den Anforderungen des § 434 Abs. 4 BGB entspricht, und (2.) den Installationsanforderungen, wenn die Installation der digitalen Elemente sachgemäß durchgeführt worden ist oder die Installation zwar unsachgemäß durchgeführt worden ist, dies jedoch weder auf einer unsachgemäßen Installation durch den Unternehmer, noch auf einem Mangel der Anleitung

---

88   Begründung der Bundesregierung zum Entwurf eines Gesetzes zur Regelung des Verkaufs von Sachen mit digitalen Elementen und anderer Aspekte des Kaufvertrags, BT-Drucks. 19/27424, S. 32.
89   Begründung der Bundesregierung zum Entwurf eines Gesetzes zur Regelung des Verkaufs von Sachen mit digitalen Elementen und anderer Aspekte des Kaufvertrags, BT-Drucks. 19/27424, S. 32.
90   Begründung der Bundesregierung zum Entwurf eines Gesetzes zur Regelung des Verkaufs von Sachen mit digitalen Elementen und anderer Aspekte des Kaufvertrags, BT-Drucks. 19/27424, S. 32 f.
91   *Pfeiffer* GPR 2021, 120, 126.
92   *Lorenz* NJW 2021, 2065, 2070.
93   Ausführlich: *Lorenz* NJW 2021, 2065, 2070 („life-cycle").

beruht, die der Unternehmer oder derjenige übergeben hat, der die digitalen Elemente bereitgestellt hat (§ 475b Abs. 6 BGB).

b) Sachmangel einer Ware mit digitalen Elementen bei dauerhafter Bereitstellung der digitalen Elemente

§ 475c BGB trifft eine Sonderregelung für den **Kauf einer Ware mit digitalen Elementen**, bei dem (ausdrücklich oder konkludent) eine **dauerhafte Bereitstellung für die digitalen Elemente** vereinbart wird. Für den Kaufvertrag, der an sich auf einen einmaligen Austausch von Leistung und Gegenleistung ausgerichtet ist, ist die Pflicht zur Bereitstellung eines digitalen Elements *auf Dauer* (über einen bestimmten oder unbestimmten Zeitraum hinweg) untypisch. Es bleibt zwar aufgrund richtlinienrechtlicher Vorgaben bei der (einheitlichen) Einordnung als Kaufvertrag, im Hinblick auf mögliche Mängel der auf Dauer geschuldeten Bereitstellung digitaler Inhalte und Dienstleistungen kann man jedoch nicht länger an den Zeitpunkt des Gefahrübergangs (§§ 446 f. BGB) anknüpfen. In Fällen, in denen die digitalen Elemente dauerhaft über einen Zeitraum bereitgestellt werden, ist der Unternehmer **während des Bereitstellungszeitraums** verpflichtet, diese in einem vertragsgemäßen Zustand zu erhalten.[94]

58

▶ **BEACHTE:** Eine **Legaldefinition des Begriffs „dauerhafte Bereitstellung"** findet sich in § 327e Abs. 1 Satz 3 BGB – gemeint ist eine „fortlaufende Bereitstellung über einen Zeitraum", die von „einer Reihe einzelner Bereitstellungen" (§ 327b Abs. 5 BGB) abzugrenzen ist. Digitale Elemente, die dauerhaft bereitzustellen sind, können bspw. Verkehrsdaten in einem Navigationssystem sein, die Cloud-Anbindung bei einer Spiele-Konsole oder eine Smartphone-App zur Nutzung verschiedener Funktionen in Verbindung mit einer Smartwatch. Der **Begriff des Bereitstellungszeitraums** ist ebenfalls in § 327e Abs. 1 Satz 3 BGB gesetzlich festgelegt; gemeint ist der gesamte vereinbarte Zeitraum der Bereitstellung. ◀

Ist beim Kauf einer Ware mit digitalen Elementen eine **dauerhafte Bereitstellung für die digitalen Elemente** vereinbart, ohne die konkrete Dauer festzulegen, so ist § 475b Abs. 4 Nr. 2 BGB entsprechend anzuwenden (§ 475c Abs. 1 Satz 2 BGB). Maßgeblich ist also der Zeitraum, den der Verbraucher aufgrund der Art und des Zwecks der Sache und ihrer digitalen Elemente sowie unter Berücksichtigung der Umstände und der Art des Vertrags erwarten kann.

59

§ 475c Abs. 2 BGB schreibt außerdem einen **Mindesthaftungszeitraum** vor: Der Unternehmer haftet dafür, dass die digitalen Elemente mindestens für einen Zeitraum von zwei Jahren ab der Ablieferung der Ware den Anforderungen des § 475b Abs. 2 BGB entsprechen, d.h. keine Mängel aufweisen.

60

8. Sonderbestimmungen für die Verjährung

Im Fall der dauerhaften Bereitstellung digitaler Elemente nach § 475c Abs. 1 Satz 1 verjähren Ansprüche wegen eines Mangels an den digitalen Elementen nicht vor dem Ablauf von zwölf Monaten nach dem Ende des Bereitstellungszeitraums (§ 475e Abs. 1 BGB). Ansprüche wegen einer Verletzung der Aktualisierungspflicht nach § 475b Abs. 3 oder 4 BGB verjähren nicht vor dem Ablauf von zwölf Monaten nach dem Ende des Zeitraums der Aktualisierungspflicht (§ 475e Abs. 2 BGB). Hat sich ein Mangel innerhalb der Verjährungsfrist gezeigt, so tritt die Verjährung nicht vor dem

61

---

94 Begründung der Bundesregierung zum Entwurf eines Gesetzes zur Regelung des Verkaufs von Sachen mit digitalen Elementen und anderer Aspekte des Kaufvertrags, BT-Drucks. 19/27424, S. 34 f.

Ablauf von vier Monaten nach dem Zeitpunkt ein, in dem sich der Mangel erstmals gezeigt hat (Absatz 3). Hat der Verbraucher zur Nacherfüllung oder zur Erfüllung von Ansprüchen aus einer Garantie die Ware dem Unternehmer oder auf Veranlassung des Unternehmers einem Dritten übergeben, so tritt die Verjährung von Ansprüchen wegen des geltend gemachten Mangels nicht vor dem Ablauf von zwei Monaten nach dem Zeitpunkt ein, in dem die nachgebesserte oder ersetzte Ware dem Verbraucher übergeben wurde (Absatz 4).

IV. Einschränkungen der Vertragsfreiheit

1. Halbzwingende Vorschriften

62   Effektiver Verbraucherschutz setzt voraus, dass die gesetzlichen Rechte des Verbrauchers nicht zur Disposition stehen; andernfalls bestünde das Risiko, dass sie (auf Initiative des Unternehmers) durch abweichende Vereinbarungen ausgeschlossen werden. Demensprechend erklärt § 476 **Abs. 1 Satz 1 BGB** die Vorschriften über den Verbrauchsgüterkauf sowie wesentliche Vorschriften des allgemeinen Kaufrechts (§§ 433-435, 437, 439-441 und 443 BGB) für **halbzwingend**: Auf eine vor Mitteilung eines Mangels an den Unternehmer getroffene Vereinbarung, die zum Nachteil des Verbrauchers von diesen Vorschriften abweicht, kann sich der Unternehmer nicht berufen.

2. Umgehungsverbot

63   Die eingeschränkte Dispositivität käufergünstiger Vorschriften wird durch das **Umgehungsgebot** in § 476 Abs. 4 BGB abgesichert. Danach gelten die gemäß Absatz 1 Satz 1 halbzwingenden Vorschriften auch dann, wenn sie durch „anderweitige Gestaltungen umgangen" werden. Eine besondere Umgehungsabsicht ist dabei nicht erforderlich.[95] Entscheidend ist, ob bei **objektiver Betrachtung** der Zweck der in § 476 Abs. 1 Satz 1 BGB für einseitig zwingend erklärten Vorschriften beseitigt oder beeinträchtigt wird – egal, auf welche Weise dies erreicht wird.[96]

64   Das Umgehungsverbot kommt bspw. in Fällen zur Anwendung, in denen der Unternehmer missbräuchlich ein **Eigengeschäft verschleiert**, indem er einen Verbraucher als Vertragspartner des Käufers vorschiebt.[97]

▶ **BEISPIEL:** Verbraucher A kauft bei Kfz-Händler H einen Neuwagen für 40.000 Euro. Der Kaufvertrag sieht u.a. vor, dass H den Gebrauchtwagen des A „in Zahlung nimmt". H soll zwar nicht Eigentümer werden, er soll das Fahrzeug jedoch im Namen des A weiterveräußern. Dafür garantiert H dem A einen Kaufpreis i.H.v. 4.000 Euro und stundet einen entsprechenden Anteil des Kaufpreises für den Neuwagen. Wenig später schließt H im Namen des A einen Kaufvertrag über den Gebrauchtwagen mit dem Verbraucher B. Die Gewährleistung wird ausgeschlossen. Nur wenige Tage nach Vertragsschluss stellt B mehrere Mängel fest und verlangt von A Reparatur. Als A mit Hinweis auf den Gewährleistungsausschluss eine Nachbesserung ablehnt, wendet B sich an H. ◀

---

95   BGHZ 110, 230, 233 f. = NJW 1990 1473 m.w.N.
96   Staudinger-*Matusche-Beckmann* § 475 Rn. 43.
97   Siehe BGH NJW 2007, 759 im Anschluss an BGH NJW 2005, 1039, 1040. Denkbar ist auch der umgekehrte Fall: OLG Düsseldorf, NJW 2015, 2043.

Formal betrachtet ist hier ein Kaufvertrag zwischen zwei Verbrauchern (A und B) zu-   65
stande gekommen. § 476 Abs. 1 BGB ist an sich nicht anwendbar, sodass A (vertreten
durch H) die Gewährleistung gegenüber B ausschließen konnte. Bezieht man allerdings
die **wirtschaftliche Risikoverteilung** zwischen den Beteiligten in die Beurteilung ein,
stellt man fest, dass H im Grunde so steht, als hätte er den Wagen für 4.000 Euro
erworben und würde ihn nun an B weiterveräußern. Da er den Kaufpreis in Höhe von
4.000 Euro garantiert hat, trägt er – und nicht A – das Risiko, mit dem Verkauf an B
ggf. ein Verlustgeschäft zu machen. Der BGH betrachtet den Kaufvertrag zwischen A
und B daher als Umgehung eines Eigengeschäftes zwischen B und H.[98] Daraus folgt,
dass H sich so behandeln lassen muss, als hätte er selbst das Fahrzeug an B verkauft.[99]
B kann daher gegenüber H seine nicht wirksam ausschließbaren Mängelrechte geltend
machen und Nachbesserung verlangen.[100] Im Verhältnis zu A hingegen bleibt es bei
einem wirksamen Gewährleistungsausschluss, denn § 476 Abs. 4 BGB soll lediglich
verhindern, dass sich ein Unternehmer den Vorschriften über den Verbrauchsgüterkauf
entzieht – nicht jedoch den Vertragspartner eines Verbrauchers, der selbst Verbraucher
ist, den Vorschriften über den Verbrauchsgüterkauf unterwerfen.[101]

▶ **HINWEIS FÜR FORTGESCHRITTENE:** Das **rechtliche Schicksal des Umgehungsgeschäfts**
(hier: des Kaufvertrags zwischen A und B) hat der BGH bislang offengelassen.[102] Richtigerweise ist von einem Fortbestehen des vermittelten Umgehungsgeschäfts auszugehen, weil
die vertragliche Bindung dem Parteiwillen entspricht.[103] ◀

Das Umgehungsverbot in § 476 Abs. 4 BGB greift auch dann, wenn der Verkäufer   66
versucht, der Mängelhaftung zu entgehen, indem er die Anknüpfungspunkte für seine
Gewährleistungspflichten „wegdefiniert"[104]. So ist bspw. eine Abrede, nach der es
sich bei einem Kauf nicht um einen Verbrauchsgüterkauf, sondern um ein „**Händlerge-
schäft**" handeln soll, wegen Verstoßes gegen § 476 Abs. 4 BGB unwirksam.[105]

Bekanntlich können die Parteien eines Verbrauchsgüterkaufs – vor Mitteilung eines   67
Mangels – nur unter den besonderen, in § 476 Abs. 1 Satz 2 BGB geregelten Voraus-
setzungen vertraglich von den **objektiven Anforderungen an eine Ware** (siehe §§ 434
Abs. 3, 475b Abs. 4 BGB) abweichen:

1. der Verbraucher muss vor der Abgabe seiner Vertragserklärung (= der auf den
   Kaufvertrag gerichteten Willenserklärung) eigens davon in Kenntnis gesetzt worden sein, dass ein bestimmtes Merkmal der Ware von den objektiven Anforderungen abweicht, und

2. die Abweichung muss im Vertrag ausdrücklich und gesondert vereinbart worden
   sein.

Im Lichte der in § 476 Abs. 1 Satz 2 Nr. 1 BGB gewählten Formulierung (im Passiv)   68
wird man davon ausgehen können, dass die Mitteilung nicht unbedingt von dem
Verkäufer stammen muss; es heißt ja nicht, der Verkäufer müsse den Käufer von

---

98 Vgl. BGH NJW 2005, 1039, 1040.
99 Vgl. BGH NJW 2007, 759, 760.
100 Siehe BGH NJW 2007, 759, 760 ff. m.w.N.; a.A.: MünchKomm-*Lorenz* § 476 Rn. 47.
101 Siehe BGH NJW 2007, 759, 760 f.; a.A. MünchKomm-*Lorenz* § 476 Rn. 47.
102 Siehe BGH NJW-RR 2013, 687, 688; NJW 2007, 759, 760 m.w.N.
103 So auch bspw. OLG Celle BeckRS 2006, 14333; Palandt-*Weidenkaff* § 476 Rn. 6; a.A. *Müller* NJW 2003, 1975,
    1980.
104 Vgl. *Müller* NJW 2003, 1975, 1976.
105 BGH NJW 2017, 2758, 2759.

der Abweichung in Kenntnis setzen, sondern nur, der Käufer müsse (von wem auch immer) in Kenntnis gesetzt worden sein. Dagegen muss die Vereinbarung der Abweichung gem. § 476 Abs. 1 Satz 2 Nr. 2 BGB gerade zwischen Verkäufer und Käufer erfolgen. Erforderlich ist eine **ausdrückliche Abweichungsvereinbarung**, so dass eine (angebliche oder tatsächliche) konkludente Einigung folgenlos bliebe. Erforderlich ist außerdem eine **gesonderte Abweichungsvereinbarung** – mit der Folge, dass bei *mündlichen* Kaufverträgen im stationären Handel ein doppeltes „Ja!" und bei *schriftlichen* Kaufverträgen eine doppelte Unterschrift oder Unterschrift und Paraphe (verkürztes Namenszeichen) oder eine gesonderte (ggf. zu beweisende) mündliche Vereinbarung notwendig werden.[106] Im Fernabsatz reicht ggf. der Klick auf eine entsprechende (gesonderte) Schaltfläche.[107]

3. Eingeschränkte Möglichkeit der Verjährungsverkürzung

69   Der Schutz des Verbrauchers soll auch nicht dadurch unterlaufen werden, dass die Parteien eine zu kurze **Verjährungsfrist für die Mängelansprüche** vereinbaren – bzw. mit zu leichter Hand eine kurze, aber noch vertretbare Verjährungsfrist. Dem trägt § 476 Abs. 2 BGB Rechnung.[108]

4. Keine Sonderregelung für Schadensersatzansprüche

70   Möglich bleibt auch im Rahmen eines Verbrauchsgüterkaufs der **Ausschluss oder die Beschränkung von Schadensersatzansprüchen** des Käufers (siehe § 476 Abs. 3 BGB).

V. Beweislastumkehr

71   Im Falle eines Rechtsstreits wegen angeblicher Mängel der Kaufsache kommt es regelmäßig auf die Frage an, wer beweisen muss, dass diese Kaufsache bereits bei Gefahrübergang mangelhaft war – schließlich knüpft die kaufrechtliche Gewährleistung gemäß §§ 437, 434 Abs. 1 BGB an den Mangel bei **Gefahrübergang** an. Gemäß § 363 BGB (analog) trägt nach der Annahme der Kaufsache als Erfüllung grundsätzlich der Käufer die **Beweislast** für den Mangel und dafür, dass der Mangel bereits bei Gefahrübergang vorhanden war. Sofern der Mangel bereits zu diesem Zeitpunkt erkennbar war, entstehen keine besonderen Probleme. Regelmäßig zeigen sich Mängel jedoch erst einige Zeit später und nach Ingebrauchnahme der Kaufsache. Für den Käufer, insbesondere wenn es sich um einen Verbraucher handelt, kann es dann sehr schwierig sein, den Nachweis zu führen, dass der Mangel bereits bei Gefahrübergang vorhanden war.

---

106   *Pfeiffer* GPR 2021, 120, 123.
107   *Pfeiffer* GPR 2021, 120, 123.
108   Beim Verkauf gebrauchter Sachen ließ § 476 Abs. 2 Hs. 2 BGB a.F. eine Verkürzung der Verjährung auf ein Jahr zu. Diese Regelung war jedoch nach dem EuGH-Urteil in der Rs. Ferenschild richtlinienwidrig: Die Verbrauchsgüterkaufrichtlinie gestattet dem nationalen Gesetzgeber lediglich eine Verkürzung der (im BGB bis dahin nicht geregelten) sogenannten „Haftungsdauer", d.h. des Zeitraums, innerhalb dessen sich ein Mangel ab Lieferung zeigen muss, um eine Verkäuferhaftung auszulösen (siehe Art. 7 Abs. 1 Satz 2 und 3 i.V.m. Art. 5 Abs. 1 Satz 1 VerbrGKRL), nicht jedoch eine Verkürzung der Verjährungsfrist für einen innerhalb dieses Zeitraumes offenbar gewordenen Mangel (siehe EuGH, Urt. v. 13.7.2017, C-133/16 – Ferenschild, DAR 2018, 254, 256 (ECLI:EU:C:2017:541).

1. Beweislastumkehr bei einem von §§ 434, 475b BGB abweichenden Zustand der Sache

Für den Verbrauchsgüterkauf wird dieses Problem durch § 477 Abs. 1 Satz 1 BGB   72
entschärft: Zeigt sich innerhalb **eines Jahres seit Gefahrübergang** ein von den Anforderungen nach § 434 oder § 475b BGB abweichender Zustand der Sache, so wird **vermutet**, dass die Sache bereits bei Gefahrübergang mangelhaft war, es sei denn, diese Vermutung ist mit der Art der Sache oder des mangelhaften Zustands unvereinbar. Beim Kauf eines lebenden Tieres gilt diese Vermutung nur für einen Zeitraum von sechs Monaten seit Gefahrübergang (§ 477 Abs. 1 Satz 2 BGB), weil sich Tiere angeblich während ihrer gesamten Lebenszeit, d.h. auch schon innerhalb des ersten Jahres nach Gefahrübergang körperlich und gesundheitlich verändern.[109]

▶ **ERGÄNZENDER HINWEIS:** Die Warenkaufrichtlinie eröffnet die Möglichkeit, die Beweislastumkehr auf zwei Jahre zu verlängern. Davon wollte der BGB-Gesetzgeber jedoch keinen Gebrauch machen. Je länger sich die Kaufsache im Besitz des Käufers befinde, desto geringer werde der Informationsvorsprung des Verkäufers gegenüber dem Verbraucher über den Zustand der Kaufsache. Da mit fortschreitender Zeit der Einfluss von Verwendung und Lagerung der Kaufsache auf den Zustand der Kaufsache immer weiter zunähmen, wäre es unangemessen, dem Verkäufer die Beweislast aufzuerlegen, nachdem sie der Verbraucher für zwei Jahre in Verwendung hatte.[110] ◀

▶ **BEISPIEL:**[111] K erwirbt von V ein gebrauchtes Motorrad. Das Motorrad fängt im Verlauf einer Fahrt Feuer und brennt vollständig aus. Es wird danach verschrottet, wovon V zuvor in Kenntnis gesetzt wird. K verlangt von V Schadensersatz. V wendet ein, es könne nicht mehr geklärt werden, ob die Umstände, die zu dem Feuer geführt haben, auf einen Mangel bei Gefahrübergang zurückgingen bzw. ihm zuzurechnen seien. Genauso gut könne K selbst die Ursache für das Feuer gesetzt haben, etwa durch eine nicht ordnungsgemäße Fahrweise. Wie ist die Rechtslage? ◀

a) Reichweite der Vermutung

Der BGH[112] hatte anfangs entschieden, dass die Vermutung nur in zeitlicher Hinsicht   73
gilt. Der Verbraucher musste nach wie vor darlegen und ggf. beweisen, dass die Abweichung der Ist- von der Soll-Beschaffenheit auf einem bereits bei Gefahrübergang vorhandenem Umstand beruhte, der seinerseits einen Sachmangel begründete und nicht etwa Resultat einer unsachgemäßen Ingebrauchnahme der Sache war (sogenannter Grundmangel).[113] Er brauchte jedoch nicht zu beweisen, dass die Beschaffenheitsabweichung bereits *bei Gefahrübergang* vorlag.

Diese Rechtsprechung hat der BGH aufgrund eines EuGH-Urteils aufgegeben:[114] In   74
der *Faber*-Entscheidung hat der EuGH klargestellt, dass der Käufer für das Eingreifen der Vermutung lediglich darlegen und beweisen muss, dass innerhalb von sechs Mona-

---

109   Begründung der Bundesregierung zum Entwurf eines Gesetzes zur Regelung des Verkaufs von Sachen mit digitalen Elementen und anderer Aspekte des Kaufvertrags, BT-Drucks. 19/27424, S. 44.
110   Begründung der Bundesregierung zum Entwurf eines Gesetzes zur Regelung des Verkaufs von Sachen mit digitalen Elementen und anderer Aspekte des Kaufvertrags, BT-Drucks. 19/27424, S. 44.
111   Fall nach EuGH, Urt. v. 4.6.2015, Rs. C-497/13 – Faber, NJW 2015, 2237 (ECLI:EU:C:2015:357); dazu *R. Koch* JZ 2015, 834; *Rott* VuR 2015, i.E.
112   Siehe nur BGH NJW 2004, 2299.
113   Siehe BGH NJW 2004, 2299, 2300.
114   BGHZ 212, 224.

ten (nunmehr: eines Jahres) seit Gefahrübergang eine **Abweichung von der geschuldeten Beschaffenheit** aufgetreten ist.[115] Er müsse weder nachweisen, auf welcher Ursache
dieser beruhe, noch dass diese Ursache in den Verantwortungsbereich des Verkäufers
falle.[116] Dementsprechend geht nunmehr auch der BGH davon aus, dass die Beweislastumkehr zugunsten des Verbrauchers bereits dann eintritt, „wenn diesem der Nachweis gelingt, dass sich innerhalb von sechs Monaten (nunmehr: innerhalb eines Jahres)
ab Gefahrübergang ein mangelhafter Zustand (eine Mangelerscheinung) gezeigt hat,
der – unterstellt, er hätte seine Ursache in einem dem Verkäufer zuzurechnenden Umstand – dessen Haftung wegen Abweichung von der geschuldeten Beschaffenheit begründen würde."[117] Ein plastisches Beispiel für den Mehrwert, den die *Faber*-Recht-
sprechung für den Verbraucher schafft, ist der **Espressomaschinenfall:**[118] Hat Käufer K
eine Espressomaschine gekauft und beginnt der Brühkopf vier Monate später zu trop-
fen (Mangelerscheinung), so kann Verkäufer V die Existenz eines Mangels nicht durch
den Beweis widerlegen, dass die Espresso-Maschine bei Lieferung noch nicht getropft
hat; er muss vielmehr beweisen, dass auch kein Grundmangel vorlag, d.h., dass alle
Ventile und Dichtungen ordnungsgemäß installiert waren.

75   Im Motorrad-Beispiel (oben Rn. 72) greift zugunsten des K die Vermutung in § 477
Abs. 1 Satz 1 BGB. Um sie zu widerlegen, müsste V beweisen, dass das Feuer auf eine
Ursache zurückzuführen ist, die auf einem Mangel beruht, der erst nach Übergabe
eingetreten ist. K muss sich auch nicht dahingehend entlasten, dass sie das Feuer nicht
verursacht hat. Da das Motorrad verschrottet ist, wird V den Nachweis nicht ohne
Weiteres erbringen können. Anders wäre der Fall allenfalls zu beurteilen, wenn K die
Verschrottung des Motorrads veranlasst hätte, ohne V vorher davon zu unterrichten.

b) Keine Unvereinbarkeit der Vermutung mit der Art der Sache oder des Mangels

76   Kann der Unternehmer die Vermutung der Mangelhaftigkeit bei Gefahrübergang nicht
widerlegen, hat er noch eine weitere Möglichkeit: Er kann beweisen, dass die **Vermutung mit der Art der Sache oder des Mangels unvereinbar** ist. In diesem Fall greift die
Beweislastumkehr nämlich gemäß § 477 Abs. 1 Satz 1 Hs. 2 BGB ausnahmsweise („es
sei denn") nicht ein. Als Ausnahme und aufgrund der verbraucherschützenden Zweck-
richtung der Regel ist dieser Tatbestand jedoch eng auszulegen.[119] Das führt dazu, dass
pauschale Beurteilungen nach bestimmten Sachkategorien kaum möglich sind, d.h. die
Unvereinbarkeit der Vermutung lässt sich oft erst im Wege einer einzelfallbezogenen
Gesamtbetrachtung unter Berücksichtigung sowohl der Art der Sache als auch der
Art des Mangels feststellen.[120] So sind etwa gebrauchte Sachen,[121] leicht verderbliche
Sachen[122] und Tiere[123] nicht von vornherein wegen Unvereinbarkeit der Vermutung
mit der Art der Sache von der Beweislastumkehr ausgenommen. Ausschlaggebend
ist vielmehr, ob im Einzelfall ein **allgemeiner Erfahrungssatz** dafür spricht, dass der
konkrete Mangel mit hoher Wahrscheinlichkeit erst nach Gefahrübergang entstanden

---

115   EuGH, Urt. v. 4.6.2015, Rs. C-497/13 – Faber, NJW 2015, 2237, 2240 f. (ELCI:EU:C:2015:357).
116   EuGH, Urt. v. 4.6.2015, Rs. C-497/13 – Faber, NJW 2015, 2237, 2240 f. (ECLI:EU:C:2015:357).
117   BGH NJW 2020, 2879, Rn. 54; BGHZ 212, 224, Rn. 36.
118   Beispiel nach *Arnold/Hornung* JuS 2019, 1041.
119   *Gsell* JuS 2005, 967, 969 f.; siehe auch BGH NJW 2005, 3490, 3492.
120   Siehe MünchKomm-*Lorenz* § 477 Rn. 16.
121   BGH NJW 2005, 3490, 3492.
122   Staudinger-*Matusche-Beckmann* § 476 Rn. 41; BeckOK-*Faust* § 477 Rn. 17 m.w.N.
123   BGHZ 167, 40, 50.

ist.[124] Dies hat die Rechtsprechung bspw. bei einem Gebrauchtwagenkauf angenommen, bei dem die beanstandeten Mängel (hervorstehende Stoßleisten und abstehender Stoßfänger) derart offensichtlich waren, dass sie auch einem fachlich nicht versierten Käufer hätten auffallen müssen.[125] Denn in einem solchen Fall sei nach allgemeiner Erfahrung zu erwarten, dass der Käufer den Mangel (spätestens) bei Übergabe beanstande. Tue er dies nicht, spreche dies gegen die Vermutung, der Mangel sei schon bei Gefahrübergang vorhanden gewesen.[126]

2. Beweislastumkehr bei einem von §§ 434, 475b BGB abweichenden Zustand der digitalen Elemente

Die Regelung in § 477 Abs. 2 BGB ist neu: Ist bei Waren mit digitalen Elementen   77
die dauerhafte Bereitstellung der digitalen Elemente im Kaufvertrag vereinbart und
zeigt sich ein von den vertraglichen Anforderungen nach § 434 oder § 475b BGB abweichender Zustand der digitalen Elemente während der Dauer der Bereitstellung oder
innerhalb eines Zeitraums von zwei Jahren seit Gefahrübergang, so wird vermutet,
dass die digitalen Elemente während der bisherigen Dauer der Bereitstellung mangelhaft waren.

Die **Bindung der Beweislastumkehr an die Dauer der Bereitstellung** ist in Art. 11   78
Abs. 3 WKRL vorgegeben und sachgerecht; sie führt dazu, dass es beim Verkauf von
Waren mit digitalen Elementen, die dauerhaft bereitgestellt werden, insoweit keine
feste Dauer der Beweislastumkehr gibt. Stattdessen gilt die Beweislastumkehr während
des Bereitstellungszeitraums, mindestens aber für einen Zeitraum von zwei Jahren
seit Gefahrübergang.[127] Mit der Mindestfrist soll verhindert werden, dass die Dauer
der Beweislastumkehr durch eine Vereinbarung zum Bereitstellungszeitraum verkürzt
wird.[128] Hat Käufer K (Verbraucher) also ein Navigationsgerät gekauft und verfärbt
sich das Display, so kann sich K nur innerhalb eines Jahres nach Lieferung auf die
Beweislastumkehr berufen (§ 477 Abs. 1 Satz 1 BGB); sind die für mehrere Jahre bereitzustellenden Verkehrsdaten nicht (wie vereinbart) in Echtzeit verfügbar, so steht
K die Beweislastumkehr insoweit während der gesamten Dauer der Bereitstellung zu
– mindestens aber für die Dauer von zwei Jahren seit Gefahrübergang, wenn ein
kürzerer Bereitstellungszeitraum vereinbart worden sein sollte.

▶ **LÖSUNGSHINWEISE ZU FALL 11:** Ein Schadensersatzanspruch des K gegen V aus der
Garantie scheidet aus, weil sich die Garantie auf Nachbesserung („Kostenloser Austausch
schadhafter Teile") beschränkt und V keine Haftung auf Schadensersatz übernimmt. K
könnte jedoch ein Schadensersatzanspruch gegen V gemäß §§ 437 Nr. 3, 280 Abs. 1, 3, 281
Abs. 1 BGB zustehen. K hat das Fahrzeug zwar für berufliche *und* private Zwecke gekauft
(„dual use"), die private Nutzung sollte jedoch überwiegen. Dies reicht, um K als Verbraucher gemäß § 13 BGB einzuordnen, so dass der Haftungsausschluss gegen § 476 Abs. 1 BGB
verstößt und K damit alle gesetzlichen Mängelrechte zustehen. Er muss gemäß § 477 BGB
auch nicht beweisen, dass ein Mangel bei Übergabe bereits vorlag. Vielmehr obliegt es V

---

124 Staudinger-*Matusche-Beckmann* (2014) § 476 Rn. 37; *Gsell* JuS 2005, 967, 969 („deutlich überwiegende
      Wahrscheinlichkeit").
125 OLG Celle NJW 2004, 3566; siehe auch BGH NJW 2005, 3490, 3492 f.
126 BGH NJW 2005, 3490, 3492 m.w.N.
127 Begründung der Bundesregierung zum Entwurf eines Gesetzes zur Regelung des Verkaufs von Sachen mit
      digitalen Elementen und anderer Aspekte des Kaufvertrags, BT-Drucks. 19/27424, S. 44.
128 Begründung der Bundesregierung zum Entwurf eines Gesetzes zur Regelung des Verkaufs von Sachen mit
      digitalen Elementen und anderer Aspekte des Kaufvertrags, BT-Drucks. 19/27424, S. 44.

nachzuweisen, dass der den Schaden verursachende Umstand erst nach Übergabe eingetreten ist. Es wäre aber durchaus vorstellbar, dass V den Beweis des Gegenteils führen könnte, wonach die Lenkung bei Übergabe mangelfrei war, denn K hat das Fahrzeug immerhin drei Monate mit funktionierender Lenkung benutzt. ◀

WIEDERHOLUNGS- UND VERTIEFUNGSFRAGEN

> Wann liegt ein Verbrauchsgüterkauf vor? Wo ist dies geregelt?

> Welche Vorschriften gelten für den (Verbrauchsgüter-) Kauf eines körperlichen Datenträgers, der ausschließlich als Träger digitaler Inhalte dient?

> Welche Besonderheiten ergeben sich bei der Prüfung des Sachmangels, wenn der (Verbrauchsgüter-) Kauf einer Ware mit digitalen Elementen im Raum steht?

> Von welchen kaufrechtlichen Vorschriften darf auch beim Verbrauchsgüterkauf abgewichen werden?

> Was sind die Rechtsfolgen eines Umgehungsgeschäfts gemäß § 476 Abs. 4 BGB?

> Welche Besonderheiten ergeben sich für die Beweislast im Rahmen eines Verbrauchsgüterkaufs? Wer muss beweisen, dass ein Mangel vorliegt?

§ 13 Internationales Kaufrecht

▶ **FALL 12:** Der in Leeds (UK) ansässige Unternehmer K kauft beim Werkzeugmaschinenhersteller V in Chemnitz eine größere Menge Werkzeugmaschinen, die er für seine Montagehalle in Leeds braucht. Da er die Teile sehr eilig benötigt, unterbleibt eine Eingangskontrolle. Erst nach sechs Wochen stellt sich heraus, dass etwa 25 % der bestellten und in Rechnung gestellten Teile fehlten. K fragt, ob er zurücktreten und Rückzahlung des Kaufpreises verlangen kann. Eine Rechtswahl haben die Parteien nicht getroffen. ◀

I. Einführung

Der **Begriff des Internationalen Kaufrechts** steht für Internationales Privat- *oder* Internationales Einheitsrecht. Bei grenzüberschreitenden Kaufverträgen – Konrad (K) aus Frankfurt (Oder) kauft bei VW-Händler Viktor (V) in Słubice, Polen, einen Golf ID.3 und stellt später fest, dass das Fahrzeug einen Mangel aufweist – stellt sich die Frage, ob in- oder ausländisches Kaufrecht anwendbar ist. Diese Frage beantwortet das **Internationale Privatrecht** (IPR), das man bei Kaufverträgen auch als Internationales Kaufrecht bezeichnen kann. Es handelt sich um Kollisionsrecht (auch: Rechtsanwendungsrecht), das in unserem Beispielsfall darüber entscheidet, ob sich die Mängelrechte des K nach deutschem oder polnischem Recht richten. Dagegen ist die Frage, ob K notfalls vor einem deutschen oder einem polnischen Gericht gegen V klagen müsste, eine Frage der Internationalen Zuständigkeit, die sich nach der EuGVVO (Brüssel I a-Verordnung)[1] richtet. Für die Bestimmung des anwendbaren Rechts spielt sie in unserem Fall keine Rolle, weil deutsches und polnisches Gericht dasselbe Recht anzuwenden hätten.

1

Primär verwendet man den Begriff **Internationales Kaufrecht** für das UN-Kaufrecht, das als **Einheitsrecht** ein einheitliches Rechtsregime für Kaufverträge inklusive einer Regelung der Rechte des Käufers bei Mängeln enthält und nationales Kaufrecht ersetzt. Es geht also nicht um die Bestimmung des jeweils anwendbaren nationalen Kaufrechts (IPR), sondern um eine eigenständige internationale Rechtsordnung für grenzüberschreitende Kaufverträge.

2

▶ **BEACHTE:** Europäisches Richtlinienrecht gehört *nicht* hierher: Europäisches Parlament und Rat haben zwar eine Reihe kaufrechtlicher Richtlinien verabschiedet – insb. die Warenkaufrichtlinie 2019/771[2]. Diese Richtlinien sind jedoch grundsätzlich nicht unmittelbar anwendbar; sie führen lediglich zu einer Harmonisierung nationaler Kaufrechte innerhalb der Europäischen Union und verkörpern kein internationales Einheitsrecht. ◀

---

1 Verordnung 1215/2012/EU des Europäischen Parlaments und des Rates vom 12. Dezember 2012 über die gerichtliche Zuständigkeit und die Anerkennung und Vollstreckung von Entscheidungen in Zivil- und Handelssachen (Neufassung), ABl. EU Nr. L 351/1 v. 20.12.2012, ber. ABl. EU Nr. L 264/43 v. 30.9.3016; dazu *Staudinger/Steinrötter* JuS 2015, 1.

2 Richtlinie 2019/771/EU des Europäischen Parlaments und des Rates vom 20. Mai 2019 über bestimmte vertragsrechtliche Aspekte des Warenkaufs, ABl. EU Nr. L 136/28 v. 22.5.2019.

II. Internationales Privatrecht

3   Die Frage, welches Recht auf grenzüberschreitende Kaufverträge anzuwenden ist, richtet sich in der Europäischen Union nach der sogenannten Rom I-Verordnung.[3] Die Rom I-Verordnung betont bereits in ihren Erwägungsgründen, dass „die freie Rechtswahl der Parteien [...] einer der Ecksteine des Systems der Kollisionsnormen im Bereich der vertraglichen Schuldverhältnisse sein" soll. Das heißt: Die Parteien, in unserem Golf-Beispiel V und K, können sich grundsätzlich aussuchen, welches Recht gelten soll: Nach Art. 3 Abs. 1 Rom I [Freie Rechtswahl] gilt u.a.: Der Vertrag unterliegt dem von den Parteien gewählten Recht (Satz 1). Die Rechtswahl muss ausdrücklich erfolgen oder sich eindeutig aus den Bestimmungen des Vertrags oder aus den Umständen des Falles ergeben (Satz 2).

▶ **BEACHTE:** V und K stünde es grundsätzlich frei, sich auf das Recht eines Drittstaats zu verständigen – bspw. um ein neutrales Recht zu wählen und zu verhindern, dass eine der Parteien durch die Wahl ihres Heimatrechts bevorzugt wird. ◀

4   Haben die Parteien keine Rechtswahl getroffen, greift

> **Art. 4 Rom I [Mangels Rechtswahl anzuwendendes Recht]:** (1) Soweit die Parteien keine Rechtswahl ... getroffen haben, bestimmt sich das auf den Vertrag anzuwendende Recht ... wie folgt: a) Kaufverträge über bewegliche Sachen unterliegen dem Recht des Staates, in dem der Verkäufer seinen gewöhnlichen Aufenthalt hat [...].

Dementsprechend wäre auf den Kaufvertrag über den VW-Golf grundsätzlich polnisches Recht anwendbar. Das entspricht einem allgemeinen Grundgedanken des Internationalen Vertragsrechts: Maßgeblich ist das Recht des Staates, in dem die Partei ihren Sitz hat, die die *charakteristische* Leistung erbringt[4] – hier die den Kaufvertrag typisierende Besitz- und Eigentumsübertragung.

5   Besonderheiten bestehen allerdings bei **Verbraucherverträgen**. Nach

> **Art. 6 Rom I [Verbraucherverträge]** (1) [...] unterliegt ein Vertrag, den eine natürliche Person zu einem Zweck, der nicht ihrer beruflichen oder gewerblichen Tätigkeit zugerechnet werden kann („Verbraucher"), mit einer anderen Person geschlossen hat, die in Ausübung ihrer beruflichen oder gewerblichen Tätigkeit handelt („Unternehmer"), dem Recht des Staates, in dem der Verbraucher seinen gewöhnlichen Aufenthalt hat, sofern der Unternehmer
>
> a) seine berufliche oder gewerbliche Tätigkeit in dem Staat ausübt, in dem der Verbraucher seinen gewöhnlichen Aufenthalt hat, oder
>
> b) eine solche Tätigkeit auf irgendeiner Weise auf diesen Staat oder auf mehrere Staaten, einschließlich dieses Staates, ausrichtet
>
> und der Vertrag in den Bereich dieser Tätigkeit fällt.

6   Der **Normzweck des Art. 6 Rom I** liegt auf der Hand: Der Verbraucher wird durch die Regelungen des Staates seines gewöhnlichen Aufenthalts geschützt[5] und braucht sich nicht auf eine für ihn fremde Rechtsordnung einzulassen. Das setzt ggf. jedoch

---

3   Verordnung 593/2008/EG des Europäischen Parlaments und des Rates vom 17.6.2008 über das auf vertragliche Schuldverhältnisse anzuwendende Recht, ABl. EU Nr. L 177/6 v. 4.7.2008; einführend *Koch/Magnus/Winkler von Mohrenfels* IPR und Rechtsvergleichung, 4. Aufl. 2010, 113 ff.
4   Siehe nur: Erwägungsgrund 19 der Rom I-Verordnung.
5   Erwägungsgrund 25.

voraus, dass der Unternehmer seine Tätigkeit „auf diesen Staat oder auf mehrere Staaten, einschließlich dieses Staates, *ausrichtet*".[6] Hat Kfz-Händler V also in unserem Beispielsfall gezielt um Kunden jenseits der Grenze geworben – hat er bspw. in der Frankfurter Tageszeitung auf Deutsch um Kunden aus Frankfurt (Oder) und Umgebung geworben oder betreibt er eine Website unter der Top Level Domain „.de", über die er auf Deutsch und mit Preisangaben in Euro um Kunden aus seinem Nachbarland wirbt –, so wäre das Heimatrecht des K, d.h. deutsches Recht anzuwenden,[7] wenn K als Verbraucher gekauft haben sollte.

III. UN Kaufrecht (CISG)

1. Einführung

Internationale Kaufverträge richten sich vielfach nach dem **UN-Kaufrecht**, das meist als **CISG** (Convention on the International Sale of Goods) bezeichnet wird. Es handelt sich um das „Übereinkommen der Vereinten Nationen über Verträge über den internationalen Warenkauf"[8], das am 11.4.1980 in Wien unterzeichnet wurde. Für die Bundesrepublik Deutschland trat das Übereinkommen am 1.1.1991 in Kraft, für die DDR galt es bereits seit dem 1.1.1990. Inzwischen ist das CISG von 93 Staaten ratifiziert worden, darunter von allen führenden Industriestaaten mit Ausnahme des Vereinigten Königreichs. Dies ist kein Zufall, denn die Vertragsschlussregeln des CISG weichen nicht unerheblich vom englischen Recht ab – bspw. von der sogenannten *postal rule*.[9] Insoweit folgt das CISG eher kontinentaleuropäischen Vorstellungen. Dagegen orientieren sich die Rechtsfolgen einer nicht vertragsgemäßen Leistungserbringung am englischen Recht. Vorläufer des CISG waren die Haager Kaufgesetze, die sich jedoch nicht durchsetzen konnten.[10] Im Rahmen dieses Lehrbuchs können wir die Inhalte des UN-Kaufrechts nur andeuten, so dass Sie sich einen ersten Eindruck verschaffen können.

7

2. Anwendungsbereich

In **Teil I des CISG** (Art. 1 bis 13) finden Sie insbesondere die Bestimmungen über den **Anwendungsbereich** des UN-Kaufrechts:

8

> **Art. 1 [Anwendungsbereich]** (1) Dieses Übereinkommen ist auf Kaufverträge über Waren zwischen Parteien anzuwenden, die ihre Niederlassung in verschiedenen Staaten haben, a) wenn diese Staaten Vertragsstaaten sind oder b) wenn die Regeln des internationalen Privatrechts zur Anwendung des Rechts eines Vertragsstaats führen. [...]

---

6   Dazu bzw. zu der Parallelvorschrift der EUGVVO: EuGH, Urt. v. 7.12.2010, verb. Rs. C-585/08 und C-144/09 – Pammer und Alpenhof, EuZW 2011, 98 m. Anm. *Clausnitzer* (ECLI:EU:C:2010:740); siehe auch: EuGH, Urt. v. 6.9.2012, Rs. C-190/11 – Mühlthaler, VuR 2013, 27 m. Anm. *Schultheiß* (ECLI:EU:C:2012:542); EuGH, Urt. v. 17.10.2013, Rs. C-218/12 – Emrek, NJW 2013, 3504 m. Anm. *Staudinger/Steinrötter* (ECLI:EU:C:2013:666); vgl. auch *Wilke* EuZW 2015, 13.
7   Einzelheiten: MünchKomm-*Martiny* Art. 6 Rom I-Verordnung Rn. 40-44.
8   BGBl. 1989 II, S. 586, ber. 1990, 1699.
9   Die *postal rule* besagt, dass die Annahme auf den Zeitpunkt des Einwurfs eines korrekt adressierten und frankierten Briefs in den Briefkasten fällt (Adams v Lindsell (1818) 106 ER 250).
10 Einheitliches Gesetz über den internationalen Kauf beweglicher Sachen v. 17.7.1973, BGBl I, 856 (EKG); Einheitliches Gesetz über den Abschluss von internationalen Kaufverträgen über bewegliche Sachen v. 17.7.1973, BGBl I, S. 868 (EAG).

Art. 2 [**Anwendungsausschlüsse**]   Dieses Übereinkommen findet keine Anwendung auf den Kauf a) von Ware für den persönlichen Gebrauch oder den Gebrauch in der Familie oder im Haushalt, es sei denn, dass der Verkäufer vor oder bei Vertragsabschluss weder wusste noch wissen musste, dass die Ware für einen solchen Gebrauch gekauft wurde, [...].

Art. 6 [**Ausschluss, Abweichung oder Änderung durch Parteiabrede**]   Die Parteien können die Anwendung dieses Übereinkommens ausschließen oder, vorbehaltlich des Artikels 12, von seinen Bestimmungen abweichen oder deren Wirkung ändern.

9   Nach Art. 1 Abs. 1 gilt das CISG nur für **Kaufverträge über Waren**. Darunter versteht man grundsätzlich nur bewegliche Sachen (körperliche Gegenstände),[11] so dass Immobilienkaufverträge nicht erfasst werden. Auch der Rechtskauf und damit der Erwerb gewerblicher Schutzrechte fällt nicht unter das CISG.[12] Erforderlich ist zudem **Internationalität des Kaufvertrags**: Das CISG greift nur, wenn Verkäufer und Käufer ihre Niederlassung in verschiedenen Staaten haben.[13] Hinzu kommen muss noch der in Art. 1 Abs. 1 CISG verlangte Bezug zu den **Vertragsstaaten**. Nicht erforderlich ist, dass beide Staaten Vertragsstaaten des CISG sind. Vielmehr braucht nur der Staat Vertragsstaat zu sein, dessen Recht nach Maßgabe des IPR zur Anwendung berufen ist (Art. 1 Abs. 1 b) CISG).

▶ **BEISPIEL:** Kfz-Händler Boris (London) importiert 150 VW Golf aus Wolfsburg. Mangels Rechtswahl wäre gemäß Art. 4 Abs. 1 a) der Rom I-Verordnung deutsches Recht anzuwenden (Verkäufer ist VW in Wolfsburg) – und damit das CISG als (ratifizierter) Bestandteil der deutschen Rechtsordnung. ◀

10   Das CISG gilt **nicht** für **Kaufverträge, die zu privaten Zwecken** abgeschlossen werden (Art. 2 a)), ist also nicht auf einen Verbraucherkauf anzuwenden. Das heißt umgekehrt: Kaufverträge, die der Käufer im geschäftlichen, gewerblichen oder beruflichen Interesse abschließt, fallen unter das UN-Kaufrecht.[14] Kauft jemand ein Pferd für 650.000 Euro, hat er zuvor einen Trainer geschickt, um das Pferd zu besichtigen und zu reiten, und nimmt er anschließend mit dem Pferd an Turnieren auf hohem Niveau teil, so ist nicht mehr von einem nach Art. 2 a) CISG ausgenommenem Verbraucherkauf auszugehen und es gilt das CISG.[15]

11   Die Parteien können die Anwendung des CISG ausschließen (Art. 6 CISG) – ggf. auch konkludent, d.h. durch schlüssiges Verhalten.[16] Dabei ist zu beachten, dass eine **Rechtswahl** (Art. 3 der Rom I-Verordnung) nicht ohne weiteres bedeutet, dass die Parteien das CISG ausgeschlossen hätten:[17] Wählen sie bspw. deutsches Recht, so wählen sie das CISG gleich mit. Wollen die Parteien die deutsche Rechtsordnung wählen, aber nicht an das CISG gebunden sein, so müssen sie neben der Rechtswahl die Anwendbarkeit des CISG ausschließen (opt-out). Wählen die Parteien dagegen eine Rechtsordnung, die das CISG nicht enthält, etwa die englische, so kommt das CISG

---

11 Schlechtriem/Schwenzer/Schroeter-*Ferrari* Art. 1 CISG Rn. 34.
12 MünchKomm-*Huber* Art. 1 CISG Rn. 16.
13 Im Einzelnen: MünchKomm-*Huber* Art. 1 CISG Rn. 25.
14 MünchKomm-*Huber* Art. 2 CISG Rn. 4.
15 Rechtbank Oost Brabant, Urt. v. 28.11.2018, CISG-Niederlande; referiert u.a. bei *Piltz* NJW 2019, 2516.
16 Staudinger-*Magnus* Wiener UN-Kaufrecht Art. 6 CISG Rn. 20.
17 *Piltz* NJW 2019, 2516, 2518.

auch nicht zur Anwendung. Die Parteien können aber auch in diesem Fall die Geltung des CISG vereinbaren (opt-in).

3. Vertragsschluss

Teil II des CISG (Art. 14 bis 24) enthält Regeln über den **Vertragsschluss** (im BGB: §§ 145 ff.), der – genau wie im BGB auch – eine Einigung auf der Basis von Angebot und Annahme erfordert. Die Regelungen stimmen teils mit denen des BGB überein: **12**

> **Art. 14 [Angebot]** (1) [1]Der an eine oder mehrere bestimmte Personen gerichtete Vorschlag zum Abschluss eines Vertrages stellt ein Angebot dar, wenn er bestimmt genug ist und den Willen des Anbietenden zum Ausdruck bringt, im Falle der Annahme gebunden zu sein.

> **Art. 15 [Wirksamwerden des Angebots]** (1) Ein Angebot wird wirksam, sobald es dem Empfänger zugeht. (2) Ein Angebot kann, selbst wenn es unwiderruflich ist, zurückgenommen werden, wenn die Rücknahmeerklärung dem Empfänger vor oder gleichzeitig mit dem Angebot zugeht.

Die Formulierung in Art. 15 Abs. 2 CISG weicht zwar von der des BGB ab; inhaltlich stimmt die Rechtslage jedoch überein. Die „Rücknahmeerklärung" ist nämlich nichts anderes als der Widerruf i.S. von § 130 Abs. 1 Satz 2 BGB. Dagegen erlaubt das CISG – anders als das BGB – auch einen sogenannten Widerruf des Angebots bis zum Abschluss des Vertrags: **13**

> **Artikel 16 [Widerruf des Angebots]** (1) Bis zum Abschluss des Vertrages kann ein Angebot widerrufen werden, wenn der Widerruf dem Empfänger zugeht, bevor dieser eine Annahmeerklärung abgesandt hat. (2) Ein Angebot kann jedoch nicht widerrufen werden, a) wenn es durch Bestimmung einer festen Frist zur Annahme oder auf andere Weise zum Ausdruck bringt, dass es unwiderruflich ist, oder b) wenn der Empfänger vernünftigerweise darauf vertrauen konnte, dass das Angebot unwiderruflich ist, und er im Vertrauen auf das Angebot gehandelt hat.

▶ **BEISPIEL:** V aus Deutschland bietet K in den Niederlanden schriftlich die Lieferung von 20 t Altmetall an. Besondere Bedingungen liegen dem Angebot nicht zugrunde. Wenige Stunden nach Absendung des Angebots sieht V eine Möglichkeit, das Altmetall wesentlich günstiger nach Russland verkaufen zu können. Ist V an sein Angebot gebunden? Ob es inzwischen den K erreicht hat, weiß V nicht. ◀

Im **Altmetallfall** braucht V sich nicht darum zu kümmern, ob sein Angebot zugegangen ist: Vor Zugang kann er es zurücknehmen (Art. 15 Abs. 2 CISG), nach Zugang widerrufen (Art. 16 Abs. 1 CISG). Das läuft im Grunde auf das Gleiche hinaus. Nach Maßgabe des BGB hingegen kommt es darauf an, ob das *Angebot* des V zugegangen ist, denn das Angebot ist – ab diesem Zeitpunkt – bindend, und zwar ohne Rücksicht darauf, ob K es angenommen hat. **14**

Unterschiede bestehen auch im Hinblick auf die **Einbeziehung von AGB:** Im UN-Kaufrecht sind grundsätzlich die Vorschriften über Angebot und Annahme (Art. 14 ff. CISG) anzuwenden. Daraus folgert man, dass die AGB beigefügt werden müssen, um wirksam zu werden. Die bloße Möglichkeit der Kenntnisnahme (siehe § 305 Abs. 2 Nr. 2 BGB) soll im UN-Kaufrecht nicht ausreichen. Der BGH fordert insoweit vielmehr „vom Verwender von AGB, dass er dem Erklärungsgegner deren Text übersendet **15** oder anderweitig zugänglich macht" und beruft sich u.a. auf absehbare (erhebliche) Unterschiede zwischen den (nationalen) Klauselwerken.[18] Schickt ein holländisches Unternehmen seinem Vertragspartner (ein griechisches Unternehmen) AGB, die auf Holländisch verfasst sind, obwohl die Vertragsverhandlungen vollständig auf Englisch stattgefunden haben und auf der griechischen Seite niemand Holländisch versteht, so werden diese AGB nicht Vertragsinhalt.[19] Dem Vertragspartner wurde aufgrund der Sprachbarriere eine hinreichende Kenntnisnahme-Möglichkeit der AGB verwehrt.

4. Warenkauf

16   Herzstück des UN-Kaufrechts sind die in **Teil III des CISG** (Art. 25-88) enthaltenen, in fünf Kapitel unterteilten **Vorschriften über den Warenkauf:** Neben Allgemeinen Vorschriften enthält es insbesondere Kapitel über die Pflichten des Verkäufers (Art. 30 ff. CISG), die Pflichten des Käufers (Art. 52 ff. CISG) und den Gefahrübergang (Art. 46 ff. CISG).

a) Pflichten des Verkäufers

aa) Lieferung einer vertragsgemäßen Ware

17   Der **Verkäufer** ist gemäß Art. 30 CISG verpflichtet, die Ware zu liefern, ggf. erforderliche Begleitdokumente zu übergeben und das Eigentum an der Ware zu übertragen. Die Ware hat – bei **Gefahrübergang** (Art. 36 Abs. 1 CISG) – **vertragsgemäß** zu sein:

> **Art. 35** [Vertragsmäßigkeit der Ware] (1) Der Verkäufer hat Ware zu liefern, die in Menge, Qualität und Art sowie hinsichtlich Verpackung oder Behältnis den Anforderungen des Vertrages entspricht. (2) Haben die Parteien nichts anderes vereinbart, so entspricht die Ware dem Vertrag nur, a) wenn sie sich für die Zwecke eignet, für die Ware der gleichen Art gewöhnlich gebraucht wird; b) wenn sie sich für einen bestimmten Zweck eignet, der dem Verkäufer bei Vertragsabschluss ausdrücklich oder auf andere Weise zur Kenntnis gebracht wurde, sofern sich nicht aus den Umständen ergibt, dass der Käufer auf die Sachkenntnis und das Urteilsvermögen des Verkäufers nicht vertraute oder vernünftigerweise nicht vertrauen konnte; c) wenn sie die Eigenschaften einer Ware besitzt, die der Verkäufer dem Käufer als Probe oder Muster vorgelegt hat; d) wenn sie in der für Ware dieser Art üblichen Weise oder, falls es eine solche Weise nicht gibt, in einer für die Erhaltung und den Schutz der Ware angemessenen Weise verpackt ist. [...]

18   Bei Lieferung einer vertragswidrigen Ware liegt eine **Vertragsverletzung** des Verkäufers vor. Die Parallelen zum Mangel (siehe § 434 BGB) und zur Pflichtverletzung des Verkäufers (§§ 433 Abs. 1 Satz 2, 280 Abs. 1 BGB) i.S. des BGB liegen auf der Hand und beruhen darauf, dass sich die Richtlinien über den Verbrauchsgüter- und den Warenkauf am UN-Kaufrecht und das BGB an den Richtlinien orientieren.

▶ **BEISPIEL:**[20] Gemüsehändler H aus Helsinki kauft bei dem deutschen Gemüse-Lieferanten L aus Brandenburg 100 kg Paprika ein. Vereinbart wurde, dass L dem H dampfbehandelte

---

18   BGH NJW 2002, 370, 371; Staudinger-*Magnus* Wiener UN-Kaufrecht Art. 14 CISG Rn. 41; Schlechtriem/Schwenzer/Schroeter-*Schroeter* Art. 14 CISG Rn. 127.

19   Rechtbank Overijssel, Urt. v. 30.7.2019 – CV EXPL 18-3828, IHR 2020, 16 f.; referiert u.a. bei *Magnus* ZEuP 2020, 645.

20   Vgl. Turku Court of Appeals, CISG-online Nr. 2369; siehe auch *Piltz* NJW 2017, 2449, 2454.

Paprika liefert. L liefert jedoch strahlungsbehandelte Paprika, die aufgrund der Bestrahlung kaum verkäuflich ist. Die Ware ist also vertragswidrig. ◀

bb) Haftung nur für gerügte Mängel der Ware

Das UN-Kaufrecht enthält – genau wie der auf einen Handelskauf anwendbare § 377 HGB – eine **Rügeobliegenheit** des Käufers, der die Ware untersuchen (Art. 38 CISG) und die bei der Untersuchung ggf. festgestellten Mängel anzeigen muss (Art. 39 Abs. 1 CISG), um seine Rechte wegen des Mangels nicht zu verlieren. Die **Untersuchung** muss „innerhalb einer so kurzen Frist" erfolgen, „wie es die Umstände erlauben". Die Parteien können Art und Umfang der Untersuchung vereinbaren.[21] Mangels Parteivereinbarung kann sich die Art und Weise aus Gepflogenheiten und Handelsbräuchen ergeben.[22] Im Übrigen ist dies eine Frage des Einzelfalls. So muss der Käufer Waren, die zur Verarbeitung vorgesehen sind, probeweise verarbeiten.[23] Handelt es sich um eine Lieferung größerer Mengen, beschränkt sich die Untersuchungsobliegenheit auf die Prüfung von Stichproben.[24] Die Parteien können die Dauer der Untersuchungsfrist vereinbaren. Im Übrigen ist auch dies eine Frage des Einzelfalls. Muss zur Prüfung der Ware ein komplexes Prüfverfahren durchgeführt werden, kann die Frist mehrere Wochen betragen.[25] Handelt es sich dagegen um schnell verderbliche und saisongebundene Ware (z.B. Tannengrün für Adventskränze), ist die Frist kurz und die Ware unmittelbar bei Anlieferung zu untersuchen.[26]

19

Stellt der Käufer eine Vertragswidrigkeit fest, so muss er sie dem Verkäufer **anzeigen**; andernfalls verliert er seine Mängelrechte:

20

> **Art. 39 [Mängelrüge]** (1) Der Käufer verliert das Recht, sich auf eine Vertragswidrigkeit der Ware zu berufen, wenn er sie dem Verkäufer nicht innerhalb einer angemessenen Frist nach dem Zeitpunkt, in dem er sie festgestellt hat oder hätte feststellen müssen, anzeigt und dabei die Art der Vertragswidrigkeit genau bezeichnet.

Dem Käufer stehen mangels rechtzeitiger Mängelrüge keine Rechtsbehelfe wegen des Mangels zu. Hat er die Art des Mangels nicht genau bezeichnet und stattdessen bloß mitgeteilt, der Verkäufer möge „den Mist" wieder abholen, so reicht das nicht aus.[27] Es gibt nur wenige Ausnahmen vom Erfordernis der Anzeige, nämlich dann, wenn der Verkäufer die Vertragswidrigkeit kannte oder über sie nicht in Unkenntnis sein konnte (Art. 40 CISG), oder wenn der Käufer für eine Unterlassung oder Verspätung der Anzeige entschuldigt ist (Art. 44 CISG).[28]

cc) Rechtsbehelfe des Käufers bei vertragswidrigen Waren

Erfüllt der Verkäufer seiner Pflicht zur Lieferung einer vertragsgemäßen Ware nicht, stehen dem Käufer die gleichen **Rechtsbehelfe wegen Vertragsverletzung durch den Verkäufer** zu, die auch das BGB in § 437 Nr. 1-3 vorsieht: Nacherfüllung (Art. 46

21

---

21 Schlechtriem/Schwenzer/Schroeter-*Schwenzer* Art. 38 CISG Rn. 11.
22 MünchKomm-*Gruber* Art. 38 CISG Rn. 21.
23 Schlechtriem/Schwenzer/Schroeter-*Schwenzer* Art. 38 Rn. 14.
24 Vgl. m.w.N. Schlechtriem/*Schwenzer*/Schroeter Art. 38 Rn. 14.
25 MünchKomm-*Gruber* Art. 39 CISG Rn. 59.
26 LG Kleve IHR 2018, 149; BeckRS 2018, 50814.
27 LG Kleve IHR 2018, 149; siehe auch: *Piltz* NJW 2019, 2516, 2520.
28 BGH NJW 2006, 1443, 1444, der Art. 44 CISG eng auslegt.

Abs. 2 und 3 CISG), Aufhebung des Vertrags (Art. 49 CISG), Minderung (Art. 50 CISG) und Schadensersatz (Art. 74–77 CISG).

22   Der **Nacherfüllungsanspruch** des Käufers richtet sich alternativ auf Ersatzlieferung (Art. 46 Abs. 2 CISG) oder auf Nachbesserung (Absatz 3):

> **Art. 46 [Recht des Käufers auf Erfüllung oder Nacherfüllung]** (1) Der Käufer kann vom Verkäufer Erfüllung seiner Pflichten verlangen, [...]. (2) Ist die Ware nicht vertragsgemäß, so kann der Käufer Ersatzlieferung nur verlangen, wenn die Vertragswidrigkeit eine wesentliche Vertragsverletzung darstellt [...]. (3) Ist die Ware nicht vertragsgemäß, so kann der Käufer den Verkäufer auffordern, die Vertragswidrigkeit durch Nachbesserung zu beheben, es sei denn, dass dies unter Berücksichtigung aller Umstände unzumutbar ist.

> **Art. 47 [Nachfrist]** (1) Der Käufer kann dem Verkäufer eine angemessene Nachfrist zur Erfüllung seiner Pflichten setzen.

23   Im Unterschied zu §§ 437 Nr. 1, 439 Abs. 1 BGB kann eine **Ersatzlieferung** im UN-Kaufrecht also nur verlangt werden, wenn eine **wesentliche Vertragsverletzung** vorliegt. Diese Beschränkung reflektiert die hohen Transportkosten, die das Ersatzlieferungsverlangen bei internationalen Warenkäufen typischerweise verursacht.[29] Eine von einer Partei begangene Vertragsverletzung ist gemäß Art. 25 CISG **wesentlich**, wenn sie für die andere Partei einen solchen Nachteil zur Folge hat, dass ihr im Wesentlichen entgeht, was sie nach dem Vertrag hätte erwarten dürfen.[30] Das hat bspw. ein Pariser Gericht bei verkauften Schnellkochtöpfen angenommen, die bestimmte Sicherheitsstandards nicht erfüllt und eine Gefahr für den Benutzer ausgelöst haben.[31] Die Nacherfüllung muss generell mit der Rüge (oder innerhalb angemessener Frist nach der Rüge) verlangt werden (Art. 46 Abs. 2 und Abs. 3 Satz 2 CISG). Sind sowohl die Voraussetzungen einer Ersatzlieferung als auch die eines Nachbesserungsanspruchs erfüllt, kann der Käufer wählen.[32]

24   Art. 48 Abs. 1 Satz 1 CISG [Recht des Verkäufers zur Nacherfüllung] erlaubt es dem Verkäufer, „einen Mangel in der Erfüllung seiner Pflichten auch nach dem Liefertermin auf eigene Kosten zu beheben" und damit Ansprüchen des Käufers zuvorzukommen (Behebungsrecht). Dies darf allerdings keine unzumutbaren Unannehmlichkeiten für den Käufer mit sich bringen (Satz 2). Schadensersatzansprüche werden dadurch nicht abgeschnitten (Satz 3).

25   Das Recht des Käufers zur **Vertragsaufhebung** (Art. 49 CISG) entspricht funktional dem Rücktrittsrecht des Käufers i.S. der §§ 437 Nr. 2, 323 BGB und setzt – genau wie die Inanspruchnahme auf Ersatzlieferung – eine wesentliche Vertragsverletzung voraus:

> **Art. 49 [Vertragsaufhebung]** (1) Der Käufer kann die Aufhebung des Vertrages erklären, a) wenn die Nichterfüllung einer dem Verkäufer nach dem Vertrag oder diesem Übereinkommen obliegenden Pflicht eine wesentliche Vertragsverletzung darstellt oder b) wenn im Falle der Nichtlieferung der Verkäufer die Ware nicht innerhalb der vom Käufer nach Art. 47 Absatz 1 gesetzten Nachfrist liefert oder wenn er erklärt, dass er nicht innerhalb der so gesetzten Frist liefern wird.

---

29   MünchKomm-*Huber* Art. 46 CISG Rn. 14.
30   Zu dieser Vorschrift BGHZ 202, 258 = NJW 2015, 867.
31   Cour d'appel Paris 4 juin 2004, 2002/18702, no. CISG-online 872; siehe auch: siehe auch: MünchKommHGB-*Benicke* Art. 25 CISG Rn. 35.
32   MünchKomm-*Huber* Art. 46 CISG Rn. 63.

Hat der Verkäufer die vertragswidrige Ware geliefert, so verliert der Käufer gemäß 26
Art. 49 Abs. 2 b) CISG sein Recht, die Aufhebung des Vertrags zu verlangen, wenn
er „die Aufhebung nicht innerhalb einer angemessenen Frist erklärt, i) nachdem er
die Vertragsverletzung kannte oder kennen musste, ii) nachdem eine vom Käufer nach
Art. 47 Abs. 1 gesetzte Nachfrist abgelaufen ist oder nachdem der Verkäufer erklärt
hat, dass er seine Pflichten nicht innerhalb der Nachfrist erfüllen wird, oder iii) nachdem eine vom Verkäufer nach Artikel 48 Abs. 2 [zur Behebung] gesetzte Frist abgelaufen ist oder nachdem der Käufer erklärt hat, dass er die Erfüllung nicht annehmen
wird."

Davon abgesehen besteht bei nicht vertragsgemäßer Ware das Recht zur **Minderung** 27
gemäß Art. 50 Satz 1 CISG, d.h. zur Herabsetzung des Kaufpreises „in dem Verhältnis,
in dem der Wert, den die tatsächlich gelieferte Ware im Zeitpunkt der Lieferung hatte,
zu dem Wert steht, den vertragsgemäße Ware zu diesem Zeitpunkt gehabt hätte." Eine
Minderung ist nicht möglich, wenn der Verkäufer den Mangel behoben hat oder wenn
der Käufer sich weigert, die (Nach-)Erfüllung des Verkäufers nach Art. 37 oder 48
CISG anzunehmen.

Denkbar ist schließlich auch eine **Haftung des Verkäufers auf Schadensersatz**, die un- 28
abhängig von den anderen Rechtsbehelfen in Betracht kommt (Art. 45 Abs. 2 CISG).
Eigentliche Anspruchsgrundlage ist Art. 45 Abs. 1 b) CISG, Inhalt und Umfang der
Haftung richten sich nach Art. 74-77 CISG.

> **Art. 45 [Rechtsbehelfe des Käufers; ...]** (1) Erfüllt der Verkäufer eine seiner Pflichten
> nach dem Vertrag oder diesem Übereinkommen nicht, so kann der Käufer [...] b) Scha-
> denersatz nach Art. 74 bis 77 verlangen.

> **Art. 74 [Umfang des Schadenersatzes]** Als Schadenersatz für die durch eine Partei began-
> gene Vertragsverletzung ist der der anderen Partei infolge der Vertragsverletzung entstan-
> dene Verlust, einschließlich des entgangenen Gewinns, zu ersetzen. Dieser Schadenersatz
> darf jedoch den Verlust nicht übersteigen, den die vertragsbrüchige Partei bei Vertragsab-
> schluss als mögliche Folge der Vertragsverletzung vorausgesehen hat oder unter Berück-
> sichtigung der Umstände, die sie kannte oder kennen musste, hätte voraussehen müssen.

Die Regelung folgt im Wesentlichen Vorstellungen aus dem anglo-amerikanischen 29
Rechtskreis. Der größte Unterschied zum deutschen Recht besteht darin, dass die
Haftung auf Schadensersatz **kein Verschulden** voraussetzt. Dieser Unterschied wird
allerdings dadurch relativiert, dass § 280 Abs. 1 Satz 2 BGB das Verschulden vermutet
und damit eine Beweislastumkehr zugunsten des Käufers vorsieht. Um die weitreichen-
de Haftung auf Schadensersatz im UN-Kaufrecht zu begrenzen, wird nur der **vorher-
sehbare Schaden** ersetzt (Art. 74 Satz 2 CISG).[33] Des Weiteren ist nach Art. 75 CISG
der Aufwand für einen Deckungskauf zu ersetzen. Ist trotz Vertragsaufhebung kein
Deckungskauf vorgenommen worden, kann der Käufer den Unterschied zwischen dem
im Vertrag vereinbarten Preis und dem Marktpreis verlangen (Art. 76 CISG). Schließlich enthält das CISG eine Schadensminderungspflicht des Geschädigten (Art. 77).

---

[33] Die Vorhersehbarkeitsregel wird im common law seit der Entscheidung *Hadley v. Baxendale*, 1854, 9 Exche-
quer Court 341, angewendet.

b) Pflichten des Käufers

30   Der **Käufer** ist – genau wie im BGB – zur Kaufpreiszahlung (Art. 54 CISG) und zur Abnahme (Art. 60 CISG) verpflichtet. Die Pflicht des Käufers zur Kaufpreiszahlung und die des Verkäufers zur Lieferung sind *Zug um Zug* zu erfüllen (Art. 58 CISG). Die Parteien können alternativ, aber auch unabhängig vom Zeitpunkt der Lieferung, einen festen Termin für die Kaufpreiszahlung vereinbaren.

5. Lücken

31   Der Regelungsanspruch des CISG geht einerseits über das Kaufrecht des BGB hinaus, weil das Übereinkommen auch Regeln über den Vertragsschluss enthält, die sich im BGB im Allgemeinen Teil befinden. Andererseits hat es nicht dessen Regelungsdichte, so dass **Lücken** vorhanden sind, die zunächst durch die dem CISG zugrundeliegenden allgemeinen Grundsätze zu schließen sind, und, falls dies nicht ausreicht, nach dem anzuwendenden nationalen Recht, in Fällen, in denen deutsches Recht anzuwenden ist, also nach dem BGB (Art. 7 Abs. 2 CISG).

▶ **BEISPIEL:** Autohändler K in Frankreich hat Autos beim deutschen Hersteller VW bestellt. Er möchte den Kaufvertrag anfechten, weil VW ihm arglistig Eigenschaften der Fahrzeuge vorgespiegelt hat, die tatsächlich nicht vorhanden sind (Dieselskandal). ◀

32   Das CISG enthält keine **Anfechtungsregeln**. Allgemeine Grundsätze lassen sich nicht finden. Also muss zur Lückenfüllung das nach der Rom I-VO anwendbare Recht ermittelt werden. Mangels Rechtswahl ist das Recht des Sitzstaates des Verkäufers anzuwenden (Art. 4 Abs. 1 a) Rom I-VO; hier: Rn. 4). K kann also nach § 123 Abs. 1 BGB anfechten. Weitere Beispiele für fehlende Regelungen im CISG sind **Vertretung, Aufrechnung, Verjährung** oder die Fragen rund um den **Eigentumsübergang**. Das CISG macht also in erheblichem Umfang den Rückgriff auf nationales Recht erforderlich.

▶ **LÖSUNGSHINWEISE ZU FALL 12:** K müsste ggf. am Sitz des V, in Chemnitz, auf Rückzahlung des Kaufpreises klagen (Art. 4 Abs. 1 Brüssel I a-Verordnung). Das LG Chemnitz müsste das anwendbare Recht auf der Basis des Internationalen Privatrechts bestimmen, das in der Bundesrepublik Deutschland gilt. Einschlägig wäre also die Rom I-Verordnung. Diese sieht in Art. 4 Abs. 1 a) vor, dass das am Sitz des Verkäufers geltende Recht, hier also deutsches Recht anzuwenden ist (siehe Rn. 4). Da es sich bei dem Kaufvertrag zwischen V und K um einen Kaufvertrag zwischen Parteien handelt, die ihre Niederlassung in verschiedenen Staaten haben und da die Regeln des Internationalen Privatrechts zur Anwendung des Rechts eines Vertragsstaats (Bundesrepublik Deutschland) führen, wäre gemäß Art. 1 Abs. 1 b) CISG das UN-Kaufrecht als integraler Bestandteil des deutschen Rechts anzuwenden. Die Parteien haben es nicht abbedungen, so dass BGB und HGB insoweit verdrängt werden. Darauf, dass Großbritannien kein Vertragsstaat ist, kommt es nicht an.

Nach UN-Kaufrecht hat K das Recht verloren, sich auf die Vertragswidrigkeit (siehe Art. 35 Abs. 1 CISG – Quantitätsmangel; hier: Rn. 17) zu berufen, weil er nicht rechtzeitig gerügt hat (Art. 39 CISG). Nach Art. 38 CISG hätte er innerhalb kurzer Frist rügen müssen. Sechs Wochen sind zu lang. Hätte er rechtzeitig gerügt, so hätte er ein Recht zur Vertragsaufhebung nach Art. 49 Abs. 1 CISG gehabt, denn eine Fehlmenge von 25 % bedeutet eine wesentliche Vertragsverletzung. V könnte sich nicht auf die Art. 38 f. CISG berufen, wenn die Vertragswidrigkeit auf Tatsachen beruht, die er kannte oder über die er nicht in Unkenntnis sein konnte und die er dem Käufer nicht offenbart hat (Art. 40 CISG). ◀

WIEDERHOLUNGS- UND VERTIEFUNGSFRAGEN

> Welche Grundregeln gelten zur Ermittlung des auf einen grenzüberschreitenden Kaufvertrag anwendbaren Rechts?

> Welche Verbraucherschutzregeln gibt es in diesem Zusammenhang?

> Wie unterscheidet sich das CISG von der Warenkaufrichtlinie?

> Wie regelt das CISG den Vertragsschluss?

> Stellen Sie die Rügepflicht des Käufers nach CISG dar!

> Welche Rechtsbehelfe stellt das CISG bei einer Vertragsverletzung zur Verfügung? Welche kommen nur bei einer erheblichen Vertragsverletzung zur Anwendung?

> Worin besteht der entscheidende Unterschied zwischen Schadensersatzansprüchen nach CISG und nach BGB?

§ 14 Schenkung

▶ **FALL 13:** S war ursprünglich Alleingesellschafter der G-GmbH. Vor längerer Zeit hatte er seiner damals noch minderjährigen Tochter T formgerecht einen Gesellschaftsanteil von 20 % schenkungsweise übertragen. Als T den B heiratet, schenkt S seinem Schwiegersohn einen weiteren Gesellschaftsanteil von ebenfalls 20 %, um die G als Familienunternehmen generationenübergreifend aufzustellen. Im verflixten siebten Jahr nach der Heirat entdeckt T, dass B sie betrügt. T trägt sich deshalb mit Scheidungsgedanken. S möchte wissen, ob er den Gesellschaftsanteil von B zurückverlangen kann. ◀

I. Gesetzliche Regelung

1   Das BGB regelt die **Schenkung** in den §§ 516 ff. Es verwendet die Begriffe Schenker, Beschenkter und Geschenk, beschreibt den Schenkungsakt als unentgeltliche Zuwendung und behandelt insbesondere

- den Begriff der Schenkung (§ 516 BGB),
- die Form des Schenkungsversprechens (§ 518 BGB),
- die Einrede des Notbedarfs (§ 519 BGB),
- die Haftung des Schenkers (§§ 521-524 BGB),
- die Schenkung unter Auflage (§§ 525-527 BGB),
- die Rückforderung des Geschenks (§§ 528 f., 534 BGB) und
- den Widerruf der Schenkung (§§ 530-534 BGB).

Die Funktion der §§ 516 ff. BGB besteht vor allem im **Schutz des Schenkers** – bei Verarmung (§§ 519, 528 BGB) und bei Pflichtverletzungen (§§ 521 ff. BGB), für die ein Schenker nicht so streng haften soll wie bspw. ein Verkäufer, sowie bei grobem Undank des Beschenkten (§§ 530 ff. BGB). Besonderheiten ergeben sich im Hinblick auf die Haftung des Schenkers (§§ 523 f. BGB) und den **Verbrauchervertrag über die Schenkung digitaler Produkte** (siehe § 516a Abs. 1 BGB).

2   Im Hinblick auf die unterschiedlichen **Modalitäten und Motive einer Schenkung** unterscheidet man u.a. die Handschenkung die als solche sofort vollzogen wird, die Zweckschenkung, die den Zuwendungsempfänger zu einem bestimmten Verhalten veranlassen will, die gemischte Schenkung, bei der die Leistung teils entgeltlich und teils unentgeltlich zugewendet wird und die Schenkung unter Auflage.

II. Vertragsgegenstand und Vertragsschluss

1. Vertragsgegenstand

3   Eine Schenkung ist eine unentgeltliche **Zuwendung** des Schenkers an den Beschenkten. Eine Zuwendung setzt voraus, dass „jemand [der Schenker] aus seinem Vermögen einen anderen [den Beschenkten] bereichert" (§ 516 Abs. 1 BGB). Auf der Seite des Schenkers muss also eine „*Ent*reicherung" und auf der Seite des Beschenkten eine „*Be*reicherung" stattfinden.[1] Entreicherungs- und Bereicherungsgegenstand brauchen allerdings nicht identisch zu sein.[2] Neben der **unmittelbaren Schenkung** (der Gegenstand der Zuwendung fließt unmittelbar aus dem Vermögen des Schenkers in das des

---

1   BGH NJW 1990, 2616.
2   BGH NJW 1990, 2616.

Beschenkten) ist also auch eine **mittelbare Schenkung** möglich: Der Schenker kauft den zu schenkenden Gegenstand bei einem Dritten, der Dritte liefert direkt an den Beschenkten,[3] oder der Beschenkte selbst erwirbt das Geschenk mit Mitteln des Schenkers.[4]

Das Geschenk (die verschenkte Sache oder das verschenkte Recht) muss dem Beschenkten **in seiner Substanz** zufließen.[5] Erforderlich ist „eine Zuwendung, durch die der Schenker die Substanz seines Vermögens vermindert und das Vermögen des Beschenkten entsprechend vermehrt."[6] Deswegen kann weder eine Leihe (§ 598 BGB) noch ein unentgeltliches Darlehen eine Schenkung sein.[7]   **4**

2. Vertragsschluss

Die Schenkung ist ein **einseitig verpflichtender Vertrag**.[8] Die Einigung richtet sich nach   **5**
§§ 145 ff. BGB. Allerdings modifiziert § 516 Abs. 2 BGB die **Annahme** für den Fall, dass die Zuwendung bereits erfolgt ist: Die Schenkung gilt auch ohne Annahmeerklärung als angenommen, wenn der Beschenkte sie nicht ablehnt, nachdem der Schenker den Beschenkten mit Fristsetzung zur Abgabe einer Erklärung über die Annahme aufgefordert hat. Schweigt er, gilt sie als angenommen.[9] Tatsächlich wird der Beschenkte „regelmäßig keinen Anlass haben ..., die Zuwendung als Schenkung abzulehnen";[10] er ist ja schließlich einseitig Begünstigter.

Mangels Rechtsbindungswillens liegt bei einer bloßen **Gefälligkeit** kein Schenkungs*ver-*   **6**
trag vor: Objektiv, auf der Grundlage des Empfängerhorizonts ist bspw. bei einer Einladung auf eine Tasse Kaffee nicht davon auszugehen, dass sich der Einladende i.S. der §§ 516 ff. BGB rechtlich binden und ggf. Erfüllungs- und (wenn auch eingeschränkte) Haftungsansprüche begründen will.

3. Notarielle Form des Schenkungsversprechens

Nach § 518 Abs. 1 BGB ist eine notarielle Beurkundung des Schenkungsversprechens   **7**
erforderlich. Sinn der Vorschrift ist der **Übereilungsschutz**.[11] Der Schenker soll sich sorgfältig überlegen, ob er sich wirklich unentgeltlich von Teilen seines Vermögens trennen will. Auch die Vermeidung von Streitigkeiten nach dem Tode des Schenkers wird als Schutzzweck angesehen.[12] Bitte beachten Sie, dass sich die **Formbedürftigkeit** nur auf das **Schenkungsversprechen**, d.h. auf die Willenserklärung des Schenkers, und nicht auf den Schenkungsvertrag insgesamt bezieht. Der Schenkungsvertrag insgesamt muss nur notariell beurkundet werden, wenn sich dies aus anderen Vorschriften ergibt, z.B. bei der Schenkung eines Grundstücks (§ 311b BGB).[13]

Die Formvorschrift gilt nur, solange die Schenkung noch nicht vollzogen ist: § 518   **8**
Abs. 2 BGB ordnet die **Heilung** des Formmangels durch die Bewirkung der versproche-

---

3 Staudinger-*Chiusi* § 516 Rn. 25.
4 BGH NJW 1990, 2616.
5 BGH NJW 1987, 2816.
6 BGH NJW 1987, 2816.
7 BGH NJW 1987, 2816; MünchKomm-*Koch* § 516 Rn. 6.
8 Erman-*Hähnchen* Vorbemerkung vor § 516 Rn. 2; TWT-*Stenzel* § 516 Rn. 1.
9 MünchKomm-*Koch* § 516 Rn. 49.
10 *Mugdan*, Bd. 2, Recht der Schuldverhältnisse, S. 160.
11 TWT-*Stenzel* § 518 Rn. 1; vgl. MünchKomm-*Koch* § 518 Rn. 1.
12 BGH NJW 1970, 941.
13 Vgl. zur Schenkung eines Grundstücks: MünchKomm-*Koch* § 518 Rn. 21.

nen Leistung an. Dies setzt voraus, dass die Einigung im Zeitpunkt des Vollzugs noch vorliegt.[14] Aus dieser Vorschrift ergibt sich auch, dass eine Handschenkung formfrei möglich ist, weil die Leistung sogleich erbracht wird.

III. Unentgeltliche Zuwendung

1. Überblick

9   Das charakteristische Merkmal der Schenkung ist die **unentgeltliche Zuwendung**. Unter einer Zuwendung versteht man „die Hingabe eines Vermögensbestandteils von einer Person zugunsten einer anderen".[15] Eine solche Zuwendung ist unentgeltlich, wenn sie unabhängig von einer den Erwerb (der Zuwendung) ausgleichenden Gegenleistung ist.[16] Im Einzelnen ist sorgfältig zu unterscheiden:

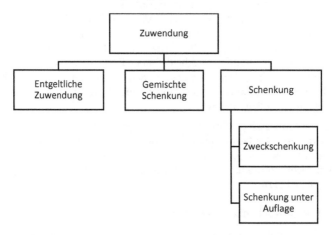

10   Eine Schenkung scheidet von vornherein aus, wenn die Leistung (Zuwendung) mit einer (synallagmatischen) Gegenleistung verknüpft ist. Eine Schenkung scheidet aber auch dann aus, wenn die Zuwendung **konditional oder kausal** mit einer Leistung verknüpft wird: Die eine Unentgeltlichkeit ausschließende Verknüpfung der Zuwendung mit einer Gegenleistung kann, so der BGH, „nach Art eines gegenseitigen Vertrags (synallagmatisch) als auch durch Setzung einer Bedingung (konditional) oder eines bestimmten Rechtszwecks (kausal) erfolgen".[17] Macht der Zuwendende seine Zuwendung i.S. einer Bedingung (§ 158 BGB) davon abhängig, dass der Zuwendungsempfänger eine Verpflichtung eingeht oder eine Leistung bewirkt, spricht man von einer **konditionalen Verknüpfung**:[18] Hat der Hauptsponsor eines Sportvereins dem Trainer einer Ringermannschaft (mündlich) 5.000 EUR versprochen, falls die Mannschaft den Titel des Deutschen Meisters erringen sollte, so liegt darin keine Schenkung, sondern eine – formfreie – erfolgsabhängige Zuwendung zur Schaffung eines besonderen Leis-

---

14   BGH NJW 1987, 840 f.
15   Palandt-*Weidenkaff* § 516 Rn. 5.
16   BGH NJW 2009, 2737.
17   BGH NJW 2014, 294.
18   RGZ 88, 137, 138; BGH NJW 1982, 436.

tungsanreizes.[19] Der Empfänger soll sich die Zuwendung „verdienen" können, indem er mit seiner Leistung zum Erfolgseintritt beiträgt.[20]

Ist die Eingehung der Verpflichtung oder das Bewirken der Leistung keine Bedingung, immerhin aber **Geschäftsgrundlage der Zuwendung** (siehe § 313 Abs. 1 und 2 BGB) so spricht man von einer **kausalen Verknüpfung:**[21] Überweist Ehemann E seiner Ehefrau 25.000 Euro, damit sie ihn nicht verlässt oder zu ihm zurückkehrt, so liegt auch darin keine Schenkung, sondern eine kausal verknüpfte, sogenannte „unbenannte" oder „ehebedingte Zuwendung".[22] Eine **Schenkung unter Ehepartnern** liegt nur vor, wenn die Zuwendung nach deren Willen unentgeltlich im Sinne echter Freigiebigkeit erfolgt und nicht an die Erwartung des Fortbestehens der Ehe geknüpft, sondern zur freien Verfügung des Empfängers geleistet wird.[23] Demgegenüber handelt es sich um eine ehebezogene Zuwendung, wenn ein Ehegatte dem anderen einen Vermögenswert um der Ehe willen und als Beitrag zur ehelichen Lebensgemeinschaft zukommen lässt, wobei er die Vorstellung oder Erwartung hegt, dass die eheliche Lebensgemeinschaft Bestand haben und er innerhalb dieser Gemeinschaft am Vermögenswert und dessen Früchten weiter teilhaben werde.[24] Für Zuwendungen zwischen den **Partnern einer nichtehelichen Lebensgemeinschaft** gelten die gleichen Grundsätze.[25]

2. Gemischte Schenkung

Der Bundesgerichtshof nimmt eine **gemischte Schenkung** an,

■ wenn der Beschenkte „durch einen Überschuss des Werts der Zuwendung (hier: der Einlage) verglichen mit seinen Gegenleistungen objektiv bereichert" wird,

■ wenn sich „die Parteien dieses Überschusses bewusst sind" und

■ wenn sie „sich subjektiv darüber einig sind, jedenfalls den überschießenden Zuwendungsteil (den Mehrwert) dem Beschenkten unentgeltlich zuzuwenden."[26]

Diese gemischte Schenkung spielt vor allem im Erb-, im Familien- und im Steuerrecht eine Rolle[27] und liegt bspw. dann vor, wenn ein Kaufmann gemeinsam mit seinem Sohn eine KG (siehe § 161 Abs. 1 HGB) gründet – der Kaufmann als Komplementär, d.h. als persönlich haftender Gesellschafter, und der Sohn als Kommanditist –, auch die Einlage seines Sohnes übernimmt und mit seinem Sohn vereinbart, dass diese Zuwendung „zu einem Teil auf der Schenkung des Vaters an den Sohn und zum anderen Teil auf [...] [bestimmten] Gegenleistungen" des Sohnes beruhen soll.[28] Hat ein Verkäufer eine Sache zu einem extrem günstigen Preis (Sonderangebot) verkauft – ggf. sogar unter dem sogenannten Einstandspreis, den er selbst aufgewandt hat –, so könnte darin auf den ersten Blick ebenfalls eine gemischte Schenkung liegen. Dagegen spricht jedoch, dass der Verkäufer (subjektiv) lediglich einen Kaufanreiz schaffen und nicht etwa etwas unentgeltlich zuwenden will.[29]

11

12

---

19 BGH NJW 2009, 2737; vertiefend: MünchKomm-*Koch* § 516 Rn. 27.
20 BGH NJW 2009, 2737.
21 Palandt-*Weidenkaff* § 516 Rn. 9; MünchKomm-*Koch* § 516 Rn. 28.
22 St. Rechtsprechung: BGH NJW 2008, 3277; BGHZ 87, 145, 146; BGH NJW 1992, 238, 239.
23 BGH NJW 2014, 2638.
24 BGH NJW 2014, 2638.
25 BGH NJW 2014, 2638.
26 BGH NJW 2012, 605 (Leitsatz).
27 BGH NJW 2014, 294: Scheidungsverfahren.
28 BGH NJW 1990, 2616.
29 Einzelheiten: FS Picker-*Ernst*, S. 139, 167 ff.

13   Man hat lange darüber gestritten, ob auf die gemischte Schenkung zur Gänze Schenkungsrecht anzuwenden sei (Einheitstheorie), oder ob der Vertrag in einen entgeltlichen und in einen unentgeltlichen Teil zu zerlegen sei (Trennungstheorie). Heute stellt die Rechtsprechung darauf ab, ob die **Unentgeltlichkeit die gesamte Vereinbarung prägt**. Dann gilt insgesamt Schenkungsrecht.[30] Nur wenn der unentgeltliche und der entgeltliche Teil des Vertrages aus der Sicht der Parteien unabhängig voneinander bestehen sollen, wird weiterhin die Trennungstheorie angewendet.

3. Zweckschenkung

14   Eine **Zweckschenkung** lässt die Unentgeltlichkeit nicht entfallen. Der Beschenkte erbringt zwar auch hier eine Leistung. Diese Leistung ist jedoch weder Gegenleistung noch Auflage (§ 525 BGB). Vielmehr ist die Zweckerreichung Geschäftsgrundlage der Schenkungsabrede.[31] Die **Abgrenzung zur kausalen Verknüpfung** richtet sich nach dem (erkennbaren) Willen des Schenkenden; je stärker das erkennbare Interesse des Zuwendenden an der Erreichung des von ihm erstrebten Rechtszweckes ist, umso mehr spricht dafür, dass die Zweckerreichung als "Gegenleistung" für die Zuwendung im Sinne einer die Unentgeltlichkeit ausschließenden kausalen Verknüpfung erwartet wird.[32] Die **Abgrenzung zur Schenkung unter Auflage** richtet sich nach der Verbindlichkeit der Leistung des Beschenkten: Der Beschenkte übernimmt bspw. Dienstleistungen in dem Haus, das ihm geschenkt wird. Verpflichtet er sich dazu, handelt es sich um eine Schenkung unter Auflagen. Hat die Übernahme der vom Schenker erwarteten Leistung keinen verpflichtenden Charakter, liegt eine Zweckschenkung vor.[33]

15   Trotz der fehlenden Verpflichtung soll die Zweckschenkung kondizierbar sein, wenn die „Gegenleistung" ausbleibt.[34] Ein Herausgabeanspruch aus § 812 Abs. 1 Satz 2 Alt. 2 BGB (Zweckverfehlungskondiktion) kann bspw. bei **Schenkungen der Schwiegereltern** eingreifen,[35] wenn die Ehe scheitert, da davon auszugehen ist, dass die Schenkung zumindest auch dem Wohle des eigenen Kindes dienen sollte.[36]

4. Schenkung unter Auflage

16   Anders als bei der Zweckschenkung übernimmt bei der Schenkung unter einer Auflage (§ 525 BGB) auch der Beschenkte eine **Verpflichtung**, ohne dass diese zu einer Gegenleistung wird. Entscheidend ist, dass die Auflage nicht *für die Zuwendung*, sondern *auf der Grundlage und aus dem Wert der Zuwendung* erfolgt.[37] Das ist bspw. dann der Fall, wenn Eltern ihrer Tochter ein Kontoguthaben in Höhe von 100.000 Euro zuwenden – verbunden mit der Auflage, ihnen unter Inanspruchnahme dieses Kontoguthabens ein (entgeltliches) Darlehen in Höhe von 25.000 Euro zu gewähren.[38] Die Schenkung bleibt unentgeltlich, die Auflage schränkt sie aber ein. Insofern ist die

---

30   BGHZ 107, 156, 159; BGHZ 112, 40, 53; vgl. auch MünchKomm-*Koch* § 516 Rn. 36 ff.
31   BGH NJW-RR 1991, 1154; NJW 1984, 233.
32   BGH NJW 2014, 294.
33   TWT-*Stenzel* § 525 Rn. 3; Schulze-*Saenger* § 527 Rn. 6; zur Zweckschenkung: MünchKomm-*Koch* § 516 Rn. 29.
34   BGH NJW 1984, 233.
35   Grundlegend BGHZ 184, 190. Weitere Einzelfragen in BGH NJW 2010, 2884; 2012, 523; 2015, 690; dazu *Wellenhofer* JuS 2015, 271.
36   Vgl. auch MünchKomm-*Koch* § 525 Rn. 8.
37   BGH NJW 1982, 818; Palandt-*Weidenkaff* § 525 Rn. 7.
38   Nach: BayObLG NJW 1974, 1142.

Schenkung unter Auflagen mit der Zweckschenkung identisch. Sie unterscheidet sich aber von dieser durch die Verbindlichkeit der Auflage(n).

▶ **BEISPIEL:**[39] Der Schenker überträgt dem Beschenkten unentgeltlich sein Grundstück unter der Bedingung, dass dieser ihm ein lebenslanges Wohnrecht einräumt. ◀

Vollzieht der Beschenkte die Auflage nicht, so hat er gemäß § 527 BGB zwar nicht   17 das Geschenk als Ganzes zurückzugeben, jedoch insoweit, als das Geschenk zur Vollziehung der Auflage hätte verwendet werden müssen. § 527 BGB verweist zur Durchführung der Herausgabe auf das Bereicherungsrecht. Im obigen Beispiel kann der Beschenkte, der entgegen der Auflage den Schenker nicht versorgt, zwar das Grundstück behalten, er muss aber gemäß § 818 Abs. 2 BGB im Wege des Wertersatzes den Betrag zahlen, der dem Wert der Auflage entspricht.

Schließlich wird der unter Auflagen Beschenkte durch § 526 BGB (Verweigerung der   18 Vollziehung der Auflage) geschützt, falls die verschenkte Sache einen **Rechts- oder Sachmangel** hat. Er kann die Vollziehung der Auflage verweigern, bis der durch den Mangel entstandene Fehlbetrag ausgeglichen wird. Dies gilt aber nur dann, wenn die Zuwendung durch den Mangel nicht die Höhe erreicht, die zur Vollziehung der Auflage erforderlich ist.

IV. Privilegierungen des Schenkers

1. Haftungsprivilegierung

Da der Schenker keine Gegenleistung erhält, wäre es unbillig, ihn für seine altruistische   19 Leistung so scharf haften zu lassen wie bspw. einen Verkäufer. Das Schenkungsrecht enthält deswegen einige Haftungsprivilegien zugunsten des Schenkers. Nach § 521 BGB hat der Schenker – abweichend von § 276 Abs. 1 BGB – nur **Vorsatz und grobe Fahrlässigkeit** zu vertreten, haftet also nicht bei einfacher Fahrlässigkeit.[40] Dies gilt insbesondere für **Schadensersatzansprüche wegen Unmöglichkeit** (§§ 280 Abs. 1, 3, 283 BGB bzw. § 311a Abs. 2 BGB).

▶ **BEISPIEL:** S hat seinen Tesla verschenkt, hat ihn jedoch kurz nach Abschluss des wirksamen Schenkungsvertrags (§§ 516, 518 Abs. 1 Satz 1 BGB) fahrlässig in Meißen, auf einem von Überschwemmung bedrohten Parkplatz an der Elbe abgestellt. Das Fahrzeug wird von der Flut erfasst und davongetragen. – Ein Schadensersatzanspruch des Beschenkten gemäß §§ 280 Abs. 1, 3, 283 Satz 1 BGB i.V.m. dem Schenkungsvertrag scheidet aus, wenn S nur einfach, nicht aber grob fahrlässig gehandelt haben sollte (§ 521 BGB). ◀

Das Haftungsprivileg aus § 521 BGB gilt indes nicht für jede Pflichtverletzung. Bei   20 **Verletzung (vor-)vertraglicher Schutzpflichten,** die grundsätzlich auch bei der Schenkung bestehen, unterscheidet der BGH wie folgt: § 521 BGB (Haftung nur bei Vorsatz und grober Fahrlässigkeit) ist auf Schutzpflichten anzuwenden sein, die im Zusammenhang mit dem Schenkungsobjekt selbst stehen. Dazu gehört insbesondere die *Verletzung objektbezogener Aufklärungspflichten.* Dagegen gilt § 276 BGB (Haftung auch bei einfacher Fahrlässigkeit) für die allgemeinen Schutzpflichten, die zum Vertragsgegenstand in keiner Beziehung stehen, sondern dahingehen, die Rechtsgüter des

---

39   Nach BGHZ 107, 156.
40   Einzelheiten: *Stürner* JURA 2017, 921.

Vertragspartners nicht zu verletzen, mit denen der Schenker anlässlich des Vertragsschlusses bzw. der Vertragsdurchführung in Berührung kommt.[41]

▶ **BEISPIEL 1:** Bundestagsabgeordneter S stiftet im Rahmen einer Tombola eine Reise nach
Berlin – einschließlich Besuchs- und Besichtigungsprogramm. Beim Besuch der Bundeszentrale für politische Bildung verletzt sich die Reisende B, weil sie in ein (angeblich) nicht
hinreichend gekennzeichnetes Wasser-Bassin stürzt. – Eine Haftung des S (§§ 280 Abs. 1,
241 Abs. 2 BGB) dafür, dass die Bundeszentrale als seine Erfüllungsgehilfin (§ 278 BGB)
ihre Verkehrssicherungspflichten verletzt hat, entfällt gemäß § 521 BGB, wenn nur einfache
Fahrlässigkeit anzunehmen ist.[42] ◀

▶ **BEISPIEL 2:** S hat B ein Stehpult geschenkt. Bei der Lieferung des Möbelstücks beschädigt er die Haustür des B. – S ist nicht privilegiert; er haftet gemäß §§ 280 Abs. 1, 241 Abs. 2
BGB auch bei einfacher Fahrlässigkeit. ◀

2. Rechts- und Sachmängel

21   Auch die Einstandspflicht des Schenkers für Rechts- und Sachmängel ist eingeschränkt.
Der Schenker haftet nur, wenn er einen Mangel **arglistig verschweigt**, und er haftet
auch nur auf Schadensersatz; weitere Ansprüche gibt es nicht. Das Gesetz regelt dies in
§ 523 Abs. 1 BGB für den Rechtsmangel und in § 524 Abs. 1 BGB für den Sachmangel.
Für den Mangelbegriff kann auf das Kaufrecht (vgl. §§ 434 f. BGB) zurückgegriffen
werden. Die §§ 523 ff. BGB schützen im Übrigen nur das Integritätsinteresse des
Beschenkten; die Haftung ist deshalb auf das **negative Interesse** beschränkt.[43] Diese
Bevorzugung des Schenkers kommt allerdings nicht zum Tragen, wenn es um einen
Verbrauchervertrag über die Schenkung digitaler Produkte geht. Nach § 516a Abs. 1
BGB gilt ab bzw. seit dem 1.1.2022: Auf einen Verbrauchervertrag, bei dem

■ der Unternehmer dem Verbraucher (1.) digitale Produkte oder (2.) einen körperlichen Datenträger schenkt, der ausschließlich als Träger digitaler Inhalte dient, und
■ der Verbraucher dem Unternehmer personenbezogene Daten[44] nach Maßgabe des
  § 327 Abs. 3 BGB bereitstellt oder sich hierzu verpflichtet,

sind die §§ 523 f. BGB über die Haftung des Schenkers für Rechts- oder Sachmängel
nicht anzuwenden. An die Stelle der nicht anzuwendenden Vorschriften treten die
Vorschriften für Verbraucherverträge über digitale Produkte (§§ 327 ff. BGB). Diese
Regelung beruht darauf, dass der Verbraucher mit seinen (personenbezogenen) Daten
„bezahlt".[45] Es liegt zwar kein Preis i.S. von § 327 Abs. 1 BGB vor, so dass man eine
Schenkung annehmen könnte. Es kann aber auch keine Rede davon sein, dass der
Unternehmer rein altruistisch handelte und deswegen nur eingeschränkt für Rechts-
und Sachmängel haften sollte.[46] Demensprechend richtet sich die Haftung (richtlinienkonform) nach den §§ 327d ff. BGB.

---

41   BGHZ 93, 23.
42   OLG Saarbrücken NJW-RR 2014, 139.
43   BGH NJW 1982, 818, 819.
44   Begriff: Art. 4 Nr. 1 DSGVO.
45   Begründung des Gesetzes zur Umsetzung der Richtlinie über bestimmte vertragsrechtliche Aspekte der
     Bereitstellung digitaler Inhalte und Dienstleistungen, zu § 327 Abs. 3 BGB-E, S. 44.
46   Begründung des Gesetzes zur Umsetzung der Richtlinie über bestimmte vertragsrechtliche Aspekte der
     Bereitstellung digitaler Inhalte und Dienstleistungen, zu Nr. 8, S. 97.

▶ **BEACHTE:** Eine Bereitstellung von Daten setzt nicht voraus, dass der Verbraucher seine Daten aktiv übermittelt; es reicht vielmehr aus, dass er die Datenverarbeitung durch den Unternehmer zulässt, dass der Unternehmer *Cookies* setzt oder Metadaten (Information zum Endgerät, Browserverlauf usw.) erhebt.[47] ◀

Für einen Verbrauchervertrag, bei dem der Unternehmer dem Verbraucher eine Sache   22
schenkt, die digitale Produkte enthält oder mit digitalen Produkten verbunden ist, gilt der Anwendungsausschluss nach § 516a Abs. 1 BGB entsprechend für diejenigen Bestandteile des Vertrags, welche die digitalen Produkte betreffen (Absatz 2).

Besonderheiten bei der **Haftung für Rechtsmängel** ergeben sich aus § 523 Abs. 2   23
Satz 1 BGB: Hatte der Schenker die Leistung eines Gegenstands versprochen, den er erst erwerben sollte so kann der Beschenkte wegen eines Mangels im Recht sogar Schadensersatz wegen Nichterfüllung verlangen (Haftung auf das positive Interesse)[48], wenn der Mangel dem Schenker bei dem Erwerb der Sache bekannt gewesen oder infolge grober Fahrlässigkeit unbekannt geblieben ist. Im Hinblick auf die **Haftung für Sachmängel** gilt gemäß § 524 Abs. 2 BGB: Hatte der Schenker die Leistung einer nur der Gattung nach bestimmte Sache versprochen, die er erst noch erwerben sollte, so kann der Beschenkte, wenn die geleistete Sache fehlerhaft und der Mangel dem Schenker bei dem Erwerb der Sache bekannt gewesen oder infolge grober Fahrlässigkeit unbekannt geblieben ist, verlangen, dass ihm anstelle der fehlerhaften eine fehlerfreie Sache geliefert wird (Satz 1). Hat der Schenker den Fehler arglistig verschwiegen, so kann der Beschenkte stattdessen auch Schadensersatz wegen Nichterfüllung verlangen (§ 524 Abs. 2 Satz 2 BGB).

3. Rückforderung wegen Verarmung

Eine weitere Schutzvorschrift zugunsten des Schenkers enthält § 528 Abs. 1 BGB: Ein   24
Rückforderungsanspruch wegen Verarmung besteht, wenn der Schenker nach der Vollziehung der Schenkung seinen eigenen angemessenen **Unterhalt nicht bestreiten** und bestimmten Unterhaltspflichten nicht nachkommen kann. Angemessener Unterhalt meint den Unterhalt, der bei objektiver Betrachtung der Lebensstellung des Schenkers nach der Schenkung angemessen ist.[49] Der Beschenkte kann die Herausgabe des Geschenks durch Zahlung des für den Unterhalt erforderlichen Betrags abwenden (§ 528 Abs. 1 Satz 2 BGB). Außerdem ist der Rückforderungsanspruch in einigen Fällen ausgeschlossen (§ 529 BGB) – u.a. dann, wenn zur Zeit des Eintritts der Bedürftigkeit seit der Leistung des geschenkten Gegenstands zehn Jahre verstrichen sind (§ 529 Abs. 1 Alt. 2 BGB).

4. Widerruf

Schließlich kann der Schenker die Schenkung wegen **groben Undanks** widerrufen   25
(§ 530 Abs. 1 BGB). Nach der Rechtsprechung muss die **schwere Verfehlung**, von der § 530 Abs. 1 BGB spricht, objektiv eine gewisse Schwere und subjektiv eine tadelnswerte Gesinnung aufweisen.[50] Denkbar ist ein Widerruf bspw. aufgrund grober

---

47   Begründung des Gesetzes zur Umsetzung der Richtlinie über bestimmte vertragsrechtliche Aspekte der Bereitstellung digitaler Inhalte und Dienstleistungen, zu § 327 Abs. 3 BGB-E, S. 44.
48   Staudinger-*Chiusi* § 524 Rn. 7.
49   BGH NJW 2003, 1384.
50   St. Rechtsprechung: BGH FamRZ 2005, 511; NJW 2002, 2461.

Beleidigungen.[51] Der Schenker muss den Widerruf erklären (§ 531 Abs. 1 BGB). Dann kann er das Geschenk nach den Vorschriften über die **ungerechtfertigte Bereicherung**, d.h. gemäß § 812 Abs. 1 Satz 2 Alt. 1 BGB (Rechtsgrundverweisung)[52] zurückverlangen. Der Rechtsgrund für das Behaltendürfen der Leistung fällt nachträglich weg. Bei gemischten Schenkungen besteht der Anspruch auf Herausgabe der Zuwendung nur Zug um Zug gegen Wertausgleich des entgeltlichen Teils.[53]

▶ **LÖSUNGSHINWEISE ZU FALL 13:** S stünde ein Herausgabeanspruch gemäß § 812 Abs. 1 Satz 2 Alt. 1 BGB gegen den Schwiegersohn zu, wenn S die Schenkung gemäß § 530 Abs. 1 BGB mit der Begründung widerrufen könnte, dass sich der Schwiegersohn durch eine schwere Verfehlung gegen die Tochter des S (als nahe Angehörige) groben Undanks schuldig gemacht haben sollte (siehe § 531 Abs. 2 BGB). Die Verletzung der ehelichen Treuepflicht kann bei wertende Betrachtung des Einzelfalls als eine solche schwere Verfehlung einzustufen sein.[54] Unabhängig davon könnte S den Gesellschaftsanteil im Falle einer Scheidung auch gemäß § 812 Abs. 1 Satz 2 Alt. 2 BGB zurückverlangen: Der auch dem B ersichtliche Zweck der Schenkung bestand nämlich darin, die GmbH als Familienunternehmen zu erhalten. Dieser Zweck kann nicht mehr erreicht werden. ◀

WIEDERHOLUNGS- UND VERTIEFUNGSFRAGEN

> Welcher Form bedarf das Schenkungsversprechen?

> Was ist eine Handschenkung?

> Führt eine Leistung des Beschenkten in jedem Fall dazu, dass die Leistung des Schenkers nicht unentgeltlich ist?

> Welcher Unterschied besteht zwischen einer Schenkung und einer unbenannten Zuwendung unter Ehegatten?

> Welcher Unterschied besteht zwischen einer Zweckschenkung und einer Schenkung unter Auflage?

> Welche Haftungsprivilegien genießt der Schenker?

---

51   Palandt-*Weidenkaff* § 530 Rn. 6 m.w.N. und weiteren Beispielen groben Undanks.
52   BGH NJW 1996, 1411.
53   BGH NJW-RR 2001, 6; 1988, 584 f.
54   BGH FamRZ 85, 351.

TEIL C: FINANZGESCHÄFTE

§ 15 Darlehen

▶ **FALL 14:** A betreibt seit Jahren auf einem ihr gehörenden Grundstück ein mittelständisches Unternehmen. Zur Finanzierung eines Anbaus nimmt sie bei der Bank B zwei Kredite über jeweils 100.000 Euro auf. Im ersten „Fix-Kredit" ist ein fester Zinssatz für eine Laufzeit von 10 Jahren vereinbart, während der zweite Kredit als „Vario-Kredit" bezeichnet ist. Danach steht der Bank ein Zinsanpassungsrecht bei Veränderung der Marktzinsen zu. In den nächsten zwei Jahren beobachtet A, dass die Zinsen für Immobiliarkredite ständig fallen. Sie möchte wissen, ob sie von den beiden Verträgen loskommen kann, um bei einer anderen Bank einen günstigeren Darlehensvertrag abzuschließen, oder ob ihre Bank zumindest die Zinsen ermäßigen muss. ◀

I. Einführung

1. Systematik

Das BGB regelt **Darlehensvertrag, Finanzierungshilfen und Ratenlieferungsverträge** unter einem Dach (siehe §§ 488-515 BGB). Gemeinsamer Nenner ist die Einräumung eines Kredits, auch wenn das BGB die Begriffe Kredit und Kreditvertrag meidet. Kreditverträge sind dadurch gekennzeichnet, dass der Kreditgeber (als Gläubiger) dem Kreditnehmer einen Vermögensvorteil auf Zeit verschafft, den der Kreditnehmer (als Schuldner) später wieder auszugleichen hat.[1] Dreh- und Angelpunkt des Kreditvertragsrechts ist der Darlehensvertrag. Das **Darlehensrecht** besteht aus einem **Allgemeinen Teil** (§§ 488-490 BGB), der für alle Darlehensverträge gilt, und einem Besonderen Teil, der sich nur mit **Verbraucherdarlehen** befasst (§§ 491 bis 505e BGB). Das BGB unterscheidet insoweit zwischen Allgemein-Verbraucherdarlehensverträgen und Immobiliar-Verbraucherdarlehensverträgen, so dass sich folgendes Bild ergibt:

1

---

[1] Palandt-*Weidenkaff* Einf. v § 488 Rn. 2; siehe auch: Schwintowski-Bankrecht-*Samhat*, 5. Aufl. 2018, Kap. 14 Rn. 2.

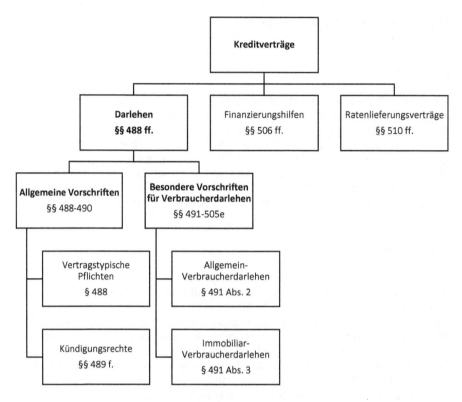

Das BGB regelt außerdem auch noch die **Vermittlung von Verbraucherdarlehensverträ-gen** (§§ 655a bis 655e BGB; hier: § 29 Rn. 17).

2   Die **Rechte und Pflichten der Parteien eines Darlehensvertrags** ergeben sich aus § 488 Abs. 1 BGB. Danach verpflichtet sich der Darlehensgeber, „dem Darlehensnehmer einen Geldbetrag in der vereinbarten Höhe zur Verfügung zu stellen" (Satz 1). Der Darlehensnehmer verpflichtet sich im Gegenzug, einen geschuldeten Zins zu zahlen und bei Fälligkeit das zur Verfügung gestellte Darlehen zurückzuzahlen (Satz 2). Die Formulierung „*einen* geschuldeten Zins zu zahlen" ist zu verstehen i.S. von „einen *ggf.* vereinbarten Zins zu zahlen", §§ 488 ff. BGB erfassen also grundsätzlich sowohl das gegen Entgelt gewährte (verzinsliche) Darlehen, als auch das unentgeltlich gewährte (zinslose) Darlehen.

▶ **BEACHTE:** Das BGB kennt auch das seltenere **Sachdarlehen** (§§ 607 ff. BGB). Dort über-lässt der Darlehensgeber dem Darlehensnehmer die vereinbarte vertretbare Sache (§§ 607 Abs. 1 Satz 1, 91 BGB), bspw. ein Kilo Zucker zum Kuchenbacken, während der Darlehens-nehmer (ggf.) zur Zahlung eines Darlehensentgelts und zur Rückerstattung von Sachen gleicher Art, Güte und Menge verpflichtet ist (Satz 2).[2] ◀

---

2 Vgl. hierzu *Coester-Waltjen* Jura 2002, 675.

2. Die Bestellung von Kreditsicherheiten

Wer ein Darlehen aufnimmt, muss in der Regel eine Sicherheit stellen. Denkbar ist,   3
dass der Darlehensnehmer zugunsten des Darlehensgebers eine **Hypothek** (§§ 1113 ff.
BGB) oder eine **Grundschuld** (§§ 1191 ff. BGB) an einem Grundstück bestellt. Kommt
er seinen Verpflichtungen aus dem Darlehensvertrag nicht nach, kann der Darlehensgeber, regelmäßig eine Bank, in das Grundstück vollstrecken. Das Darlehen wird notfalls also, wie es in §§ 1113 Abs. 1, 1191 Abs. 1 BGB heißt, „aus dem Grundstück"
zurückgezahlt. Denkbar ist auch eine **Sicherungsübereignung**. Braucht Bauer B ein
Darlehen für den Bau einer Biogasanlage, so kann er der Bank seinen Traktor zur
Sicherheit übereignen (§§ 929 Satz 1, 930 BGB). Er bleibt Besitzer des Traktors und
erwirbt ein Anwartschaftsrecht auf den Rückerwerb des Eigentums. Denkbare Kreditsicherheiten sind schließlich auch der **Eigentumsvorbehalt** (siehe § 449 BGB) und die
Sicherungsabtretung (§ 398 BGB) des pfändungsfreien Teils des Lohns. Als Sicherheit
kommt schließlich auch eine **Bürgschaft** (siehe §§ 765 ff. BGB) in Betracht.[3]

II. Vertragsschluss

Der Darlehensvertrag kommt durch **Einigung** zustande. Legt die Bank dem Kunden ein   4
Kreditantragsformular vor, so ist dies grundsätzlich nur eine *invitatio ad offerendum*.
Der Kunde gibt mit dem von ihm ausgefüllten und unterschriebenen Formular ein
Angebot ab, das die Bank ausdrücklich (durch Unterzeichnung des Formulars) oder
konkludent (z.B. durch Auszahlung der Darlehensvaluta) annimmt.[4] **Verbraucherdarlehensverträge** sind grundsätzlich **schriftlich** abzuschließen (§ 492 Abs. 1 BGB), so dass
eine konkludente Einigung hier in der Regel ausscheidet. Eine Ausnahme bilden diejenigen Allgemein-Verbraucherdarlehensverträge, die gemäß § 505 Abs. 1 BGB dadurch
zustande kommen, dass ein Bankkunde sein Konto überzieht und die Bank diese
Überziehung duldet (§ 504 Abs. 4 BGB).

III. Wirksamkeit des Darlehensvertrags

Ein Darlehensvertrag ist gemäß § 138 Abs. 1 BGB **nichtig**, wenn ein **auffälliges Miss-**   5
verhältnis zwischen den Leistungen des Darlehensgebers und des Darlehensnehmers
besteht und der Darlehensgeber die wirtschaftlich schwache Lage des Darlehensnehmer bewusst bei der Gestaltung der Vertragsbedingungen ausnutzt oder er sich zumindest leichtfertig der Erkenntnis verschließt, dass der Darlehensnehmer sich nur
aufgrund seiner schwächeren Lage auf die Vertragsbedingungen einlässt.[5] Die Rechtsprechung nimmt ein auffälliges Missverhältnis an, wenn der vertragliche Effektivzins
den marktüblichen relativ um 100 % oder absolut um 12 Prozentpunkte übersteigt.[6]

▶ **BEISPIEL:** Beträgt der sich aus dem Darlehensvertrag ergebende Effektivzins 29,3 %
und der marktübliche Effektivzins zur Zeit des Vertragsschlusses 16,64 %, so übersteigt der
vertragliche Effektivzins den marktüblichen relativ um 76,08 % und absolut um 12,66 Prozentpunkte. Da die Grenze von 12 Prozentpunkten überschritten ist, besteht ein auffälliges
Missverhältnis im Sinne von § 138 Abs. 1 BGB. Der Darlehensvertrag ist nichtig. ◀

---

3   Zu gemeinsamen Strukturen von Personal und Sachsicherheiten: *Alexander* JuS 2012, 481.
4   MünchKomm-*K.P. Berger* § 488 Rn. 4.
5   Vgl. TWT-*Krüger/Bütter* § 488 Rn. 24; Schulze-*Wiese* § 488 Rn. 9 und Schulze-*Dörner* § 138 Rn. 14.
6   St. Rechtsprechung.; vgl. BGHZ 104, 105; 110, 336; Derleder/Knops/Bamberger-*Derleder* § 12 Rn. 45; *Tonner/*
    Krüger § 18 Rn. 16 ff.

6   In den vertraglichen Effektivzins einzurechnen sind die Kosten eines im Interesse der Bank tätigen Darlehensvermittlers[7] sowie ggf. rechtmäßig vereinbarte einmalige Bearbeitungsentgelte. Der übliche Marktzins ist den Monatsberichten der Deutschen Bundesbank zu entnehmen.

7   Bei der Nichtigkeit von Darlehensverträgen spielt § 138 Abs. 2 BGB eine wesentlich geringere Rolle als Absatz 1, obwohl Absatz 2 der eigentliche **Wuchertatbestand** ist. Er setzt jedoch voraus, dass der Wucherer die Schwäche des anderen ausbeutet.[8] Diese strengen Voraussetzungen liegen selten vor. Die Rechtsprechung hat jedoch einige der Tatbestandsmerkmale des § 138 Abs. 2 BGB in den Begriff der Sittenwidrigkeit (Absatz 1) überführt und dabei die subjektive Schwelle herabgesetzt. Man spricht deswegen auch von einem **wucherähnlichen Rechtsgeschäft.**[9]

8   Die Rechtsfolgen der Nichtigkeit des Darlehensvertrags wegen § 138 BGB beurteilen sich nach **Bereicherungsrecht.** Hat der Darlehensgeber das Darlehen bereits ausgezahlt, so könnte man im Hinblick auf **§ 817 Satz 2 BGB** (Die Rückforderung ist ausgeschlossen, wenn dem Leistenden gleichfalls ein Verstoß gegen die guten Sitten zur Last fällt) meinen, dass der Darlehensnehmer das Darlehen nicht zurückzuzahlen braucht. Das trifft jedoch nicht zu, weil ihm das Darlehen von vornherein nur zur zeitweiligen Nutzung überlassen wurde: Geleistet worden ist lediglich die **zeitweilige Nutzungsmöglichkeit**, nicht jedoch eine Geldsumme als solche. Der Darlehensnehmer kann sich bezüglich des Darlehensbetrags auch nicht auf Entreicherung berufen (§ 818 Abs. 3 BGB), denn er wusste von vornherein, dass er das Darlehen auf jeden Fall würde zurückzuzahlen haben. Die zeitweilige Nutzungsmöglichkeit verbleibt ihm dagegen gemäß § 817 Satz 2 BGB.[10] Folglich darf er das Darlehen so lange behalten, wie es ihm nach dem ursprünglichen Vertrag zustehen sollte, ohne dafür Zinsen oder sonstige Entgelte zahlen zu müssen.[11]

IV. Pflichten der Parteien

1. Pflichten des Darlehensgebers

9   Die **Hauptleistungspflicht des Darlehensgebers** besteht darin, dem Darlehensnehmer einen Geldbetrag in der vereinbarten Höhe zu überlassen (§ 488 Abs. 1 Satz 1 BGB). Er hat ihm, wie der BGH schreibt, ein „Kapitalnutzungsrecht" bzw. „Kaufkraft auf Zeit" zu verschaffen. Diese Formulierung verdeutlicht, dass das Vermögen des Darlehensnehmers nicht dauernd um die Darlehensvaluta (= die aufgrund des Darlehensvertrags überlassenen finanziellen Mittel) vermehrt werden soll. Ihm soll vielmehr nur deren vorübergehende Nutzung zugewendet werden.

10   Die Pflicht des Darlehensgebers, dem Darlehensnehmer einen Geldbetrag in vereinbarter Höhe zu überlassen (§ 488 Abs. 1 Satz 1 BGB), begründet eine **Wertverschaffungsschuld.**[12] Der Darlehensgeber kann diese Pflicht durch Überlassung von Bargeld erfüllen, wird den vereinbarten Geldbetrag jedoch in der Regel auf das Konto des Darlehensnehmers überweisen. Möglich ist auch die Zahlung der Darlehenssumme an

7 BGH NJW 1988, 1661; NJW 1991, 1810, 1811.
8 Vgl. TWT-*Deinert* § 138 Rn. 24; Schulze-*Dörner* § 138 Rn. 14.
9 TWT-*Deinert* § 138 Rn. 17; Schulze-*Dörner* § 138 Rn. 14.
10 BGH NJW 1995, 1152, 1153 m.w.N.
11 Vgl. MünchKomm-K. *P. Berger* § 488 Rn. 126.
12 TWT-*Krüger/Bütter* § 488 Rn. 12; Langenbucher/Bliesener/Spindler-*Steffek* § 488 BGB Rn. 44.

einen Gläubiger des Darlehensnehmers.[13] Durch die Tilgung anderweitiger Schulden des Darlehensnehmers fließt diesem der entsprechende Wert des Darlehens zu.[14] Ist der Darlehensnehmer Verbraucher, so können die Verträge mit dem Dritten, z.B. ein Kaufvertrag, und das Darlehen **verbundene Geschäfte** i.S. von § 358 BGB sein.[15]

Der Darlehensgeber ist grundsätzlich nicht verpflichtet, den Darlehensnehmer im Hinblick auf die Verwendung des Darlehens zu beraten oder über besondere Risiken eines mit dem Darlehen finanzierten Projekts aufzuklären.[16] Die Bank trifft jedoch ausnahmsweise eine **Aufklärungspflicht**, wenn sie ihre Rolle als Kreditgeberin überschreitet, z.B. weil sie bei der Erstellung einer Wohnungsanlage eng mit dem Verkäufer einer – über das Darlehen zu finanzierenden – Eigentumswohnung kooperiert.[17] Die Rechtsprechung nimmt ferner dann eine Aufklärungspflicht an, wenn die Bank einen konkreten Wissensvorsprung hat[18] und bspw. von finanziellen Schwierigkeiten eines Vorhabens weiß, an dem sich der Darlehensnehmer mithilfe des Darlehens beteiligen will. 11

2. Pflichten des Darlehensnehmers

Die **Hauptleistungspflichten des Darlehensnehmers** bestehen gemäß § 488 Abs. 1 Satz 2 BGB darin, den ggf. geschuldeten (Darlehens-)Zins zu zahlen und das zur Verfügung gestellte Darlehen bei Fälligkeit zurückzuzahlen. Die Pflicht zur Zinszahlung steht mit der Pflicht des Darlehensgebers zur Überlassung des Darlehensbetrags im Synallagma, die Rückzahlungspflicht nicht; andernfalls könnte der Darlehensgeber die Auszahlung des Darlehens – sinnwidrig – bis zur Rückzahlung verweigern (siehe §§ 320 Abs. 1, 322 Abs. 1 BGB). Eine weitere, in § 488 Abs. 1 Satz 2 BGB nicht eigens geregelte (synallagmatische) Hauptleistungspflicht des Darlehensnehmers besteht in der Abnahme des Darlehens. Im Einzelnen gilt folgendes: 12

Bei entgeltlichen Darlehensverträgen hat der Darlehensnehmer den vereinbarten **Darlehenszins** zu entrichten.[19] Der Darlehenszins ist das laufzeitabhängige Entgelt für die Überlassung des Darlehensbetrags. Dementsprechend spricht der BGH davon, dass Zins im Rechtssinne „die nach der Laufzeit des Darlehens bemessene, gewinn- und umsatzunabhängige Vergütung für die Möglichkeit des Gebrauchs des auf Zeit überlassenen Kapitals" sei.[20] Die Zinszahlungspflicht ist gesetzlicher Regelfall des Darlehensvertrags.[21] Die Zinsen sind grundsätzlich jährlich nachträglich zu entrichten (§ 488 Abs. 2 BGB). Es kann aber auch ein zinsloses Darlehen gewährt werden (siehe § 488 Abs. 3 Satz 3 BGB). Haben die Parteien eine „0 %-Finanzierung" vereinbart, liegt kein **entgeltlicher Darlehensvertrag** vor,[22] so dass insbesondere die Bestimmungen über (begriffsnotwendig: entgeltliche) Verbraucherdarlehensverträge (§§ 491 ff. BGB) 13

13 Zahlung an Dritte ist Erfüllung, BGH NJW 2010, 1144.
14 Bamberger/Roth-*Rohe* § 488 Rn. 16.
15 *Brömmelmeyer* Schuldrecht AT § 17 Rn. 64 ff.
16 BGH NJOZ 2007, 4234, 4237.
17 BGH NJOZ 2007, 4234; BGHZ 168, 1; 161, 15, 20. Eine ständige Geschäftsbeziehung mit dem Verkäufer reicht aber nicht.
18 St. Rechtsprechung seit BGH NJW 1997, 1361; zuletzt etwa BGHZ 186, 96 = VuR 2010, 382 mit Anm. *Maier*.
19 Eventuell kommt ein sogenanntes Disagio in Betracht.
20 BGH NJW 2014, 2420, 2424.
21 BGH NJW 2014, 2420, 2425; BGH NJW 2018, 2950, 2953.
22 BGH NJW 2014, 3719.

nicht anwendbar sind (siehe aber: §§ 514 f. BGB). Eine Nebenpflicht für den Darlehensnehmer kann in der ggf. vereinbarten Bereitstellung von Sicherheiten liegen.[23]

14   Der Darlehensnehmer hat das Darlehen **abzunehmen**. Bei Nichtabnahme steht dem Darlehensgeber ein Schadensersatzanspruch statt der Leistung gemäß §§ 280 Abs. 1, 3, 281 Abs. 1 BGB zu: Er kann eine sogenannte Nichtabnahmeentschädigung verlangen, weil ihm der Darlehenszins entgeht, den er nur für das dem Darlehensnehmer überlassene Darlehen verlangen kann. Das gilt allerdings nicht bei Einräumung eines Dispositionskredits: Der Darlehensnehmer kann sein Konto (wie vereinbart) überziehen (vgl. § 504 Abs. 1 BGB), er muss aber nicht.

15   Der Darlehensnehmer hat das Darlehen außerdem **zurückzuzahlen**. Rückzahlung bedeutet nicht Rückgabe der ggf. konkret in Empfang genommenen, über eine Seriennummer identifizierbaren Geldzeichen, sondern Rückzahlung des (abstrakten) Geldbetrags, den er als Darlehen erhalten hat.

16   Der Darlehensnehmer ist aufgrund des Darlehensvertrags u.U. auch noch verpflichtet für die **Kosten**, insbesondere für Bearbeitungsentgelte und Bereitstellungszinsen, aufzukommen. Entsprechende (Preis-)Nebenabreden unterliegen allerdings einer strengen Einbeziehungs- und Inhaltskontrolle anhand der §§ 305 ff. BGB. Eine Kontoführungsgebühr dafür, dass man ein Darlehenskonto für den Darlehensnehmer führt, darf eine Bank von einem Verbraucher z.B. nicht verlangen (§ 307 Abs. 2 Nr. 1, Abs. 1 Satz 1 BGB);[24] die Bank führt das Konto nämlich ausschließlich im eigenen Interesse, es handelt sich also nicht um eine selbständige Dienstleistung für den Kunden.[25] **Bereitstellungszinsen**, die eine Bank dafür verlangt, dass sie den Darlehensbetrag nach Abschluss eines Krediteröffnungsvertrags für einen bestimmten Zeitraum auf Abruf zur Verfügung stellt, sind Kosten und keine Zinsen.[26]

V. Kündigung

17   §§ 488 Abs. 3, 489 f. BGB regeln die **Kündigung des Darlehensvertrags**, die das Darlehensverhältnis *ex nunc*, d.h. mit Wirkung für die Zukunft beendet: §§ 488 Abs. 3, 489 BGB betreffen die *ordentliche* Kündigung des Darlehensnehmers, § 490 BGB betrifft das *außerordentliche* Kündigungsrecht des Darlehensgebers (Absatz 1) bzw. des Darlehensnehmers (Absatz 2).

1. Ordentliche Kündigung

18   Ist ein Darlehensvertrag auf **unbestimmte Zeit** geschlossen, so kann er gemäß § 488 Abs. 3 Satz 2 BGB mit einer Frist von drei Monaten gekündigt werden. Ist der Darlehensvertrag stattdessen auf eine **bestimmte Zeit** geschlossen, richtet sich das Kündigungsrecht nach § 489 BGB. Die Kündigungsfrist richtet sich danach, ob ein gebundener oder ein veränderlicher Sollzinssatz vereinbart wurde (Begriffe: § 489 Abs. 5 BGB). Nach § 489 Abs. 3 BGB muss der Darlehensnehmer den geschuldeten Betrag binnen zwei Wochen nach Wirksamwerden der Kündigung an den Darlehensgeber **zurückzahlen**, ansonsten gilt die Kündigung als nicht erfolgt.

---

23   Überblick über die Kreditsicherheiten bei *Tonner/Krüger* §§ 21 ff.
24   BGH NJW 2011, 2640.
25   BGH NJW 2011, 2640, 2641.
26   Schwintowski-Bankrecht-*Samhat*, 5. Aufl. 2018, Kap. 14 Rn. 84 m.w.N. Der BGH (NJW-RR 1986, 467 f. m.w.N.) hat Bereitstellungszinsen in Höhe von 0,25 % pro Monat (3 % p.a.) nicht beanstandet.

▶ **Beachte:** § 489 BGB regelt nicht, wie die Vereinbarung eines veränderlichen Zinssatzes auszusehen hat. Nach der Rechtsprechung muss eine entsprechende **Zinsanpassungsklausel** einen Bezug auf bestimmte Kriterien enthalten, etwa offizielle Leitzinsen. Fallen die in Bezug genommenen Leitzinsen, muss die Bank die Zinsermäßigung weitergeben.[27] Nicht selten wird eine Zinsanpassungsklausel mit einer Anpassungsgrenze (Zins-cap) verbunden.[28] ◀

2. Außerordentliche Kündigung

§ 490 Abs. 1 BGB räumt dem **Darlehensgeber** ein außerordentliches fristloses Kündigungsrecht ein, das bei einer **Vermögensverschlechterung** eingreift.[29] Diese kann in der Person des Darlehensnehmers oder in der Werthaltigkeit einer bestellten Sicherheit liegen.[30] Der Darlehensnehmer wird etwa arbeitslos, so dass eine vereinbarte Lohnabtretung ins Leere geht, oder die Immobilienpreise verfallen derart, dass das am Grundstück bestellte Grundpfandrecht das Darlehen nicht mehr abdeckt. Die außerordentliche Kündigung ist nach Auszahlung des Darlehens aber nur „in der Regel" möglich, d.h. die Bank muss eine Abwägung zwischen ihrem Sicherungsinteresse und dem Interesse des Schuldners am Fortbestand des Darlehensverhältnisses vornehmen. So kann eine Kündigung aus wichtigem Grund ausgeschlossen sein, wenn trotz der Vermögensverschlechterung absehbar ist, dass der Darlehensnehmer das Darlehen zumindest in Raten tilgen kann.[31] Bei einem Irrtum des Darlehensgebers über die Vermögenssituation des Darlehensnehmers oder über bestellte Sicherheiten kommt u.U. eine Anfechtung gemäß § 119 Abs. 2 BGB in Betracht, nicht aber eine Kündigung gemäß § 490 Abs. 1 BGB.[32]

19

§ 490 Abs. 2 BGB verschafft dem **Darlehensnehmer** ein außerordentliches Kündigungsrecht bei Darlehen **mit gebundener Sollzinsvereinbarung**, die durch ein Grund- und Schiffspfandrecht gesichert sind. Dabei ist die Kündigungsfrist des § 488 Abs. 3 Satz 2 BGB (drei Monate) einzuhalten. Der Darlehensnehmer muss ein berechtigtes Interesse an der Kündigung haben, etwa weil er das Grundstück, das zur Sicherung des Darlehens mit einer Grundschuld belastet ist, verkaufen möchte. Er schuldet der Bank eine sogenannte **Vorfälligkeitsentschädigung**, deren Berechnung umstritten ist (vgl. dazu Rn. 44).

20

Gemäß § 490 Abs. 3 BGB kommen auch für den Darlehensvertrag die Vorschriften über die Störung der Geschäftsgrundlage nach § 313 BGB wie auch die Möglichkeit der außerordentlichen Kündigung gemäß § 314 BGB zur Anwendung. Somit kann der Darlehensgeber bspw. auch bei Verzug des Darlehensnehmers mit mehreren Zins- oder Tilgungsraten kündigen. Der Verweis auf § 314 BGB hat eine Auffangfunktion gegenüber den spezielleren Kündigungsrechten nach § 490 Abs. 1 und 2 BGB.

21

▶ **Lösungshinweise zu Fall 14:** Der Fix-Kredit enthält eine gebundene Sollzinsvereinbarung, sodass er spätestens nach Ablauf von 10 Jahren gekündigt werden kann (§ 489 Abs. 1 Nr. 2 BGB). Genau diese Frist ist im Vertrag vereinbart, so dass A vorher nicht kündigen kann. Den Vario-Kredit kann A dagegen jederzeit mit dreimonatiger Frist kündigen

---

27 BGHZ 97, 212; ZIP 2000, 962, 964; NJW-RR 2011, 625.
28 *Rösler* WM 2000, 1930.
29 Zur Kündigung wegen Vermögensverschlechterung *Knops* WM 2012, 1649.
30 Bamberger/Roth-*Rohe* § 490 Rn. 6; TWT-*Krüger/Bütter* § 490 Rn. 5.
31 Vgl. auch MünchKomm-*K. P. Berger* § 490 Rn. 17 ff.
32 Vgl. BGH NJW-RR 2002, 1273.

(§ 489 Abs. 2 BGB). Wenn A den Aufwand der Kündigung und des Neuabschlusses eines Darlehensvertrags mit einer anderen Bank vermeiden will, kann sie allerdings auch einen Zinsanpassungsanspruch gegen B geltend machen, denn B ist verpflichtet, die Zinsanpassungsklausel so auszugestalten, dass sie an bestimmten Kriterien, z.B. Leitzinsen, orientiert ist und nicht nur bei Zinserhöhungen, sondern auch bei Zinsermäßigungen zur Anwendung kommt. ◀

VI. Verbraucherdarlehen

▶ **FALL 15:** A will sich als Rechtsanwalt niederlassen und zur Einrichtung seines Büros einen Kredit in Höhe von 75.000 Euro aufnehmen. Im Internet findet er die Bank B, die ein ihm zusagendes Angebot bereithält. Er füllt die von der Bank vorgesehenen Formulare aus, scannt seine Unterschrift ein und fügt sie in das Formular in die für die Unterschrift vorgesehene Zeile ein. Um das Darlehen zu erhalten, muss er ein zweites Formular mit einer Widerrufsbelehrung ausfüllen, in das er ebenfalls seine eingescannte Unterschrift einfügt. B übersendet dem A zwar keinen von ihr unterzeichneten Vertrag, zahlt das Darlehen aber aus. Nach zwei Monaten erhält A ein attraktives Angebot von einer Düsseldorfer Großkanzlei, das ihn seine Existenzgründerpläne vergessen lässt. Er möchte wissen, ob er sich von dem Darlehensvertrag lösen kann. ◀

1. Überblick

22   Die **gesetzliche Regelung des Verbraucherdarlehensvertrags** ist im Laufe der Jahre immer umfangreicher und unübersichtlicher geworden; im Rahmen einer Klausur braucht man nicht jedes Detail zu beherrschen, muss sich jedoch schnell orientieren können. Dazu dient die folgende **Übersicht:**

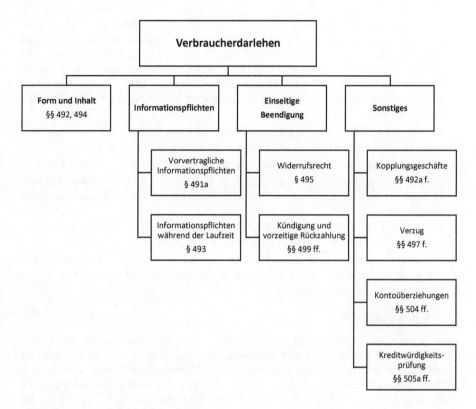

2. Richtlinienrechtlicher Hintergrund

Die historische Entwicklung des (Verbraucher-)Kreditrechts braucht hier nicht im Einzelnen erläutert zu werden.[33] Erforderlich ist allerdings ein Blick auf die **EG- bzw. EU-Richtlinien**, die dem Darlehensrecht des BGB zugrunde liegen und die sich aufgrund richtlinienkonformer Auslegung auf die Anwendung der §§ 491 ff. BGB auswirken.   23

■ Die **RL 2008/48/EG** über **Verbraucherkreditverträge** (VerbrKrRL) strebt einen „reibungslos funktionierenden Binnenmarkt bei Verbraucherkrediten" an.[34] Daher will sie den Verbraucher schützen, das Vertrauen des Verbrauchers in den freien Verkehr von Kreditangeboten sichern und „in einigen Schlüsselbereichen" einen harmonisierten gemeinschafts- bzw. unionsrechtlichen Rahmen schaffen;[35] sie sieht u.a. umfangreiche Informationspflichten, die Bewertung der Kreditwürdigkeit sowie ein Widerrufsrecht des Verbrauchers vor; außerdem vereinheitlicht sie die Berechnung des effektiven Jahreszinses.

■ Die **RL 2014/17/EU** über **Wohnimmobilienkredite**[36] knüpft ebenfalls an den Binnenmarkt und das Konzept eines „transparenten und effizienten Kreditmarkts"

---

33 Dazu: *Tonner* Vertragliche Schuldverhältnisse, 4. Aufl. 2016, § 15 Rn. 8–11b.
34 Erwägungsgrund 7.
35 Erwägungsgründe 7 und 8. Dazu *Gsell/Schellhase* JZ 2009, 20.
36 Richtlinie 2014/17/EU des Europäischen Parlaments und des Rates vom 4.2.2014 über Wohnimmobilienkreditverträge für Verbraucher, ABl. Nr. L 60 v. 29.4.2014, S. 63.

an.[37] Im Lichte der Finanzkrise (2008) gelte es, eine nachhaltige Kreditvergabe und -aufnahme zu fördern und ein hohes Verbraucherschutzniveau zu implementieren.[38] Die Richtlinie führt u.a. vorvertragliche Informationspflichten in Form des einheitlichen ESIS-Merkblatts (European Standardised Information Sheet) ein; sie reguliert Kopplungs- und Bündelungsgeschäfte, vereinheitlicht die Berechnung des effektiven Jahreszinses und verlangt eine „eingehende Prüfung der Kreditwürdigkeit des Verbrauchers".

24   In Mittelpunkt der **EuGH-Rechtsprechung** steht bisher die Verbraucherkreditrichtlinie. Der Europäische Gerichtshof hat zuletzt u.a. entschieden, dass

- die **Modalitäten für die Berechnung der Widerrufsfrist** im Kreditvertrag klar und prägnant anzugeben sind (Art. 10 Abs. 2 p) VerbrKrRL), so dass sogenannte **Kaskadenverweisungen** über mehrere nationale Rechtsvorschriften hinweg unzulässig sind,[39]

- der **effektive Jahreszins** (Art. 10 Abs. 2 g) VerbrKrRL) nicht nur als Marge zwischen einem Mindest- und einem Höchstzins ausgedrückt werden darf,[40] und dass

- ein Verstoß gegen die vorvertragliche Verpflichtung des Kreditgebers zur **Bewertung der Kreditwürdigkeit** (Art. 8 Abs. 1 VerbrKrRL) des Verbrauchers von Amts wegen zu prüfen und ggf. zu ahnden ist.[41]

3. Anwendungsbereich

25   Das Kapitel über Verbraucherdarlehensverträge ist (wie der Name schon sagt) grundsätzlich nur auf **Verbraucherdarlehensverträge** anwendbar (§ 491 Abs. 1 Satz 1 BGB). Die Legaldefinitionen der Begriffe **Verbraucher** und **Unternehmer** finden Sie in §§ 13 f. BGB. Ein **Existenzgründer**, d.h. eine natürliche Person, die (bei einem Unternehmer als Darlehensgeber) ein Darlehen mit einem Nettobetrag von maximal 75.000 Euro für die Aufnahme einer gewerblichen oder selbstständigen beruflichen Tätigkeit aufnimmt, fällt ebenfalls unter die besonderen Vorschriften für Verbraucherdarlehensverträge (§ 513 BGB).

26   Bei dem Verbraucherdarlehensvertrag muss es sich entweder um einen **Allgemein- oder um einen Immobiliar-Verbraucherdarlehensvertrag** handeln (§ 491 Abs. 1 Satz 2 BGB). Die Begriffe schließen sich gegenseitig aus (siehe § 491 Abs. 2 Satz 2 Nr. 6 BGB), so dass man ein Verbraucherdarlehen eindeutig der einen oder der anderen Kategorie zuordnen muss.

- Ein **Allgemein-Verbraucherdarlehensvertrag** ist ein entgeltlicher[42] Darlehensvertrag zwischen einem Unternehmer als Darlehensgeber und einem Verbraucher als Darlehensnehmer (§ 491 Abs. 2 Satz 1 BGB). Bestimmte Verbraucherverträge blendet das BGB allerdings aus: Keine Allgemein-Verbraucherdarlehensverträge sind u.a. „Verträge, bei denen der Nettodarlehensbetrag (Art. 247 § 3 Abs. 2 EGBGB) weniger als 200 Eurobeträgt." Bei solchen **Kleindarlehen** (auch: Bagatellkredite) wäre der in §§ 491 ff. BGB angelegte Verbraucherschutz unverhältnismäßig aufwendig.

37   Erwägungsgrund 2.
38   Erwägungsgrund 6.
39   EuGH, Urt. v. 26.3.2020, Rs. C-66/19 – Kreissparkasse Saarlouis, BKR 2020, 248 (ECLI:EU:C:2020:242).
40   EuGH, Urt. v. 19.12.2019, Rs. C-290/19 – RN/Home Credit Slovakia, EuZW 2020, 168 (ECLI:EU:C:2019:1130).
41   EuGH v. 5.3.2020, Rs. C-679/18 – OPR Finance, NJW 2020, 1199 (ECLI:EU:C:2020:167).
42   Eine Vereinbarung über „0 % Finanzierung" ist ein unentgeltlicher Darlehensvertrag mit der Folge, dass die §§ 491 ff. BGB nicht anwendbar sind, BGHZ 202, 3012.

■ Ein **Immobiliar-Verbraucherdarlehensvertrag** ist ein entgeltlicher Darlehensvertrag zwischen einem Unternehmer als Darlehensgeber und einem Verbraucher als Darlehensnehmer, der (1.) durch ein Grundpfandrecht, d.h. durch eine Hypothek, Grund- oder Rentenschuld, oder durch eine Reallast besichert ist oder (2.) der für den Erwerb oder die Erhaltung des Eigentums an Grundstücken, an bestehenden oder zu errichtenden Gebäuden oder für den Erwerb oder die Erhaltung von grundstücksgleichen Rechten (Erbbaurechte u.Ä.) bestimmt ist (§ 491 Abs. 3 Satz 1 BGB).

Bei der Rechtsanwendung ist stets zu prüfen, ob eine bestimmte Regelung in den §§ 491 ff. BGB auf beide Verbraucherdarlehensverträge anwendbar ist (siehe nur: § 491a Abs. 1 BGB) oder ob sie nur auf Allgemein-Verbraucherdarlehensverträge (siehe nur: §§ 499 Abs. 1 und 2 BGB) oder nur auf Immobiliar-Verbraucherdarlehensverträge anzuwenden ist (siehe nur: § 492b BGB). Die Vorschriften sind generell **halbzwingend** (§ 512 Satz 1 BGB), so dass der Darlehensvertrag nur zu Gunsten, nicht aber zu Lasten des Verbrauchers von der gesetzlichen Regelung abweichen kann.   27

4. Vorvertragliche Informationspflichten

Der Darlehensgeber ist gemäß § 491a Abs. 1 BGB [Vorvertragliche Informationspflichten bei Verbraucherdarlehensverträgen] verpflichtet, „den Darlehensnehmer nach Maßgabe des Art. 247 EGBGB zu informieren". Art 247 EGBGB unterscheidet zwischen Allgemein- und Immobiliar-Verbraucherdarlehensverträgen, so dass sich folgendes Bild ergibt: 28

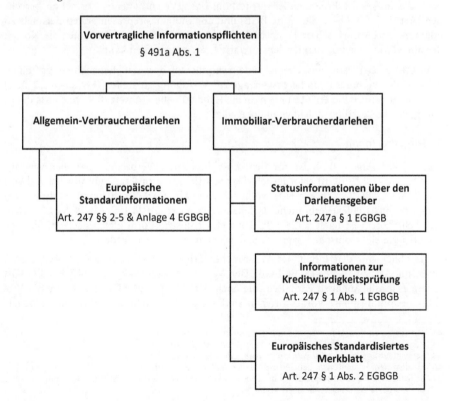

29   Die Regelung der Informationspflichten im EGBGB ist eher undurchsichtig.[43] Im Grunde braucht man aber auch nur zu wissen, wann grundsätzlich in welcher Form worüber zu informieren ist. Die Informationspflichten sind **vorvertraglich** zu erfüllen. Vorvertraglich bedeutet ausweislich Art. 247 § 1 Abs. 2 Satz 1 bzw. Art. 247 § 2 Abs. 1 Satz 2 EGBGB „rechtzeitig vor Abgabe der Vertragserklärung des Darlehensnehmers". Der Darlehensnehmer soll die Möglichkeit haben, in Abwesenheit des Darlehensgebers mehrere Darlehensangebote miteinander zu vergleichen, um eine fundierte Entscheidung treffen zu können.[44]

30   Die vorvertraglichen Informationspflichten sind in **Textform** (§ 126b BGB) zu erteilen (siehe Art. 247 § 1 Abs. 2 Satz 1 bzw. § 2 Abs. 1 Satz 2 EGBGB), während der Verbraucherdarlehensvertrag selbst grundsätzlich schriftlich abzuschließen ist (§ 492 Abs. 1 BGB).[45]

31   Der **Inhalt der Informationspflichten** ergibt sich teils aus den in Art. 247 §§ 3 ff. enthaltenen Informationskatalogen, teils aus den in Art. 247 §§ 1 Abs. 2, 2 Abs. 3 EGBGB vorgesehenen Mustern: Art. 247 § 2 Abs. 2 EGBGB verpflichtet den Darlehensgeber, bei **Allgemein-Verbraucherverträgen** die Europäische Standardinformation für Verbraucherkredite (Muster gemäß Anlage 4 zu Art. 247 EGBGB) zu verwenden. Art. 247 § 1 Abs. 2 Satz 2 verweist den Darlehensgeber im Falle von **Immobiliar-Verbraucherdarlehensverträgen** auf das Europäische Standardisierte Merkblatt (ESIS; Muster gemäß Anlage 6). Der Darlehensgeber ist in jedem Falle verpflichtet, den sogenannten **effektiven Jahreszins** anzugeben (siehe nur: Art. 247 § 3 Abs. 1 Nr. 3 EGBGB), der nach der in § 6 der Preisangabenverordnung (PAngV) enthaltenen Formel zu berechnen (Art. 247 § 3 Abs. 2 Satz 3 EGBGB) und anhand eines repräsentativen Beispiels zu erläutern ist (Absatz 3 Satz 1), so dass der (potentielle) Darlehensnehmer die Kosten der am Markt angebotenen Darlehen relativ leicht vergleichen kann.[46]

▶ **Beachte:** Der Darlehensgeber ist zudem verpflichtet, dem Darlehensnehmer ggf. einen **Entwurf des Verbraucherdarlehensvertrags** zur Verfügung zu stellen (§ 491a Abs. 2 BGB) und ihm **angemessene Erläuterungen** an die Hand zu geben (Absatz 3) – ohne dass damit eine generelle Beratungspflicht verbunden wäre.[47] ◀

5. Form und Inhalt

32   Nach § 492 Abs. 1 BGB ist für den Abschluss eines Verbraucherdarlehensvertrags **Schriftform** (§ 126 BGB) erforderlich. Das Schriftformerfordernis gilt abweichend von § 167 Abs. 2 BGB auch für eine Vollmacht, die ein Darlehensnehmer (Verbraucher) zum Abschluss eines Verbraucherdarlehensvertrags erteilt (§ 492 Abs. 4 Satz 1 BGB). Der Schriftform ist nach § 126a BGB die **elektronische Form** gleichzusetzen, die eine qualifizierte elektronische Signatur i.S. des Signaturgesetzes erfordert.

33   Im Hinblick auf den **Inhalt des Verbraucherdarlehensvertrags** verweist § 492 Abs. 2 BGB auf Art. 247 §§ 6–13 EGBGB. Der Vertrag muss gemäß Art. 247 § 6 EGBGB erneut fast alle Angaben enthalten, die nach Art. 247 § 3 EGBGB bereits für die Vertragsanbahnungsphase vorgeschrieben sind – u.a. den effektiven Jahreszins. Dogma-

---

43   Ebenso: Schwintowski-Bankrecht-*Samhat*, 5. Aufl. 2018, Kap. 15 Rn. 102.
44   Begründung des Gesetzes zur Umsetzung der VerbrGKRL, BT-Drucks. 16/11643, S. 121.
45   Schwintowski-Bankrecht-*Samhat*, 5. Aufl. 2018, Kap. 15 Rn. 102 (verfehlt: Rn. 125).
46   Im Einzelnen: Schwintowski-Bankrecht-*Samhat*, 5. Aufl. 2018, Kap. 15 Rn. 128.
47   Schwintowski-Bankrecht-*Samhat*, 5. Aufl. 2018, Kap. 15 Rn. 185; siehe auch § 511 BGB zum Beratungsmaßstab bei Immobiliar-Verbraucherdarlehensverträgen.

tisch gesehen überschneiden sich hier Inhalt des und Informationen über den Verbraucherdarlehensvertrag. Enthält ein Immobiliar-Verbraucherdarlehensvertrag bspw. keine „Angaben" zu den „Voraussetzungen für den Anspruch auf Vorfälligkeitsentschädigung" (Art. 247 § 7 Abs. 2 Nr. 1 EGBGB), so ist keine Vorfälligkeitsentschädigung vereinbart; es geht so gesehen also nicht um Informationen über den Darlehensvertrag bzw. über bestimmte gesetzlich vorgeschriebene Rechte und Pflichten der Parteien, sondern um den für diese Rechte und Pflichten konstitutiven Darlehensvertrag selbst.

Art. 247 § 6 Abs. 2 EGBGB enthält Pflichten zur Information über ein ggf. bestehendes **34** Widerrufsrecht. Der Darlehensgeber kann insoweit die in der Anlage zu Art. 247 § 6 Abs. 2 EGBGB abgedruckten **Muster für eine Widerrufsinformation für Allgemein-Verbraucherdarlehensverträge** (Anlage 7) bzw. für eine **Widerrufsinformation für Immobiliar-Verbraucherdarlehensverträge** (Anlage 8) verwenden.

Verstöße gegen die Pflichten des § 492 BGB werden in § 494 BGB **sanktioniert**. Bei **35** fehlender Schriftform oder bei fehlenden Informationen ist der Vertrag nichtig, § 494 Abs. 1 BGB, wobei die Nichtigkeit durch Auszahlung des Darlehens geheilt wird (Absatz 2). Wäre es anders, würde sich die Vorschrift gegen die Interessen des Darlehensnehmers richten, den sie schützen soll. Wird der effektive Jahreszins *nicht* angegeben, ermäßigt sich der Zins auf den gesetzlichen Zinssatz von 4 % (§§ 494 Abs. 2 Satz 2, 246 BGB). Wird er *zu niedrig* ausgewiesen, ermäßigt sich der Sollzinssatz um den Prozentsatz, um den der effektive Jahreszins zu niedrig angegeben wurde (§ 494 Abs. 3 BGB).

6. Widerrufsrecht

Nach § 495 Abs. 1 BGB steht dem Darlehensnehmer ein **Widerrufsrecht** zu: Gemäß **36** § 355 Abs. 1 BGB sind er und der Darlehensgeber „an ihre auf den Abschluss des (Darlehens-)Vertrags gerichtete Willenserklärungen nicht mehr gebunden", wenn der Darlehensnehmer fristgerecht widerruft. Etwas anderes gilt nur bei einer Umschuldung (§ 495 Abs. 2 Nr. 1 BGB), bei notarieller Beurkundung (Nr. 2) und bei Überziehungskrediten (Nr. 3). Der Verbraucher kann sich grundsätzlich also unproblematisch von einem ggf. übereilt abgeschlossenen Darlehensvertrag wieder lösen. Er braucht seinen Widerruf insbesondere nicht zu begründen (§ 355 Abs. 1 Satz 4 BGB).

Nach § 355 Abs. 2 BGB beträgt die **Widerrufsfrist** 14 Tage. Bis zum Ablauf dieser **37** Frist ist der Vertrag zunächst schwebend wirksam, denn der Darlehensnehmer ist an seine Willenserklärung erst dann nicht mehr gebunden, wenn er sie widerruft. Dem Darlehensnehmer muss eine Widerrufsbelehrung ausgehändigt werden. Einzelheiten bzgl. Beginn und Dauer der Frist ergeben sich aus § 356b BGB. Eine Regelung, wonach bei dauerhaft unterbliebenen Pflichtangaben das Widerrufsrecht dauerhaft nicht erlischt (so § 355 Abs. 3 Satz 3 BGB a.F.), gibt es zwar nicht; fest steht jedoch, dass die Widerrufsfrist bei fehlenden Angaben nicht beginnt, so dass sie auch nicht enden kann. Bei Allgemein-Verbraucherdarlehensverträgen entsteht u.U. also ein „**ewiges Widerrufsrecht**". Dies ergibt sich auch zwingend aus der Verbraucherkreditrichtlinie.[48] Bei Immobiliar-Verbraucherdarlehensverträgen hingegen erlischt das Widerrufsrecht spätestens 12 Monate und 14 Tage nach Vertragsschluss bzw. nach Bereitstellung der in § 356b Abs. 1 BGB aufgeführten Dokumente (§ 356b Abs. 2 Satz 4 BGB).

---

48 Brönneke/Tonner-*Schmidt* Kap. 3 Rn. 22.

38   Ob die **Widerrufsbelehrung** ordnungsgemäß ist, richtet sich nach Art. 247 § 6 Abs. 2 EGBGB. Danach muss sie neben Angaben zur Frist und zu „anderen Umständen" für die Widerrufserklärung auch einen Hinweis enthalten, wonach der Darlehensnehmer ein bereits ausgezahltes Darlehen zurückzuzahlen und Zinsen zu vergüten hat. Die Widerrufsbelehrung muss im Vertrag selbst erfolgen; eine gesonderte Widerrufsbelehrung ist nicht ausreichend.[49] Die Widerrufsfrist darf nicht vor Vertragsabschluss beginnen (§ 355 Abs. 2 Satz 2 BGB).

39   Liegt ein **verbundenes Geschäft** i.S. des § 358 Abs. 3 BGB vor, erstreckt sich der Widerruf eines der verbundenen Geschäfte (z.B. Kauf) auch auf das andere (Darlehen). Auch gilt in diesem Fall der Einwendungsdurchgriff des § 359 BGB. Nach § 360 Abs. 1 Satz 2 BGB sind einige Vorschriften über verbundene Verträge auf **zusammenhängende Verträge** (Legaldefinition: § 360 Abs. 2 BGB) entsprechend anzuwenden.

7. Verzugszinsen und Anrechnung von Teilleistungen

40   Kommt der Darlehensnehmer mit Zahlungen, die er aufgrund eines Allgemein-Verbraucherdarlehensvertrag schuldet, in Verzug so hat er den geschuldeten Betrag nach § 288 Abs. 1 BGB, d.h. mit 5 % über dem Basiszinssatz zu verzinsen (§ 497 Abs. 1 Satz 1 BGB). Bei Immobiliar-Verbraucherdarlehensverträgen beträgt der Verzugszins 2,5% über dem Basiszinssatz (§ 497 Abs. 4 Satz 1 BGB). Theoretisch können die Parteien zwar einen höheren bzw. niedrigeren Verzögerungsschaden nachweisen (§ 497 Abs. 1 Satz 2 BGB), i.d.R. wird ihnen dies jedoch nicht gelingen.

41   Besonders wichtig ist die nur auf Allgemein-Verbraucherdarlehensverträge anwendbare[50] Bestimmung der **Tilgungsreihenfolge** in § 497 Abs. 3 BGB. Nach § 367 Abs. 1 BGB werden bei Teilleistungen, die nicht die ganze fällige Schuld erreichen, zunächst die Kosten, dann die Zinsen und erst zuletzt die Hauptleistung getilgt. Ein Darlehensnehmer, der nur Teilleistungen erbringt, würde nach dieser Vorschrift Gefahr laufen, stets Zinsen zu bezahlen, ohne jemals zur Tilgung der Hauptverbindlichkeit zu gelangen. Man spricht deswegen von der **Schuldturmproblematik**.[51] Der Gesetzgeber hat in § 497 Abs. 3 BGB die Reihenfolge umgedreht, so dass zunächst die Hauptverbindlichkeiten und erst dann die Zinsen beglichen werden. Auf diese Weise erfolgt auch bei Teilleistungen des Darlehensnehmers eine Tilgung der Hauptverbindlichkeit, so dass dann auch die verbleibende Zinsbelastung niedriger wird.

▶ **BEISPIEL:** A tilgt ein aufgrund eines Allgemein-Verbraucherdarlehensvertrags gewährtes Darlehen wie vereinbart mit einer monatlichen Rate von 250 Euro. Da er arbeitslos wird, sieht er sich nur noch zu monatlichen Zahlungen in Höhe von 100 Euro in der Lage. Zu diesem Zeitpunkt betragen Tilgungs- und Zinsanteil der Rate je 125 Euro. Nach § 367 Abs. 1 BGB würde A trotz seiner Zahlungen niemals das Darlehen tilgen, das ständig weiter zu verzinsen wäre. Nach § 497 Abs. 3 BGB wirkt die teilweise Zahlung aber als Tilgung, so dass der noch zu verzinsende Darlehensrest abnimmt. ◀

---

49   Vgl. auch MünchKomm-*Schürnbrand/Weber* § 495 Rn. 6 f.
50   § 497 Abs. 4 Satz 2 BGB.
51   Hierzu TWT-*Krüger/Bütter* § 497 Rn. 15; zur Schuldturmproblematik siehe *Bülow/Arzt*, Verbraucherkreditrecht, 10. Aufl. 2019, § 497 Rn. 50 f.

8. Gesamtfälligstellung

Auch § 498 BGB schützt den Darlehensnehmer im Falle des Zahlungsverzugs. Zwar   42
kann die Bank im Verzugsfall den Darlehensvertrag kündigen – bankkaufmännisch
spricht man von **Gesamtfälligstellung** –, jedoch ist dies an die in § 498 Abs. 1 Satz 1
BGB aufgeführten Voraussetzungen gebunden. Danach muss sich der Darlehensnehmer mit mindestens zwei aufeinander folgenden Teilzahlungen ganz oder teilweise in
Verzug befinden und die Bank muss ihm eine zweiwöchige Frist zur Zahlung des
rückständigen Betrags gesetzt haben. Der Rückstand muss außerdem bei Allgemein-
Verbraucherdarlehensverträgen je nach Laufzeit 10 bzw. 5 %, bei Immobiliar-Verbraucherdarlehensverträgen 2,5% des Nennbetrags des Darlehens erreicht haben (§ 498
Abs. 1 Satz 1 Nr. 1 b), Abs. 2 BGB).

9. Besondere Kündigungsrechte im Verbraucherdarlehensvertrag

Die Kündigungsvorschriften der §§ 489 f. BGB werden durch Bestimmungen zuguns-   43
ten des Verbrauchers in §§ 499 f. BGB ergänzt: Nach § 499 Abs. 1 BGB ist eine
in einem Allgemein-Verbraucherdarlehensvertrag enthaltene Vereinbarung über ein
Kündigungsrecht des Darlehensgebers unwirksam, wenn eine bestimmte Laufzeit vereinbart wurde oder die Kündigungsfrist zwei Monate unterschreitet. Der Darlehensnehmer wird also vor (kurzfristigen) Kündigungen geschützt. § 500 BGB räumt dem
Verbraucher das Recht ein, einen Allgemein-Verbraucherdarlehensvertrag, bei dem
eine Zeit für die Rückzahlung nicht bestimmt ist (keine Laufzeitvereinbarung), ganz
oder teilweise zu kündigen, ohne eine Frist einzuhalten (Absatz 1 Satz 1) und seine
Verbindlichkeiten jederzeit ganz oder teilweise vorzeitig zu erfüllen (Absatz 2 Satz 1).[52]

10. Kostenermäßigung, Vorfälligkeitsentschädigung

Kündigt der Darlehensnehmer und zahlt er das Darlehen – bspw. mithilfe einer un-   44
verhofften Erbschaft – früher als geplant zurück, so könnte man der Meinung sein,
dass er dem Darlehensgeber eine Freude macht. Das trifft jedoch nicht zu, weil der
Darlehensnehmer die Darlehenszinsen und -kosten, um die es einer Bank im Kreditge-
schäft in erster Linie geht, in Fällen wie diesen nicht mehr zu tragen hat: Soweit der
Darlehensnehmer seine Verbindlichkeiten vorzeitig erfüllt oder die Restschuld vor der
vereinbarten Zeit durch Kündigung fällig wird, vermindern sich die Gesamtkosten
(§ 6 Abs. 3 Preisangabenverordnung) um die Zinsen und sonstigen laufzeitabhängigen
Kosten, die bei gestaffelter Berechnung auf die Zeit nach der Fälligkeit oder Erfüllung
entfallen (§ 501 BGB). Immerhin kann der Darlehensgeber jedoch im Fall der vorzeitigen Rückzahlung eine angemessene **Vorfälligkeitsentschädigung** für den unmittelbar
mit der vorzeitigen Rückzahlung entstandenen Schaden verlangen (§ 502 Abs. 1 Satz 1
BGB). Für die Berechnung der Vorfälligkeitsentschädigung gibt die Rechtsprechung
bestimmte Kriterien vor, die darauf hinauslaufen, dass der Bank der Gewinnanteil in
den Zinsen zusteht, die sie nicht mehr erhält, (sogenannter Zinsmargenschaden).[53] Die
Vorfälligkeitsentschädigung ist also die Kompensation für den mit der Kündigung ver-

---

52 § 500 Abs. 2 Satz 1 BGB gilt für Immobiliar-Verbraucherdarlehensverträge mit veränderlicher Sollzinsbin-
    dung (Satz 2).
53 Zu den Berechnungsmethoden: BGHZ 136, 161: Differenz zwischen vertraglichem Zins und Refinanzierungs-
    kosten; BGHZ 146, 5, 10: Differenz zwischen vertraglichem Zins und hypothetischer Wiederanlage in lauf-
    zeitkongruente Kapitalmarkttitel. Einzelheiten bei MünchKomm-*K. P. Berger* § 490 Rn. 33 ff.; *Tonner/Krüger*
    § 18 Rn. 84 ff.

bundenen Eingriff in die gesicherte Gewinnerwartung der Bank.[54] Bei Allgemein-Verbraucherdarlehensverträgen darf diese Vorfälligkeitsentschädigung die in § 502 Abs. 3 BGB geregelten Beträge nicht überschreiten.

11. Kontoüberziehungen

45   Das Verbraucherdarlehensrecht befasst sich auch mit Kontoüberziehungen, wobei zwischen **eingeräumten Überziehungsmöglichkeiten** (§ 504 BGB) und **geduldeten Überziehungen** (§ 505 BGB) unterschieden wird. Mit den eingeräumten Überziehungsmöglichkeiten ist der **Dispositionskredit** (Dispo) gemeint. In beiden Fällen kommt ein Vertrag zustande. Beide Vorschriften verweisen auf die einschlägigen **Informationspflichten** nach Art. 247 EGBGB. Es ist vor allem jeweils der Sollzinssatz anzugeben (Art. 247 § 16 EGBGB für die eingeräumte, § 17 für die geduldete Überziehung).

46   § 504a Abs. 1 BGB kodifiziert eine **Beratungspflicht des Darlehensgebers** (Bank), „wenn der Darlehensnehmer eine ihm eingeräumte Überziehungsmöglichkeit ununterbrochen über einen Zeitraum von sechs Monaten und durchschnittlich in Höhe eines Betrags in Anspruch genommen hat, der 75% des vereinbarten Höchstbetrags übersteigt." Der Beratungsbedarf liegt auf der Hand: Ein Dispositionskredit dient an sich nur der **Überbrückung kurzfristiger finanzieller Engpässe.** Eine ununterbrochene Inanspruchnahme über sechs Monate lässt auf einen längerfristigen Finanzbedarf schließen, der ggf. günstiger durch Ratenkredite gedeckt werden könnte.[55] Die Beratung soll den Darlehensnehmer in die Lage versetzen, nach der Beratung selbst zu entscheiden, ob er (ggf. unter Inanspruchnahme einer unabhängige Schuldnerberatung) umschuldet oder weiterhin von der Überziehungsmöglichkeit Gebrauch macht.[56] In der **Beratung** soll ausgehend von der spezifischen finanziellen Lage des Darlehensnehmers geprüft werden, ob der Dispositionskredit unzweckmäßig genutzt wird.[57] Das BGB verlangt eine Beratung zu möglichen kostengünstigen Alternativen zur Inanspruchnahme der Überziehungsmöglichkeit und zu möglichen Konsequenzen einer weiteren Überziehung des laufenden Kontos sowie ggf. den Hinweis auf geeignete Beratungseinrichtungen (§ 504a Abs. 2 Satz 1 BGB). Die Beratung hat in Form eines **persönlichen Gesprächs** zu erfolgen (Satz 2).

12. Kreditwürdigkeitsprüfung

47   Der Darlehensgeber hat vor Abschluss eines Verbraucherdarlehensvertrags die **Kreditwürdigkeit** des Darlehensnehmers zu prüfen (§ 505a Abs. 1 Satz 1 BGB); er darf den Darlehensvertrag nur abschließen, wenn bei einem Allgemein-Verbraucherkreditvertrag *keine erheblichen Zweifel* daran bestehen bzw. bei einem Immobiliar-Verbraucherdarlehensvertrag *wahrscheinlich* ist, dass der Darlehensnehmer seinen Verpflichtungen, die im Zusammenhang mit dem Darlehensvertrag bestehen, vertragsgemäß nachkommen wird (Satz 2). Die Kreditwürdigkeitsprüfung liegt *prima vista* vor allem **im Interesse des Darlehensgebers,** dem an der Rückzahlung des Kredits gelegen ist; sie liegt aber auch **im öffentlichen Interesse** – werden Kredite mit zu leichter Hand vergeben, so gefährdet das die Funktionsfähigkeit des Kreditgewerbes und die der Finanz-

---

54   MünchKomm-*Schürnbrand/Weber* § 502 Rn. 1.
55   Begründung des Gesetzes zur Umsetzung der Wohnimmobilienkreditrichtlinie, BT-Drucks. 18/5922, S. 94.
56   Begründung des Gesetzes zur Umsetzung der Wohnimmobilienkreditrichtlinie, BT-Drucks. 18/5922, S. 95.
57   Begründung des Gesetzes zur Umsetzung der Wohnimmobilienkreditrichtlinie, BT-Drucks. 18/5922, S. 95.

märkte (siehe § 18 KWG)[58] – und sie liegt im Interesse des Verbrauchers, der vor sich selbst geschützt werden soll. Der EuGH hat diese Funktion der (richtlinienrechtlich) vorgegebenen Kreditwürdigkeitsprüfung im *Crédit Lyonnais*-Urteil besonders hervorgehoben: sie solle „einen wirksamen Schutz der Verbraucher vor der unverantwortlichen Gewährung von Krediten" gewährleisten, „die ihre finanziellen Möglichkeiten überschreiten und zu ihrer Zahlungsunfähigkeit führen können".[59]

Der Darlehensgeber wird die Kreditwürdigkeit des Verbrauchers in der Regel anhand einer **Selbstauskunft** (siehe § 505b Abs. 1 bis 3 BGB), auf der Basis eigener und externer Informationen (Schufa) und mithilfe von *Scoring*-Verfahren überprüfen, um das Kreditausfallrisiko möglichst genau zu ermitteln. Bei Immobiliar-Verbraucherdarlehen hat man die Mindestanforderungen an die Durchführung der Kreditwürdigkeitsprüfung (siehe § 505b Abs. 2 BGB) im Vergleich zu den Allgemein-Verbraucherverträgen (Absatz 1) deutlich verschärft.[60] Diese Entscheidung ist unter Effizienzgesichtspunkten auch richtig: Immobiliar-Verbraucherdarlehen (finanzierter Kauf einer Eigentumswohnung) werden meist über wesentlich höhere Beträge abgeschlossen als Allgemein-Verbraucherdarlehen (finanzierter Kauf eines Fernsehers), so dass auch die „eingehende" Kreditwürdigkeitsprüfung (§ 505b Abs. 2 Satz 1 BGB) verhältnismäßig ist.[61] Hat der Darlehensgeber seine Pflicht zur Kreditwürdigkeitsprüfung verletzt, so ergeben sich die Rechtsfolgen aus § 505d BGB: Der Darlehensvertrag bleibt wirksam,[62] der **Darlehenszins ermäßigt sich** ggf. jedoch auf den marktüblichen Zinssatz (Absatz 1 Satz 1). Der Darlehensnehmer kann jederzeit fristlos kündigen; ein Anspruch auf eine Vorfälligkeitsentschädigung besteht nicht (Absatz 1 Satz 3). Bei alledem kommt es nicht darauf an, ob der Darlehensgeber die Pflichtverletzung im konkreten Einzelfall zu vertreten hat oder nicht.[63]

▶ **LÖSUNGSHINWEISE ZU FALL 15:** Zwischen der B-Bank und A ist ein Darlehensvertrag zustande gekommen. Für diesen Darlehensvertrag gilt an sich das Schriftformerfordernis des § 492 Abs. 1 Satz 1 BGB. A ist nämlich Existenzgründer (§ 513 BGB), so dass die Vorschriften über das Verbraucherdarlehen anwendbar sind. Dementsprechend ist die Angebotserklärung des A unwirksam, weil eine eingescannte Unterschrift keine elektronische Signatur i.S. des § 126a BGB ersetzt. A hätte die Formulare ausdrucken, unterschreiben und per Post an die Bank schicken müssen. Durch die Auszahlung der Darlehensvaluta hat B das Angebot des A zwar konkludent angenommen, jedoch ebenfalls nicht in der vorgeschriebenen Schriftform. Nach § 494 Abs. 2 BGB wird der Formmangel jedoch durch den Empfang des Darlehens geheilt, so dass A zunächst an den Vertrag gebunden ist. Er kann ihn jedoch gemäß § 495 BGB i.V.m. § 355 BGB widerrufen. Zwar ist die Widerrufsfrist von 14 Tagen (§ 355 Abs. 2 Satz 1 BGB) abgelaufen, doch hat B nicht korrekt über den Widerruf belehrt. Nach Art. 247 § 6 Abs. 2 EGBGB darf die Widerrufsbelehrung nicht gesondert erfolgen, sondern muss im Vertrag vorgenommen werden. Gemäß § 356b Abs. 2 Satz 1 BGB beginnt damit die Widerrufsfrist nicht zu laufen, so dass A ein zeitlich unbegrenztes Widerrufsrecht

48

---

58 Einzelheiten: Boos/Fischer/Schulte-Mattler-*Bock*, 5. Aufl. 2016, § 18 KWG Rn. 7.
59 EuGH, Urt. v. 27.3.2014, Rs. C-565/12 – Le Crédit Lyonnais, EuZW 2014, 514, 516 (ECLI:EU:C:2014:190); siehe auch: Begründung des Gesetzes zur Umsetzung der Wohnimmobilienkreditrichtlinie, BT-Drucks. 18/5922, S. 96 f.
60 Dazu: Begründung des Gesetzes zur Umsetzung der Wohnimmobilienkreditrichtlinie, BT-Drucks. 18/5922, S. 98.
61 Begründung des Gesetzes zur Umsetzung der Wohnimmobilienkreditrichtlinie, BT-Drucks. 18/5922, S. 98.
62 Palandt-*Weidenkaff* § 505d Rn. 3.
63 *Buck-Heeb* NJW 2016, 2065.

zusteht, wenn B ihm nicht doch noch einen unterschriebenen Vertrag mit korrekter Widerrufsbelehrung zuschickt. Solange dies nicht geschieht, kann A sich durch Widerruf vom Vertrag lösen. ◄

WIEDERHOLUNGS- UND VERTIEFUNGSFRAGEN

> Unter welchen Umständen kann sich ein Darlehensnehmer vorzeitig vom Vertrag lösen?

> Wann ist ein Darlehensvertrag sittenwidrig?

> Wie sorgt das Gesetz dafür, dass die Informationspflichten beim Verbraucherdarlehen eingehalten werden?

> Welche Fristen gelten für den Widerruf eines Darlehens (Regelfrist, Frist bei fehlender Widerrufsbelehrung)?

> Kann die Bank bei einem vorzeitig zurückgezahlten Darlehen eine Vorfälligkeitsentschädigung verlangen?

> Was versteht man unter einem Überziehungskredit?

§ 16 Finanzierungshilfen und Ratenlieferungsvertrag

▶ **FALL 16:** K sieht im Geschäft des V ein Fernsehgerät, das ihr zusagt. An dem Gerät befindet sich ein Schild mit der Aufschrift: „Unser günstiger Teilzahlungspreis 600 Euro. Anzahlung 100 Euro, Restpreis zehn Monatsraten zu je 50 Euro. Auch gegen Barzahlung erhältlich." An der Kasse unterschreibt K einen Kaufvertrag, der eine korrekte Widerrufsbelehrung enthält, und leistet die Anzahlung. Weitere Informationen werden ihr weder schriftlich noch mündlich erteilt. Nach einem Monat stellt K fest, dass Fernsehen eher etwas für ihre Eltern ist und sie sich besser von dem Geld ein Smartphone gekauft hätte. Sie möchte wissen, ob sie von dem Vertrag mit V noch loskommt. ◀

I. Systematik

Bei **Kreditverträgen** liegt der Fokus zwar auf dem Darlehen. Finanzierungshilfen, insbesondere Teilzahlungsgeschäfte wie der Kauf eines Fernsehers auf Raten (Fall 16), und Ratenlieferungsverträge sind jedoch auch weit verbreitet. Dabei ist begrifflich wie folgt zu unterscheiden: 1

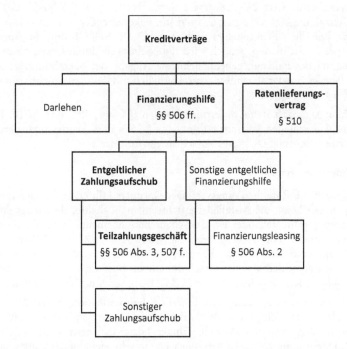

II. Finanzierungshilfen

§ 506 Abs. 1 BGB regelt **Finanzierungshilfen zwischen einem Unternehmer und einem Verbraucher.** Eine Finanzierungshilfe in Form eines (entgeltlichen) Zahlungsaufschubs liegt bei Teilzahlungsgeschäften vor, kommt aber auch bei einer einfachen Stundung in Betracht – bspw. beim Kauf eines Kühlschranks, wenn die Parteien die Fälligkeit des Kaufpreises gegen Entgelt hinausschieben, der Kaufpreis also gestundet wird, um   2 dem Käufer die Kaufpreiszahlung zu erleichtern.[1] Das BGB verweist in Fällen wie diesen weitgehend auf das für Allgemein-Verbraucherdarlehensverträge geltende Recht (§§ 506 Abs. 1 Satz 1, 491a ff. BGB).

3   **Teilzahlungsgeschäfte** sind Verträge über die Lieferung einer bestimmten Sache oder die Erbringung einer bestimmten (Dienst-)Leistung gegen Teilzahlungen (§ 506 Abs. 3 BGB). Die Gegenleistung wird also nicht auf einmal erbracht, sondern in **Raten**. Ein Teilzahlungsgeschäft setzt neben einer Anzahlung mindestens zwei weitere Raten voraus.[2] Auf Teilzahlungsgeschäfte sind gemäß § 506 Abs. 1 BGB weitgehend die Vorschriften über Verbraucherdarlehen anwendbar, insbesondere gelten Schriftform (§ 492 Abs. 1 BGB), das Widerrufsrecht (§ 495 BGB), der Einwendungsdurchgriff (§§ 358–359a BGB) und die Informationspflichten des § 492 Abs. 2 BGB i.V.m. Art. 247 §§ 6–13 EGBGB; zusätzlich gelten die in § 507 f. BGB geregelten Besonderheiten (§ 506 Abs. 3 BGB).

4   Bei den Informationspflichten ist vor allem Art. 247 § 12 EGBGB wichtig, der bei entgeltlichen Finanzierungshilfen u.a. die Angabe des **Barzahlungspreises** verlangt (Absatz 1 Satz 2), so dass der Verbraucher aus dem Vergleich mit dem ebenfalls anzugebenden Gesamtbetrag (Art. 247 § 6 Abs. 1 Satz 1 Nr. 1 i.V.m. § 3 Nr. 8 EGBGB) die durch die Teilzahlungsabrede zusätzlich auf ihn zukommenden Kosten ersehen kann. Ein Vertrag ohne die Pflichtangaben nach Art. 247 § 6 EGBGB und die Angabe des Barzahlungspreises ist nichtig, jedoch wird die Nichtigkeit durch Übergabe der Sache oder Erbringung der Leistung geheilt. Fehlt die Angabe des Barzahlungspreises oder des Gesamtbetrags, ist der Barzahlungspreis lediglich mit dem gesetzlichen Zinssatz zu verzinsen (§ 507 Abs. 2 BGB).

5   Das Teilzahlungsgeschäft kann **widerrufen** werden (§§ 506, 495, 355 BGB). Die Abwicklung des widerrufenen Vertrags erfolgt nach § 357a BGB, da die Finanzierungshilfe als Finanzdienstleistung i.S. dieser Vorschrift einzuordnen ist.[3]

III. Ratenlieferungsvertrag

6   § 510 BGB regelt die Ratenlieferungsverträge. Darunter fällt etwa die Lieferung eines mehrbändigen Lexikons, die Mitgliedschaft in einem Buchclub, die zu regelmäßigen Buchabnahmen verpflichtet, oder ein **Zeitschriftenabonnement**. Auch in diesen Fällen steht dem Verbraucher ein Widerrufsrecht zu (§ 510 Abs. 2 BGB). Bei Vertragsschluss muss der Unternehmer den Verbraucher über das Widerrufsrecht belehren. Ist der Ratenlieferungsvertrag außerhalb von Geschäftsräumen oder im Fernabsatz geschlossen worden, erfolgt die Rückabwicklung nach § 357 BGB, sonst nach § 357c BGB.[4]

7   Der Ratenlieferungsvertrag bedarf grundsätzlich der **Schriftform**, § 510 Abs. 1 Satz 1 BGB. Dies gilt jedoch nicht, wenn der Verbraucher die Vertragsbedingungen bei Vertragsschluss abrufen und in wiedergabefähiger Form speichern kann, § 510 Abs. 1 Satz 2 BGB. Damit kann ein Ratenlieferungsvertrag sehr viel einfacher über das Internet geschlossen werden als ein Verbraucherdarlehensvertrag, der einer elektronischen Signatur bedürfte.[5]

---

1   Siehe: Palandt-*Weidenkaff* Vorb v. § 506 Rn. 3.
2   So schon für das AbzG BGHZ 70, 378; vgl. auch TWT-*Kocher* § 499 Rn. 8; a.A. ein größerer Teil der Literatur, der sich mit insgesamt zwei Zahlungen begnügt, vgl. MünchKomm-*Schürnbrand/Weber* § 506 Rn. 12 m.w.N.
3   Vgl. Brönneke/Tonner-*Leier* Kap. 5 Rn. 20.
4   Vgl. Brönneke/Tonner-*Leier* Kap. 5 Rn. 28.
5   Vgl. auch MünchKomm-*Schürnbrand/Weber* § 510 Rn. 30.

▶ **LÖSUNGSHINWEISE ZU FALL 16:** Zwar ist die vorgeschriebene Schriftform eingehalten (§§ 506 Abs. 1 Satz 1, 492 Abs. 1 BGB), doch führt auch das Fehlen der Pflichtangaben nach Art. 247 §§ 6, 12 EGBGB zur Nichtigkeit des Teilzahlungsgeschäfts. Der K ist weder der Barzahlungspreis mitgeteilt worden, noch hat sie den effektiven Jahreszins erfahren. Dies ist nur dann entbehrlich, wenn V nur gegen Teilzahlungen liefern würde (§ 507 Abs. 3 Satz 1 BGB), was indes nicht der Fall ist. Die Mängel werden jedoch nach § 507 Abs. 2 Satz 2 BGB geheilt, da der K die Kaufsache übergeben wurde. K ist zunächst an den Vertrag gebunden. Sie kann ihn jedoch nach §§ 506 Abs. 1 Satz 1, 495 Abs. 1 BGB widerrufen. Die Widerrufsfrist hat gemäß § 356b BGB noch nicht zu laufen begonnen. Es erfolgte zwar eine korrekte Widerrufsbelehrung, jedoch hätte der Vertrag auch die Pflichtangaben nach Art. 247 § 6 EGBGB enthalten müssen. Die Pflichtangaben wurden jedoch weder vorvertraglich noch im Vertrag gemacht. ◀

WIEDERHOLUNGS- UND VERTIEFUNGSFRAGEN

> Was ist ein Zahlungsaufschub?
> Was ist ein Teilzahlungsgeschäft?
> Warum muss beim Teilzahlungsgeschäft der Barzahlungspreis angegeben werden? Wie sanktioniert das Gesetz die fehlende Angabe?
> Was ist ein Ratenlieferungsvertrag?

§ 17 Zahlungsdienste

▶ **FALL 17:** Händler H handelt im Internet mit Notebooks und bietet Kunden mehrere Möglichkeiten der Kaufpreiszahlung an: Der Käufer kann mit Kreditkarte oder PayPal bezahlen oder den Kaufpreis überweisen. Eine Barzahlung schließt H genauso aus wie die Bezahlung mit EC-Karte, weil er dem Kunden im Normalfall nicht persönlich begegnet. Der Kunde kann ihm also weder Bargeld aushändigen, noch kann er die EC-Karte an einer Kasse in ein Kartenlesegerät einlesen (sogenanntes Point of Sale-Verfahren). Kunde K kauft bei H ein Notebook und überweist den Kaufpreis. Dafür nutzt K das Online-Banking der B-Bank. Er vertippt sich jedoch bei der Eingabe der IBAN des H, so dass der Kaufpreis – nach Eingabe der PIN und Freigabe der Überweisung per Mobiltelefon – dem Konto des Dritten D gutgeschrieben wird. K meint, seine Bank sei mitverantwortlich; sie hätte erkennen können und müssen, dass angegebener Zahlungsempfänger (H) und Kontoinhaber (D) nicht übereinstimmten. ◀

I. Einführung

1 Die Regelung des **Geschäftsbesorgungsvertrags, der die Erbringung von Zahlungsdiensten zum Gegenstand hat** (§ 675c Abs. 1 BGB) ist so abstrakt, dass man beim Erstkontakt unweigerlich vor der Frage steht, um was es eigentlich geht.[1] Im Lichte von Fall 17 lässt sich diese Frage vorläufig wie folgt beantworten: Es geht um Rechtsfragen rund um den Zahlungsverkehr – bspw. um die Frage, wie ein Kaufpreis gezahlt oder ein Kredit aus- bzw. zurückgezahlt wird usw.: in bar oder bargeldlos, per Lastschrift oder per Überweisung usw.

2 **Kaufrechtlich** ist Fall 17 leicht zu lösen: H steht ein Kaufpreisanspruch (§ 433 Abs. 2 BGB) gegen K zu, der gemäß § 362 Abs. 1 BGB nur dann erlischt, wenn der Kaufpreis „an den Gläubiger bewirkt" (gezahlt) wird. Überweist K versehentlich auf das Konto eines (von H nicht ermächtigten) Dritten, so bleibt er H gegenüber zur Kaufpreiszahlung verpflichtet. Im **Recht der Zahlungsdienste** stellt sich die Frage, ob K die B-Bank auf Erstattung des überwiesenen Betrags in Anspruch nehmen kann. B hat die Überweisung schließlich ausgeführt, ohne die Identität von Zahlungsempfänger und Kontoinhaber zu überprüfen. Diese Frage lässt sich anhand der §§ 675c ff. BGB beantworten. Dort geht es nämlich um die Rechtsbeziehungen zwischen einem **Zahlungsdienstleister** (hier: die B-Bank) und einem **Zahlungsdienstnutzer** (hier: Kunde K).

3 Das BGB regelt das **Recht der Zahlungsdienste** nur unvollständig. Die §§ 675c ff. BGB regeln nämlich nur die schuldrechtlichen Fragen. Hinzu kommen die Regelungen im **KWG** (Kreditwesengesetz)[2] und im **ZAG** (Zahlungsdiensteaufsichtsgesetz),[3] die sich mit der staatlichen Beaufsichtigung der Zahlungsdienstleister befassen. BGB, KWG und ZAG sind eng miteinander verknüpft (siehe nur: § 675c Abs. 3 BGB). Das Recht der Zahlungsdienste beruht im Übrigen auf **EU-Recht**: Die Europäische Union strebt im Interesse des Binnenmarkts einen einheitlichen europäischen Zahlungsverkehr an. Bereits die erste *Payment Services Directive* (2007)[4] – **PSD-1** – bekannte sich im

---

1 Zur Einführung *Köndgen* JuS 2011, 481; *Reymann* JuS 2012, 781.
2 Kreditwesengesetz in der Fassung der Bekanntmachung vom 9.9.1998 (BGBl. I S. 2776); zuletzt geändert durch Artikel 4 Absatz 7 des Gesetzes vom 10.7.2020 (BGBl. I S. 1633).
3 Zahlungsdiensteaufsichtsgesetz vom 17.7.2017 (BGBl. I S. 2446); zuletzt geändert durch Artikel 4 des Gesetzes vom 12.12.2019 (BGBl. I S. 2602).
4 Richtlinie 2007/64/EG, ABl. Nr. L 319/1 v. 5.12.2007.

Interesse eines funktionsfähigen Binnenmarkts zu einem modernen und kohärenten rechtlichen Rahmen für Zahlungsdienste[5]. Die **PSD-2** (2014)[6] hat später vor allem den integrierten Binnenmarkt für sichere elektronische Zahlungen vorangetrieben.[7]

Einen ersten Eindruck von der **Regelungssystematik** der §§ 675c ff. BGB vermittelt Ihnen die folgende Übersicht:

4

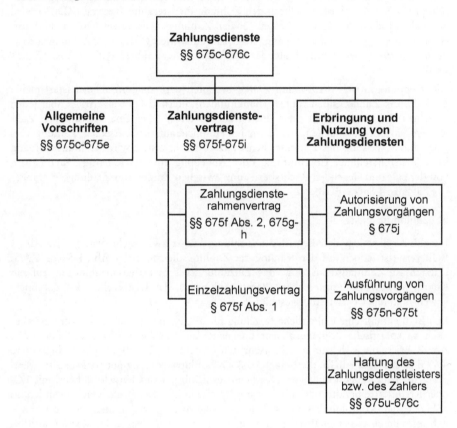

Das Recht der Zahlungsdienste ist gemäß § 675c Abs. 2 BGB auch auf die **Ausgabe und Nutzung von E-Geld** anzuwenden, erfasst also z.B. auch die in Fall 17 erwähnte Bezahlung über PayPal.[8] § 675e Abs. 1 BGB legt fest, dass die §§ 675c ff. BGB grundsätzlich **halbzwingend** sind, so dass die Parteien nicht zulasten des Zahlungsdienstnutzers von der gesetzlichen Regelung abweichen können (siehe aber Absatz 2). Liberaler ist das BGB nur, wenn der Zahlungsdienstnutzer kein Verbraucher ist (Absatz 4).

5

---

5   Siehe Erwägungsgrund Nr. 4 der Richtline 2007/64/EG v. 13.11.2007, ABl. Nr. L 319/1 v. 5.12.2007.
6   Richtlinie 2015/2366/EU, ABl. EU Nr. L 337/35 v. 23.12.2015.
7   Siehe Erwägungsgrund Nr. 5 der Richtlinie 2015/2366/EU, ABl. EU Nr. L 337/35 v. 23.12.2015.
8   Im Einzelnen zur Erfüllungswirkung bei Kaufpreiszahlung über PayPal: BGHZ 217, 33; *Brömmelmeyer* Schuldrecht AT § 4 Rn. 6.

II. Zahlungsdienstevertrag

6   Das Bürgerliche Gesetzbuch stellt zwei **Zahlungsdiensteverträge** nebeneinander: Durch einen **Einzelzahlungsvertrag (EZV)** wird der Zahlungsdienstleister verpflichtet, für die Person, die einen Zahlungsdienst als Zahler, Zahlungsempfänger oder in beiden Eigenschaften in Anspruch nimmt (Zahlungsdienstnutzer), einen Zahlungsvorgang auszuführen (§ 675f Abs. 1 BGB). Durch den **Zahlungsdiensterahmenvertrag (ZDRV)** wird der Zahlungsdienstleister verpflichtet, für den Zahlungsdienstnutzer einzelne und aufeinander folgende Zahlungsvorgänge auszuführen sowie ggf. für den Zahlungsdienstnutzer ein auf dessen Namen lautendes Zahlungskonto zu führen (§ 675f Abs. 2 Satz 1 BGB).[9]

7   Die **Trennung zwischen EZV und ZDRV** bedeutet, dass Zahlungsdienstleister (meist: Banken) und Zahlungsdienstnutzer (Bankkunden) alternativ Einzelverträge über jeden einzelnen Zahlungsvorgang oder einen Rahmenvertrag über eine Vielzahl von Zahlungsvorgängen abschließen, der dann im Hinblick auf den einzelnen Zahlungsvorgang durch Weisung des Zahlungsdienstnutzers konkretisiert wird. **Zahlungsvorgang** ist jede Bereitstellung, Übermittlung oder Abhebung eines Geldbetrags, unabhängig von der zugrundeliegenden Rechtsbeziehung zwischen Zahler und Zahlungsempfänger (§ 675f Abs. 4 Satz 1 BGB).

III. Zahlungsdienste

8   Das BGB selbst legt den **Begriff des Zahlungsdiensts** zwar nicht fest. § 675c Abs. 3 BGB verweist jedoch auf den Katalog der Zahlungsdienste in § 1 Abs. 1 Satz 2 ZAG. Danach ist Zahlungsdienst u.a. das Einzahlungsgeschäft (Bareinzahlungen auf ein Konto), das Auszahlungsgeschäft (Barauszahlungen), das Lastschrift-, das Zahlungskarten- und das Überweisungsgeschäft.[10]

9   Das BGB enthält eine **einheitliche Regelung für alle Zahlungsdienste**, knüpft teils aber auch an **spezifische Zahlungsdienste** an (siehe nur §§ 675s Abs. 2 Satz 2 und 675x Abs. 2 BGB, die sich nur auf Lastschriften beziehen). Einheitlich gilt insbesondere § 675j Abs. 1 Satz 1 BGB, der besagt, dass ein Zahlungsvorgang nur wirksam ist, wenn der Zahler ihm zugestimmt hat. Das heißt: egal, ob jemand Bargeld abhebt, mit EC- oder Kreditkarte bezahlt oder überweist oder ob ein Dritter Beträge von seinem Konto abbucht, der Kontoinhaber muss dem Zahlungsvorgang zustimmen; er muss ihn – ggf. mithilfe eines personalisierten Zahlungsinstruments[11] (bspw.: EC-Karte und PIN) – „autorisieren". Mangels **Autorisierung** ist der Zahlungsdienstleister verpflichtet, dem Zahler den Zahlungsbetrag unverzüglich zu erstatten (§ 675u Satz 2 BGB).

10 Mit **Zahlungsinstrumenten** sind u.a. **EC- und Kreditkarte** einschließlich **Passwort, PIN und TAN** gemeint. Der Zahler, also der Bankkunde, ist verpflichtet, die darin enthaltenen personalisierten Sicherheitsmerkmale vor unbefugtem Zugriff zu schützen (§ 675l Abs. 1 Satz 1 BGB) und Verlust, Diebstahl oder unbefugte Verwendung unverzüglich anzuzeigen (Satz 2). Den Zahlungsdienstleister treffen bestimmte Pflichten bei der Versendung der personalisierten Sicherheitsmerkmale (§ 675m Abs. 1 Satz 1 Nr. 1-2 BGB).

---

9   Zum Begriff des Zahlungskontos i.S. von Art. 4 Nr. 14 der PSD-1 Richtlinie: EuGH, Urt. v. 4.10.2018, Rs. C-191/17 – ING-DiBa Direktbank Austria, EuZW 2018, 959 (ECLI:EU:C:2018:809).

10 Zu den Zahlungsauslösungs- und Kontoinformationsdiensten: Begründung des Gesetzgebers zur Umsetzung der PSD-2 Richtlinie, BT-Drucks. 18/11495, S. 79 f.

11 Begriff: § 1 Abs. 20 ZAG.

Er muss die Nutzung eines Zahlungsinstruments verhindern, wenn er eine Anzeige gem. § 675l Abs. 1 Satz 2 BGB erhalten hat (Nummer 5), sprich: er muss die EC- bzw. Kreditkarte sperren.

1. Lastschrift

Eine Lastschrift i.S. des **Lastschriftgeschäfts** ist ein vom Zahlungsempfänger ausgelöster Zahlungsvorgang zu Lasten des Kontos des Zahlers, bei dem der Zahlungsempfänger die Höhe des jeweiligen Zahlungsbetrages angibt.[12] Denkbar ist bspw., dass Mieter M seinem Vermieter V eine Einzugsermächtigung in Form eines SEPA-Lastschriftmandats[13] erteilt und ihm erlaubt, die monatliche Miete von seinem Konto abzubuchen. Der Zahlungsempfänger (V) löst den jeweiligen Zahlungsvorgang aus, indem er der Bank des Mieters M die Lastschriften vorlegt bzw. vorlegen lässt.[14] Der Unterschied zwischen Lastschrift und Überweisung besteht vor allem darin, dass bei einer Lastschrift der Zahlungsempfänger, bei der Überweisung hingegen der Zahlende den konkreten Zahlungsvorgang auslöst.

    11

Nach § 675x Abs. 1 BGB kann der Zahler die **Erstattung eines belasteten Zahlungsbetrags** verlangen, wenn der autorisierte (aber nicht bezifferte) Zahlungsvorgang vom Zahlungsempfänger ausgelöst wurde und den Betrag übersteigt, der nach dem bisherigen Ausgabeverhalten des Zahlers zu erwarten war (Satz 1). Bei einer autorisierten Zahlung aufgrund einer **SEPA-Basislastschrift** kann der Zahler zudem binnen einer **Frist von acht Wochen** ab dem Zeitpunkt der Belastungsbuchung ohne Angabe von Gründen von der Bank die Erstattung des belasteten Lastschriftbetrages verlangen (§ 675x Abs. 2 und 4 BGB).[15]

    12

2. Zahlungskarten

Die Regelung der Zahlungsdienste (§§ 675c ff. BGB) ist grundsätzlich auch auf das Kartenzahlungsgeschäft, d.h. auf EC- und Kreditkarten anwendbar, die das BGB – ggf. i.V.m. den persönlichen Sicherheitsmerkmalen (PIN und TAN) – als **Zahlungsinstrumente** bezeichnet. Rechtlich nicht ganz einfach ist vor allem die Bezahlung per Kreditkarte:

    13

a) Kreditkarte

Bei der **Kreditkarte** handelt es sich um ein Instrument des bargeldlosen Zahlungsverkehrs. Der „Kredit" besteht darin, dass der Kartenaussteller das Konto des Karteninhabers – anders als beim Einsatz einer EC-Karte – nicht sofort, sondern erst später – in der Regel aufgrund der monatlichen Kreditkartenabrechnung – belastet. Die **Kreditkartensysteme** (Mastercard, VISA usw.) sind grundsätzlich vergleichbar und beruhen auf einem Dreiecks- bzw. Vierecks-Verhältnis:[16] Karteninhaber und Kartenaussteller schließen einen ZDRV gemäß § 675f Abs. 2 BGB, aufgrund dessen der Karteninhaber berechtigt ist, die Karte als Zahlungsmittel bei Händlern einzusetzen, die sich an dem Kreditkartensystem beteiligen. Bezahlt Kunde K das Notebook in Fall 17 mit einer

    14

---

12 Bankenverband, Musterbedingungen SEPA-Basislastschriftverfahren (02/14), 1.1. SEPA bedeutet Single European Payment Area.
13 Einzelheiten: Bankenverband, Musterbedingungen SEPA-Basislastschriftverfahren (02/14), 2.2.1 und 2.2.2.
14 Bankenverband, Musterbedingungen SEPA-Basislastschriftverfahren (02/14), 2.1.1.
15 Bankenverband, Musterbedingungen SEPA-Basislastschriftverfahren (02/14), 2.2.1 und 2.2.2.
16 Vgl. die Darstellung dieser Viereckbeziehung bei *Meder* JZ 2004, 503, 505 f.

Kreditkarte (Erfüllung des Kaufpreisanspruchs des Händlers), so ergibt sich folgendes Bild:

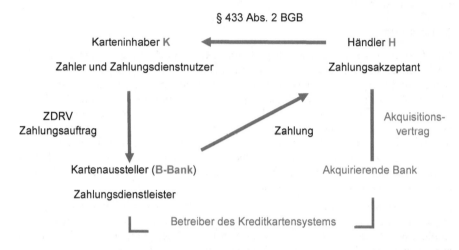

15 Nutzt der Karteninhaber die Kreditkarte, so entsteht zwischen dem Kartenaussteller (der Bank des K) und dem Händler ein sogenanntes **Inkassoverhältnis**, das der BGH in st. Rechtsprechung als ein **abstraktes Schuldversprechen** (§ 780 BGB) qualifiziert (hier: § 31). Dieses abstrakte Schuldversprechen erfüllt der Kartenaussteller durch Zahlung an den Händler – abzgl. eines *Disagio*, d.h. eines Abzugs für die Zahlungsabwicklung. Damit erlischt zugleich der Kaufpreisanspruch des Händlers (H) gegen den Karteninhaber (K). Die §§ 675c ff. BGB regeln das sogenannte **Deckungsverhältnis** zwischen Karteninhaber und Kartenaussteller,[17] insbesondere Fragen der Haftung im Falle eines Kreditkartenmissbrauchs.

b) Haftungsfragen

16 Eines der Kernprobleme des Kartenzahlungsgeschäfts ist die **Haftung des Zahlers (Karteninhabers) beim Missbrauch einer EC- oder Kreditkarte**. Beruhen nicht autorisierte Zahlungsvorgänge auf der Nutzung einer verloren gegangenen, gestohlenen oder sonst abhandengekommenen EC- oder Kreditkarte (ggf.: einschließlich PIN) oder auf einem sonstigen Missbrauch, so kann der Kartenaussteller vom Karteninhaber gemäß § 675v Abs. 1 BGB maximal 50 Euro Schadensersatz verlangen. Die Haftung entfällt, wenn der Karteninhaber keine Möglichkeit hatte, den Missbrauch zu bemerken (§ 675v Abs. 2 BGB) oder Zahlungsdienstleister oder -empfänger auf eine starke Kundenauthentifizierung verzichtet haben (Absatz 4). Dagegen wird die Haftung verschärft (Ersatz des gesamten Schadens), wenn der Karteninhaber betrügerisch, vorsätzlich oder grob fahrlässig gehandelt hat (Absatz 3). Grobe Fahrlässigkeit liegt insbesondere vor, wenn er die PIN auf der Karte notiert oder zusammen mit der Karte aufbewahrt hat.[18] Der Zahler haftet allerdings grundsätzlich nicht für Schäden, die nach der Anzeige des

---

17 Schwintowski-Bankrecht-*Hoffmann* Kap. 10 Rn. 2.
18 BGHZ 145, 337.

Verlusts der Karte entstehen (§ 675v Abs. 5 BGB). Hier liegt es am Kartenaussteller, den Missbrauch durch Dritte zu verhindern.

Die Frage der **Beweislast** regelt § 675w BGB.[19] Wurde der Zahlungsvorgang mittels eines Zahlungsinstruments ausgelöst, reicht die Aufzeichnung der Nutzung einschließlich der Authentifizierung durch den Zahlungsdienstleister allein nicht notwendigerweise aus, um nachzuweisen, dass der Zahler den Zahlungsvorgang autorisiert, in betrügerischer Absicht gehandelt, Pflichten gemäß § 675l Abs. 1 BGB verletzt oder vorsätzlich oder grob fahrlässig gegen die Ausgabe- und Nutzungsbedingungen verstoßen hat (§ 675w Satz 3 BGB). Diese Regelung schließt unwiderlegbare Vermutungen zu Lasten des Zahlers aus,[20] steht einem **Anscheinsbeweis** jedoch nicht entgegen.[21] Der Zahlungsdienstleister muss unterstützende Beweismittel vorlegen, um Betrug, Vorsatz oder grobe Fahrlässigkeit nachzuweisen (§ 675w Satz 4 BGB).

Nicht autorisierte oder fehlerhafte Zahlungsvorgänge müssen **angezeigt** werden (§ 676b Abs. 1 BGB). Der Zahlungsdienstnutzer verliert seine Ansprüche gegen den Zahlungsdienstleister, wenn die Anzeige nicht innerhalb von 13 Monaten nach der Belastung erfolgt (§ 676b Abs. 2 Satz 1 BGB).[22] Der Lauf der Frist beginnt allerdings nur, wenn der Zahlungsdienstleister den Zahlungsdienstnutzer über den Zahlungsvorgang unterrichtet hat. Früher übliche Genehmigungsfiktionen auf Kontoauszügen mit wesentlich kürzeren Fristen sind daher so nicht mehr zulässig.[23]

▶ **BEISPIEL:** A wird die Geldbörse gestohlen, in der sich u.a. seine EC-Karte befindet. A zeigt den Verlust der EC-Karte unverzüglich an. Obwohl B das Konto des A sofort sperrt, werden 1.000 Euro abgehoben. A verlangt Erstattung von B. B meint, dazu nicht verpflichtet zu sein, weil der Betrag unter Verwendung der richtigen PIN vom Konto abgehoben worden sei. A müsse wohl einen Zettel mit seiner PIN in seiner Geldbörse aufbewahrt haben. A bestreitet dies. ◀

A hat bei einem von ihm nicht autorisierten Zahlungsvorgang grundsätzlich einen Erstattungsanspruch gemäß § 675u Satz 2 BGB. Bei Verlust seiner EC-Karte (Zahlungsinstrument), muss er den Schaden jedoch bis zu einer Höhe von 50 Euro selbst tragen (§ 675v Abs. 1 BGB). Nach dem Vortrag der Bank hätte er grob fahrlässig gehandelt und müsste sogar den gesamten Schaden tragen (§ 675v Abs. 3 BGB). Nach seinem eigenen Vorbringen hat er hingegen keine Pflichtverletzung begangen, so dass es bei den 50 Euro bliebe. Die Beweislast scheint dabei gemäß § 675w BGB bei B zu liegen. Die Rechtsprechung geht jedoch bei Abhebungen in nahem zeitlichem Zusammenhang mit Diebstählen traditionell von einem Beweis des ersten Anscheins dahingehend aus, dass der Zahlungsdienstnutzer dem Täter pflichtwidrig Kenntnis von der PIN verschafft hat (z.B. indem diese gemeinsam mit der Karte verwahrt wurde).[24] Hält man diese Rechtsprechung für vereinbar mit § 675w BGB, hat A keinen Erstattungsanspruch gegenüber B, sofern er den Anscheinsbeweis nicht erschüttern kann.

---

19 Dazu im Einzelnen: *Linardatos* NJW 2017, 2145.
20 Palandt-*Sprau* § 675w Rn. 4.
21 Zum Anscheinsbeweis nach früherer Rechtslage: BGH NJW 2016, 2024; BGHZ 160, 308; vgl. auch TWT-*Kocher* § 676h Rn. 4; für eine Fortführung dieser Rechtsprechung: Palandt-*Sprau* § 675w Rn. 4; *Linardatos* NJW 2017, 2145; MünchKomm-*Zetzsche* § 675w Rn. 12 m.N.; a. A. Gebauer/Wiedmann-*Schinkels* Kap. 16 Rn. 56.
22 Zur Einschränkung des Anwendungsbereichs dieser Frist: MünchKomm-*Zetzsche* § 676b Rn. 3.
23 Str., vgl. MünchKomm-*Zetzsche* § 676b Rn. 25 f. m.N.
24 Palandt-*Sprau* § 675w Rn. 5 m.N.

3. Überweisung

20 Der Bundesverband der Banken beschreibt die wesentlichen **Merkmale der Überweisung** in Nr. 1.1. der Musterbedingungen für den Überweisungsverkehr wie folgt: „Der Kunde kann die Bank beauftragen, durch eine Überweisung Geldbeträge bargeldlos zugunsten eines Zahlungsempfängers an den Zahlungsdienstleister des Zahlungsempfängers zu übermitteln." Denkbar ist auch ein sogenannter **Dauerauftrag:** „Der Kunde kann die Bank auch beauftragen, jeweils zu einem bestimmten wiederkehrenden Termin einen gleichbleibenden Geldbetrag an das gleiche Konto des Zahlungsempfängers zu überweisen."[25] Haben K und H in unserem Einführungsbeispiel Konten bei unterschiedlichen Banken, so stellt sich die Überweisung des Kaufpreises wie folgt dar:

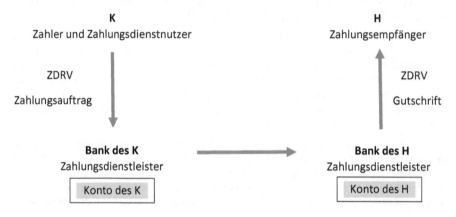

21 Der Kunde (Zahler) muss für die Überweisung eine sogenannte **Kundenkennung** (Begriff: § 675r Abs. 2 BGB) verwenden. Dahinter verbirgt sich bei Inlandsüberweisungen und grenzüberschreitenden Überweisungen innerhalb des EWR (Europäischer Wirtschaftsraum) in Euro (EUR) die **IBAN** (*International Bank Account Number*), d.h. die standardisierte Kontonummer des Zahlungsempfängers. Die Zahlungsdienstleister sind gemäß § 675r Abs. 1 BGB berechtigt, einen Zahlungsvorgang ausschließlich anhand der von dem Zahlungsdienstnutzer angegebenen Kundenkennung durchzuführen (Satz 1). Wird ein Zahlungsauftrag in Übereinstimmung mit dieser Kundenkennung ausgeführt, so gilt er im Hinblick auf den durch die Kundenkennung bezeichneten Zahlungsempfänger als ordnungsgemäß ausgeführt. Das heißt im Klartext: Jeder „Dreher" bei der Angabe der IBAN geht zulasten des Kunden, denn die Bank ist berechtigt, sich ausschließlich an der Kundenkennung zu orientieren, selbst wenn diese eine andere als die des namentlich genannten Zahlungsempfängers ist.

22 Nach § 675s Abs. 1 BGB muss der Zahlungsbetrag spätestens einen Tag nach Zugang des Zahlungsauftrags bei der Bank des Kunden bei der Empfängerbank (Zahlungsdienstleister des Zahlungsempfängers) eingehen. Der Zahlungsdienstleister des Zahlungsempfängers ist gemäß § 675t Abs. 1 BGB grundsätzlich verpflichtet, dem Zahlungsempfänger den Zahlungsbetrag unverzüglich verfügbar zu machen, nachdem der Betrag auf dem Konto des Zahlungsdienstleisters eingegangen ist. Die Frist von nur einem Tag darf auch nicht durch eine davon abweichende **Wertstellung** konterkariert

---

25 Bankenverband, Musterbedingungen für den Überweisungsverkehr (02/14), 1.1.

werden. Das Datum der Wertstellung ist der Tag, an dem die Bank den überwiesenen Betrag dem Konto des Zahlungsempfängers (zinswirksam) gutschreibt. Die Wertstellung muss gemäß § 675t Abs. 1 Satz 2 BGB zum Tag des Zahlungseingangs beim Zahlungsdienstleister des Empfängers vorgenommen werden.

▶ **Lösungshinweise zu Fall 17:** K kann der Bank nicht vorwerfen, dass sie die Überweisung ausgeführt hat ohne zu überprüfen, ob der Name des Zahlungsempfängers mit dem des Kontoinhabers übereinstimmt. § 675y Abs. 5 BGB stellt insoweit klar, dass keine Erstattungsansprüche des Zahlungsdienstnutzers (hier: K) gegen den Zahlungsdienstleister (B-Bank) bestehen, „soweit der Zahlungsauftrag in Übereinstimmung mit der vom Zahlungsdienstnutzer angegebenen fehlerhaften Kundenkennung ausgeführt wurde."[26] Der EuGH hat diese Rechtslage vor kurzem (noch) auf der Basis der PSD-1 bestätigt[27] und entschieden, dass der Zahler auch keinen Erstattungsanspruch gegen den Zahlungsdienstleister des (falschen) Zahlungsempfängers hat. K kann also in Fall 17 weder Erstattung von *seiner* Bank noch von der Bank des H verlangen. ◀

Wiederholungs- und Vertiefungsfragen

> Erläutern Sie den unionsrechtlichen Hintergrund der Vorschriften über Zahlungsdienste!

> Was versteht man unter einem Zahlungsdienstevertrag, einem Zahlungsdiensterahmenvertrag und einem Zahlungsvorgang?

> Welche Fristen muss ein Zahlungsdienstleister bei der Durchführung eines Zahlungsvorgangs einhalten?

> Welche Pflichten treffen Zahler und Zahlungsdienstleister, um den Missbrauch eines Zahlungsinstruments von vornherein zu verhindern?

> Welche Ansprüche hat der Zahler bei einem nicht autorisierten Zahlungsvorgang, insbesondere beim Missbrauch einer Kredit- oder EC-Karte durch Dritte?

---

26 Siehe auch: Bankenverband, Musterbedingungen für den Überweisungsverkehr (02/14), 2.3.5 (1).
27 EuGH, Urt. v. 21.3.2019, Rs. C-245/18 – Tecnoservice, BeckRS 2019, 3846 (ECLI:EU:C:2019:242); Anm. *Graf von Westphalen* IWRZ 2019, 133.

§ 18 Bürgschaft

▶ **FALL 18:**[1] Die B-Bank und S schließen einen Darlehensvertrag über einen Nettokreditbetrag von 28.800 Euro. Die vereinbarte Zins- und Tilgungsrate beträgt monatlich 446 Euro (Laufzeit: 72 Monate). Die Ehefrau (E) des S verbürgt sich für die Rückzahlung. Zum Zeitpunkt der Darlehensaufnahme bezieht E gemäß der von ihr abgegebenen Selbstauskunft ein Nettoeinkommen von 900 Euro. Zunächst bezahlt S die monatlichen Raten. Zwei Jahre nach Darlehensaufnahme trennen sich S und E. Kurz darauf stellt S die Ratenzahlung ein, so dass insgesamt noch gut 20.000 Euro ausstehen. Da weitere Zahlungen trotz entsprechender Zahlungsaufforderungen ausbleiben, kündigt die B-Bank den Darlehensvertrag. Nach erfolgloser Betreibung der Zwangsvollstreckung gegen S fordert die B-Bank von E Zahlung der Restschuld.

Zu Recht? ◀

I. Begriff und Funktion der Bürgschaft

1   Das BGB regelt die **Bürgschaft** in § 765 Abs. 1: Durch den Bürgschaftsvertrag verpflichtet sich der Bürge gegenüber dem Gläubiger eines Dritten, für die Erfüllung der Verbindlichkeit des Dritten einzustehen. Daraus folgt, dass Bürgschaften ein **Dreiecksverhältnis** voraussetzen. Beteiligt sind Gläubiger, Hauptschuldner (= Dritter i.S. von § 765 Abs. 1) und Bürge, so dass sich folgendes Bild ergibt:

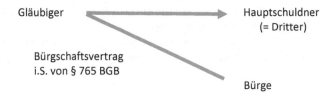

```
Gläubiger  ──────────────────▶  Hauptschuldner
                                 (= Dritter)

Bürgschaftsvertrag
i.S. von § 765 BGB
                                 Bürge
```

2   Einfaches Beispiel für eine solches Dreiecksverhältnis wäre ein Kaufvertrag zwischen Kfz-Händler V (Gläubiger) und Käufer K (Hauptschuldner) i.V.m. einem Bürgschaftsvertrag, in dem sich der Bürge B gegenüber V verpflichtet, für die Bezahlung des Kaufpreises einzustehen. Dabei ist wie folgt zu unterscheiden: Parteien des Bürgschaftsvertrags sind nur der Gläubiger und der Bürge. Daher bezeichnet § 765 Abs. 1 BGB den Hauptschuldner als **Dritten**. Die auf den Abschluss des Bürgschaftsvertrags gerichtete Willenserklärung des Bürgen nennt § 766 Satz 1 BGB **Bürgschaftserklärung**. Die Forderung des Gläubigers gegen den Hauptschuldner – in unserem Beispielsfall: der Kaufpreisanspruch gemäß § 433 Abs. 2 BGB – ist die **Hauptverbindlichkeit**.

3   Die **Funktion der Bürgschaft** besteht darin, den Gläubiger abzusichern; sollte der Hauptschuldner nicht bereit oder imstande sein, die Hauptverbindlichkeit zu erfüllen, kann sich der Gläubiger an den Bürgen halten.[2] Die Bürgschaft ist **akzessorisch**, d.h. abhängig von der gesicherten Forderung: Für die Verpflichtung des Bürgen ist der jeweilige Bestand der Hauptverbindlichkeit maßgebend (§ 767 Abs. 1 Satz 1 BGB). Die Bürgschaft ist außerdem **subsidiär**; nach dem gesetzlichen Leitbild muss der Gläubiger zunächst versuchen, seine Forderung gegen den Hauptschuldner durchzusetzen; nur

---

1 Fall nach BGH NJW-RR 2011, 265.
2 BGH NJW 2016, 3158, 3160 m.w.N.

wenn der Bürge auf die Einrede der Vorausklage (§ 771 Satz 1 BGB) verzichtet und eine sogenannte **selbstschuldnerische Bürgschaft** übernimmt, kann sich der Gläubiger sofort an den Bürgen halten (§ 773 Abs. 1 Nr. 1 BGB). Diese Merkmale der Bürgschaft lassen sich in folgendes Prüfungsschema übersetzen:

Anspruch des Gläubigers gegen den Bürgen gemäß §§ 765 Abs. 1, 767 Abs. 1 BGB
1. Bürgschaftsvertrag
a) Einigung
b) Form der Bürgschaftserklärung (§ 766 Satz 1 BGB)
c) Mögliche Unwirksamkeit gemäß § 138 BGB
2. Bestand und Fälligkeit der gesicherten Hauptverbindlichkeit
3. Durchsetzbarkeit
a) Eigene Einwendungen des Bürgen
b) Einwendungen des Hauptschuldners

II. Bürgschaftsvertrag

Die Bürgschaft ist ein **einseitig verpflichtender Vertrag**, dem Leistungsversprechen des Bürgen steht also keine Gegenleistung des Gläubigers gegenüber. Allerdings können den Gläubiger Neben-, insbesondere Aufklärungspflichten treffen. Die Motive des Bürgen spielen keine Rolle. Denkbar ist, dass er sich privat, als Freund des Hauptschuldners verbürgt. Denkbar ist aber auch, dass bspw. eine Bank (gewerblich) eine Bürgschaft gegen Entgelt übernimmt (sogenannter Avalkredit). 4

Die Bürgschaft ist gegen ähnliche Einstandsverpflichtungen abzugrenzen: Beim gesetzlich nicht geregelten **Schuldbeitritt** übernimmt der Beitretende – im Gegensatz zum Bürgen – die Schuld neben dem bisherigen Schuldner als eigene; er stellt sich auf die gleiche Stufe wie der bisherige Schuldner, haftet also primär (als Gesamtschuldner i.S. der §§ 421 ff. BGB), nicht subsidiär. Der Schuldbeitritt bedarf keiner Form, so dass die Umdeutung (§ 140 BGB) einer formnichtigen Bürgschaft in einen formfreien Schuldbeitritt naheliegt. Dies ist jedoch nur dann möglich, wenn ein eigener Verpflichtungswille des Beitretenden und ein eigenes wirtschaftliches Interesse an der Tilgung der Verbindlichkeit festzustellen sind,[3] etwa bei der persönlichen Bürgschaft eines GmbH-Gesellschafters für eine Verbindlichkeit der GmbH. Im Zweifel ist eine Umdeutung nicht möglich, weil sonst die Formvorschriften für die Bürgschaft umgangen werden könnten.[4] Hat sich ein *Verbraucher* formlos für die Rückzahlung eines Darlehens verbürgt, scheidet eine Umdeutung ohnehin aus, weil der BGH § 492 Abs. 1 BGB (Schriftform des Verbraucherdarlehensvertrags) analog auf den Schuldbeitritt anwendet.[5] 5

Hat der Sicherungsgeber ein wirtschaftliches Interesse an der Erfüllung einer Verbindlichkeit, kommt auch ein **Garantievertrag** in Betracht. Dadurch verpflichtet sich 6

---

3 BGH NJW 1981, 47.
4 Vgl. TWT-*Horlach* § 765 Rn. 3, MünchKomm-*Habersack*, § 766 Rn. 2.
5 BGH NJW 2000, 3496, die Entscheidung erging jedoch vor dem Inkrafttreten des Verbraucherkreditgesetzes, wodurch § 492 BGB nicht erwähnt wird.

der Dritte, unabhängig von dem Bestehen der Verbindlichkeit für die Zahlung des Schuldners einzustehen.[6] Ein Garantievertrag ist – genau wie der Schuldbeitritt eines Nichtverbrauchers, aber anders als die Bürgschaft – formfrei gültig.[7] Dem Garanten stehen aufgrund der strengen Nicht-Akzessorietät des Garantievertrags weder Einreden noch Einwendungen des Schuldners zu. Voraussetzung ist ein entsprechender Verpflichtungs- bzw. Rechtsbindungswille des Garanten. Im Zweifel ist eine Bürgschaft anzunehmen, weil diese mehr Schutzmöglichkeiten für den zum Einstehen Verpflichteten vorsieht.[8]

1. Form der Bürgschaftserklärung

7   Die Bürgschaftserklärung bedarf gemäß § 766 Satz 1 BGB der **Schriftform** (§ 126 Abs. 1 BGB). Alle essentialia der Bürgschaftserklärung (die Person des Gläubigers, des Hauptschuldners und des Bürgen sowie die zu sichernde Forderung) müssen darin enthalten sein. Das Formerfordernis erfüllt eine **Warnfunktion:** Der Bürge soll sich nicht „zwischen Tür und Angel" (übereilt) verbürgen.[9] Er soll vielmehr schwarz auf weiß über seine Verpflichtungen informiert werden;[10] er haftet ggf. ja mit seinem gesamten Vermögen für die Verbindlichkeiten eines Dritten. § 766 Satz 2 schließt die Erteilung der Bürgschaft in elektronischer Form (siehe § 126a Abs. 1 BGB) aus; ohne diese Regelung wäre eine elektronische Bürgschaftserklärung gemäß § 126 Abs. 3 BGB möglich. Entgegen § 167 Abs. 2 BGB bedarf auch eine Bevollmächtigung zur Erteilung einer Bürgschaftserklärung der Schriftform;[11] andernfalls würde man den angestrebten Schutz des Bürgen unterlaufen.

▶ **BEACHTE:** Formbedürftig ist nur die Bürgschaft*erklärung* des Bürgen nicht aber der Bürgschaftsvertrag insgesamt. Der Gläubiger kann also *formlos* erklären, dass er die Bürgschaftserklärung annimmt bzw. dem Bürgen anbietet, einen Bürgschaftsvertrag abzuschließen. ◀

8   Überlässt es der Bürge dem Schuldner, die essentialia des Vertrags später einzutragen und unterschreibt er schon im Voraus (sogenannte **Blanko-Bürgschaft**), ist das Formerfordernis nur gewahrt, wenn der Bürge die Ermächtigung zur Ergänzung des Blanketts schriftlich, unter Angabe des wesentlichen Vertragsinhalts erteilt hat. Die Warnfunktion des § 766 BGB würde ausgehöhlt, ließe man die schlichte Unterzeichnung des Blanketts verbunden mit einer formlosen Ermächtigung zu.[12]

9   Ein Formmangel wird durch Erfüllung der Hauptverbindlichkeit durch den Bürgen geheilt (§ 766 Satz 3 BGB). Davon abgesehen ist die Schriftform nicht erforderlich, wenn die Bürgschaftsübernahme für den Bürgen ein **Handelsgeschäft** ist (§ 350 HGB).

2. Wirksamkeit des Bürgschaftsvertrags

10   Klassisches Klausurproblem im Bürgschaftsrecht ist die mögliche **Sittenwidrigkeit der Bürgschaft** (§ 138 BGB) – insbesondere in Fällen, in denen sich – meist auf Initiative

---

6 MünchKomm-*Habersack* Vor § 765 Rn. 18 ff.
7 H.M.: RGZ 61, 157, 160; BGH NJW 1967, 1020.
8 Derleder/Knops/Bamberger-*Knops* § 27 Rn. 3.
9 Derleder/Knops/Bamberger-*Knops* § 27 Rn. 5.
10 BGH NJW 1996, 1467, 1468.
11 BGHZ 132, 119, 124 f.; Bamberger/Roth-*Rohe* § 766 Rn. 8.
12 So BGHZ 132, 119; Derleder/Knops/Bamberger-*Knops* § 27 Rn. 12.

einer Bank – mittellose Angehörige des Schuldners für die Rückzahlung eines Kredits verbürgt haben.

▶ **Beispiel:** Die B-Bank gewährt Schuldner S einen gewerblichen Kredit in Höhe 180.000 Euro, besteht aber darauf, dass sich die Ehefrau (E) des S für die Rückzahlung des Darlehens verbürgt. E ist 33 Jahre alt, hat kein eigenes Einkommen und widmet sich ganz dem Haushalt und der Erziehung der dreijährigen Tochter; ihrem Ehemann zuliebe unterschreibt sie ein ihr von der Bank überreichtes Bürgschaftsformular („Höchstbetragsbürgschaft bis zu 200.000 Euro"). Die Bank geht später aus der Bürgschaft gegen E vor. ◀

Der BGH (1989) hat Bürgschaftsverträge wie diese für wirksam gehalten.[13] Die Bürgschaft sei ein risikoreicher, einseitig den Bürgen verpflichtender Vertrag. Der Gläubiger könne davon ausgehen, dass sich derjenige, der eine Bürgschaftsverpflichtung übernehme, über die Tragweite seines Handelns im Klaren sei. Die Freiheit der Vertragsgestaltung umfasse für jeden voll Geschäftsfähigen auch die Rechtsmacht, sich zu Leistungen zu verpflichten, die er nur unter besonders günstigen Bedingungen erbringen könne.[14] Das BVerfG (1994) hat diese BGH-Rechtsprechung jedoch beanstandet und die Bürgschaft eines strukturell unterlegenen Bürgen im Interesse seiner allgemeinen Handlungsfreiheit (Art. 2 Abs. 1 GG) für sittenwidrig erklärt, wenn sie ihn ungewöhnlich stark belastet. Dementsprechend geht der BGH[15] nunmehr davon aus, dass eine **krasse finanzielle Überforderung eines dem Hauptschuldner emotional verbundenen Bürgen** die widerlegbare Vermutung der Sittenwidrigkeit (§ 138 Abs. 1 BGB) der Bürgschaft begründet. Eine krasse finanzielle Überforderung liegt vor, wenn eine auf den Zeitpunkt der Abgabe der Bürgschaftserklärung abstellende, die Ausbildung, Fähigkeiten und familiären Belastungen berücksichtigende Prognose ergibt, dass der Bürge allein voraussichtlich nicht in der Lage sein wird, auf Dauer die laufenden Zinsen der gesicherten Forderung mit Hilfe des pfändbaren Teils seines Einkommens und Vermögens aufzubringen.[16]

11

Der Gläubiger kann die in der BGH-Rechtsprechung angenommene **widerlegbare Vermutung** nicht nur durch den Nachweis seiner Unkenntnis der krassen finanziellen Überforderung oder der emotionalen Verbundenheit ausräumen, sondern auch durch den Nachweis eines eigenen persönlichen oder wirtschaftlichen Interesses des Bürgen an der Kreditaufnahme.[17] Dagegen reicht allein das Interesse des Gläubigers, sich mit Hilfe der Bürgschaft vor etwaigen Vermögensverschiebungen zwischen Ehegatten zu schützen, nicht aus, um die Sittenwidrigkeit auszuschließen.[18]

12

Die Möglichkeit einer **Restschuldbefreiung** gemäß §§ 286 ff. InsO (Privatinsolvenz) schließt eine Anwendung des § 138 Abs. 1 BGB auf ruinöse Bürgschaften oder Schuldbeitritte finanzschwacher Ehepartner bzw. Lebenspartner nicht aus. Es sei, so der BGH, „nicht der Zweck des langjährigen und komplizierten Restschuldbefreiungsverfahrens, Kreditinstitute, die versuchen, die offensichtliche Willensschwäche eines finanziell überforderten Ehepartners oder nichtehelichen Lebensgefährten des Haupt-

13

---

13 BGH NJW 1989, 830.
14 BGH NJW 1989, 830, 831.
15 BGH FamRZ 2006, 1024; BGHZ 136, 347, 351; BGHZ 146, 37, 42.
16 BGH FamRZ 2006, 1024, 1025.
17 BGHZ 146, 37, 45.
18 BGHZ 146, 37, 45; BGH BKR 2003, 288, 290.

schuldners zur Durchsetzung ihrer vermeintlichen Interessen zu nutzen, vor der weitreichenden Nichtigkeitssanktion des § 138 Abs. 1 BGB zu bewahren."[19]

3. Widerruf der Bürgschaftserklärung?

14 Dem Bürgen steht kein Widerrufsrecht gemäß § 312g Abs. 1 BGB zu. Er kann also nicht unter Berufung darauf widerrufen, dass er den **Bürgschaftsvertrag außerhalb von Geschäftsräumen** abgeschlossen habe (§ 312b Abs. 1 BGB).[20]

▶ **BEISPIEL:**[21] B übernimmt als Geschäftsführer und alleiniger Gesellschafter der G-GmbH eine Bürgschaft für einen Kredit, den die Berliner Bank (Gläubigerin) der G (Hauptschuldnerin) gewährt; später erklärt er, er widerrufe seine Bürgschaftserklärung gemäß §§ 312b Abs. 1, 312g Abs. 1, 356 Abs. 1 BGB, weil er sich außerhalb der Geschäftsräume der Bank verbürgt habe. ◀

15 § 312b Abs. 1 BGB ist nur auf Verbraucherverträge i.S. des § 310 Abs. 3 BGB anzuwenden, die eine entgeltliche Leistung des Unternehmers zum Gegenstand haben (§ 312 Abs. 1 BGB). Ein **Verbrauchervertrag**, d.h. ein Vertrag zwischen einem Unternehmer (§ 14 BGB) und einem Verbraucher (§ 13 BGB) liegt in unserem Beispiel vor. Die Bank ist Unternehmerin, B ist Verbraucher; nach gefestigter BGH-Rechtsprechung handelt nämlich auch ein geschäftsführender (Allein-)Gesellschafter, der sich für einen der GmbH gewährten Kredit verbürgt, *privat* und nicht gewerblich bzw. beruflich.[22]

16 Bei einer Bürgschaft fehlt es allerdings an einer **entgeltlichen Leistung** des Unternehmers (hier: der Berliner Bank). Der Bürge verpflichtet sich ja unentgeltlich. Es genügt nicht, dass der Bürge sein Leistungsversprechen in der erkennbaren Erwartung abgibt, ihm selbst oder einem bestimmten Dritten werde daraus irgendein Vorteil erwachsen.[23] Es müsste vielmehr so sein, dass der Unternehmer gegen ein vereinbartes Entgelt des Verbrauchers die vertragscharakteristische Leistung erbringt.[24] Die Leistung aufgrund eines separaten (Darlehens-)Vertrags an einen Dritten reicht dafür nicht aus.[25]

4. Besondere Erscheinungsformen der Bürgschaft

17 Haben sich mehrere Bürgen für ein- und dieselbe Hauptverbindlichkeit verbürgt, so spricht man von einer **Mitbürgschaft**; sie haften als Gesamtschuldner (§§ 421 ff. BGB), unabhängig davon, ob sie die Bürgschaft gemeinschaftlich oder ohne eine Absprache übernommen haben (§ 769 BGB). Denkbar ist aber auch eine **Nachbürgschaft**.[26] Hier hält sich der Gläubiger erst an einen nachrangigen Bürgen, wenn der eigentliche Bürge nicht zahlen kann. Schließlich kann der Bürge einen **Rückbürgen**[27] haben, der einzustehen hat, wenn der Erstbürge im Falle seiner Inanspruchnahme durch den Gläubiger der Hauptforderung keinen Rückgriff beim Hauptschuldner nehmen kann: Bürge B möchte sich nicht ohne eine Sicherheit für Hauptschuldner A verbürgen, weshalb A

19 BGH NJW 2009, 2671, 2674.
20 BGH NJW 2020, 3649.
21 Nach OLG Hamburg BKR 2020, 412. Die Entscheidung wurde vom BGH (NJW 2020, 3649) aufgehoben wurde und an das OLG Hamburg zurückverwiesen.
22 BGH NJW 2006, 431 et al.; OLG Hamburg BKR 2020, 412, 413.
23 BGH NJW 2020, 3649, 3650.
24 BGH NJW 2020, 3649, 3650.
25 BGH NJW 2020, 3649, 3650.
26 Ausführlicher *Musielak* JA 2015, 161, 167.
27 Ausführlicher MünchKomm-*Habersack* § 765 Rn. 132.

den Rückbürgen R bittet, sich für den eventuellen Rückgriffsanspruch des B gegen A zu verbürgen.

III. Akzessorietät der Bürgschaft

Die Bürgschaft ist akzessorisch, d.h. sie steht und fällt mit Bestand und Umfang der Hauptverbindlichkeit.[28] Ist die Hauptschuld nicht entstanden, entfällt sie rückwirkend oder vermindert sie sich, so gilt dasselbe für die Bürgschaft. Unabhängig davon ist die Bestellung einer Bürgschaft über eine künftige oder über eine bedingte Verbindlichkeit möglich (§ 765 Abs. 2 BGB). Vermindert sich die Hauptschuld oder erlischt sie ganz (z.B. durch Tilgung), ermäßigt sich auch die Bürgschaftsverpflichtung. Dagegen wird eine spätere *rechtsgeschäftliche* **Erweiterung der Hauptschuld** von dem ursprünglichen Bürgschaftsversprechen nicht erfasst (§ 767 Abs. 1 Satz 3 BGB). Etwas anderes gilt nur, wenn bereits im ursprünglichen Bürgschaftsvertrag eine Erstreckung auf künftige Verbindlichkeiten des Hauptschuldners vereinbart wird, soweit diese zumindest im Zeitpunkt der Forderungsentstehung bestimmbar ist.[29] Eine *gesetzliche* Erweiterung der Hauptschuld führt ohne weiteres zur Erhöhung der Bürgschaftsschuld (vgl. § 767 Abs. 1 Satz 2 BGB), außer die Partien haben eine Höchstbetragsbürgschaft vereinbart.

18

Haupt- und Bürgschaftsschuld stehen trotz Akzessorietät **selbstständig** nebeneinander: Nehmen Sie an, die G-Bank (Gläubigerin) gewährt S (Schuldner) ein Darlehen, das über eine Bürgschaft des B abgesichert wird. Der G-Bank steht in Fällen wie diesen (1.) ein Anspruch auf Rückzahlung des Darlehens (§ 488 Abs. 1 BGB) gegen S und (2.) ein (akzessorischer) Anspruch auf Leistung aus der Bürgschaft gegen B zu (§§ 765 Abs. 1, 767 Abs. 1 Satz 1 BGB). Zahlt B auf seine Bürgschaftsschuld, so erlischt nur der Anspruch aus der Bürgschaft. Der Anspruch auf Rückzahlung des Darlehens (§ 488 Abs. 1 BGB) erlischt nicht; er geht vielmehr gemäß § 774 Abs. 1 BGB (Legalzession = cessio legis) auf B über, so dass B nunmehr Rückzahlung des Darlehens von S verlangen kann.

19

▶ **BEACHTE:** Der Bürge B kann auch als Dritter (§ 267 Abs. 1 BGB) auf die Hauptschuld leisten, d.h. das Darlehen zurückführen. Dann erlischt gemäß § 767 Abs. 1 BGB auch die Bürgschaftsschuld, es gibt aber keinen Rückzahlungsanspruch (§ 488 Abs. 1) mehr; er ist durch Erfüllung (§ 362 Abs. 1 BGB) erloschen, kann also nicht mehr gemäß § 774 Abs. 1 Satz 1 auf den Bürgen übergehen. Deswegen ist grundsätzlich davon auszugehen, dass der Bürge auf *seine Bürgschaftsschuld* und nicht auf die Hauptschuld leistet. ◀

Ist die Hauptverbindlichkeit, die durch die Bürgschaft abgesichert werden sollte, gar nicht erst entstanden oder erloschen, so stellt sich die Frage, ob sich die Bürgschaft auch auf **Herausgabeansprüche aus ungerechtfertigter Bereicherung** (§ 812 Abs. 1 BGB) erstreckt: Hat die G-Bank S ein Darlehen gewährt und stellt sich später heraus, dass das Darlehen [!] gegen die guten Sitten verstößt, so steht der Bank kein Rückzahlungsanspruch gemäß § 488 Abs. 1 Satz 2 BGB, dafür aber ein Herausgabeanspruch gemäß § 812 Abs. 1 BGB zu. Hat Bürge B für die Rückzahlung des Darlehens verbürgt, so kann die Bürgschaftserklärung so auszulegen sein, dass sie auch für den

20

---

28 Derleder/Knops/Bamberger-*Knops* § 27 Rn. 14.
29 Zu künftigen Forderungen MünchKomm-*Habersack* § 765 Rn. 71; zur Bestimmbarkeit TWT-*Horlach* § 765 Rn. 13.

Kondiktionsanspruch gilt, wenn sich der Bürge nicht nur als Freund (privat) verbürgt hat, sondern ein eigenes wirtschaftliches Interesse verfolgt.[30]

IV. Rechte und Pflichten des Bürgen

1. Einstandspflicht und Einrede der Vorausklage

21   Der Bürge verpflichtet sich gemäß § 765 Abs. 1 BGB gegenüber dem Gläubiger eines Dritten für die Verbindlichkeit des Dritten einzustehen. Diese **Einstandspflicht** ist eine **Rückfallposition für den Gläubiger,** der sich für den Fall absichern will, dass der Schuldner nicht mehr bereit und/oder imstande ist, die Hauptverbindlichkeit zu tilgen. Daher ist die Haftung des Bürgen nach dem gesetzlichen Leitbild der §§ 771 ff. BGB **subsidiär.** Dem Bürgen steht die sogenannte **Einrede der Vorausklage** zu: Er kann die Befriedigung des Gläubigers verweigern, solange nicht der Gläubiger eine Zwangsvollstreckung gegen den Hauptschuldner ohne Erfolg versucht hat (§ 771 Satz 1 BGB).

22   Für den Gläubiger wäre es attraktiver, wenn er den Bürgen in Fällen, in denen die Erfüllung einer fälligen Hauptverbindlichkeit ausbleibt, *sofort* in Anspruch nehmen könnte, denn der Umweg über die Zwangsvollstreckung gegen den Hauptschuldner ist aufwendig, kostspielig und oft auch sinnlos, wenn bereits absehbar ist, dass beim Schuldner „nichts mehr zu holen ist". Deswegen bestehen Banken meist darauf, dass der Bürge gemäß § 773 Abs. 1 Nr. 1 BGB auf die Einrede der Vorausklage verzichtet. Er verbürgt sich dann als Selbstschuldner, so dass man von einer **selbstschuldnerischen Bürgschaft** spricht. Zu beachten ist hierbei die Formvorschrift des § 766 Satz 1 BGB, die auch für die Verzichtserklärung gilt.[31] Die selbstschuldnerische Bürgschaft wird mit der Fälligkeit der Hauptverbindlichkeit und ohne besondere Leistungsaufforderung durch den Gläubiger fällig.[32]

▶ **HINWEIS FÜR FORTGESCHRITTENE:** Wenn der Bürge Kaufmann ist und die Bürgschaft für ihn ein Handelsgeschäft nach § 343 HGB darstellt, liegt stets, also auch ohne Vereinbarung, eine selbstschuldnerische Bürgschaft vor (§ 349 HGB), denn der Kaufmann ist nicht schutzbedürftig. ◀

2. Sonstige Einwendungen und Einreden

23   Im Hinblick auf sonstige **Einwendungen und Einreden des Bürgen** ist zu unterscheiden: Einwendungen gegen den Bürgschaftsvertrag – bspw.: Nichtigkeit des Bürgschaftsvertrags gemäß § 138 Abs. 1 BGB wegen krasser finanzieller Überforderung des Bürgen – sind bei Inanspruchnahme des Bürgen ohne weiteres (von Amts wegen) zu berücksichtigen. Dasselbe gilt für etwaige Einwendungen gegen das der Hauptverbindlichkeit zugrundeliegende Rechtsgeschäft – bspw.: Formnichtigkeit eines Darlehensvertrags gemäß §§ 492 Abs. 1 Satz 1, 125 Satz 1 BGB. Da keine (zu sichernde) Hauptverbindlichkeit entsteht, entsteht in Fällen wie diesen – vorbehaltlich einer Erstreckung der Bürgschaft auf einen Rückzahlungsanspruch gemäß § 812 Abs. 1 BGB – auch keine (akzessorische) Bürgschaftsschuld (§ 767 Abs. 1 Satz 1 BGB). Einreden des Bürgen gegen den Bürgschaftsvertrag – bspw. die Einrede der Vorausklage (§ 771 Satz 1 BGB) – kann der Bürge als eigene Einreden ohne weiteres geltend machen. Einreden des Hauptschuldners kann er gemäß § 768 Abs. 1 Satz 1 BGB ebenfalls erheben. Die Rech-

---

30   BGH NJW 1987, 2076, 2077; BGH NJW 2001, 1859, 1860 f.
31   Derleder/Knops/Bamberger-*Knops* § 27 Rn. 6.
32   BGH NJW 2011, 2120, 2121.

te des Hauptschuldners zur Anfechtung und Aufrechnung (siehe unten), die die Haupt-verbindlichkeit zu Fall bringen könnten, werden in der Hand des Bürgen zudem zu zusätzlichen Einreden, solange der Hauptschuldner diese Rechte noch nicht ausgeübt hat. Daraus ergibt sich im Hinblick auf die Einreden folgendes Bild:

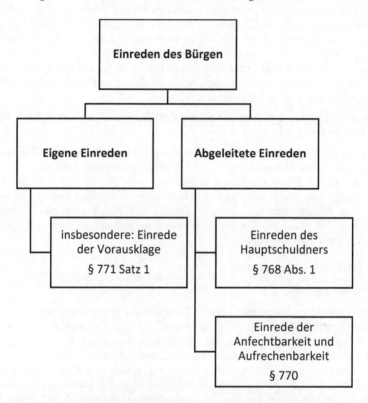

Dagegen steht dem Bürgen die **Einrede der beschränkten Erbenhaftung** im Falle des Todes des Schuldners *nicht* zu (§ 768 Abs. 1 Satz 2 BGB). Ansonsten würde der Zweck der Bürgschaft – die Befriedigung des Gläubigers – nicht erreicht.   24

a) Einreden des Hauptschuldners

Der Bürge kann gemäß § 768 Abs. 1 Satz 1 BGB auch „**die dem Hauptschuldner zuste-hende Einreden** geltend machen": Hat der Gläubiger die Hauptforderung gestundet (Hinausschieben der Fälligkeit), so kann auch der Bürge die **Einrede der Stundung** erheben.[33] Ist die Hauptforderung verjährt, so kann auch der Bürge die **Einrede der Verjährung** erheben und die Leistung verweigern (§ 214 Abs. 1 BGB).   25

b) Einreden der Anfechtbarkeit und der Aufrechenbarkeit

Der Bürge kann die Befriedigung des Gläubigers gemäß § 770 Abs. 1 BGB verweigern, solange dem Hauptschuldner das Recht zusteht, das seiner Verbindlichkeit zugrunde-   26

---

33   BGH NJW 2016, 3158, 3159.

liegende Rechtsgeschäft **anzufechten**. Hat die G-Bank dem S also ein Darlehen gewährt und könnte S den Darlehensvertrag gemäß §§ 119 f. BGB mit der Folge der Nichtigkeit des Darlehens (§ 142 Abs. 1 BGB) anfechten, so soll es nicht zu Lasten des Bürgen gehen, dass S noch nicht angefochten hat. Besteht die Möglichkeit für den Schuldner, das Darlehen anzufechten, wäre es ungerecht, den Bürgen Ersatzansprüchen des Gläubigers auszusetzen. Denn nach Erklärung der Anfechtung durch den Schuldner entfällt die Haupt- und damit auch die Bürgschaftsforderung. Daher gibt § 770 Abs. 1 BGB dem Bürgen während der Schwebezeit bis zur Erklärung der Anfechtung durch den Schuldner (§ 143 Abs. 1 BGB) eine aufschiebende (dilatorische) Einrede. Diese Einrede entfällt aber, sobald das Anfechtungsrecht durch Zeitablauf nach §§ 121, 124 BGB oder durch Verzicht des Hauptschuldners erloschen ist.

▶ **Beachte:** § 770 Abs. 1 BGB ist auf andere Gestaltungsrechte, etwa auf den Rücktritt, analog anzuwenden.[34] ◀

27   Ferner kann der Bürge seine Leistung auch dann verweigern, wenn und solange sich der Gläubiger durch **Aufrechnung** (§§ 387 ff. BGB) gegen eine fällige und durchsetzbare Forderung des Hauptschuldners befriedigen kann (§ 770 Abs. 2 BGB). Dagegen reicht es nicht aus, wenn nur der Schuldner, nicht aber der Gläubiger aufrechnen kann.[35] Dem Bürgen steht u.U. jedoch gemäß § 768 Abs. 1 BGB das Zurückbehaltungsrecht (§ 273 BGB) zu, das der Schuldner aufgrund seiner Forderung gegen den Gläubiger geltend machen könnte.[36]

3. Rückgriff beim Hauptschuldner

a) Aufwendungsersatz

28   Die Übernahme einer Bürgschaft liegt im Interesse des Hauptschuldners (keine Bürgschaft, kein Kredit), so dass der Bürge mit der Übernahme der Bürgschaft ein Geschäft des Hauptschuldners besorgt. Hat eine Bank eine Bürgschaft für eine gegen ihren Kunden gerichtete Forderung übernommen, so liegt dem ein (entgeltlicher) **Geschäftsbesorgungsvertrag** (§ 675 Abs. 1 BGB) zugrunde. Hat sich eine Mutter auf Bitten ihrer Tochter T für etwaige Mietansprüche des Vermieters gegen T verbürgt, so beruht die Übernahme der Bürgschaft auf einem (unentgeltlichen) **Auftrag** (§ 662 BGB). Daraus folgt, dass der Bürge, der den Gläubiger befriedigt hat, einen Anspruch auf **Aufwendungsersatz** gemäß §§ 675 Abs. 1, 670 BGB (Geschäftsbesorgungsvertrag) bzw. gemäß § 670 BGB (Auftrag) gegen den Hauptschuldner hat.

▶ **Hinweis für Fortgeschrittene:** Dem Bürgen stünde an sich auch ein Befreiungsanspruch gemäß §§ 670, 257 Satz 1 BGB gegen den Hauptschuldner zu. Könnte der Bürge jedoch sofort Befreiung verlangen, könnte die Bürgschaft ihre Funktion als Kreditsicherheit über einen gewissen Zeitraum hinweg nicht erfüllen. Ein Befreiungsanspruch kommt daher nur in den in § 775 Abs. 1 geregelten Fällen in Betracht. ◀

b) Hauptforderung

29   Zahlt der Bürge, geht die Forderung des Gläubigers gegen den Hauptschuldner auf ihn über (§ 774 BGB). Dieser **gesetzliche Forderungsübergang** (*cessio legis*) erfasst gemäß

---

34 Bamberger/Roth-*Rohe* § 770 Rn. 5; TWT-*Horlach* § 770 Rn. 3.
35 Palandt-*Sprau* § 770 Rn. 3; i.E. streitig.
36 MünchKomm-*Habersack* § 768 Rn. 9 m.w.N.

§§ 412, 401 Abs. 1 BGB auch die für die Hauptforderung bestellten akzessorischen Sicherungsrechte (bspw. Pfandrechte, Hypotheken usw.). Darin liegt (aus Sicht des Bürgen) der eigentliche Mehrwert des Forderungsübergangs: Nehmen Sie an, Gläubigerin G steht ein Darlehensanspruch (Rückzahlung gemäß § 488 Abs. 1 Satz 2 BGB) gegen Schuldner S zu, der nicht nur durch die Bürgschaft des Bürgen B, sondern durch eine an einem Grundstück des S bestellte Hypothek gesichert ist. Befriedigt B die G, geht der Darlehensanspruch über und B kann, sollte S nicht zahlen, in das Grundstück vollstrecken (§ 1147 BGB).

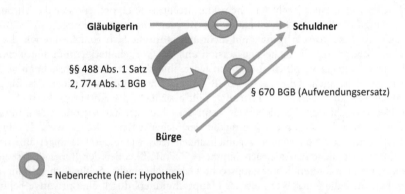

Um den Rückgriffsanspruch sicher zu stellen, hat der Bürge nach allgemeiner Ansicht auch einen Anspruch auf Übertragung nicht akzessorischer Sicherungsrechte, etwa einer Sicherungsgrundschuld oder eines Sicherungseigentums.[37]   30

Durch den Forderungsübergang soll die Rechtsstellung des Schuldners nicht verschlechtert werden. Daher bleiben ihm alle **Einwendungen**, die er gegen den Gläubiger geltend machen konnte, nun auch gegenüber dem Bürgen erhalten (§§ 774 Abs. 1 Satz 1, 412, 404 BGB). Zu beachten ist, dass sich der Forderungsübergang nicht zum Nachteil des Gläubigers auswirken darf, § 744 Abs. 1 Satz 2 BGB. Hat bspw. der Bürge den Gläubiger nur teilweise befriedigt und ist dadurch die Forderung teilweise auf ihn übergegangen, muss er bei Verwertung eines Pfandrechts mit dem Erlös zunächst den Gläubiger völlig auszahlen.   31

4. Anfechtung

Der Bürge kann die Bürgschaftserklärung gemäß §§ 119 ff. BGB anfechten – bspw. dann, wenn er sich in einem Inhalts- oder Erklärungsirrtum befunden hat (§ 119 Abs. 1 BGB). Er kann jedoch *nicht* unter Berufung darauf anfechten, dass er sich über die finanzielle Leistungsfähigkeit (= die Bonität) des Hauptschuldners getäuscht habe und die Bürgschaft nicht übernommen hätte, wenn er gewusst hätte, wie schlecht es um die Finanzen des Hauptschuldners bestellt war (§ 119 Abs. 2 BGB). Denn bei der Bürgschaft soll der Bürge gerade für den Fall einstehen, dass der Schuldner mittellos ist. Dies ist das typische Risiko eines Bürgen. Eine Anfechtung wegen arglistiger Täuschung – der Bürge ficht den Bürgschaftsvertrag unter Berufung darauf an, dass ihn der Schuldner über seine Bonität getäuscht habe –, kommt ebenfalls nicht in Betracht,   32

---

37   BGHZ 42, 53, 56; BGHZ 110, 41, 43; Bamberger/Roth-*Rohe* § 774 Rn. 10.

weil der Schuldner Dritter i.S. von § 123 Abs. 2 BGB ist – er steht nicht im Lager des Gläubigers –, so dass sich der Gläubiger dessen Verhalten regelmäßig nicht zurechnen lassen muss.

V. Beendigung des Bürgschaftsverhältnisses

33   Neben der Beendigung des Bürgschaftsverhältnisses wegen Befreiung des Bürgen, dessen Inanspruchnahme und vollständiger Vertragsabwicklung oder dem Erlöschen der Hauptforderung kann die Bürgschaft auch erlöschen, wenn der Gläubiger ein die Hauptschuld sicherndes Recht (etwa ein Pfandrecht, eine Hypothek oder die Mitbürgschaft) aufgibt, ohne die Einwilligung des Bürgen eingeholt zu haben, § 776 BGB. Analog wird diese Vorschrift auch auf nicht-akzessorische Sicherungsrechte wie die Sicherungsübereignung, die Sicherungszession und das Vorbehaltseigentum angewendet, sofern der Gläubiger verpflichtet gewesen wäre, ihm diese nach Inanspruchnahme des Bürgen zu übertragen. Ohne § 766 BGB würden die **Regressansprüche des Bürgen** gegen den Schuldner gefährdet. Hierunter fällt aber nicht die fahrlässige Verschlechterung oder Vernichtung einer Sicherheit, denn der Gläubiger hat gegenüber dem Bürgen keine Pflicht zur Erhaltung der Wertigkeit der Sicherheiten.[38] Weiter wird der Bürge auf bestimmte Zeit von seinen Verpflichtungen frei, wenn der Gläubiger ihn nach Ablauf der Zeit nicht in Anspruch nimmt (§ 777 BGB), oder der Bürge von seinem vertraglich eingeräumten Kündigungsrecht Gebrauch macht. Schließlich erlischt die Bürgschaft im Falle eines Wechsels des Hauptschuldners durch eine privative Schuldübernahme (§§ 414 f. BGB) ohne Zustimmung des Bürgen (vgl. § 418 Abs. 1 BGB).

▶ **LÖSUNGSHINWEISE ZU FALL 18:** Die B-Bank kann von E die Bezahlung der Restschuld verlangen, wenn sich E wirksam für die Forderungen der B-Bank gegen S verbürgt hat. Der Bürgschaftsvertrag könnte jedoch gemäß § 138 Abs. 1 BGB unwirksam sein, weil B als frühere Ehefrau des H durch die Übernahme der Bürgschaft krass finanziell überfordert gewesen sein könnte. Eine krasse finanzielle Überforderung des Bürgen bei nicht ganz geringen Bankschulden liegt grundsätzlich vor, wenn der Bürge voraussichtlich nicht einmal die Darlehenszinsen aus dem pfändbaren Teil seines laufenden Einkommens und Vermögens dauerhaft allein tragen könnte.[39] In diesem Fall ist nach der allgemeinen Lebenserfahrung ohne Hinzutreten weiterer Umstände widerlegbar zu vermuten, dass der dem Hauptschuldner persönlich besonders nahe stehende Bürge die ihn vielleicht bis an das Lebensende übermäßig finanziell belastende Personalsicherheit allein aus emotionaler Verbundenheit mit dem Hauptschuldner gestellt und der Kreditgeber dies in sittlich anstößiger Weise ausgenutzt hat.[40] Der Grund dafür, ein krasses Missverhältnis „jedenfalls" dann anzunehmen, wenn noch nicht einmal die Zinsen aufgebracht werden können, liegt darin, dass – bei Eintritt des Sicherungsfalls – die Bürgschaftsverpflichtung zu einer ausweglosen lebenslangen Überschuldung führt, weil die Hauptforderung nicht getilgt wird und die Zinsforderung immer weiter anwächst.[41] Nach § 138 BGB ist es den Kreditinstituten grundsätzlich untersagt, eine erkennbar finanziell überforderte Person über eine Mithaftungsabrede mit dem unternehmerischen Risiko ihres Ehepartners zu belasten und sie damit möglicherweise bis an ihr Lebensende zu ruinieren.[42] E hatte zur Zeit des Vertragsabschlusses ein Nettoeinkom-

---

38   BGH NJW 1966, 2009; Bamberger/Roth-*Rohe* § 776 Rn. 4.
39   BGH NJW-RR 2011, 265, 267.
40   BGH NJW-RR 2011, 265, 267 m.w.N.
41   BGH NJW-RR 2011, 265, 257 m.w.N.
42   BGH NJW-RR 2011, 265, 267 m.w.N.

men i.H.v. 900 Euro. Dies liegt noch unter der Grenze des pfändbaren Einkommens (vgl. § 850c Abs. 1 Satz 1 ZPO). Da das Einkommen der E insgesamt nicht pfändbar ist, konnte sie also auch nicht die laufenden Zinsen damit tilgen. Außerdem stand sie S als damalige Ehefrau persönlich besonders nahe. Der Bürgschaftsvertrag zwischen der B-Bank und E ist also gemäß § 138 Abs. 1 BGB unwirksam. E braucht nicht zu zahlen. ◄

WIEDERHOLUNGS- UND VERTIEFUNGSFRAGEN

> Was versteht man unter Akzessorietät der Bürgschaft?
> Wann sind Bürgschaften von Angehörigen sittenwidrig?
> Kann eine Bürgschaftserklärung, die außerhalb von Geschäftsräumen i.S. des § 312b BGB abgegeben wird, widerrufen werden?
> Wie kann sich der Bürge gegen die Inanspruchnahme durch den Gläubiger schützen?
> Welche Rechte hat der Bürge nachdem er den Gläubiger befriedigt hat?

TEIL D: GEBRAUCHSÜBERLASSUNGSVERTRÄGE

§ 19 Miete

▶ **FALL 19:** M zahlt an V für die von ihm gemietete Wohnung monatlich brutto 1.000 Euro. Da es erheblich durch mehrere Fenster zieht, zahlt sie ab dem 1.1. monatlich 200 Euro weniger. Als sich V Ende März erkundigt, warum er weniger Miete erhalte, erklärt ihm M, er solle gefälligst die Fenster reparieren, dann werde sie wieder die volle Miete zahlen. Daraufhin geschieht erst einmal nichts. Mitte September schreibt V der M, sie solle bis zum 30.9. die Mietrückstände ausgleichen, sonst werde er ihr fristlos kündigen. ◀

I. Historische Entwicklung

Wenn das Wort „Miete" fällt, denkt man meist an Wohnungsmiete. Doch das Mietrecht des BGB ist weiter. § 535 Abs. 1 BGB spricht von der „vermieteten Sache", und unter Sache sind sowohl **bewegliche wie unbewegliche Sachen** zu verstehen. So kann man z.B. ein Auto mieten. Selbst im Bereich der Miete unbeweglicher Sachen ist nicht alles Wohnraummiete. Ein Geschäftsraum etwa ist keine Wohnung, und das Geschäftsraummietrecht hat sich anders entwickelt als das Wohnraummietrecht. Ab dem 1.1.2022 sind die mietrechtlichen Vorschriften auch auf die Miete **digitaler Produkte** i.S. des § 327 BGB entsprechend anzuwenden (§ 548a BGB).

Das Mietrecht regelt völlig unterschiedliche soziale Sachverhalte. Entsprechend differenziert musste der Gesetzgeber reagieren. Zum Zeitpunkt des Inkrafttretens des BGB, also im Jahre 1900, war das gesamte Mietrecht durch das Prinzip der Privatautonomie gekennzeichnet. Dies änderte sich aber schon bald für das Wohnungsmietrecht, während die Miete von beweglichen Sachen und die Geschäftsraummiete auch heute noch weitgehend privatautonom geregelt werden können. Erst mit der Mietrechtsreform von 2001 zog der Gesetzgeber daraus die systematischen Konsequenzen und grenzte das Wohnungsmietrecht in einem eigenen Untertitel vom allgemeinen Mietrecht ab.

Am Wohnungsmietrecht lässt sich deutlicher noch als an anderen Vertragstypen ablesen, dass der Grundsatz der **Privatautonomie** zugunsten des **Schutzes der schwächeren Vertragspartei** durch zwingende Normen durchbrochen wird. Ähnlich wie beim Arbeitsverhältnis hat der Mieter ein elementares Interesse daran, aus seiner Wohnung als seinem Lebensmittelpunkt nicht verdrängt zu werden. So wie der Mensch Arbeit braucht, benötigt er ein Dach über dem Kopf – dieses Bedürfnis ist mit Mitteln der Vertragsfreiheit allein nicht zu befriedigen. Die Rechtsordnung hat darauf Rücksicht genommen, auch wenn man von einer Überhöhung derartiger Bedürfnisse durch soziale Grundrechte in Deutschland bislang Abstand genommen hat.

Zum Zeitpunkt des Inkrafttretens des BGB bildeten allein ein außerordentliches Kündigungsrecht des Mieters bei Gesundheitsgefährdung durch den Wohnraum, heute § 569 Abs. 1 BGB, sowie der Grundsatz „Kauf bricht nicht Miete", heute § 566 BGB, Ausnahmen vom Prinzip der Vertragsfreiheit.[1] Das außerordentliche Kündigungsrecht wegen Gesundheitsgefährdung war auf den schlechten Zustand in den Mietskasernen des ausgehenden 19. Jahrhunderts zurück zu führen, als nicht zuletzt wegen fehlender

1

2

3

4

---

1 Zur Entstehungsgeschichte von „Kauf bricht nicht Miete" ausführlich *Repgen*, Die soziale Aufgabe des Privatrechts, 2002, 231 ff.

Wasser- und Abwasserversorgung Seuchen und Krankheiten in den Arbeitervierteln grassierten. Die Väter des BGB sahen aber keineswegs einen Anspruch des Mieters auf eine nicht gesundheitsgefährdende Wohnung vor, sondern erlaubten ihm nur, sich der Gesundheitsgefährdung durch eine außerordentliche Kündigung zu entziehen – sofern er sich eine andere Wohnung leisten konnte.

5   Erste Mieterschutzbestimmungen tauchten während des Ersten Weltkrieges auf, bedingt durch den Stillstand im Wohnungsbau während des Krieges und die damit einhergehende Wohnraumverknappung.[2] Sie wurden während der **Weimarer Republik** in einem **Mieterschutzgesetz** kodifiziert. Dessen wesentliche Regelungsbereiche waren der Kündigungsschutz und die Regelung der Miethöhe. Für letztere wurde ein Kompromiss eingegangen: Für Altbauten wurde die sogenannte Friedensmiete, d.h. die Miete zum Zeitpunkt des Ausbruchs des Ersten Weltkrieges, festgeschrieben, während für Neubauten höhere Mieten zulässig waren, um Investitionen in den Wohnungsbau zu fördern. Damit wird ein Spannungsverhältnis in mieterschutzrechtlichen Vorschriften ausgedrückt, das bis heute anhält: Einerseits sorgt der Markt nicht von sich aus zu einer (aus Mietersicht) angemessenen Versorgung mit Wohnraum, andererseits führen gesetzliche Beschneidungen der Rendite von in Wohnraum investiertem Kapital zu einer (zumindest angedrohten) Investitionszurückhaltung und damit zur Verknappung von Wohnraum. Auch der Kündigungsschutz aus der Weimarer Zeit steht im Zeichen des Schutzes vor Mieterhöhungen: Er soll vor allem vor einer Änderungskündigung mit dem Ziel einer Mieterhöhung schützen. Ansonsten wird ein wirtschaftlich vernünftig handelnder Vermieter einen Mieter ohnehin nicht kündigen, es sei denn, er zahlt die Miete nicht oder kann sie nicht zahlen. Für diesen Fall hat das Mietrecht aber stets Kündigungsmöglichkeiten bereitgehalten.

6   In der Zivilrechtswissenschaft spielten Sondervorschriften zum Wohnungsmietrecht ein Fußnotendasein. Weder wurde es in das BGB integriert noch fand es wissenschaftliche Beachtung. Es wurde als eine möglichst zu ignorierende Ausnahme vom Prinzip der Privatautonomie im Mietrecht, wie es in den BGB-Vorschriften zum Ausdruck kam, angesehen.

7   Während des Dritten Reiches wurde 1936 ein allgemeiner **Mietstopp** verhängt. Der Sinn dieser Maßnahme, die sich nicht auf das Mietrecht beschränkte, war keineswegs reiner Mieterschutz, sondern er sollte die Kapitalströme in die Rüstungswirtschaft lenken. Während des 2. Weltkrieges kam, bedingt durch die Zerstörung von Wohnraum durch die Bombardierungen, eine intensive Wohnraumzwangsbewirtschaftung hinzu. Die Mieten, die sich aus dem Mietpreisstopp von 1936 ergaben, waren auch Ausgangspunkt der **Mietpreisbildung in der DDR** für Altbauten und führten dazu, dass zwar einerseits sehr preisgünstiger Wohnraum zur Verfügung stand, andererseits aber Investitionen in den Altbestand unterblieben, soweit noch private Eigentümer vorhanden waren, und damit der Verfall der Altbauwohnungen begünstigt wurde.

8   Auch in Westdeutschland blieben die Mieterschutzbestimmungen aus der Weimarer Zeit zunächst bestehen, bis die schlimmsten Kriegsfolgen überwunden waren. In den ersten Jahren nach dem 2. Weltkrieg wurde die Wohnraumzwangsbewirtschaftung fortgeführt. Dann wurden langsam Mieterhöhungen im Altbestand zugelassen, aber die Mieten keineswegs freigegeben. Dies geschah durch eine Reihe von **Bundesmieten-**

---

2   Grundlegend zur Geschichte des mietrechtlichen Kündigungsschutzes *U. Wolter*, Mietrechtlicher Bestandsschutz, 1984.

gesetzen. Parallel dazu wurde der soziale Wohnungsbau intensiv gefördert. Im Gegenzug für die Förderung durften die Eigentümer nur die sogenannte **Kostenmiete** verlangen, die sich aus einer im Einzelnen vorgeschriebenen Wirtschaftlichkeitsberechnung ergab. Zur Umsetzung dieser Politik wurden zahlreiche Rechtsvorschriften erlassen, auf die hier aber nicht eingegangen werden kann. Die in der DDR errichteten Neubauten fallen nicht unter diese Vorschriften, sondern werden – abgesehen von inzwischen nicht mehr geltenden Übergangsvorschriften – wie frei finanzierter Wohnungsbau behandelt. Inzwischen haben auch in Westdeutschland die besonderen mietrechtlichen Vorschriften im sozialen Wohnungsbau nur noch geringe Bedeutung, da die entsprechenden Bindungen weitgehend ausgelaufen sind.

Anfang der 1960er Jahre kam es zu einer vollständigen **Deregulierung des Kündigungsschutzes** und der Vorschriften über die Preisbildung durch den sogenannten Lücke-Plan, benannt nach dem damaligen Bundeswohnungsbauminister. Man war der Meinung, dass man wegen des inzwischen erfolgten Neubaus den Wohnungsmarkt dem freien Markt überlassen könne und ließ die Bundesmietengesetze – regional differenziert – auslaufen. Übrig blieb allein die Härteklausel des heutigen § 574 BGB. 9

Es erwies sich jedoch, dass man damit zu weit gegangen war, so dass Kündigungsvorschriften langsam wieder eingeführt wurden. In den 1970er Jahren wurden **das 1. und das 2. Wohnraumkündigungsschutzgesetz** (WoKSchG) erlassen, die umfänglich Miethöhe und Kündigungsschutz regelten. Das 2. WoKSchG überführte den Kündigungsschutz in die mietrechtlichen Vorschriften des BGB und schuf für die Regelung der Miethöhe das **Miethöhegesetz** (MHG). 10

Durch die **Mietrechtsreform** des Jahres **2001** wurde auch das MHG ins BGB überführt und das Mietrecht systematisch insgesamt völlig neu gestaltet. Das Wohnungsmietrecht unterlag weiterhin ständigen Eingriffen des Gesetzgebers. Im Jahre 2013 trat eine weitere Reform in Kraft, die die Umlage von Modernisierungskosten erleichtert, wenn die Modernisierung aus energetischen Gründen erfolgt.[3] Die nunmehr letzte Reform ist die am 1.6.2015 in Kraft getretene Mietrechtenovellierung (sog. **Mietpreisbremse**), mit der Mietvereinbarungen in neu abgeschlossenen Verträgen unterbunden werden sollen, wenn sie über 10 % der Bestandsmieten liegen, wie sie etwa in Mietspiegeln zum Ausdruck kommen (§ 556d BGB ff., im Einzelnen unten § 20 Rn. 18 ff.).[4] Damit ging der Gesetzgeber erstmals über die Regelung von Mieterhöhungen ausschließlich in bestehenden Verträgen hinaus. Auch hier ist wieder das Prinzip erkennbar, für neu errichteten Wohnraum Ausnahmen zuzulassen (§ 556f BGB). Die sog. Mietpreisbremse wurde 2018 nachgebessert, um sie effektiver zu gestalten.[5] 2020 wurden die Vorschriften erneut geändert.[6] 11

---

3 Mietrechtsänderungsgesetz – MietRÄndG, BGBl.I, 2013, 434.
4 Gesetz zur Dämpfung des Mietanstiegs auf angespannten Wohnungsmärkten und zur Stärkung des Bestellerprinzips bei der Wohnungsvermittlung (Mietrechtsnovellierungsgesetz – MietNovG) v. 21.4.2015, BGBl I 2015, S. 610; dazu *Artz* MDR 2015, 549.
5 Gesetz zur Ergänzung der Regelungen über die zulässige Miethöhe bei Mietbeginn und zur Anpassung der Regelungen über die Modernisierung der Mietsache (Mietrechtsanpassungsgesetz - MietAnpG) v. 18.12.2018, BGBl. I 2018, S. 2648.
6 Gesetz zur Verlängerung und Verbesserung der Regelungen über die zulässige Miethöhe bei Mietbeginn v. 19.3.2020, BGBl. 2020 I, S. 540.

II. Systematik

12 Wie ausgeführt, regelt das Mietrecht nicht nur das Wohnungsmietrecht, sondern **jede entgeltliche Gebrauchsüberlassung**, also auch die Miete an beweglichen Gegenständen, z.B. eines Autos. In Betracht kommen auch ein Fuhrpark, Baugerät oder andere technische Betriebsmittel. Auch eine Bücherei, die entgeltlich arbeitet, „verleiht" nicht, sondern vermietet Bücher. In einer Münzwäscherei mietet man die Waschmaschine, sofern man sie selbst bedient. In Betracht kommt auch eine **Miete digitaler Produkte**. In Umsetzung der EU-Richtlinie über digitale Inhalte ist eine ab dem 1.1.2022 anzuwendende vertragstypenübergreifende Regelung im Allgemeinen Teil des Schuldrechts in den §§ 327 ff. BGB eingeführt worden, so dass ein Zusammenspiel dieser neuen Regelungen mit dem Mietrecht erforderlich sein wird. § 548a BGB stellt ausdrücklich klar, dass die mietrechtlichen Vorschriften auf die Miete digitaler Produkte entsprechend anzuwenden sind. Mit dem Wort „entsprechend" soll zum Ausdruck gebracht werden, dass digitale Produkte nicht notwendigerweise Sachen sein müssen, auf die das Mietrecht sonst beschränkt ist.[7]

13 Eine soziale Schutzbedürftigkeit mit der Folge zwingender Vorschriften existiert jedoch nur im Wohnungsmietrecht. Der Gesetzgeber der Mietrechtsreform von 2001 hat deswegen das Mietrecht getrennt in einen **allgemeinen Teil,** der für Mietverhältnisse aller Art gilt und im Wesentlichen dispositiv gestaltet ist, §§ 535–548a BGB, und in einen zweiten Teil mit Vorschriften über **Mietverhältnisse über Wohnraum,** §§ 549–577a BGB. Dieser enthält weitgehend zwingende Regelungen. Wie stets bei allgemeinen Teilen, muss man die Vorschriften im allgemeinen und im besonderen Teil zusammensehen, z.B. über die außerordentliche Kündigung, die im allgemeinen Teil in § 543 BGB und ergänzend im besonderen Teil in § 569 BGB geregelt ist. Auch viele Vorschriften im allgemeinen Teil des Mietrechts erhalten ihre praktische Bedeutung durch Fallgestaltungen aus dem Wohnungsmietrecht. Das Mietrecht endet mit einigen weniger bedeutsamen Vorschriften über **Mietverhältnisse an anderen Sachen als Wohnraum,** §§ 578 bis 580a BGB. Einige davon betreffen „Mietverhältnisse über Grundstücke und Räume" und damit das Mietrecht für gewerblich genutzte Räume. Besonders wichtig sind die Kündigungsfristen in § 580a BGB. Ein umfassendes **Gewerberaummietrecht** entsteht dadurch aber nicht, zumal die Vorschriften dispositiv sind.

13a Der Untertitel über Mietverhältnisse an anderen Sachen wurde im Zuge der Umsetzung der EU-Richtlinie über digitale Inhalte und Dienstleistungen auf **digitale Produkte** erweitert. Der Gesetzgeber führte einen § 578b BGB ein, der Überschneidungen zwischen dem Mietrecht und den Vorschriften über digitale Produkte (§§ 327 ff. BGB) zu vermeiden versucht. So sind auf die Miete digitaler Produkte weder die mietrechtlichen Mängelrechte noch die mietrechtlichen Kündigungsvorschriften anzuwenden, sondern die entsprechenden Vorschriften der §§ 327 ff. BGB. Im Übrigen sind aber grundsätzlich sowohl die §§ 327 ff. BGB wie die mietrechtlichen Vorschriften anzuwenden.

14 Von anderen Vertragstypen kann der Mietvertrag wie folgt **abgegrenzt** werden: Vom **Dienst- und Werkvertragsrecht** unterschiedet sich das Mietrecht dadurch, dass bei ersteren ein Tun des Dienstverpflichteten bzw. Werkunternehmers Vertragsbestandteil wird, während bei der Miete ausschließlich die Gebrauchsüberlassung Vertragsgegenstand ist. Deswegen kann ein **Beherbergungsvertrag** kein reiner Mietvertrag sein, weil

---

7 RegE eines Gesetzes zur Umsetzung der Richtlinie über bestimmte vertragsrechtliche Aspekte der Bereitstellung digitaler Inhalte und digitaler Dienstleistungen, BT-Drucks. 19/27653, S. 82.

zumindest die Zimmerreinigung als Dienstleistung dazu gehört, meistens auch noch das Frühstück.[8] Da aber gleichwohl die Gebrauchsüberlassung des Zimmers im Vordergrund steht, spricht man von einem gemischttypischen Vertrag. Von der **Leihe** unterscheidet sich die Miete durch die Entgeltlichkeit. Sofern eine (öffentliche) Bibliothek Bücher kostenlos zur Verfügung stellt, verleiht sie sie auch im Rechtssinne (unten § 23 Rn. 1). Der Unterschied zum **Sachdarlehen** (§§ 607–609 BGB) besteht darin, dass nicht die gemietete Sache, sondern eine Sache gleicher Art und Güte zurückgegeben werden muss. Das Musterbeispiel ist das von der Nachbarin zum Kuchenbacken „geliehene" halbe Kilo Zucker. Es ist nicht geliehen, sondern es ist als Darlehen gegeben worden.

Schließlich ist die Miete noch von der hier nicht weiter behandelten **Verwahrung** abzugrenzen, §§ 688–700 BGB. Der Verwahrer ist verpflichtet, eine ihm vom Hinterleger übergebene Sache aufzubewahren, § 688 BGB. Ihn treffen Obhutspflichten, und er muss Raum zur Aufbewahrung zur Verfügung stellen.[9] I.Ü. kann zur Verwahrung auf den Gesetzestext verwiesen werden. Die Abgrenzung zu den Vorschriften über **digitale Produkte** ist in § 578b BGB geregelt (oben Rn. 13a).   15

III. Allgemeiner Teil

1. Zustandekommen des Vertrags

Der Mietvertrag kommt formfrei zustande. Für den Wohnungsmietvertrag gilt allerdings im Regelfall Schriftform, § 550 BGB (unten § 20 Rn. 6). Es kommen die allgemeinen Vorschriften über die Nichtigkeit und Anfechtbarkeit von Verträgen zur Anwendung. Dabei spielt im Mietrecht vor allem § 134 BGB eine Rolle, wonach ein gegen ein gesetzliches Verbot verstoßendes Rechtsgeschäft nichtig ist. Nach § 5 WiStG ist es ordnungswidrig, unangemessen hohe Entgelte für Wohnraum zu verlangen. Diese liegen nach Absatz 2 der Vorschrift vor, wenn sie die ortsübliche Vergleichsmiete um mehr als 20 % übersteigen. Dies gilt allerdings nur, wenn das Entgelt unter Ausnutzung eines geringen Angebots an vergleichbarem Wohnraum verlangt wird.[10] Hinsichtlich des überschießenden Teils tritt **Teilnichtigkeit** ein, so dass ein Wohnungsmieter auch bei Neuabschluss eines Mietvertrags nicht mehr als 120 % der ortsüblichen Vergleichsmiete zahlen muss. Den überschießenden Teil kann er nach den Vorschriften über die ungerechtfertigte Bereicherung, §§ 812 ff. BGB, zurückverlangen, sofern er ihn schon gezahlt hat. Allerdings gilt die Vorschrift als wenig effektiv, weil sie nur anwendbar ist, wenn der Vermieter vorsätzlich oder leichtfertig ein geringes Angebot an vergleichbaren Räumen ausnutzt. Der objektive Tatbestand allein, eine Miete von mehr als 120 % der ortsüblichen Vergleichsmiete, reicht also nicht aus.[11] Ein Mietvertrag kann auch wegen arglistiger Täuschung angefochten werden. Dies ist auch nach Überlassung der Mietsache möglich.[12]   16

Mietwucher ist gemäß § 291 StGB zudem ein Straftatbestand. Wie bei § 138 BGB kommt es auf die Ausnutzung der Zwangslage oder Unerfahrenheit eines anderen an, die zu einem **auffälligen Missverhältnis** der versprochenen Vermögensvorteile zur   16a

---

8 Zum Beherbergungsvertrag *Stenzel*, in: Tonner/Bergmann/Blankenburg, Reiserecht, 2018, § 6.

9 Vgl. BGHZ 3, 200, 202.

10 Ausführlich zu den Tatbestandsmerkmalen „Ausnutzung" und „geringes Angebot" Schmidt-Futterer-*Blank*, Mietrecht, 14. Aufl. 2019, nach § 535 Rn. 64 ff.

11 Darauf stützt der Gesetzgeber des MietNovG die Notwendigkeit einer weitergehenden Regelung, RegE BT-Drucks. 18/3121, S. 15.

12 BGH NJW 2009, 1266.

Leistung führt. Während § 291 StGB nur für Wohnraummietverhältnisse gilt, kommt § 138 BGB auch bei der Geschäftsraummiete zur Anwendung.

2. Hauptpflichten

17   Wie die Regelungen aller Vertragstypen, so beginnt auch das Mietrecht in § 535 BGB mit einer Vorschrift, die die **Hauptpflichten** der Parteien festlegt. Der Vermieter muss dem Mieter den **Gebrauch an der Mietsache** während der Mietzeit gewähren, § 535 Abs. 1 Satz 1 BGB. Dazu hat er ihm den **unmittelbaren Besitz** an der Mietsache zu verschaffen. Nach § 535 Abs. 2 BGB muss der Mieter die **vereinbarte Miete** entrichten. Diese beiden Pflichten stehen im **Synallagma**. Die Parteien sind frei zu vereinbaren, in welchem Turnus die Miete zu entrichten ist. Sie können eine einmalige Miete für die gesamte Vertragslaufzeit vereinbaren. Üblich ist jedoch eine in festgelegten Intervallen fällige Miete. Bei der Wohnraummiete ist sie zu Beginn des einzelnen Zeitabschnitts zu entrichten, § 556b BGB. Man kann auch eine Miete vereinbaren, die sich nicht an der Mietzeit orientiert, sondern an der Intensität des Gebrauchs. Dies kommt etwa bei der Miete eines Autos in Betracht, wenn die Miete auf die Fahrleistung bezogen wird. Bei der Wohnungsmiete unterscheidet man ferner die Grundmiete ("Kaltmiete") und die Betriebskostenumlagen ("Warmmiete", unten § 20 Rn. 22 ff.).

18   Eine weitere Pflicht des Vermieters besteht darin, die Mietsache während des Gebrauchs in einem vertragsgemäßen Zustand zu erhalten, § 535 Abs. 1 Satz 2 BGB. Es trifft ihn also eine **Instandhaltungspflicht**. Bei der Wohnungsmiete wird diese Pflicht häufig teilweise auf den Mieter abgewälzt, indem vereinbart wird, dass der Mieter die **Schönheitsreparaturen** zu tragen hat. Dann wird dies zu einer weiteren Hauptpflicht des Mieters. Für die Übertragung der Schönheitsreparaturen auf den Mieter hat die Rechtsprechung Grenzen gesetzt, die durch drei Entscheidungen vom 18.3.2015 deutlich enger gezogen wurden.[13] Schönheitsreparaturen umfassen das Tapezieren, Anstreichen oder Kalken der Wände und Decken, das Streichen der Fußböden, Heizkörper einschließlich Heizrohre, der Innentüren sowie der Fenster und Außentüren von innen.[14] Ein Außenanstrich darf in AGB nicht vereinbart werden.[15] Der Vermieter darf in AGB keine Anfangsrenovierung verlangen.[16] Bei einer unrenovierten oder renovierungsbedürftigen Wohnung dürfen Schönheitsreparaturen nicht auf den Mieter überwälzt werden.[17] Bei einer unrenoviert übergebenen Wohnung muss sich der Mieter aber an den Kosten einer Schönheitsreparatur beteiligen.[18] Eine Klausel, wonach die Schönheitsreparaturen nur durch einen Fachhandwerker durchgeführt werden dürfen, ist unwirksam.[19] Laufende Schönheitsreparaturen oder deren Nachholung bei Mietende darf der Vermieter nur verlangen, wenn zwischen den Parteien ein **Fristenplan** für Schönheitsreparaturen gilt, der Fristenlauf mit dem Mietverhältnis beginnt und die Renovierungsfristen abgelaufen sind.[20] Allerdings darf kein starrer Fristenplan vereinbart werden.[21] Dies darf auch nicht durch eine **Quotenabgeltungsklausel** für bei

---

13 BGHZ 204, 302 = NJW 2015, 1594.
14 So die übliche Definition, die auf § 28 Abs. 4 Satz 3 II. BV zurückgeht, aber auch für preisfreien Wohnraum gilt, BGH NJW 2009, 1408.
15 BGH NJW 2009, 1408.
16 OLG Hamburg NJW-RR 1992, 10.
17 BGH NJW 2015, 1594, unter Aufgabe der bisherigen gegenteiligen Rechtsprechung, BGHZ 101, 253.
18 BGH NJW 2020, 3517.
19 BGHZ 105, 71; BGH NJW 2010, 2877.
20 BGHZ 101, 253; 105, 71.
21 BGH NJW 2009, 62.

Mietende noch nicht fällige Schönheitsreparaturen umgangen werden.[22] Auch eine **Renovierungsvereinbarung** des neuen Mieters mit dem Vormieter entlastet den Vermieter bei einer unwirksamen Vereinbarung über Schönheitsreparaturen nicht.[23] Folge eines Verstoßes gegen die genannten Einschränkungen ist die Unwirksamkeit der gesamten Klausel, so dass der Mieter überhaupt keine Schönheitsreparatur durchführen muss.[24] Bei Individualvereinbarungen gelten die Beschränkungen allerdings nicht.[25]

Mit den Schönheitsreparaturen erbringt der Mieter quasi einen Teil seiner ansonsten in Geld zu leistenden Miete. Deshalb wird die Pflicht zur Durchführung der Schönheitsreparaturen als im Gegenseitigkeitsverhältnis stehend angesehen. Daraus ergeben sich Konsequenzen in folgendem   19

▶ **BEISPIEL:** M zieht bei Vertragsende aus, ohne die fälligen Schönheitsreparaturen durchgeführt zu haben. Variante 1: Es gelingt Vermieter V, die Wohnung unrenoviert weiter zu vermieten; der Nachmieter übernimmt die Renovierung.[26] Variante 2: V wollte die Wohnung ohnehin baulich verändern.[27] In beiden Fällen verlangt V von M die Kosten für eine fiktive Schönheitsreparatur. Zu Recht, denn die Schönheitsreparaturen sind Teil der von M zu erbringenden Gegenleistung für die durch V erbrachte Gebrauchsüberlassung an dem Wohnraum. ◀

Ansonsten trifft den Mieter nur die Hauptpflicht, die Mietsache **zurückzugeben**, § 546   20
BGB. Er muss sie dem Vermieter in vertragsgemäßem Zustand zurückgeben, sonst kommt der Vermieter bei Annahmeverweigerung nicht in Annahmeverzug.[28] Ist der Vermieter gleichzeitig Eigentümer, hat er auch einen Herausgabeanspruch gemäß § 985 BGB, dem der Mieter nach Ablauf des Mietvertrags kein Recht zum Besitz nach § 986 BGB entgegen halten kann. Gibt der Mieter die Sache nicht zum vereinbarten Zeitpunkt zurück, muss er für die Dauer der Vorenthaltung die übliche Miete (nicht die Vertragsmiete) zahlen (§ 546a Abs. 1 BGB) und dem Vermieter einen weitergehenden Schaden ersetzen (§ 546a Abs. 2 BGB).

3. Rechte bei einem Mangel

Nach § 535 Abs. 1 Satz 2 BGB hat der Vermieter die Mietsache dem Mieter **in einem**   21
zum vertragsgemäßen Gebrauch geeigneten Zustand zu überlassen. Wie im Kaufrecht kann er mit einer mangelhaften Mietsache nicht erfüllen. Der Mieter kommt also nicht in Annahmeverzug, wenn er die mangelhafte Mietsache nicht als Erfüllung annimmt und keine Miete zahlt. Zu Letzterem berechtigt ihn § 320 Abs. 1 BGB. Benutzt er die Mietsache allerdings, ist dies als Annahme zu werten.

Hat die Mietsache einen **Mangel**, so hat der Mieter Minderungs- und Schadensersatz-   22
ansprüche nach §§ 536, 536a BGB. Nach h.M. greifen diese Ansprüche erst ab Überlassung der Mietsache ein,[29] vorher kommen die Rechte aus dem allgemeinen Leistungsstörungsrecht zur Anwendung. So kann auch die Erfüllung eines Mietvertrags unmöglich werden, und ein Schadensersatzanspruch wegen Verletzung bestimmter Ne-

---

22 BGHZ 204, 316 = NJW 2015, 1871.
23 BGH NJW 2018, 3302.
24 BGH NJW 2015, 1874.
25 BGH NJW-RR 2009, 947.
26 BGHZ 49, 56, 61 ff.
27 BGHZ 77, 301, 304 f.; BGHZ 92, 363, 372 ff.
28 BGHZ 86, 204, 210.
29 Emmerich/Sonnenschein-*Emmerich*; Miete, 11. Aufl. 2014, § 536 Rn. 9.

benpflichten, etwa Begleit- und Obhutspflichten, ist auf §§ 280 Abs. 1, 241 Abs. 2 BGB zu stützen.

23   Wie das Kaufrecht unterscheidet auch das Mietrecht zwischen Sachmangel (§ 536 Abs. 1 BGB) und Rechtsmangel (§ 536 Abs. 3 BGB). Außerdem haftet der Vermieter bei Fehlen einer zugesicherten Eigenschaft, § 536 Abs. 2 BGB. Dagegen scheidet eine Minderung wegen einer Beeinträchtigung bei der Durchführung einer energetischen Maßnahme für drei Monate aus (§ 536 Abs. 1a BGB).

24   Nachdem der Sachmangelbegriff im Kaufrecht im Zuge der Umsetzung der EU-Warenkaufrichtlinie geändert wurde (oben § 7 Rn. 5 ff.), unterscheiden sich der kaufrechtliche und der mietrechtliche Mangelbegriff nicht unerheblich. Der mietrechtliche Mangelbegriff läuft weiterhin auf einen **subjektiven Mangelbegriff** hinaus, der bei Fehlen vertraglicher Vereinbarungen objektiv zu ergänzen ist, während beim kaufrechtlichen Mangelbegriff nunmehr objektive und subjektive Kriterien gleichrangig zu beachten sind. So begründen im Mietrecht Beschreibungen oder Pläne der Mieträume eine Beschaffenheitsvereinbarung.[30] Wie im Kaufrecht können auch im Mietrecht **Umweltbeziehungen** der Mietsache beeinflussen, ob ein Mangel vorliegt.[31] Dies kann sich zum Beispiel auf die Infrastruktur in der Umgebung der Wohnung oder des Geschäftsraums beziehen. Allerdings haftet der Vermieter eines Ladenlokals nicht, wenn die vor dem Lokal befindliche Bushaltestelle verlegt wird und dadurch die Laufkundschaft ausbleibt. Zukünftige Änderungen der Umgebung liegen im Risikobereich des Mieters. Dies gilt z.B. für Baustellen-[32] und Kinderlärm, wobei letzteres allerdings Grenzen hat.[33] Im Einzelfall kommt es auf die Vereinbarungen und die Vertragsauslegung an. Der Mieter eines Geschäftslokals wird sich etwa gemäß § 536 Abs. 2 BGB zusichern lassen müssen, dass ein Einkaufszentrum voll vermietet ist, wenn er meint, nur dann einen angemessenen Gewinn erwirtschaften zu können. Sonst besteht kein Mangel.[34]

25   Ein **Rechtsmangel** wird genauso behandelt wie ein Sachmangel (§ 536 Abs. 3 BGB). Deswegen hat die Unterscheidung keine praktische Bedeutung. Ohnehin gilt gemäß § 566 BGB der Grundsatz „Kauf bricht nicht Miete". Eine Vormerkung begründet keinen Rechtsmangel.[35] Ob öffentlich-rechtliche Baubeschränkungen einen Rechts- oder Sachmangel darstellen, ist im Einzelnen unklar,[36] aber bedeutungslos.

26   § 536 Abs. 2 BGB bezieht sich auf **zugesicherte Eigenschaften**, ein Überbleibsel aus der Zeit vor der Schuldrechtsreform, als der Mangelbegriff bei allen Vertragstypen in Fehler und das Fehlen einer zugesicherten Eigenschaft aufgeteilt wurde. Nach § 536 Abs. 3 BGB greift die Mängelhaftung auch dann ein, wenn dem Mieter der vertragsgemäße Gebrauch der Mietsache durch das Recht eines Dritten entzogen wird. Dies ist z.B. bei der **Doppelvermietung** der Fall.[37]

27   Rechtsfolge eines Mangels ist zunächst ein **Minderungsanspruch** (§ 536 Abs. 1 BGB). Der Mieter kann einen Teil der Miete einbehalten. Ist die vermietete Sache überhaupt nicht zu gebrauchen, so ist der Mieter von der Mietzahlung sogar vollständig befreit,

30   BGH NJW 2005, 2152.
31   Zu öffentlich-rechtlichen Beschränkungen BGH NJW-RR 1992, 267; zu Elektrosmog BGH NJW-RR 2006, 879.
32   BGH NJW 2020, 2884.
33   BGHZ 205, 177 = NJW 2015, 2177 (Einrichtung eines Bolzplatzes auf einem benachbarten Schulhof).
34   BGH NJW 2000, 1714; NJW 2006, 899.
35   BGHZ 13, 1, 3 ff.
36   Schmidt-Futterer-*Eisenschmid* § 536 Rn. 59 ordnet derartige Beschränkungen den Sachmängeln zu.
37   BGH NJW 2006, 2323.

ohne dass dies etwa zur Beendigung des Vertrages führen würde. Eine Minderung um 100 % ist etwas anderes als ein Rücktritt, da durch die Minderung der Vertrag nicht in ein Rückabwicklungsverhältnis umgewandelt wird. Will der Mieter in einer derartigen Situation aus dem Mietvertrag herauskommen, muss er kündigen. Dabei steht ihm je nach Fallgestaltung das außerordentliche Kündigungsrecht nach § 543 BGB zur Seite (unten Rn. 37). Für die Höhe der Minderung muss man sich an die örtliche Praxis halten. Bei der Berechnung ist die Brutto-Miete zu Grunde zu legen.[38] Bei unerheblichen Mängeln kann nicht gemindert werden (§ 536 Abs. 1 Satz 3 BGB).[39] Wegen Mängeln, die aus einer energetischen Modernisierung (unten § 20 Rn. 11 ff.) resultieren, kann drei Monate lang nicht gemindert werden (§ 536 Abs. 1a BGB). Diese Vorschrift wurde durch das Mietrechtsänderungsgesetz 2013 eingefügt.

Erreicht die im Wege der Minderung zurückbehaltene Miete einen Betrag, der den Vermieter zur Kündigung berechtigen würde (zu den Voraussetzungen unten Rn. 41), so kann der Vermieter tatsächlich kündigen, wenn der zugrunde liegende Mangel nicht besteht, ggf. sogar außerordentlich. Dies gilt auch dann, wenn der Mieter irrig von einem Mangel ausgeht. Dabei werden strenge Maßstäbe zulasten des Mieters angelegt.[40]   28

Nach § 536a Abs. 1 BGB stehen dem Mieter bei einem Mangel **Schadensersatzansprüche** zu. Sie sind **verschuldensunabhängig**, wenn der Mangel schon zu Beginn des Mietverhältnisses vorlag (Halbsatz 1). Man spricht dann von einer Garantiehaftung.[41] Der Schaden umfasst auch Mangelfolgeschäden, also Schäden, die durch den Mangel an anderen Rechtsgütern des Mieters entstehen.[42] Da der Mietvertrag Schutzwirkung zugunsten Dritter entfaltet, können derartige Ansprüche auch von Dritten geltend gemacht werden, sofern sie in den Schutzbereich des Vertrags einbezogen sind, also etwa Familienangehörige.   29

Tritt der Mangel **nach Vertragsschluss** auf (§ 536a Abs. 1 Halbsatz 2 BGB), so haftet der Vermieter **verschuldensabhängig**. Der Sinn dieser Unterscheidung besteht darin, dass der Vermieter dann keinen Einfluss mehr auf die Mietsache hat. Konsequenterweise muss sich der Vermieter bezüglich des Verschuldens entlasten, wenn der Mangel aus seiner Sphäre herrührt.[43] Für den Umfang des Schadens gilt jedoch das Gleiche wie beim verschuldensunabhängigen Schadensersatzanspruch. Der Schadensersatzanspruch kann bei Arglist des Vermieters nicht ausgeschlossen werden, ansonsten nur in den Grenzen des § 309 Nr. 7 BGB, d.h. bei der Verletzung von Leben, Körper oder Gesundheit bei Fahrlässigkeit, sonst bei Vorsatz oder grober Fahrlässigkeit des Vermieters.   30

Der Mieter darf den Zutritt zur Wohnung durch Beauftragte des Vermieters, die den Mangel beseitigen sollen, nicht verweigern. Sonst verliert er sein Minderungsrecht.[44] Er kann den Mangel auch **selbst beseitigen** und vom Vermieter Ersatz der dafür erforderlichen Aufwendungen verlangen (§ 536a Abs. 2 BGB), also bspw. wenn er einen Handwerker eingeschaltet hat. Allerdings muss der Vermieter sich dann mit seiner Instandhaltungspflicht in Verzug befinden, was gemäß § 286 BGB bedeutet, dass der   31

---

38   Schmidt-Futterer-*Eisenschmid* § 536 Rn. 343; BGH WuM 2005, 384.
39   BGH NJW-RR 2012, 908: Baulärm, wenn die Fenster geschlossen werden können.
40   BGH NJW 2012, 2882: Schimmelbildung.
41   Schmidt-Futterer-*Eisenschmid* § 536a Rn. 2.
42   Schmidt-Futterer-*Eisenschmid* § 536a Rn. 80.
43   BGH NJW 2008, 1218.
44   BGH NJW 2019, 2308.

Mieter ihm zuvor erfolglos eine Frist gesetzt haben muss.[45] Nur ausnahmsweise kann der Mieter die Mängelbeseitigung auch ohne In-Verzug-Setzung des Vermieters selbst vornehmen (§ 536a Abs. 2 Nr. 2 BGB), nämlich dann, wenn die umgehende Beseitigung zur Erhaltung der Mietsache notwendig ist.[46] Hier spiegelt sich der allgemeine Gedanke wider, der auch hinter den Gründen für das Entfallen der Nachfrist in §§ 281 Abs. 2 oder 323 Abs. 2 Nr. 3 BGB steht.

32   ▶ **BEISPIEL:** Bei klirrender Kälte im Winter fällt die Heizung aus. Obwohl sich an der Tür zum Heizungsraum eine Notrufnummer befindet, holt Mieter M einen Fachmann seines Vertrauens. Er hat keinen Aufwendungsersatzanspruch. Ohne die Notrufnummer und wenn der Vermieter nicht erreichbar wäre, hätte freilich ein Fall des § 536a Abs. 2 Nr. 2 BGB vorgelegen. ◀

33   Der Mieter hat jedoch keine Ansprüche, wenn er den **Mangel kennt** (§ 536b BGB). Dies ist die mietrechtliche Parallele zu der kaufrechtlichen Vorschrift des § 442 BGB. Auch die weiteren Details entsprechen dem § 442 BGB: Kennt der Mieter den Mangel grob fahrlässig nicht, so hat er Rechte nur, wenn der Vermieter den Mangel arglistig verschwiegen hat (§ 536b Satz 2 BGB). Kennt der Mieter den Mangel dagegen trotz des arglistigen Verschweigens, so entfällt die Haftung.[47] Der Mieter muss sich seine **Rechte vorbehalten**, wenn er die Sache annimmt, obwohl er den Mangel kennt (§ 536b Satz 3 BGB).

34   Da der Vermieter die Mietsache aus der Hand gibt, kann er nicht wissen, ob ein Mangel zu Tage tritt. Das Gesetz statuiert deshalb **Anzeigepflichten** des Mieters in § 536c Abs. 1 BGB. Die Verletzung der Anzeigepflichten wird in § 536c Abs. 2 BGB sanktioniert, was allerdings Verschulden voraussetzt:[48] Der Mieter schuldet dem Vermieter Schadensersatz nach § 536c Abs. 2 BGB, etwa wenn sich der Schaden dadurch vergrößert, dass der Vermieter nicht sofort schadensbegrenzende Maßnahmen ergreifen konnte. Ferner verliert der Mieter seine Rechte auf Mietminderung und auf Schadensersatz wegen des nicht angezeigten Mangels, und er kann keine außerordentliche Kündigung gemäß § 543 Abs. 3 BGB darauf stützen. Dieser Rechtsverlust tritt allerdings nur dann ein, wenn der Vermieter wegen der unterlassenen Anzeige nicht rechtzeitig Abhilfe schaffen konnte.[49]

34a   Ein **Schadensersatzanspruch des Vermieters** ergibt sich dagegen aus allgemeinem Recht. Der BGH wendet § 281 BGB etwa bei der Verletzung der Pflicht zur Schönheitsreparatur an.[50] Dies hat zur Folge, dass dem Mieter zunächst eine angemessene Frist gesetzt werden muss (§ 281 Abs. 1 Satz 1 BGB). Obhuts- und Rücksichtnahmepflichten ordnet der BGH dagegen als Nebenpflichten ein, so dass deren Verletzung durch den Mieter allein zu § 280 BGB, also ohne vorherige Fristsetzung, führt.[51]

4. Beendigung des Mietverhältnisses

35   Während ein Austauschschuldverhältnis (der Kaufvertrag) durch Erfüllung gemäß § 362 BGB endet, bedarf es bei einem Dauerschuldverhältnis wie der Miete einer be-

---

45 Schmidt-Futterer-*Eisenschmid* § 536a Rn. 112; Emmerich/Sonnenschein-*Emmerich* § 536a Rn. 15 f.
46 BGH NJW 2008, 1218: Notmaßnahme, die keinen Aufschub duldet.
47 BGH NJW 1972, 249.
48 Schmidt-Futterer-*Eisenschmid* § 536c Rn. 10.
49 MünchKomm-*Häublein* § 536c Rn. 14.
50 BGHZ 204, 316 = NJW 2015, 1871.
51 BGHZ 218, 22 = NJW 2018, 1746: Schimmelbefall infolge fehlerhaften Heiz- und Lüftungsverhaltens.

sonderen Handlung der Parteien. Man kann den Mietvertrag von vornherein **befristet** abschließen, dann endet er durch **Zeitablauf.** Die Zeitbestimmung wirkt gemäß § 163 BGB als auflösende Bedingung. Während der Laufzeit des befristeten Mietvertrags ist eine ordentliche Kündigung ausgeschlossen.[52] Für den Wohnungsmietvertrag findet sich dazu eine besondere Regelung in § 575 BGB.

Normalerweise wird ein Mietverhältnis jedoch wie alle Dauerschuldverhältnisse durch **Kündigung** beendet, die **ex nunc**, also zum Zeitpunkt des Wirksamwerdens der Kündigung, wirkt. (Im Gegensatz dazu wird ein Austauschschuldverhältnis, also ein Kaufvertrag, durch Rücktritt mit ex-tunc-Wirkung, also mit Wirkung zum Zeitpunkt des Vertragsschlusses, in ein Rückgewährschuldverhältnis umgewandelt.) Bei allen Dauerschuldverhältnissen unterscheidet man eine ordentliche und eine außerordentliche Kündigung. Bei der ordentlichen Kündigung muss eine Frist eingehalten werden, während die außerordentliche Kündigung fristlos oder mit kurzer Frist erfolgt. Dem liegt der Gedanke zu Grunde, dass bei jedem Dauerschuldverhältnis die Möglichkeit für die Parteien bestehen muss, sich auch ohne Grund voneinander zu lösen, dann aber der anderen Partei die Gelegenheit gegeben werden muss, sich auf die neue Situation einzustellen. Das kennzeichnet die **ordentliche Kündigung.** Weil aber auch eine Situation eintreten kann, in der es der einen Partei nicht mehr zuzumuten ist, länger am Vertrag festzuhalten, müssen sich die Parteien auch fristlos oder jedenfalls kurzfristig trennen können, wenn ein wichtiger Grund dafür vorhanden ist. Das rechtfertigt eine **außerordentliche Kündigung.** Wichtige Gründe können im Gesetz beispielhaft, aber niemals abschließend aufgezählt werden. Im Gegensatz zu dieser Grundregel bedarf der Vermieter bei einer Kündigung eines Wohnungsmietverhältnisses auch bei einer ordentlichen Kündigung eines im Gesetz geregelten Grundes. Ein einmal abgeschlossener Wohnungsmietvertrag kann also niemals grundlos aufgelöst werden. Dies ist eine Auswirkung des Prinzips des Schutzes der schwächeren Vertragspartei und gilt deshalb auch nur im Wohnungsmietrecht, nicht im Mietrecht allgemein.

36

Konsequenterweise sind Gründe für die ordentliche Kündigung nur im Teil über die Vermietung von Wohnraum geregelt. Im Allgemeinen Teil des Mietrechts spricht § 542 Abs. 1 BGB lediglich davon, dass ein Mietverhältnis zu seiner Beendigung zu kündigen ist. Außerhalb des Wohnungsmietrechts ist die ordentliche Kündigung ohne Angaben von Gründen möglich. Bezüglich der Kündigungsfrist differenziert das Gesetz noch einmal: Bei Wohnraum, § 573c BGB, und bei anderen Grundstücken und Räumen, § 580a BGB, gibt es **gesetzliche Kündigungsfristen,** für die Miete beweglicher Sachen dagegen nicht. Hier können die Parteien vertraglich Kündigungsfristen festlegen, ansonsten gilt eine angemessene Kündigungsfrist. Ein beiderseitiger Kündigungsverzicht für die Dauer von längstens fünf Jahren ist zulässig.[53]

37

§ 543 BGB regelt die **außerordentliche fristlose Kündigung,** wobei in Absatz 1 der **wichtige Grund** allgemein definiert und in Absatz 2 Regelbeispiele genannt werden. Die Definition des wichtigen Grundes in § 543 Abs. 1 Satz 2 BGB entspricht der langjährigen Rechtsprechung, wenn diese auch andere Formulierungen verwendete,[54] und

38

---

52 BGH NJW 2007, 2177; Schmidt-Futterer-*Blank* § 575 Rn. 2.
53 BGH NJW 2004, 1448; BGHZ 223, 290 = NJW 2020, 331.
54 Zuletzt BGH NJW 2002, 2168: Das gegenseitige Vertrauensverhältnis muss so sehr erschüttert sein, dass eine vertrauensvolle Zusammenarbeit nicht mehr zu erwarten ist.

wurde anlässlich der Mietrechtsreform von 2001 ins Gesetz übernommen. Eine fristlose Kündigung kann hilfsweise mit einer ordentlichen Kündigung verbunden werden.[55]

39 Die Regelbeispiele in § 543 Abs. 2 BGB enthalten sowohl Kündigungsgründe, auf die sich der Mieter berufen kann, als auch solche, die den Vermieter zur außerordentlichen Kündigung berechtigen. Liegt der Tatbestand eines Regelbeispiels vor, reicht dies für die außerordentliche Kündigung; die Voraussetzungen des § 543 Abs. 1 BGB müssen nicht noch zusätzlich geprüft werden.[56] Der Mieter kann kündigen, wenn ihm der **vertragsgemäße Gebrauch nicht gewährt** oder wieder entzogen wird. Überlässt also der Vermieter nach Vertragsschluss dem Mieter nicht wie vereinbart die Mietsache, kann der Mieter zwar auf Erfüllung klagen. Er muss es aber nicht, sondern kann stattdessen außerordentlich kündigen.

40 Der wichtigste außerordentliche Kündigungsgrund für den Vermieter ist dann gegeben, wenn der Mieter mit **zwei (Brutto-)**[57] **Monatsmieten im Zahlungsrückstand** ist (§ 543 Abs. 2 Nr. 3 BGB). Der Rückstand kann auch dadurch zustande gekommen sein, dass der Mieter unberechtigt gemindert hat (oben Rn. 28).[58] Er muss nicht in zwei aufeinander folgenden Terminen erreicht werden; für die Kündigung genügt, wenn insgesamt ein Rückstand in Höhe von zwei Monatsmieten besteht (§ 543 Abs. 2 Satz 1 Nr. 3 lit. b BGB). Bei zwei aufeinander folgenden Terminen berechtigt bereits Verzug mit einem nicht unerheblichen Teil der Miete zur Kündigung (§ 543 Abs. 2 Satz 1 Nr. 3 lit. a BGB). Zahlt der Mieter die rückständige Miete noch vor der Kündigungserklärung des Vermieters, so entfällt der Kündigungsgrund nur dann, wenn der Rückstand vollständig getilgt wird (§ 543 Abs. 2 Satz 2 BGB). Außerdem kann der Vermieter außerordentlich kündigen, wenn der Mieter die Sache vernachlässigt oder sie unbefugt einem Dritten überlässt (§ 543 Abs. 2 Satz 1 Nr. 2 BGB).

41 Regelmäßig hat der außerordentlichen Kündigung eine Fristsetzung bzw. eine **Abmahnung** voraus zu gehen (§ 543 Abs. 3 Satz 1 BGB). Darin kommt das ultima-ratio-Prinzip der fristlosen Kündigung zum Ausdruck. Die Androhung der Kündigung in der Abmahnung ist nicht erforderlich.[59] Allerdings gibt es davon Ausnahmen (§ 543 Abs. 3 Satz 2 BGB), darunter für den Fall des Zahlungsverzugs des Mieters gemäß § 543 Abs. 2 Nr. 3 BGB. Das Interesse des Vermieters, die Gegenleistung zu erlangen, wird vom Gesetz also sehr hoch bewertet.

42 ▶ **BEISPIEL:** Mieter M schuldet eine monatliche Miete in Höhe von 1.000 Euro, die bis zum 3. des Monats fällig ist. Im Mai und im Juni zahlt er keine Miete. Ende Juni zahlt er 1.250 Euro. Trotzdem besteht V darauf, dass seine Mitte Juni erklärte außerordentliche Kündigung weiterhin wirksam sei. Zu Recht, denn M war mit zwei Monatsmieten im Verzug, und dieser Kündigungtatbestand entfällt nur, wenn M den V zuvor vollständig befriedigt hätte (§ 543 Abs. 2 Satz 2 BGB). ◀

43 Die Kündigung aus wichtigem Grund ist auch allgemein in § 314 BGB definiert. § 543 BGB ist jedoch als die speziellere Vorschrift vorrangig anzuwenden. Davon abgesehen, enthält § 314 BGB dieselbe Definition des wichtigen Grundes, so dass die Vorschrift neben § 543 BGB im Mietrecht praktisch keine Rolle spielt.

---

55 BGHZ 220, 1 = NJW 2018, 3517.
56 BGH NJW 2007, 147; 2009, 2297.
57 BGH NJW 2008, 3210.
58 BGH NJW 2012, 2882.
59 BGH NJW 2007, 2474.

5. Verwendungsrisiko

Es ist Sache des Mieters, ob er die gemietete Sache so benutzen kann, wie er dies   44
vorgesehen hat. § 537 Abs. 1 BGB weist dem Mieter das Verwendungsrisiko zu. Dies
ist eindeutig, wenn ein Hinderungsgrund nach der Überlassung der Mietsache eintritt.
Nach h.M. gilt dies auch für Hinderungsgründe, die nach Abschluss des Mietvertrags,
aber vor der Gebrauchsüberlassung eintreten.[60] Der Mieter trägt das Verwendungsrisiko jedoch nur für seiner Risikosphäre zuzurechnende Hinderungsgründe.[61] Dazu
zählen nicht höhere Gewalt, Katastrophen, Streiks oder das Versagen öffentlicher
Verkehrsmittel und schon gar nicht Gründe aus dem Risikobereich des Vermieters.[62]
In diesen Fällen entfällt gemäß § 326 BGB die Pflicht zur Zahlung der Miete, falls die
Leistung nach § 275 BGB unmöglich ist.

6. Verjährung

Das Mietrecht enthält in § 548 Abs. 1 BGB eine Spezialregelung, wonach Ansprüche   45
des Vermieters wegen **Veränderungen oder Verschlechterungen der Mietsache** in sechs
Monaten nach Rückgabe der Mietsache verjähren. Darunter fallen auch Ansprüche
wegen nicht oder schlecht durchgeführter Schönheitsreparaturen. Aufwendungsersatz-
ansprüche des Mieters verjähren ebenfalls in sechs Monaten (§ 548 Abs. 2 BGB). I.Ü.
bleibt es bei den allgemeinen Verjährungsvorschriften (§§ 195, 199 BGB).

▶ **LÖSUNGSHINWEISE ZU FALL 19:** Eine Mietminderung (§ 536 BGB) setzt voraus, dass
die zugrunde liegenden Mängel angezeigt werden (§ 536c BGB). Infolgedessen kann M
erst ab April mindern. Bis dahin ist ein Mietrückstand von 600 Euro aufgelaufen. Eine
Mietminderung in Höhe von 20 % wegen undichter Fenster ist jedoch deutlich zu hoch.
Angemessen sind allenfalls 10 %. M hat also von April bis September weitere 600 Euro
unberechtigt zurückbehalten. Dies reicht aber nicht für eine fristlose Kündigung nach § 543
BGB, denn diese setzt einen Rückstand von zwei Monatsmieten voraus, also 2.000 Euro. In
Betracht kommt allenfalls eine ordentliche Kündigung (zu deren Voraussetzungen unten
§ 20 Rn. 47 ff.). ◀

WIEDERHOLUNGS- UND VERTIEFUNGSFRAGEN

> In welchem Umfang und warum ist das Mietrecht zwingend ausgestaltet?

> Was kann außer einer Wohnung noch gemietet werden?

> Welche Hauptpflichten der Parteien stehen im Gegenseitigkeitsverhältnis? Welche
  Hauptpflichten treffen die Parteien außerdem?

> Was ist ein Mangel?

> Welche Rechte hat der Mieter bei einem Mangel?

> Welche Folgen treffen den Mieter, wenn er einen Mangel nicht anzeigt?

> Welche Beendigungsgründe gibt es für einen Mietvertrag?

> Worin besteht der Unterschied zwischen einer ordentlichen und einer außerordentlichen
  Kündigung?

> Was ist ein „wichtiger Grund" für eine außerordentliche Kündigung? Welche Regelbei-
  spiele kennt das Gesetz?

---

60 Schmidt-Futterer-*Lehmann-Richter* § 537 BGB Rn. 16.
61 MünchKomm-*Bieber* § 537 Rn. 4.
62 MünchKomm-*Bieber* § 537 Rn. 5.

> Unter welchen Voraussetzungen kann der Vermieter kündigen, wenn der Mieter die Miete nicht zahlt?

> Trifft den Mieter das Risiko, die Mietsache verwenden zu können?

§ 20 Insbesondere: Mietverhältnisse über Wohnraum

▶ **FALL 20:** V ist Eigentümerin eines stark sanierungsbedürftigen Hauses, das von drei Mietparteien bewohnt ist. Sie möchte die Heizungsanlage komplett erneuern, die Fenster austauschen und eine zeitgemäße Außendämmung anbringen lassen. Zwei der Mietparteien sind damit nicht nur einverstanden, sondern sie würden sogar ausziehen, wenn an dem Haus nichts gemacht würde. V hält die Wohnungen im jetzigen Zustand für unvermietbar. Die dritte Mietpartei ist eine 60-jährige Empfängerin von Arbeitslosengeld II ("Hartz IV"), Frau M, die auf keinen Fall ausziehen oder mehr Miete bezahlen will. V fragt, ob sie die geplante Modernisierung gegen den Widerstand der M durchsetzen und die Modernisierungskosten auf die Mieter umlegen kann, oder ob sie, um einer etwaigen Zahlungsunfähigkeit der M bei einer Mieterhöhung aus dem Weg zu gehen, das Mietverhältnis mit M kündigen kann. Dabei überlegt sie, ob sie nicht die M zur Räumung zwingen kann, weil eine bei ihr tätige Angestellte A dringend eine Wohnung sucht und vorübergehend mit einer sanierungsbedürftigen Wohnung vorliebnehmen würde. ◀

I. Allgemeines

§ 549 Abs. 1 BGB regelt den **Anwendungsbereich** der besonderen Vorschriften über Mietverhältnisse über Wohnraum und enthält in seinem Absatz 2 einige Ausnahmen. Die besonderen Schutzvorschriften des Wohnraummietrechts gelten nur für Wohnraum, der zum Zwecke des Wohnens vermietet wird. Wer in als **Geschäftsraum** gemieteten Räumen wohnt, kann sich deshalb nicht auf die §§ 549 ff. BGB berufen. Bei „gemischten" Verträgen – Räume für eine Anwaltskanzlei werden zusammen mit Wohnräumen gemietet – kommt es auf den Schwerpunkt an.[1]

Ein besonderes Problem taucht bei der **Zwischenvermietung** auf.

▶ **BEISPIEL:** V erwirbt aus Gründen der Geldanlage eine Eigentumswohnung. Da er mit ihrer Vermietung nichts zu tun haben will, beauftragt er damit das Unternehmen Z. Dieses schließt einen „Mietvertrag" mit M ab, der in die Wohnung einzieht. ◀

Im Verhältnis zwischen V und Z kommen die §§ 549 ff. BGB nicht zur Anwendung, da Z die Wohnung nicht zum Wohnen, sondern zu einem gewerblichen Zweck von V mietet.[2] M ist im Verhältnis zu V nur Untermieter und müsste die Wohnung räumen, wenn V dem Hauptmieter Z kündigt, denn M hat keine vertraglichen Rechte gegenüber V. § 565 Abs. 1 Satz 1 BGB ordnet deshalb an, dass der Vermieter bei Beendigung des Vertrags mit dem Zwischenvermieter in den Mietvertrag mit dem Endmieter eintritt. Ebenso wenig tritt ein etwaiger neuer Zwischenvermieter in die Stellung des Vertragspartners des Endmieters ein (§ 565 Abs. 1 Satz 2 BGB). M ist also geschützt. Auch eine Gemeinde, die ein Mietobjekt für **Flüchtlinge** anmietet, rückt nicht selbst in die Stellung eines Wohnungsmieters.[3]

Nach § 549 Abs. 2 BGB gelten die §§ 549 ff. BGB nicht für Wohnraum, der zum vorübergehenden Gebrauch vermietet ist, für Wohnraum in der vom Vermieter selbst bewohnten Wohnung, sofern er sie mit Einrichtungsgegenständen ausgestattet hat, und für Wohnraum, der von Einrichtungen der Wohlfahrtspflege zur Absicherung eines dringenden Wohnungsbedarfs überlassen worden ist.

---

1 BGH NJW-RR 1986, 877.
2 BGHZ 94, 11.
3 BGHZ 223, 290 = NJW 2020, 331.

5   Für Wohnraum in einem **Studenten- oder Jugendwohnheim** schließt § 549 Abs. 3 BGB die Anwendung der meisten, aber nicht aller Vorschriften der §§ 549 ff. BGB aus. Dies gilt insbesondere für die Regelungen über Mieterhöhungen, über den Kündigungsschutz und über die Beschränkung der Zulässigkeit von Zeitmietverträgen.

6   § 550 BGB führt praktisch zu einem **Schriftformerfordernis** für den Wohnungsmietvertrag. Ein nicht schriftlich abgeschlossener Wohnraummietvertrag ist jedoch nicht nichtig, was normalerweise gemäß § 125 BGB die Folge eines Formverstoßes wäre. Dies würde sich jedoch entgegen der Schutzrichtung der Vorschriften zum Nachteil des Mieters auswirken. § 550 BGB ordnet deshalb – als lex specialis im Verhältnis zu § 125 BGB – an, dass ein über eine längere Zeit als ein Jahr abgeschlossener Mietvertrag als unbefristeter Mietvertrag gilt, so dass Druck auf den Vermieter ausgeübt wird, den Vertrag schriftlich abzuschließen. In der Praxis kommen so gut wie nur schriftliche Mietverträge vor. Eine sog. **Schriftformheilungsklausel**, wonach sich die Parteien verpflichten, die Schriftform bei nächster Gelegenheit nachzuholen und sich bis dahin nicht auf den Mangel der Schriftform zu berufen, ist unwirksam.[4] Die Berufung auf die Unwirksamkeit kann aber gegen Treu und Glauben verstoßen.[5]

7   § 551 BGB regelt eine **Kaution** des Mieters. Der Mieter schuldet eine Kaution nur dann, wenn sie im Vertrag vereinbart wurde. Sie darf höchstens das Dreifache der Nettomiete betragen (§ 551 Abs. 1 BGB), wobei der Mieter berechtigt ist, die Sicherheit in drei monatlichen Teilzahlungen zu erbringen (§ 551 Abs. 2 BGB). Der Vermieter muss den Kautionsbetrag als Spareinlage anlegen. Die **Zinsen** stehen dem Mieter zu und erhöhen die Sicherheit (§ 551 Abs. 3 Satz 3 und 4 BGB), d.h. der Mieter kann nicht die Auszahlung der Zinsen verlangen. Eine andere Einlageform kann vereinbart werden (§ 551 Abs. 3 Satz 2 BGB). Häufig wird der Mieter verpflichtet, seinerseits ein Sparbuch mit dem Kautionsbetrag anzulegen und dieses dem Vermieter zu verpfänden. Die Bank bringt i.d.R. einen Sperrvermerk zugunsten des Vermieters an.[6] Der Vermieter hat bezüglich der Überlassung der Wohnung ein Zurückbehaltungsrecht gemäß § 273 BGB, solange der Mieter die erste Rate der Kaution noch nicht gezahlt hat.[7] Das Mietrechtsänderungsgesetz 2013 hat eine scharfe Sanktion bei Nichtzahlung der Kaution geschaffen: Der Vermieter kann fristlos kündigen, und zwar sogar ohne vorherige Abmahnung (§ 569 Abs. 2a BGB). Während des laufenden Mietverhältnisses darf der Vermieter die Mietsicherheit nicht verwerten.[8] Nach dem Ende des Mietverhältnisses hat sich der Vermieter darüber zu erklären, ob er noch Ansprüche gegenüber dem Mieter erhebt, und damit die Mietsicherheit abzurechnen.[9]

8   § 553 BGB regelt die **Untervermietung**, die das Gesetz Gebrauchsüberlassung an Dritte nennt. Der Mieter ist nicht berechtigt, Teile seiner Wohnräume ohne Zustimmung des Vermieters an Dritte zu überlassen. Dies steht bereits in § 540 BGB. Der Mieter setzt sich sonst der Gefahr einer außerordentlichen fristlosen Kündigung aus wichtigem Grund gemäß § 543 Abs. 2 Nr. 2 BGB aus. Allerdings hat er einen Anspruch gegen den Vermieter auf Genehmigung der Untervermietung, wenn er ein „berechtigtes Interesse" daran hat. Der BGH versteht darunter nachvollziehbare Wünsche des Mieters

---

4   St. Rspr.; zuletzt BGHZ 216, 68 = NJW 2017, 3772.
5   BGH a.a.O.; vgl. auch Schmidt-Futterer-*Lammel* § 550 Rn. 74.
6   Schmidt-Futterer-*Blank* § 551 Rn. 14.
7   BGH NJW-RR 1998, 1464.
8   BGH NJW 2014, 2496.
9   BGH NJW 2019, 3371.

von einigem Gewicht, die wirtschaftlicher oder persönlicher Art sein können.[10] Der Mieter darf deswegen eine Person des anderen oder des eigenen Geschlechts auf Dauer in die Wohnung aufnehmen.[11] Es ist nicht erforderlich, dass der Mieter seinen Lebensmittelpunkt in der Wohnung beibehält.[12] Den Mieter trifft die Beweislast für sein berechtigtes Interesse.[13] Der Anspruch kann sich auch auf Teile der Wohnung beschränken.[14] Grundsätzlich umfasst die Erlaubnis keine tageweise Vermietung an Touristen.[15] Falls der Vermieter wegen unerlaubter Untervermietung kündigt, kann der Mieter zwar im Kündigungsprozess einwenden, dass er einen Anspruch auf Erlaubnis der Untervermietung gehabt hätte, doch kann u.U. schon die in der Nichteinholung der Erlaubnis zu sehende Pflichtverletzung einen Kündigungsgrund darstellen.[16]

Auch die Begründung einer **Wohngemeinschaft** fällt unter die Untervermietung, sofern der ursprüngliche Mieter alleiniger Mieter bleibt. Es besteht auch ein Anspruch auf Aufnahme eines neuen Mitglieds in eine Wohngemeinschaft, wenn ein Mitglied der Wohngemeinschaft auszieht. 9

Freilich kennt das Recht auf Untervermietung auch Grenzen. Nach § 553 Abs. 1 Satz 2 BGB muss die Untervermietung **dem Vermieter zumutbar** sein. Das Gesetz nennt als Beispiel, dass ein wichtiger Grund gegen die Person des Untermieters besteht. Auch darf die Wohnung nicht überbelegt werden. Der Vermieter kann eine angemessene Erhöhung der Miete verlangen, mit der die zusätzliche Abnutzung der Wohnung abzugelten ist.[17] 10

Mit dem Mietrechtsänderungsgesetz 2013 hat der Gesetzgeber nach § 555 BGB ein neues Kapitel ins Gesetz eingeschoben (§§ 555a bis 555f BGB). Die Reform beabsichtigt, dass der Vermieter sog. **energetische Modernisierungen**, also solche, die eine Energieeinsparung bezwecken, leichter gegen entgegenstehende Mieterinteressen durchsetzen kann.[18] Das Gesetz zählt ausführlich auf, was unter Modernisierungsmaßnahmen zu verstehen ist (§ 555b BGB) und verpflichtet den Vermieter detailliert, worüber er den Mieter **vorab zu informieren** hat (§ 555c BGB).[19] Dazu zählt auch die zu erwartende Mieterhöhung (§ 555c Abs. 1 Nr. 3 BGB). 11

Die grundsätzliche **Duldungspflicht** des Mieters ist mit einer **Abwägungsklausel** verbunden (§ 555d Abs. 1, 2 BGB) Jedoch besteht eine entscheidende Ausnahme: Die größte Befürchtung eines Mieters bei einer Modernisierung ist naturgemäß eine Steigerung der Miete. Dieser Aspekt entfällt jedoch (§ 555d Abs. 2 Satz 2 BGB). Erst bei einer tatsächlich durchgeführten Mieterhöhung ist eine Härte für den Mieter zu berücksichtigen (§ 559 Abs. 4, 5 BGB). Der Mieter kann also eine Modernisierung nicht mit dem Argument verhindern, eine nachfolgende Mieterhöhung sei eine unzumutbare Härte für ihn, er kann aber die Mieterhöhung mit eben diesem Argument verhindern. Damit der Vermieter, der eine Modernisierung durchgeführt hat, nicht unerwartet 12

---

10 BGHZ 92, 213.
11 BGHZ 157, 1.
12 BGH NJW 2006, 1200.
13 MünchKomm-*Bieber* § 553 Rn. 14.
14 BGH NJW 2014, 2717.
15 BGH NJW 2014, 622. Zur gewerblichen Untervermietung an Touristen *Wüsthof* ZMR 2014, 421.
16 Einzelheiten bei MünchKomm-*Bieber* § 553 Rn. 13.
17 MünchKomm-*Bieber* § 553 Rn. 12.
18 Zur Zielsetzung vgl. die Begründung des RegE, BT-Drucks. 17/10485.
19 Zu den Anforderungen an die Ankündigung einer energetischen Modernisierungsmaßnahme BGH NJW-RR 2020, 892.

damit konfrontiert wird, dass die Mieterhöhung eine Härte bedeutet, muss ihm der Mieter bereits vorher, wenn er die Ankündigung des Vermieters erhält, mitteilen, dass eine etwaige Mieterhöhung eine Härte für ihn bedeuten würde (§ 555d Abs. 2 BGB). Verweigert der Mieter entgegen seiner Verpflichtung die Duldung einer Modernisierung, riskiert er eine fristlose Kündigung.[20]

13   In die Abwägung sind sowohl die Interessen des Vermieters, anderer Mieter als auch die Belange der Energieeinsparung und des Klimaschutzes einzubeziehen (§ 555d Abs. 2 BGB). Dem Mieter steht ein **außerordentliches Kündigungsrecht** zu (§ 555e BGB), so dass er sich der Durchführung einer Modernisierung, die er zu dulden hätte, und insbesondere einer nachfolgenden Mieterhöhung (unten Rn. 37 f.) entziehen kann.

14   § 554 BGB gibt dem Mieter einen Anspruch auf eine **Erlaubnis zu baulichen Veränderungen**, die dem Gebrauch durch Menschen mit Behinderungen, dem Laden elektrisch betriebener Fahrzeuge oder dem Einbruchschutz dienen. Die im Zusammenhang mit dem Wohnungseigentumsmodernisierungsgesetz (WEMoG) am 1.12.2020 in Kraft getretene Vorschrift ersetzt § 554a BGB a.F., der sich nur mit Einbauten zum Zweck der Barrierefreiheit befasste. Die baulichen Veränderungen müssen dem Vermieter zumutbar sein. Dabei ist auch die Pflicht des Vermieters, auf die Interessen der anderen Mieter Rücksicht zu nehmen, zu berücksichtigen.[21]

15   ▶ **BEISPIEL:** Mieter M erleidet einen Schlaganfall und ist nunmehr auf einen Rollstuhl angewiesen. Kann er verlangen, dass Vermieter V den Einbau eines Treppenlifts duldet? ◀

Ein moderner Treppenlift kann normalerweise problemlos wieder ausgebaut werden. Das Treppenhaus wird auch nicht wesentlich verengt, so dass ein anderer Mieter, der vielleicht einen Kinderwagen durch das Treppenhaus zu transportieren hat, nicht eingeschränkt wird. V (und die anderen Mieter) müssen dulden.[22] Der Vermieter kann sich auch nicht darauf berufen, dass der Mieter das Treppenhaus nicht mitgemietet hat, denn § 554 BGB stellt auch auf den Zugang zur Mietsache ab.

16   Den Vermieter können auch andere Duldungspflichten treffen.

▶ **BEISPIEL:** Mieter M möchte eine „Satellitenschüssel" an seinem Fenster anbringen, obwohl das Haus an eine Kabelanlage angeschlossen ist. Als türkischsprachiger Bürger möchte er ein Fernsehprogramm in seiner Muttersprache empfangen, was über die Kabelanlage nicht möglich ist. ◀

17   „Satellitenschüsseln" haben zu einer umfangreichen Rechtsprechung geführt, die wegen des aus Art. 5 Abs. 1 GG abgeleiteten Grundrechts der Informationsfreiheit vor allem vom BVerfG stammt. Grundsätzlich hat der Mieter keinen Anspruch darauf, eine **Parabolantenne** installieren zu können, wenn eine Kabelanlage vorhanden ist.[23] Auch ein Mieter mit einer anderen Muttersprache als Deutsch muss sich damit zufrieden geben, wenn über die Kabelanlage Programme in seiner Muttersprache zu empfangen sind.[24] Will er weitere Programme empfangen, so ist sein Informationsrecht, ggf. auch sein Recht aus Art. 4 GG (Glaubensfreiheit) mit dem Eigentumsrecht des Vermieters

---

20 BGH NJW 2015, 2417.
21 RegE zum WEMoG, BT-Drucks. 19/18791, S. 87.
22 Der Treppenlift wird jetzt ausdrücklich in der Begründung des RegE des WEMoG genannt, BT-Drucks. 19/18791, S. 87.
23 BVerfG NJW 1993, 1252; 1994, 1147.
24 BGH NJW 2006, 1062; 2010, 436 (Anspruch zu Gunsten eines Kurden bejaht).

abzuwägen.[25] Ist über die Kabelanlage freilich kein Programm in der Muttersprache zu empfangen, hat er einen Anspruch auf Duldung einer Parabolantenne.

II. Miete

1. Miete zu Beginn des Mietverhältnisses

Bis 2015 war die Vereinbarung der Miethöhe in einem neu abgeschlossenen Mietvertrag so gut wie frei. Die Vorschrift des § 5 WiStrG, die Mieten in Neuverträgen, die über 120 % der ortsüblichen Vergleichsmiete betrug, zu einer Ordnungswidrigkeit erklärte, galt wegen ihrer zusätzlichen subjektiven Voraussetzungen als wenig effektiv (oben § 19 Rn. 11). Infolgedessen konnte sich die Marktmiete unabhängig von der ortsüblichen Vergleichsmiete entwickeln, weil letztere nur für bestehende Mietverträge rechtliche Bedeutung hat (unten Rn. 31 ff.). Bei knappen Angeboten und starker Nachfrage vor allem in Ballungsräumen, aber auch z.B. in beliebten Universitätsstädten, führte dies zu Anfangsmieten, die erheblich über den ortsüblichen Vergleichsmieten lagen.[26] Der Gesetzgeber entschloss sich daher zu einer regional begrenzten Regelung der **Anfangsmiete**, die am 1.5.2015 in Kraft trat.[27] Sie wurde seitdem mehrfach geändert.[28]

18

Gemäß § 556d Abs. 1 BGB darf nunmehr die Miete zu Beginn des Mietverhältnisses die ortsübliche Vergleichsmiete höchstens um 10 % übersteigen. Dies gilt aber nur für „**Gebiete mit angespannten Wohnungsmärkten**". Derartige Gebiete werden gemäß § 556d Abs. 2 BGB durch Rechtsverordnung der Landesregierung festgelegt.[29] Das Gesetz gibt Kriterien vor, wann dies der Fall ist, nämlich wenn die Mieten deutlich stärker steigen als im Bundesdurchschnitt, die durchschnittliche Mietbelastung der Haushalte den Bundesdurchschnitt deutlich übersteigt, die Wohnbevölkerung wächst, ohne dass durch Neubautätigkeit insoweit erforderlicher Wohnraum geschaffen wird, oder geringer Leerstand bei großer Nachfrage besteht. Die Rechtsverordnungen müssen eine Begründung enthalten; ohne veröffentlichte Begründung sind sie unzulässig.[30] Da viele Verordnungen anfangs ohne Begründung veröffentlicht wurden, erwies sich dieses Erfordernis zunächst als „Stolperstein."

19

Die „Mietpreisbremse" gilt nur **befristet**. Die einzelnen Verordnungen dürfen nur für höchstens fünf Jahre gelten (§ 566d Abs. 2 BGB) und müssen spätestens mit dem 31.12.2025 außer Kraft treten (§ 566d Abs. 2 BGB). Es bleibt abzuwarten, ob sich der Gesetzgeber entschließen wird, die Regelung dauerhaft einzuführen. Besonders heftig wurde die Effektivität der Vorschrift kritisiert.[31] § 556g BGB, der die **Rechtsfolgen** einer unzulässigen Miete regelt, wurde deshalb durch das Gesetz vom 19.3.2020 verschärft. Danach muss der Vermieter die zu viel gezahlte Miete herausgeben. Der Mieter muss zuvor den Verstoß gegen die Mietpreisbremse **rügen**. In der Vergangenheit

19a

---

25 BVerfG Grundeigentum 2007, 902; BGH NJW 2008, 216.

26 Zahlen in BT-Drucks. 18/3121, S. 12 ff.

27 Gesetz zur Dämpfung des Mietanstiegs auf angespannten Wohnungsmärkten und zur Stärkung des Bestellerprinzips bei der Wohnungsvermittlung (Mietrechtsnovellierungsgesetz – MietNovG), BGBl. 2015 I 610; dazu *Börstinghaus* NJW 2015, 1553; *Artz* MDR 2015, 549.

28 Zuletzt durch das Gesetz zur Verlängerung und Verbesserung der Regelungen über die zulässige Miethöhe bei Mietbeginn, BGBl. 2020 I, S. 540.

29 Zu den Anforderungen an die Rechtsverordnungen *Derleder* NZM 2015, 413. Ein Überblick über die derzeit bestehenden Verordnungen findet sich bei Schmidt-Futterer-*Börstinghaus* § 556d Rn. 44a.

30 Schmidt-Futterer-*Börstinghaus* § 556d Rn. 39 m.N.

31 Vgl. nur MünchKomm-*Artz* § 566d Rn. 4.

zu viel gezahlte Miete darf aber nur in einem Zeitraum von 30 Monaten ab Beginn des Mietverhältnisses zurückverlangt werden. Rügt der Mieter später oder nach Beendigung des Mietverhältnisses, kann er nur die zu viel gezahlte Miete ab Zugang der Rüge herausverlangen (§ 556g Abs. 2 BGB).

20   Das neue Gesetz kennt eine Reihe von **Einschränkungen** für das in § 556d BGB geregelte Prinzip. So darf eine höhere Vormiete beibehalten werden (§ 556e Abs. 1 BGB). Vor allem fallen eine erstmals nach dem 1.10.2014 vermietete Wohnung nicht unter die Neuregelung, ebenso wenig die erste Vermietung nach einer umfassenden Modernisierung (§ 556f BGB).[32] In allen Fällen obliegen dem Vermieter bestimmte Informationspflichten vor Vertragsschluss (§ 566g Abs. 1a BGB). Zugunsten des Mieters wirkt sich allerdings aus, dass die Vormiete aus einem Wohnraummietverhältnis stammen muss[33] und umlagefähige Modernisierungskosten aus den letzten drei Jahren unberücksichtigt bleiben (§ 566e Abs. 2 BGB).

20a   Die Gerichte haben – mit einer Ausnahme[34] – Zweifel an der **Verfassungsmäßigkeit** der Mietpreisbremse nicht akzeptiert.[35] Das BVerfG wies Verfassungsbeschwerden von Berliner Vermietern zurück und bestätigte auf eine Vorlage der 67. ZK des LG Berlin gemäß Art. 100 GG die Verfassungsmäßigkeit der Regelung.[36] Zur Begründung führte es an, der Eingriff in das durch Art. 14 GG geschützte Eigentum sei verhältnismäßig. Die Regelung sei geeignet und erforderlich, das im öffentlichen Interesse liegende Ziel, der Verdrängung wirtschaftlich weniger leistungsfähiger Bevölkerungsgruppen aus stark nachgefragten Stadtteilen entgegenzuwirken, zu erreichen. Die Miethöhenregelung sei für die Vermieter zumutbar und gehe über das erforderliche Maß nicht hinaus. Dauerhafte Verluste oder der Wegfall jeder sinnvollen Nutzung seien nicht zu erwarten.

20b   Darüber hinaus erließ der Berliner Gesetzgeber ein eigenes Gesetz zur Mietenbegrenzung im Wohnungswesen in Berlin (MietenWoG Bln, sog. **Berliner Mietendeckel**). Das Gesetz enthielt einen **Mietenstopp**: Eine Miete war verboten, die die am Stichtag 18. Juni 2019 wirksam vereinbarte Miete überstieg. Dies galt sowohl für Bestandsmieten wie für Wiedervermietungen. Weiterhin war eine **Mietobergrenze bei Wiedervermietungen** vorgesehen, die sich am Berliner Mietenspiegel von 2013 orientierte. Mieten, die um mehr als 20 % über der zulässigen Mietobergrenze lagen, waren als überhöhte Mieten verboten. Das Gesetz war auf fünf Jahre befristet. Zu seiner Durchsetzung enthielt es behördliche Überwachungspflichten und Bußgeldvorschriften.

Um den „Mietendeckel" ist ein lebhafter **verfassungsrechtlicher Streit** entbrannt, der zu einer Entscheidung des BVerfG führte. Das BVerfG erklärte den „Berliner Mietendeckel" für nichtig, weil der Berliner Gesetzgeber angesichts der Regelungen über das Vergleichsmietenverfahren und die Mietpreisbremse im BGB keine **Kompetenz** zu einer derartigen Regelung hatte, denn der Bundesgesetzgeber habe von der konkurrierenden Gesetzgebungsbefugnis nach Art. 74 Abs. 1 Nr. 1 GG abschließend Gebrauch gemacht.[37]

---

32 Zur „umfassenden" Modernisierung BGH NJW-RR 2020, 1212.
33 BGH NJW-RR 2020, 1337.
34 LG Berlin (67. ZK) NZM 2018, 118 und WuM 2018, 414.
35 Vgl. die Nachweise bei Schmidt-Futterer-*Börstinghaus* § 566d Rn. 19.
36 BVerfG NJW 2019, 3054.
37 BVerfG NJW 2021, 1377.

Das BVerfG hat aber nicht entschieden, ob eine Regelung wie der Berliner Mieten-   20c
deckel materiell verfassungswidrig wäre, d.h. ob etwa der Bundesgesetzgeber eine
entsprechende Regelung erlassen dürfte. Die ist eine Frage des Grundrechts auf Eigentum nach **Art. 14 GG.** Art. 14 GG enthält eine Institutsgarantie, sieht aber auch vor,
dass der einfache Gesetzgeber Inhalt und Schranken des Eigentums bestimmt und
dass Eigentum dem Wohle der Allgemeinheit dienen soll. Das BVerfG leitet daraus
ab, dass die Inhalts- und Schrankenbestimmungen verhältnismäßig zu sein haben.[38]
Dazu müssen die Regelungen geeignet und erforderlich sein, wobei dem Gesetzgeber
ein Prognosespielraum zusteht. Die Regelungen des MietenWoG Bln. waren nicht
schlechthin ungeeignet, und angesichts der verbreiteten Einschätzung einer fehlenden
Effektivität der Mietpreisbremse des BGB[39] auch erforderlich. Die Prüfung der Ver-
hältnismäßigkeit führt zu einer **Abwägung** zwischen **Privatnützigkeit** des Eigentums
und seiner **Sozialbindung.**[40] Der Bundesgesetzgeber könnte einen „Mietpreisdeckel"
beschließen, wenn er wie der Berliner Gesetzgeber in dem für nichtig erklärten Gesetz
eine Befristung der Regelung und weitere Regelungen, die Rücksicht auf die Interessen
der Eigentümer nehmen, vornehmen würde. Letztlich müsste das BVerfG entscheiden,
ob ein „Mietpreisdeckel" mit Art. 14 GG vereinbar ist.

2. Mieterhöhung im bestehenden Mietverhältnis

Bei einem länger andauernden Mietverhältnis wird der Vermieter regelmäßig das Be-   21
dürfnis haben, die ursprünglich vereinbarte Miete irgendwann zu erhöhen. Dies kann
darauf zurückzuführen sein, dass sich die marktübliche Miete inzwischen nach oben
entwickelt hat und der Vermieter die von ihm verlangte Miete daran anpassen möchte
oder dass sich Betriebskosten erhöht haben, die der Vermieter auf die Miete umlegen
will. Das Gesetz unterscheidet deswegen zwischen einer Mieterhöhung wegen Änderung der Betriebskosten, §§ 556 bis 556b und 560 BGB, und wegen einer Erhöhung
der Grundmiete, auch Nettomiete oder Kaltmiete genannt, §§ 557 bis 559b BGB.
Die Vorschriften gelten nur für die Wohnraummiete; bei Betriebskostenregelungen in
Mietverträgen über Geschäftsräume sind die Parteien freier gestellt.[41]

a) Betriebskosten

Die Betriebskosten machen einen immer wesentlicheren Teil der Miete aus; man   22
spricht deswegen auch von einer „zweiten Miete". Das Recht der **Betriebskostenum-
lage** ist durch zahlreiche höchstrichterliche Entscheidungen in starkem Fluss.[42] Mit
dem Mietrechtsänderungsgesetz von 2013 hat auch der Gesetzgeber eingegriffen. Betriebskosten sind in der aufgrund von § 556 Abs. 1 Satz 4 BGB erlassenen BetrKV[43]
abschließend definiert. Insbesondere fallen darunter die Kosten für eine zentrale Heizungsanlage und die Wasserversorgung. Die Heizungskosten sind nach einer speziellen
HeizkostenVO abzurechnen, auf die hier nicht näher eingegangen werden kann.[44] Des

---

38   Vgl. *Bryde*, in: von Münch/Kunig (Hrsg.), GG, Bd. 1, 6. Aufl. 2012 Art. 14 Rn. 60 ff. m. N.
39   MünchKomm-*Artz* § 556d Rn. 4.
40   Vgl. dazu *Farahat* JZ 2020, 602, 607 f.
41   BGH NJW 2010, 671.
42   Umfassend *Langenberg/Zehelein*, Betriebskosten- und Heizkostenrecht, 9. Aufl. 2019.
43   Verordnung über die Aufstellung von Betriebskosten, BGBl I, 2003, 2346, in Kraft seit 1.1.2004.
44   Zur Abgrenzung zwischen Heizungsanlage und Wärmelieferung BGH NJW 2009, 667; zur verfassungs-
rechtlichen Zulässigkeit der dynamischen Verweisung der HeizkostenV auf anerkannte Regeln der Technik
BGH NJW-RR 2015,778.

Weiteren werden beispielsweise Grundsteuer, Müllgebühren, Kosten für Beleuchtung, Pflege von Gartenanlagen, eines etwa vorhandenen Fahrstuhls oder eines Hauswarts erfasst. In der BetrKV nicht aufgezählte Betriebskosten, etwa Verwalterkosten, darf der Vermieter nicht gemäß §§ 556 ff. BGB umlegen, sondern muss sie in die Grundmiete einkalkulieren. Dies gilt erst recht für Änderungen der Finanzierungskosten. Gemäß § 259 BGB hat der Vermieter Belege vorzulegen, was praktisch auf ein **Einsichtnahmerecht** hinausläuft.[45]

23   Der Vermieter kann Betriebskosten nur umlegen, soweit sie nicht bereits in der Grundmiete enthalten sind oder vom Mieter selbst getragen werden, z.B. Strom und Wasser. Ist im Mietvertrag eine „Kaltmiete" vorgesehen, so kann der Vermieter die Betriebskosten vollständig auf den Mieter abwälzen. Wenn dagegen von einer „**Brutto-Kaltmiete**" die Rede ist, so kann der Vermieter lediglich die Heizungskosten umlegen, während die übrigen Betriebskosten in der Grundmiete enthalten sind. Gebräuchlich ist auch der Begriff „Teil-Inklusivmiete", wenn einzelne Betriebskosten in der Grundmiete enthalten sind, andere dagegen nach §§ 556, 556a BGB umgelegt werden sollen. Enthält der Mietvertrag keine Regelungen oder ist von einer **Warmmiete** oder **Brutto-Miete** die Rede, ohne dass daneben eine Kaltmiete oder Netto-Miete ausgewiesen ist, so kann der Vermieter Betriebskosten nicht umlegen.[46] Eine Umlagenvereinbarung kann allerdings auch stillschweigend zustandekommen.[47]

24   Können Betriebskosten auf den Mieter abgewälzt werden, so können die Vertragsparteien zwischen zwei Arten der Umlegung wählen, die jeweils im Mietvertrag entsprechend vereinbart werden müssen (§ 556 Abs. 2 BGB). Der Vermieter kann zunächst **Vorauszahlungen** in angemessener Höhe auf die Betriebskosten verlangen, die er jährlich abrechnen muss, und zwar innerhalb eines Jahres nach Ablauf der jeweiligen Periode (§ 556 Abs. 3 BGB).[48] Erbringt der Vermieter Gartenpflege- und Hausmeisterleistungen mit eigenem Personal, so darf er dafür die fiktiven Kosten eines Drittunternehmens in die Betriebskostenabrechnung einsetzen.[49] Für Wartungskosten muss eine Obergrenze nicht vorgesehen sein.[50] Je nach Ergebnis der Abrechnung kann er Nachzahlungen verlangen oder muss einen Überschuss erstatten. Versäumt er die Abrechnungsfrist, so kann er keine Nachzahlungen geltend machen,[51] es sei denn, ihm wird der Grund für eine Betriebskostenerhöhung erst später bekannt. Dies kann bei Erhöhung von Grundsteuern durchaus der Fall sein.[52] Auf die inhaltliche Richtigkeit der Abrechnung kommt es für den Fristablauf nicht an;[53] nach Fristende kann der Vermieter einen falsch berechneten Betrag nicht mehr zulasten des Mieters korrigieren.[54] Allerdings darf er auch nach Fristablauf nicht geleistete Vorauszahlungen verlangen.[55] Für einzelne Positionen können dabei Pauschalen vereinbart werden, über die dann nicht abzurechnen ist.[56] Einwendungen gegen die Betriebskostenabrechnung muss der

45   Zum Umfang des Einsichtnahmerechts BGH NJW 2018, 1599.
46   Schmidt-Futterer-*Langenberg* § 556 Rn. 31.
47   Zu den Voraussetzungen BGH NJW 2008, 283.
48   Es muss sich nicht notwendigerweise um das Kalenderjahr handeln, BGH NJW 2008, 2328.
49   BGH NJW 2013, 456.
50   BGH MDR 2013, 143.
51   Es handelt sich um eine Ausschlussfrist, BGH NJW 2006, 903.
52   BGH NJW 2006, 3350; NJW 2013, 84.
53   BGH NJW 2005, 219.
54   BGH NJW 2008, 1150.
55   BGH NJW 2008, 142.
56   BGH NJW 2011, 842.

Mieter innerhalb eines Jahres nach Zugang der Abrechnung erheben (§ 556 Abs. 3 Sätze 5, 6 BGB).[57] Der Mieter muss die Frist auch dann einhalten, wenn eine Umlagenvereinbarung im Mietvertrag nicht enthalten ist; das Fehlen einer Umlagenvereinbarung macht die Betriebskostenabrechnung nicht per se unwirksam (vgl. auch Rn. 23 am Ende).[58]

Möchte der Vermieter nicht jährlich abrechnen, so kann er eine **Pauschale** vereinbaren. Auch in diesem Fall ist der Mieter jedoch vor einer Umlegung der Erhöhung von Betriebskosten nicht geschützt. Nach § 560 BGB kann der Vermieter die Erhöhung von Betriebskosten auf die Mieter abwälzen, wobei er ihnen mitteilen muss, welche Betriebskosten sich in welchem Umfang erhöht haben. Die Umlagemöglichkeit muss freilich im Mietvertrag vereinbart sein. Eine weitere Alternative zur Berechnung und Umlegung der Betriebskosten steht dem Vermieter nicht zu (§ 556 Abs. 4 BGB).[59] 　25

▶ **BEISPIEL:** Vermieter V erhält einen Brief von der Firma City Cleaning, die Kosten für die Müllabfuhr hätten sich erhöht. Er muss seinen Mietern mitteilen, in welcher Höhe die Kosten für die Müllabfuhr bisher in der Miete enthalten waren, welche Erhöhung sich durch die Mitteilung von City Cleaning für den einzelnen Mieter ergibt und welche Miete er nunmehr zu zahlen hat. ◀ 　26

Die Vertragsparteien sind grundsätzlich frei, einen Maßstab zu vereinbaren, nach dem die Betriebskosten auf die einzelnen Mietparteien umgelegt werden. § 556a BGB enthält eine Regelung lediglich für den Fall, dass keine Regelung im Mietvertrag vorgenommen wurde. Dann ist der Anteil der **Wohnfläche** das maßgebliche Kriterium.[60] Der Vermieter kann den Berechnungsmaßstab einseitig ändern, wenn statt dessen dem erfassten unterschiedlichen Verbrauch Rechnung getragen wird (§ 556a Abs. 2 BGB) Besonders wichtig ist dies bei den **Heizkosten**, bei denen die HeizkostenVO zwingend verbrauchsabhängige Verteilungsmaßstäbe vorgibt. Sie sieht in ihrem § 12 vor, dass der Abrechnungsbetrag um 15 % zu kürzen ist, wenn der Vermieter die Verbrauchserfassung unterlässt und nach Wohnfläche abrechnet. Der BGH wendet diese Vorschrift analog an, wenn vertragswidrigerweise eine Verbrauchserfassung bei Wasser und Abwasser nicht erfolgt.[61] 　27

Der Gesetzgeber hat eine weitere Vorschrift ins BGB aufgenommen, die sich mit dem sog. **contracting** befasst (§ 556c BGB). Darunter versteht man einen Vertrag des Gebäudeeigentümers mit einem Wärmelieferanten, der sowohl die Beschaffung des Brennstoffs als auch die Wartung der Anlage umfasst. Je nach Ausgestaltung des Vertrags kann auch die Erneuerung der Heizungsanlage Gegenstand des Vertrags sein. Die Vorschrift erlaubt, die Kosten aus dem contracting-Vertrag als Betriebskosten auf die Mieter umzulegen. Die Kosten der bisherigen Eigenversorgung dürfen dabei nicht überschritten werden. Der Gesetzgeber verspricht sich von der Regelung einen stärkeren Anreiz für den Vermieter, ältere und weniger effiziente Heizungsanlagen erneuern zu lassen, da er bislang Erneuerungsmaßnahmen als Erhaltungskosten nicht umlegen konnte (§ 555a BGB), aber auch keinen Nachteil von einem ineffizienten Energieverbrauch hatte, da er diese Kosten auf die Mieter umlegen konnte.[62] 　28

57　Zu Einzelheiten vgl. BGH NJW 2010, 2275; NJW 2011, 842.
58　BGH NJW 2011, 2786.
59　Zu einem unwirksamen Erhöhungsvorbehalt etwa BGH NJW 2004, 1380.
60　Zur Wohnflächenermittlung BGH NJW 2010, 293.
61　BGH NJW-RR 2012, 1034.
62　BT-Drucks. 17/10485, S. 14.

b) Grundmiete

29   Im ursprünglichen Mietvertrag sind vertragliche Vereinbarungen über künftige Mieterhöhungen nur in der Weise möglich, dass entweder eine **Staffelmiete** gemäß § 557a BGB oder eine **Indexmiete** gemäß § 557b BGB vereinbart wird. Bei der Staffelmiete wird eine künftig höhere Miete von vornherein vereinbart, wobei eine einmalige Erhöhung genügt.[63] Die **Indexmiete** hat sich auf den Preisindex für die Lebenshaltung aller privaten Haushalte zu beziehen. In beiden Fällen muss die Miete für mindestens ein Jahr unverändert bleiben. Weder die Staffelmiete noch die Indexmiete spielen in der Praxis eine große Rolle.

30   Dagegen sind die Parteien frei, während des Mietverhältnisses eine **Mieterhöhung zu vereinbaren** (§ 557 Abs. 1 BGB). Der Vermieter hat darauf allerdings keinen Anspruch und kann nicht einseitig die Miete erhöhen. Die vorbehaltlose Zahlung einer geforderten höheren Miete kann allerdings als Zustimmung gewertet werden.[64] Dies setzt jedoch voraus, dass der Vermieter ein wirksames Angebot zum Abschluss eines Änderungsvertrags macht, was dann nicht der Fall ist, wenn er ein vermeintliches Gestaltungsrecht aufgrund einer unwirksamen Klausel im Mietvertrag ausübt.[65]

31   Ohne Grundlage im Mietvertrag und ohne Vereinbarung kann der Vermieter die Miete nur nach Maßgabe des **Vergleichsmietenverfahrens** gemäß §§ 558 ff. BGB erhöhen, und auch dies nur, wenn eine Erhöhung der Miete nicht vertraglich ausgeschlossen ist (§ 557 Abs. 3 BGB). Danach steht dem Vermieter unter Beachtung genau geregelter Verfahrensvorschriften ein Anspruch auf Anhebung der Miete bis zur sogenannten **ortsüblichen Vergleichsmiete** zu. Die Erfüllung der formalen Vorschriften darf dem Vermieter nicht unzumutbar erschwert werden.[66] Auch hier kann die Mieterhöhung nur geltend gemacht werden, wenn die Miete zuvor ein Jahr lang unverändert geblieben ist; die Mieterhöhung selbst darf sogar erst 15 Monate nach der letzten Mieterhöhung eintreten, § 558 Abs. 1 BGB. Die ortsübliche Vergleichsmiete wird in § 558 Abs. 2 BGB näher beschrieben. Das Gesetz nennt dabei die Kriterien vergleichbare Art, Größe,[67] Ausstattung, Beschaffenheit und Lage, wobei auf die letzten sechs Jahre abgestellt wird. Auf Grund des Mietrechtsänderungsgesetzes 2013 ist auch die energetische Ausstattung und Beschaffenheit zu berücksichtigen.

32   Bei der Begründung der Mieterhöhung muss der Vermieter auf die in § 558a BGB geregelten Formen zurückgreifen. In erster Linie kommt dabei ein **Mietspiegel** in Betracht. Ein Mietspiegel klassifiziert den Wohnraum in einer Gemeinde nach den in § 558 Abs. 2 BGB genannten Kriterien, so dass der Vermieter aus dem Mietspiegel ablesen kann, in welche Kategorie die Wohnung einzuordnen ist, für die er eine Mieterhöhung geltend macht. Auf die gleiche Weise kann der Mieter überprüfen, ob die Mieterhöhung berechtigt ist. Der Mietspiegel muss dem Erhöhungsverlangen beigefügt sein, es sei denn, er ist allgemein zugänglich.[68] Enthält der Mietspiegel Spannen, so genügt es, wenn sich die verlangte Miete innerhalb der Spanne hält (§ 558a Abs. 4 BGB); der Vermieter ist nicht auf den Mittelwert beschränkt. Liegt die verlangte Miete oberhalb der Spanne, ist das Erhöhungsverlangen bis zur oberen Grenze der Spanne gleichwohl

---

63   BGH NJW-RR 2006, 227, 229.
64   BGH NZM 2005, 736.
65   BGH NJW-RR 2005, 1464, 1465; vgl. auch MünchKomm-*Artz* § 557 Rn. 43.
66   BVerfGE 89, 80; zu den Verfahrensförmlichkeiten zuletzt BGH NJW 2020, 1947.
67   Zur Berechnung BGH NJW 2009, 2739.
68   BGH NJW 2008, 573; 2009, 1667; 2010, 225.

wirksam.[69] Die Vorschriften über den Mietspiegel wurden durch das Mietspiegelgesetz von 2021 neu gefasst. Im Vordergrund stand dabei eine Erleichterung der Datenerhebung für qualifizierte Mietspiegel.

Mietspiegel stammen entweder von den zuständigen Behörden oder von den Vermieter- und Mieterverbänden. Liegt dem Mietspiegel eine nach wissenschaftlichen Kriterien durchgeführte Erhebung über die in der Gemeinde tatsächlich verlangten Mieten zu Grunde, so spricht das Gesetz von einem **qualifizierten Mietspiegel** (§ 558d BGB). Die Kriterien für eine wissenschaftliche Erhebung sind in einer Mietspiegelverordnung enthalten (Verordnungsermächtigung in § 558c Abs. 5 BGB). Die Erhebungsmerkmale sind in Art. 238 EGBGB geregelt. Ein Mietspiegel gilt als qualifiziert, wenn er den Kriterien der MietspiegelVO entspricht oder von den Verbänden der Vermieter und Mieter als qualifizierter Mietspiegel anerkannt ist (§ 558d Abs. 1 BGB).

33

Für Städte mit mehr als 50.000 Einwohnern sind die zuständigen Behörden ab dem 1.1.2023 verpflichtet, einen Mietspiegel vorzuhalten. Ab dem 1.1.2024 muss es ein qualifizierter Mietspiegel sein. Während bei einem qualifizierten Mietspiegel vermutet wird, dass er die ortsübliche Vergleichsmiete wiedergibt (§ 558d Abs. 3 BGB), entfaltet ein einfacher Mietspiegel lediglich eine Indizwirkung.[70] Ein Mietspiegel muss außerdem aktuell sein, um die jeweilige ortsübliche Miete nachweisen zu können. § 558c Abs. 3 BGB enthält deswegen eine Vorschrift, wonach der Mietspiegel alle zwei Jahre angepasst werden soll. Mangels eines aktuellen Mietspiegels kann aber auch ein veralteter oder ein Mietspiegel einer vergleichbaren Gemeinde verwendet werden (§ 558a Abs. 4 Satz 2 BGB). Allerdings darf er nicht 20 Jahre alt sein.[71]

33a

Weiter nennt § 558a BGB als Referenz für ein Erhöhungsverlangen eine **Mietdatenbank**, § 558e BGB, was aber in der Praxis bislang noch keine große praktische Bedeutung erlangt hat. Wichtiger ist **das Gutachten eines Sachverständigen** (§ 558a Abs. 2 Nr. 3 BGB), bei dem regelmäßig ein Kaufmann der Grund- und Wohnungswirtschaft, der etwa als Makler arbeitet, bestätigt, dass nach seiner Erfahrung bestimmte Quadratmetermieten verlangt werden.[72] Nennt das Gutachten eine Spanne, darf der Vermieter bis zur oberen Grenze gehen.[73] Von Bedeutung ist schließlich die Möglichkeit, drei **Vergleichswohnungen** zu benennen, die auch aus dem Bestand des Vermieters stammen können (§ 558a Abs. 2 Nr. 4 BGB).[74] Die Vergleichswohnungen müssen für den Mieter identifizierbar sein.[75] Sie müssen jedoch nicht in allen wesentlichen Merkmalen übereinstimmen.[76] Die solideste Begründung erfolgt stets mit Hilfe eines Mietspiegels, jedoch kann man nicht davon ausgehen, dass immer ein aktueller Mietspiegel vorhanden ist, so dass auch die anderen in § 558a Abs. 2 BGB genannten Normen zum Zuge kommen. Ein qualifizierter Mietspiegel geht auf alle Fälle vor (§ 558d Abs. 3 BGB).

34

Der Mieter wird zusätzlich dadurch geschützt, dass die **Kappungsgrenze** gemäß § 558 Abs. 3 BGB eingehalten werden muss. Danach darf sich die Miete innerhalb von drei Jahren um nicht mehr als 20 % erhöhen. Die Kappungsgrenze beträgt nur 15 %,

35

---

69 BGH NJW 2008, 573.
70 BGH NJW-RR 2019, 458.
71 Ein 20 Jahre alter Mietspiegel kann nicht herangezogen werden, BGH NJW-RR 2019, 1482.
72 Zu den Anforderungen an ein Sachverständigengutachten BGH ZMR 2019, 109.
73 BGH NJW 2010, 149; NJW 2012, 1351.
74 Dies ist verfassungsgemäß, BVerfG NJW 1993, 2039.
75 BGH NJW 2003, 963.
76 BGH NJW-RR 2014, 1357.

wenn sich die Wohnung in einem Gebiet befindet, in dem die ausreichende Versorgung mit Mietwohnungen zu angemessenen Bedingungen „besonders gefährdet" ist (§ 558 Abs. 3 Satz 2 BGB). Diese Gebiete werden durch Rechtsverordnung durch die Landesregierungen bestimmt. Wenn also die Ausgangsmiete[77] deutlich unter der ortsüblichen Vergleichsmiete liegt, kann es geschehen, dass der Vermieter die ortsübliche Vergleichsmiete nicht verlangen kann, weil die Kappungsgrenze darunter liegt. Umgekehrt kann er höchstens die ortsübliche Vergleichsmiete verlangen, auch wenn die Kappungsgrenze erst über der ortsüblichen Vergleichsmiete eingreifen würde. Es gilt also stets die für den Mieter günstigere Berechnung. Der Mieter kann sich zwar einer Mieterhöhung im Vergleichsmietenverfahren durch die Geltendmachung eines **Sonderkündigungsrechts** gemäß § 561 BGB entziehen, doch dürfte ihm dies wenig nützen, da er regelmäßig auf den Wohnraum angewiesen sein dürfte.

36 ▶ **BEISPIEL:** M zahlt eine Monatsmiete von 1.000 Euro. Bis vor einem Jahr hatte M nur 900 Euro gezahlt. Die ortsübliche Vergleichsmiete liegt jetzt bei 1.200 Euro. Wegen der Kappungsgrenze kann Vermieter V nur bis 1.080 Euro erhöhen, in einem ausgewiesenen Gebiet mit besonderer Gefährdung der Versorgung sogar nur bis 1.035 Euro. ◀

37 Führt der Vermieter eine Modernisierung durch, wozu er gemäß § 555d BGB berechtigt ist, kann er die **Modernisierungskosten** auf die Mieter umlegen (§ 559 BGB). Die Modernisierung ist von der Erhaltung abzugrenzen; die Erhaltung schuldet der Vermieter ohnehin als Hauptpflicht aus dem Mietverhältnis (oben § 19 Rn. 18). Die Abgrenzung kann schwierig werden, wenn mit der Erhaltung eine Modernisierung einhergeht, z.B. der Austausch von schadhaften einfachen Fenstern durch besser isolierende Doppelglasfenster.[78] Eine derartige „Instandmodernisierung" fällt unter § 559 BGB, jedoch ist der Erhaltungsanteil herauszurechnen.[79] Dies wird ausdrücklich durch § 559 Abs. 2 BGB so geregelt; der Anteil der Erhaltungsmaßnahmen ist ggf. zu schätzen.

38 Bei einer Modernisierung kann jährlich die Miete um 8 % der Modernisierungskosten erhöht werden. Bis zum 31.12.2018 waren es 11 %. Die Geltendmachung der Mieterhöhung ist jedoch mit einer Härteklausel verbunden (§ 559 Abs. 4, 5 BGB, oben Rn. 12).[80] Die Umlage der Modernisierungskosten darf zu einer Mieterhöhung von höchstens 3 Euro je Quadratmeter Wohnfläche in einem Zeitraum von sechs Jahren führen, bei sehr niedrigen Mieten von lediglich 2 Euro (Kappungsgrenze, § 559 Abs. 3a BGB, eingefügt mit Wirkung vom 1.1.2019). Vielfach wird der Vermieter für eine Modernisierung öffentliche Gelder in Anspruch nehmen können. Diese sind kein Bestandteil der Umlage für Modernisierungskosten (§ 559a BGB).

38a Die zum 1.1.2019 in Kraft getretenen Änderungen zur Umlage der Modernisierungskosten zeigen, dass der Gesetzgeber die Interessen des Vermieters an einer Modernisierung und die Interessen des Mieters, vor einer übermäßigen Belastung geschützt zu sein, auszutarieren versucht. So stellt § 559c BGB dem Vermieter ein vereinfachtes Verfahren zur Umlage geringer Modernisierungskosten zur Verfügung. Die Vorschrift ist freilich recht kompliziert ausgefallen. § 559d BGB soll den Mieter vor dem „Herausmodernisieren" schützen, indem unnötig zeitaufwändige Modernisierungsarbeiten und die Ankündigung einer Verdoppelung der Miete als Pflichtverletzung des Vermieters bezeichnet werden. Die Vorschrift schützt den Mieter jedoch nicht vor korrekt

---

77 Dies ist die drei Jahre vor dem Mieterhöhungsverlangen geltende Miete, BGH NJW-RR 2004, 945.
78 Zur Abgrenzung Schmidt-Futterer-*Blank* § 559 Rn. 67 ff.
79 BGH NJW 2004, 1738; NJW 2015, 934.
80 Zur Härteklausel BGH NJW 2020, 835.

durchgeführten und abgerechneten Modernisierungsmaßnahmen, weswegen ihre Mieterschutzwirkung eher begrenzt sein dürfte.[81] Effektiver dürfte dagegen die dargestellte Kappungsgrenze in § 559 Abs. 3a BGB und vor allem die Herabsetzung der jährlichen Umlage auf 8 % der Modernisierungskosten sein. Schließlich steht dem Mieter ein **Sonderkündigungsrecht** nach § 561 BGB zu, das ihm jedoch ebenso wie bei einer Kündigung nach einer Mieterhöhung im Zuge eines Vergleichsmietenverfahrens (oben Rn. 35) nur dann einen Vorteil verschafft, wenn er sich preiswerten Ersatzwohnraum verschaffen kann.

III. Pfandrecht

Dem Vermieter steht an den vom Mieter eingebrachten Sachen ein Pfandrecht zu (§ 562 BGB), d.h. er kann die Sachen des Mieters im Wege der öffentlichen Versteigerung verwerten, falls der Mieter seine Miete nicht zahlt. Er ist auch berechtigt, der **Entfernung** der Sachen des Mieters in diesem Fall zu **widersprechen** (§ 562b BGB).   39

▶ **BEISPIEL:** M hat seine Miete nicht vollständig bezahlt. Kann V verhindern, dass M mit seinem Auto von der mitgemieteten Stellfläche fährt? – Nein, denn das erwähnte Widerspruchsrecht greift dann nicht ein, wenn die Entfernung der Sache „den gewöhnlichen Lebensverhältnissen entspricht" (§ 562a Satz 2 BGB). Das ist beim Wegfahren mit einem Auto ohne Zweifel der Fall. Das Pfandrecht erlischt und entsteht neu, wenn das Fahrzeug später wieder auf der Stellfläche abgestellt wird.[82] ◀   40

Der Vorschrift kommt keine große praktische Bedeutung zu, allenfalls dogmatische, wenn das Pfandrecht mit einem an der eingebrachten Sache bestehenden Sicherungsrecht kollidiert. Dies ist jedoch im Werkvertragsrecht von größerer Bedeutung, so dass dort ausführlicher auf diese Frage eingegangen wird (unten § 26 Rn. 43 ff.).   41

▶ **BEISPIEL:** M hat seine Stereoanlage noch nicht vollständig bezahlt, und sie steht noch im Sicherungseigentum des Verkäufers. M ist zwar nicht Eigentümer, aber sein Anwartschaftsrecht fällt unter das Vermieterpfandrecht.[83] ◀   42

IV. Wechsel der Vertragsparteien

Stirbt der Mieter, so werden seine im Haushalt lebenden Angehörigen geschützt, indem der Mietvertrag mit ihnen fortzusetzen ist (§ 563 BGB). Dies gilt für den Ehegatten und für den Lebenspartner. Wer „Lebenspartner" ist, bestimmt sich nach dem Lebenspartnerschaftsgesetz und kann daher auch Personen gleichen Geschlechts umfassen. Auch Kinder können in den Mietvertrag einrücken, sofern nicht der Ehegatte eintritt. Andere Familienangehörige, die mit dem Mieter einen gemeinsamen Haushalt führten, können Vertragspartei werden, wenn nicht der Ehegatte oder der Lebenspartner eintritt.[84] Normalerweise werden jedoch beide Ehegatten Vertragspartner sein, so dass es der Vorschrift des § 563 BGB nur in Ausnahmefällen bedarf, etwa dann, wenn ein Lebenspartner erst nach Abschluss des Mietvertrages in den Haushalt aufgenommen wurde. Sind beide Ehegatten bzw. Lebenspartner Vertragspartner, so ist der Mietvertrag mit den überlebenden Mietern fortzusetzen (§ 563a Abs. 1 BGB). Diesen steht ein   43

---

81 Kritisch auch MünchKomm-*Artz* § 559d Rn. 6.
82 BGHZ 217, 92 = NJW 2018, 1083.
83 MünchKomm-*Artz* § 562 Rn. 16.
84 Zum (weiten) Begriff der Familienangehörigen BGHZ 121, 116.

außerordentliches Kündigungsrecht zu (§ 563a Abs. 2 BGB). Auch der Vermieter kann das Mietverhältnis mit dem überlebenden Ehegatten bzw. Lebenspartner außerordentlich kündigen, wenn in dessen Person ein wichtiger Grund besteht (§ 563 Abs. 4 BGB). Das kann bei einer objektiv feststehenden Zahlungsunfähigkeit des neuen Mieters der Fall sein, nicht jedoch schon bei einer drohenden finanziellen Leistungsunfähigkeit.[85]

44   Verkauft der Vermieter den Wohnraum, so tritt gemäß § 566 BGB der Erwerber in den Mietvertrag ein. Dieser Grundsatz „**Kauf bricht nicht Miete**" steht schon seit 1900 im BGB und war damals lebhaft umstritten.[86] Er ist eine Durchbrechung des Grundsatzes, wonach ein Vertrag nur zwischen den Parteien Wirkung entfaltet, denn der Erwerber hat keinen Mietvertrag mit den Mietern abgeschlossen.[87] Nach ihrem Wortlaut verlangt die Vorschrift Personenidentität zwischen Vermieter und Veräußerer. Sie wird jedoch entsprechend angewendet, wenn die Vermietung mit Zustimmung und im alleinigen wirtschaftlichen Interesse des ursprünglichen Eigentümers erfolgt.[88] Der Erwerber tritt in alle, auch künftig erst entstehenden Rechte und Pflichten aus dem Mietvertrag ein.[89] Sie müssen sich aber unmittelbar aus dem Mietvertrag ergeben; ein bloß wirtschaftlicher Zusammenhang mit dem Mietvertrag reicht nicht.[90] So kann das Recht zur Mitnutzung einer Teilfläche des Grundstücks, die nicht Gegenstand des Mietvertrags ist, dem Erwerber nicht gemäß § 566 BGB entgegengehalten werden.[91] Je nach Marktlage kann die Vorschrift die Verkäuflichkeit von vermietetem Wohnraum erheblich erschweren. Auch ein **Zwangsverwalter** tritt gemäß § 152 Abs. 2 ZVG in den Mietvertrag ein.[92] Dem Ersteher in der Zwangsversteigerung und dem Erwerber in der Insolvenz stehen jedoch Kündigungsrechte zu (§§ 57a ZVG, 111 InsO).

45   Der (bisherige) Vermieter haftet dem Mieter wie ein Bürge, es sei denn, er teilt dem Mieter den Eigentumsübergang mit (§ 566 Abs. 2 BGB). Auch hinsichtlich seiner Kaution, etwaiger Mietvorauszahlungen und Aufrechnungsmöglichkeiten gegenüber dem bisherigen Vermieter ist der Mieter geschützt (§§ 566a bis 566d BGB). Im Gegensatz zu § 566 BGB kann der bisherige Vermieter seine subsidiäre Verpflichtung zur Rückzahlung der Kaution (§ 566a BGB) nicht durch Mitteilung des Eigentumsübergangs an den Mieter beenden.[93]

V. Kündigung

46   Ergänzend zu der allgemein im Mietrecht geltenden Kündigungsvorschrift des § 543 BGB gelten bei der Kündigung von Wohnraum die Vorschriften der §§ 568 ff. BGB, die die Möglichkeit der Kündigung zugunsten des Mieters einschränken und formalisieren. Zunächst ist **Schriftform** einzuhalten (§ 568 BGB). Die **außerordentliche fristlose Kündigung** gemäß § 543 BGB wird durch weitere außerordentliche Kündigungstatbestände in § 569 BGB ergänzt. Dieser zählt jeweils einen weiteren wichtigen Grund für eine Kündigung durch den Mieter, nämlich die **Gesundheitsgefährdung** (§ 569 Abs. 1 BGB), und durch den Vermieter, nämlich die **Störung des Hausfriedens** (§ 569 Abs. 2 BGB),

---

85   BGHZ 217, 263 = NJW 2018, 2397.
86   *Repgen*, Die soziale Aufgabe des Privatrechts, 231 ff.
87   BGHZ 107, 315, 320.
88   BGHZ 215, 236 = ZMR 2017, 968.
89   BGH NZM 2006, 696.
90   BGHZ 141, 160.
91   BGHZ 223, 106 = NJW 2020, 683.
92   Vgl. auch BGH NJW-RR 2008, 323.
93   Vgl. auch BGHZ 141, 160.

auf.[94] Dazu ist durch das Mietrechtsänderungsgesetz 2013 ein Rückstand der Kautionszahlung in Höhe von zwei Monatsmieten gekommen (§ 569 Abs. 2a BGB). Auch hier ist jedoch das ultima-ratio-Prinzip zu beachten, d.h. bei einer lauten bis nach Mitternacht sich hinziehenden Party kann noch nicht gekündigt werden; es bedarf zunächst der Abmahnung. Die Störung muss zu einer nachhaltigen werden, worunter ein Dauerzustand verstanden wird.[95] Schließlich modifiziert § 569 Abs. 3 BGB die Gründe für eine außerordentliche Kündigung bei Zahlungsverzug zugunsten des Mieters (dazu oben § 19 Rn. 41). Bei einer rückständigen Kaution ist eine Abmahnung jedoch nicht erforderlich (§ 569 Abs. 2a Satz 3 BGB).

Bei Wohnraum müssen auch bei einer **ordentlichen Kündigung** gesetzlich geregelte Gründe vorliegen, die § 573 BGB aufzählt. Es handelt sich dabei zunächst um eine **erhebliche Vertragsverletzung des Mieters,** wobei vor allem die Nichtzahlung der Miete eine Rolle spielt. Wie bereits erwähnt, kann der Vermieter bei Nichtzahlung von zwei Monatsmieten außerordentlich fristlos kündigen (§ 543 BGB, oben § 19 Rn. 39). Bleibt der Mieter mit einem geringeren Betrag im Rückstand, gibt er Anlass zu einer fristgemäßen Kündigung gemäß § 573 BGB, wobei allerdings nicht jeder Zahlungsrückstand zu einer ordentlichen Kündigung berechtigt, jedenfalls nicht bei einem Mietrückstand von weniger als einer Monatsmiete und einem Zahlungsverzug unter einem Monat.[96] Den Mieter muss zudem ein Verschulden treffen, das etwa bei schuldlosem Geldmangel fehlen kann.[97] Eine ordentliche Kündigung kann auch hilfsweise zu einer außerordentlichen Kündigung erfolgen.[98]

47

Sodann kann der Vermieter die Kündigung auf **Eigenbedarf** stützen. Wegen der Auslegung dieses Begriffes ist wiederholt das BVerfG angerufen worden, da Vermieter geltend gemacht haben, die Ablehnung einer Kündigung wegen Eigenbedarfs durch die Zivilgerichte verletzte sie in ihrem Grundrecht aus Art. 14 GG. Das BVerfG hat dabei den Grundsatz geprägt, dass der Vermieter ein Recht habe, in seinem Eigentum auch zu wohnen, ohne dass die Gründe dafür einer Kontrolle durch die Gerichte unterlägen. Auf der anderen Seite unterfällt das Besitzrecht des Mieters ebenfalls dem Eigentumsschutz gemäß Art. 14 GG. Dies führt zu einer Abwägung der grundrechtlich geschützten Positionen des Vermieters und des Mieters. So darf der Vermieter den Nutzungswunsch nicht nur vorschieben; Zweifel daran müssen von den Gerichten überprüft werden.[99] Auch ein weit überhöhter Wohnungsbedarf kann dazu führen, dem Vermieter die Berufung auf Eigenbedarf zu versagen.[100]

48

Auf der Basis der Rechtsprechung des BVerfG hat der BGH die Zulässigkeit der Eigenbedarfskündigung weit ausgedehnt. Während bereits das Gesetz den Eigenbedarf auch auf Angehörige erstreckt, erkennt der BGH darüber hinaus auch eine berufliche oder gewerbliche Nutzungsabsicht als Eigenbedarf an,[101] und bei einem Mischmietverhältnis genügt der Eigenbedarf an den Wohnräumen, auch wenn die anderen Gebäudeteile nicht benötigt werden.[102] Vor allem aber hat der BGH in einem Grundsatzurteil ausge-

49

---

94 Beispiele bei MünchKomm-*Häublein* § 569 Rn. 24.
95 Schmidt-Futterer-*Blank* § 569 Rn. 22.
96 BGH NJW 2013, 159; NJW 2015, 1749.
97 Anders aber BGH NJW 2015, 1296 mit krit. Anm. *Derleder* JZ 2015, 517.
98 BGH ZMR 2019, 13.
99 BVerfGE 79, 292; 89, 1; BGHZ 103, 91.
100 Etwa BGHZ 204, 216 = NJW 2015, 1590.
101 BGH NJW 2013, 225.
102 BGH NJW 2015, 2727.

sprochen, dass die Rechtsprechung nicht zu überprüfen hat, ob der vom Vermieter geltend gemachte Eigenbedarf angemessen ist. Eine auf Eigenbedarf gestützte Kündigung ist danach nur dann unzulässig, wenn sie **rechtsmissbräuchlich** ist.[103] Ein Eigenbedarf an einer Vier-Zimmer-Wohnung, in die der studierende Sohn des Vermieters mit einem Freund einziehen will, soll demnach nicht rechtsmissbräuchlich sein. Die beabsichtigte Nutzung als Ferien- oder Zweitwohnung reicht aus.[104] Dem ursprünglichen Ansatz des BVerfG, neben den Eigentümerinteressen des Vermieters auch das Besitzinteresse des Mieters in eine auf Art. 14 GG gestützte Abwägung einzubeziehen, wird dies kaum noch gerecht.[105]

50   Schwierigkeiten bringt regelmäßig ein **vorgetäuschter Eigenbedarf** mit sich. Zwar steht der BGH auf dem Standpunkt, dass dieser grundsätzlich unwirksam ist und zu einem Schadensersatzanspruch des ausgezogenen Mieters führt,[106] doch schraubt der BGH die Voraussetzungen so hoch, dass der Mieter sie kaum wird nachweisen können. So schuldet der Vermieter zwar Schadensersatz, wenn der Vermieter entgegen einer „Bedarfsvorschau" kurz nach Abschluss eines unbefristeten Mietvertrags wegen Eigenbedarfs kündigt. Unterlässt er aber eine „Bedarfsvorschau", kann er wirksam kündigen.

51   Schließlich gestattet das Gesetz dem Vermieter zu kündigen, um sein Grundeigentum angemessen **wirtschaftlich verwerten** zu können. Dies erlaubt jedoch nicht jeden Abriss[107] oder jedes Leerkündigen, etwa weil der vermietete Wohnraum nicht verkäuflich ist, sondern setzt voraus, dass der Vermieter mit der bisherigen Art der Verwertung wesentlich geringere Erlöse erzielt.[108] Es reicht aber nicht aus, wenn er lediglich geltend machen kann, dass er mit einer anderweitigen Verwertung einen besseren als den bisherigen Erlös erzielen kann. Der „klassische Fall" ist der Verkauf, der in entmietetem Zustand des Gebäudes günstiger erfolgen kann. Dies allein genügt nicht, um zu kündigen. Andererseits muss der Vermieter auch nicht geradezu in Existenznot geraten, um sich auf § 573 Abs. 2 Nr. 3 BGB berufen zu können.[109]

52   ▶ **BEISPIEL:**   Die Wohnungsgesellschaft V möchte einen aus DDR-Zeiten stammenden Plattenbau „zurückbauen", d.h. abreißen. Dem zum Auszug nicht bereiten Mieter M kann sie nur kündigen, wenn sie ihm nachweisen kann, dass ihr durch die Leerstände in den übrigen Wohnungen inzwischen Kosten entstehen, die über den durch die verbleibenden Mieteinnahmen liegenden Beträgen liegen.[110] ◀

53   Die **Kündigungsfristen** sind in § 573c BGB geregelt. Grundsätzlich gilt für beide Seiten eine Frist bis zum dritten Werktag eines Kalendermonats zum Ablauf des übernächsten Monats, also ein knappes Vierteljahr. Zugunsten des Mieters verlängert sich die Kündigungsfrist für den Vermieter bei länger bestehenden Mietverhältnissen auf maximal neun Monate. Die Rechtsprechung hält jedoch in Grenzen den **vertraglichen Kündigungsausschluss** für zulässig. Wenn sich beide Seiten binden, soll dies individualvertraglich für fünf Jahre,[111] in Formularverträgen für vier Jahre zulässig sein.[112] Darüber

---

103   BGHZ 204, 216 = NJW 2015, 1590.
104   BGH NJW-RR 2019, 130.
105   Kritisch auch Schmidt-Futterer-*Blank* § 573 Rn. 42.
106   BGH NJW 2009, 2059; zuletzt NJW 2017, 2819.
107   Zu Abriss und Neubau BGHZ 179, 289.
108   BGHZ 179, 289, wo Abriss und Neubau mit einer Sanierung verglichen werden.
109   BVerfGE 79, 292.
110   Schmidt-Futterer-*Blank* § 573 Rn. 156.
111   BGH NJW 2004, 1448.
112   BGH NJW 2005, 1574.

hinaus ist ein einseitiger Kündigungsverzicht des Mieters außerhalb von Staffelmiete und Zeitmietvertrag (oben Rn. 29, unten Rn. 55,) unwirksam.[113]

Selbst wenn ordentliche Kündigungsgründe vorliegen, kann der Mieter der Kündigung mit der Begründung widersprechen, sie sei für ihn eine **Härte** (§ 574 BGB). Diese Vorschrift ist nur dadurch zu erklären, dass sie nach der Liberalisierung des Wohnungsmietrechts Anfang der 1960er Jahre (siehe oben § 19 Rn. 9) die einzige Kündigungsvorschrift zugunsten des Mieters war. Heute spielt sie kaum noch eine Rolle. Eine Härte liegt auch vor, wenn angemessener Ersatzwohnraum zu zumutbaren Bedingungen nicht beschafft werden kann (§ 574 Abs. 2 BGB).[114] Die Härteklausel kommt dagegen nicht zur Anwendung, wenn die Voraussetzungen einer außerordentlichen Kündigung gegeben sind.[115]

54

Ein Mietverhältnis kann nur unter sehr engen Voraussetzungen auf bestimmte Zeit abgeschlossen werden.[116] Die Gründe dafür sind in § 575 BGB aufgezählt. Danach ist ein **Zeitmietverhältnis** vor allem dann zulässig, wenn für den Vermieter absehbar ist, dass er den Wohnraum in absehbarer Zeit für sich selbst oder seine Familienangehörigen nutzen (§ 575 Abs. 1 Nr. 1 BGB) oder den Wohnraum in zulässiger Weise künftig beseitigen oder verändern will (§ 575 Abs. 1 Nr. 3 BGB). Seine ernsthafte Absicht genügt; bei einem Wegfall des Befristungsgrundes hat der Mieter einen Anspruch auf einen unbefristeten Mietvertrag.[117] Die Befristungsgründe müssen dem Mieter schriftlich mitgeteilt werden. Durch diese Einschränkungen will der Gesetzgeber Zeitmietverhältnisse unattraktiv machen, denn mit einer von vornherein vereinbarten Befristung könnte der Kündigungsschutz umgangen werden. Tatsächlich spielen Zeitmietverhältnisse keine große praktische Rolle.

55

▶ **LÖSUNGSHINWEISE ZU FALL 20:** V kann die Modernisierung gemäß § 555d Abs. 1 BGB durchsetzen, da die von ihr geplanten Maßnahmen unter § 555c BGB fallen. Allerdings muss sie die Mieter vorher gemäß § 555c BGB informieren. Ob sie die Modernisierungskosten hinterher auch auf M umlegen kann, ist allerdings fraglich. Zwar kann sie gemäß § 559 Abs. 1 BGB jährlich 8 % der Kosten umlegen, jedoch kann die M sich gemäß § 559 Abs. 4 BGB möglicherweise auf eine Härte berufen. Angesichts des erheblichen Umfangs der Sanierungsmaßnahmen dürfte die Mieterhöhung recht umfangreich ausfallen, so dass die M sich die Wohnung als Bezieherin von Arbeitslosengeld II nicht mehr leisten kann. Andererseits nimmt V keine Luxusmodernisierung vor. Sie könnte sich darauf berufen, dass die Wohnungen lediglich in einen Zustand versetzt werden, der allgemein üblich ist, so dass die Härteklausel nicht zur Anwendung kommt (§ 559 Abs. 4 Nr. 1 BGB). Letztlich dürfte dieses Argument dazu führen, dass V die Modernisierungskosten auch gegenüber M umlegen kann. Dabei ist allerdings die Kappungsgrenze nach § 559 Abs. 3a BGB zu beachten.

V könnte jedoch nicht wegen Eigenbedarfs gemäß § 573 Abs. 2 Nr. 2 BGB kündigen. Zwar hat der BGH die Gründe für den Eigenbedarf auf beruflich begründeten Eigenbedarf ausgedehnt, V will die Wohnung jedoch nicht selbst nutzen, und die A ist keine Familienangehörige oder Angehörige des Haushalts der V.

---

113 BGH NJW 2009, 912.
114 Zu den Voraussetzungen BGH NJW 2020, 1215.
115 BGH NJW-RR 2020, 956.
116 Vgl. *Derleder* ZMR 2001, 649.
117 BGH NJW 2007, 2177.

Jedoch könnte die V der M auch nach § 573 Abs. 2 Nr. 3 BGB kündigen, wenn der Leerstand dazu führt, dass das Grundstück nicht mehr angemessen wirtschaftlich verwertet werden kann (vgl. das Beispiel bei Rn. 51). ◄

WIEDERHOLUNGS- UND VERTIEFUNGSFRAGEN

> Muss eine Kaution verzinst werden?
> Darf der Mieter einen Lebenspartner in die Wohnung aufnehmen?
> Kann der Vermieter Erhaltungskosten auf die Mieter umlegen?
> Was ist eine Modernisierungsmaßnahme? Muss der Mieter sie dulden, und kann der Vermieter die Kosten auf die Mieter umlegen?
> Welche Grenzen bestehen für die Miethöhe bei Neuabschluss eines Mietvertrags?
> Wie kann der Vermieter Betriebskostenerhöhungen auf die Mieter abwälzen?
> Wie hat eine Mieterhöhung bis zur ortsüblichen Vergleichsmiete zu erfolgen?
> Was versteht man unter „Kappungsgrenze"?
> Welche Ansprüche hat der Mieter im Falle einer Veräußerung des Mietobjekts gegen den Vermieter und gegen den Erwerber?
> Was ist das Vermieterpfandrecht?
> Welche ordentlichen Kündigungsgründe stehen dem Vermieter zu?
> Wann kann der Vermieter wegen Eigenbedarfs kündigen?

§ 21 Pacht

▶ **FALL 21:** A hat von B ein mit einem Hotel bebautes Grundstück für die Dauer von 10 Jahren gepachtet. Nach drei Jahren fällt die Heizungsanlage aus. Außerdem brauchen die Betten neue Matratzen. Kann A sich an B halten? ◀

I. Begriff und Rechtsnatur

Die Pacht ist ein gegenseitiger Vertrag, in dem sich der Verpächter verpflichtet, dem Pächter den Gebrauch und den **Genuss der Früchte** des verpachteten Gegenstandes für die Dauer des Vertrages zu gewähren und der Pächter dafür den vereinbarten Pachtzins zu zahlen hat (§ 581 Abs. 1 BGB). Es handelt sich hierbei um ein Dauerschuldverhältnis ähnlich der Miete.

Anders als bei dem Mietverhältnis steht bei der Pacht aber nicht der Gebrauch der Sache, sondern die Fruchtziehung durch den Pächter im Vordergrund.[1] Damit können nicht nur Sachen, sondern auch **Rechte** (z.B. Jagdpacht) sowie Rechts- und Sachgesamtheiten (Unternehmen) **Gegenstand eines Pachtvertrages** sein, soweit aus ihnen Früchte gezogen werden können. Unmittelbare Früchte sind nach § 99 Abs. 1 BGB Erzeugnisse der Sache selbst, die bestimmungsgemäß gewonnen werden, wie etwa die Ernte einer verpachteten Agrarfläche oder Ausbeuten wie Kies oder Kohle. Dementsprechend sind **unmittelbare Rechtsfrüchte** Erträge eines Rechts (bspw. die Jagdbeute). **Mittelbare Sach- und Rechtsfrüchte** sind hingegen Erträge, die aus der Überlassung ihrer Nutzung erlangt werden.

▶ **BEISPIELE:** Pacht-, Mieteinnahmen aus einer Weiterverpachtung oder Vermietung, Pachtzins aus der Verpachtung des Jagdrechts. ◀

Gepachtet werden kann auch ein ganzer Betrieb. Mit Hilfe des **Betriebspachtvertrags** kann ein anderer als der Eigentümer den Betrieb betreiben – eine Konstruktion, die z. B. aus steuerlichen Gründen gewählt werden kann. Einzelheiten gehören ins Aktienrecht (§ 292 AktG).[2] Nach der Rechtsprechung ist ein Pachtvertrag regelmäßig dann anzunehmen, wenn die Räume mit einem für den Betrieb des Unternehmens notwendigen Inventar überlassen werden oder wenn sie baulich geeignet und so eingerichtet bzw. ausgestattet sind, dass sie ohne Weiteres für den einschlägigen Betrieb Früchte abwerfen.[3]

Zwar denkt man im Pachtrecht in erster Linie an eine Sachpacht, doch kommt, wie ausgeführt, auch eine **Rechtspacht** in Betracht. Große Bedeutung hat dies bei der Überlassung von einzelnen oder mehreren **gewerblichen Schutzrechten** oder geistigem Eigentum, seien sie gesetzlich geregelt wie die Marke, das Patent oder Nutzungsrechte an urheberrechtlichen Verwertungsrechten, seien es immaterielle Geschäftswerte wie Kundenstamm, Know-how oder Geschäftsbeziehungen. Dabei ist allerdings zu unterscheiden: Werden derartige Rechte auf Dauer übertragen, so liegt auf der obligatorischen Ebene ein Rechtskauf vor (§ 453 BGB, oben § 5 Rn. 4), der durch Abtretung (§ 398 BGB) erfüllt wird. Lediglich wenn die Überlassung nur auf – wenn auch längere – Zeit erfolgen soll, handelt es sich um Pacht.[4] Es hat sich eingebürgert, dann von

1

2

3

4

5

---

1 BGH NJW 1979, 2351.
2 Erste Einführung bei MünchKomm-*Harke* § 581 Rn. 13.
3 BGH MDR 1991, 1063, 1064.
4 Zur Abgrenzung MünchKomm-*Harke* § 581 Rn. 18.

einem Lizenzvertrag zu sprechen. Eine besondere Form ist der **Franchisevertrag**, bei dem eine Gesamtheit derartiger Rechte auf Zeit überlassen wird.[5] Schließlich werden auch **Hotels und Gaststätten** häufig auf der Basis von Pachtverträgen betrieben.

II. Pflichten der Vertragsparteien

6 Gemäß § 581 Abs. 2 BGB finden auf die Pacht die Vorschriften der Miete entsprechende Anwendung, sofern sich aus den §§ 582 ff. BGB nichts anderes ergibt. Die Mietvorschriften über Wohnraum sind hierbei von der Verweisung ausgenommen, selbst wenn Wohnraum mitverpachtet wurde.[6] Für die Verpachtung zu landwirtschaftlichen Zwecken (so genannte Landpacht) sind die §§ 585 ff. BGB zu beachten (unten Rn. 19 ff.).

1. Pflichten des Verpächters

7 Hauptleistungspflicht des Verpächters ist es, die Sache dem Pächter zum Gebrauch zu überlassen und die Fruchtziehung zu gewähren, soweit diese nach den Regeln einer ordnungsgemäßen Wirtschaft als Ertrag anzusehen sind. Dem Pächter muss es mithin möglich sein, an den Früchten Eigentum zu erwerben. Hierbei richtet sich der Eigentumserwerb nach den §§ 953 ff. BGB. Der Pächter erlangt also nicht schon durch den Pachtvertrag Eigentum an den Früchten, sondern nach § 956 BGB nur, wenn der Eigentümer ihre Aneignung durch Trennung oder Inbesitznahme des Pächters gestattet. Diese **Aneignungsgestattung** stellt ein Verfügungsgeschäft dar und ist folglich vom schuldrechtlichen Pachtvertrag zu trennen. Häufig wird sie aber als „Gewähren" des Fruchtgenusses mit ihm zusammenfallen.

8 Ansprüche auf **Übermaßfrüchte**, das heißt auf Früchte, die nicht als ordnungsgemäßer Ertrag der Pachtsache anzusehen sind, etwa durch Raubbau, Windbruch (vgl. § 1039 BGB), aber auch auf einen Schatz, hat somit der Pächter nicht.[7] Diese muss er dem Verpächter herausgeben bzw. ersetzen.

9 Der Verpächter muss entsprechend der Verweisung ins Mietrecht (§ 581 Abs. 2 BGB) dem Pächter die Pachtsache in vertragsgemäßen Zustand überlassen und sie auch während der Pachtzeit in diesem Zustand erhalten. Für **Sach- und Rechtsmängel** haftet er wie der Vermieter nach den §§ 536 ff. BGB. Da der Verpächter aber nur die Überlassung einer fruchtziehungsfähigen Pachtsache schuldet, ist ein Mangel bei tatsächlichen Störungen der Fruchtziehung nur gegeben, wenn diese Störung auf der Beschaffenheit des Pachtgegenstandes selbst beruht,[8] nicht aber bei äußeren, unvorhersehbaren Störungen, wie etwa Schäden durch Gewitter oder Überschwemmungen.

10 Sachmängel stellen etwa bei einer Grundstückspacht Straßenbauarbeiten dar, wenn sie die Nutzung der Pachtsache (Kiosk) durch ausbleibenden Kundenverkehr beeinträchtigen.[9] Ferner liegt ein Sachmangel vor, wenn bei der Verpachtung eines Hotels weniger Betten vorhanden sind als vereinbart wurde oder ein verpachteter Steinbruch bereits zum Teil ausgebeutet ist. Ein Rechtsmangel ist demgegenüber bspw. gegeben, wenn ein Dritter aufgrund eines schuldrechtlichen Anspruchs auf Nutzung oder Besitz

---

5 MünchKomm-*Harke* § 581 Rn. 28.
6 MünchKomm-*Harke* § 581 Rn. 31.
7 Erman-*Dickersbach* § 581 Rn. 13.
8 Erman-*Dickersbach* § 581 Rn. 13.
9 AG Gießen WuM 2000, 354.

der Sache hat und davon Gebrauch macht, bspw. bei einer Doppelverpachtung eines Grundstücks.[10]

2. Pflichten des Pächters

Als Gegenleistung hat der Pächter die vereinbarte **Pacht** zu zahlen (§ 581 Abs. 1 Satz 2 BGB). Die Pacht wird i.d.R. zeitabhängig berechnet. Möglich ist auch die Beteiligung des Verpächters an dem Gewinn bzw. Verlust, indem sich die Pacht nach dem Umsatz richtet (sogenannte **partiarische Pacht**). Dies wird man mit der Vereinbarung einer Betriebs- oder Gebrauchspflicht verbinden. Nach Vertragsende ist der Pächter verpflichtet, die Pachtsache zurückzugeben.

Wurde ein **Inventar** mitverpachtet, so trifft den Pächter gemäß §§ 582 Abs. 1, 582a BGB eine **Erhaltungspflicht**. Als Inventar gelten alle Sachen, die der wirtschaftlichen Nutzung des verpachteten Grundstücks dienen und in einem entsprechenden räumlichen Verhältnis zu ihm stehen,[11] wie etwa Geräte, Transportmittel und auch Vieh. Damit unterfallen dem Inventarbegriff nicht nur Zubehörstücke i.S. des § 97 BGB, sondern die Gesamtheit der beweglichen Gegenstände, die zur Betriebsführung auf dem Grundstück bestimmt sind.[12] Zu unterscheiden ist zwischen der einfachen Verpachtung des Inventars (§ 582 BGB) und der Globalübernahme des Inventars durch den Pächter zu einem Schätzwert (§ 582a BGB).

Bei der **einfachen Mitpachtung** muss der Pächter für die Erhaltung des Inventars sorgen (z.B. die Wartung von Maschinen, Fütterung von Tieren) und damit auch die Kosten für die Beseitigung der Abnutzung der Sachen tragen (z.B. Reparaturen, Ankauf von Jungtieren bei gewöhnlichem „Alterstod" bei Tieren). Dagegen bleibt der Verpächter verpflichtet, die Inventarstücke, welche ohne ein Verschulden des Pächters untergehen bzw. unbrauchbar werden, zu ersetzen, er trägt mithin die Zufallsgefahr (§ 582 Abs. 2 BGB).

Hat der Pächter das Inventar zum Schätzwert übernommen und sich verpflichtet, es bei Beendigung zum Schätzwert zurückzugewähren, kann er, obwohl der Verpächter Eigentümer bleibt, über das Inventar verfügen. Er hat aber nach den Regeln einer ordnungsgemäßen Wirtschaft für die Erhaltung und für die verkehrsübliche Modernisierung des Inventars zu sorgen. Zudem trägt er die Gefahr des zufälligen Untergangs und der Verschlechterung. Untergegangene Inventarstücke hat er somit zu ersetzen, wobei diese Ersatzstücke in das Eigentum des Verpächters übergehen (sogenannte **dingliche Surrogation**, vgl. § 582a Abs. 1 und 2 BGB). Nach Beendigung des Pachtvertrages muss der Pächter das Inventar zurückgeben sowie den Unterschied zwischen dem Schätzwert des vorhandenen Inventarwertes und des ursprünglichen Wertes in Geld ausgleichen (§ 582a Abs. 3 BGB). Wurde im Pachtvertrag dagegen ein **Kauf des Inventars** vereinbart, sind die kaufrechtlichen Vorschriften anzuwenden.

Zu beachten ist bei der Verpachtung von landwirtschaftlichen oder gewerblichen Betrieben auch die Regelung des § 583a BGB, wonach eine Vertragsklausel, in der bestimmt wird, dass der Pächter nicht ohne Einwilligung des Verpächters über seine eigens eingebrachten Inventarstücke verfügen darf oder diese an den Verpächter veräußern muss, nur wirksam ist, wenn der Verpächter gleichzeitig verpflichtet wird, das

---

10 BGH NJW 1991, 3277, 3278.
11 MünchKomm-*Harke* § 582 Rn. 2.
12 RGZ 142, 201, 202.

Inventar bei Vertragsende zum Schätzwert zu erwerben. Ferner steht dem Pächter an dem Inventar ein gesetzliches Pfandrecht wegen seiner sich auf das Inventar beziehenden Forderungen zu (§ 583 BGB).

III. Vertragsbeendigung

16   Aufgrund der langen Bewirtschaftungsperioden bei der Verpachtung von Grundstücken oder Rechten gelten im Pachtvertrag längere **Kündigungsfristen** als bei der Miete. So ist eine ordentliche (Absatz 1) oder befristete außerordentliche (Absatz 2) Kündigung erst zum Ende eines Pachtjahres nach dem Gesetz vorgesehen (§ 584 BGB, für Landpachtverträge beachte § 594a Abs. 1 BGB). Dabei beträgt die Kündigungsfrist ein halbes Jahr (§ 584 Abs. 1 Satz 2 BGB). Für die unbefristete außerordentliche Kündigung bleibt es dagegen bei den mietrechtlichen Vorschriften.[13] Die Vertragsparteien können aber kürzere Kündigungsfristen vereinbaren.

17   Ferner stehen dem Pächter nicht alle Kündigungsrechte des Mieters zu. So nimmt § 584a BGB dem Pächter das Recht zur außerordentlichen Kündigung wegen verweigerter Zustimmung des Verpächters zur Gebrauchsüberlassung an Dritte aus § 540 Abs. 1 BGB wie auch das Kündigungsrecht aus § 580 BGB. Danach kann der Verpächter bei Tod des Pächters nicht außerordentlich kündigen, sondern nur die Erben des Pächters.

18   Abweichend von § 546a BGB darf der Verpächter von dem Pächter bei verspäteter Rückgabe der Pachtsache nach Vertragsbeendigung gemäß § 584b BGB für die Dauer der Vorenthaltung die vereinbarte Pacht nach dem Verhältnis verlangen, in dem die Nutzungen, die der Pächter während dieser Zeit gezogen hat oder hätte ziehen können, zu den Nutzungen des ganzen Pachtjahres stehen. Diese Regelung beruht auf dem Gedanken, dass viele Pachtsachen während des Pachtjahres nicht gleichmäßig Gewinne abwerfen.[14]

IV. Besondere Pachtverhältnisse

1. Die Landpacht

19   Die Pacht landwirtschaftlicher Grundstücke ist gesondert in den §§ 585 ff. BGB geregelt. Die Mitüberlassung bebauter Grundstücke ist nicht ausgeschlossen.[15] Die subsidiäre Verweisung auf die Vorschriften des Mietrechts gilt hier nicht, denn die §§ 585–597 BGB sollen eine geschlossene Regelung darstellen. Vielmehr werden durch diese Normen teilweise die Vorschriften des Mietrechts leicht abgeändert, um sie den Bedürfnissen der Landpacht anzupassen, etwa die §§ 588, 589, 590a, 590b, 595 BGB. Lediglich für Einzelheiten wird ausdrücklich auf die Normen des Mietrechts verwiesen. Anders als bei der Pacht nach § 581 BGB ist der landwirtschaftliche Pächter nach § 586 Abs. 1 Satz 3 BGB auch zum Gebrauch der Pachtsache verpflichtet, damit besteht für ihn eine **Bewirtschaftungspflicht**.

20   Ferner muss er auch die gewöhnlichen Ausbesserungen vornehmen (§ 586 Abs. 1 Satz 2 BGB). Im Gegenzug wird ihm eine Befugnis zur Änderung der landwirtschaftlichen Nutzungsart zugestanden, wenn auch nur soweit diese Änderung nicht die Nut-

---

13   MünchKomm-*Harke* § 581 Rn. 87.
14   Im Einzelnen BGH NZM 2000, 134; MünchKomm-*Harke* § 584b Rn. 3.
15   BGH NZM 2000, 136.

zung nach der Pachtzeit beeinflusst (§ 590 Abs. 2 BGB). Ansonsten ist gemäß § 590 Abs. 1 BGB vor der **Nutzungsänderung** die Einwilligung des Verpächters einzuholen. Zudem wird dem Pächter bei der Landpacht ein Anspruch auf Fortsetzung der Pacht unter den Voraussetzungen des § 595 BGB zugestanden.

Da sich Landpachtverträge über einen langen Zeitraum erstrecken können, auch im Hinblick auf die Kündigungsfristen nach § 594a, 595b BGB, wurde hier ein Spezialfall der Störung der Geschäftsgrundlage in Form einer Äquivalenzstörung normiert. So kann jede Vertragspartei eine Anpassung des Vertrages fordern, wenn in Folge einer nachhaltigen Änderung der Verhältnisse seit Abschluss des Vertrages Leistung und Gegenleistung in einem groben Missverhältnis zueinander stehen (§ 593 BGB). Beispiele hierfür sind Umweltkatastrophen, die eine Nutzung der landwirtschaftlichen Grundstücke verhindern oder behördliche Auflagen, durch welche der Betrieb der Landwirtschaft verboten wird. Zu beachten ist bei der Landpacht außerdem die behördliche Vertragskontrolle nach dem LandpachtverkehrsG.   **21**

2. Sonstige Spezialfälle der Pacht

Ein Sonderfall der Pacht ist die **Jagdpacht**, bei der das Jagdausübungs- und Aneignungsrecht verpachtet wird. Um eine sachkundige und kontinuierliche Ausübung der Jagd wie auch eine Vermeidung der Konzentration der Jagd bei wenigen Personen durch Festsetzung von Höchstflächen zu gewährleisten, ist die Jagdpacht in öffentlich-rechtlichen Vorschriften (§§ 11 ff. BJagdG i.V.m. den jeweiligen Landesgesetzen) geregelt. Zudem unterliegen die Jagdpachtverträge nach § 12 BJagdG einer behördlichen Kontrolle ähnlich der für Landpachtverträge.   **22**

Weitere, durch öffentlich-rechtliche Normen geregelte Spezialfälle der Pacht sind die **Kleingartenpacht**, welche in dem Bundeskleingartengesetz[16] geregelt ist, sowie die Apothekenpacht (Gesetz über das Apothekenwesen).[17]   **23**

▶ **LÖSUNGSHINWEISE ZU FALL 21:** Für die Erhaltung des Gebäudes selbst gelten gemäß § 581 Abs. 2 BGB die mietrechtlichen Vorschriften, so dass B Erhaltungsmaßnahmen treffen muss (§ 555a Abs. 1 BGB). Verletzt er diese Pflicht, hat A die normalen mietrechtlichen Ansprüche; insbesondere kann er nach § 536 Abs. 1 BGB mindern, wenn er den Mangel angezeigt hat (§ 536c BGB). Die Matratzen sind dagegen Inventar, weil sie zum Betrieb des Hotels erforderliche bewegliche Gegenstände sind. Dafür hat A die Erhaltungspflicht (§ 582 Abs. 1 BGB). ◀

WIEDERHOLUNGS- UND VERTIEFUNGSFRAGEN

> Wodurch unterscheiden sich Pacht und Miete?
> Wie wird der Pächter Eigentümer der Früchte?
> Wie ist die dauerhafte und wie die zeitlich beschränkte Überlassung von gewerblichen Schutzrechten zu qualifizieren?
> Wer muss für die Erhaltung des Inventars sorgen?
> Wie unterscheidet sich das Landpachtrecht vom allgemeinen Pachtrecht?

---

16 Erman-*Dickesbach* vor § 581 Rn. 36 ff.; zur Einschaltung eines Zwischenpächters BGH NJW 2018, 2790.
17 Erman-*Dickesbach* vor § 581 Rn. 28 f.

§ 22 Finanzierungsleasing

▶ **FALL 22:** K will für ihre neu eröffnete Rechtsanwaltskanzlei eine Computer-Ausrüstung für drei Arbeitsplätze bei V kaufen. Da K nicht sofort bezahlen kann, einigt man sich auf ein Finanzierungsleasing. V hat die erforderlichen Formulare der Bank B bei sich, und es wird ein von V vermittelter Leasingvertrag zwischen K und B geschlossen. V liefert die Computer an K, K zahlt die ersten Leasingraten an B, und B überweist den Kaufpreis an V. Nach drei Monaten stellt K fest, dass sie eigentlich nur die Ausstattung für zwei Arbeitsplätze benötigt hätte und die ganze Anlage ohnehin anderswo billiger gewesen wäre. Kann K den Vertrag mit B widerrufen?

Außerdem stellt K fest, dass die Anlage einen nicht behebbaren erheblichen Mangel aufweist. Sie teilt dies der B mit und stellt die Ratenzahlung ein. B erklärt, dass sie mit K keinen Kaufvertrag geschlossen habe, und verlangt die Weiterzahlung der Raten. ◀

I. Begriff und Bedeutung

1   Die Möglichkeit, einen mietähnlichen Vertrag über bewegliche Sachen abzuschließen, wird für eine weit verbreitete Finanzierungsform genutzt, das sogenannte Finanzierungsleasing. Dabei sucht sich ein Kunde bei einem Händler einen Gegenstand aus, den er nutzen möchte, etwa ein Fahrzeug oder eine Computeranlage. Der Händler schließt daraufhin mit dem Leasinggeber, regelmäßig einer Bank, einen Kaufvertrag, so dass der Leasinggeber den Gegenstand erwirbt.[1] Sodann vereinbaren der Leasinggeber und der Leasingnehmer, also der Kunde, einen **Leasingvertrag**. Bei diesem steht die entgeltliche Gebrauchsüberlassung im Vordergrund. Er wird nach h.M. als atypischer Mietvertrag qualifiziert.[2] Während der vereinbarten Laufzeit zahlt der Leasingnehmer für die Überlassung der Sache monatliche Leasingraten.

2   Die Laufzeit wird meistens so berechnet, dass sie die Lebensdauer des Gegenstandes nahezu ausschöpft, so dass mit den Leasingraten der Gegenwert des Gegenstandes nebst Verzinsung erbracht wird. Man spricht dann von **Vollamortisation**.[3] Werden die für die Anschaffung getätigten Aufwendungen und Kosten nicht vollständig gedeckt, liegt eine Teilamortisation vor.[4] In der Regel wird vereinbart, dass der Leasingnehmer am Ende der Leasingzeit den Gegenstand gegen eine **Restzahlung** erwerben kann. Der Restwert wird meist bereits im Vertrag kalkuliert; bleibt der tatsächliche Restwert hinter dem kalkulierten Restwert zurück, ist nach den gängigen AGB eine Ausgleichszahlung zu leisten.[5] Das Leasing ist für gewerbliche Kunden interessant, weil die Raten als Betriebsausgaben steuerlich absetzbar sind, der Leasinggegenstand aber nicht dem Vermögen des Leasingnehmers zugerechnet wird, sofern der Leasingvertrag bestimmten Voraussetzungen genügt.[6] Zudem hat Leasing den Zweck, die Nutzung moderner Investitionsgüter zu ermöglichen, ohne dass der Kunde immenses Eigenkapital aufbringen muss. Für Verbraucher bietet das Finanzierungsleasing im Vergleich zu einem herkömmlichen Ratendarlehen jedoch keine Vorteile. Es wird gleichwohl praktiziert.

---

1 *Beckmann* DStR 2000, 1185, 1186.
2 BGHZ 68, 118, 123; 114, 57, 65; zum Streitstand ausführlich: *Wolf* JuS 2002, 335.
3 Erman-*Dickersbach* Anh. § 535 Rn. 15.
4 Jauernig-*Teichmann* Vor § 535 Rn. 6.
5 Die Klausel ist auch in Verbraucherverträgen zulässig, BGH NJW 2014, 2940.
6 Erman-*Dickersbach* Anh. § 535 Rn. 13.

II. Rechte und Pflichten der Vertragsparteien

Da durch den Leasingvertrag ein Dreiecksverhältnis zwischen den Parteien begründet   3
wird, ist für die rechtliche Behandlung des Leasing zwischen den Beziehungen des
Lieferanten/Händlers zum Leasingnehmer und zum Leasinggeber sowie zwischen dem
Leasingnehmer und Geber zu unterscheiden.

1. Pflichten im Verhältnis des Lieferanten zum Leasingnehmer und -geber

Im Regelfall ist der Händler kein Vertragspartner des Leasingnehmers, da nur der Lea-   4
singgeber einen Kaufvertrag mit ihm schließt. Jedoch kann er u.U. als Vertreter oder
Erfüllungsgehilfe des Leasinggebers wirken.[7] In Betracht kommt zudem ein eigenstän-
diger Abschluss eines Beratungsvertrages bei der Auswahl der zu leasenden Sache, aus
dem sich Rechte des Leasingnehmers gegen den Lieferanten ergeben können.[8] Für das
Verhältnis des Leasinggebers zum Lieferanten gelten die kaufrechtlichen Regelungen
nach § 433 ff. BGB.[9]

2. Pflichten im Verhältnis zwischen Leasingnehmer und Leasinggeber

Die Pflichten des Leasinggebers und des Leasingnehmers ergeben sich in erster Linie   5
aus dem zwischen ihnen geschlossenen Leasingvertrag. Da es sich hierbei um einen
atypischen Mietvertrag[10] handelt, sind die mietrechtlichen Vorschriften anzuwenden,
wenn der Vertrag Lücken aufweist, etwa bei einer Auslegung nach den §§ 133, 157
BGB oder bei einer Unwirksamkeit einzelner Klauseln aufgrund der §§ 307 ff. BGB.[11]

Der Leasinggeber muss den Gebrauch der Sache zur Verfügung stellen. Dementspre-   6
chend haftet er wie der Vermieter für die Nichtlieferung oder Verzögerung der **Gebrauchsüberlassung** nach den allgemeinen Regeln über die Leistungsstörungen.[12]

Allerdings wird abweichend vom Mietrecht regelmäßig vereinbart, dass der Leasing-   7
nehmer die **Sach- und Preisgefahr** trägt; d.h. der Leasinggeber ist nicht wie im Mietrecht (vgl. dort § 535 Abs. 1 Satz 2 BGB) zur Gebrauchserhaltung und Instandhaltung
verpflichtet.[13] Dies entspricht dem Finanzierungszweck des Leasing und wird daher für
zulässig gehalten.[14]

Zudem zeichnet sich der Leasinggeber regelmäßig von der mietrechtlichen Mängelhaf-   8
tung frei. Dies ist im Falle einer Individualvereinbarung ohne Weiteres zulässig. Ein
Gewährleistungsausschluss durch AGB ist hingegen nur wirksam, wenn der Leasinggeber im Gegenzug seine kaufrechtlichen Ansprüche gegen den Lieferanten an den
Leasingnehmer abtritt.[15] Ansonsten wäre der Leasingnehmer rechtlos gestellt. Auch
§ 309 Nr. 8 lit. b (aa) BGB steht dem nicht entgegen, da es sich beim Leasing nicht um
eine Lieferung i.S. dieser Norm handelt.[16] Dementsprechend muss der Leasingnehmer
bei einem Mangel die kaufrechtlichen Ansprüche, die eigentlich der Leasinggeber hat,

---

7 Erman-*Dickersbach* Anh. § 535 Rn. 31.
8 *Beckmann* DStR 2000, 1185, 1186.
9 BGH NJW 1990, 1290.
10 BGH NJW 1995, 1019; NJW 1990, 247.
11 *Beckmann* DStR 2000, 1185, 1189.
12 Erman-*Dickersbach* Anh. § 535 Rn. 41.
13 BGH NJW-RR 2015, 615: auch bei Immobilienleasing Abbedingung der Instandhaltungspflicht zulässig.
14 BGHZ 68, 118; 106, 304, 309.
15 BGHZ 68, 118; 81, 298.
16 *Arnold* DStR 2002, 1049, 1049; *Beckmann* DStR 2000, 1185, 1188.

gegen den Verkäufer geltend machen. Unproblematisch ist dies bei Minderungs- und Schadensersatzansprüchen. Komplizierter wird es jedoch, wenn der Leasingnehmer wegen fehlgeschlagener Nachlieferung (§§ 439, 440 BGB) ein **Rücktrittsrecht** gemäß § 323 BGB oder Schadensersatz statt der Leistung nach § 281 BGB geltend macht. Denn in diesem Fall kann der Leasingnehmer den Gegenstand nicht weiter nutzen. Damit stellt sich die Frage, wie der Leasingvertrag nun zu bewerten ist. Die Rechtsprechung wendet hier den Grundsatz des **Wegfalls der Geschäftsgrundlage** an (§ 313 BGB), da das Zustandekommen und Bestehen des Liefervertrages Geschäftsgrundlage des Leasingvertrages sei. Dies hat zur Folge, dass der Leasingvertrag entfällt, der Leasingnehmer keine weiteren Raten an die Bank zahlen muss und eine Rückabwicklung des Vertrages nach §§ 812 ff. BGB vorgenommen wird.[17] Der Leasingnehmer ist dann verpflichtet, die Leasingsache an den Leasinggeber zurück zu übereignen. Umgekehrt kann er – unter Anrechnung des Nutzens des Gebrauchs – die bereits gezahlten Leasingraten zurückfordern.

9   Der Leasingnehmer schuldet die Leasingraten und ggf. eine Anzahlung und/oder eine Schlusszahlung.[18] Erfüllt er die **Ratenzahlungspflicht** nicht, kann der Leasinggeber entsprechend § 543 Abs. 1, 2 Satz 1 Nr. 3 BGB bzw. den vertraglichen Vereinbarungen kündigen[19] und Schadensersatz wegen entgangener Zinsen für die restliche Vertragslaufzeit verlangen.[20] Daneben treffen den Leasingnehmer mietrechtliche Nebenpflichten, etwa Obhuts- und Sorgfaltspflichten sowie die Rückgabepflicht, soweit eine solche vereinbart wurde. Verletzt der Leasingnehmer eine solche Schutzpflicht, haftet er nach den §§ 280 ff. BGB.

10   Auf Leasingverträge mit Verbrauchern sind die Vorschriften über **Finanzierungshilfen** anzuwenden (§§ 506 ff. BGB, oben § 16). § 506 Abs. 2 BGB enthält zu diesem Zweck eine Definition des Finanzierungsleasing.[21] Damit kommt auch der dort enthaltene Verweis auf den überwiegenden Teil des **Verbraucherdarlehensrechts** zum Tragen. Infolgedessen gelten für derartige Leasingverträge das Schriftformerfordernis, das Widerrufsrecht einschließlich der Belehrungspflichten wie auch der Einwendungsdurchgriff. Beachtlich ist ferner, dass in diesem Fall auch die Kündigung wegen Zahlungsverzugs nur nach Maßgabe der besonderen Regelungen der Finanzierungshilfen mit Verbrauchern erfolgen kann.[22]

III. Sonderformen des Finanzierungsleasing

11   Möglich ist auch die Vereinbarung des Leasingvertrages in Form eines „**sale-and-lease-back**"-Verfahrens. Hier veräußert der Leasingnehmer eine ihm bereits gehörende Sache an den Leasinggeber, der sie ihm anschließend zur Nutzung gegen Entgelt wieder überlässt.[23] Hierdurch kann sich der Leasingnehmer Liquidität verschaffen. Es fehlt aber an dem für das Leasing typischen Dreiecksverhältnis, da der Lieferant hier nicht wie sonst eingeschaltet ist. Nach h.M. wird auch das sale-and-lease-back-Leasing als Finanzierungsleasing eingeordnet.[24] Beim sogenannten „**Null-Leasing**" ist dagegen

17   BGHZ 68, 118, 125; 109, 139, 144.
18   BGHZ 109, 368 ff.
19   Erman-*Dickersbach* Anh. § 535 Rn. 56.
20   Zuletzt BGH NJW 2020, 459.
21   Nach *Bülow* WM 2014, 1413, soll sie aber nicht abschließend sein.
22   Erman-*Dickersbach* Anh § 535 Rn. 57.
23   BGH NJW 1990, 829.
24   BGH NJW 1990, 829, 831.

kein Zins für die Gebrauchsüberlassung vereinbart. Nach Ablauf der Leasingzeit kann der Leasingnehmer die Sache (häufig ein Pkw) gegen Zahlung des Restwerts erwerben.[25] Ist der Leasinggeber gleichzeitig der Lieferant der Leasingsache, liegt ein **Hersteller-/Händlerleasing** vor.[26] Da in der Regel auch hier die Finanzierungsfunktion im Vordergrund steht, handelt es sich der Rechtsprechung folgend auch hier um eine Art des Finanzierungsleasings.[27]

Kein Finanzierungsleasing stellt hingegen das **Operatingleasing** dar. Hier obliegt dem Leasinggeber die Pflicht zur Instandhaltung,[28] weshalb es sich lediglich um einen normalen Miet- oder Pachtvertrag handelt.[29]

▶ **LÖSUNGSHINWEISE ZU FALL 22:** K kann den Leasingvertrag mit B nicht widerrufen. Widerrufen könnte sie nur, wenn sie Verbraucherin gemäß § 13 BGB wäre. Dann stünde ihr ein Widerrufsrecht aus §§ 506 Abs. 1, 2, 495 Abs. 1, 355 BGB zu. § 506 BGB umschreibt in seinem Absatz 2 das Finanzierungsleasing, § 506 Abs. 1 BGB verweist u.a. auf das Widerrufsrecht nach § 495 Abs. 1 BGB und dieser wiederum auf § 355 BGB. Da K die Computer-Ausstattung für berufliche Zwecke erworben hat, ist sie aber keine Verbraucherin.

Zwar könnte K wegen eines nicht behebbaren (sonst erst Nachbesserung, § 439 BGB) und nicht unerheblichen (§ 323 Abs. 5 Satz 2 BGB) Mangels gegenüber V zurücktreten, denn B ist bei einem ordnungsgemäßen Leasingvertrag verpflichtet, der K ihre Käuferrechte gegenüber V abzutreten. Davon ist auszugehen. Dies ist aber nicht zielführend, da K mit B keinen Kaufvertrag, sondern einen Leasingvertrag abgeschlossen hat und dessen Auflösung begehrt. Nach der Rechtsprechung ist der Vertrag nach den Grundsätzen des Wegfalls der Geschäftsgrundlage (§ 313 BGB) aufzulösen (vgl. oben Rn. 8). K kann also die Zahlung der Leasingraten einstellen und die bereits gezahlten Raten abzüglich einer Nutzungsentschädigung zurückfordern. Die Kaufsache muss sie an B zurückgeben, die wahrscheinlich ihrerseits von dem Kaufvertrag mit V zurücktreten wird. ◀

WIEDERHOLUNGS- UND VERTIEFUNGSFRAGEN

> Welche rechtlichen Beziehungen bestehen zwischen den beim Leasing beteiligten Parteien?
> Kann der Leasingnehmer gegen den Leasinggeber Rechte wegen eines Mangels des Kaufgegenstandes geltend machen?
> Was wird aus dem Leasingvertrag, wenn der Leasingnehmer als Käufer zurücktreten will?
> Kann ein Verbraucher einen Leasingvertrag widerrufen?

25 *Pachke* BB 1987, 1193 ff.
26 Erman-*Dickersbach* Anh. § 535 Rn. 5.
27 BGH NJW 1998, 1637, 1639; BGH DB 2003, 196, 197.
28 Erman-*Dickersbach* Anh. § 535 Rn. 9.
29 BGH NJW 2003, 505.

§ 23 Die Leihe

▶ **FALL 23:** V in Rostock betreibt ein mittelständisches Unternehmen, zu dem ein kleiner Fuhrpark gehört. Um seinen Großkunden X gewogen zu halten, stellt er dessen leitenden Angestellten E über das Wochenende ein Fahrzeug zur Verfügung und erklärt ihm, er könne es in Rostock und Umgebung nach Belieben nutzen. Am Sonntag hat das Fahrzeug eine Panne. Da E den V nicht erreicht, holt er einen Pannendienst, der das Fahrzeug für 150 Euro wieder fahrbereit macht. Bei der Rückgabe am Montagmorgen verlangt E die Erstattung der 150 Euro.

Variante 1: A nutzt das Wochenende zu einer Spritztour in den Harz. Als er das Fahrzeug am Montagmorgen zurückgibt, stellt V fest, dass E damit 1.000 km gefahren ist. Er verlangt dafür eine Entschädigung von E.

Variante 2: E ist nicht leitender Angestellter von X, sondern ein guter Freund des V.

Variante 3: V ist Autohändler und will den E geneigt machen, das zur Verfügung gestellte Fahrzeug zu kaufen. ◀

I. Begriff, Rechtsnatur

1   Durch einen Leihvertrag wird eine Partei (Verleiher) verpflichtet, der anderen Partei (Entleiher) eine Sache **unentgeltlich zum Gebrauch** zu überlassen (§ 598 BGB). Zum einen ist die Leihe von bloßen Gefälligkeitsverhältnissen ohne eine rechtliche Bindung abzugrenzen; so stellt das kurzzeitige Überlassen von Gegenständen keinen Leihvertrag dar, etwa das „Borgen" von Kugelschreibern während der Vorlesung. Eine Leihe setzt einen Rechtsbindungswillen der Beteiligten voraus.[1] Dabei müssen Anlass und Zweck der Überlassung, ihre wirtschaftliche Bedeutung und sonstige erkennbar zutage getretene Interessen der Parteien berücksichtigt werden.[2] Diese Formel ist in der praktischen Anwendung nicht immer hilfreich, so dass es häufig schwer vorauszusagen ist, ob die Rechtsprechung ein Rechtsverhältnis als Gefälligkeitsverhältnis oder als Leihe einordnet.[3] Auch bei einem Gefälligkeitsverhältnis kommen Pflichten der Beteiligten in Betracht, und zwar nicht nur aus Deliktsrecht, sondern auch Rücksichtnahmepflichten auf die Rechtsgüter des anderen aus § 241 Abs. 2 BGB.[4] Das Haftungsprivileg des § 599 BGB (unten Rn. 5) darf auf das Gefälligkeitsverhältnis nicht analog angewendet werden.[5]

2   Dagegen ist die Unterscheidung zur Miete (hier wird ein Entgelt entrichtet)[6] und zum (**Sach-)Darlehen** (hier findet eine Eigentumsübertragung statt) einfacher. Beim Sachdarlehen gemäß § 607 BGB hat der Darlehensnehmer Sachen gleicher Art und Güte, aber nicht dieselbe Sache, zurückgeben und Eigentum daran zu übertragen.

3   Gegenstand der Leihe können nur bewegliche oder unbewegliche Sachen sein, nicht aber Rechte. Wird ein Recht unentgeltlich überlassen, liegt keine Leihe vor, sondern es

---

1 Grundlegend BGHZ 21, 102.
2 St. Rspr.; vgl. dazu MünchKomm-*Häublein* § 598 Rn. 5.
3 Vgl. etwa die Nachweise bei MünchKomm-*Häublein* § 598 Rn. 8.
4 Vgl. dazu MünchKomm-*Häublein* § 598 Rn. 7; Erman-*Graf von Westphalen* § 598 Rn. 2. Beide Autoren empfehlen, die Voraussetzungen an die Leihe nicht zu hoch zu schrauben.
5 BGH NJW 2010, 3087.
6 Zur Abgrenzung zwischen Miete, Leihe und einem bloßen Gefälligkeitsverhältnis bei einem extrem niedrigen Entgelt BGH NJW-RR 2017, 1479.

ist das Pachtrecht entsprechend anzuwenden, wobei hinsichtlich der Unentgeltlichkeit auf die Vorschriften der Leihe zurückgegriffen werden kann.

II. Pflichten der Parteien

Im Unterschied zu anderen schuldrechtlichen Verträgen ist die Leihe kein gegenseitiger, sondern ein **unvollkommen zweiseitiger Vertrag**.[7] Der Hauptleistungspflicht des Verleihers steht nämlich keine solche Pflicht des Entleihers entgegen, insbesondere erfolgt die Leihe unentgeltlich. Den Entleiher treffen neben der Pflicht zur Rückgabe nur Nebenpflichten. Dies hat zur Folge, dass die §§ 320 ff. BGB mangels im Gegenseitigkeitsverhältnis stehender Hauptleistungspflichten nicht anwendbar sind.

4

1. Die Pflichten des Verleihers

Der Verleiher hat dem Entleiher den Gebrauch der Leihsache während der vereinbarten Zeit zu gewähren (§ 598 BGB). Gebrauch ist die Verwendung und Benutzung der Sache ohne Eingriff in ihre Substanz und ohne Ziehung der Früchte.[8] Entsprechend der Unentgeltlichkeit der Leihe ist der Verleiher anders als der Vermieter weder verpflichtet, die Sache in einen gebrauchsfähigen Zustand zu versetzen noch sie instand zu halten.

5

Zudem haftet er bei Vertragsverletzungen (wie beispielsweise Verzug, Unmöglichkeit) lediglich für **Vorsatz und grobe Fahrlässigkeit** (§ 599 BGB). Hintergrund hierfür sind die Uneigennützigkeit der Leihe und die in ähnlichen Situationen angeordnete Haftungsmilderung, etwa in §§ 521, 680, 968 BGB. Die Haftungseinschränkung nach § 599 BGB bezieht sich auf das Erfüllungsinteresse. Bei Sach- und Rechtsmängeln wird die Haftung noch weiter eingeschränkt. Hier haftet der Verleiher nur, wenn er den Mangel arglistig verschwiegen hat (§ 600 BGB).

6

Inwieweit der herabgesetzte Haftungsmaßstab auch auf die Verletzung von Nebenpflichten und für Schäden, die dem Entleiher an anderen Rechtsgütern entstehen (sogenannte Mangelfolgeschäden), nach §§ 241, 280 Abs. 1 BGB angewendet werden darf, ist strittig.[9] Nach h.M. gelten §§ 599, 600 BGB jedenfalls dann, wenn die Schutzpflichtverletzung bzw. der Mangelfolgeschaden in engem Zusammenhang mit der Leihe stehen.[10]

7

▶ **BEISPIEL:** V, ein professioneller Motorradhändler, verleiht an E ein Mofa, dessen Bremsen defekt sind. Infolge dessen kommt es zu einem Unfall, bei dem E verletzt wird. E verlangt Schadensersatz wegen seiner Gesundheitsverletzung einschließlich eines Schmerzensgeldes. V muss nach h. M. nicht zahlen, wenn ihm der Defekt nicht infolge grober Fahrlässigkeit unbekannt ist (§ 599 BGB).[11]

8

Variante: V ist ein guter Freund des E. Bei dieser Konstellation liegt ein Gefälligkeitsverhältnis nahe. V haftet daher nach §§ 241 Abs. 2, 280 BGB auch bei einfacher Fahrlässigkeit und kann sich einer Haftung nur entziehen, wenn er nachweisen kann (Beweislastumkehr nach § 280 Abs. 1 BGB), dass er schuldlos von dem Defekt der Bremsen nichts wusste. ◀

---

7 MünchKomm-*Häublein* § 598 Rn. 2.
8 BGH NJW-RR 2012, 1007.
9 Zum Streitstand Erman-*Graf von Westphalen* § 599 Rn. 1.
10 BGHZ 93, 27 ff.; OLG Düsseldorf OLGZ 91, 86.
11 § 599 BGB wird auf Gefälligkeitsverhältnisse nicht analog herangezogen, BGH NJW 2010, 3087.

9   § 599 ist abdingbar. Allerdings kann die Haftung für Vorsatz nicht ausgeschlossen werden (vgl. § 276 Abs. 2 BGB). Strittig ist, ob § 599 BGB bei einer konkurrierenden **Deliktshaftung** Anwendung findet. Da dem Verleiher schon bei der Verletzung von Nebenpflichten und bei Mangelfolgeschäden die Haftungsmilderung des § 599 BGB zu Gute kommt, ist es konsequent, auch die Haftungsbeschränkung im Rahmen des Deliktsrechts anzuwenden.[12]

10 **Verwendungen** des Entleihers auf die Sache, die nicht nur der gewöhnlichen Erhaltung dienen, muss der Verleiher nach den Grundsätzen der GoA nach § 601 Abs. 2 BGB ersetzen. § 601 Abs. 2 BGB entspricht § 539 Abs. 1 BGB bei der Miete und stellt einen Rechtsgrundverweis auf die §§ 677 ff. BGB dar. Für Verwendungsersatzansprüche aufgrund der Leihe gilt die kurze Verjährungsfrist des § 606 BGB von sechs Monaten nach Beendigung der Leihe.

2. Die Pflichten des Entleihers

11 Den Entleiher treffen, mit Ausnahme der Mietzahlung, die gleichen Pflichten wie einen Mieter. So darf er keinen vertragswidrigen Gebrauch von der Sache machen und sie nicht ohne Erlaubnis des Verleihers Dritten überlassen, § 603 BGB. Ihn treffen zudem **Obhuts- und Sorgfaltspflichten** nach §§ 241 Abs. 2, 242 BGB. So muss er insbesondere die Leihsache ordnungsgemäß aufbewahren und pfleglich mit ihr umgehen. Anderenfalls treffen ihn bei verschuldeter Verschlechterung ggf. Schadensersatzansprüche des Verleihers. Für ihn gilt der geminderte Haftungsmaßstab des § 599 BGB nicht; seine Haftung richtet sich nach § 280 BGB i.V.m. §§ 276, 278 BGB. Mithin hat er auch für das Verschulden seines Erfüllungsgehilfen einzustehen. Allerdings haftet der Entleiher auch nicht schärfer als der Mieter. Ähnlich wie dieser (vgl. § 538 BGB) muss er nur für solche Verschlechterungen und Veränderungen der Sache aufkommen, die nicht auf dem vertragsgemäßen Gebrauch beruhen (§ 602 BGB). Der Entleiher ist damit bei vertragsgemäßem Gebrauch von der Wiederherstellung des Ausgangszustandes bei der Rückgabe befreit.

12 Da dem Entleiher die Nutzung der Leihsache unentgeltlich zu Gute kommt, muss er allerdings die gewöhnlichen **Kosten der Erhaltung der Sache** tragen (§ 601 Abs. 1 BGB). Bedeutsam ist dies etwa im Hinblick auf Fütterungskosten für entliehene Tiere oder Kosten für Ölwechsel oder Inspektion bei einem für längere Zeit entliehenen Pkw. Für andere Verwendungen dagegen hat er einen Aufwendungsersatzanspruch nach den Vorschriften über die Geschäftsführung ohne Auftrag (§ 601 Abs. 2 BGB). Sind derartige Verwendungen bis zum Zeitpunkt der Rückgabe nicht erstattet. steht dem Entleiher ein Zurückbehaltungsrecht nach § 273 BGB zu.[13] Dann ist die Durchsetzbarkeit des Rückgabeanspruchs gehemmt.

III. Vertragsbeendigung

13 Das Leihverhältnis endet mit Ablauf der vereinbarten Leihzeit (§ 604 BGB). Wurde eine solche nicht vereinbart, tritt die Beendigung ein, wenn der Entleiher die Sache entsprechend dem Zweck der Leihe gebraucht hat oder hätte gebrauchen können (§ 604 Abs. 2 BGB). War eine Leihzeit dagegen nicht bestimmt und ist eine solche Zeit aus dem Zweck des Vertrages nicht zu entnehmen, muss der Entleiher die Sa-

---

12 BGHZ 46, 140, 145; OLG Düsseldorf MDR 1998, 409; MünchKomm-*Häublein* § 599 Rn. 5.
13 Erman-*Graf von Westphalen* § 601 Rn. 4.

che zurückgeben, wenn der Verleiher die Sache gemäß § 604 Abs. 3 BGB von ihm fordert. Erforderlich ist insofern eine Kündigung des Leihvertrages. Treten besondere Umstände ein, darf zudem auch bei zeit- bzw. zweckbefristetem Leihvertrag vorfristig gekündigt werden, vgl. § 605 BGB (außerordentliche Kündigung).[14]

Rechtsfolge der Vertragsbeendigung ist die **Rückgabepflicht** des Entleihers. Das bedeutet, dass er dem Verleiher (soweit nichts anderes vereinbart ist) unmittelbaren Besitz an der Sache zu verschaffen hat. Dabei ist die Rückgabepflicht als eine Bringschuld ausgestaltet.[15] Diese Pflicht steht – wie bei der Miete – nicht im Gegenseitigkeitsverhältnis zur Überlassungspflicht. Mit der Sache herauszugeben sind auch das Zubehör und die gezogenen Früchte.[16] Hat der Entleiher die Sache, unabhängig von einer Erlaubnis des Verleihers, einem Dritten überlassen, so kann der Verleiher die Leihsache nach Vertragsende auch von dem Dritten zurückfordern (§ 604 Abs. 4 BGB). Die Vorschrift hat insbesondere dann Bedeutung, wenn der Verleiher selbst nicht Eigentümer der Leihsache ist und sie daher nicht nach § 985 BGB herausverlangen kann.[17]

▶ **LÖSUNGSHINWEISE ZU FALL 23:** Die Ausgaben für den Pannendienst sind Verwendungen, die über die gewöhnliche Erhaltung hinausgehen, so dass E grundsätzlich gemäß § 602 Abs. 2 BGB einen Anspruch aus GoA hat. Die Wiederherstellung der Fahrfähigkeit des Fahrzeugs lag im vermutlichen Interesse des V, so dass die Voraussetzungen des § 677 BGB erfüllt sind.

In der Variante 1 ist E über den vertragsgemäßen Gebrauch (§ 603 BGB) deutlich hinausgegangen. Darin liegt eine Pflichtverletzung nach § 241 Abs. 2 BGB, die zum Schadensersatz nach § 280 Abs. 1 BGB führt. Der Schaden besteht darin, dass das Fahrzeug über den vertragsgemäßen Gebrauch hinaus abgenutzt wurde und einen entsprechenden Wertverlust erlitten hat.

In der Variante 2 liegt kein Leihvertrag, sondern ein Gefälligkeitsverhältnis vor. Der Anspruch im Grundfall folgt ebenfalls aus GoA, jedoch ohne dass es auf Vorschriften aus dem Recht der Leihe ankommt. Ist E in den Harz gefahren, ergibt sich der Anspruch aus §§ 241 Abs. 2, 280 Abs. 1 BGB.

In der Variante 3 hat V das Fahrzeug im Rahmen vorvertraglicher Verhandlungen nach § 311 Abs. 2 Nr. 1 BGB zur Verfügung gestellt. Aus dieser Vorschrift ergibt sich in Verbindung mit §§ 241 Abs. 2, 280 Abs. 1 BGB eine Haftung des V für die Aufwendungen des E bzw. des E für die unerlaubte Reise in den Harz, jeweils Verschulden vorausgesetzt. ◀

WIEDERHOLUNGS- UND VERTIEFUNGSFRAGEN

> Wie ist die Leihe von der Miete und vom Sachdarlehen abzugrenzen?
> Wie ist die Leihe vom Gefälligkeitsverhältnis abzugrenzen?
> Welcher Haftungsmaßstab gilt für den Verleiher?
> Welche Pflichten treffen den Entleiher?

---

14 Dazu BGHZ 82, 354, 359.
15 BGH NJW-RR 2002, 1027, 1029.
16 Erman-*Graf von Westphalen* § 604 Rn. 1.
17 MünchKomm-*Häublein* § 604 Rn. 8.

TEIL E: DIENST- UND WERKVERTRAG

§ 24 Abgrenzung zwischen Dienst- und Werkvertrag

▶ **FALL 24:**[1] A und B schließen einen „Reinigungsvertrag Winterdienst" für den Gehsteig, den Hofeingang und den Weg zum Fahrradständer auf dem Grundstück des B. Darin heißt es: "A übernimmt die öffentlich-rechtliche Verpflichtung, während des winterlichen Reinigungszeitraums, die vertraglich vereinbarten Reinigungsflächen von Schnee- und Eisglätte freizuhalten." Für die Wintersaison 2020/2021 stellte A dem B wie vereinbart monatlich 200 Euro in Rechnung. B teilt mit, dass er für den Januar nur 100 Euro zahle, weil der Gehsteig immer wieder vereist gewesen sei. A erklärt, dass er den Gehweg wie geplant jeden zweiten Tag kontrolliert und ggf. auch gestreut habe. Für 200 Euro könne B nicht mehr erwarten. Für die extreme Kälte im Januar sei er, A, nicht verantwortlich. Kann A von B die Vergütung in voller Höhe verlangen? ◀

I. Einleitung

Dienst- und **Werkverträge** ähneln sich im Hinblick auf die charakteristische Leistung: Beim Dienstvertrag ist derjenige, der die Dienste zusagt, zur Leistung der versprochenen Dienste (§ 611 Abs. 1 BGB), beim Werkvertrag ist der Unternehmer zur Herstellung des versprochenen Werkes verpflichtet (§ 631 Abs. 1 BGB). Der gemeinsame Nenner besteht darin, dass der Schuldner gegen Entgelt, nämlich gegen die vereinbarte, in §§ 611 Abs. 1, 631 Abs. 1 BGB so bezeichnete Vergütung eine bestimmte Tätigkeit entfalten muss.

▶ **BEACHTE:** Denkbar wäre, den Begriff der Dienstleistung *nur* auf den Dienstvertrag zu beziehen. Dagegen spricht jedoch, dass das BGB den Begriff nicht nur im Hinblick auf Dienstverträge verwendet (§§ 611 ff., 312 Abs. 3 BGB), sondern auch im Hinblick auf Werkverträge: Gegenstand des Werkvertrags kann gemäß § 631 Abs. 2 BGB u.a. ein durch eine Dienstleistung herbeizuführender Erfolg sein. ◀

II. Abgrenzung zwischen Dienst- und Werkvertrag

Dienst- und Werkvertrag verpflichten den Schuldner der charakteristischen Leistung zu einer entgeltlichen Tätigkeit – beim **Dienstvertrag** zur Leistung der zugesagten Dienste (§ 611 Abs. 1 BGB), beim **Werkvertrag** zur Herstellung des versprochenen Werkes (§ 631 Abs. 1 BGB), d.h. zur Herstellung oder Veränderung einer Sache oder zur Herbeiführung eines anderen Erfolgs – und zwar „durch Arbeit oder Dienstleistung".

Die **Abgrenzung zwischen Dienst- und Werkvertrag** richtet sich danach, ob die Dienstleistung als solche (Dienstvertrag) oder ob als Arbeitsergebnis deren Erfolg geschuldet ist (Werkvertrag).[2] Dies ist im Rahmen einer Einzelfallbetrachtung anhand des im Vertrag zum Ausdruck kommenden Parteiwillens zu ermitteln (§§ 133, 157 BGB).[3] Sofern der Vertrag keinen eindeutigen Aufschluss über dessen Natur gibt, müssen

---

1 Fall nach BGH NJW 2013, 3022.
2 BGH NJW 1984, 2406 f.; 2002, 3323, 3324.
3 BGH NJW 1984, 2406.

weitere Kriterien herangezogen werden. Für die Einordnung als Werkvertrag spricht es u.a.,

- wenn die Parteien die zu erledigende Aufgabe und den Umfang der Arbeiten konkret festlegen,
- wenn sie eine erfolgsabhängige Vergütung vereinbaren,
- wenn die Vergütung eine zusätzliche „Risikoprämie" enthält, und
- wenn eine nach den Vorstellungen der Parteien hohe Wahrscheinlichkeit des Erfolgseintritts besteht, insbesondere, wenn der Erfolgseintritt größtenteils oder ausschließlich im Einflussbereich des Schuldners liegt.[4]

▶ **Beispiel 1:** U verpflichtet sich zur Reparatur des Fahrrads des B gegen Zahlung einer Vergütung. B wird die Vergütung an U nur für die erfolgreiche Reparatur (Fahrrad funktioniert wieder einwandfrei) und nicht für das bloße Bemühen des U zahlen, das Fahrrad zu reparieren. Die zu erledigende Aufgabe ist also konkret festgelegt und die Vergütung ist erfolgsabhängig. U wird sich zur Reparatur wohl nur verpflichtet haben, wenn er die Sache vorher in Augenschein genommen hat und einschätzen kann, ob er die Sache wieder in den ursprünglichen Zustand versetzen kann. Die Parteien gehen also von einer hohen Erfolgswahrscheinlichkeit aus. Demzufolge schuldet U dem B einen Erfolg in Form der sachgemäßen Reparatur. Der Reparaturvertrag ist als Werkvertrag i.S. von § 631 BGB einzuordnen. ◀

▶ **Beispiel 2:** Mandant M beauftragt Rechtsanwältin R ihre rechtlichen Interessen durchzusetzen. R muss M leider mitteilen, dass er im Prozess unterlegen ist. Trotzdem muss M die R grundsätzlich vergüten (§ 611 Abs. 1 BGB), weil er nicht davon ausgehen konnte, dass R ihre Vergütung vom Ausgang des Gerichtsverfahrens abhängig machen wird, außer sie haben es explizit vereinbart. R schuldet nur eine fachgerechte Rechtsberatung und Prozessvertretung. Es liegt ein Dienstvertrag vor. ◀

4   Bei einem **Anwaltsvertrag** ist anhand der von der Rechtsanwältin oder dem Rechtsanwalt im konkreten Einzelfall übernommenen Pflichten zu entscheiden, ob ein Dienst- oder ein Werkvertrag vorliegt.[5] Schuldet die Rechtsanwältin nur eine fachgerechte Rechtsberatung (siehe Beispiel 2), so handelte es sich um einen Dienstvertrag. Schuldet sie die Erstellung eines Rechtsgutachtens o.ä. und damit einen Erfolg, ist der Anwaltsvertrag ein Werkvertrag (zur Einordnung als Geschäftsbesorgungsvertrag gemäß § 675 Abs. 1 BGB: § 30 Rn. 19 ff.).

5   Die Einordnung als Dienst- oder Werkvertrag ist nicht nur theoretisch relevant, sie hat auch erhebliche praktische Konsequenzen:

- Beim Dienstvertrag kann der Dienstverpflichtete die Vergütung unmittelbar nach der durchgeführten Tätigkeit verlangen (Fälligkeit gemäß § 614 Satz 1 BGB), beim Werkvertrag kann der Unternehmer die Vergütung erst nach Abnahme verlangen (§ 641 Abs. 1 Satz 1 BGB).
- Das Dienstvertragsrecht kennt kein spezielles Gewährleistungsrecht, so dass im Falle einer mangelhaften Leistung allgemeines Leistungsstörungsrecht gilt. Im Gegensatz dazu regeln die §§ 633 ff. BGB die Gewährleistung für den Werkvertrag eigenständig.

---

4   BGH NJW 2002, 3323, 3324 m.w.N.
5   Ausführlich zur Einordnung des Anwaltsvertrags *Szerkus* JA 2018, 328, 330.

▶ **Lösungshinweise zu Fall 24:** A könnte ein Vergütungsanspruch gemäß § 611 Abs. 1 BGB oder gemäß § 631 Abs. 1 BGB zustehen – je nachdem, ob der „Reinigungsvertrag Winterdienst" als Dienst- oder Werkvertrag einzuordnen ist. Nach der getroffenen Vereinbarung hatte A die Verpflichtung, die vereinbarten Flächen von Schnee- und Eisglätte "freizuhalten". Er schuldete also einen bestimmten Erfolg. Demnach liegt ein Werkvertrag vor. Da A diesen Erfolg nur eingeschränkt herbeigeführt hat, kann B die Vergütung gemäß §§ 634 Nr. 3, 638 Abs. 1 BGB mindern – und zwar sofort: Eine erfolglose Fristsetzung zur Nacherfüllung ist zwar grundsätzlich erforderlich (siehe §§ 638 Abs. 1 Satz 1 [„statt zurückzutreten"], 323 Abs. 1 BGB); sie ist hier jedoch gemäß § 323 Abs. 2 Nr. 3 BGB entbehrlich. A kann von B also keine weitere Vergütung verlangen. ◀

Wiederholungs- und Vertiefungsfragen

> Wie sind Dienst- und Werkvertrag voneinander abzugrenzen?

> Welche praktische Bedeutung hat die Abgrenzung von Dienst- und Werkvertrag?

> Nennen Sie Beispiele für Dienst- und Werkverträge!

§ 25 Dienstvertrag

▶ **FALL 25:**[1] S besucht eine kirchliche Privatschule (P) für Mädchen (sogenannte „mono-edukative", im Gegensatz zur „koedukativen Erziehung") mit dem Ziel des Abiturs. Eingeschult wurde er als Mädchen. Später nahm S eine Geschlechtsumwandlung vor. Daraufhin kündigt P den Schulvertrag mit S fristlos, hilfsweise ordentlich. Zu Recht? ◀

I. Begriff und gesetzliche Regelung

1 Im Rahmen eines **Dienstvertrags** verpflichtet sich der Dienstleistende (= Dienstverpflichtete) zur Erbringung eines Diensts und der Dienstberechtigte zur Zahlung der vereinbarten Vergütung (§ 611 Abs. 1 BGB). Das Dienstverhältnis kann als Dauerschuldverhältnis ausgestaltet oder auf einen einmaligen, punktuellen Leistungsaustausch ausgerichtet sein.[2] Gegenstand des Dienstvertrags können Dienste jeder Art sein (§ 611 Abs. 2 BGB).

2 Die Kategorie der Dienstverträge erfasst sowohl freie Dienstverträge als auch Arbeitsverträge: Bei einem **freien Dienstvertrag** bleibt der Dienstverpflichtete selbständig und persönlich und fachlich unabhängig, bei einem **Arbeitsvertrag** ist der Arbeitnehmer im Dienste eines anderen zur Leistung weisungsgebundener, fremdbestimmter Arbeit in persönlicher Abhängigkeit verpflichtet (§ 611a Abs. 1 Satz 1 BGB). Freie Dienstverträge schließen insbesondere Berufsträger ab, die einen freien Beruf ausüben (Ärzte, Rechtsanwältinnen usw.). Dementsprechend ist u.a. auch der **Behandlungsvertrag**, in dem der Behandelnde die medizinische Behandlung eines Patienten gegen Entgelt zusagt (siehe § 630a Abs. 1 BGB), ein freier Dienstvertrag.

3 Das **Dienstvertragsrecht** besteht aus allgemeinen, d.h. für alle Dienstverträge geltenden, und besonderen, d.h. auf spezifische Dienstverträge zugeschnittenen, Vorschriften, so dass sich folgendes Bild ergibt:

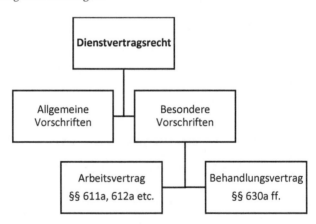

4 Der **Arbeitsvertrag** ist allerdings nur zum Teil im BGB geregelt: Die §§ 611 ff. BGB behandeln zwar die Hauptleistungspflichten (§ 611a BGB), das sogenannte Maßregelungsverbot (§ 612a BGB), den Betriebsübergang (§ 613a BGB) und das Betriebsrisi-

---

1 Fall nach OLG Köln NJW 2020, 1976.
2 PWW-*Lingemann* § 611 Rn. 1.

ko (§ 615 Satz 3 BGB), die Beweislastverteilung bzgl. einer möglichen Haftung des Arbeitnehmers (§ 619a BGB) und bestimmte Kündigungsfristen (§§ 622 f. BGB). Ein vollständiges Bild ergibt sich jedoch erst unter Berücksichtigung spezieller Gesetze – z.b. zur Gleichstellung (AGG)[3], zum Mindestlohn (MiLoG)[4], zur Entgeltfortzahlung (EFZG)[5], zum Kündigungsschutz (KSchG)[6] und zur Teilzeit- bzw. zur befristeten Beschäftigung (TzBfG)[7]. Das Arbeitsrecht hat sich zu einem eigenständigen Rechtsgebiet entwickelt – und wird hier nur ausschnittsweise behandelt.

Mit dem freien Dienst- und dem Arbeitsvertrag erfassen die §§ 611 ff. BGB zwei **grundverschiedene Erscheinungsformen des Dienstvertrags**. Es liegt auf der Hand, dass bspw. ein selbstständiger Rechtsanwalt als Dienstverpflichteter i.S. von § 611 Abs. 1 BGB im Normalfall nicht vor seinem Mandanten geschützt zu werden braucht, während ein sozial abhängiger Arbeitnehmer i.S. von § 611a Abs. 1 BGB in vielen Fällen sogar in hohem Maße schutzbedürftig ist. Dem müsste das Bürgerliche Recht eigentlich durch eine klare systematische Trennung Rechnung tragen; stattdessen findet sich in den §§ 611 ff. BGB ein einheitlicher Korpus von Regeln, die teils an (bestimmte) freie Dienste, teils an Arbeitsverhältnisse anknüpfen und je nach Fallkonstellation von den ordentlichen Gerichten (§ 13 GVG) oder den Arbeitsgerichten (§§ 2 Abs. 1 Nr. 3, 5 Abs. 1, 3 ArbGG) ausgelegt und angewendet werden.

Hat ein Dienstvertrag eine entgeltliche Geschäftsbesorgung zum Gegenstand, so spricht man von einem **Geschäftsbesorgungsvertrag** (§ 675 Abs. 1 BGB). Der Dienstverpflichtete muss eine „selbstständige Tätigkeit wirtschaftlicher Art" übernommen haben, „die in der Wahrnehmung der Vermögensinteressen eines anderen besteht."[8] Das ist insbesondere bei Rechtsanwältinnen und Rechtsanwälten der Fall, wenn sie die Vermögensinteressen ihrer Mandanten wahrnehmen.[9] Auf einen Dienstvertrag, der eine Geschäftsbesorgung zum Gegenstand hat, sind die §§ 675 ff. BGB, Auftrags- *und* Dienstvertragsrecht anzuwenden (hier auch: § 30 Rn. 19 ff.).

II. Vertragsschluss

Ein Dienstvertrag kommt durch **Einigung** zustande. Den Beteiligten steht es grundsätzlich frei, ob und mit wem sie wann und wie welche Dienstverträge abschließen.[10] Im Arbeitsleben wird diese Freiheit allerdings durch das **Allgemeine Gleichbehandlungsgesetz (AGG)** relativiert, das dem Arbeitgeber jede Diskriminierung wegen der Rasse oder der ethnischen Herkunft, des Geschlechts, der Religion oder Weltanschauung, einer Behinderung, des Alters oder der sexuellen Identität verbietet (§§ 7 Abs. 1, 1 AGG). Das bedeutet u.a., dass der Arbeitgeber Bewerber und Bewerberinnen nur aus bestimmten sachlichen Gründen ablehnen darf. Nehmen Sie an, A (55 Jahre) bewirbt

5

6

7

---

3   Allgemeines Gleichbehandlungsgesetz v. 14.8.2006, BGBl. I, S. 1897; zuletzt geändert durch Art. 8 SEPA-Begleitgesetz v. 3.4.2013, BGBl. I, S. 610.
4   Gesetz zur Regelung eines allgemeinen Mindestlohns (Mindestlohngesetz) v. 11.8.2014, BGBl. I, S. 1348; zuletzt geändert durch Art. 2 Abs. 1 Covid-19-G. v. 10.7.2020, BGBl. I, S. 1657.
5   Gesetz über die Zahlung des Arbeitsentgelts an Feiertagen im Krankheitsfall (Entgeltfortzahlungsgesetz) v. 26.5.1994, BGBl. I, S. 1014, zuletzt geändert durch Art. 9 G v. 22.11.2019, BGBl. I, S. 1746.
6   Kündigungsschutzgesetz in d. Fassung der Bekanntmachung v. 25.8.1969, BGBl. I, S. 1317; zuletzt geändert durch Art. 2 G v. 14.10.2020, BGBl. I, S. 2112.
7   Gesetz über Teilzeitarbeit und befristete Arbeitsverträge (Teilzeit- und Befristungsgesetz) v. 21.12.2000, BGBl. I, S. 1966; zuletzt geändert durch Art. 10 G v. 22.11.2019, BGBl. I, S. 1746.
8   BGHZ 45, 223, 228 f.
9   Im Einzelnen: *Szerkus* JA 2018, 328.
10 Dazu allgemein: *Brömmelmeyer* Schuldrecht AT § 2 Rn. 4 ff.

sich bei B um eine Stelle und wird allein wegen seines hohen Alters abgelehnt. In Fällen wie diesen besteht zwar kein Kontrahierungszwang (§ 15 Abs. 6 AGG), A kann jedoch immerhin Schadensersatz von B verlangen (§ 15 Abs. 1, 3 AGG).

III. Wirksamkeit

8   Die **Wirksamkeit eines Dienstvertrags** richtet sich nach den allgemeinen Vorschriften. Dienstverträge können also u.a. wegen eines Irrtums (§§ 119 f. BGB) oder wegen arglistiger Täuschung (§§ 123 f. BGB) anfechtbar sein. Besonderheiten bestehen allerdings bei der **Anfechtung eines Arbeitsvertrags**. Bekanntlich ist ein anfechtbares Rechtsgeschäft, das angefochten wird, an sich gemäß § 142 Abs. 1 BGB als *von Anfang an* (= *ex tunc*) nichtig anzusehen. Bei Arbeitsverhältnissen lehnen Rechtsprechung und Literatur eine Nichtigkeit *ex tunc* jedoch ab, weil der Arbeitnehmer bei einer späteren Rückabwicklung über §§ 812 ff. BGB (Bereicherungsrecht) nur unvollständig geschützt wäre. Daher soll ein anfechtbares und angefochtenes, bereits in Vollzug gesetztes Arbeitsverhältnis regelmäßig nicht *ex tunc*, sondern nur *ex nunc* unwirksam sein.[11] Man spricht insoweit auch von einem (bis dahin bestehenden) *faktischen oder fehlerhaften Arbeitsverhältnis*.[12]

▶ **BEACHTE:** Im Hinblick auf eine mögliche Anfechtung des Arbeitgebers ist zu berücksichtigen, dass den Arbeitnehmer schon bei der Bewerbung eine Pflicht zur wahrheitsgemäßen Beantwortung der Fragen des Arbeitgebers trifft.[13] Dem Arbeitnehmer steht allerdings ein **Recht zur Lüge** zu,[14] wenn der Arbeitgeber unzulässige Fragen stellt – bspw. Fragen zu einer möglichen Schwangerschaft. Fragen nach Vorstrafen oder einer Drogenabhängigkeit sind nur zulässig, wenn sie einen sachlichen bzw. funktionalen Zusammenhang mit dem Arbeitsverhältnis (z.B. Drogenfahnder) aufweisen.[15] ◀

9   Die Rechtsprechung zur Nichtigkeit nur *ex nunc* gilt grundsätzlich *nicht* für freie Dienstverträge, bei denen der Dienstverpflichtete weder in gleichem Maße in die Organisation des Dienstberechtigten eingegliedert noch in erhöhtem Maße sozial schutzbedürftig ist;[16] sollte der Dienstverpflichtete allerdings ausnahmsweise *ähnlich einem Arbeitnehmer* in den Betrieb integriert sein, gelten dieselben Grundsätze wie bei faktischen Arbeitsverhältnissen.[17]

10   Der Dienstvertrag bedarf keiner besonderen **Form**. Besonderheiten ergeben sich bei Arbeitsverträgen aus dem Nachweisgesetz (NachwG):[18] Liegt kein schriftlicher Arbeitsvertrag vor, hat der Arbeitgeber spätestens einen Monat nach dem vereinbarten Beginn des Arbeitsverhältnisses die wesentlichen Vertragsbedingungen schriftlich niederzulegen, die Niederschrift zu unterzeichnen und dem Arbeitnehmer auszuhändigen (§ 2 Abs. 4, 1 Satz 1 NachwG).

---

11   MünchKomm-*Müller-Glöge* § 611 Rn. 638 ff; BAG NJW 1958, 397 (Leitsatz 2).
12   Schulze-*Schreiber* § 611a Rn. 5; MünchKomm-*Müller-Glöge* § 611 Rn. 638 ff.
13   Ausfluss der Treupflicht gemäß § 242 BGB; AG AP § 276 Nr. 6 (Verschulden bei Vertragsschluss) m. Anm. *Schnorr v. Carolsfeld*.
14   Ausführlich zu den zulässigen und unzulässigen Fragen: MünchKomm-*Armbrüster* § 123 Rn. 47 ff.
15   Siehe MünchKomm-*Armbrüster* § 123 Rn. 47 ff. mit einer Auflistung der Einzelfälle.
16   Schulze-*Schreiber* § 611a Rn. 5.
17   Schulze-*Schreiber* § 611a Rn. 5.
18   Gesetz über den Nachweis der für ein Arbeitsverhältnis geltenden wesentlichen Bedingungen v. 20.7.1995, BGBl. I, S. 946; zuletzt geändert durch Artikel 3a G v. 11.8.2014, BGBl. I, S. 1348.

IV. Die Pflichten des Dienstleistenden

Die synallagmatische Hauptleistungspflicht des Dienstleistenden besteht in der **Leis-** **11**
tung der versprochenen Dienste (§ 611 Abs. 1 BGB). Die Parteien können Dienste jeder
Art (§ 611 Abs. 2 BGB) vereinbaren und in ihrem Dienstvertrag konkret ausgestalten.
Berufsträger haben einschlägige Berufsstandards zu beachten:

- Ein **Arzt** hat nach den zum Zeitpunkt der Behandlung bestehenden, allgemein anerkannten fachlichen Standards zu behandeln (§ 630a Abs. 2 BGB); er muss die Maßnahmen ergreifen, die „von einem gewissenhaften und aufmerksamen Arzt in der
  konkreten Behandlungssituation aus der berufsfachlichen Sicht seines Fachbereichs
  im Zeitpunkt der Behandlung vorausgesetzt und erwartet werden" können.[19]
- Eine **Rechtsanwältin** ist verpflichtet, ihre Mandanten richtig und vollständig zu
  beraten[20] und ihre Interessen wahrzunehmen.[21] Der Mandant darf vom Leitbild
  eines unabhängigen und verschwiegenen Rechtsanwalts ausgehen, der die Interessen
  des Mandanten *ohne Rücksicht auf die Interessen Dritter* umfassend vertritt.[22]

Dienstleistung und Dienstleistungsanspruch sind **im Zweifel personengebunden**: Der **12**
Dienstverpflichtete hat die Dienste im Zweifel in Person zu leisten (§ 613 Satz 1 BGB).
Der Anspruch auf die Dienste ist im Zweifel nicht übertragbar (§ 613 Satz 2 BGB).
Die (amtliche) Überschrift für § 613 BGB – Unübertragbarkeit – ist allerdings missver-
ständlich. § 613 Satz 1 BGB enthält – genau wie Satz 2 – nur eine Auslegungsregel.[23]
Die Parteien können also abweichen; sie müssen nur unmissverständlich vereinbaren,
dass der Dienstverpflichtete bspw. die Möglichkeit haben soll, die Erbringung der
Dienstleistung auf einen von ihm zu bestimmenden Dritten zu übertragen.

Der BGH berücksichtigt § 613 Satz 1 BGB vor allem bei sogenannten **Chefarzt-Verträ-** **13**
gen:[24] Der Arzt, der sich zur Behandlung eines Patienten verpflichtet habe, müsse seine
Leistungen gemäß § 613 Satz 1 BGB grundsätzlich selbst erbringen. Dies sei auch und
gerade bei der Vereinbarung einer Chefarztbehandlung der Fall. Der Patient schließe
einen solchen Vertrag im Vertrauen auf die besondere Erfahrung und die herausgeho-
bene Kompetenz des von ihm ausgewählten Arztes, die er sich in Sorge um seine
Gesundheit gegen Entrichtung eines zusätzlichen Honorars für die Heilbehandlung
sichern wolle.[25] Damit ist eine Delegation der ärztlichen Behandlung ausgeschlossen.

Den Dienstverpflichteten treffen eine Reihe von **Nebenpflichten**, die teils im BGB, teils **14**
aber auch außerhalb des BGB geregelt sind. Dazu gehören insbesondere Verschwiegen-
heitspflichten (z.B. § 43a Abs. 2 Satz 1 BRAO, § 57 Abs. 1 StBerG i.V.m. § 203 Abs. 1
Nr. 2 StGB), Dokumentationspflichten (§ 630f BGB), die Pflicht zur Gewährung von
Einsicht in Krankenunterlagen (§ 630g BGB) und die Rücksichtnahmepflichten gemäß
§ 241 Abs. 2 BGB. Die sogenannte **Treuepflicht des Arbeitnehmers** (§§ 241 Abs. 2,
242 BGB) beinhaltet u.a. die Pflicht zur unverzügliche Unterrichtung des Arbeitgebers
bei Leistungsverhinderung,[26] das Unterlassen nicht genehmigter Nebentätigkeiten, die
zur Beeinträchtigung der Arbeitsleistung führen, und ein sogenanntes Wettbewerbsver-

---

19 BGH NJW 2015, 1601.
20 BGH NJW 2019, 1151, 1152.
21 So auch BeckOK BGB-*Baumgärtner* § 611 Rn. 35.
22 BGH NJW-RR 2017, 1459, 1460 f.
23 Palandt-*Weidenkaff* § 613 Rn. 1, 4.
24 BGH NJW 2008, 987; siehe auch: BGH NJW 2016, 3532.
25 BGH NJW 2008, 987.
26 Spezialgesetzlich geregelt in § 5 EFZG.

bot:[27] Einem Arbeitnehmer ist grundsätzlich jede Konkurrenztätigkeit zum Nachteil seines Arbeitgebers untersagt.[28]

V. Die Pflichten des Dienstberechtigten

1. Zahlung der Vergütung

15 **Hauptleistungspflicht** des Dienstberechtigten ist die **Zahlung der Vergütung** (§ 611 Abs. 1 BGB). Das gilt auch für den Arbeitgeber (§ 611a Abs. 2 BGB). Ist eine Vergütung nicht (wirksam) vereinbart, greift § 612 Abs. 1 BGB. Danach gilt eine Vergütung als stillschweigend vereinbart, wenn die Dienstleistung den Umständen nach nur gegen eine Vergütung zu erwarten ist.[29] Die Norm gilt für alle Dienst-, also auch für Arbeitsverträge und für Dienstverträge, die eine Geschäftsbesorgung zum Gegenstand haben.

16 Die **Höhe der Vergütung** richtet sich grundsätzlich nach der Vergütungsvereinbarung. Fehlt es an einer (wirksamen) Vergütungsvereinbarung, kommt § 612 Abs. 2 BGB zum Tragen:[30] Ist die Höhe der Vergütung nicht bestimmt, ist bei Bestehen einer Taxe die taxmäßige Vergütung, in Ermangelung einer Taxe die übliche Vergütung als vereinbart anzusehen. Taxen sind gesetzliche oder behördliche Vergütungsordnungen[31] wie bspw. die Gebührenordnungen freier Berufe, wie das RVG[32] für Rechtsanwälte. Wenn eine taxmäßige Vergütung nicht möglich ist, muss auf die übliche Vergütung zurückgegriffen werden. Dies ist eine Vergütung, die am gleichen Ort in ähnlichen Gewerben oder Berufen für entsprechende Arbeit gezahlt zu werden pflegt, wobei die übliche Vergütung im vergleichbaren Wirtschaftskreis entscheidend ist.[33]

17 Die **Fälligkeit der Vergütung** richtet sich – vorbehaltlich abweichender Partei-, Tarif- oder Betriebsvereinbarungen[34] – nach § 614 BGB: Satz 1 schreibt vor, dass der Dienstberechtigte die Vergütung abweichend von § 271 Abs. 1 BGB nicht sofort, sondern erst „nach der Leistung der Dienste" zu entrichten hat, Satz 2 besagt, dass die nach Zeitabschnitten bemessene Vergütung erst nach Ablauf des einzelnen Zeitabschnitts zu entrichten ist. § 614 BGB ist dispositiv. Die Parteien können also abweichende Regelungen treffen. Das Bundesarbeitsgericht (BAG) entnimmt aus den Vorschriften des allgemeinen Schuldrechts i.V.m. § 614 BGB den arbeitsrechtlichen Grundsatz „**Ohne Arbeit kein Lohn**":[35] Verlange der Arbeitnehmer nach § 611 Abs. 1 BGB (nunmehr: § 611a Abs. 1 BGB) eine Arbeitsvergütung für Arbeitsleistungen, habe er darzulegen und ggf. auch zu beweisen, dass er Arbeit verrichtet habe.[36] Entsprechendes gilt für alle anderen Dienstverträge.

▶ **BEACHTE:** In der Fall-Lösung ist § 614 Satz 1 BGB bei der **Durchsetzbarkeit** des Anspruchs des Dienstverpflichteten auf die Vergütung (§ 611 Abs. 1 Hs. 2 BGB) zu prüfen: Da die Vergütung nicht „Zug um Zug", sondern erst „nach der Leistung der Dienste" zu entrichten ist, steht dem Dienstberechtigten die **Einrede des nicht erfüllten Vertrages** (§ 320 Abs. 1 BGB)

27 MünchKomm-*Spinner* § 611a Rn. 1014 ff.
28 BAG NZA 2010, 693, 694 m.w.N.
29 Im Einzelnen umstritten: e.A. MünchKomm-*Müller-Glöge* § 612 Rn. 1 m.w.N., a.A. HWK-*Thüsing* Rn. 4.
30 Vgl. BAG AP BGB § 138 Nr. 2; AP BGB § 612 Nr. 20; AP BGB § 138 Nr. 64.
31 Münchener Handbuch zum Arbeitsrecht-*Krause* § 60 Rn. 103.
32 Gesetz über die Vergütung der Rechtsanwältinnen und Rechtsanwälte (Rechtsanwaltsvergütungsgesetz) v. 5.5.2004, BGBl. I, S. 718, 788; Zuletzt geändert durch Art. 2 Abs. 5 G v. 25.6.2020, BGBl. I, S. 1474.
33 MünchKomm-*Müller-Glöge* § 612 Rn. 29.
34 Palandt-*Weidenkaff* § 613 Rn. 1.
35 BAG NZA 2018, 1555, 1557.
36 BAG NZA 2018, 1555, 1557.

zu, solange der Dienstverpflichtete die Dienste noch nicht erbracht hat. Die Fälligkeitsregel in § 614 Satz 1 BGB läuft also auf eine Vorleistungspflicht des Dienstleistenden hinaus. ◄

2. Nebenpflichten

Neben der Zahlung der Vergütung als Hauptleistungspflicht treffen den Dienstberechtigten bestimmte im BGB geregelte **Nebenpflichten**, nämlich Fürsorgepflichten (§§ 617-619, 629, 630 BGB) sowie allgemeine Nebenpflichten gemäß § 241 Abs. 2 BGB. Die **Fürsorgepflichten** umfassen die Pflicht zur Krankenfürsorge (§ 617 BGB), die Pflicht zu Schutzmaßnahmen (§ 618 BGB), die Pflicht zur Gewährung von Freizeit zur Stellensuche (§ 629 BGB) und die Pflicht zur Zeugniserteilung (§ 630 BGB).

18

Die **Pflicht zu Schutzmaßnahmen** gemäß § 618 BGB wird im Arbeitsrecht durch Normen zum technischen und sozialen Arbeitsschutz konkretisiert.[37] Der Dienstverpflichtete hat einen Anspruch auf Erfüllung dieser Schutzmaßnahmen[38]; er kann seine Leistung also bei unterbleibenden Schutzmaßnahmen verweigern (§ 273 Abs. 1 BGB);[39] er kann ggf. Schadensersatz verlangen (§§ 280 Abs. 1 i.V.m. §§ 618 Abs. 3, 842-846 BGB)[40] und bei schwerwiegenden Verstößen außerordentlich kündigen (§ 626 BGB).

19

► **BEISPIEL:** Bürokraft B ist Angestellter des A. Das Büro des B ist seit Wochen von einem Schimmelpilz befallen, so dass B zunehmend unter Atemnot leidet. – B kann von A gemäß § 618 Abs. 1 BGB die Beseitigung des Schimmelbefalls verlangen und sich bis dahin gemäß § 273 Abs. 1 BGB weigern, in seinem Büro zu arbeiten. ◄

§ 630 Satz 1 BGB verpflichtet den Dienstberechtigten auf Verlangen des Dienstleistenden ein **schriftliches Zeugnis** über das Dienstverhältnis und dessen Dauer bei Beendigung eines dauernden Dienstverhältnisses auszustellen.[41] Dabei müssen die Grundsätze der Einheitlichkeit, Vollständigkeit, Klarheit und Wahrheit beachtet werden.[42]

20

VI. Besondere Regeln im Arbeitsverhältnis

§ 612a BGB enthält ein **Maßregelungsverbot**: Der Arbeitgeber darf einen Arbeitnehmer nicht benachteiligen, bloß weil der Arbeitnehmer in zulässiger Weise seine Rechte ausübt. Der Normzweck des § 612a BGB besteht darin, die Willensfreiheit des Arbeitnehmers zu schützen; er soll seine Rechte in Anspruch nehmen können, ohne deswegen mit Benachteiligungen rechnen zu müssen.[43] Eine Benachteiligung ist anzunehmen, wenn der Arbeitgeber einer zulässigen Rechtsausübung eines Arbeitnehmers mit einer Vereinbarung oder einer Maßnahme begegnet, die der Arbeitgeber gegenüber dem anderen, in seiner Rechtsstellung und Funktion vergleichbaren Arbeitnehmer, der die ihm zustehenden Rechte nicht ausgeübt hat, nicht vorgenommen hätte und dies zu einer Schlechterstellung führt.[44] Die Benachteiligung muss *wegen* der Ausübung der

21

---

37 Ausführlicher: MünchKomm-*Henssler* § 618 Rn. 11 ff.
38 H.M.: BAG AP BGB § 618 Nr. 17; AP BGB § 618 Nr. 17 26; ArbRBGB-*Friedrich* Rn. 198; MünchKomm-*Henssler* § 618 Rn. 87; Soergel-*Kraft* § 618 Rn. 21; Erman-*Belling/Riesenhuber* § 618 Rn. 30; ErfKomm-*Wank* § 618 Rn. 23; Staudinger-*Oetker* § 618 Rn. 248.
39 Vgl. BAG ZIP 1997, 1432.
40 So auch MünchKomm-*Henssler* § 618 Rn. 87; ErfKomm-*Wank* § 618 Rn. 29; BeckOK BGB-*Fuchs/Baumgärtner* § 618 Rn. 29; BeckOGK-*Witschen* § 618 Rn. 154; Palandt-*Weidenkaff* § 618 Rn. 8 stützt den Anspruch auf die §§ 282, 280 Abs. 1 BGB.
41 Dazu: BAG AP BGB § 630 Nr. 9; BGHZ 74, BGHZ 74, 281, 289.
42 Siehe MünchKomm-*Plum* § 630 Rn. 4; BAG NZA 2008, 1349, 1350.
43 BAG NZA 1989, 923; LAG Niedersachen NZA-RR 2006, 346.
44 BAG NZA 1988, 18; LAG Niedersachen NZA-RR 2006, 346.

Rechte erfolgen, sie muss also der tragende Beweggrund und nicht nur in irgendeiner Weise mitursächlich oder äußerer Anlass sein.[45]

▶ **Beachte:** Die Beweisprobleme für den Arbeitnehmer liegen auf der Hand. Die Rechtsprechung vermutet jedoch bei bestimmten Anhaltspunkten eine Benachteiligung als Reaktion auf die Inanspruchnahme eines Rechts: Erklärt ein Arbeitgeber bspw. *im zeitlichen Zusammenhang mit* der Inanspruchnahme von Elternzeit (§ 15 Abs. 1 BEEG) eine Kündigung, so kann diese nach § 612a BGB i.V.m. § 134 BGB nichtig sein.[46] ◀

22 § 613a BGB regelt den **Betriebsübergang:** Derjenige, der einen Betrieb oder Betriebsteil kraft Rechtsgeschäft erwirbt, tritt in die Rechte und Pflichten aus den im Zeitpunkt des Übergangs bestehenden Arbeitsverhältnissen ein (Absatz 1 Satz 1). Hinzukommt

- die gesamtschuldnerische Haftung des bisherigen und des neuen Arbeitgebers, soweit die Verpflichtungen nach § 613a Abs. 1 BGB vor dem Zeitpunkt des Übergangs entstanden sind und vor Ablauf von einem Jahr nach diesem Zeitpunkt fällig werden (§ 613a Abs. 2 Satz 1 BGB) und

- der Schutz vor Kündigungen aufgrund des Betriebsübergangs (§ 613a Abs. 4 Satz 1 BGB).

Normzweck des § 613a BGB ist der Erhalt des Arbeitsplatzes, die Sicherung der Fortdauer des Arbeitsverhältnisses und der Schutz vor einer Veränderung des Arbeitsvertragsinhalts: Die Betriebsveräußerung soll nicht missbraucht werden, um erworbene Besitzstände der Arbeitnehmer abzubauen.[47] Demensprechend ist § 613a Abs. 1 Satz 1 BGB zwingendes Recht. Eine Vereinbarung, die dagegen verstößt, ist nach § 134 BGB unwirksam.[48]

VII. Leistungsstörungen

23 Bei **Leistungsstörungen im Kontext des Dienstvertrags** ergeben sich die Rechtsfolgen grundsätzlich aus allgemeinem Leistungsstörungsrecht; „Rechte des Dienstberechtigten bei Mängeln" nach dem Muster des Kauf- oder Werkvertragsrechts (§§ 437, 634 BGB) fehlen. Besondere Regeln enthalten die §§ 611 ff. BGB allerdings für Fälle,

- in denen sich der Dienstberechtigte (als Gläubiger) mit der Annahme der Dienste in Verzug befindet (§ 615 Satz 1 BGB),

- in denen sich das Betriebsrisiko realisiert (§ 615 Satz 3 BGB) und

- in denen der Dienstverpflichtete vorübergehend verhindert ist (§ 616 BGB).

1. Annahmeverzug und Betriebsrisiko

24 § 615 Satz 1 BGB trägt dem besonderen Schutzbedürfnis des Dienstverpflichteten Rechnung, der in der Regel für seinen Lebensunterhalt auf die Vergütung angewiesen ist.[49] Er besagt im Kern, dass der Grundsatz „Lohn *nur* für geleistete Dienste" im Falle eines **Annahmeverzugs** ausnahmsweise nicht zum Tragen kommt:[50] Kommt der

---

45 LAG Niedersachen NZA-RR 2006, 346.
46 LAG Niedersachen NZA-RR 2006, 346.
47 BAG NJW 2009, 3260, 3261.
48 BAG NJW 2009, 3260, 3261.
49 Palandt-*Weidenkaff* § 615 Rn. 1; ausführlich zum Annahmeverzug: *Brömmelmeyer* Schuldrecht AT § 12 Rn. 28 f.
50 Palandt-*Weidenkaff* § 615 Rn. 3, mit dem Hinweis auf das sogenannte „Lohnausfallprinzip".

Dienstberechtigte mit der Annahme der Dienste in Verzug, so kann der Verpflichtete für die infolge des Verzugs nicht geleisteten Dienste die vereinbarte Vergütung verlangen, ohne zur Nachleistung verpflichtet zu sein.

Die **Funktion** des § 615 Satz 1 BGB richtet sich danach, ob die Leistung im konkreten Einzelfall nachholbar ist (Fahrlehrerfall) – oder nicht (Trompeterfall): Erscheint Fahrschülerin Nike (N) nicht rechtzeitig zu einer Fahrstunde, steht Fahrlehrer F zwar aufgrund des Dienstvertrags ein Vergütungsanspruch gemäß § 611 Abs. 1 BGB zu. Er müsste die nach wie vor mögliche Leistung (nämlich: den Fahrunterricht) jedoch nachholen – Fahrunterricht ist sicher kein absolutes Fixgeschäft, denn die Leistung kann auch später noch ohne qualitativer Einbuße erbracht werden[51] – und könnte vorher auch keine Vergütung verlangen (§ 614 Satz 1 BGB). Diese Lösung wäre jedoch alles andere als interessengerecht: F war zu Leistung bereit und imstande. Er konnte seine Leistungspflicht nur deswegen nicht erfüllen, weil die Mitwirkung der N ausgeblieben war. Die Lebenszeit, die F dadurch verliert, dass er vergeblich auf N wartet und der „Leerlauf", der dadurch in seinem Terminplan entsteht, muss also zu Lasten der N und nicht zu Lasten des F gehen. Dementsprechend stellt § 615 Satz 1 BGB sicher, dass F „für die infolge des Verzugs nicht geleisteten Dienste die vereinbarte Vergütung verlangen [kann], ohne zur Nachleistung verpflichtet zu sein." 25

Problematischer ist der Rückgriff auf § 615 Satz 1 BGB in Fällen, in denen der Dienstvertrag als **absolutes Fixgeschäft** einzustufen ist, in denen die versprochenen Dienste also *nicht* nachholbar sind.[52] Nehmen Sie an, Trompeter T soll aufgrund eines Dienstvertrags mit Restaurantbesitzer R auf einer Hochzeit aufspielen. Kurz vor dem großen Ereignis wird T so krank, dass er in ein Krankenhaus eingeliefert wird und stationär behandelt werden muss. T steht aufgrund des Dienstvertrags an sich ein Anspruch auf die vereinbarte Vergütung gemäß § 611 Abs. 1 BGB zu. Es liegt jedoch ein absolutes Fixgeschäft vor. Die Leistung des T ist nicht nachholbar, sondern objektiv unmöglich geworden. Folgerichtig braucht T nicht zu leisten (§ 275 Abs. 1 BGB), kann aber auch keine Vergütung beanspruchen (§ 326 Abs. 1 Satz 1 BGB). T könnte sich insbesondere nicht auf § 326 Abs. 2 Satz 1 BGB berufen, weil R nicht für die Unmöglichkeit verantwortlich war (Alt. 1) und weil die Unmöglichkeit auch nicht „zu einer Zeit eintrat, zu welcher der Gläubiger [R] im Verzug der Annahme war" (Alt. 2). Es liegt ja kein Verzug, sondern Unmöglichkeit vor (siehe § 297 BGB). Dementsprechend scheidet auch ein Rückgriff auf § 615 Satz 1 BGB aus (kein Verzug) – es sei denn, Sie wollen das unternehmerische Risiko des T dem Restaurantbetreiber R zuweisen und § 615 Satz 1 BGB analog anwenden.[53] 26

§ 615 Satz 3 BGB verankert die in der BAG-Rechtsprechung entwickelte **Betriebsrisikolehre**, wonach der Arbeitgeber dafür einstehen muss, dass der Betriebsorganismus in Funktion bleibt und die Arbeitsmittel zur Verfügung stehen, die dem Arbeitnehmer die Arbeit und damit die Erzielung des Arbeitsentgelts ermöglichen.[54] Dementsprechend ordnet § 615 Satz 3 BGB an, dass § 615 Satz 1 und 2 BGB entsprechend gelten, und zwar in den Fällen, in denen der Arbeitgeber das Risiko des Arbeitsausfalls trägt. 27

---

51 Dazu: *Alexander* JA 2015, 321.
52 Im Einzelnen zum absoluten Fixgeschäft: *Brömmelmeyer* Schuldrecht AT § 6 Rn. 18.
53 Zum Problem der Alternativität von Annahmeverzug und Unmöglichkeit: MünchKomm-*Henssler* § 615 Rn. 3 ff.
54 BAG AP BGB § 615 Betriebsrisiko Nr. 2; Nr. 3, jeweils m. Anm. *Hueck*.

2. Vorübergehende Verhinderung

28   Der Dienstverpflichtete verliert seinen Anspruch auf die Vergütung nicht schon dadurch, dass er für eine verhältnismäßig nicht erhebliche Zeit durch einen in seiner Person liegenden Grund ohne sein Verschulden an der Dienstleistung verhindert ist (§ 616 Satz 1 BGB). Ein solcher Grund kann nur ein **subjektives, persönliches Leistungshindernis** sein,[55] das man bspw. beim Tod eines nahen Angehörigen[56] und bei der kurzzeitig notwendigen Pflege eines erkrankten Kindes annimmt.[57] Erscheint Arbeitnehmer A also nicht rechtzeitig zum Dienst, weil sein Kind plötzlich krank geworden ist und er erst noch eine Kinderbetreuung organisieren musste, so kann er trotzdem die vereinbarte Vergütung verlangen. Etwas anderes gilt, wenn er wegen eines Unfalls im Stau steht oder die U- oder S-Bahn ausfällt.[58] Das sogenannte „**Wegerisiko**" hat der Dienstverpflichtete selbst zu tragen.[59]

3. Haftung für Pflichtverletzungen

29   Hat eine der Parteien eine Pflicht aus dem Dienstvertrag verletzt, so haftet sie nach **allgemeinem Leistungsstörungsrecht** auf Schadensersatz (§§ 280 ff. BGB). Dabei ist zu beachten, dass die in § 280 Abs. 1 Satz 2 BGB versteckte Beweislastumkehr (Vermutung der Verantwortlichkeit) bei Arbeitsverhältnissen nicht zu Lasten des Arbeitnehmers angewandt wird (§ 619a BGB).

30   Wenn der Dienstverpflichtete nicht leistet, muss im Hinblick auf mögliche Schadensersatzansprüche geprüft werden, ob es sich nur um eine **Verzögerung der Leistung** – dann §§ 280 Abs. 1, 2, 286 Abs. 1 BGB – oder um einen Fall der **Unmöglichkeit** handelt – dann § 311a Abs. 2 BGB (anfängliche Unmöglichkeit) oder §§ 280 Abs. 1, 3, 283 BGB (nachträgliche Unmöglichkeit). Da Dienstleistungen häufig ein absolutes Fixgeschäft darstellen, also nur zu einem bestimmten Zeitpunkt erbracht werden können, muss man vor allem klären, ob die Dienstleistung nachholbar ist oder nicht.

▶ **BEISPIEL:** Opernsängerin O soll auf dem 60sten Geburtstag der F singen, erscheint jedoch wegen eines besser bezahlten Auftritts mit den Brandenburger Symphonikern nicht zum vereinbarten Termin. F muss kurzfristig eine andere Sängerin engagieren, die eine um 500 Euro höhere Vergütung als O verlangt. Nun verlangt F von O Erstattung der Differenz. – Da die Dienstleistung der O nur zu einem fixen Termin erbracht werden konnte (Geburtstagsfeier), liegt ein absolutes Fixgeschäft vor. Die Dienstleistung der O ist nicht nachholbar. F kann also gemäß §§ 280 Abs. 1, 3, 283 Satz 1 BGB Schadensersatz in Höhe von 500 Euro verlangen. ◀

31   Bei einer **Schutzpflichtverletzung** kann der Dienstberechtigte gemäß §§ 280 Abs. 1, 241 Abs. 2 BGB Schadensersatz verlangen, bei einer **Schlechtleistung** gemäß §§ 280 Abs. 1, 3, 281 Abs. 1 BGB.[60]

---

55 Dazu: BAG AP BGB § 616 Nr. 58; AP BGB § 616 Nr. 59 m. zust. Anm. *Herschel.*
56 MünchKomm-*Henssler* § 616 Rn. 39.
57 Hierzu genauer ErfKomm-*Dörner* § 616 Rn. 13, 16; *Sowka* RdA 1993, 34; vgl. auch BAG NJW 1980, 903.
58 LAG Hamm DB 1980, 311.
59 BAG DB 1983, 395, 396.
60 Ob ein Schadensersatzanspruch gemäß §§ 280 Abs. 1, 3, 281 Satz 1 Alt. 2 wegen einer Schlechtleistung möglich ist, ist umstritten. Dafür Palandt-*Grüneberg* § 281 Rn. 44; *Schlechtriem* Schuldrecht BT Rn. 374. Dagegen: *Dauner-Lieb* (NK-BGB § 281 Rn. 14) mit der Begründung, dass § 281 BGB auf das Kaufrecht zugeschnitten sei.

Bei der Haftung des Arbeitnehmers für Sachschäden sind die **Grundsätze des innerbe-** 32
trieblichen Schadensausgleichs[61] zu beachten. Diese Grundsätze sehen eine Haftungsprivilegierung gemäß § 254 BGB analog[62] für alle Arbeiten vor, die durch den Betrieb
veranlasst sind und auf Grund eines Arbeitsverhältnisses geleistet werden, auch wenn
diese Arbeiten nicht gefahrgeneigt sind.[63] Entscheidend für die Schadensverteilung
zwischen Arbeitnehmer und Arbeitgeber ist der **Grad des Verschuldens des Arbeitneh-**
mers.[64] Ist ihm nur leichte Fahrlässigkeit vorzuwerfen, haftet allein der Arbeitgeber.
Handelt der Arbeitnehmer vorsätzlich oder grob fahrlässig, muss er den Schaden
grundsätzlich alleine tragen. Im Einzelfall ist jedoch auch hier eine Haftungserleichterung möglich, wenn bspw. der Arbeitsverdienst in einem deutlichen Missverhältnis
zum Schadensrisiko steht.[65]

Im Fall von mittlerer Fahrlässigkeit werden die Schadensanteile „gequotelt". Ob und 33
ggf. in welchem Umfang der Arbeitnehmer an den Schadensfolgen zu beteiligen ist,
richtet sich im Rahmen einer Abwägung der Gesamtumstände, insbesondere von Scha-
densanlass und Schadensfolgen, nach Billigkeits- und Zumutbarkeitsgesichtspunkten.[66]
Zu den Gesamtumständen gehören

- der Grad des Verschuldens,
- die Gefahrgeneigtheit der Arbeit,
- die Höhe des Schadens,
- ein vom Arbeitgeber einkalkuliertes oder durch Versicherung deckbares Risiko,
- die Stellung des Arbeitnehmers im Betrieb und
- die Höhe des Arbeitsentgelts, in dem möglicherweise eine Risikoprämie enthalten
  ist.[67]

Darüber hinaus können auch persönliche Verhältnisse des Arbeitnehmers, wie die
Dauer seiner Betriebszugehörigkeit, sein Lebensalter, seine Familienverhältnisse und
sein bisheriges Verhalten zu berücksichtigen sein.[68] Besonderheiten ergeben sich, wenn
Kollegen einen Schaden erleiden.[69]

▶ **BEACHTE:** Das Problem des innerbetrieblichen Schadensausgleichs wird im Rahmen der
Ersatzfähigkeit des Schadens (§§ 249 ff. BGB) geprüft. ◀

▶ **BEISPIEL:**[70] Arbeitnehmer A ist Baggerführer im Bauunternehmen des U. Bei der Grund-
stückseinfriedung beschädigt A eine Gasleitung, obwohl ihm vorher von U gezeigt wurde,
wo die Gasleitung entlangführt und U ihm aufgetragen hat, dass er um die Gasleitung
herum nicht mit dem Bagger arbeiten dürfe. Das Gas tritt in die Kellerräume des Hauses
ein und explodiert durch eine Schaltfehlfunktion eines elektronischen Geräts. Es entsteht

---

61 Vgl. BAGE 5, 1, 7 f; BAGE 57, 47, 54; BAG NZA 1994, 1083, 1086.
62 Str. der Gesetzgeber spricht sich in der BT-Drucks. 14/6857 S. 48 für eine Anwendung von § 276 BGB aus,
    weil es sich im Rahmen der Grundsätze des innerbetrieblichen Schadensausgleichs eher um eine vertragli-
    che Haftungserleichterung zugunsten des Arbeitnehmers handele und weniger um ein Mitverschulden.
    Looschelders möchte beide Ansätze kombinieren, also § 254 BGB und § 276 BGB alternativ und sachverhalts-
    abhängig anwenden (Schuldrecht BT § 29 Rn. 15 f.).
63 BAG NZA 1994, 1083; vgl. auch BGH NJW 1994, 856.
64 BAG NZA 1994, 1083, 1086.
65 BAG NZA 1998, 140; LAG Hamm BeckRS 2011, 69528.
66 BAG NZA 1994, 1083, 1086.
67 Vgl. u.a. BAG NZA 1994, 1083, 1086.
68 BAGE 5, 1, 7; BAGE 57, 47, 54; BAG NZA 1994, 1083, 1086.
69 Siehe z.B. LAG Köln BeckRS 2012, 68137 m.w.N.
70 BAG NZA 1994, 1083, 1086.

ein Schaden am Haus i.H.v. 20.000 Euro. Muss A alleine für den Schaden aufkommen? – A hat das außer Acht gelassen, was jedem hätte einleuchten müssen und damit grob fahrlässig gehandelt. Eine Haftungsprivilegierung nach den Grundsätzen des innerbetrieblichen Schadensausgleichs kommt also nicht in Betracht. A muss für den Schaden grundsätzlich alleine aufkommen, sollte sich nicht aus Erwägungen zum Verhältnis der Höhe seines Lohns und der Höhe des Schadens oder einer langen Betriebszugehörigkeit ohne Vorfälle etwas anderes ergeben. ◀

VIII. Beendigung des Dienstverhältnisses

34   Es gibt verschiedene Möglichkeiten ein Dienstverhältnis zu beenden. Denkbar ist die **Beendigung** durch Zeitablauf (§ 620 Abs. 1 BGB), durch Kündigung, und zwar alternativ durch ordentliche (§§ 620 Abs. 2, 621-624) oder außerordentliche Kündigung (§§ 626-628 BGB), durch einen Auflösungsvertrag (siehe § 623 BGB) oder durch den Tod des Dienstleistenden.

1. Beendigung durch Zeitablauf

35   Befristete (= auf bestimmte Zeit abgeschlossene) Dienstverträge enden gemäß § 620 Abs. 1 BGB mit **Zeitablauf** – es sei denn, es kommt zu einer stillschweigenden Verlängerung: Wird das Dienstverhältnis nach Ablauf der Dienstzeit von dem Dienstverpflichteten mit Wissen des Dienstberechtigten fortgesetzt, so gilt es gemäß § 625 BGB als auf unbestimmte Zeit verlängert, sofern nicht der Dienstberechtigte unverzüglich, d.h. ohne schuldhaftes Zögern (siehe § 121 Abs. 1 Satz 1 BGB) widerspricht.

▶ **BEACHTE:** Für Arbeitsverträge, die auf bestimmte Zeit abgeschlossen werden, gilt ausschließlich das TzBfG; §§ 620 Abs. 1, 625 BGB sind insoweit also nicht anwendbar.[71] ◀

2. Beendigung durch Kündigung

a) Ordentliche Kündigung

36   Die Beendigung von Dienstverträgen, die auf **unbestimmte Zeit** geschlossen sind, erfolgt gemäß § 620 Abs. 2 BGB durch (ordentliche) **Kündigung** nach Maßgabe der §§ 621-623 BGB. Die Kündigung ist grundsätzlich formlos möglich. Die Beendigung von Arbeitsverhältnissen durch Kündigung bedarf allerdings der Schriftform (§§ 623 Hs. 1, 126 Abs. 1 BGB); die elektronische Form (§ 126 Abs. 1 BGB) ist – abweichend von § 126 Abs. 3 BGB – ausgeschlossen (§ 623 Hs. 2 BGB). Die **Kündigungsfristen** ergeben sich grundsätzlich aus §§ 621, 624 BGB; die **Kündigungsfristen für Arbeitsverhältnisse** aus § 622 BGB.

b) Außerordentliche Kündigung

37   § 626 BGB regelt – als *lex specialis* gegenüber § 314 BGB – die **fristlose Kündigung aus wichtigem Grund**. Danach kann das Dienstverhältnis von jedem Vertragsteil aus wichtigem Grund ohne Einhaltung einer Kündigungsfrist gekündigt werden, wenn Tatsachen vorliegen, auf Grund derer dem Kündigenden unter Berücksichtigung aller Umstände des Einzelfalles und unter Abwägung der Interessen beider Vertragsteile die Fortsetzung des Dienstverhältnisses bis zum Ablauf der Kündigungsfrist oder bis zu

---

71 Palandt-*Weidenkaff* § 620 Rn. 4 und § 625 Rn. 1.

der vereinbarten Beendigung des Dienstverhältnisses nicht zugemutet werden kann. Die Beurteilung der Unzumutbarkeit erfordert eine umfassende Interessenabwägung[72] und berücksichtigt, dass die außerordentliche Kündigung *ultima ratio* sein soll.[73]

Ein **wichtiger Grund** liegt vor, wenn dem einen Vertragsteil unter Berücksichtigung aller Umstände des Einzelfalls nach Treu und Glauben nicht zugemutet werden kann, das Dienstverhältnis überhaupt fortzusetzen – und sei es auch nur für die Dauer der vorgeschriebenen ordentlichen Kündigungsfrist.[74] In Rechtsprechung und Literatur finden Sie sehr unterschiedliche Beispiele für die Kündigung aus wichtigem Grund. Dazu gehören bspw. Kündigungen aufgrund grober, insbesondere rassistischer Beleidigungen[75] und sexueller Übergriffe,[76] aber auch Kündigungen aufgrund privater E-Mail-Korrespondenz und privater Internetnutzung während der Arbeitszeit.[77]

§ 627 Abs. 1 BGB erleichtert die außerordentlich Kündigung bei Dienst-, nicht aber bei Arbeitsverhältnissen, „wenn der zur Dienstleistung Verpflichtete, ohne in einem dauernden Dienstverhältnis mit festen Bezügen zu stehen, **Dienste höherer Art** zu leisten hat, die **auf Grund besonderen Vertrauens** übertragen zu werden pflegen." Dienste höherer Art zeichnen sich durch ein besonders qualifiziertes Berufsbild aus[78] und erfordern ein überdurchschnittliches Maß an Fachkenntnissen, Kunstfertigkeit oder wissenschaftlicher Bildung, eine hohe geistige Phantasie – was auch immer das bedeuten soll – oder Flexibilität.[79] Diese Voraussetzungen sind u.a. bei der Beauftragung eines Rechtsanwalts oder Steuerberaters gegeben.[80]

Der Dienstverpflichtete kann nach einer außerordentlichen Kündigung gemäß §§ 626 f. BGB eine seinen bisherigen Leistungen entsprechende **Teilvergütung** verlangen (§ 628 Abs. 1 Satz 1 BGB). Beruht die Kündigung auf einem vertragswidrigen Verhalten des anderen Teils, so ist dieser zum Ersatz des durch die Aufhebung des Dienstverhältnisses entstehenden Schadens verpflichtet (§ 628 Abs. 2 BGB).

▶ **HINWEIS FÜR FORTGESCHRITTENE:** Die Haftung gemäß § 628 Abs. 2 BGB kommt auch bei einer außerordentlichen Kündigung gemäß § 627 Abs. 1 BGB, d.h. in Fällen in Betracht, in denen das vertragswidrige Verhalten nicht so schwer wiegt, dass ein „wichtiger Grund" i.S. von § 626 Abs. 1 BGB vorläge. Der BGH geht jedoch davon aus, dass nur derjenige Schadensersatz gemäß § 628 Abs. 2 BGB verlangen kann, der auch wirksam aus wichtigem Grund hätte kündigen können;[81] nicht jede (noch so) geringfügige schuldhafte Vertragsverletzung soll die schwerwiegenden Folgen des § 628 Abs. 2 BGB nach sich ziehen. ◀

3. Beendigung durch Auflösungsvertrag

Das Dienstverhältnis kann durch einen **Auflösungsvertrag** in Schriftform beendet werden (siehe § 623 BGB).[82]

38

39

40

41

---

72 BAG NZA 2010, 1227; 2011, 1027.
73 BAG AP BGB § 626 Nr. 70 m. Anm. *G. Hueck.*
74 MünchKomm-*Henssler* § 626 Rn. 80.
75 LAG Baden-Württemberg NZA-RR 2020, 253.
76 LAG Köln NZA-RR 2020, 581.
77 LAG Köln NZA-RR 2020, 528.
78 BGH NJW-RR 2019, 1459.
79 AG Köln NJW-RR 1993, 1207, 1208.
80 BGH NJW 2020, 2538; siehe auch: Palandt-*Weidenkaff* § 627 Rn. 2.
81 BGH NJW 2020, 2538, 2539.
82 Ausführlich: Grobys/Panzer-Heemeier-*Regh* Aufhebungsvertrag/Abwicklungsvertrag Rn. 1 ff.

4. Beendigung durch den Tod des Dienstleistenden

42   Hat der Dienstleistende die Dienste in Person zu leisten (§ 613 Satz 1 BGB), so endet das Dienstverhältnis auch durch den **Tod des Dienstleistenden.** Dagegen führt der Tod des Dienstberechtigten nicht ohne weiteres zur Beendigung des Dienstverhältnisses; aus § 613 Satz 2 BGB folgt nämlich nicht, dass der Anspruch auf die versprochenen Dienste nicht vererbt werden könnte.[83]

▶ **LÖSUNGSHINWEISE ZU FALL 25:**   Der Privatschulvertrag ist ein Dienstvertrag i.S. von § 611 BGB. Mangels anderweitiger Vereinbarung ist bei einem Schulvertrag davon auszugehen, dass er so lange laufen soll, bis das zu beschulende Kind die Schule mit dem durch die Schulform vorgesehenen Schulabschluss – bei einem Gymnasium wie hier mit dem Abitur – verlässt. Es handelt sich also um einen befristeten Vertrag. Eine ordentliche Kündigung des Schulvertrags zum Ende des Schulhalbjahrs oder Ende des Schuljahrs (§§ 620 Abs. 2, 621 ff. BGB) scheidet hier also aus. In Betracht kommt jedoch eine außerordentliche Kündigung. Ein zur außerordentlichen Kündigung gemäß § 626 Abs. 1 BGB berechtigender wichtiger Grund liegt vor, wenn dem kündigenden Teil unter Berücksichtigung aller Umstände des Einzelfalls und unter Abwägung der beiderseitigen Interessen die Fortsetzung des Vertragsverhältnisses bis zur vereinbarten Beendigung oder bis zum Ablauf einer Kündigungsfrist nicht zugemutet werden kann. Im Bereich des Schulrechts kann ein wichtiger Grund in einem der Schulordnung offensichtlich zuwiderlaufenden, grob fehlerhaften Verhaltens eines Schülers liegen, das das Ordnungsgefüge der Schule nicht unerheblich in Mitleidenschaft zieht und die schulische Ordnung in einem Maße stört, dass die Schule Gefahr läuft, ihren Erziehungsauftrag gegenüber den übrigen Schülern nicht mehr hinreichend zu erfüllen. Eine Geschlechtsumwandlung ist jedoch kein Fehlverhalten. Aufgrund des im Grundsatz monoedukativen und insoweit auch durch die Privatschulfreiheit (Art. 7 Abs. 4 Satz 1 GG) geschützten Konzepts der P wäre S zwar, wäre er schon damals dem anderen Geschlecht zugehörig gewesen, nicht aufgenommen worden und P wäre hierzu auch nicht verpflichtet gewesen. Allein daraus folgt aber nicht, dass es S auch möglich sein müsste, den Schulvertrag mit S aufgrund dessen späteren Wechsels der geschlechtlichen Zugehörigkeit zu beenden. ◀

IX. Behandlungsvertrag

▶ **FALL 26:** Patientin P begibt sich mit starken Zahnschmerzen, die sie nicht genauer lokalisieren kann, zum Zahnarzt B. Dieser nimmt sodann eine Wurzelbehandlung an einem rechten oberen Backenzahn vor. Die Zahnschmerzen lassen jedoch nicht nach, so dass P den B nach drei Tagen erneut aufsucht. B meint, es sei wohl auch ein rechter unterer Backenzahn nicht in Ordnung, und behandelt auch diesen. Nunmehr klingen die Zahnschmerzen ab. Bei P entsteht der Verdacht, B habe bei der ersten Behandlung die Zähne verwechselt, und verlangt von B Einsicht in die Röntgenaufnahme. B erklärt, er habe die Röntgenaufnahme inzwischen vernichtet. Kann P trotzdem ein Schmerzensgeld wegen der nach ihrer Ansicht überflüssigen ersten Behandlung verlangen? ◀

1. Begriff und Rechtsnatur des Behandlungsvertrags

43   Durch einen **Behandlungsvertrag** wird derjenige, der die medizinische Behandlung eines Patienten zusagt (Behandelnder), zur Leistung der versprochenen Behandlung, der

---

83   MünchKomm-*Müller-Glöge* § 613 Rn. 22 m.w.N.

andere Teil (Patient) zur Gewährung der vereinbarten Vergütung verpflichtet, soweit nicht ein Dritter zur Zahlung verpflichtet ist (§ 630a Abs. 1 BGB). **Behandelnde** können Ärzte, Psycho- oder Physiotherapeuten, Heilpraktiker oder Angehörige anderer Heilberufe (m/w/d) sein,[84] während bspw. der Betreiber eines Kosmetikstudios, der eine *kosmetische* Haarentfernung anbietet, keine *medizinische* Behandlung zusagt.[85] Behandelnder ist ggf. aber auch ein Krankenhausträger oder ein Medizinisches Versorgungszentrum (MVZ), das die Behandlung zusagt, aber (selbstverständlich) nicht persönlich erbringt.[86] **Patient** i.S. von § 630a Abs. 1 BGB ist, wer den Behandlungsvertrag mit dem Behandelnden abgeschlossen hat und die Behandlung beanspruchen kann – unabhängig davon, ob er oder sie gesetzlich (GKV) oder privat (PKV) versichert ist.[87]

▶ **ERGÄNZENDER HINWEIS:** Die Regelung des Behandlungsvertrags (§§ 630a ff. BGB) beruht auf dem **Patientenrechtegesetz** (2013)[88], das sicherstellen will, dass mündige Patientinnen und Patienten eigenverantwortlich und selbstbestimmt über ihre Behandlung entscheiden können. Das Patientenrechtegesetz soll für Rechtssicherheit und -klarheit sorgen und die umfangreiche BGH-Rechtsprechung zur Arzthaftung kodifizieren – ohne sie zu verschärfen.[89] Ein ausgewogenes Haftungsrecht wirkt, so die Begründung, der Gefahr einer Defensivmedizin entgegen; schließlich sollen Ärztinnen und Ärzte nicht aus Sorge vor dem Haftungsrisiko auf medizinisch sinnvolle Maßnahmen verzichten.[90] ◀

Der Behandlungsvertrag ist (schon aufgrund des Regelungsstandorts) als **spezieller Dienstvertrag** und nicht als Werkvertrag einzuordnen:[91] Der Behandelnde schuldet eine fachgerechte, aber keine erfolgreiche Behandlung. Der Erfolg der Behandlung am lebenden Organismus kann nämlich wegen der Komplexität der Vorgänge im menschlichen Körper im Allgemeinen nicht garantiert werden.[92] Der Einordnung als spezieller Dienstvertrag entspricht, dass die **Vorschriften über das Dienstverhältnis** gemäß § 630b BGB subsidiär auch auf den Behandlungsvertrag anwendbar sind – soweit es sich nicht um arbeitsrechtliche Vorschriften handelt. Der Einordnung als spezieller Dienstvertrag entspricht auch, dass der Behandlungsvertrag grundsätzlich **gegenseitiger Vertrag** i.S. der §§ 320 ff. BGB ist: Der Behandelnde verpflichtet sich um der Vergütung willen zur Behandlung, der Patient um der Behandlung willen zur Vergütung. Besonderheiten ergeben sich in der gesetzlichen Krankenversicherung, denn dort ist die Krankenkasse als „Dritte" i.S. von § 630a Abs. 1 BGB sozialversicherungsrechtlich (SGB V) zur Vergütung verpflichtet.[93]

44

Kernproblem des Behandlungsvertrags ist die Frage der **Arzthaftung**.[94] Dem Patienten steht ein Schadensersatzanspruch gemäß § 280 Abs. 1 BGB zu, wenn der behandelnde Arzt für einen Behandlungsfehler verantwortlich ist, der adäquat und äquivalentkausal zu einem Schaden geführt hat. Die Inanspruchnahme des Arztes stellt den Patienten

45

---

84 Begründung des RegE, BT-Drucks. 17/10488, S. 11; Palandt-*Weidenkaff* Vorb v § 630a Rn. 3.
85 OLG Köln BeckRS 2020, 13979.
86 Palandt-*Weidenkaff* Vorb v § 630a Rn. 3.
87 Palandt-*Weidenkaff* Vorb v § 630a Rn. 4.
88 Gesetz zur Verbesserung der Rechte von Patientinnen und Patienten v. 25.2.2013, BGBl. I, S. 277.
89 Begründung, BT-Drucks. 17/10488, S. 9, 10.
90 Begründung, BT-Drucks. 17/10488, S. 9.
91 Begründung, BT-Drucks. 17/10488, S. 17.
92 Begründung, BT-Drucks. 17/10488, S. 17.
93 Dazu im Einzelnen: Schnapp/Wigge-*Hess* Hdb d. VertragsarztR § 15; Schnapp/Wigge-*Steinhilper* Hdb d. VertragsarztR § 16; Eingehend zur „Viererbeziehung" zwischen Krankenkasse – Kassenärztlicher Vereinigung – Kassenarzt – Patient: *Pauge* ArzthaftungsR Rn. 61 ff.
94 Dazu zuletzt: *Deuring* JuS 2020, 489.

u.U. jedoch vor schwierige Beweisprobleme. Bezüglich der Verantwortlichkeit greift die Beweislastumkehr in § 280 Abs. 1 Satz 2 BGB. Probleme bestehen jedoch vor allem im Hinblick auf den Nachweis von Behandlungsfehler und Kausalität. Deswegen spielen die in § 630h BGB vorgesehenen Beweiserleichterungen eine Schlüsselrolle im Arzthaftungsrecht.

2. Pflichten des Behandelnden

a) Medizinische Behandlung des Patienten

46   Die Hauptleistungspflicht des Behandelnden besteht gemäß § 630a Abs. 1 Hs. 1 BGB in der **medizinischen Behandlung** des Patienten, die gemäß Absatz 2 „den zum Zeitpunkt der Behandlung bestehenden, allgemein anerkannten fachlichen Standards" entsprechen muss. Ein Arzt muss also nach den Regeln ärztlicher Kunst (= lege artis) behandeln. Maßgeblich sind die **Leitlinien wissenschaftlicher Fachgesellschaften**; so gibt bspw. die Deutsche Gesellschaft für Neurologie (DGN) – gemeinsam mit anderen Fachgesellschaften – eine regelmäßig aktualisierte Leitlinie zur Diagnose und Therapie von Multipler Sklerose (MS) heraus, die eine „zeitgerechte", d.h. den aktuellen medizinischen Möglichkeiten entsprechende Versorgung von MS-Patienten gewährleisten soll.

b) Informationspflichten

47   Der Behandelnde ist aufgrund der **Informationspflichten** gemäß § 630c Abs. 2 BGB u.a. verpflichtet, dem Patienten in verständlicher Weise zu Beginn der Behandlung und, soweit erforderlich, in deren Verlauf sämtliche für die Behandlung wesentlichen Umstände zu erläutern, insbesondere die Diagnose, die voraussichtliche gesundheitliche Entwicklung, die Therapie und die zu und nach der Therapie zu ergreifenden Maßnahmen (§ 630c Abs. 2 Satz 1 BGB). Er muss ggf. auch über mögliche Behandlungsfehler informieren (§ 630c Abs. 2 Satz 2 BGB) und über die Kosten, falls eine vollständige Kostenübernahme durch einen Dritten (Krankenkasse bzw. private Krankenversicherung) nicht gesichert ist (Absatz 3). Diese Informationspflicht soll den Patienten vor finanziellen Überraschungen schützen und ihn in die Lage versetzen, (auch) die wirtschaftliche Tragweite seiner Entscheidung zu überschauen.[95]

c) Aufklärung und Einholung der Einwilligung vor der Durchführung medizinischer Maßnahmen

48   Vor **Durchführung einer medizinischen Maßnahme**, insbesondere eines Eingriffs in den Körper oder die Gesundheit, ist der Behandelnde verpflichtet, die **Einwilligung**, d.h. die vorherige Zustimmung des Patienten einzuholen (§§ 630d Abs. 1 Satz 1, 183 Satz 1 BGB). Es obliegt schon aufgrund des (verfassungsrechtlich geschützten) allgemeinen Persönlichkeitsrechts allein dem mündigen Patienten, über den eigenen Körper und die insoweit durchzuführenden Maßnahmen zu entscheiden.[96] Eine sinnvolle Entscheidung kann der Patient allerdings nur treffen, wenn er die Tragweite, die Chancen und die Gefahren der medizinischen Maßnahme kennt, in die er einwilligen soll.[97] Daher setzt eine wirksame Einwilligung des Patienten eine ordnungsgemäße **Aufklärung**

---

95 BGH RDG 2020, 150 (Leitsatz).
96 Begründung, BT-Drucks. 17/10488, S. 23.
97 Begründung, BT-Drucks. 17/10488, S. 24.

voraus.[98] Der Behandelnde ist verpflichtet, den Patienten rechtzeitig (§ 630e Abs. 2 Satz 1 Nr. 2 BGB)[99] und verständlich (Satz 2) über sämtliche für die Einwilligung wesentlichen Umstände aufzuklären (Absatz 1 Satz 1). Dazu gehören insbesondere Art, Umfang, Durchführung, zu erwartende Folgen und Risiken der Maßnahme sowie ihre Notwendigkeit, Dringlichkeit, Eignung und Erfolgsaussichten im Hinblick auf die Diagnose oder die Therapie (Absatz 1 Satz 2). Der BGH verlangt allerdings nur, dass der Patient „im Großen und Ganzen" über Chancen und Risiken der Behandlung aufgeklärt wird; nicht erforderlich ist die exakte medizinische Beschreibung der in Betracht kommenden Risiken.[100]

§ 630e Abs. 2 BGB regelt zudem, *wer* aufklären muss: Dies ist der Behandelnde oder eine andere Person, die über die zur Durchführung der Maßnahme notwendige Ausbildung verfügt. Die Aufklärung muss mündlich erfolgen, Unterlagen in Textform können zur Ergänzung herangezogen werden. 49

d) Dokumentation des Behandlungsgeschehens (Patientenakte)

Der Behandelnde ist gemäß § 630f Abs. 1 BGB verpflichtet, zum Zweck der Dokumentation in unmittelbarem zeitlichen Zusammenhang mit der Behandlung eine **Patientenakte** zu führen und sämtliche aus fachlicher Sicht für die derzeitige und künftige ärztliche Behandlung wesentlichen Maßnahmen (Diagnose, Therapie usw.) aufzuzeichnen (Absatz 2). Der Patient hat ein Recht auf **Einsichtnahme in die Patientenakte**, das allerdings durch erhebliche therapeutische Gründe oder sonstige erhebliche entgegenstehende Rechte Dritter beschränkt ist (§ 630g Abs. 1 BGB).[101] 50

3. Haftung für Behandlungsfehler

Die **Haftung des Behandelnden auf Schadensersatz** richtet sich nach allgemeinem Leistungsstörungsrecht. Unterläuft ihm ein **Behandlungsfehler**, so stellt dieser Fehler eine **Pflichtverletzung** i.S. von § 280 Abs. 1 BGB dar. Besonderheiten ergeben sich vor allem im Hinblick auf die Beweislastverteilung: Bei Behandlungsverträgen wird u.a. der Behandlungsfehler – und nicht nur die Verantwortlichkeit (siehe § 280 Abs. 1 Satz 2 BGB) – vermutet. Bei der Prüfung von Schadensersatzansprüchen können Sie sich an folgendem Prüfungsschema orientieren: 51

---

98 BGH NJW-RR 2017, 533, 534.
99 Dazu: OLG Dresden NJW-RR 2020, 797 (Bei ambulanten Eingriffen genügt eine Aufklärung noch am OP-Tag).
100 BGH NJW-RR 2017, 533, 534; siehe auch: KG BeckRS 2020, 14288.
101 Zu den Dokumentationspflichten und dem Einsichtsrecht aufgrund der bisherigen Rechtsprechung Tamm/Tonner/Brönneke-*Cebulla* § 19a Rn. 26 ff.; MünchKomm-*Wagner* § 630f Rn. 1 ff., § 630g Rn. 1 ff.

> **Schadensersatzanspruch des Patienten gegen den Behandelnden**
> **gemäß § 280 Abs. 1 BGB**
>
> 1. Behandlungsvertrag
>
> 2. Behandlungsfehler
>
> 3. Verantwortlichkeit des Behandelnden (§§ 280 Abs. 1 Satz 2, 276 BGB)
>
> 4. Schaden
>
> 5. Kausalität
>
>   a) Haftungs*begründende* Kausalität zwischen Behandlungsfehler und Primär-schaden (Körper- bzw. Gesundheitsverletzung)
>
>   b) Haftungs*ausfüllende* Kausalität zwischen Primärschaden und zusätzlichen Körper-, Gesundheits- und Vermögensschäden

52   Bitte beachten Sie, dass die vertragliche Haftung gemäß § 280 Abs. 1 BGB eine **Haftung aus unerlaubter Handlung** (§§ 823 ff. BGB) nicht ausschließt; bei einem Behandlungsfehler ist also auch zu prüfen, ob eine rechtswidrige, vorsätzliche oder fahrlässige Körperverletzung vorliegt, die eine Haftung gemäß § 823 Abs. 1 BGB oder gemäß § 823 Abs. 2 BGB i.V.m. § 229 StGB (fahrlässige Körperverletzung) nach sich ziehen kann.

▶ **BEACHTE:** Davon abgesehen kommt eine (vertragliche und deliktische) Haftung auch bei Nebenpflichtverletzungen in Betracht – bspw. bei **ärztlichen Eingriffen ohne wirksame Einwilligung** des aufgeklärten Patienten (ärztliche Eigenmacht).[102] ◀

a) Behandlungsfehler

53   Der Behandelnde schuldet die Behandlung nach den zum Zeitpunkt der Behandlung bestehenden, **allgemein anerkannten fachlichen Standards** (§ 630a Abs. 2 BGB). Darunter versteht man den jeweiligen Stand naturwissenschaftlicher Erkenntnis und ärztlicher Erfahrung auf dem betreffenden Fachgebiet, der zur Erreichung des jeweiligen Behandlungsziels erforderlich ist und sich in der Erprobung bewährt hat.[103] Im Normalfall kann ein Richter nur mithilfe eines **Sachverständigen** klären, ob ein Behandlungsfehler vorliegt: Die Frage, welche Maßnahmen der Arzt ergreifen muss, richtet sich nach medizinischen, nicht nach juristischen Maßstäben.[104]

54   Ein Behandlungsfehler wird gemäß § 630h Abs. 1 BGB vermutet, wenn sich ein allgemeines **Behandlungsrisiko** verwirklicht hat, das für den Behandelnden **voll beherrschbar** war und das zur Verletzung des Lebens, des Körpers oder der Gesundheit des Patienten geführt hat. Entscheidend ist die Zuordnung des Risikos zum Herrschafts- und Organisationsbereich des Behandelnden – ohne dass es darauf ankäme, inwieweit das Risiko konkret vermeidbar war.[105] Grund für diese Regelung ist die besondere Schutzbedürftigkeit des Patienten, der sich darauf verlassen können muss, dass der

---

102   Dazu: BGH NJW-RR 2017, 533.
103   Begründung, BT-Drucks. 17/10488, S. 19. Rechtsprechungsnachweise bei Tamm/Tonner/Brönneke-*Cebulla* § 19a Rn. 41 ff.
104   BGH NJW 2015, 1601, 1602.
105   Begründung, BT-Drucks. 17/10488, S. 28, auf der Basis der früheren BGH-Rechtsprechung (BGH NJW 1991, 2960; BGH NJW 1995, 1618).

Behandelnde – bspw. im Hinblick auf allgemein anerkannte Hygienestandards – alles unternimmt, um ihn vor den mit der Behandlung verbundenen typischen Gefahren zu schützen.[106]

b) Verantwortlichkeit des Behandelnden

Der Behandelnde hat den Behandlungsfehler grundsätzlich dann zu vertreten, wenn er selbst oder ein Erfüllungsgehilfe (siehe § 278 BGB) schuldhaft, d.h. vorsätzlich oder fahrlässig gehandelt hat (§ 276 Abs. 1 BGB). Dem Patienten kommt ggf. die in § 280 Abs. 1 Satz 2 BGB angelegte Beweiserleichterung entgegen: Die **Verantwortlichkeit des Behandelnden** wird grundsätzlich vermutet, er muss ggf. also beweisen, dass er die objektiv fehlerhafte Behandlung (= den Behandlungsfehler) subjektiv ausnahmsweise nicht zu vertreten hat.[107]

55

c) Schaden und Kausalität

Ein Schadensersatzanspruch gemäß § 280 Abs. 1 BGB setzt neben einer Pflichtverletzung einen Schaden und die Kausalität zwischen Pflichtverletzung und Schaden voraus. Bei der möglichen Haftung für Behandlungsfehler unterscheidet man zwischen haftungsbegründender und haftungsausfüllender **Kausalität**:[108]

56

■ Die **haftungsbegründende Kausalität** betrifft den Kausalzusammenhang zwischen der objektiven Pflichtverletzung (Behandlungsfehler) und der primären Rechtsgutsverletzung (Leben, Körper, Gesundheit etc.).

■ Die **haftungsausfüllende Kausalität** betrifft den Kausalzusammenhang zwischen primärer Rechtsgutsverletzung und sich daraus ergebendem Schaden.

Liegt ein **grober Behandlungsfehler** vor und ist dieser grundsätzlich geeignet, eine Verletzung des Lebens, des Körpers oder der Gesundheit der tatsächlich eingetretenen Art herbeizuführen, wird vermutet, dass der Behandlungsfehler für diese Verletzung ursächlich war (§ 630h Abs. 5 Satz 1 BGB). Ein Behandlungsfehler ist grob, soweit ein medizinisches Fehlverhalten aus objektiver Sicht bei Anlegung des für den Behandelnden geltenden Ausbildungs- und Wissensmaßstabs nicht mehr verständlich erscheint, weil der Fehler gegen gesicherte und bewährte medizinische Erkenntnisse und Erfahrungen verstoßen hat und dem Behandelnden schlechterdings nicht unterlaufen darf.[109] Denkbar wäre bspw., dass im Rahmen eines operativen Eingriffs bei Patient P versehentlich ein anderes als das kranke Organ entfernt wird,[110] oder dass dem behandelnden Arzt ein fundamentaler Diagnosefehler unterläuft.[111]

57

§ 630h Abs. 2 BGB sanktioniert **Fehler bei der Aufklärungs- und Dokumentationspflicht.** Kann der Behandelnde nicht beweisen, dass er die Einwilligung ordnungsgemäß eingeholt und ebenso ordnungsgemäß aufgeklärt hat, so muss er beweisen, dass der Patient auch bei ordnungsgemäßer Aufklärung in die Maßnahme eingewilligt hätte. Hat er eine Maßnahme nicht dokumentiert, so wird vermutet, dass er sie nicht getroffen hat (§ 630h Abs. 3 BGB). Der Patient kann sich im Haftpflichtprozess also

58

106 Begründung, BT-Drucks. 17/10488, S. 28 m.w.N.
107 Begründung, BT-Drucks. 17/10488, S. 28.
108 *Greiß/Greiner* Arzthaftpflichtrecht Rn. B 188 ff.
109 BGHZ 159, 48, 54; BGH NJW 2018, 3382, 3384; Begründung, BT-Drucks. 17/10488, S. 30.
110 Begründung, BT-Drucks. 17/10488, S. 30.
111 Begründung, BT-Drucks. 17/10488, S. 31.

darauf berufen, dass eine gebotene Maßnahme nicht getroffen wurde, wenn sie nicht dokumentiert wurde.[112]

▶ **LÖSUNGSHINWEISE ZU FALL 26:**   P kann einen Behandlungsfehler (überflüssige Behandlung des rechten oberen Backenzahns) nicht nachweisen. B hätte jedoch das Röntgenbild zur Patientenakte nehmen (§ 630f Abs. 2 BGB) und zehn Jahre lang aufbewahren müssen (§ 630f Abs. 3 BGB). Infolgedessen wird vermutet, dass er kein Röntgenbild angefertigt hat (§ 630h Abs. 3 BGB). Eine Röntgenuntersuchung ist eine vor einer Wurzelbehandlung medizinisch gebotene und wesentliche (Diagnose-) Maßnahme. Ohne vorherige Röntgenaufnahme „drauflos zu bohren", führt deswegen über § 630h Abs. 1 BGB zu einer Haftung des B: Es verwirklicht sich ein von B beherrschbares Behandlungsrisiko mit der Folge, dass ein Behandlungsfehler vermutet wird. Das Verschulden wird ohnehin vermutet (§ 280 Abs. 1 Satz 2 BGB). B haftet. P kann also Schmerzensgeld verlangen. ◀

WIEDERHOLUNGS- UND VERTIEFUNGSFRAGEN

> Warum sind im Arbeitsrecht zwingende vertragsrechtliche Normen erforderlich?

> Welche auf den Arbeitsvertrag bezogenen Normen enthält das Dienstvertragsrecht des BGB?

> Wie sind die allgemeinen Regeln über den Annahmeverzug zugunsten des Dienstverpflichteten abgeändert?

> Charakterisieren Sie die Grundzüge des innerbetrieblichen Schadenausgleichs!

> Wann darf der Arbeitgeber außerordentlich kündigen?

> Warum treffen den Behandelnden umfangreiche Informations-, Aufklärungs- und Dokumentationspflichten?

> Welche Beweislasterleichterungen stehen dem Patienten bei einem Arzthaftungsprozess zur Verfügung
> – bezüglich des Verschuldens,
> – bezüglich der Kausalität?

---

112 Ebenso bereits die Rechtsprechung vor Inkrafttreten des Patientenrechtegesetzes: BGH NJW 1983, 332.

§ 26 Werkvertrag

▶ **FALL 27:** B bestellt bei Tischler U eine speziell an seine Wünsche angepasste Theke für seine Trattoria „Molto Buono". Als die Theke zu zwei Dritteln fertig gestellt ist, besichtigt er sie bei U und erklärt, dass ihm die Theke gut gefalle. U möge sie zu Ende bauen. Dem kommt U nach. Als die Theke fertig gestellt ist, brennt sie bei U aus ungeklärter Ursache ab. Muss B die Theke bezahlen?

Wie wäre es, wenn B bei seinem Besuch feststellt, dass ihm die Theke nicht gefällt? Kann er sich noch vom Vertrag lösen? ◀

I. Begriff des Werkvertrags

Beim **Werkvertrag** ergeben sich die vertragstypischen Pflichten aus § 631 Abs. 1 BGB: Der Unternehmer wird zur Herstellung des versprochenen Werks, der Besteller zur Entrichtung der vereinbarten Vergütung verpflichtet. Der Werkvertrag ist mithin ein gegenseitiger Vertrag. Charakteristische Leistung ist die „Herstellung" eines Werks. Welche Arten von Tätigkeiten damit gemeint sind, präzisiert § 631 Abs. 2 BGB: Gegenstand eines Werkvertrages kann neben der Herstellung oder Veränderung einer Sache „auch ein anderer durch Arbeit oder Dienstleistung herbeizuführender Erfolg" sein.

1

Die Bandbreite möglicher Tätigkeiten ist groß. Dazu gehören bspw. handwerklich-technische Dienstleistungen[1] wie die Reparatur eines Kraftfahrzeugs, die Tätowierung eines Menschen[2] oder die Errichtung eines Bauwerks, die Beförderung von Personen und Gütern,[3] geistige Tätigkeiten wie das Erstellen von Gutachten[4], und die Herbeiführung anderer unkörperlicher Erfolge, wie das Freihalten einer Fläche von Schnee[5] oder die Durchführung einer Kunst-, Kultur- oder Sportveranstaltung.[6]

2

▶ **BEACHTE:** Das Wort „**Unternehmer**" verwendet das BGB als Homonym. Im Verbraucherrecht ist damit der Unternehmer als professioneller Marktteilnehmer, d.h. als die Person gemeint, die bei Abschluss eines Rechtsgeschäfts in Ausübung ihrer gewerblichen oder selbständigen beruflichen Tätigkeit handelt (§ 14 BGB), und die dem Verbraucher (§ 13 BGB) gegenübersteht. Im Werkvertragsrecht bezeichnet der Begriff „Unternehmer" dagegen die Partei, die sich gegenüber dem Besteller zur Herstellung des Werks verpflichtet hat. Das Begriffspaar lautet hier also nicht „Unternehmer – Verbraucher", sondern „Unternehmer – Besteller". Um Missverständnisse zu vermeiden, spricht man im Werkvertragsrecht häufig auch vom „**Werkunternehmer**". Dieser Werkunternehmer kann, muss aber kein Unternehmer i.S. von § 14 BGB sein. ◀

---

1 Zur Typendifferenzierung beim Werkvertrag MünchKomm-*Busche* § 631 Rn. 117 ff.; *Medicus* JuS 1992, 273.
2 LG Kassel NJW-RR 2009, 1685; Palandt-*Retzlaff* Einf v § 631 Rn. 27.
3 Siehe *Tonner* Vertragliche Schuldverhältnisse, 4. Aufl., § 27 zu den zahlreichen Spezialregelungen für Beförderungsverträge.
4 Siehe MünchKomm-*Busche* § 631 Rn. 149 f.; BGH NJW 2012, 1071, 1072 (Begutachtung eines Pferdes).
5 Siehe BGH NJW 2013, 3022.
6 Einzelheiten: Palandt-*Retzlaff* Einf v § 631 Rn. 28.

3   Die **Einordnung einer Vereinbarung als Werkvertrag ist** vor allem dann problematisch,

- wenn es um eine Dienstleistung (gegen Entgelt) geht und alternativ ein Dienst- oder ein Werkvertrag vorliegen könnte,
- wenn Lieferung und Herstellung eines Werks so miteinander kombiniert werden oder ineinander übergehen, dass ein **Kauf oder ein Werkvertrag** in Betracht kommt,
- wenn auch die Lieferung einer erst noch herzustellenden oder zu erzeugenden (beweglichen) Kaufsache, d.h. ein **Werklieferungsvertrag** vereinbart sein könnte.

Im Einzelnen gilt folgendes: **Dienst- und Werkvertrag** unterscheiden sich nicht durch die Art der geschuldeten Tätigkeit, sondern durch die **Erfolgsbezogenheit des Werkvertrags** (siehe bereits § 24 Rn. 3). Das ergibt sich aus § 631 Abs. 2 BGB, der ausdrücklich auf die Herbeiführung eines Erfolgs abstellt und dazu führt, dass man bei der Einordnung von Dienstleistungen die Frage stellen muss, ob „nur" die Dienstleistung als solche – bspw. die Bewachung eines Kaufhauses – geschuldet ist, oder ob ein davon gedanklich zu trennender Erfolg – bspw. die Festsetzung eines ganz bestimmten, allseits bekannten Ladendiebs – herbeizuführen ist.

4   **Kauf- und Werkvertrag** unterscheiden sich durch die charakteristische Leistung: beim Kaufvertrag geht es um die Besitz- und Eigentumsübertragung („Lieferung"; siehe § 433 Abs. 1 BGB), beim Werkvertrag um eine davon zu unterscheidende, d.h. auf einen anderen Erfolg gerichtete Tätigkeit, nämlich um die Herstellung des Werks (§ 631 Abs. 1 BGB).

- Probleme entstehen zunächst bei der Kombination von Lieferungs- und Montageverpflichtung: Bestellt ein Kunde eine Einbauküche „einschließlich Lieferung und Montage", kann sowohl ein Kauf- als auch ein Werkvertrag im Raum stehen. Ausschlaggebend für die Abgrenzung ist, auf welcher der beiden Leistungen bei einer Gesamtbetrachtung der **Schwerpunkt** liegt: Je mehr die Übertragung von Eigentum und Besitz im Vordergrund steht, desto mehr spricht für die Einordnung als Kaufvertrag. Prägt hingegen vor allem die Montage- und Bauleistung das Vertragsverhältnis, liegt ein Werkvertrag vor (siehe bereits § 6 Rn. 2).[7]
- Probleme treten u.U. aber auch auf, wenn die Leistung (je nach Betrachtungsweise) vor allem als Lieferung oder als Herstellung eines Werks empfunden werden kann. Das ist bspw. bei **Softwareverträgen** der Fall: Handelt es sich um Standardsoftware, steht der Handel mit dem standardisierten Produkt „von der Stange" im Vordergrund, so dass Kaufrecht anwendbar ist. Hat sich ein Programmierer hingegen zur Herstellung einer speziell für den Erwerber anzufertigenden, maßgeschneiderten Software verpflichtet, steht die individuelle geistige Schöpfung im Vordergrund und es gilt Werkvertragsrecht.[8] Klarzustellen ist allerdings, dass Kauf- bzw. Werkvertragsrecht bei Verbraucherverträgen über digitale Produkte (§ 453 Abs. 1 Satz 2 BGB), Verbrauchsgüterkaufverträgen über digitale Produkte (§ 475a Abs. 1 und 2 BGB) und Verbraucherverträgen über die Herstellung digitaler Produkte (§ 650 Abs. 2-4 BGB) vom 1.1.2022 an auf das Recht der **Verbraucherverträge über digitale Produkte** verweisen, so dass die §§ 327 ff. BGB unabhängig von der Einordnung als Kauf- oder Werk- bzw. Werklieferungsvertrag zum Tragen kommen können. Im

---

7 Palandt-*Weidenkaff* Einf v. § 433 Rn. 19; BGH BeckRS 2018, 17582 Rn. 19, im Einklang mit EuGH NZBau 2018, 283 Rn. 37 f. (Schottelius).
8 BGHZ 102, 135, 141; BGH NJW 1990, 3008. Ausführlich Leupold/Glossner-*v. dem Bussche/Schelenski*, Münchner Anwaltshandbuch IT-Recht, 32. Aufl. 2013, Teil 1 Rn. 22 ff.; *Schweinoch* CR 2009, 640.

Einzelnen ist dann aber wieder zu unterscheiden – zum Beispiel im Hinblick darauf, dass § 327a Abs. 3 Satz 2 BGB explizit an den *Kauf* einer Sache mit digitalen Elementen anknüpft.

Problematisch ist schließlich auch die Behandlung von Verträgen, die die Lieferung   5
erst noch herzustellender oder zu erzeugender beweglicher Sachen zum Gegenstand haben. Für solche **Werklieferungsverträge** gilt gemäß § 650 Abs. 1 BGB Kaufrecht.[9] Für die Abgrenzung zwischen Werklieferungs- und Werkvertrag gelten nach der BGH-Rechtsprechung dieselben Maßstäbe wie bei der Abgrenzung zwischen Kauf- und Werkvertrag – es ist also entscheidend, auf welcher der geschuldeten Leistungen der Schwerpunkt liegt: Liegt der Schwerpunkt des Vertrags über eine noch herzustellende oder zu erzeugende Sache auf der mit dem Warenumsatz verbundenen Übertragung von Eigentum und Besitz an dieser Sache, liegt ein Werklieferungsvertrag vor. Liegt der Schwerpunkt hingegen auf der Herstellung eines funktionstauglichen Werks, spricht dies für einen Werkvertrag.[10]

Wie einzelfallabhängig die Abgrenzung zwischen Werk- und Werklieferungsvertrag ist,   6
zeigen zwei Fälle aus der Praxis, die jeweils die Lieferung eines Lifts betrafen:

▶ **BEISPIELE:** Der BGH hat einen Vertrag über einen an der Außenfassade eines Wohnhauses zu montierenden, speziell maßangefertigten „Senkrechtlift" als Werkvertrag eingestuft, weil der Schwerpunkt des Vertrags auf der Planung des Lifts und der funktionstauglichen Einpassung entsprechend der Planung der für die Errichtung des Lifts zu liefernden Einzelteile an die Außenfassade des Wohnhauses des Kunden gelegen habe. Auch die Montage stelle sich in diesem Fall als Vertragsschwerpunkt und nicht nur als eine bloße Ergänzung der Lieferung der einzelnen Elemente des Lifts dar, wie dies bei einem Werklieferungsvertrag der Fall gewesen wäre.[11] Einen Vertrag über die Lieferung eines individualisierten „Treppenlifts" hat das OLG Köln dagegen unter Bezugnahme auf die BGH-Rechtsprechung als Werklieferungsvertrag eingestuft: Könne ein Treppenlift, was dem Publikum auch bekannt sei, mit geringem Aufwand durch jedes Fachunternehmen montiert werden, stehe die Lieferung des Produkts und nicht dessen Planung und Montage im Vordergrund. Montage und Planung seien in diesem Fall nur als Nebenleistung anzusehen.[12] ◀

Bei **Werklieferungsverträgen über nicht vertretbare Sachen,** d.h. Sachen, die nicht se-   7
rienmäßig produziert, sondern für den Kunden individuell hergestellt werden,[13] kommen ergänzend einige werkvertragliche Vorschriften zur Anwendung (§ 650 Abs. 1 BGB). Folgt man im obigen Beispiel dem OLG Köln und ordnet man die Lieferung eines individualisierten „Treppenlifts" als Werklieferungsvertrag über nicht vertretbare Sachen ein, so hieße das, dass u.a. die §§ 642 f. BGB zum Tragen kämen; sollte der Kunde dem Lieferanten nicht die Möglichkeit geben, die Treppe auszumessen, dann könnte der Lieferant bspw. gemäß § 642 Abs. 1 BGB eine angemessene Entschädigung verlangen.

Kauf- und Werkvertragsrecht ähneln sich zwar insbesondere im Hinblick auf die Män-   8
gelrechte des Käufers bzw. Bestellers. Das heißt aber nicht, dass die Einordnung als Werk- *oder* Werklieferungsvertrag bedeutungslos wäre: Beim Kaufvertrag kann der Käufer zwischen den beiden Nacherfüllungsvarianten (Nachbesserung oder Nachliefe-

---

9   § 650 BGB geht auf die VerbrGKRL zurück.
10   BGH NJW 2018, 3380, 3381.
11   BGH NJW 2018, 3380, 3381 f. unter Hinweis auf EuGH NJW 2017, 3215 (Schottelius).
12   OLG Köln GRUR-RS 2020, 21761 Rn. 51 ff.
13   Siehe BGH NJW-RR 2020, 851, 852.

rung) wählen (§ 439 Abs. 1 BGB), beim Werkvertrag der Unternehmer (§ 635 Abs. 1 BGB). Dem Käufer steht kein Recht zur Selbstvornahme zu, dem Besteller schon (siehe § 634 Nr. 2 BGB). Beim Werkvertrag spielt die Abnahme eine Schlüsselrolle (§ 640 Abs. 1 Satz 1 BGB), beim Kaufvertrag nicht. Der Unternehmer ist zur Vorleistung verpflichtet (§ 641 Abs. 1 BGB), der Verkäufer nicht.

9　Besonderheiten ergeben sich gem. § 650 Abs. 3 BGB bei einem Werklieferungs- als **Verbrauchervertrag, bei dem der Unternehmer sich verpflichtet, einen herzustellenden körperlichen Datenträger zu liefern, der ausschließlich als Träger digitaler Inhalte dient.** Da es sich bei einem solchen Datenträger um eine bewegliche Sache handelt, sind nach § 650 Abs. 1 BGB grundsätzlich die Vorschriften über den Kauf anzuwenden. Das Konkurrenzverhältnis zum Recht der Verträge über digitale Inhalte (§§ 327 ff. BGB) entspricht der in § 475a Abs. 1 BGB für den entsprechenden Verbrauchsgüterkaufvertrag geregelten Konkurrenz. Daher sieht § 650 Abs. 3 BGB ebenfalls vor, dass § 433 Abs. 1 Satz 2 BGB, die §§ 434 bis 442 BGB, § 475 Abs. 3 Satz 1, Abs. 4 bis 6 BGB und die §§ 476 und 477 BGB über die Rechte bei Mängeln nicht anzuwenden sind. An die Stelle der nach § 650 Abs. 3 Satz 1 BGB ausgeschlossenen Vorschriften treten nach § 650 Abs. 3 Satz 2 BGB die Vorschriften für **Verträge über digitale Produkte** (§§ 327 ff. BGB). Für den Werklieferungsvertrag, bei dem der Unternehmer sich verpflichtet, eine herzustellende Sache zu liefern, die digitale Produkte enthält oder mit digitalen Produkten verbunden ist, gilt der Anwendungsausschluss nach § 650 Abs. 3 BGB entsprechend (§ 650 Abs. 4 Satz 2 BGB). Dieser erfasst allerdings im Hinblick auf § 327a Abs. 2 Satz 2 BGB nur diejenigen Bestandteile des Vertrags, welche das digitale Produkt betreffen.

▶ **Beispiel:** B (Verbraucher i.S. des § 13 BGB) beauftragt U (Unternehmer i.S. des § 14 Abs. 1 BGB) mit der Anfertigung eines temperatursensiblen Maßanzugs (Smart Suit), der im Sommer, sobald bestimmte Temperaturen erreicht werden, automatisch abkühlen soll. Funktioniert die GPS-gesteuerte Temperaturabfrage mangels regelmäßiger Updates nicht mehr, so ist gem. §§ 650 Abs. 4 Satz 2, Abs. 3 Satz 1 BGB anzunehmen, dass die §§ 434 ff. BGB (Mangel der Kaufsache und Rechte des Käufers bei Mängeln) nicht zum Tragen kommen; stattdessen kann B gem. §§ 327i Nr. 1, 327l BGB Nacherfüllung verlangen, weil im Hinblick auf das digitale Produkt ein Produktmangel vorliegt (siehe § 327e Abs. 3 Nr. 5 BGB). ◀

II. Regelungssystematik

10　Das **Werkvertragsrecht** besteht im Kern aus den „Allgemeinen Vorschriften" (§§ 611 ff. BGB) und den Vorschriften für Bau- und Verbraucherbauverträge (§§ 650a ff. BGB; §§ 650i ff. BGB). Hinzukommt die Regelung ähnlicher Verträge, nämlich die Regelung des Architekten- und Ingenieurvertrags (§§ 650p ff. BGB), des Bauträger- (§§ 650u f. BGB) und des Pauschalreisevertrags (§§ 651a ff. BGB).

Die **Systematik des Werkvertragsrechts** lässt sich also wie folgt veranschaulichen: 11

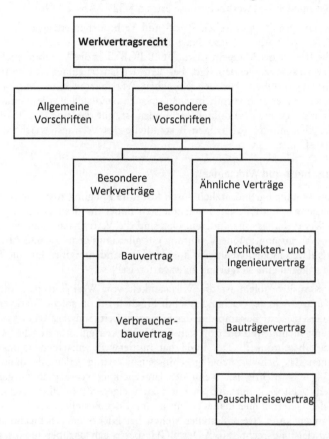

Die **Neuregelung der Verbraucherverträge über digitale Produkte** (§§ 327 ff. BGB) 12
überschneidet sich zwar in erster Linie mit dem Kaufrecht, erfasst ggf. aber auch bestimmte Werkverträge. Das ergibt sich schon daraus, dass § 327 Abs. 4 BGB Verbraucherverträge einbezieht, „die digitale Produkte zum Gegenstand haben, welche nach
den Spezifikationen des Verbrauchers entwickelt werden." Folgende werkvertragliche
Leistungen sind den §§ 327 ff. BGB zugeordnet:

1. die Herstellung digitaler Inhalte (§ 327 Abs. 1 Satz 1 Alt. 1 BGB),
2. die Herbeiführung eines Erfolgs durch eine digitale Dienstleistung (§ 327 Abs. 1
   Satz 1 Alt. 2 BGB),
3. die Herstellung eines körperlichen Datenträgers, der ausschließlich als Träger digitaler Inhalte dient (§ 327 Abs. 5 BGB),
4. die Lieferung eines herzustellenden körperlichen Datenträgers, der ausschließlich
   als Träger digitaler Inhalte dient (Werklieferungsvertrag, § 327 Abs. 5 BGB),
5. die Herstellung einer Sache, die ein digitales Produkt enthält oder mit ihr verbunden ist (§ 327a Abs. 2 BGB), und

6. die Lieferung einer herzustellenden Sache, die ein digitales Produkt enthält oder mit ihr verbunden ist (Werklieferungsvertrag, § 327a Abs. 2 BGB).[14]

13   Das **Konkurrenzverhältnis zwischen Werk- und Verbrauchervertragsrecht** regelt § 650 Abs. 2-4 BGB. § 650 Abs. 2 Satz 1 Nr. 1 BGB besagt bspw., dass die §§ 633 bis 639 BGB über die **Rechte bei Mängeln** sowie § 640 BGB über die **Abnahme** nicht auf einen Verbrauchervertrag anzuwenden sind, bei dem der Unternehmer sich verpflichtet, digitale Inhalte herzustellen. Für den einfachen Werkvertrag eines Verbrauchers, bei dem der Unternehmer sich verpflichtet, eine Sache herzustellen, die digitale Produkte enthält oder mit digitalen Produkten verbunden ist, gilt dasselbe (§ 650 Abs. 4 Satz 1 BGB) – allerdings nur für diejenigen Bestandteile des Vertrags, welche die digitalen Produkte betreffen.

III. Vertragsschluss und Wirksamkeit

14   Werkverträge kommen grundsätzlich durch **formlose** Einigung zustande (vgl. §§ 145 ff. BGB). Unternehmer und Besteller müssen sich dabei mindestens auf die **essentialia negotii** des Werkvertrags verständigen. Das sind die Vertragsparteien, das geschuldete Werk und die Vergütung.[15] Eine Vergütung gilt allerdings gemäß § 632 Abs. 1 BGB als stillschweigend vereinbart, wenn sich aus den Umständen ergibt, dass die Herstellung des Werks nur gegen eine Vergütung zu erwarten ist.[16]

15   Klassisches Klausurproblem ist die Wirksamkeit von Werkverträgen, die mit einer „Ohne-Rechnung-Abrede" verbunden sind. Fraglich ist, ob solche Werkverträge nach §§ 1, 2 des Gesetzes zur Bekämpfung der **Schwarzarbeit** (SchwarzArbG)[17] i.V.m. § 134 BGB insgesamt nichtig sind oder ob sich die Nichtigkeit ggf. nur auf die „Ohne-Rechnung-Abrede" beschränkt.[18] Der BGH hat mittlerweile entschieden, dass ein unter Verstoß gegen das SchwarzArbG geschlossener Vertrag jedenfalls dann insgesamt gemäß § 134 BGB nichtig ist, wenn der Unternehmer vorsätzlich vorgeht und der Besteller den Verstoß kennt und bewusst zum eigenen Vorteil ausnutzt.[19] Daraus folgt, dass der Unternehmer keine Vergütung und der Besteller keine Herstellung des Werks verlangen kann. Dem Besteller stehen bei Nicht- oder Schlechtleistung auch keine Gewährleistungsrechte zu.[20] Der BGH sperrt sich darüber hinaus auch gegen Herausgabeansprüche aus ungerechtfertigter Bereicherung: Der Unternehmer, der gegen §§ 1 f. SchwarzArbG verstößt, kann keinen Wertersatz gemäß §§ 812 Abs. 1, 818 Abs. 2 BGB für bereits erbrachte Tätigkeiten beanspruchen, weil beide, Unternehmer und Besteller, gegen das gesetzliche Verbot verstoßen haben (siehe § 817 Satz 2 Hs. 1

---

14   Vgl. Begründung der Bundesregierung zum Entwurf eines Gesetzes zur Umsetzung der Richtlinie über bestimmte vertragsrechtliche Aspekte der Bereitstellung digitaler Inhalte und digitaler Dienstleistungen, BT-Drucks. 19/27653, S. 87.
15   A.A. hinsichtlich der Vergütung wohl MünchKomm-*Busche* § 631 Rn. 49.
16   Zum Streit hinsichtlich der dogmatischen Einordnung von § 632 Abs. 1 BGB vgl. BGHZ 167, 139, 142 f. [offengelassen].
17   Gesetz zur Bekämpfung der Schwarzarbeit in der Fassung v. 6.2.1995, BGBl. I, S. 165; zuletzt geändert durch Art. 26 Abs. 2 G zur Intensivierung der Bekämpfung der Schwarzarbeit und damit zusammenhängender Steuerhinterziehung v. 23.7.2004, BGBl. I, S. 1842.
18   Siehe bspw. BGH NJW-RR 2001, 380.
19   BGHZ 198, 141. Zur früheren Fassung des SchwArbG nahm der BGH nur Teilnichtigkeit an, BGHZ 111, 308.
20   BGHZ 198, 141, 148; BGH NJW 2015, 2406, 2406.

BGB).[21] Dem Besteller, der den Werklohn bereits (schwarz) gezahlt hat, steht kein Rückzahlungsanspruch gemäß § 812 Abs. 1 BGB zu (siehe § 817 Satz 2 Hs. 1 BGB).[22]

IV. Hauptleistungspflichten der Parteien

1. Die Pflichten des Unternehmers

Hauptpflicht des Unternehmers ist es, das versprochene „Werk" sach- und rechtsmangelfrei **herzustellen** und es dem Besteller zu verschaffen (vgl. §§ 631 Abs. 1, 633 Abs. 1 BGB). Hierfür ist bei körperlichen Werken in aller Regel die Übergabe und ggf. die Übereignung des Werks erforderlich (sogenannte Ablieferung).[23] Im Unterschied zum Dienstvertrag (§ 613 Satz 1 BGB) ist der Unternehmer im Grundsatz nicht zur persönlichen Tätigkeit verpflichtet, er kann also auch selbstständige Sub-Unternehmer als Erfüllungsgehilfen einsetzen, für die er gemäß §§ 276, 278 BGB haftet. Entscheidend ist auch hier der konkrete Vertragsinhalt bzw. die Art des geschuldeten Werks:[24] Eine höchstpersönliche Leistungspflicht ist bspw. dann zu bejahen, wenn ein Künstler mit der Anfertigung eines Gemäldes beauftragt wird.[25]

16

2. Die Pflichten des Bestellers

Im Gegenzug für die Herstellung des Werks ist der Besteller dazu verpflichtet, die vereinbarte Vergütung (auch: den Werklohn) zu entrichten (§ 640 Abs. 1 Satz 1 BGB).

17

a) Vergütung

Haben die Parteien die Höhe der **Vergütung** nicht bestimmt, richtet sich diese entweder nach einer Taxe (Begriff: siehe § 25 Rn. 16) oder, bei Fehlen einer Taxe, nach der üblichen Vergütung, § 632 Abs. 2 BGB.[26] Ein **Kostenanschlag** (= Kostenvoranschlag), d.h. die Mitteilung über die voraussichtlich entstehenden Kosten einer Reparatur oder eines anderen Werks (bspw. der Beseitigung eines Baums im Garten) ist im Zweifel nicht gesondert zu vergüten, § 632 Abs. 3 BGB. Die Vergütungspflicht gemäß § 631 Abs. 1 BGB entsteht mit Vertragsschluss, wird allerdings – anders als sonst (siehe § 271 Abs. 1 BGB) – nicht sofort, sondern erst **bei Abnahme fällig** (§ 641 Abs. 1 Satz 1 BGB). Der Unternehmer ist also vorleistungspflichtig, d.h. er muss die Herstellung des Werks im Grundsatz vorfinanzieren. Eine Entlastung kann insofern § 632a Abs. 1 Satz 1 BGB schaffen, der dem Unternehmer unter bestimmten Voraussetzungen einen Anspruch auf **Abschlagszahlungen** in Höhe des Werts der von ihm erbrachten und nach dem Vertrag geschuldeten Leistungen einräumt.[27]

18

b) Abnahme und Abnahmefiktion

Die für die Fälligkeit des Vergütungsanspruchs erforderliche „Abnahme" ist nicht legaldefiniert. In der Praxis hat sich allerdings ein gefestigtes Begriffsverständnis entwickelt, wonach unter Abnahme die **körperliche Entgegennahme des Werks und seine**

19

---

21 BGH NJW 2014, 1805, 1805 f.; anders noch: BGHZ 111, 308.
22 BGH NJW 2015, 2406, 2406.
23 Palandt-*Retzlaff* § 631 Rn. 16.
24 Palandt-*Retzlaff* § 631 Rn. 12.
25 Siehe MünchKomm-*Busche* § 631 Rn. 73.
26 Zum Vorgehen bei fehlender Taxe oder üblicher Vereinbarung BGH NJW-RR 2007, 56.
27 Vgl. BGH NJW 1985, 1840.

Billigung durch den Besteller als im Wesentlichen vertragsgemäß zu verstehen ist.[28] Im Gegensatz zum kaufrechtlichen Abnahmebegriff (siehe § 6 Rn. 42), ist der werkrechtliche Abnahmebegriff also zweigliedrig:[29] Er setzt nicht nur die körperliche Entgegen- bzw. Hinwegnahme, sondern auch die Billigung des Werks durch den Besteller voraus. Die Rechtsnatur der Billigung ist umstritten, die wohl h.M. ordnet sie als **rechtsgeschäftsähnliche Handlung** ein.[30] Die Vorschriften über Willenserklärungen sind danach auf die Abnahme jedenfalls entsprechend anwendbar. Die wirksame Abnahme setzt also u.a. Geschäftsfähigkeit des Bestellers voraus; sie muss dem Unternehmer zugehen (siehe § 130 Abs. 1 BGB) und kann u.U. angefochten werden.[31] Ist eine körperliche Entgegennahme wegen der Beschaffenheit des Werks nicht möglich (bspw. bei einer Theateraufführung), so tritt die **Vollendung** des Werks an die Stelle der Abnahme, § 646 BGB.

20 Der Abnahme kommt im Werkvertragsrecht eine weitaus größere Bedeutung als im Kaufrecht zu. Wegen dieser besonderen Bedeutung ist die **Abnahme im Werkvertragsrecht** – anders als im Kaufrecht – nicht nur eine Neben-, sondern eine **Hauptpflicht** des Bestellers.[32] Neben der Fälligkeit des Vergütungsanspruchs (§ 641 Abs. 1 Satz 1 BGB) knüpft das BGB auch

- den **Gefahrübergang** (§ 664 Abs. 1 Satz 1),
- den **Übergang des Erfüllungs- in einen Nacherfüllungsanspruch** (§§ 634 Nr. 1, 635) bei Mängeln des Werks,
- die **Verjährung von Mängelansprüchen** (§ 634a Abs. 2) und
- den **Übergang der Beweislast** für Mängel auf den Besteller (siehe § 363 BGB)

an die Abnahme.[33]

21 Die **Pflicht zur Abnahme** (§ 640 Abs. 1 Satz 1 BGB) entsteht, sobald das Werk vom Unternehmer vollständig und mangelfrei hergestellt wurde (sogenannte Abnahmereife). Hat das Werk einen nicht nur unwesentlichen Mangel, muss der Besteller es weder abnehmen noch bezahlen – er kann die Einrede des nicht erfüllten Vertrags erheben (§ 320 Abs. 1 BGB).[34] Der Unternehmer wird allerdings davor geschützt, dass der Besteller die Abnahme und damit die Bezahlung unangemessen lange hinauszögert: Bei **unwesentlichen Mängeln** kann der Besteller die Abnahme nämlich nicht verweigern (§ 640 Abs. 1 Satz 2 BGB). Er wird stattdessen auf seine Mängelrechte nach § 634 BGB verwiesen, kann allerdings auch nach Fälligkeit der Vergütung ein Leistungsverweigerungsrecht hinsichtlich eines angemessenen Teils der Vergütung geltend machen, § 641 Abs. 3 BGB. Ob ein Mangel wesentlich oder unwesentlich ist, richtet sich insbesondere nach Art, Umfang und Auswirkungen des Mangels; auch ein etwa vorhandenes spezielles Interesse des Bestellers an der vertragsgerechten Leistung und subjektive Vorstellungen der Vertragsparteien von der Bedeutung konkreter Details bei der Aus-

---

28 BGHZ 48, 257, 262; BGHZ 132, 96, 100; *Peters* JuS 1993, 289, 289; *Hartung* NJW 2007, 1099, 1099; MünchKomm-*Busche* § 640 Rn. 3.
29 MünchKomm-*Busche* § 640 Rn. 2.
30 Siehe nur MünchKomm-*Busche* § 640 Rn. 4; NK-*Raab* § 640 Rn. 7; BeckOK-*Voit* § 640 Rn. 5; Staudinger-*Jacoby* § 640 Rn. 10 m.w.N. zu anderen Auffassungen.
31 MünchKomm-*Busche* § 640 Rn. 5.
32 Siehe nur BGH NJW 2019, 2166, 2169 m.w.N.
33 Zum Übergang der Beweislast nach Abnahme: BGH NJW 2019, 2169, 2171.
34 Siehe MünchKomm-*Emmerich* § 320 Rn. 17.

führung der Arbeiten können eine Rolle spielen, soweit sie hinreichend zum Ausdruck gekommen sind.[35]

▶ **BEACHTE:** Bei einem Verbrauchervertrag, bei dem der Unternehmer sich verpflichtet, digitale Inhalte herzustellen, einen Erfolg durch eine digitale Dienstleistung herbeizuführen oder einen körperlichen Datenträger herzustellen, der ausschließlich als Träger digitaler Inhalte dient, ist § 640 BGB gem. § 650 Abs. 2 Satz 1 BGB nicht anwendbar. Die §§ 661, 644 und 645 BGB sind mit der Maßgabe anzuwenden, dass an die Stelle der Abnahme die Bereitstellung des digitalen Produkts tritt (vgl. § 650 Abs. 2 Satz 2 BGB). ◀

Der Unternehmer hat außerdem die Möglichkeit, eine **Abnahmefiktion** herbeizuführen: Gemäß § 640 Abs. 2 Satz 1 BGB gilt das Werk als abgenommen, wenn der Unternehmer dem Besteller nach Fertigstellung des Werks eine angemessene Frist gesetzt hat und dieser die Abnahme innerhalb dieser Frist nicht unter Angabe mindestens eines Mangels verweigert hat (§ 640 Abs. 2 Satz 1 BGB). Von einer Fertigstellung des Werks ist auszugehen, wenn es nach der vertraglichen Vereinbarung der Parteien als „fertig" anzusehen ist, d.h. wenn die im Vertrag genannten Leistungen abgearbeitet bzw. erbracht sind.[36] Die fiktive Abnahme hat dieselben Rechtsfolgen wie die tatsächliche Abnahme nach § 640 Abs. 1 BGB. Besondere Anforderungen gelten bei Bestellern, die den Werkvertrag als Verbraucher geschlossen haben (§§ 640 Abs. 2 Satz 2, 650o BGB).

22

V. Gefahrtragung

Ebenso wie im Kaufrecht (§§ 446 f. BGB) finden sich auch im Werkvertragsrecht Spezialregelungen zum Übergang der Preisgefahr (=Vergütungsgefahr). Hinsichtlich der Leistungsgefahr bleibt es auch im Werkvertragsrecht bei der allgemeinen Regelung in § 275 BGB.[37] Die Preisgefahr, d.h. das Risiko der (Nicht-)Vergütung bei zufälligem Untergang und zufälliger Verschlechterung des Werks, trägt gemäß § 644 Abs. 1 Satz 1 BGB im Grundsatz der Unternehmer bis zur **Abnahme** bzw. bis zur Vollendung des Werks (siehe § 646 BGB). Beauftragt also bspw. Besteller B den Schneider S mit der Anfertigung eines aufwändigen Theaterkostüms und wird das fast fertiggestellte Kostüm von einem Dritten aus der Werkstatt des S gestohlen, muss S das Kostüm erneut herstellen und kann für seine bis dahin durchgeführten Arbeiten keine (zusätzliche) Vergütung verlangen.[38] Bei komplexeren Werken, insbesondere der Errichtung eines Gebäudes, werden deswegen häufig **Teilabnahmen** vereinbart (siehe § 641 Abs. 1 Satz 2 BGB).

23

▶ **BEACHTE:** Der Unternehmer trägt zwar grundsätzlich bis zur Abnahme die Preisgefahr (644 Abs. 1 Satz 1 BGB), die Gefahr des zufälligen Untergangs eines vom Besteller gelieferten Stoffes, d.h. des von ihm zur Herstellung des Werks bereitgestellten Materials, muss allerdings der Besteller tragen (Satz 3). Hat in dem o.g. Beispiel der Besteller dem Schneider das Material für das Kostüm geliefert, müsste der Schneider das Kostüm nach dem Diebstahl zwar erneut herstellen, er müsste das dafür benötigten Material allerdings nicht (auf eigene Kosten) besorgen – die Lieferung des Materials obläge (erneut) dem Besteller. ◀

---

35 OLG Brandenburg BeckRS 2020, 12892 Rn. 18 m.w.N.
36 BT-Drs. 18/8486, S. 49.
37 *Looschelders* Schuldrecht BT § 33 Rn. 26 f.
38 Ähnliches Beispiel bei Palandt-*Retzlaff* § 645 Rn. 4.

24   Zugunsten des Unternehmers berücksichtigt das Gesetz ausdrücklich **zwei Ausnahmen** von der Gefahrtragungsregel in § 644 Abs. 1 Satz 1 BGB, wenn die Gründe, die zum Untergang des Werks geführt haben, aus dem Einflussbereich des Bestellers stammen:[39] Zum einen gilt bei **Versendung des Werks auf Verlangen des Bestellers** an einen anderen Ort als dem Erfüllungsort die Gefahrtragungsregelung zum Versendungskauf (§ 447 BGB) entsprechend, so dass die Preisgefahr bereits vor der Abnahme auf den Besteller übergeht, nämlich mit Auslieferung des Werks an die Transportperson, § 644 Abs. 2 BGB (zu § 447 BGB siehe § 6 Rn. 49 f.).

25   Zum anderen soll der Besteller zumindest einen Teil der Vergütungsgefahr tragen, wenn das geschuldete *Werk* infolge eines **Mangels des vom Besteller gelieferten Stoffes** oder in Folge einer vom Besteller **für die Ausführung erteilten Anweisung** (vor der Abnahme) untergegangen, verschlechtert oder unausführbar geworden ist, ohne dass ein Umstand mitgewirkt hat, den der Unternehmer zu vertreten hat, § 645 Abs. 1 Satz 1 BGB. In diesem Fall kann der Unternehmer nämlich ausnahmsweise doch einen der geleisteten Arbeit entsprechenden **Teil seiner Vergütung** und zusätzlich Ersatz seiner nicht in der Vergütung inbegriffenen Auslagen vom Besteller fordern. Beauftragt also bspw. der Besteller einen Architekten damit, ein Bauwerk unter Erhaltung der Bausubstanz umzubauen und zu sanieren, stellt sich jedoch während der Bauarbeiten heraus, dass die Bausubstanz einen Umbau gar nicht zulässt, hat der Architekt nach § 645 Abs. 1 Satz 1 BGB i.V.m. 650q Abs. 1 BGB einen Anspruch auf Vergütung der bis dahin erbrachten Leistungen.[40] Zu beachten ist, dass diese Regelung kein Verschulden des Bestellers voraussetzt (vgl. § 645 Abs. 2 BGB).

26   Über den Wortlaut des § 645 Abs. 1 Satz 1 BGB hinaus wendet der BGH diese Regelung **analog** auf weitere Konstellationen an, in denen die Leistung des Unternehmers aufgrund von Umständen untergeht oder unmöglich wird, die in der Person des Bestellers liegen oder auf Handlungen des Bestellers zurückgehen, weil der Besteller der sich aus diesen Umständen ergebenden **Gefahr für das Werk näher steht** als der Unternehmer.[41]

▶ **BEISPIEL:**[42]   Landwirtin L beauftragt Unternehmer U mit der Errichtung einer neuen Scheune. Obwohl sie noch nicht ganz fertiggestellt ist, bringt L bereits Heu in die Scheune ein. Wenig später entzündet sich das Heu ohne Verschulden der L und die Scheune brennt vollständig ab. – In diesem Fall steht U gegen L gemäß § 645 Abs. 1 Satz 1 BGB analog ein Anspruch auf einen der geleisteten Arbeit entsprechenden Teil der vereinbarten Vergütung und auf Ersatz der darin nicht enthaltenen Auslagen zu. ◀

VI. Mängelrechte des Bestellers

1. Überblick

27   Die „**Rechte des Bestellers bei Mängeln**" sind in § 634 BGB aufgezählt und wurden im Rahmen der Schuldrechtsreform (2002) bewusst den Mängelrechten des Käufers nach § 437 BGB angeglichen:[43] Wie der Käufer kann auch der Besteller bei Mängeln

---

39   Vgl. BGHZ 40, 71, 73 f.
40   BGH NZBau 2005, 285.
41   Siehe BGHZ 40, 71; BGHZ 83, 197, 203 ff.; BGHZ 136, 303, 308; BGHZ 137, 35, 38; der noch weitergehenden sogenannten Sphärentheorie, die eine Analogie für sämtliche Risiken befürwortet, die dem Bereich des Bestellers zuzuordnen sind, hat sich der BGH bislang nicht angeschlossen.
42   Nach BGHZ 40, 71.
43   Siehe BT-Drs. 14/6040, S. 260; Palandt-*Retzlaff* § 634 Rn. 2.

Nacherfüllung verlangen (§ 634 Nr. 1 BGB), er kann vom Werkvertrag zurücktreten oder die Vergütung mindern (Nummer 3) und er kann Schadens- oder Aufwendungsersatz verlangen (Nummer 4). Anders als der Käufer erhält der Besteller allerdings zusätzlich das Recht, den Mangel selbst zu beseitigen und Ersatz der erforderlichen Aufwendungen zu verlangen (§ 634 Nr. 2 BGB).

Die Mängelrechte im Sinne von § 634 BGB bezeichnen wir hier auch als Gewähr- 28
leistungsrecht; sie gelten grundsätzlich erst **ab Abnahme** des Werks.[44] Davor ist ausschließlich allgemeines Leistungsstörungsrecht (§§ 280 ff., 320 ff. und 323 ff. BGB) anwendbar, sodass dem Besteller vor der Abnahme insbesondere kein Recht zur Minderung und zur Selbstvornahme zusteht. Der BGH begründet die Anknüpfung an die Abnahme u.a. damit, dass sich die Mangelfreiheit des Werks grundsätzlich im Zeitpunkt der Abnahme beurteilt und dass der Unternehmer bis zu diesem Zeitpunkt grundsätzlich frei wählen kann, wie er den Anspruch des Bestellers auf mangelfreie Herstellung erfüllt.[45] Könnte der Besteller bereits während der Herstellungsphase Gewährleistungsrechte aus § 634 BGB geltend machen, kann das mit einem Eingriff in dieses Recht des Unternehmers verbunden sein.[46]

▶ **HINWEIS FÜR FORTGESCHRITTENE:** Ob bzw. inwieweit der Besteller die Gewährleistungsrechte gemäß §§ 634 ff. BGB ausnahmsweise auch **ohne Abnahme** geltend machen kann, ist im Einzelnen strittig.[47] Der BGH geht davon aus, dass der Besteller Gewährleistungsrechte nach § 634 BGB grundsätzlich erst nach Abnahme des Werks mit Erfolg geltend machen kann. Ausnahmsweise kann der Besteller berechtigt sein, Gewährleistungsrechte nach § 634 Nr. 2-4 BGB ohne Abnahme geltend zu machen, wenn er nicht mehr die Erfüllung des Vertrags verlangen kann und das Vertragsverhältnis in ein Abrechnungsverhältnis übergegangen ist. Das ist jedenfalls der Fall, wenn der Unternehmer das Werk als fertiggestellt zur Abnahme anbietet und der Besteller nur noch Schadensersatz statt der Leistung in Form des kleinen Schadensersatzes geltend macht oder die Minderung erklärt.[48] ◀

Neben den in § 634 Nr. 1-4 BGB aufgezählten Gewährleistungsrechten kennt das BGB 29
auch noch weitere an Mängel anknüpfende Rechte des Bestellers bei Mängeln: Bei wesentlichen Mängeln kann der Besteller z.B. die Abnahme gemäß § 320 Abs. 1 BGB verweigern (siehe § 640 Abs. 1 Satz 2 BGB). Nach der Fälligkeit des Vergütungsanspruchs (also in der Regel nach Abnahme gemäß § 640 BGB) wird die Einrede des nichterfüllten Vertrags durch § 641 Abs. 3 BGB insofern modifiziert, als dass der Besteller lediglich die Zahlung eines *angemessenen Teils* der Vergütung verweigern kann (§ 641 Abs. 3 BGB).[49] Das gleiche Recht steht dem Besteller zu, wenn Abschlagszahlungen vereinbart wurden und die erbrachten Leistungen Mängel aufweisen (§ 632a Abs. 1 Satz 2 BGB). Ist der Nacherfüllungsanspruch des Bestellers verjährt, kann er – wie im Kaufrecht (siehe § 8 Rn. 8) - die allgemeine Mängeleinrede gemäß § 634a Abs. 4 Satz 2, Abs. 5 BGB erheben, d.h. die Zahlung der Vergütung insoweit verweigern, als er im Falle eines Rücktritts oder einer Minderung dazu berechtigt wäre. Insgesamt ergibt sich für die Rechte des Bestellers bei Mängeln somit das folgende Bild:

---

44 BGHZ 213, 319, 329 f.; siehe auch die Nachweise für abweichende Ansichten bei MünchKomm-*Busche* § 634 Rn. 3.
45 BGHZ 213, 319, 329.
46 BGHZ 213, 319, 329.
47 Siehe Palandt-*Retzlaff* § 634 Rn. 6; siehe auch BGHZ 213, 319, 327 ff.
48 Vgl. BGHZ 213, 319, 331 f.; näher zum sogenannten „Abrechnungsverhältnis" *Schmidt/Senders* NZBau 2016, 474.
49 Siehe BeckOK-*Voit* § 641 Rn. 37.

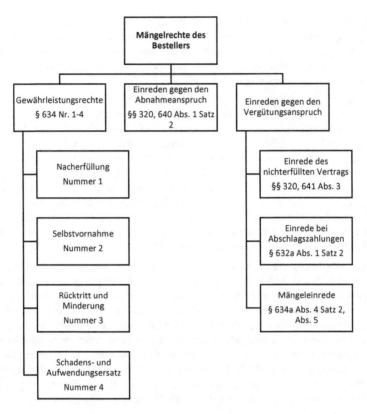

30   Liegt ein **Verbrauchervertrag** vor, bei dem der Unternehmer sich verpflichtet, digitale Inhalte herzustellen, einen Erfolg durch eine digitale Dienstleistung herbeizuführen oder einen körperlichen Datenträger herzustellen, der ausschließlich als Träger
digitaler Inhalte dient, so scheidet ein Rückgriff auf das Gewährleistungsrecht der
§§ 633-639 BGB gemäß § 650 Abs. 2 Satz 1 BGB aus; stattdessen sind gemäß Satz 2
die Vorschriften für **Verträge über digitale Produkte** anwendbar (§§ 327 ff. BGB), die
in den §§ 327d bis 327n BGB eigenständige Vorschriften über die Mängelhaftung enthalten. Ebenfalls ausgeschlossen ist § 640 BGB, weil von der Abnahme der Übergang
der Beweislast für Mängel vom Unternehmer auf den Besteller abhängt. Dies wäre
mit § 327k Abs. 1 BGB nicht vereinbar, der dem Unternehmer die Beweislast für einen
Zeitraum von einem Jahr nach der Bereitstellung des digitalen Produkts auferlegt.

2. Gewährleistungsrechte im Werkvertragsrecht

a) Mangelbegriff

31   Ein Werk ist mangelhaft, wenn es einen Sachmangel (§ 633 Abs. 2 BGB) oder einen
Rechtsmangel (§ 633 Abs. 3 BGB) aufweist. Der werkvertragsrechtliche Mangelbegriff
ähnelt dem Mangelbegriff im Kaufrecht (siehe im Detail § 7),[50] auch wenn die Umsetzung der Warenkaufrichtlinie die sprachliche und systematische Kohärenz der §§ 434,

---

50 Palandt-*Retzlaff* § 633 Rn. 2.

633 BGB beseitigt hat. Die Sollbeschaffenheit richtet sich gemäß § 633 Abs. 2 BGB primär nach der vertraglichen Vereinbarung (Satz 1). Soweit eine solche Vereinbarung fehlt, wird sie durch die die im Vertrag vorausgesetzte Verwendung festgelegt (Satz 2 Nr. 1). Das Werkvertragsrecht legt somit im Ausgangspunkt einen **subjektiven Mangelbegriff** zu Grunde. Der BGH geht davon aus, dass die Einhaltung der anerkannten Regeln der Technik (bspw. DIN-Normen) und die Funktionsfähigkeit des Werks für den vertraglich vorausgesetzten oder gewöhnlichen Gebrauch in aller Regel konkludent als **Mindeststandard** der Beschaffenheit[51] vereinbart werden.[52] Fehlt es sowohl an einer Beschaffenheitsvereinbarung als auch an der Eignung für die vertraglich vorausgesetzte Verwendung, liegt ein Sachmangel vor, wenn sich das Werk nicht für die gewöhnliche Verwendung eignet oder nicht die Beschaffenheit aufweist, die für Werke dieser Art üblich ist und die der Besteller nach der Art des Vertragsgegenstandes erwarten darf (siehe § 633 Abs. 2 Satz 2 Nr. 2 BGB). Eine Besonderheit gegenüber dem Kaufrecht besteht darin, dass § 633 BGB öffentliche Äußerungen des Herstellers nicht in die Beschaffenheit nach Absatz 2 Satz 2 Nr. 2 einbezieht, weil es beim Werkvertrag regelmäßig keinen „Hersteller" i.S. eines vom Unternehmer verschiedenen Dritten gibt.[53] Falschlieferung (*aliud*) und die Zuweniglieferung (Minus) werden als Mangel eingestuft, § 633 Abs. 2 Satz 3 BGB.

b) Rechte des Bestellers bei Mängeln

Die Rechte des Bestellers bei Mängeln sind in § 634 Nr. 1 bis 4 BGB im Einzelnen aufgeführt. Ebenso wie im Kaufrecht (siehe dort § 437 BGB) ist die Gewährleistung beim Werkvertrag zweistufig ausgestaltet: Der Besteller muss im Grundsatz **zunächst Nacherfüllung** gemäß §§ 634 Nr. 1, 635 BGB verlangen (Vorrang der Nacherfüllung). Erst wenn die Nacherfüllungsfrist erfolglos verstrichen ist oder der Unternehmer die Nacherfüllung gemäß § 635 Abs. 3 BGB verweigert hat, die Nacherfüllung fehlgeschlagen oder dem Besteller unzumutbar ist (§ 636 BGB), kann der Besteller seine anderen Mängelrechte geltend machen.

aa) Nacherfüllung

Verlangt der Besteller Nacherfüllung, kann der **Unternehmer nach seiner Wahl**[54] den Mangel beseitigen oder ein neues Werk herstellen (§ 635 Abs. 1 BGB). Dogmatisch gesehen handelt es sich bei dem Nacherfüllungsanspruch gemäß §§ 634 Nr. 1, 635 BGB– genau wie beim Nacherfüllungsanspruch des Käufers gemäß §§ 437 Nr. 1, 439 BGB – um die Fortsetzung des (nicht vollständig erfüllten) vertraglichen Erfüllungsanspruchs.[55] Das bedeutet, dass der Nacherfüllungsanspruch wie zuvor der Anspruch aus §§ 631 Abs. 1, 633 Abs. 1 BGB auf Herstellung des mangelfreien Werks gerichtet ist und nur insoweit modifiziert ist, als es um die Beseitigung einzelner Mängel geht. Zudem gelten besondere Regelungen für die Unverhältnismäßigkeit und die Verjährungsfrist. Dabei sind Erfüllungs- und Nacherfüllungsanspruch auch insoweit inhaltsgleich, als der Unternehmer im Rahmen des Nacherfüllungsanspruchs – anders als der Verkäufer (§ 439 Abs. 1 BGB)! – weiterhin frei wählen kann, wie er den Anspruch des

32

33

---

51 Zur Frage, ob auch die Verwendung eines über dem Mindeststandard liegenden Baustoffs einen Mangel darstellen kann, siehe BGH NJW 2009, 2947.
52 BGH NJW 2008, 511; BGH NJW 2013, 1226; a.A. BeckOK-*Voit* § 633 Rn. 14 m.w.N.
53 Für eine analoge Anwendung TWT-*Cebulla* § 633 Rn. 13.
54 *Teichmann* JuS 2002, 417, 419.
55 BGH BeckRS 2020, 29059 Rn. 27.

Bestellers auf Herstellung des mangelfreien Werks erfüllt.[56] Das beruht auf der Erwägung, dass der Unternehmer dem Werk regelmäßig näher steht als ein Verkäufer dem Verkaufsgegenstand und er daher besser abwägen kann, wie die Mangelbeseitigung zweckmäßigerweise erfolgen sollte. Ebenso wie im Kaufrecht handelt es sich bei dem Wahlrecht um ein *ius variandi*: Der Unternehmer ist also nicht an seine einmal getroffene Wahl gebunden, sondern kann von einer Form der Nacherfüllung zur jeweils anderen übergehen (siehe § 8 Rn. 16).[57] Der Nacherfüllungsanspruch umfasst wie im Kaufrecht die zum Zwecke der Nacherfüllung erforderlichen Aufwendungen (§ 635 Abs. 2 BGB). Für den Fall, dass beide Nacherfüllungsvarianten unverhältnismäßige Kosten verursachen würden, steht dem Unternehmer gemäß § 635 Abs. 3 BGB unbeschadet seiner Rechte gemäß § 275 Abs. 2 und 3 BGB ein besonderes Leistungsverweigerungsrecht zu. Nach alledem ist der Nacherfüllungsanspruch des Bestellers wie folgt zu prüfen:

Nacherfüllungsanspruch gemäß §§ 634 Nr. 1, 635 Abs. 1 BGB

1. Werkvertrag
2. Mangel des Werks bei Abnahme
3. Kein Haftungsausschluss (insbesondere § 640 Abs. 3 BGB)
4. Keine Unmöglichkeit der Nacherfüllung (§ 275 Abs. 1-3 BGB)
5. Keine sonstigen Einreden des Unternehmers
   a) Einrede unverhältnismäßiger Kostenbelastung
      (§ 635 Abs. 3 BGB)
   b) Einrede der Verjährung des Nacherfüllungsanspruchs
      (§§ 634a, 214 BGB)

---

bb) Selbstvornahme

34   Eine augenfällige Besonderheit der werkvertraglichen Gewährleistungsrechte im Vergleich mit dem Kaufrecht ist das **Recht des Bestellers zur Selbstvornahme** gemäß §§ 634 Nr. 2, 637 BGB. Der Besteller hat danach das Recht, den Mangel nach erfolglosem Ablauf einer von ihm zur Nacherfüllung bestimmten angemessenen Frist selbst zu beseitigen und **Ersatz der erforderlichen Aufwendungen** zu verlangen, wenn nicht der Unternehmer die Nacherfüllung zu Recht verweigert (§ 637 Abs. 1 BGB). Außer in den Fällen des § 323 Abs. 2 BGB ist eine Nachfristsetzung für die Geltendmachung weiterer Rechte nur dann entbehrlich, wenn die Nacherfüllung fehlgeschlagen oder dem Besteller unzumutbar ist (§ 637 Abs. 2 BGB). Liegen die tatbestandlichen Voraussetzungen für eine Selbstvornahme vor, kann der Besteller dem Unternehmer die dafür erforderlichen Aufwendungen in Rechnung stellen. Darüber hinaus steht dem Besteller ein Anspruch auf Zahlung eines Kostenvorschusses zu.[58] Wie der Besteller die Selbstvornahme ausgestaltet, namentlich, ob er die erforderlichen Arbeiten selber ausführt oder ob er eine Fachkraft damit betraut, steht in seinem Belieben.

▶ **BEISPIEL:** B beauftragt U mit der Installation einer neuen Heizungsanlage in seinem Wohnhaus. Bereits zwei Wochen nach der Abnahme zeigt sich ein behebbarer Mangel an der Abgasleitung, der laut Sachverständigengutachten bereits bei der Abnahme bestand,

---

56   BGH BeckRS 2020, 29059 Rn. 27.
57   Palandt-*Retzlaff* § 635 Rn. 4.
58   Zu den Verzugszinsen bei Verzug bzgl. der Vorschusszahlung vgl. BGHZ 94, 330, 332 ff.

jedoch zuvor nicht erkennbar war. – Wenn U in diesem Fall nicht innerhalb einer von B bestimmten angemessenen Frist nacherfüllt, kann B gemäß §§ 634 Nr. 2, 637 Abs. 1 BGB einen anderen Installateur mit der Reparatur beauftragen, die ihm dadurch entstehenden Kosten vorstrecken und anschließend von U zurückverlangen; will er das Kosten- und Regressrisiko nicht übernehmen, so kann er gemäß § 637 Abs. 3 BGB von U einen entsprechenden Vorschuss verlangen. ◀

Den Anspruch auf Aufwendungsersatz gemäß §§ 634 Nr. 2, 637 Abs. 1 BGB können Sie wie folgt prüfen: 35

Anspruch auf Aufwendungsersatz gemäß §§ 634 Nr. 2, 637 Abs. 1 BGB

1. Bestehen des Nacherfüllungsanspruchs (§§ 634 Nr. 1, 635 Abs. 1 BGB)
2. Erfolglose Fristsetzung (§ 637 Abs. 1 BGB) oder Entbehrlichkeit (§§ 637 Abs. 2 Satz 1, 323 Abs. 2 BGB oder § 637 Abs. 2 Satz 2 BGB)

cc) Rücktritt und Minderung

Die übrigen Rechte des Gläubigers nach vergeblicher Aufforderung zur Nacherfüllung kennen Sie bereits aus dem Kaufrecht (siehe im Einzelnen § 8 Rn. 46 ff.). Es handelt sich hier zunächst um ein **Rücktrittsrecht** des Bestellers gemäß § 634 Nr. 3 Alt. 1 i.V.m. § 323 und § 326 Abs. 5 BGB – wobei § 636 BGB vorsieht, dass die grundsätzlich erforderliche Nachfristsetzung außer in den von §§ 281 Abs. 2, 323 Abs. 2 BGB benannten Fällen auch bei Verweigerung der Nacherfüllung durch den Unternehmer, bei ihrem Fehlschlag und bei einer Unzumutbarkeit der Nacherfüllung für den Besteller ausnahmsweise entbehrlich ist. Dasselbe gilt für die **Minderung** (§ 634 Nr. 3 Alt. 2 i.V.m. § 638 BGB), die wie beim Kauf zu einer verhältnismäßigen Herabsetzung der Vergütung berechtigt. Nach § 638 Abs. 4 Satz 1 BGB kann der Besteller, wenn er mehr als die geminderte Vergütung gezahlt hat, den Mehrbetrag vom Unternehmer zurückverlangen.   36

dd) Schadens- und Aufwendungsersatz

Schließlich kann der Besteller auch **Schadensersatz** verlangen. Ein Anspruch auf Schadensersatz **statt der Leistung** kann   37

■ bei behebbaren Mängeln auf §§ 634 Nr. 4, 280 Abs. 1, 3, 281 Abs. 1 BGB,

■ bei nachträglich unbehebbaren Mängeln auf §§ 634 Nr. 4, 280 Abs. 1, 3, 283 BGB und

■ bei anfänglicher unbehebbaren Mängeln auf §§ 634 Nr. 4, 311a Abs. 2 BGB gestützt werden.[59]

Hat der Mangel zu einer Beeinträchtigung des Integritätsinteresses des Bestellers geführt (so bei Mangelfolgeschäden)kommt ein Anspruch des Bestellers auf **einfachen Schadensersatz** gemäß §§ 634 Nr. 4, 280 Abs. 1 BGB in Betracht.[60] Anstelle von Schadensersatz statt der Leistung kann der Besteller auch gemäß §§ 634 Nr. 4, 284 BGB Ersatz seiner vergeblichen Aufwendungen verlangen. Ebenso wie beim Rücktritt ist § 636 BGB zu beachten.   38

---

59 Zum Schadensersatz statt der Leistung *Mehring* ZGS 2009, 310.
60 Vgl. BGH NJW-RR 2012, 268 mit Besprechung *Looschelders* JA 2012, 547.

▶ **HINWEIS FÜR FORTGESCHRITTENE:** Strittig und höchstrichterlich noch nicht abschließend geklärt ist die Frage, ob der Schadensersatz statt der Leistung gemäß §§ 634 Nr. 4, 280
Abs. 1, 3, 281 Abs. 1 BGB im Werkvertragsrecht anhand der voraussichtlich erforderlichen,
aber noch nicht aufgewendeten („fiktiven") Mängelbeseitigungskosten bemessen werden
darf. Der VII. Zivilsenat des BGH hat dies vor kurzem verneint und damit der Rechtsauffassung des V. Zivilsenats widersprochen.[61] ◀

ee) Einschränkungen und Erweiterungen der Mängelhaftung

39   Die Rechte des Bestellers bei Mängeln gemäß § 634 Nr. 1-3 BGB sind qua Gesetz
ausgeschlossen, wenn der Besteller ein mangelhaftes Werk **vorbehaltlos** abgenommen
hat, obwohl er von dem Mangel **positive Kenntnis** hatte (§ 640 Abs. 3 BGB). Grob
fahrlässige Unkenntnis genügt, anders als bei § 442 Abs. 1 Satz 2 BGB, nicht.[62] Nimmt
der Besteller das Werk trotz Mangelkenntnis ab, ohne sich die Geltendmachung von
Mängelrechten vorzubehalten, verbleiben ihm lediglich etwaige Schadensersatzansprüche gemäß § 634 Nr. 4 BGB, denn der Haftungsausschluss in § 640 Abs. 3 BGB bezieht
sich nur auf § 634 Nr. 1-3 BGB.

▶ **BEISPIEL:** Wegen eines Defekts am Motor gibt B sein Auto in der Werkstatt des U in Reparatur. Nach Abschluss der Reparaturen holt B seinen Wagen bei U ab, zahlt die Rechnung
und begibt sich auf die Heimfahrt. Nach wenigen Kilometern bleibt B wegen eines Motorschadens liegen. B meint, U habe nicht sauber gearbeitet, und verlangt Nachbesserung.
U dagegen meint, für den Motorschaden könne auch ein anderer Defekt ursächlich sein,
dessen Beseitigung B nicht in Auftrag gegeben habe. – B hat sein Recht auf Nachbesserung
nicht gemäß § 640 Abs. 3 BGB verloren, denn er kannte den Defekt bei der Abfahrt von der
Werkstatt des U nicht. Allerdings ist mit der Abnahme die Beweislast für etwaige Mängel
auf B übergegangen. Entscheidend ist also, ob B nachweisen kann, dass der zweite Defekt
auf eine nicht ordnungsgemäße Reparatur und nicht etwa, wie von U behauptet, auf eine
andere Ursache zurückzuführen ist. ◀

40   Die Vertragsparteien können ihre Rechte und Pflichten bei Mängeln grundsätzlich
individuell regeln. In Bezug auf **Haftungsausschlüsse bzw. -beschränkungen** zugunsten
des Unternehmers wird ihre Vertragsfreiheit allerdings insbesondere durch § 639 BGB
begrenzt. § 639 BGB bestimmt (wie auch § 444 BGB im Kaufrecht), dass sich der Unternehmer nicht auf eine Vereinbarung berufen kann, welche die Rechte des Bestellers
wegen eines Mangels ausschließt oder beschränkt, soweit er diesen Mangel arglistig
verschwiegen[63] oder eine Garantie für die Beschaffenheit des Werks i.S. des § 276
Abs. 1 Satz 1 BGB übernommen hat. Bei der Verwendung **allgemeiner Geschäftsbedingungen** ist insbesondere § 309 Nr. 8 lit. b) BGB zu beachten.

VII. Verjährung

41   Die Verjährung der Mängelansprüche gemäß § 634 Nr. 1, 2 und 4 BGB ist in § 634a
Abs. 1-3 BGB geregelt. Sie beträgt **zwei Jahre** bei einem Werk, dessen Erfolg in der
Herstellung, Wartung oder Veränderung einer Sache (z.B. in einer Reparatur) oder in
der Erbringung von Planungs- oder Überwachungsleistungen hierfür besteht. Besteht
der Erfolg in einem Bauwerk oder der Erbringung von Planungs- und Überwachungs-

---

61   Siehe BGH BeckRS 2020, 29059; siehe auch BGH ZfBR 2020, 552.
62   MünchKomm-*Busche* § 640 Rn. 36 m.w.N.
63   Zum arglistigen Verschweigen BGH NJW-RR 2010, 1604.

arbeiten hierfür, sieht das Gesetz **fünf Jahre** für die Verjährung der Mängelansprüche vor. Für beide Fallgruppen beginnt die Verjährung mit der Abnahme, § 634a Abs. 2 BGB.[64] Im Übrigen gilt gemäß §§ 634a Abs. 1 Nr. 3, 195 BGB die **regelmäßige dreijährige Verjährungsfrist**, deren Beginn sich nach § 199 BGB richtet. Dies ist vor allem für Werkverträge relevant, deren Gegenstand primär geistige Werke sind, bspw. das Erstellen eines Gutachtens. Die regelmäßige Verjährungsfrist gilt auch, wenn der Unternehmer den Mangel arglistig verschwiegen hat, bei Bauwerken tritt sie jedoch nicht vor Ablauf von fünf Jahren ab Abnahme ein, § 634a Abs. 3 BGB. Die Verjährungsfrist in § 634a Abs. 1 Nr. 2 BGB darf durch AGB grundsätzlich nicht erleichtert und im Übrigen nicht auf unter ein Jahr ab dem gesetzlichen Verjährungsbeginn verkürzt werden, § 309 Nr. 8 lit. b (ff) BGB.

Ebenso ist ein Rücktritt nach Ablauf der Verjährung des Nacherfüllungsanspruchs 42 gemäß §§ 634a Abs. 4, 218 BGB **unwirksam**. Für das Minderungsrecht gilt dies entsprechend, § 634a Abs. 5 BGB. Auf vertragliche Ansprüche des Bestellers außerhalb von § 634 BGB kommen die allgemeinen Verjährungsvorschriften in §§ 195 ff. BGB unmittelbar zur Anwendung.

VIII. Unternehmerpfandrecht

Der Unternehmer hat für seine Forderungen aus dem Vertrag ein Pfandrecht an den 43 von ihm hergestellten oder ausgebesserten beweglichen Sachen des Bestellers, wenn sie bei der Herstellung oder zum Zwecke der Ausbesserung in seinen Besitz gelangt sind (§ 647 BGB). Diesem qua Gesetz entstehenden **Unternehmerpfandrecht** kommt im Werkvertragsrecht eine große Bedeutung zu. Als Ausgleich für das vom Unternehmer zu tragende Vorleistungsrisiko bietet es die Möglichkeit, alle Forderungen des Unternehmers aus dem Werkvertrag abzusichern.[65]

Probleme ergeben sich, wenn es sich nicht um eine **Sache „des Bestellers"** handelt, d.h. 44 die Sache im Eigentum eines Dritten steht.

▶ **BEISPIEL:** Vater V überlässt seiner volljährigen Tochter T des Öfteren sein Fahrzeug. Als T das Auto während einer „Spritztour" leicht beschädigt, gibt sie es, damit V ihr „Missgeschick" nicht bemerkt, heimlich im eigenen Namen in der Werkstatt des U zur Reparatur. – In diesem Fall entsteht zugunsten des U an dem Fahrzeug kein Unternehmerpfandrecht gemäß § 647 BGB, weil es im Zeitpunkt der Besitzübertragung auf U nicht im Eigentum der T stand und ein gutgläubiger Erwerb nicht in Betracht kommt. ◀

Probleme, die Fälle wie diese aufwerfen, gehören vor allem ins *Sachenrecht*: Es stellt 45 sich dann die Frage, ob ein Unternehmer, der die wahre Eigentumslage nicht kennt und auch nicht kennen muss, das Unternehmerpfandrecht gutgläubig erwerben kann. Der BGH und ein großer Teil der Literatur lehnen dies allerdings kategorisch ab.[66] Gegen einen **gutgläubigen Erwerb** sprechen im Wesentlichen zwei Argumente: Zunächst sieht das BGB in § 1207 zwar einen gutgläubigen Erwerb für rechtsgeschäftlich eingeräumte Pfandrechte vor. Für gesetzliche Pfandrechte bestimmt § 1257 BGB jedoch, dass die Vorschriften über durch Rechtsgeschäft bestellte Pfandrechte auf kraft Gesetzes *entstandene* Pfandrechte entsprechend anwendbar sind. Daraus lässt sich schließen,

---

64 Die Frage, welche Auswirkungen die Nacherfüllung auf die Verjährung hat, ist umstritten. Zugunsten einer Hemmung durch analoge Anwendung des § 203 BGB *Faber/Werner* NJW 2008, 1910.

65 Palandt-*Retzlaff* § 647 Rn. 1 f.

66 BGHZ 87, 274, 280; BGHZ 34, 153, 154 f.; MünchKomm-*Busche* § 647 Rn. 11; a.A. *Baur/Stürner* § 55 Rn. 40.

dass § 1207 BGB auf das Entstehen gesetzlicher Pfandrechte wie das Unternehmerpfandrecht gerade nicht anwendbar sein soll und diese vielmehr nur entstehen, wenn sämtliche Voraussetzungen erfüllt sind, die das Gesetz für den Erwerb aufgestellt hat. Etwas anderes lässt sich auch nicht aus dem Umstand schließen, dass die im HGB geregelten (gesetzlichen) Pfandrechte einen gutgläubigen Erwerb vorsehen (siehe § 366 Abs. 3 HGB), weil es sich hierbei um eine spezifisch auf die Interessenlage im Handelsverkehr zugeschnittene Regelung handelt, der sich kein verallgemeinerungsfähiger Regelungsgedanke entnehmen lässt.[67] Dem Risiko, ein Unternehmerpfandrecht gemäß § 647 BGB mangels Eigentümerstellung des Bestellers nicht zu erwerben, könnte U in unserem Beispielsfall durch Vereinbarung eines vertraglichen Pfandrechts mit T begegnen. In diesem Fall wäre ein gutgläubiger Erwerb des Pfandrechts gemäß § 1207 BGB nämlich möglich.[68]

IX. Kündigung

46 Neben der Rückabwicklung nach einem Rücktritt im Falle einer Pflichtverletzung sieht das allgemeine Werkvertragsrecht mehrere Möglichkeiten vor, das Vertragsverhältnis durch **Kündigung** zu beenden:

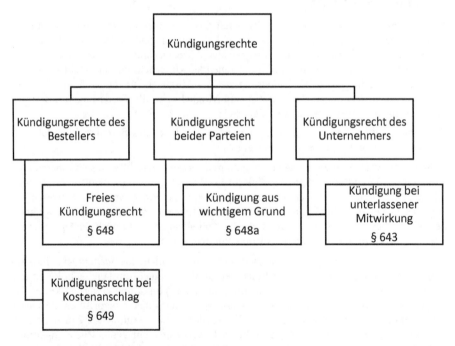

47 Nach § 648 Satz 1 BGB kann der Besteller den Vertrag bis zur Vollendung des Werks **jederzeit kündigen**.[69] Hinter diesem „freien" Kündigungsrecht steht die Erwägung, dass die Herstellung des Werks allein im Interesse des Bestellers erfolgt und er daher

---

67 BeckOK-*Voit* § 647 Rn. 11; a.A. *Schmidt* NJW 2014, 1, 5 f.
68 Einzelheiten dazu *Vieweg* Sachenrecht § 10 Rn. 26 f.
69 Zur diskutierten Vertragsdurchführungspflicht des Bestellers in bestimmten Konstellationen siehe *Bitter/Rauhut* JZ 2007, 964.

die Möglichkeit einer Vertragsauflösung für den Fall erhalten soll, dass dieses Interesse entfällt.[70] Den Interessen des Unternehmers wird dadurch Rechnung getragen, dass der Besteller ihm im Falle der Kündigung gleichwohl die **Vergütung** schuldet. Davon werden allerdings die kündigungsbedingt ersparten Aufwendungen des Unternehmers und durch anderweitige Verwendung seiner Arbeitskraft Erzieltes bzw. böswillig nicht Erworbenes abgezogen (§ 648 Satz 2 BGB). § 648 Satz 3 BGB erleichtert dem Unternehmer die Darlegungslast, denn danach wird vermutet, dass ihm jedenfalls 5 % des auf den noch nicht erbrachten Teil der Werkleistung entfallenden Teils der Vergütung zustehen.[71]

Ein weiteres Kündigungsrecht des Bestellers besteht bei der **Überschreitung eines Kostenanschlages** (§ 649 Abs. 1 BGB): Der Besteller kann kündigen, wenn sich herausstellt, dass das Werk nicht ohne eine wesentliche Überschreitung des Kostenanschlags ausführbar ist. Eine wesentliche Überschreitung wird bei 15 bis 20 % angenommen.[72] Etwas anderes gilt, wenn der Unternehmer die Gewähr für die Richtigkeit des Kostenanschlags übernommen hat. Dies ist der Fall, wenn die Parteien die Vergütung im Vertrag verbindlich vereinbart haben.[73] Zeigt sich, dass der Kostenanschlag überschritten werden wird, muss der Unternehmer den Besteller darüber unverzüglich informieren (§ 649 Abs. 2 BGB). Reagiert der Besteller mit einer Kündigung, schuldet er eine **Teilvergütung**, die dem bereits geleisteten Teil der vereinbarten Arbeiten entspricht (§ 645 Abs. 1 Satz 1 BGB). 48

▶ **BEISPIEL:** B bringt sein Auto in die Werkstatt des U, um auf der Grundlage eines Kostenanschlags des U einen Unfallschaden beseitigen zu lassen. Bei der Durchführung der Arbeiten zeigt sich allerdings, dass ein erheblicher weiterer Schaden entstanden ist, der die Verkehrssicherheit des Fahrzeugs beeinträchtigt. Die Beseitigung auch dieses Schadens würde den Kostenanschlag allerdings um 50 % überschreiten. – U darf die weiteren Arbeiten in diesem Fall nicht einfach ausführen, sondern muss erst den B gemäß § 649 Abs. 2 BGB informieren. Kündigt B deswegen den Vertrag, kann U nur einen der bereits geleisteten Arbeit entsprechenden Teil der Vergütung und Ersatz seiner in der Vergütung nicht inbegriffenen Auslagen verlangen (§§ 649 Abs. 1, 645 Abs. 1 Satz 1 BGB). ◀

Dem Unternehmer steht gemäß § 643 BGB ein Kündigungsrecht zu, wenn der Besteller i.S. des § 642 BGB eine **erforderliche Mitwirkungshandlung unterlässt** und eine zur Nachholung dieser Handlung unter Androhung der Kündigung vom Unternehmer gesetzte Frist verstreichen lässt (§ 643 Satz 1 BGB). Hintergrund dieser Regelung ist der Umstand, dass die Herstellung vieler Werke ohne die Mitwirkung des Bestellers gar nicht möglich ist: Das maßangefertigte Theaterkostüm kann nicht hergestellt werden, ohne dass der Besteller an sich Maß nehmen lässt; eine Reparatur im Haushalt kann nicht erfolgen, wenn der Besteller dem Unternehmer keinen Zugang zu seiner Wohnung gewährt. Ob dem Besteller eine Mitwirkungshandlung in diesem Sinne obliegt, bestimmt sich durch Auslegung der individuellen vertraglichen Vereinbarung gemäß §§ 133, 157 BGB.[74] Kommt der Besteller mit der Vornahme einer Mitwirkungshandlung in Annahmeverzug (§ 642 Abs. 1 i.V.m. §§ 293 ff. BGB) erhält der Unternehmer die Möglichkeit, den Vertrag gemäß § 643 BGB zu kündigen, indem er dem Besteller 49

---

70 BGH NJW 2011, 915, 916.
71 Vgl. dazu MünchKomm-*Busche* § 648 Rn. 31.
72 Palandt-*Retzlaff* § 649 Rn. 3; a.A. MünchKomm-*Busche* § 649 Rn. 10 (mehr als 10 %).
73 MünchKomm-*Busche* § 649 Rn. 6.
74 BGH NJW 2017, 2025, 2027.

eine angemessene Frist zur Nachholung der Handlung setzt und dabei deutlich macht, dass die Vertragsbeendigung bei Untätigbleiben des Bestellers nur noch vom Ablauf der Frist abhängt.[75] Nimmt der Besteller die Handlung nicht innerhalb der Frist vor, gilt der Vertrag als aufgehoben (§ 643 Satz 2 BGB).

50 Sowohl der Besteller als auch der Unternehmer können den Vertrag **aus wichtigem Grund fristlos kündigen**, § 648a Abs. 1 Satz 1 BGB. Dieses außerordentliche Kündigungsrecht ist der allgemeinen Kündigungsregelung für Dauerschuldverhältnisse in § 314 BGB nachgebildet (vgl. auch § 648a Abs. 3) und geht ihr als *lex specialis* vor, ohne jedoch das Erfordernis eines Dauerschuldverhältnisses zu übernehmen.[76] Der einzelne Werkvertrag muss somit nicht unbedingt als Dauerschuldverhältnis ausgestaltet sein, damit eine Kündigung aus wichtigem Grund erfolgen kann. Ein wichtiger Grund liegt vor, wenn dem kündigenden Teil unter Berücksichtigung aller Umstände des Einzelfalls und unter Abwägung der beiderseitigen Interessen die Fortsetzung des Vertragsverhältnisses bis zur Fertigstellung des Werks nicht zugemutet werden kann, § 648a Abs. 1 Satz 2 BGB. Dies kommt für den Besteller bspw. in Betracht, wenn es zu einer vom Unternehmer zu vertretenden ganz beträchtlichen Verzögerung des Vorhabens gekommen ist[77] oder wenn der Unternehmer die geschuldeten Arbeiten einstellt, obwohl er dazu nicht berechtigt ist.[78] Ein außerordentliches Kündigungsrecht des Unternehmers hält die Rechtsprechung z.B. für möglich, wenn der Besteller Arbeitnehmer des Unternehmers in nicht unerheblichem Umfang zur Schwarzarbeit während der regulären, vom Unternehmer bezahlten Arbeitszeit heranzieht.[79] Auch die Kündigung aus wichtigem Grund führt zur sofortigen Vertragsbeendigung für die Zukunft. Der Unternehmer ist danach allerdings (anders als nach § 648 Satz 2 BGB) lediglich berechtigt, die Vergütung für die bis dahin (mangelfrei) erbrachten Leistungen zu verlangen (§ 648a Abs. 5 BGB). Zur Mitwirkung an der Feststellung des hierfür maßgeblichen Leistungsstands werden beide Parteien gemäß § 648a Abs. 4 BGB angehalten. Eine Teilkündigung ist möglich, kommt aber nur in Betracht, wenn sich der betroffene Teil vom restlichen Werk abgrenzen lässt (§ 648a Abs. 2 BGB).

▶ **LÖSUNGSHINWEISE ZU FALL 27:** B müsste die Theke gemäß § 631 Abs. 1 nur bezahlen, wenn er sie bereits gemäß § 640 BGB abgenommen hätte, weil nur in diesem Fall die Preisgefahr bereits auf ihn übergegangen wäre. Das ist jedoch noch nicht geschehen: Zwar könnte in der Erklärung des B, die Theke gefalle ihm, theoretisch eine Abnahmeerklärung zu sehen sein, doch war die Theke zu diesem Zeitpunkt erst zu zwei Dritteln fertiggestellt und damit offensichtlich noch nicht im Sinne des § 640 Abs. 1 Satz 1 BGB vertragsmäßig hergestellt. Die Erklärung des B durfte somit gemäß §§ 133, 157 BGB noch nicht als Billigung des Gesamtwerks als im Wesentlichen vertragsgemäß verstanden werden.

In der Variante könnte B von seinem freien Kündigungsrecht gemäß § 648 Satz 1 BGB Gebrauch machen. Er müsste dann jedoch die Vergütung abzüglich der ersparten Aufwendungen des U bezahlen (§ 648 Satz 2 BGB). U hätte Anspruch auf die Vergütung für den bereits erbrachten Teil der Werkleistung und, nach der Vermutung des Satzes 3, zusätzlich auf 5 % der Vergütung für den noch ausstehenden Teil. ◀

---

75 OLG Brdbg NJW-RR 2010, 1670; OLG Ffm NJW-RR 2017, 982; zusätzlich kann der Unternehmer gemäß § 642 Abs. 1 BGB eine angemessene Entschädigung verlangen.
76 Palandt-*Retzlaff* § 648a Rn. 1, 15.
77 BGH NJW-RR 2012, 596.
78 OLG Düsseldorf NJW-RR 1996, 1170.
79 Siehe OLG Köln NJW 1993, 73.

WIEDERHOLUNGS- UND VERTIEFUNGSFRAGEN

> Welche Hauptleistungspflichten treffen die Parteien des Werkvertrags?
> Inwieweit unterscheidet sich der werkvertragliche Mangelbegriff von dem kaufrechtlichen?
> Welche Rechte hat der Besteller bei einem Mangel? Welche Gemeinsamkeiten und welche Unterschiede bestehen dabei zum Kaufrecht?
> Welche Rechtsfolgen hat die Abnahme?
> Wie kann sich der Unternehmer absichern, um seinen Vergütungsanspruch zu erhalten?
> Unter welchen Voraussetzungen entsteht das gesetzliche Unternehmerpfandrecht?
> Unter welchen Voraussetzungen können die Parteien den Vertrag einseitig beenden?

§ 27 Besondere Werkverträge und ähnliche Verträge

▶ **FALL 28:** Besteller B beauftragt Bauunternehmer U mit der Errichtung eines Einfamilienhauses. Mit der Planung und Überwachung der Bauarbeiten beauftragt B den Architekten A. Nach Fertigstellung des Hauses und Abnahme zeigen sich unterschiedliche Mängel, die hauptsächlich auf Baufehler des U, aber auch auf Überwachungspflichtverletzungen des A zurückzuführen sind. ◀

I. Einleitung

1 Das BGB enthält neben den „Allgemeinen Vorschriften" für Werkverträge (§§ 631 ff.) auch noch besondere, auf ausgewählte Bauleistungs- und Reiseverträge abgestimmte Regelungen. Dazu folgender **Überblick:**

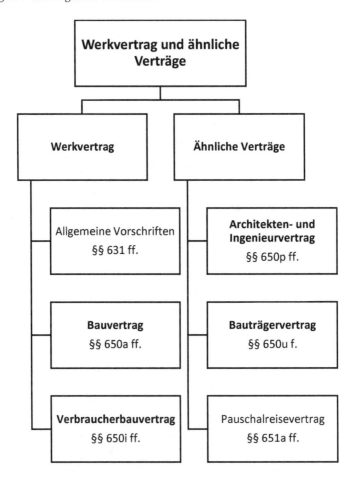

Dieses Kapitel behandelt nur **Verträge, die sich auf Bauleistungen beziehen** und deswegen dem **privaten Baurecht** zuzuordnen sind. Den Pauschalreisevertrag behandeln wir im Kapitel „Touristische Dienstleistungen" (§ 28).

Mit dem **Gesetz zur Reform des Bauvertragsrechts** (2018)[1] hat der Gesetzgeber besondere Regeln für Bauleistungen eingeführt, die vor allem der Komplexität und der Dauer von Bauvorhaben Rechnung tragen. Dabei kommt der Regelung des Bau- und Verbraucherbauvertrags besondere Bedeutung zu, weil sie auf Architekten-, Ingenieur- und Bauträgervertrag in weiten Teilen entsprechend anzuwenden ist (siehe § 650q und § 650u BGB). 2

▶ **BEACHTE:** Verträge über **Bauleistungen von untergeordneter Bedeutung** (kleinere Malerarbeiten, Reparaturen und Einbauten) sind keine Bauverträge, sondern **einfache Werkverträge** (hier: § 26), auf die ausschließlich §§ 631-650 BGB anzuwenden sind.[2] ◀

II. Bauvertrag, Verbraucherbauvertrag und VOB/B

1. Bauvertrag

a) Begriff

Ein **Bauvertrag** ist gemäß § 650a Abs. 1 BGB ein Vertrag über die Herstellung, die Wiederherstellung, die Beseitigung oder den Umbau eines Bauwerks, einer Außenanlage oder eines Teils davon (Satz 1). Es handelt sich (schon aufgrund der Regelungssystematik) um einen besonderen Werkvertrag so dass die Vorschriften des **allgemeinen Werkvertragsrechts** (§§ 631 ff. BGB) gelten, die durch die in §§ 650b ff. BGB enthaltenen **Spezialregeln** modifiziert bzw. ergänzt werden (siehe § 650a Abs. 1 Satz 2 BGB). 3

Die Parteien des Bauvertrags bezeichnet das BGB (wie generell bei Werkverträgen) als Unternehmer und Besteller. Geläufig sind auch die Bezeichnungen „bauausführender Unternehmer" (siehe § 650s BGB) bzw. „Bauunternehmer" für den Unternehmer und die Bezeichnung „Bauherr" für den Besteller. **Bauwerke** sind Bauten aller Art, die als solche nicht nur vorübergehend mit dem Erdboden verbunden sind,[3] so dass Hoch- und Tiefbauten (z.B. Straßen, Kanalisation) erfasst sind.[4] Mit **Außenanlagen** sind Grundstücksflächen wie bspw. Gärten, Parkanlagen, Dämme oder Teiche gemeint, die der Gestaltung von Grundstücken dienen:[5] Beauftragt also Bankier B den Landschaftsgärtner L mit dem Anlegen einer Parkanlage auf seinem weitläufigen Grundstück, so schließen B und L einen Bauvertrag i.S. von § 650a Abs. 1 Satz 1 BGB. 4

Auch ein Vertrag über die **Instandhaltung eines Bauwerks** kann als Bauvertrag zu qualifizieren sein. Dafür muss die Maßnahme allerdings für die Konstruktion, den Bestand oder den bestimmungsgemäßen Gebrauch des Bauwerks von so **wesentlicher Bedeutung** sein, dass sie nach Art und Umfang den nach § 650 Abs. 1 Satz 1 BGB erfassten Leistungen entspricht. Für unwesentliche Erhaltungstätigkeiten, also insbesondere kleinere Reparaturen, gilt ausschließlich das allgemeine Werkvertragsrecht. Die Rechtsprechung unterscheidet einzelfallabhängig und hat bspw. die Erneuerung einer größeren Dachfläche als wesentlich,[6] das Anbringen einer Photovoltaikanlage auf einem bereits vorhandenen Dach dagegen als unwesentlich angesehen.[7] 5

---

1 BGBl. I 2017, S. 969.
2 Palandt-*Retzlaff* § 650a Rn. 3.
3 BGH NJW 2013, 601.
4 Palandt-*Sprau* § 650a Rn. 2.
5 MünchKomm-*Busche* § 650a Rn. 9; BT-Drucks. 18/8486, S. 66 f.
6 BGH NJW 1956, 1195.
7 BGH NJW 2014, 845.

6   Spezialregelungen enthält das Bauvertragsrecht insbesondere mit Blick auf **Vertragsän-derungen** und ihre **Vergütung** (§§ 650b ff. BGB), die **Sicherungsrechte** des Unterneh-mers (§§ 650e f. BGB), die **Verweigerung der Abnahme** (§ 650g BGB) und die **Kündi-gung** des Vertrags (§ 650h BGB).

b) Vertragsänderungen

7   Wegen der typischerweise längeren Vertragslaufzeit und gesteigerten Komplexität von Baumaßnahmen, kommt es während ihrer Durchführung nicht selten zu Veränderun-gen, auf die der Besteller mit einer **Vertragsänderung** reagieren möchte. Nach allgemei-nem Schuldrecht wäre der Besteller mit Änderungswünschen gemäß § 311 Abs. 1 BGB auf die Bereitschaft des Unternehmers angewiesen, mit ihm einen Änderungsvertrag zu schließen.[8] Für den Bauvertrag wird seine Rechtsstellung verbessert: § 650b BGB räumt ihm unter bestimmten Voraussetzungen ein **einseitiges Anordnungsrecht** für Vertragsänderungen ein.

8   Die Voraussetzungen für das Anordnungsrecht unterscheiden sich je nach Art der begehrten Änderung. Unterschieden werden Änderungen des vereinbarten Werkerfolgs (§ 650b Abs. 1 Satz 1 Nr. 1 BGB) und Änderungen, die zur Erreichung des vereinbarten Werkerfolgs notwendig sind (Nr. 2). Insoweit gilt (in umgekehrter Reihenfolge): Eine **zur Erreichung des vereinbarten Werkerfolgs notwendige Änderung** (Nr. 2) kann bspw. durch eine Veränderung der Rechtslage oder eine behördliche Anordnung veranlasst sein. Denkbar ist auch, dass die ursprüngliche Leistungsbeschreibung des Bestellers lü-cken- oder fehlerhaft ist und ihre unveränderte Umsetzung aus diesem Grund nicht zur Herstellung eines *funktionstauglichen* Bauwerks führen würde.[9] Änderungswünsche, die den **vereinbarten Werkerfolg** betreffen (Nr. 1) sollen demgegenüber nicht die Funk-tionsfähigkeit des Werks sichern, sondern andere Ziele des Bestellers verwirklichen. Welche Ziele das sind, ist grundsätzlich irrelevant: Es genügt, dass der Besteller nach Vertragsschluss feststellt, dass der verabredete Werkerfolg nicht mehr seinen aktuellen Bedürfnissen oder Wünschen entspricht. Hat der Besteller bspw. zwischenzeitlich eine Familie gegründet oder stellt er fest, dass er bei der Planung nicht alle seine Möbel berücksichtigt hat, ist denkbar, dass er die vereinbarte Raumplanung nachträglich abändern möchte.[10]

9   Nach Zugang des Änderungsbegehrens beim Unternehmer müssen sich die Parteien zunächst um eine vertragliche Einigung bemühen; sie streben, heißt es in § 650b Abs. 1 Satz 1 BGB, „**Einvernehmen über die Änderung und die infolge der Änderung zu leistende Mehr- oder Mindervergütung an**". Nur wenn die Bemühungen der Parteien nicht binnen 30 Tagen erfolgreich sind, kann der Besteller die begehrte Vertragsände-rung einseitig anordnen (§ 650b Abs. 2 Satz 1 BGB). Die Anordnung muss in **Textform** (§ 126b BGB) erfolgen. Ist sie wirksam, ist der Unternehmer verpflichtet, ihr nachzu-kommen; bei Änderungen des vereinbarten Werkerfolgs jedoch nur unter der zusätzli-chen Voraussetzung, dass ihm die Ausführung **zumutbar** ist, § 650b Abs. 2 Satz 2 BGB.

10   Wird die nach dem Vertrag geschuldete Leistung durch eine Anordnung des Bestellers gemäß § 650b BGB geändert, werden die Parteien auch die vom Besteller geschulde-te Gegenleistung – die Vergütung – entsprechend anpassen wollen; das ursprünglich

---

8   Siehe BT-Drucks. 123/16, S. 56; vgl. BeckOK-*Voit* § 631 Rn. 52 f. m.w.N.
9   BT-Drucks. 18/8486, S. 53.
10 Vgl. BT-Drucks. 18/8486, S. 53.

vorgesehene Äquivalenzverhältnis von Leistung und Gegenleistung soll in aller Regel beibehalten werden. Haben die Parteien vertraglich keine Regelung über die **Vergütungsanpassung** infolge einer Änderungsanordnung getroffen, kommt die gesetzliche Regelung in § 650c BGB zum Tragen.[11]

c) Sicherungsrechte des Bauunternehmers

Der Bauunternehmer hat ein berechtigtes Interesse daran, seinen Vergütungsanspruch abzusichern. Da das Unternehmerpfandrecht gemäß § 647 BGB nur bewegliche Sachen des Bestellers erfasst, sind für den Bauvertrag mit der Bauhandwerkersicherungshypothek (§ 650e BGB) und der Bauhandwerkersicherung (§ 650f BGB) spezielle **Sicherungsrechte** vorgesehen.

11

Für seine Forderungen aus dem Bauvertrag steht dem Unternehmer zum einen gemäß § 650e Satz 1 BGB ein schuldrechtlicher Anspruch auf Einräumung einer **Sicherungshypothek** (siehe §§ 1184 ff. BGB) an dem Baugrundstück des Bestellers zu.[12] Die Einräumung erfolgt durch dingliche Einigung zwischen Besteller und Unternehmer (§ 873 BGB) und Bewilligung der beantragten Eintragung durch den Besteller (§§ 13, 19, 29 GBO).[13]

12

Aufgrund der strengen Entstehungsvoraussetzungen der Sicherungshypothek verbleiben allerdings Schutzlücken. Das liegt zum einen daran, dass der Besteller **Eigentümer des Grundstücks** sein muss, auf dem das Bauwerk oder die Außenanlage (wieder-)hergestellt, beseitigt oder umgebaut werden soll. Das ist u.a. dann problematisch, wenn der vom Grundstückseigentümer mit dem Bau beauftragte Unternehmer seinerseits Subunternehmer einschaltet, denn im Verhältnis zu Subunternehmern tritt der Unternehmer (und nicht der Grundstückseigentümer) als Besteller auf. Die Forderungen der Subunternehmer können über § 650e BGB also nicht abgesichert werden. Zum anderen kann die Einräumung der Sicherungshypothek bei dem noch nicht vollendeten Werk nur für einen der **bereits geleisteten Arbeit entsprechenden Teil der Vergütung** verlangt werden (§ 650e Satz 2 BGB). Der Unternehmer muss also zunächst selbst leisten und kann die Sicherheit nicht im Voraus verlangen. Das Baugrundstück ist daher in der Praxis häufig bereits durch andere Sicherheiten belastet (bspw. weil es als Kreditsicherheit fungiert), die der später eingetragenen Sicherungshypothek des Bauunternehmers im Rang vorgehen.[14]

13

Die Schutzlücken der Bauhandwerkersicherungshypothek soll die **Bauhandwerkersicherung** (§ 650f BGB) abdecken. Danach kann der Unternehmer auch von einem Besteller, der nicht Eigentümer des Baugrundstücks ist, Sicherheit für seine Vergütungsansprüche und zugehörige Nebenforderungen (z.B. Zinsen) verlangen (§ 650f Abs. 1 Satz 1 BGB). Gemeint sind damit alle **Sicherheiten i.S. der §§ 232 ff. BGB**, also bspw. die Hinterlegung von Geld oder Wertpapieren, die Verpfändung beweglicher Sachen oder die Bestellung von Hypotheken an inländischen Grundstücken. Darüber hinaus kann auch eine der in § 650f Abs. 2 BGB genannten Sicherheiten verlangt werden. Gegenüber bestimmten Bestellern, bei denen kein Insolvenzrisiko besteht, sowie in bestimmten Fällen gegenüber Verbrauchern, gelten die § 650f Abs. 1 bis 5 BGB nicht

14

---

11 Zur Sonderregelung in § 650d BGB *Sacher/Jansen* NZBau 2019, 20; *Jansen* NZBau 2020, 755.
12 Ausführlich *Fuchs* BauR 2012, 326; *Zeising* Jura 2008, 763. Zu den Abänderungen durch das Forderungssicherungsgesetz siehe *Schmitz* BauR 2009, 714.
13 Siehe MünchKomm-*Busche* § 650e Rn. 37.
14 Siehe MünchKomm-*Busche* § 650e Rn. 3; Palandt-*Retzlaff* § 650f Rn. 1.

(§ 650f Abs. 6 BGB). Durch Individualvereinbarung kann von § 650f Abs. 1 bis 5 BGB nicht abgewichen werden, § 650f Abs. 7 BGB.

▶ **BEACHTE:** Hat der Unternehmer eine Sicherheit nach § 650f Abs. 1 oder Abs. 2 BGB erlangt, ist der Anspruch nach § 650e BGB auf Einräumung einer Sicherungshypothek ausgeschlossen (§ 650f Abs. 4 BGB). ◀

d) Zustandsfeststellung bei Verweigerung der Abnahme und Schlussrechnung

15 Hat der Besteller die Abnahme unter Angabe von Mängeln verweigert (vgl. § 640 Abs. 1 BGB), trifft ihn bei einem Bauvertrag die **Obliegenheit** auf Verlangen des Unternehmers an der Feststellung des Zustands des Werks zum Zeitpunkt des Abnahmeverlangens mitzuwirken (§ 650g Abs. 1 BGB). Entspricht der Besteller dieser Mitwirkungsobliegenheit nicht, kann der Unternehmer den Zustand im Regelfall auch einseitig feststellen (siehe § 650g Abs. 2 BGB). Die **Zustandsfeststellung** wird insbesondere dann relevant, wenn der Unternehmer dem Besteller das Werk bereits vor Abnahme verschafft hat und der Besteller es in Benutzung genommen hat: Zeigt sich ein Mangel nämlich erst nach Übergang des Werks in den Einflussbereich des Bestellers, ist u.U. kaum noch feststellbar, aus wessen Verantwortungssphäre der Mangel stammt.[15] Für offenkundige Mängel, die in der Zustandsfeststellung nicht enthalten sind, wird **widerleglich vermutet**, dass der Mangel erstens nach Zustandsfeststellung entstanden und zweitens auch vom Besteller zu vertreten ist (§ 650g Abs. 3 Satz 1 BGB). Das gilt nur dann nicht, wenn die Art des Mangels eine Verursachung durch den Besteller ausschließt (z.B. weil der Mangel auf einem Materialfehler beruht).[16]

16 Das Bauvertragsrecht stellt darüber hinaus mit § 650g Abs. 4 BGB zusätzliche Anforderungen an die **Fälligkeit der Vergütung**: Erforderlich ist hier nicht nur die (fiktive) Abnahme (siehe § 641 BGB), der Unternehmer muss zusätzlich eine **prüffähige Schlussrechnung** erteilt haben, § 650g Abs. 4 Satz 1 BGB.

e) Schriftform der Kündigung

17 Die in Bauverträgen vereinbarten Bauleistungen sind in aller Regel umfangreich und dementsprechend kostspielig für den Besteller. Eine einseitige Beendigung durch Kündigung geht daher für beide Vertragsparteien mitunter mit erheblichen negativen Folgen einher. Die **Kündigung** des Bauvertrags ist vor diesem Hintergrund nur **schriftlich** möglich (§§ 650h, 126 BGB). Das strenge Formerfordernis soll die Bauvertragsparteien vor übereilten Handlungen schützen.

2. Verbraucherbauvertrag

18 **Verbraucherbauverträge** sind Verträge, durch die der Unternehmer von einem Verbraucher (§ 13 BGB) zum Bau eines neuen Gebäudes oder zu erheblichen Umbaumaßnahmen an einem bestehenden Gebäude verpflichtet wird (§ 650i Abs. 1 BGB). Für sie sieht das BGB in §§ 650i ff. BGB weitere Sonderregeln vor, die die allgemeinen bauvertraglichen Vorschriften (§§ 650a ff. BGB) ergänzen (§ 650i Abs. 3 BGB) und dem besonderen Schutzbedürfnis des Verbrauchers Rechnung tragen: Der Verbraucher geht bei einem Bauvorhaben nämlich in aller Regel nicht nur erhebliche finanzielle Risiken

---

15 Vgl. BT-Drucks. 18/8486, S. 59 f.; Palandt-*Retzlaff* § 650g Rn. 3.
16 BT-Drucks. 18/8486, S. 60.

ein, er verfügt im Vergleich zu seinem Vertragspartner, dem Bauunternehmer, auch nicht über ausreichend Verhandlungsmacht, um für sich günstige Vertragsbedingungen durchsetzen zu können.[17]

a) Informationspflichten, Vertragsinhalt, Herausgabe von Unterlagen und Besonderheiten bei Abschlagszahlungen

Im Interesse des Verbraucherschutzes sollen die zu Lasten des Verbrauchers häufig bestehende **Informationsasymmetrie** beseitigt, seine im Laufe der Vertragsverhandlungen geweckten berechtigten Erwartungen geschützt und ihm eine verlässliche Planung, insbesondere hinsichtlich des Fertigstellungszeitpunkts des Bauvorhabens, ermöglicht werden.[18] In diesem Sinne sind sowohl das Erfordernis der **Textform** (§ 650i Abs. 2 BGB) als auch die **vorvertraglichen Informationspflichten** gemäß § 650j BGB i.V.m. Art. 249 EGBGB sowie weitere Vorgaben zu **Vertragsinhalt** und -auslegung in § 650k BGB zu verstehen. Dem Verbraucher stehen zudem Ansprüche auf **Erstellung und Herausgabe bestimmter Planungs- und anderer Unterlagen** zu (§ 650n BGB). Besonderheiten gelten darüber hinaus auch für vom Unternehmer gemäß § 632a BGB verlangte bzw. zwischen den Parteien vereinbarte **Abschlagszahlungen** (§ 650m BGB und § 309 Nr. 15 BGB).

19

b) Widerrufsrecht

Vor übereilten und folgenreichen Vertragsabschlüssen wird der Verbraucher durch ein gesetzliches **Widerrufsrecht** gemäß §§ 650l, 355 BGB geschützt. Dem Verbraucher, der mit dem Abschluss eines Verbraucherbauvertrags hohe und längerfristige finanzielle Verpflichtungen eingeht und häufig sogar seine gesamten Ersparnisse für die Finanzierung einsetzt, wird so eine **Bedenkzeit** eingeräumt, innerhalb derer er sich durch Widerruf unkompliziert wieder vom Vertrag lösen kann.[19] Das Widerrufsrecht entfällt allerdings bei notarieller Beurkundung des Verbraucherbauvertrags: Wird der Vertrag notariell beurkundet, wird der Verbraucherschutz bereits durch die Belehrungspflichten des Notars sowie die im Beurkundungsgesetz vorgesehene Zeit für die Prüfung des Vertragsentwurfs (im Regelfall zwei Wochen, siehe § 17 Abs. 2a Nr. 2 BeurkG) verwirklicht.

20

▶ **BEACHTE:** Das Widerrufsrecht gemäß §§ 312a f., 312g BGB bei außerhalb von Geschäftsräumen geschlossenen Verträgen und bei Fernabsatzverträge, gibt es bei Verbraucherbauverträgen nicht (§ 312 Abs. 2 Nr. 3 BGB). ◀

Bitte beachten Sie, dass das BGB mit §§ 356e und 357d zwei Spezialregelungen für den Widerruf bei Verbraucherbauverträgen enthält. Die **Rechtsfolgen des Widerrufs bei Verbraucherbauverträgen** richten sich im Grundsatz nach § 355 Abs. 3 BGB: Danach sind die empfangenen Leistungen unverzüglich zurückzugewähren. § 357d BGB ergänzt diese allgemeine Regelung insofern, als der Verbraucher dem Unternehmer Wertersatz zu leisten hat, wenn die Rückgewähr der bis zum Widerruf erbrachten Leistung ihrer Natur nach ausgeschlossen ist. Der Wertersatz bestimmt sich entweder anhand der vereinbarten Vergütung oder, wenn die vereinbarte Vergütung unverhältnismäßig hoch ist, auf Grundlage des Marktwerts der erbrachten Leistungen.

21

---

17 Siehe BT-Drucks. 18/8486, S. 24, 63.
18 BT-Drucks. 18/84876, S. 62.
19 Siehe BT-Drucks. 18/8486, S. 63.

c) Einschränkung der Privatautonomie

22   Die Effektivität des mit den §§ 650i ff. BGB intendierten Verbraucherschutzes wird dadurch abgesichert, dass diese Vorschriften weitgehend **halbzwingend** ausgestaltet wurden: Mit Ausnahme von § 650m BGB kann gemäß § 650o BGB von den Vorschriften über den Verbraucherbauvertrag nicht zum Nachteil des Verbrauchers abgewichen werden. Auch Umgehungsgeschäfte sind unwirksam.

3. VOB/B

23   Neben den §§ 650a ff. BGB kommt **Teil B der Vergabe- und Vertragsordnung für Bauleistungen (VOB/B)** erhebliche praktische Bedeutung für Bauverträge zu. Dogmatisch handelt es sich um **AGB** i.S. von § 305 BGB, die vom Deutschen Vergabe- und Vertragsausschuss für Bauleistungen (DVA) aufgestellt und von den Parteien regelmäßig in den Bauvertrag einbezogen werden.[20] Sie enthalten für eine Vielzahl praktisch relevanter Fragen detailliertere und teils auch von den gesetzlichen Vorgaben abweichende Regelungen.

24   Als AGB unterliegt die VOB/B im Grundsatz der **AGB-Kontrolle** gemäß §§ 305 ff. BGB. Allerdings sind bei ihrer Verwendung gegenüber Unternehmern (§ 14 BGB) und der öffentlichen Hand die Beschränkungen der Inhaltskontrolle nach § 310 Abs. 1 Satz 1 und 3 BGB zu beachten: In diesem Fall ist nämlich eine Inhaltskontrolle einzelner Bestimmungen der VOB/B ausgeschlossen. Man spricht insofern auch von einer **Privilegierung der VOB/B.** Hintergrund ist die Überlegung, dass die VOB/B vom DAV unter Beteiligung von Interessengruppen der Unternehmer und der Besteller erarbeitet werden und daher einen auf die Besonderheiten des Bauvertragsrechts abgestimmten, im Ganzen einigermaßen ausgewogenen Ausgleich der beteiligten Interessen darstellen.[21] Der entscheidende Unterschied zu anderen AGB besteht also darin, dass das Klauselwerk nicht allein auf die Interessen des Verwenders abgestimmt ist. Damit die Privilegierung eintritt, muss die VOB/B in der jeweils zum Zeitpunkt des Vertragsschlusses geltenden Fassung **ohne inhaltliche Abweichungen und insgesamt** in den Vertrag einbezogen worden sein.[22] Wird die VOB/B gegenüber Verbrauchern verwendet, ist die Inhaltskontrolle in vollem Umfang eröffnet.[23]

25   Deutlich ausführlicher als die gesetzlichen Werk- und bauvertraglichen Vorschriften sind bspw. die in der VOB/B vorgesehenen Regelungen zur **Vergütung** der Bauleistung (§ 2 VOB/B). So unterscheidet § 2 VOB/B mehrere Arten der Vergütungsberechnung (bspw. Einheitspreis, Pauschalpreis und Stundenlohn).[24] Für den Besteller ist es auch einfacher, einseitig **Vertragsänderungen** anzuordnen, die für die Vertragsausführung nicht erforderlich sind (siehe § 1 Abs. 3 VOB/B). In § 4 VOB/B werden einige der in § 642 BGB erwähnten **Mitwirkungspflichten** des Bestellers konkretisiert. So hat der Besteller bspw. für die Aufrechterhaltung der allgemeinen Ordnung auf der Baustelle zu sorgen und das Zusammenwirken verschiedener Unternehmer zu regeln (§ 4 Abs. 1 Nr. 1 VOB/B). Die **Preisgefahr** wird in § 7 VOB/B zum Vorteil des Unternehmers

---

20   Beck'scher VOB Kommentar-*Sacher* Teil B Einl. Rn. 35; Ulmer/Brandner/Hensen-*Ulmer/Schäfer* § 310 Rn. 35b.
21   Siehe BGH NJW 1983, 816, 818.
22   Dazu: BGH ZfBR 2007, 665; zur Inhaltskontrolle einer formularmäßigen Sicherungsabrede auf der Grundlage der VOB/B: BGH NJW-RR 2020, 1219.
23   Eine Übersicht über bislang von der Rechtsprechung gegenüber Verbrauchern für unwirksam befundene VOB/B-Klauseln bei MünchKomm-*Busche* § 650a Rn. 54.
24   Beck'scher VOB Kommentar-*Funke* Teil B Vor § 2 Rn. 12 ff.

abweichend von § 644 BGB festgelegt: Wird z.B. die ganz oder teilweise ausgeführte Leistung vor der Abnahme durch höhere Gewalt zerstört, hat der Unternehmer Anspruch auf teilweise Vergütung (siehe § 7 Abs. 1 VOB/B i.V.m. § 6 Abs. 5 VOB/B). Ausführliche Regelungen zur **Kündigung** durch Besteller und Unternehmer enthalten § 8 und § 9 VOB/B. § 10 VOB/B trifft schwerpunktmäßig Regelungen zum **Innenausgleich** für den Fall, dass die Vertragsparteien Dritten gegenüber als **Gesamtschuldner** haften (§§ 421 ff. BGB). Eine wichtige Abweichung von der gesetzlichen Regelung liegt darüber hinaus auch in der abweichenden **Verjährung** von Mängelansprüchen (siehe § 13 VOB/B). So beträgt die Verjährungsfrist für Mängelansprüche für Bauwerke etwa im Grundsatz nur vier, statt gemäß § 634a Abs. 1 Nr. 2 BGB fünf Jahre.

III. Architektenvertrag und Ingenieurvertrag

1. Vertragstypische Pflichten

Möchte der Besteller Bauarbeiten in Auftrag geben, muss er sich nicht nur um die Bauausführung kümmern, indem er mit einem Bauunternehmer einen Bauvertrag schließt. In aller Regel wird er auch einen Architekten oder Ingenieur damit beauftragen, das Bauwerk oder die Außenanlage zunächst zu planen und später den Bau zu überwachen. Er wird also neben einem Bauvertrag auch einen **Architekten- und Ingenieurvertrag** (A&I-Vertrag) abschließen.

Die vertragstypischen Pflichten des A&I-Vertrags sind in § 650p BGB festgelegt: Durch einen A&I-Vertrag „wird der Unternehmer verpflichtet, die **Leistungen zu erbringen**, die nach dem jeweiligen Stand der Planung und Ausführung des Bauwerks oder der Außenanlage **erforderlich** sind, um die zwischen den Parteien vereinbarten **Planungs- und Überwachungsziele** zu erreichen" (Absatz 1). Im Gegensatz zum allgemeinen Werk- und Bauvertrag schuldet der Unternehmer im Rahmen des A&I-Vertrags also nicht nur einen punktuellen Erfolg, der darin besteht, die Planungs- und Überwachungsziele zu erreichen, sondern auch die jeweils auf dem Weg zu diesen Zielen erforderlichen Einzelleistungen. Da diese Einzelleistungen vor dem Gesamtwerk fällig werden, kann der Unternehmer beim A&I-Vertrag bereits während der Vertragsphase in Schuldnerverzug (§§ 286 ff. BGB) geraten.[25]

Stehen wesentliche Planungs- und Überwachungsziele noch nicht fest, wenn sich der Besteller an den Unternehmer wendet, z.B. weil der Besteller noch gar keine genauen Vorstellungen von dem zu planenden Vorhaben hat, hat der Unternehmer in einem ersten Schritt zunächst eine **Planungsgrundlage** zur Ermittlung dieser Ziele zu erstellen, die er dem Besteller zusammen mit einer Kosteneinschätzung zur Zustimmung vorlegen muss (§ 650q Abs. 2 BGB).

2. Einordnung und anwendbare Vorschriften

Der Gesetzgeber hat den A&I-Vertrag als einen **dem Werkvertrag „ähnlichen Vertrag"** in das Besondere Schuldrecht eingeordnet: Anders als Bau- und Verbraucherbauvertrag, die gemeinsam mit den allgemeinen werkvertragsrechtlichen Vorschriften innerhalb desselben Untertitels geregelt sind, finden sich die Vorschriften über den A&I-Vertrag in einem eigenständigen Untertitel.[26] Trotz dieser systematischen Aus-

26

27

28

29

---

25 Siehe *Fuchs* NZBau 2019, 25, 26; BeckOK-*Voit* § 650p Rn. 9 ff.
26 Siehe auch Palandt-*Retzlaff* § 650p Rn. 2.

gliederung baut der A&I-Vertrag aber auf dem allgemeinen Werkvertragsrecht und dem (Verbraucher-)Bauvertrag auf: Gemäß § 650q Abs. 1 BGB gelten das allgemeine Werkvertragsrecht (§§ 631 ff. BGB) sowie *fast* alle (verbraucher-)bauvertraglichen Regelungen für den A&I-Vertrag entsprechend, soweit sich aus den (wenigen) Sonderregelungen in §§ 650p ff. BGB nichts anderes ergibt. So stehen dem Besteller bspw. auch im Rahmen eines A&I-Vertrags die Mängelrechte gemäß § 634 BGB zu. Zudem hat er ein Anordnungsrecht gemäß § 650b BGB. Der Unternehmer wiederum kann die Sicherungsansprüche gemäß §§ 650d f. BGB geltend machen. Auch beim A&I-Vertrag bedarf die Kündigung gemäß §§ 650q Abs. 1, 650h BGB der Schriftform.

3. Vergütungsanpassung

30   Eine Besonderheit gilt für die **Vergütungsanpassung** bei einer Änderungsanordnung des Bestellers:[27] § 650c BGB ist beim A&I-Vertrag nur subsidiär anwendbar: Primär richtet sich die Vergütungsanpassung hier gemäß § 650q Abs. 2 Satz 1 BGB nach den Entgeltabrechnungsregeln der jeweils geltenden Fassung der **Honorarordnung für Architekten und Ingenieure** (HOAI). Wenn die nach der Änderungsanordnung zusätzlich zu erbringende oder entfallende Leistung von der HOAI nicht erfasst wird, ist die Vergütungsanpassung von den Parteien frei vereinbar. Nur soweit die Parteien keine entsprechende Vereinbarung treffen, gilt § 650c BGB entsprechend.

4. Sonderkündigungsrechte

31   In § 650r BGB sind **Sonderkündigungsrechte** des Bestellers und Unternehmers vorgesehen, die an die Pflicht des Unternehmers zur Erstellung einer **Planungsgrundlage** gemäß § 650p Abs. 2 BGB anknüpfen: Der **Besteller** kann gemäß § 650r Abs. 1 BGB den Vertrag innerhalb von zwei Wochen ab Vorlage der Unterlagen kündigen. Hierdurch sollen insbesondere **Verbraucher** vor den Rechtsfolgen eines übereilt abgeschlossenen Architektenvertrags mit einem typischerweise sehr umfangreichen und kostspieligen Leistungsprogramm geschützt werden.[28] Dieses Schutzanliegen wird durch eine entsprechende Informationspflicht abgesichert: Der Unternehmer hat den Verbraucher bei der Vorlage der Unterlagen in Textform (§ 126b BGB) über sein Sonderkündigungsrecht zu unterrichten. Tut er das nicht, beginnt die zweiwöchige Kündigungsfrist nicht zu laufen – der Verbraucher kann also auch später noch gemäß § 650r Abs. 1 BGB kündigen.

32   Dem **Architekten bzw. Ingenieur** steht nach § 650r Abs. 2 BGB ein besonderes Kündigungsrecht zu, wenn er dem Besteller eine angemessene Frist für die **Zustimmung** zu der von ihm erstellten Planungsgrundlage gesetzt hat und der Besteller die Zustimmung entweder verweigert oder keine Erklärung zu den Unterlagen abgegeben hat. Dieses Kündigungsrecht gibt dem Unternehmer die Möglichkeit, innerhalb eines angemessenen Zeitraums Planungssicherheit hinsichtlich des Fortgangs des Vertragsverhältnisses zu erlangen.[29] Macht eine der Parteien von ihrem Sonderkündigungsrecht gemäß § 650r BGB Gebrauch, steht dem Unternehmer ein Anspruch auf Vergütung für die bis dahin von ihm erbrachten Leistungen zu (Absatz 3).

---

27   Ausführlich: *Koeble* NZBau 2020, 131.
28   Vgl. BT-Drucks. 18/8486, S. 69.
29   MünchKomm-*Busche* § 650r Rn. 3.

5. Teilabnahme und besonderes Leistungsverweigerungsrecht

Baumängel können nicht nur für den Bauunternehmer zu einer Haftung gemäß § 634   33
BGB führen, sondern auch für den Architekten oder Ingenieur, wenn der Mangel
in seinen vertraglichen Verantwortungsbereich fällt. Bauunternehmer und Architekt
bzw. Ingenieur haften dann gemäß §§ 421 ff. BGB als **Gesamtschuldner:**[30] Zwischen
ihnen bestehen in der Regel zwar keine vertraglichen Beziehungen und sie schulden im
Grundsatz unterschiedliche Leistungen; dennoch arbeiten beide im Ergebnis auf eine
plangerechte und fehlerfreie Errichtung des Bauwerks hin (Identität des Leistungsinter-
esses). Entsteht dabei ein Mangel, für den beide Unternehmer verantwortlich sind und
der nur einheitlich behoben werden kann, müssen beide Unternehmer gegenüber dem
Besteller dafür im Grundsatz gleichrangig einstehen.[31]

Obwohl der Besteller die freie Wahl hat, ob er für einen Mangel den Bauunternehmer   34
oder den Architekten bzw. Ingenieur in Anspruch nehmen möchte (§ 421 Satz 1 BGB),
kommt es in der Praxis häufig zu einer **überproportionalen Belastung** der Architekten
und Ingenieure:[32] Ein Grund dafür ist, dass ihre Leistungspflichten zeitlich über die
eigentliche Bauphase hinausreichen können, z.B. kann bei einem umfassenden Vertrag
gemäß § 34 Abs. 3 Nr. 9 HOAI auch eine anschließende Objektbetreuung, d.h. die
Überprüfung des Objekts auf Mängel innerhalb der Gewährleistungsfrist, geschuldet
sein.[33] Da nach allgemeinem Werkvertragsrecht ein Anspruch auf Abnahme erst entsteht, wenn das Werk vollständig und mangelfrei hergestellt wurde (siehe § 640 Abs. 1
Satz 1 BGB), beginnt und endet auch die an die Abnahme anknüpfende **Verjährungsfrist** der Mängelansprüche für Architekten- und Ingenieurleistungen in diesen Fällen
später als beim bauausführenden Unternehmer (siehe § 634a Abs. 2 BGB). Dies führt
dazu, dass der Architekt oder Ingenieur vom Besteller auch noch für überwiegend vom
Bauunternehmer verursachte Mängel in Anspruch genommen werden kann, wenn die
Ansprüche des Bestellers gegen den Bauunternehmer bereits verjährt sind und damit
auch ein Regress im Innenverhältnis gemäß § 426 BGB nicht mehr möglich ist. Um
den Architekten bzw. Ingenieur insofern zu entlasten, räumt ihm § 650s BGB ab der
Abnahme der letzten Leistung des bauausführenden Unternehmers einen **Anspruch auf
Teilabnahme** der von ihnen bis dahin erbrachten Leistungen ein. Dadurch können die
mit der Bauausführung zusammenhängenden Leistungen beider Unternehmer in engem
zeitlichen Zusammenhang abgenommen und der Ablauf der Verjährungsfrist gemäß
§ 634a Abs. 2 BGB einheitlich in Gang gesetzt werden.

Selbst wenn die Ansprüche des Bestellers gegen den Bauunternehmer wegen Mängeln   35
noch nicht verjährt sind, bleibt es in der Praxis häufig bei einer Haftungsunwucht
zulasten von Architekten bzw. Ingenieuren. Sie sind für den Besteller nämlich in
der Regel die attraktiveren Schuldner: Aufgrund ihrer Berufsordnung sind sie zum
Abschluss einer Berufshaftpflichtversicherung verpflichtet, sodass die Realisierung von
Schadensersatzansprüchen gesichert ist.[34] Ist der Bauunternehmer zwischenzeitlich insolvent, geht ein etwaiger Regressanspruch des Architekten bzw. Ingenieurs ins Leere.
Dieses Ungleichgewicht soll durch § 650t BGB zumindest abgemildert werden, indem

---

30 BGH NJW 1965, 1175, 1176; BGH NJW 1969, 653; BGH NJW-RR 2008, 260 zur Gesamtschuld siehe *Brömmel-
    meyer* Schuldrecht AT § 16.
31 Vgl. nur BGH NJW 1965, 1175.
32 Siehe BT-Drucks. 18/8486, S. 70.
33 Siehe Palandt-*Retzlaff* § 650s Rn. 1.
34 Siehe BT-Drucks. 18/8486, S. 70.

die Inanspruchnahme des Architekten bzw. Ingenieurs im Rahmen der gesamtschuldnerischen Haftung für **Überwachungsfehler** davon abhängig gemacht wird, dass der Besteller dem bauausführenden Unternehmer zuvor erfolglos eine **angemessene Frist zur Nacherfüllung** gesetzt hat. Solange diese Voraussetzung nicht erfüllt ist, steht dem Architekten oder Ingenieur ein **Leistungsverweigerungsrecht** zu. So wird dem Vorrang der Nacherfüllung auch auf dieser Ebene Geltung verschafft: Im Gegensatz zum Bauunternehmer ist die Nacherfüllung durch den Architekten oder Ingenieur nämlich regelmäßig gar nicht möglich: eine versäumte Bauaufsicht kann nicht nachgeholt werden.[35] Bei **Planungsfehlern** geht der Gesetzgeber hingegen davon aus, dass diese die Hauptursache für den Mangel setzen und daher eine direkte Inanspruchnahme des Architekten bzw. Ingenieurs gerechtfertigt ist.[36]

▶ **BEACHTE:** Bei Inanspruchnahme eines Architekten auf Schadensersatz gem. §§ 634 Nr. 3, 280 Abs. 1 BGB geht der BGH nunmehr in st. Rechtsprechung davon aus, dass ein Schaden aus Planungs- und Überwachungsfehlern, die sich in dem Bauwerk bereits verwirklicht haben, nicht anhand „fiktiver Mängelbeseitigungskosten" berechnet werden können.[37] ◀

IV. Bauträgervertrag

36   Ein **Bauträgervertrag** ist ein Vertrag, der die Errichtung oder den Umbau eines Hauses oder eines vergleichbaren Bauwerks zum Gegenstand hat und der zugleich die Verpflichtung des Unternehmers enthält, dem Besteller das Eigentum an dem Grundstück zu übertragen oder ein Erbbaurecht zu bestellen oder zu übertragen (§ 650u Abs. 1 Satz 1 BGB). Anders als der Bauunternehmer schuldet der Bauträger also nicht nur die Errichtung bzw. den Umbau eines Bauwerks, sondern auch die Übertragung des Eigentums bzw. Erbbaurechts an dem Grundstück, auf dem das Bauwerk errichtet oder umgebaut wird. Dieser Kombination von erfolgsbezogenen und mit der Übertragung des Eigentums verbundenen umsatzbezogenen Pflichten trägt das BGB Rechnung, indem es hinsichtlich der auf den Bauträgervertrag anwendbaren Pflichten unterscheidet:

- Mit Blick auf die **Errichtung bzw. den Umbau** finden die allermeisten Vorschriften des allgemeinen Werkvertragsrechts sowie die Vorschriften über Bau- und Verbraucherbauvertrag Anwendung (§ 650u Abs. 1 Satz 2 BGB). Ausgenommen sind die in § 650u Abs. 2 BGB aufgezählten Vorschriften; insbesondere besteht für den Fall, dass der Besteller ein Verbraucher ist, kein Widerrufsrecht gemäß § 650l BGB. Abschlagszahlungen können nur verlangt werden, wenn die Voraussetzungen des § 650v BGB erfüllt sind.

- Hinsichtlich des Anspruchs auf **Übertragung des Eigentums** an dem Grundstück oder auf Übertragung oder Bestellung des Erbbaurechts finden die Vorschriften des Kaufrechts (§§ 433 ff. BGB) Anwendung (§ 650u Abs. 1 Satz 3 BGB).

▶ **LÖSUNGSHINWEIS ZU FALL 28:** B hat die Wahl, ob er U oder A auf Mängelgewährleistung in Anspruch nehmen möchte, denn beide Unternehmer haften für den Baumangel als Gesamtschuldner i.S. von § 421 BGB:[38] Ist die Mangelbeseitigung für U möglich, hat B gegen U aus dem Bauvertrag einen Anspruch auf Nacherfüllung gemäß §§ 634 Nr. 1, 635 BGB. Gegen den Architekten A stünde B ein Anspruch auf Schadensersatz statt der Leistung

---

35   So bereits BGH NJW 1965, 1175, 1176.
36   Siehe BT-Drucks. 18/8486, S. 71.
37   BGH NZBau 2021, 39.
38   Dazu allgemein: *Brömmelmeyer* Schuldrecht AT § 16 Rn. 13-15.

gemäß §§ 634 Nr. 4, 280 Abs. 1, 3, 283, 650q Abs. 1 BGB zu, denn der Überwachungsfehler des A hat sich mit Fertigstellung des Hauses bereits in diesem verkörpert. Eine Nacherfüllung ist insoweit objektiv unmöglich (§ 275 Abs. 1 BGB).[39] A kann die Leistung (Schadensersatz!) allerdings gegenüber B gemäß § 650t BGB so lange verweigern, bis B dem U eine angemessene Frist zur Nacherfüllung bestimmt hat und diese erfolglos abgelaufen ist. Wird A daraufhin von B auf Schadensersatz in Anspruch genommen, kann er gegen U einen Ausgleichsanspruch gemäß § 426 BGB geltend machen. ◀

WIEDERHOLUNGS- UND VERTIEFUNGSFRAGEN

> Welche Optionen hat der Besteller, wenn er den Bauvertrag ändern möchte?
> Welchem Zweck dienen die Vorschriften über den Verbraucherbauvertrag?
> Inwiefern ist die VOB/B gegenüber anderen AGB privilegiert?
> Warum gilt § 650t BGB nicht für Planungsfehler des Architekten oder Ingenieurs?

---

39 Vgl. OLG Saarbrücken BeckRS 2003, 30325786.

§ 28 Touristische Dienstleistungen

▶ **FALL 29A:** A bucht über das Online-Portal des B eine einwöchige Reise in die Türkei, die aus Flug und Unterkunft besteht und auf dem Portal des B von C angeboten wird. Außerdem bucht er über B einen Mietwagen vor Ort. Am vorletzten Tag der Reise teilt C dem A über seine örtliche Reiseleitung mit, dass der Rückflug vom Abend des letzten Tages auf 5 Uhr früh vorverlegt sei, so dass A das Hotel bereits um 1 Uhr nachts verlassen müsse. A nimmt daraufhin einen Ersatzflug zum ursprünglich vorgesehenen Zeitpunkt und verlangt Ersatz seiner Aufwendungen, Minderung und Schadensersatz wegen nutzlos aufgewendeter Urlaubszeit. Bestehen diese Ansprüche, und gegen wen sind sie geltend zu machen? ◀

▶ **FALL 29B:** A buchte im Mai 2019 eine Reise zur süditalienischen Insel Ischia beim Reiseveranstalter R. Die Reise sollte im Mai 2020 stattfinden. Am 7.3.2020 kündigte A den Vertrag unter Hinweis auf „außergewöhnliche Umstände" in Italien. Am 17.3.2020 erließ das Auswärtige Amt eine weltweite Reisewarnung, die uneingeschränkt bis zum 14.6.2020 galt.[1]

1.   Durfte A ohne Zahlung einer Entschädigung bereits am 7.3.2020 zurücktreten?

2.   Hätte A am 31.3.2020 entschädigungslos zurücktreten können, wenn die Reise erst am 20.6.2020 hätte angetreten werden sollen?

3.   Wäre der Einwand des R beachtlich, die COVID-19-Pandemie hätte sich vornehmlich in Norditalien ausgewirkt?

4.   Hätte die Reise trotz der Reisewarnung durchgeführt werden dürfen?

   ◀

I. Überblick

1   Rechtsprobleme auf Reisen spielen in der Praxis eine große Rolle, weswegen sich ihrer sowohl der deutsche als auch der europäische Gesetzgeber annahmen. Man hat zu unterscheiden, ob sich der Reisende die einzelnen Elemente für die Reise durch separate Verträge zusammenstellt, d.h. etwa einen Beförderungsvertrag mit einem Beförderungsunternehmen abschließt und einen Beherbergungsvertrag mit einem Hotel. Dies nennt man **Individualreiserecht**. Es ist als solches nicht im BGB geregelt, jedoch sind die Grundzüge für die beiden wichtigsten Vertragstypen, die bei individuell organisierten Reisen eine Rolle spielen, im BGB enthalten, nämlich der **Beherbergungsvertrag** und der **Beförderungsvertrag**. Wir haben bereits im Zusammenhang mit dem Mietrecht gesehen, dass der Beherbergungsvertrag sich an den Mietvertrag anlehnt (oben § 19 Rn. 14), während der Beförderungsvertrag ein Werkvertrag ist.[2]

2   Wenn dagegen ein Reiseveranstalter mehrere unterschiedliche Reiseleistungen für den Zweck derselben Reise, z.B. die Beförderung zum Urlaubsort, die Unterkunft oder etwa Ausflüge vor Ort, anbietet, spricht man von einer **Pauschalreise**. Es kommt nicht darauf an, ob der Reiseveranstalter von vornherein die Leistungen als Paket anbot oder ob die Zusammenstellung erst auf Wunsch des Reisenden erfolgte. Entscheidend ist, dass die Zusammenstellung vor Vertragsschluss vorgenommen wird. Aus der Sicht des Reisenden kommt nur ein einziger Vertrag zustande, nämlich der Pauschalreisever-

---

1   Fall nach AG Frankfurt a.M., NJW-RR 2020, 1315 = VuR 2020, 391.
2   Zum Beförderungsvertrag *Führich*, in: Führich/Staudinger, Reiserecht, 8. Aufl. 2019, § 35.

trag mit dem Reiseveranstalter. Diesen Vertragstyp hat der BGB-Gesetzgeber im Jahre 1979 ausführlich geregelt. Der europäische Gesetzgeber folgte 1990. Im Jahre 2015 ersetzte er die ursprüngliche Richtlinie durch eine Neufassung, auf der das seit dem 1.7.2018 heute geltende Pauschalreiserecht beruht. (unten Rn. 5).[3]

Ein aktuelles Problem im Reiserecht ist die **Digitalisierung**, die sich in einer zunehmenden Bedeutung des Online-Vertriebs zulasten des stationären Vertriebs äußert. Für den Reisenden wird es immer leichter, sich seine Reise über Online-Portale selbst zusammenzustellen, was zu einer langfristig abnehmenden Bedeutung der Pauschalreise führt. Auf der anderen Seite kann der stationäre Vertrieb von seiner Beratungskompetenz profitieren, und bei einer Pauschalreise hat der Reisende einen Ansprechpartner in seinem Wohnsitzstaat, gegen den er im Zweifel auch rechtliche Ansprüche hat, die über dem Standard von Rechten bei einzeln gebuchten Reiseleistungen liegen. Ein zweites großes Problem sind die Folgen der **COVID-19-Pandemie**, die zu einem zeitweisen Stillstand des Tourismus führte.[4] Damit verbunden sind die Rechte der Vertragsparteien, sich wegen der Pandemie von bereits geschlossenen Verträgen zu lösen und die daraus folgenden Rückabwicklungspflichten. 3

Daneben enthält das BGB noch einzelne Vorschriften, die ebenfalls mit Reisen zu tun haben. Die §§ 481 bis 487 BGB regeln die sog. **Teilzeitwohnrechte**, was gleichfalls auf eine europäische Richtlinie zurückgeht, und in §§ 701 ff. BGB ist eine **Haftung der Gastwirte** enthalten. Auch hier liegt ein Internationales Übereinkommen zu Grunde. 4

II. Pauschalreiserecht

In den 1970er Jahren wurde mit dem Massentourismus die Pauschalreise eine weit verbreitete Urlaubsform. Dabei bietet ein Reiseveranstalter mehrere einzelne Reiseleistungen als Gegenstand eines einzigen Vertrags an. Mit dem zunehmenden Reisen traten auch vermehrt Rechtsprobleme auf, die den deutschen Gesetzgeber, wie andere nationale Gesetzgeber auch,[5] veranlassten, im Jahre 1979 zwingende Vorschriften **zugunsten des Verbrauchers** ins BGB einzufügen, die §§ 651a ff. BGB. Im Jahre 1990 zog der europäische Gesetzgeber mit der **EG-Pauschalreiserichtlinie** nach,[6] die 1994 ins deutsche Recht umgesetzt wurde. Die Nachfolge-Richtlinie von 2015 ist eine vollharmonisierenden Richtlinie, d.h. sie erlaubt dem nationalen Umsetzungsgesetzgeber keine nicht ausdrücklich zugelassenen Abweichungen, im Gegensatz zu ihrer Vorgängerin, die lediglich Minimalstandards setzte. d.h. dem Umsetzungsgesetzgeber höhere Schutzstandards zugunsten der Verbraucher erlaubte.[7] 5

1. Anwendungsbereich

Ein Pauschalreisevertrag kommt zustande zwischen einem **Reiseveranstalter** und einem **Reisenden**. Im Gegensatz zu anderen verbraucherschützenden Vorschriften verwendet das BGB nicht die Begriffe „Unternehmer" und „Verbraucher" unter Verweis auf die 6

3 Ausführliche Darstellungen des Pauschalreiserechts in der seit 2018 geltenden Fassung bei *Führich/Staudinger*, Reiserecht, 8. Aufl. 2019, §§ 5 – 25; *Bergmann*, in: Tonner/Bergmann/Blankenburg, Reiserecht, 2018, § 2.
4 Zu COVID 19 *Staudinger/Achilles-Pujol*, in: H. Schmidt (Hrsg.), COVID-19, 2020, § 7; *Bergmann*, in: Kroiß (Hrsg.), Rechtsprobleme durh COVID-19, 2020, § 8.
5 Rechtsvergleichender Überblick vor Umsetzung der Pauschalreiserichtlinie bei *Tonner*, Reiserecht in Europa, 45 ff.
6 Richtlinie 90/314/EWG, ABl. EG 1990, Nr. L 158/59 vom 23.6.1990.
7 Richtlinie (EU) 2015/2302, ABl. EU 2015, Nr. L 326/1 vom 11.12.2015.

§§ 13 und 14 BGB. Dies liegt daran, dass die zugrundeliegende Pauschalreiserichtlinie unter gewissen engen Voraussetzungen jeden Reisenden, also auch einen Geschäftsreisenden, umfasst. Dies gilt nur dann nicht, wenn zwischen dem Organisator von Geschäftsreisen und dem Reisenden, der Unternehmer ist, ein Rahmenvertrag besteht (§ 651a Abs. 5 Nr. 3 BGB). Sinnvoll ist dies nicht, da ein Geschäftsreisender keinen Schutz durch zwingende Normen benötigt, doch sind dem deutschen Gesetzgeber wegen der zugrundeliegenden Richtlinie die Hände gebunden. I.Ü. werden Geschäftsreisen kaum in der Form einer Pauschalreise durchgeführt.

7   Der sachliche Anwendungsbereich ist bestimmt durch den Begriff „**Gesamtheit von mindestens zwei verschiedenen Reiseleistungen für den Zweck derselben Reise**" (§ 651a Abs. 2 BGB). Dies bedeutet, dass mindestens zwei wesentliche Reiseleistungen zu einer Gesamtheit zusammengestellt werden müssen. Das Gesetz führt diese Leistungen in § 651a Abs. 3 BGB auf, nämlich die Beförderung, die Beherbergung, die Vermietung von Kraftfahrzeugen und schließlich als Auffangkategorie jede touristische Leistung, die keine Reiseleistung im Sinne der vorhergehenden Aufzählung ist. Das können z.B. Sportkurse oder Events sein.[8] Ist eine touristische Leistung eine bloße **Nebenleistung** zu einer anderen Leistung, liegt keine Pauschalreise vor (§ 651a Abs. 4 BGB), z.B. ein Ausflug vor Ort. Die Nebenleistung darf keinen erheblichen Anteil am Gesamtwert der Zusammenstalleng ausmachen, was nach § 651a Abs. 4 Satz 2 BGB dann der Fall ist, wenn auf sie weniger als 25 % des Gesamtwertes entfallen.

8   Die Rechtsprechung wendete früher die §§ 651a ff. BGB analog an, wenn eine einzelne Reiseleistung veranstaltermäßig erbracht wird, z.B. ein Urlaub im Ferienhaus mit eigener Anreise.[9] Diese Rechtsprechung ist ein gutes Beispiel für die Auswirkung des Übergangs von der Minimalstandard- zur Vollharmonisierung im europäischen Verbrauchervertragsrecht auf den Spielraum des nationalen Umsetzungsgesetzgebers. Unter der ursprünglichen Richtlinie war die **analoge Anwendung** zulässig, da sie über deren Minimalstandard zugunsten des Verbrauchers hinausging. Mit einer Vollharmonisierung ist sie dagegen nicht vereinbar. Jedoch sieht die neue Richtlinie in einem Erwägungsgrund vor, dass die Mitgliedstaaten die Richtlinie auf einzelne Reiseleistungen anwenden können (ErwGr. 21). Sie schränkt damit die **Vollharmonisierung** ein und eröffnet dem Umsetzungsgesetzgeber einen Spielraum. Der deutsche Gesetzgeber hätte also die Rechtsprechung zur analogen Anwendung von Pauschalreiserecht auf einzelne veranstaltermäßig erbrachte Reiseleistungen kodifizieren können, ohne damit gegen Unionsrecht zu verstoßen. Er hat diesen Spielraum aber nicht genutzt.[10]

2. Hauptpflichten des Reiseveranstalters und des Reisenden

9   Hauptpflicht des Reiseveranstalters ist die **Erbringung der Pauschalreise**. Der Begriff wurde bereits erläutert (oben Rn. 7). Des Weiteren bestehen umfassende **Informationspflichten**, die ebenfalls als Hauptpflichten eingestuft werden.[11] Sie sind in § 651d BGB in Verbindung mit Art. 250 §§ 1 bis 3 EGBGB geregelt. Danach muss der Reiseveranstalter vor allem vorvertragliche Informationspflichten erfüllen. Sie sind im Einzelnen in Art. 250 § 3 EGBGB aufgelistet und umfassen in acht Ziffern etwa die wesentlichen Eigenschaften der Reise und Pass- und Visumerfordernisse. Weiterhin muss der Reise-

---

8 Weitere Beispiele mit Rechtsprechungsnachweisen bei MünchKomm-*Tonner* § 651a Rn. 28.
9 St. Rspr. seit BGH NJW 1985, 906; zuletzt noch BGH NJW 2014, 2955.
10 Kritisch dazu *Führich*, NJW 2017, 2945; *Tonner*, MDR 2018, 305.
11 Staudinger/*Staudinger* § 651a Rn. 129; MünchKomm-*Tonner* § 651a Rn. 63.

veranstalter dem Reisenden ein Formblatt zur Verfügung stellen, das den Reisenden über seine gesetzlichen Rechte aufklärt (Art. 250 § 2 EGBGB in Verbindung mit Anlage 11 zum EGBGB).

Die gemachten Angaben werden Inhalt des Vertrags, wenn nichts anderes vereinbart wird (§ 651d Abs. 2 BGB). Der Reiseveranstalter muss dem Reisenden eine **Reisebestätigung** zur Verfügung stellen, die die vorvertraglichen Angaben wiederholen und weitere, in Art. 250 § 6 EGBGB aufgezählte Angaben enthalten muss. Schließlich gibt es eine Vorschrift über die kurz vor Reisebeginn zur Verfügung zu stellenden **Reiseunterlagen** (Art. 250 § 7 EGBGB). 10

Die Vielzahl der Informationspflichten ist auf das dem europäischen Verbrauchervertragsrecht zugrunde liegende **Informationsmodell** zurückzuführen. Das Unionsrecht geht vom Leitbild des mündigen, informierten Verbrauchers aus und will ihn in die Lage versetzen, seine Rolle als Nachfrager nach der jeweils besten Leistung auszuüben (oben § 3 Rn. 9). Da die Detailfreude der Informationspflichten mit dem Abstraktionsniveau des BGB nicht übereinstimmt, entschloss sich der deutsche Gesetzgeber, sie aus den Umsetzungsakten der verbrauchervertraglichen Richtlinien im BGB auszugliedern und ins EGBGB einzufügen, so auch im Pauschalreiserecht, wo sie sich in Art. 250 bis 252 EGBGB finden. Dies führt aber zu einer komplizierten Verweisungstechnik. So erwähnt § 651d Abs. 1 BGB die Informationspflichten allgemein und verweist zur Aufzählung im Einzelnen auf Art. 250 EGBGB. 11

Hauptpflicht des Reisenden ist die Zahlung des Reisepreises. Man ist sich darüber einig, dass die **Vorauszahlung** des Reisepreises grundsätzlich zulässig ist. Anzahlungen bei Vertragsschluss und Restzahlungen vor Reiseantritt können also verlangt werden; es fragt sich jedoch, in welcher Höhe bzw. wann. Früher begründete der BGH eine Beschränkung von **Anzahlungen** auf 10 % des Reisepreises mit der Erwägung, dass der Reisende keine Sicherheit für geleistete Vorauszahlungen hatte.[12] Es war daher konsequent, dass der BGH nach dem Inkrafttreten der Insolvenzsicherung (unten Rn. 37 ff.) höhere Anzahlungsklauseln, nämlich in Höhe von 20 % akzeptierte.[13] Im Zusammenhang mit dem Auftreten der Online-Buchungsportale wurden deutlich darüber liegende Anzahlungen verlangt, so dass die Frage erneut zum BGH gelangte. Dieser entscheid nunmehr, dass 20 % im Regelfall auch die Höchstgrenze für Anzahlungsklauseln sind.[14] Höhere Anzahlungen sind jedoch zulässig, wenn der Reiseveranstalter vor Reiseantritt höhere Aufwendungen hat.[15] Der **Restpreis** darf nicht früher als 30 Tage vor Reiseantritt verlangt werden.[16] 12

3. Abgrenzung zum Reisevermittlungsvertrag

Der Pauschalreisevertrag ist von dem bloßen **Vermittlungsvertrag** abzugrenzen, der regelmäßig zwischen einem stationären Reisebüro oder einem virtuellen Reisebüro im Internet (sog. Reiseportal) und dem Reiseinteressenten geschlossen wird.[17] Dabei kommt es maßgeblich darauf an, ob das Reisebüro dem Reisenden einzelne Leistungen oder eine Pauschalreise bloß vermittelt und der Reisende mithin mit den sogenann- 13

---

12 BGHZ 100, 157 = NJW 1987, 1931.
13 BGH NJW 2006, 3134.
14 BGHZ 203, 335 = NJW 2015, 1444.
15 BGH NJW 2017, 3297.
16 BGHZ 203, 335 = NJW 2015, 1444.
17 Ausf. bereits *D. Schulz*, E-Commerce im Tourismus, 2010, 38 ff.

ten Leistungsträgern (also dem Luftfahrtunternehmen oder dem Hotelier) oder dem Reiseveranstalter kontrahiert oder ob das Reisebüro die Reise in eigener Verantwortung erbringen will. In der Regel hat das Reisebüro ein Interesse daran, lediglich als Vermittler aufzutreten. Es ist dann **Handelsvertreter** gemäß § 86 HGB und erhält im Erfolgsfall für seine Vermittlungstätigkeit eine Provision vom Geschäftsherrn.[18] In der COVID-19-Pandemie führt dies dazu, dass wegen der zahlreichen Stornierungen bereits gebuchter Reisen der Provisionsanspruch entfiel und bereits geleistete Provisionszahlungen erstattet werden mussten. Es sind aber auch vom Modell des § 86 HGB abweichende Gestaltungen möglich. Zum Beispiel darf das Reisebüro vom Kunden eine erfolgsunabhängige Service-Gebühr für seine Beratungstätigkeit verlangen.

14   Das Reisebüro wird eine **Vermittlerklausel** verwenden, um klarzustellen, dass es nur Vermittler sein will. Die Vermittlerklausel hat eine lange Vorgeschichte. Vor Inkrafttreten der §§ 651a ff. BGB versuchten Reiseveranstalter vielfach, sich als bloße Vermittler der Reiseleistungen zu bezeichnen und sich hierdurch ihrer Haftung für das Gelingen der Reise zu entziehen und den Reisenden zu zwingen, Ansprüche gegen die Leistungsträger im Ausland verfolgen zu müssen. Dies unterbanden zunächst die Rechtsprechung[19] und sodann der Gesetzgeber in § 651a Abs. 2 BGB in der ursprünglichen Fassung, wonach eine Vermittlerklausel unberücksichtigt bliebe, wenn der Anschein begründet wurde, dass die Reiseleistungen in eigener Verantwortung erbracht werden sollten.

15   Diese sehr allgemeine Formulierung wurde im Zuge der Umsetzung der neuen Pauschalreiserichtlinie von 2015 durch die konkretere, aber auch komplexe Regelung des § 651b BGB ersetzt, die nunmehr die Grenzen der Zulässigkeit einer Vermittlerklausel bestimmt. Die Vorschrift greift ein, wenn das Reisebüro verschiedene einzelne Reiseleistungen für den Zweck derselben Reise lediglich vermitteln will, also beispielsweise zu einem Flug eine Hotelunterkunft hinzu buchen will, nicht aber, wenn zu einer Pauschalreise ein Mietwagen hinzu gebucht werden soll, weil die Pauschalreise keine einzelne Reiseleistung ist. § 651b BGB enthält drei Fallgestaltungen, bei denen eine Vermittlerklausel unzulässig ist und das Reisebüro folglich zum Reiseveranstalter wird. Die wichtigste Fallgruppe ist in § 651b Abs. 1 Satz 2 Nr. 1 BGB geregelt. Danach wird das Reisebüro zum Reiseveranstalter, wenn im Rahmen desselben Buchungsvorgangs verschiedene Reiseleistungen ausgewählt werden, **bevor sich der Reisende zur Zahlung verpflichtet**. Wenn das Reisebüro nicht zum Reiseveranstalter werden will, muss es also die Buchung der ersten einzelnen Reiseleistung (Beispiel: die Hotelunterkunft) verbindlich abschließen, bevor es zur Buchung der nächsten Reiseleistung (Beispiel: Flug) schreitet. Das Reisebüro wird auch dann zum Reiseveranstalter, wenn es einen **Gesamtpreis** anbietet oder die Reiseleistungen als „Pauschalreise" bezeichnet (§ 651b Abs. 1 Satz 2 Nrn. 2 und 3 BGB).

16   Ein Unternehmer gemäß § 651c BGB wird zu einem Reiseveranstalter, wenn er auf seiner Webseite einen Vertrag über eine einzelne Reiseleistung abschließt und dann einen weiteren Vertrag über eine andere Reiseleistung zum Zweck derselben Reise vermitteln will. Der wichtigste Fall betrifft die Webseite einer Fluggesellschaft, über die ein Vertrag mit einem Hotel vermittelt werden soll. Das Gesetz spricht von **verbundenen Online-Buchungsverfahren**. Die Vorschrift hat aber enge Voraussetzungen, denn

---

18 Zur Stellung als Handelsvertreter *Stenzel/Tonner*, in: Tonner/Bergmann/Blankenburg, Reiserecht, § 3 Rn. 73 ff.
19 BGHZ 61, 275.

der Unternehmer muss dem Reisenden den Zugriff auf das Online-Buchungsverfahren des anderen Unternehmers ermöglichen und dem zweiten Unternehmer bestimmte Kundendaten übermitteln, und der weitere Vertrag muss spätestens 24 Stunden nach dem ersten Vertrag abgeschlossen werden.

Die Vermittlerstellung des Reisebüros bedeutet aber nicht, dass es keine vertraglichen Verpflichtungen gegenüber dem Reisenden hat. Die Rechtsprechung nahm schon immer bestimmte **Informationspflichten** an, die im Zuge der Umsetzung der Pauschalreiserichtlinie 2015 vom Gesetzgeber konkretisiert wurden.[20] Den Reisevermittler treffen die gleichen Informationspflichten wie den Reiseveranstalter (§ 651v Abs. 1 BGB). Zahlungen darf er nur annehmen, wenn eine Insolvenzabsicherung vorliegt (§ 651v Abs. 2 BGB). Er gilt als ermächtigt, Zahlungen des Reisenden entgegenzunehmen (§ 651v Abs. 4 BGB). Schließlich haftet er für **Buchungsfehler** (§ 651x BGB).

Schließlich kann ein Reisevermittler besonderen Regelungen unterliegen, wenn er sog. **verbundene Reiseleistungen** vermittelt. § 651w BGB sieht zwei Fallgestaltungen vor: Der Reisende bucht anlässlich eines einzigen Kontakts zwei verschiedene Reiseleistungen für den Zweck derselben Reise und bezahlt die einzelnen Reiseleistungen getrennt (§ 651w Abs. 1 Satz 1 Nr. 1 BGB), oder der Unternehmer erbringt selbst eine Reiseleistung und vermittelt „in gezielter Weise" einen Vertrag über eine weitere Reiseleistung, der innerhalb von 24 Stunden nach dem Abschluss des ersten Vertrags geschlossen wird (§ 651w Abs. 1 Satz 1 Nr. 2 BGB). Unter „in gezielter Weise" ist ein Link auf einer Webseite zu verstehen, der zu dem zweiten Vertragsschluss führt, ohne dass über den Link etwa nur eine bloße Kontaktmöglichkeit eröffnet wird.[21]

Die Rechtsfolgen sind jedoch nicht sehr weitreichend: Den Vermittler treffen zusätzliche **Informationspflichten** (§ 651w Abs. 2 BGB in Verbindung mit Art. 251 EGBGB), und er muss entgegen genommene Zahlungen für seine Leistung gegen seine **Insolvenz** absichern (§ 651w Abs. 3 Satz 1 BGB). Dies kann z.B. einen Busunternehmer treffen, über den der Reisende Unterkünfte während der Busreise bucht. Dieser muss außerdem die Rückbeförderung im Falle seiner Insolvenz absichern (§ 651w Abs. 3 Satz 2 BGB). Der Vermittler wird jedoch nicht zum Reiseveranstalter, so dass ihn keine pauschalreiserechtliche Haftung trifft.

4. Vertragsänderungen (§§ 651f, 651g BGB)

Leistungsänderungen sind möglich, wenn ein **Leistungsänderungsvorbehalt** vereinbart ist. Das Gesetz unterscheidet zwischen unerheblichen und erheblichen Leistungsänderungen (§ 651f BGB bzw. § 651g BGB) und enthält spezielle Regelungen für Preiserhöhungen. Eine unerhebliche Leistungsänderung ist ohne Weiteres zulässig, wenn diese Möglichkeit im Vertrag vereinbart war (§ 651f Abs. 2 BGB). Es kommt nicht darauf an, ob die Leistungsänderung zumutbar ist, weil eine Klauselkontrolle nach § 308 Nr. 4 BGB ausgeschlossen ist (§ 651f Abs. 3 BGB). Der Gesetzgeber musste die Anwendbarkeit dieser Vorschrift ausschließen, weil die voll harmonisierende Pauschalreiserichtlinie die Zumutbarkeitskontrolle einer nicht erheblichen Leistungsänderung nicht vorsieht.

Bei einer **erheblichen Leistungsänderung** kann der Reisende dagegen vom Vertrag zurücktreten (§ 651g Abs. 1 Satz 3 BGB). Er kann sich aber auch auf die Änderung

17

18

19

20

21

---

20 Vgl. MünchKomm-*Tonner* § 651v Rn. 11 f.
21 Vgl. im Einzelnen *Stenzel/Tonner*, in: Tonner/Bergmann/Blankenburg, Reiserecht, § 3 Rn. 135 ff.

einlassen oder eine Ersatzreise akzeptieren (§ 651g Abs. 2 BGB). Eine erhebliche Leistungsänderung liegt vor, wenn eine der wesentlichen Eigenschaften der Reiseleistungen geändert wird (§ 651g Abs. 1 Satz 3 BGB). Die wesentlichen Eigenschaften sind bei den vorvertraglichen Informationspflichten in Art. 250 § 3 EGBGB aufgeführt. Sie umfassen etwa den Bestimmungsort, die Reiseroute und die Lage und die Hauptmerkmale der Unterkunft.

22   **Preiserhöhungen** sind nur zulässig bei einer Erhöhung der Treibstoffkosten oder von Steuern und Abgaben (Beispiel: Flughafengebühren) sowie bei Wechselkursänderungen. Eine Preiserhöhungsklausel ist nur zulässig, wenn der Reisende den Preis senken kann, falls sich die genannten Preise oder Abgaben bzw. die Wechselkurse zugunsten des Reisenden geändert haben. Bei einer erheblichen Preisänderung kann der Reisende zurücktreten. Das Gesetz legt die Erheblichkeit bei einer Preiserhöhung von 8 % fest (§ 651g Abs. 1 BGB). Eine Preiserhöhung darf auch entgegen § 309 Nr. 1 BGB bei einem kurzfristig abgeschlossenen Vertrag innerhalb von vier Monaten vorgenommen werden, denn § 651f Abs. 3 BGB sieht die Nichtanwendbarkeit des § 309 Nr. 1 BGB wegen der Vorgabe durch die Pauschalreiserichtlinie vor.

5. Rücktritt vor Reisebeginn (§ 651h BGB)

23   Zwar kann der Reisende gemäß § 651h Abs. 1 BGB jederzeit vor Reisebeginn ohne Vorliegen weiterer Voraussetzungen vom Pauschalreisevertrag zurücktreten, jedoch schuldet er dem Reiseveranstalter dann gemäß § 651h Abs. 1 Satz 3 BGB eine angemessene Entschädigung. Regelmäßig werden durch Allgemeine Reisebedingungen **Entschädigungspauschalen** festgelegt. § 651h Abs. 2 Satz 1 BGB legt dafür Kriterien fest, nämlich den Zeitraum zwischen der Rücktrittserklärung und dem Reisebeginn, der zu erwartenden Ersparnis des Reiseveranstalters und dem zu erwartenden Erwerb durch anderweitige Verwendung der Reiseleistungen. Der BGH verlangte darüber hinaus eine Differenzierung nach Reisearten.[22] Dieses Kriterium findet sich in § 651h Abs. 2 BGB zwar nicht, weil es in der voll harmonisierenden Pauschalreiserichtlinie nicht vorgesehen ist, kann jedoch im Rahmen der „zu erwartenden Ersparnis" weiterhin angewendet werden.[23] Zur Höhe zulässiger Entschädigungspauschalen, in der Praxis meist Stornogebühren genannt, gibt es instanzgerichtliche Rechtsprechung, wonach jedenfalls nicht der volle Reisepreis verlangt werden darf.[24]

24   § 651h Abs. 3 BGB enthält eine Ausnahme von der Verpflichtung zur Zahlung von Stornogebühren für den Fall **„unvermeidbarer, außergewöhnlicher Umstände"** am Bestimmungsort. Diese Vorschrift erlangte wegen der zahlreichen Reisestornierungen wegen der **COVID-19-Pandemie** erhebliche Bedeutung. Mit dem Begriff der „unvermeidbaren, außergewöhnlichen Umstände" wurde der früher verwendete Begriff der höheren Gewalt (§ 651j BGB a.F.) ersetzt, um einen Gleichlauf mit der FluggastrechteVO zu erreichen.[25] Damit wurden Ereignisse wie Naturkatastrophen, Krieg oder terroristische Angriffe auf touristische Ziele erfasst. Im Unterschied dazu wirkt sich die COVID-19-Pandemie fast auf den ganzen Erdball aus.

---

22   BGHZ 203, 335 = NJW 2015, 1444.
23   MünchKomm-*Tonner* § 651h Rn. 15.
24   Nachweise bei *Führich/Staudinger*, Reiserecht, § 16 Rn. 15.
25   Zur FluggastrechteVO *R. Schmid*, Fluggastrechte-Verordnung, 2. Aufl. 2021; *Blankenburg*, in: Tonner/Bergmann/Blankenburg, Reiserecht, 2018, § 4.

Grundsätzlich muss der kündigende Reisende, der keine Entschädigungspauschale zah- 25
len will, das Vorliegen der unvermeidbaren, außergewöhnlichen Umstände beweisen.
Dabei kommen ihm die **Reisehinweise und -warnungen** des Auswärtigen Amts zu Hilfe. Die Reisewarnungen haben eine Indizwirkung. Dies schließt nicht aus, dass der Reisende auch ohne offizielle Reisewarnung kostenfrei zurücktreten kann, wenn er etwa
wie im Ausgangsfall aufgrund der Medienberichterstattung nachweisen kann, dass mit
unvermeidbaren, außergewöhnlichen Umständen am Bestimmungsort zu rechnen war.
Derartige Umstände sind im Zusammenhang mit der COVID-19-Pandemie nicht nur
ein Überschreiten des Inzidentwertes von 50 Erkrankungen je 100.000 Einwohner innerhalb der letzten sieben Tage, sondern auch Einreiseverbote oder eine unverhältnismäßig lange Quarantäne entweder bei der Einreise oder nach der Rückkehr. Dagegen
sind Beeinträchtigungen im Hotel, etwa die Schließung von im Vertrag versprochenen
Sporteinrichtungen, allenfalls ein zur Minderung berechtigender Mangel. Alle diese
Fragen sind bislang höchstrichterlich nicht entschieden. Es gibt lediglich vereinzelte
instanzgerichtliche Rechtsprechung.[26]

Es ist auf eine Prognose zum Zeitpunkt der Kündigung abzustellen, ob die unvermeid- 26
baren, außergewöhnlichen Umstände zum Zeitpunkt des Reisebeginns vorliegen werden. Dabei genügt eine **Wahrscheinlichkeit**. Der BGH ließ bei einem heraufziehenden
Wirbelsturm eine Eintrittswahrscheinlichkeit von 1 : 4 genügen.[27] Dies wird man nicht
direkt auf die COVID-19-Fälle übertragen können, aber jedenfalls darf man nicht den
nahezu sicheren Eintritt der Umstände verlangen. Im Fall 29b wäre eine kostenlose
Kündigung bereits zum Zeitpunkt der ersten Berichterstattung über das Auftauchen
des Virus im Januar 2020 nicht möglich gewesen. Im Gegensatz zur früheren Rechtslage (§ 651j BGB a. F.) kann dem Wortlaut der Vorschrift nach zwar nicht mehr die Un-
vorhersehbarkeit der Umstände im Zeitpunkt des Vertragsschlusses verlangt werden,
jedoch wäre es treuwidrig (§ 242 BGB), wenn der Reisende sehenden Auges eine Reise
in ein Risikogebiet bucht und dann kostenlos zurücktreten will.

Tritt der Reisende nicht zurück, bleibt der Vertrag trotz der unvermeidbaren, außer- 27
gewöhnlichen Umstände und trotz einer etwaigen Reisewarnung wirksam. Will der
Reiseveranstalter die Reise nicht durchführen, muss er den Vertrag seinerseits kündigen. Dazu ist er nach § 651h Abs. 4 Satz 1 Nr. 2 BGB berechtigt. In jedem Fall
einer berechtigten kostenlosen Kündigung muss er den Reisepreis innerhalb von 14
Tagen nach dem Rücktritt erstatten (§ 651h Abs. 5 BGB). Da die Reiseveranstalter und
der Reisevertrieb durch die COVID-19-Pandemie in erhebliche Liquiditätsprobleme
gerieten, wurde gegen diese Vorschrift im großen Ausmaß verstoßen. Reiseveranstalter
und Reisevertrieb wollten stattdessen **Gutscheine** ausgeben, was jedoch unzulässig ist.
Der Gesetzgeber erlaubte schließlich Gutscheine nur, wenn der Reisende sie freiwillig
akzeptiert, und erließ eine recht komplizierte und zeitlich begrenzte Vorschrift im
EGBGB (Art. 240 § 6 EGBGB).[28]

6. Rechte wegen eines Mangels

Gemäß § 651i Abs. 2 BGB ist eine Reise mangelhaft, wenn sie nicht die **vereinbarte Be-** 28
schaffenheit hat. Mangels Vereinbarung muss sich die Pauschalreise für den vereinbar-

---

26 Vgl. die Zusammenstellung instanzgerichtlicher Urteile bei *Tonner*, RRa 2021, 55. Aus der Literatur zur
   Stornierung bei COVID 19 vgl. *Führich*, NJW 2020, 2137; *Tonner*, MDR 2020, 519 (520 ff.).
27 BGH NJW 2002, 3700.
28 Dazu *Tonner*, MDR 2020, 1032.

ten oder den gewöhnlichen **Nutzen** eignen und die übliche Beschaffenheit aufweisen. Die Vereinbarungen fallen auf Grund der Pflichtangaben gemäß Art. 250 § 3 EGBG recht umfangreich aus, so dass es in der Regel allein darauf ankommt. Dies ersetzt aber nicht die kasuistische Auffüllung des Mangelbegriffs, zu dem eine ausufernde Rechtsprechung entstanden ist, die man in Tabellen für die praktische Anwendung erfasst.[29] Mängel sind z.B. Lärm jeder Art (Verkehrslärm, Baulärm, Lärm von einer Disco), die Unterbringung in einem anderen als dem gebuchten Hotel[30], das Auslassen wesentlicher Besichtigungen[31] oder größere Verspätungen bei der An- und Abreise.[32] Reine Unannehmlichkeiten, also unerhebliche Makel (z.B. eine Kakerlake im Zimmer, geringe Verspätungen oder landestypische Besonderheiten und Unzulänglichkeiten) lösen demgegenüber keine Mängelrechte aus. Gleiches gilt für Ereignisse, die Teil des allgemeinen Lebensrisikos des Reisenden sind, wie etwa Unfälle, die sich auch im gewöhnlichen Alltag ereignen könnten, bspw. im Straßenverkehr.[33]

29   Das Gesetz enthält in § 651i Abs. 3 BGB eine Übersicht über die dem Reisenden zustehenden Mängelrechte, die in den folgenden Vorschriften im Einzelnen geregelt werden. Die Mängelansprüche **verjähren** gemäß § 651j BGB in zwei Jahren. Der Reisende muss dem Reiseveranstalter die Mängel **anzeigen** (§ 651o BGB). Sonst kann er weder mindern noch Schadensersatz verlangen.

30   Der Reisende kann zunächst gemäß § 651k Abs. 1 BGB **Abhilfe verlangen**. In dem Abhilfeverlangen liegt regelmäßig auch die nach § 651o BGB erforderliche Mängelanzeige. Der Reiseveranstalter kann die Abhilfe nur verweigern, wenn sie unmöglich oder mit unverhältnismäßigen Kosten verbunden ist (§ 651k Abs. 1 Satz 2 BGB). Verweigert der Reiseveranstalter unberechtigterweise die Abhilfe, kann der Reisende nicht nur mindern und Schadensersatz verlangen, sondern auch zur **Selbstabhilfe** schreiten (§ 651k Abs. 2 BGB). Dazu muss er dem Reiseveranstalter allerdings zuvor vergeblich eine Frist gesetzt haben. Er kann vom Reiseveranstalter Ersatz der erforderlichen Aufwendungen verlangen.

31   Der Reiseveranstalter kann auch durch eine **Ersatzleistung** Abhilfe schaffen (§ 651k Abs. 3 BGB). Dies betrifft regelmäßig die Unterkunft. Bei Unmöglichkeit der Abhilfe ist er dazu sogar verpflichtet. Ist die Ersatzleistung nicht gleichwertig, muss der Reiseveranstalter eine nach den Grundsätzen der Minderung zu berechnende Entschädigung leisten. Ist die Entschädigung nicht angemessen oder ist die Ersatzleistung mit den im Vertrag vereinbarten Leistungen nicht vergleichbar, kann sie der Reisende ablehnen.

32   Bei einem erheblichen Mangel kann der Reisende **kündigen** (§ 651l BGB). Die Erheblichkeit hängt von einer Würdigung der Umstände des Einzelfalls ab.[34] Auch hier muss dem Reiseveranstalter jedoch zunächst Gelegenheit zur Abhilfe gegeben worden sein (§ 651l Abs. 1 Satz 2 BGB). § 651l Abs. 2 und 3 BGB regeln die Folgen der Kündigung. Dazu gehört vor allem die **Rückbeförderung** des Reisenden.

---

29   Staudinger-*Staudinger* § 651c Rn. 58 ff.; MünchKomm-*Tonner* § 651i Rn. 39 ff.; *Führich/Staudinger* S. 1459 ff. („Kemptener Reisemängeltabelle"). Von Bedeutung ist auch die Tabelle des ADAC, ursprünglich NJW 2005, 2506; Aktualisierungen auf der Homepage des ADAC.

30   Zuletzt BGH NJW 2018, 789.

31   BGH NJW 2018, 1534 (verbotene Stadt in Peking).

32   In der Literatur erscheinen regelmäßig Rechtsprechungsübersichten, zuletzt *Bergmann*, VuR 2020, 443; *Führich*, MDR 2020, 1089; *Staudinger/Schröder* NJW 2020, 3149.

33   Vgl. MünchKomm-*Tonner* § 651i Rn. 19 mit Nachw.

34   BGH NJW 2012, 2107; weitere Nachw. bei MünchKomm-*Tonner* § 651l Rn. 6.

Die wichtigste Rechtsfolge eines Mangels ist die **Minderung** (§ 651m BGB). Wie 33
auch in anderen vertraglichen Schuldverhältnissen bedeutet die Minderung keinen
Anspruch, vielmehr mindert sich der Reisepreis kraft Gesetzes wegen des Mangels. Da
der Reisepreis geringer geworden ist, hat der Reisende, der regelmäßig im Voraus gezahlt hat, einen Anspruch auf Rückzahlung des zu viel gezahlten Reisepreises (§ 651m
Abs. 2 BGB). Dabei ist im Zweifel auf eine Schätzung zurückzugreifen (§ 651m Abs. 1
Satz 3 BGB). Minderungssätze in Tabellen, die Urteile zusammenfassen, können nur
mit Vorsicht auf andere Fälle übertragen werden, da sich jeder Fall durch seine Besonderheiten auszeichnet.

Erleidet der Reisende infolge eines Mangels einen Schaden, so kann er gemäß § 651n 34
Abs. 1 BGB **Schadensersatz** verlangen. Dies setzt kein Verschulden des Reiseveranstalters voraus, jedoch kann der Reiseveranstalter einwenden, dass der zugrunde liegende
Reisemangel vom Reisenden oder einem Dritten verschuldet oder durch unvermeidbare, außergewöhnliche Umstände verursacht sei. Die Haftung kann zwar gemäß
§ 651p Abs. 1 BGB **auf den dreifachen Reisepreis beschränkt** werden, jedoch nicht
bei Körperschäden und bei Verschulden, also auch bei einfacher Fahrlässigkeit. Der
Reiseveranstalter kann auch Haftungsbeschränkungen, die sich aus für die Reiseleistung anwendbaren internationalen Übereinkommen ergeben, geltend machen (§ 651p
Abs. 2 BGB). Dies spielt vor allem für das im Luftverkehr anwendbare Montrealer
Übereinkommen eine Rolle.[35]

Der Reiseveranstalter schuldet nicht nur aus dem Vertrag die Pflicht zur Obhut der 35
Reiseteilnehmer. Ihm obliegen ebenso **Verkehrssicherungspflichten** aus den §§ 823
Abs. 1, 831 BGB. So muss der Veranstalter bspw. seine Leistungsträger sorgfältig
auswählen und überwachen, auch hat er die Sicherheitsvorkehrungen in den Hotels
zu überprüfen.[36] Diese deliktischen Ansprüche stehen neben den vertraglichen Ansprüchen aus den §§ 651a ff. BGB, insbesondere § 651n Abs. 1 BGB (sog. Anspruchskon-
kurrenz). Ein neueres Beispiel ist die Einhaltung von Sicherheitsstandards für eine
Glastür, wobei der BGH die Einhaltung der vor Ort geltenden Standards für maßgeblich erklärte.[37] Jedoch ist nicht jede Verletzung, die sich ein Reisender im Hotel
zuzieht, auf die Verletzung einer Verkehrssicherungspflicht des Reiseveranstalters zurückzuführen. Die Instanzgerichte weisen viele Fälle dem „allgemeinen Lebensrisiko"
des Reisenden zu. Klassisches Beispiel ist das Ausrutschen auf nassen Fliesen am Swim-
mingpool.[38]

Der Reisende kann im Falle der Vereitelung oder der erheblichen Beeinträchtigung 36
der Reise gemäß § 651n Abs. 2 BGB außerdem Schadensersatz wegen nutzlos aufgewendeter Urlaubszeit verlangen. Diese Art von Schadensersatz lag nach Auffassung
des EuGH bereits dem Schadensbegriff der ursprünglichen Pauschalreiserichtlinie zu
Grunde.[39] Die Pauschalreiserichtlinie von 2015 hat ihn zwar nicht kodifiziert, bestätigt ihn aber in den Erwägungsgründen. Er wird gewährt, wenn die Reise gar nicht
angetreten werden kann[40] oder sie sogleich nach Antritt wieder abgebrochen werden
muss. Hinsichtlich der Beurteilung der Erheblichkeit wird an die Minderungsquote

---

35 Zum Montrealer Übereinkommen *Führich*, in: Führich/Staudinger, Reiserecht, § 37.
36 Vgl. etwa BGH NJW 1988, 1380 – Balkonsturz; NJW 2006, 2918 – Wasserrutsche; NJW 2007, 2549 – Schuh-
   wurf/Animation.
37 BGH NJW 2019, 3375.
38 *Führich/Staudinger*, Reiserecht, Anhang zu § 21 Rn. 100 ff. (102).
39 EuGH, Urt. v. 12.3.2002, Rs. C-169/00 – Leitner (ECLI:EU:C:2002:149); dazu *Tonner/Lindner* NJW 2002, 1475.
40 BGHZ 219, 26 = NJW 2018, 3173 (kurzfristig abgesagte Karibik-Kreuzfahrt).

angeknüpft. Liegt sie über 50 %, soll Erheblichkeit vorliegen. Der BGH geht dabei aber nicht schematisch vor. Die Höhe des Schadensersatzes bemisst sich nach den Umständen des Einzelfalles, neben dem Ausmaß der Beeinträchtigung insbesondere nach dem Reisepreis.[41]

7. Insolvenzsicherung

37   Art. 17 der Pauschalreiserichtlinie verpflichtet die Mitgliedstaaten sicherzustellen, dass die Reisenden Ersatz für geleistete Anzahlungen erhalten, wenn der Reiseveranstalter insolvent wird, und nach Hause zurück transportiert werden, wenn die Insolvenz während der Reise eintritt. Die Sicherheit muss wirksam sein und die nach vernünftigem Ermessen vorhersehbaren Kosten abdecken (Art. 17 Abs. 2 der Pauschalreiserichtlinie). Die Grundregel (**Erstattungen im Fall der Zahlungsunfähigkeit, Rückbeförderung**) findet sich in § 651r Abs. 1 BGB. Die ursprüngliche deutsche Umsetzung enthielt jedoch eine Haftungsbeschränkung zugunsten des Absicherers auf 150 Mio. EUR im Geschäftsjahr. Dieser Betrag reichte zur Entschädigung der Reisenden nach der Insolvenz des Veranstalters Thomas Cook im Jahre 2019 nicht aus, so dass sich der Gesetzgeber zu einer Neuregelung entschloss, nicht zuletzt auch wegen der COVID 19-Pandemie.[42] Mit dem am 1.7.2021 in Kraft getretenen Gesetz über die Insolvenzsicherung durch **Reisesicherungsfonds** wurden die Reiseveranstalter verpflichtet, mit einem Reisesicherungsfonds einen Absicherungsvertrag zu schließen (§ 651r Abs. 2 Satz 1 BGB). Davon ausgenommen sind lediglich Reiseveranstalter, die einen Umsatz von weniger als 10 Mio. EUR im Vorjahr erzielten (§ 651r Abs. 2 Satz 2 BGB). Diese Reiseveranstalter müssen sich durch einen Versicherungsvertrag oder das Zahlungsversprechen eines Kreditinstituts absichern (§ 651r Abs. 3 Satz 2 BGB i.V.m. § 651r Abs. 2 BGB). Dadurch sollen sie von den Kosten für den Aufbau des Fonds entlastet werden.

37a   Die bisherige **Haftungsbeschränkung** auf 150 Mio. EUR zugunsten des Absicherers ist zwar entfallen, jedoch kann der Absicherer seine Haftung bei Reiseveranstaltern mit einem Umsatz von bis zu 3 Millionen EUR im letzten Geschäftsjahr auf 1 Million EUR begrenzen (§ 651r Abs. 3 BGB). Mit Hilfe dieser Vorschrift sollen die Versicherungsprämien für kleine und mittlere Unternehmen kalkulierbar bleiben.[43] Zur Erfüllung seiner Pflichten hat der Reiseveranstalter dem Reisenden einen unmittelbaren Anspruch gegen den Absicherer zu verschaffen und ihm dies durch die Übergabe einer Bestätigung, sogenannter **Sicherungsschein**, nachzuweisen (§ 651r Abs. 4 BGB). Vor Ausgabe des Sicherungsscheines dürfen Reisevermittler und Reiseveranstalter keine An- oder Vorauszahlungen des Kunden annehmen (§ 651t BGB). Reisevermittler sind gegenüber dem Reisenden zudem verpflichtet, den Sicherungsschein auf seine Gültigkeit zu überprüfen (Art. 252 § 4 EGBGB). Die Kontaktdaten des Absicherers müssen auch in der Reisebestätigung enthalten sein (Art. 250 § 6 Abs. 2 Nr. 3 EGBGB). Die Insolvenzabsicherung gilt auch für eine Reise, die vor Eintritt des Insolvenzfalles abgesagt wurde,[44] ebenso wie für den Fall, dass der Reisepreis in betrügerischer Absicht vereinnahmt wurde und die Reise niemals durchgeführt werden sollte.[45]

---

41 BGH NJW 2005, 1047.
42 Zur Zielsetzung des Gesetzes vgl. RegE, BT-Drucks. 19/28172, S. 18.
43 Vgl. Beschlussempfehlung und Bericht des Rechtsausschusses, BT-Drucks. 19/30515, S. 43.
44 BGH NJW 2012, 997.
45 EuGH, Urt. v. 16.2.2012, Rs. C-134/11 – Blödel-Pawlik (ECLI:EU:C:2012:98).

Für den aufzubauenden Reisesicherungsfonds erließ der Gesetzgeber ein eigenes Gesetz, das **Reisesicherungsfondsgesetz** (RSG). Der Fonds soll ein „Zielkapital" in Höhe von 750 Mio. EUR aufbauen (§ 22 RSG), das bis zu 31.10. 2027 erreicht werden soll. Für diese Aufbauphase soll der Fonds Entgelte von den Reiseveranstaltern erhalten, die 1 % des Jahresumsatzes betragen. Für die Leistungen im Insolvenzfall müssen die Reiseanbieter **Sicherheitsleistungen** stellen, die 5 % des Umsatzes betragen. Die Sicherheitsleistungen können nur durch einen Vertrag mit einer Versicherung oder ein Zahlungsversprechen eines Kreditinstituts erbracht werden (§ 6 Abs. 2 RSG). Der Fonds muss die Ansprüche von Reisenden im Insolvenzfall vollständig erfüllen; eine Haftungsbegrenzung ist nicht vorgesehen. Wird etwa durch eine Großinsolvenz das Zielkapital unterschritten, muss es durch entsprechende Anpassung der Entgelte aufgefüllt werden (§ 7 Abs. 2 RSG).

Weil während der Aufbauphase der Fonds noch nicht hinreichend leistungsfähig ist, entschloss sich der Gesetzgeber zu einer **staatlichen Absicherung** der Differenz zwischen dem Zielkapital und dem vorhandene Fondsvermögen (§ 19 Abs. 4 RSG). Dafür erhebt der Staat aus beihilferechtlichen Gründen ein Entgelt. Andernfalls wäre das Ziel des Gesetzes, mit seinem Inkrafttreten über eine den Anforderungen der Pauschalreiserichtlinie entsprechende Insolvenzabsicherung zu verfügen, nicht zu erreichen gewesen. Ohne die Absicherung wäre der Staat gezwungen gewesen, im Falle einer Insolvenz, bei welcher der Reisesicherungsfonds die Reisenden nicht vollständig hätte entschädigen können, erneut wie nach der Thomas Cook-Insolvenz einzuspringen. Damals hatte er den Reisenden die Differenz zwischen deren vollständigem Schaden und den Zahlungen des Absicherers erstattet, weil sonst möglicherweise Staatshaftungsansprüche wegen einer unzureichenden Umsetzung der Pauschalreiserichtlinie bestanden hätten. Um eine Wiederholung dieser Situation zu vermeiden, ist die staatliche Absicherung während der Aufbauphase des Fonds unverzichtbar.

Die Nachbesserung der Insolvenzabsicherung nach der Thomas Cook-Insolvenz zeigt nicht zum ersten Mal das zögerliche Verhalten des deutschen Gesetzgebers bei der Anpassung des Pauschalreiserechts an die Vorgaben des europäischen Rechts. Bereits die ursprüngliche Pauschalreiserichtlinie von 1990 wurde erst zwei Jahre nach Ablauf der Umsetzungsfrist umgesetzt. Zwischen dem Ende der Umsetzungsfrist und dem Inkrafttreten des Umsetzungsgesetzes wurde ein Reiseveranstalter insolvent. Da zum damaligen Zeitpunkt noch keine Insolvenzabsicherung bestand, nach der Richtlinie aber hätte bestehen müssen, verlangten die Reisenden mit Erfolg vom deutschen Staat Ersatz ihrer Ausfälle.[46] Dies geht auf eine Rechtsprechung des EuGH zurück, wonach die Mitgliedstaaten ihren Bürgern Schadensersatz schulden, wenn diese Rechte, die sie aufgrund einer Richtlinie hätten haben müssen, nicht ausüben können, weil es an den Umsetzungsvorschriften dafür fehlt.[47] Dies gilt auch für unzureichend umgesetzte Richtlinien. Da der EuGH später Österreich wegen einer ungenügenden Umsetzung der Pauschalreiserichtlinie verurteilte,[48] besserte der deutsche Gesetzgeber im Jahre 2002 den seinerzeitigen § 651k BGB (jetzt § 651r BGB) nach und schrieb dabei u.a. die Form des Sicherungsscheines fest, hob aber die Haftungsbeschränkung nicht auf, was ihm im Thomas Cook-Fall zum Verhängnis wurde.

37b

38

39

---

46 EuGH, Urt. v. 8.10.1996, verb. Rs. C-178/94 u.a. – Dillenkofer (ECLI:EU:C:1996:375).
47 Grundlegend EuGH, Urt. v. 19.11.1991, Rs. C-6/90 u.a. – Francovich (ECLI:EU:C:1991:428).
48 EuGH, Urt. v. 15.6.1999, Rs. 140/97 – Rechberger (ECLI:EU:C:1999:306).

40   Die Insolvenzabsicherung eines Reiseveranstalters, der seinen **Sitz in einem anderen EU-Mitgliedstaat** hat, beruht nach § 651s BGB auf dem Prinzip der gegenseitigen Anerkennung. Die nachgewiesene Insolvenzabsicherung nach den Vorschriften seines Sitzstaates reicht also aus, wenn er im Geltungsbereich des BGB Pauschalreiseverträge abschließt. Deutsche Behörden sind nicht befugt zu überprüfen, ob die jeweiligen mitgliedstaatlichen Vorschriften den Vorgaben der Pauschalreiserichtlinie entsprechen. Ein Reiseveranstalter mit Sitz in einem Drittstaat muss sich dagegen nach den deutschen Vorschriften absichern. Dies wird über § 651v Abs. 3 BGB sanktioniert, wonach der Reisevermittler wie ein Reiseveranstalter haftet, wenn er nicht nachweist, dass der Reiseveranstalter aus dem Drittstaat seine Pflichten nach den deutschen Vorschriften erfüllt.

III. Teilzeitwohnrechteverträge

41   Unter einem Teilzeitwohnrecht versteht man ein **wiederkehrendes Nutzungsrecht an einer Ferienimmobilie** für einige Wochen im Jahr, das durch eine Einmalzahlung erworben wird. Je nach Ausgestaltung handelt es sich dabei um einen Rechtskauf (§§ 453, 433 BGB) oder um einen Mietvertrag. Man spricht auch von **Timesharing**.

42   In den 1980-er und 1990-er Jahren kam es zu zahlreichen Missbräuchen beim Vertrieb von derartigen Timesharing-Anteilen. Verbraucher wurden entweder an ihrem Wohnort oder in den Ferien zu Verkaufsveranstaltungen gelockt und dort solange bearbeitet, bis sie die entsprechenden Verträge unterschrieben.[49] Der europäische Gesetzgeber reagierte deswegen in den Jahren 1997 mit der **Richtlinie über Teilzeitnutzungsrechte,**[50] die der deutsche Gesetzgeber zunächst im Teilzeitwohnrechtegesetz (TzWrG) umsetzte, das im Zuge der Schuldrechtsreform in die §§ 481 bis 487 BGB überführt wurde. Im Januar 2009 verabschiedete der Unionsgesetzgeber eine neue Timesharingrichtlinie.[51] Die deutsche Umsetzung erfolgte im Februar 2011 durch eine Erweiterung und Ergänzung der §§ 481–487 BGB.

43   Der **Anwendungsbereich** erstreckte sich ursprünglich auf sog. **Teilzeitwohnrechte,** worunter ein Nutzungsrecht für die Dauer von mehr als einem Jahr zu einem bestimmten Zeitraum zu Übernachtungszwecken zu verstehen ist (§ 481 Abs. 1 BGB). Durch die neue Timesharingrichtlinie wurden Verträge über sog. langfristige Urlaubsprodukte einbezogen (§ 481a BGB). Der Unionsgesetzgeber meinte damit auf sog. Travel Discount Clubs reagieren zu müssen.[52] Einbezogen sind auch Nutzungsrechte an mobilen Wohnunterkünften wie Booten, Wohnwagen und Kreuzfahrten (§ 481 Abs. 3 BGB).

44   Da nach Ansicht des Unionsgesetzgebers eine Verbesserung des Verbraucherschutzes erforderlich war, wenn Inhaber der Wohnrechte diese weiterverkaufen wollen, wurde ein diesbezüglicher **Vermittlungsvertrag** geregelt (§ 481b Abs. 1 BGB). Inhaber von Wohnrechten treten häufig einem Tauschpool bei, um nicht nur in ihrem eigenen Ferienobjekt Urlaub verbringen zu können. Deswegen wurde nun auch der „**Tauschsystemvertrag**" geregelt (§ 481b Abs. 2 BGB).

---

49   Vgl. *Tonner*, Das Recht des Timesharing an Ferienimmobilien, Rn. 2 ff.
50   Richtlinie 94/47/EG, ABl. EG Nr. L 280/83 v. 29.10.1994.
51   Richtlinie 2008/122/EG, ABl. EG Nr. L 33/10 v. 3.2.2009. Zum vorhergehenden Vorschlag ausf. *Gaedtke* VuR 2008, 130.
52   Hierbei handelt es sich um ein langfristiges Urlaubsprodukt, bei welchem der Erwerber gegen Entgelt in erster Linie das Recht auf Preisnachlässe oder sonstige Vergünstigungen auf die Nutzung einer Unterkunft erwirbt.

Der Gesetzgeber schreibt umfangreiche **vorvertragliche Informationen** vor. Diese sind 45
ins EGBGB ausgelagert und finden sich dort in Art. 242 § 1 EGBGB. Der Unionsgesetzgeber hat nicht weniger als vier Muster vorgeschrieben, auf die die Vorschrift
verweist. Der deutsche Gesetzgeber hat die Muster nicht in den Text der deutschen
Umsetzungsgesetzgebung aufgenommen, sondern lediglich die entsprechenden Anhän-
ge der Richtlinie für direkt anwendbar erklärt. Das wichtigste Recht des Verbrauchers
ist das Widerrufsrecht (§ 485 BGB), über das belehrt werden muss (§ 482a BGB).
Auch hierfür sieht die Richtlinie ein eigenes Muster vor, auf das Art. 242 § 2 EGBB
verweist. § 483 BGB enthält Regelungen über die zu verwendende Sprache. Der Vertrag selbst muss in Schriftform abgeschlossen werden (§ 484 Abs. 1 BGB), doch gibt
es Erleichterungen über die Einbeziehung der vorvertraglichen Informationen, die zu
Vertragsbestandteilen werden. Hier reicht Textform (§ 484 Abs. 2 BGB).

Das **Widerrufsrecht** ist in der Richtlinie in sich geschlossen geregelt. Der Umsetzungs- 46
gesetzgeber verweist in § 485 BGB jedoch lediglich auf die Widerrufsvorschriften im
Allgemeinen Teil des Schuldrechts (§§ 355 ff. BGB). Dort befindet sich auch eine spezielle Vorschrift über den Widerruf von Teilzeitwohnrechteverträgen (§ 357b BGB).
Schließlich besteht ein **Anzahlungsverbot** vor Ablauf der Widerrufsfrist (§ 486 BGB).

Timesharing spielt auf dem deutschen Markt nur eine sehr geringe Rolle, da es 47
sich durch aggressive Vertriebsmethoden einen schlechten Ruf erworben hatte (oben
Rn. 42). Der deutsche Gesetzgeber musste aber trotzdem die komplizierten unionsrechtlichen Vorgaben umsetzen. Die Vielfalt der Informationspflichten entspricht zwar
dem unionsrechtlichen Leitbild des mündigen Verbrauchers, der durch vorvertragliche
und vertragliche Informationspflichten in die Lage gesetzt sein soll, seine Rolle als
Verbraucher zu spielen (oben § 3 Rn. 9), ist jedoch im Teilzeitwohnrechterecht miss-
lungen, da der Verbraucher eine derartige Informationsflut nicht mehr wahrnehmen
kann.[53]

IV. Gastwirtehaftung

§§ 701 bis 704 BGB enthalten Vorschriften über die Haftung von Gastwirten. Sie 48
gehen auf ein im Jahre 1962 geschlossenes Übereinkommen zurück, das nach dem Ort
des Abschlusses Pariser Übereinkommen genannt wird.[54] Die Vorschriften gelten nur
für Beherbergungen. Sie enthalten aber lediglich Regelungen hinsichtlich der Haftung
des Gastwirtes und keine Regelung des Beherbergungsvertrages, so dass für diesen auf
Mietrecht zurückgegriffen werden muss (oben § 19 Rn. 14).

Es gilt eine **verschuldensunabhängige Haftung** für eingebrachte Sachen. Als Ausgleich 49
für die Verschuldensunabhängigkeit der Haftung kommt eine **Haftungsbeschränkung**
gemäß § 702 BGB zur Anwendung, und zwar auf das Hundertfache des Beherber-
gungspreises für einen Tag, mindestens 600 Euro und höchstens 3.500 Euro. Die
Haftungsbeschränkung gilt nicht bei Verschulden des Gastwirtes (§ 702 Abs. 2 BGB).
Der Gast muss dem Gastwirt unverzüglich Anzeige machen (§ 703 BGB).

▶ **LÖSUNGSHINWEISE ZU FALL 29A:** A muss seine Ansprüche gegen C richten, da B lediglich
Vermittler ist. B wird auch nicht dadurch zum Reiseveranstalter, dass A den Mietwagen

---

53 Kritisch zu Recht *Kind*, Die Grenzen des Verbraucherschutzes durch Information – aufgezeigt am Teilzeitwohnrechtegesetz, 1998, 504 ff.; *Wendlandt* VuR 2004, 117.
54 Übereinkommen vom 17. 12. 1992 über die Haftung der Gastwirte für die von ihren Gästen eingebrachten
Sachen, BGBl. II 1966, 270.

dazu gebucht hat, denn die Vermittlung einer weiteren Reiseleistung neben einer Pauschalreise ist ohne Weiteres zulässig; § 651b BGB ist nicht anwendbar. Wegen des praktisch
wegfallenden letzten Urlaubstags weist die Reise einen Mangel auf. A kann deshalb mindern (§ 651m Abs. 1 BGB). Außerdem kann er Aufwendungsersatz für den von ihm gebuchten Rückflug verlangen (§ 651k Abs. 2 BGB). C hat durch die Verlegung des Rückflugs zu
erkennen gegeben, dass er den Rückflug nicht vertragsgemäß durchführen würde, so dass
es keiner Fristsetzung bedurfte. Allerdings kann A keinen Schadensersatz wegen nutzlos
aufgewendeter Urlaubszeit nach § 651n Abs. 2 BGB verlangen. Durch die Selbstabhilfe hat A
die vertragsgemäße Leistung erhalten. Außerdem ist der Wegfall eines von sieben Urlaubs-
tagen keine erhebliche Beeinträchtigung. ◀

▶ **LÖSUNGSHINWEISE ZU FALL 29B** A konnte bereits am 7.3.2020 kostenlos zurücktreten,
da er nachweisen konnte, dass am Bestimmungsort unvermeidbare, außergewöhnliche
Umstände aufgetreten waren. Einer Reisewarnung des Auswärtigen Amts bedarf es dazu
nicht. Auch ein Rücktritt für eine Reise, die nach dem Auslauf einer Reisewarnung stattfinden sollte. ist möglich, wenn der Reisende nachweisen kann, dass die unvermeidbaren,
außergewöhnlichen Umstände auch zum Zeitpunkt der Reise mit Wahrscheinlichkeit noch
andauern werden. Ist das Zielgebiet selbst, also Süditalien, zum maßgeblichen Zeitpunkt
dagegen nicht von der Pandemie betroffen, kann der Reisende nicht kostenlos zurücktreten,
es sei denn, die italienische Regierung hätte Maßnahmen beschlossen, die sich auf das
ganze Land auswirken, z.B. eine Quarantäne bei der Einreise, oder der Reisende hätte nach
der Rückkehr in Deutschland mit einer Quarantäne rechnen müssen. Durch die Reisewarnung wird der Pauschalreisevertrag nicht unwirksam. A hätte also reisen können, wenn der
Reiseveranstalter nicht von sich aus zurückgetreten wäre, was nach § 651h Abs. 4 Satz 2
Nr. 2 BGB möglich gewesen wäre. ◀

WIEDERHOLUNGS- UND VERTIEFUNGSFRAGEN

> Was ist der Unterschied zwischen Individual- und Pauschalreiserecht?

> Wie sind der Pauschalreise- und der Reisevermittlungsvertrag zu unterscheiden?

> Wann wird der Reisevermittler trotz Vermittlerklausel zum Reiseveranstalter?

> Welche Informationspflichten haben Reiseveranstalter und Reisevermittler?

> Kann der Reiseveranstalter nach Vertragsschluss den Vertragsinhalt einseitig ändern?

> Welche Rechte hat ein Reisender bei einem Reisemangel?

> Was versteht man unter „Schadensersatz wegen nutzlos aufgewendeter Urlaubszeit"?

> Unter welchen Umständen kann der Reisende kostenlos vom Pauschalreisevertrag zu-
  rücktreten? Kann der Reisende wegen der COVID-19-Pandemie kostenlos zurücktreten?

> Weshalb musste der Kundengeldabsicherer nach der Insolvenz des Reiseveranstalters
  Thomas Cook die Reisenden nur mit einer Quote entschädigen?

> Was ist ein Teilzeit-Wohnrecht?

TEIL F: SONSTIGE VERTRÄGE

§ 29 Maklervertrag

▶ **FALL 30:** V will seine Eigentumswohnung verkaufen und beauftragt Makler M, einen geeigneten Kaufinteressenten zu finden. Der Auftrag wird online auf einer Website des M erteilt. Dabei klickt V eine Box an, neben der steht: „Ich habe die AGB zur Kenntnis genommen und bin mit ihnen einverstanden." In den zum Download verfügbaren AGB steht, dass es sich um einen qualifizierten Alleinauftrag handelt. Da sich weder ein Kaufinteressent noch M bei V melden, verkauft V die Wohnung schließlich an K, den er selbst gefunden hat. M hört davon und schickt V eine Rechnung in Höhe der Maklerprovision. Begründung: V habe ihm einen Alleinauftrag erteilt. Muss V zahlen?

Variante: M hat die Wohnung des V auf seine Website gestellt. Bei der Beschreibung der Wohnung ist von einer Käuferprovision keine Rede, jedoch findet sich auch hier eine von Kaufinteressenten, die nähere Informationen haben wollen, anzuklickende Box mit dem gleichen Text wie im Ausgangsfall. Ein Käufer K klickt die Box an und kauft schließlich die Wohnung. Der notarielle Kaufvertrag enthält keine Regelung über eine Provisionszahlung. Trotzdem macht M unter Berufung auf eine entsprechende Provisionsklausel in den AGB des Maklervertrags dem K gegenüber einen Anspruch auf Provision geltend. Muss K zahlen? ◀

I. Begriff und Rechtsnatur

Die **Einschaltung eines Maklers** kommt immer dann in Betracht, wenn eine Transaktion wie bspw. der Verkauf einer Eigentumswohnung (Kauf- als Hauptvertrag) im Raum steht und der Verkäufer auf der Suche nach dem richtigen Käufer ist. Er hat – genau wie der potentielle Käufer auch – die Möglichkeit, einen Makler einzuschalten, der ihm bei dieser Suche hilft. Der Makler ist also ein *Matchmaker:* Er stellt den geschäftlichen Kontakt her und führt mögliche Parteien des Kaufvertrags zusammen. Kommt der Kaufvertrag zustande, so steht dem Makler ein (erfolgsabhängiger) Provisionsanspruch zu (§ 652 Abs. 1 Satz 1 BGB).   1

Beauftragt Verkäufer V wie in Fall 30 den Makler M, so entsteht ein **Dreiecksverhältnis**, das sich wie folgt visualisieren lässt: 2

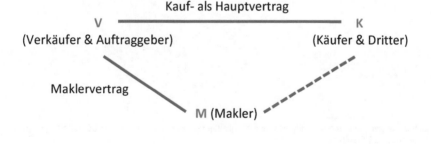

Kauf- als Hauptvertrag

V (Verkäufer & Auftraggeber)   K (Käufer & Dritter)

Maklervertrag

M (Makler)

3   Im **Maklervertrag** verpflichtet sich der Kunde des Maklers („Auftraggeber"[1]), dem Makler den vereinbarten Maklerlohn (auch: „Provision" oder „Courtage") zu zahlen, wenn der angestrebte Hauptvertrag infolge der Maklertätigkeit zustande kommt. Die Besonderheit des Maklervertrags besteht darin, dass der Makler **nicht zu einem Tätigwerden verpflichtet ist.**[2] Er braucht sich noch nicht einmal darum zu bemühen, den Hauptvertrag herbeizuführen. Dogmatisch gesehen liegt also ein **einseitig verpflichtender Vertrag** vor. Der Makler ist zu keiner Leistung verpflichtet, der Auftraggeber schon: Er hat den – ggf. stillschweigend vereinbarten (§ 653 Abs. 1 BGB) – Maklerlohn zu zahlen. Diese Einseitigkeit ist für den Auftraggeber unproblematisch, weil er mehrere Makler zugleich beauftragen und den Maklerauftrag jederzeit widerrufen kann, vor allem aber, weil die Provisionspflicht erfolgsabhängig ist. Er braucht den Maklerlohn nur zu zahlen, wenn der von dem Makler nachgewiesene bzw. vermittelte Hauptvertrag tatsächlich abgeschlossen wird (§ 652 Abs. 1 Satz 1 BGB).

4   Ein **Maklervertrag** kann ausdrücklich oder konkludent abgeschlossen werden. Es genügt, dass der Makler dem Kunden ein Exposé mit einem ausdrücklichen Provisionsverlangen übersendet und der Kunde daraufhin weitere Maklerleistungen in Anspruch nimmt.[3] Dafür reicht es ggf. bereits aus, wenn ein potentieller Käufer den (Immobilien-)Makler um einen Besichtigungstermin bittet.[4] Der Maklervertrag ist grundsätzlich nicht formbedürftig. **Darlehensvermittlungsverträge** mit einem Verbraucher bedürfen allerdings der **Schriftform** (§ 655b Abs. 1 BGB). Bei einem Maklervertrag, der den Nachweis der Gelegenheit zum Abschluss eines **Kaufvertrags über eine Wohnung oder ein Einfamilienhaus** oder die Vermittlung eines solchen Vertrags zum Gegenstand hat, verlangt § 656a BGB **Textform** (§ 126b BGB). Dasselbe Formerfordernis gilt für die **Vermittlung von Mietverträgen über Wohnräume** (§ 2 Abs. 1 Satz 2 WoVermRG) (dazu: Rn. 21).

II. Gesetzliche Regelung

5   Das BGB regelt den **Maklervertrag** in den §§ 652 ff. BGB. Neben den „**Allgemeinen Vorschriften**" finden sich besondere Bestimmungen über die **Darlehens-**, die **Ehe-** und, seit Inkrafttreten des Gesetzes über die Verteilung der Maklerkosten bei der Vermittlung von Kaufverträgen über Wohnungen und Einfamilienhäuser[5] am 23.12.2020, die **Immobilienvermittlung.**

---

1   Obwohl wegen der Entgeltlichkeit der Maklertätigkeit gerade kein Auftrag i.S. der §§ 662 ff. BGB vorliegt.
2   Palandt-*Sprau* § 652 Rn. 13.
3   BGH NJW 2017, 1024 (Leitsatz); OLG München BeckRS 2019, 2334; bestätigt durch BGH BeckRS 2020, 13128.
4   BGH NJW 2017, 1024 (Leitsatz).
5   BGBl. I, S. 1245.

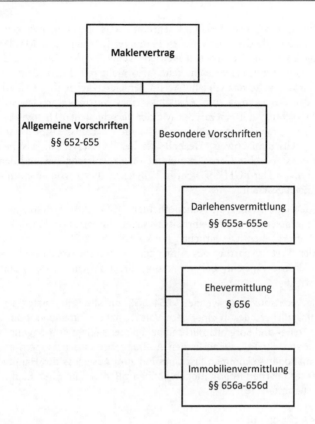

III. Das Maklerverhältnis

1. Pflichten des Maklers

Den Makler treffen keine Leistungspflichten im engeren Sinne.[6] Welche Maklertätigkeit er erbringen muss, um einen Provisionsanspruch gemäß § 652 Abs. 1 BGB zu erwerben, hängt u.a. von der Vertragsgestaltung ab: Der **Nachweismakler** hat seinen Kunden auf die Gelegenheit, über ein bestimmtes Objekt einen Vertrag abzuschließen, hinzuweisen. Er muss ihn in die Lage versetzen, in konkrete Verhandlungen über den angestrebten Hauptvertrag einzutreten. Dazu gehört in der Regel, dass er seinem Kunden den Vertragspartner für das Geschäft benennt und dass dieser auch tatsächlich bereit ist, über das Objekt den in Rede stehenden Vertrag zu schließen.[7] Der **Vermittlungsmakler** muss bewusst und aktiv, unmittelbar oder mittelbar auf die Willensentschließung des Vertragspartners des Auftraggebers einwirken, um dessen Bereitschaft zum Abschluss des beabsichtigten (Haupt-)Vertrags zu fördern.[8]

6

---

6   Haben die Parteien ein Tätigwerden vereinbart, liegt ein Maklerdienstvertrag vor, auf den (auch) die §§ 611 ff. BGB anzuwenden sind.
7   BGH BeckRS 2020, 13128 Rn. 14.
8   Palandt-*Sprau* § 652 Rn. 27.

7 Jede Maklertätigkeit setzt, wie der BGH schreibt, „das Zusammenwirken von drei Personen voraus, nämlich der Parteien des Hauptvertrags und des Maklers."[9] Von einer Vermittlung könne nur gesprochen werden, wenn der Vermittler „in der Mitte" zwischen beiden Hauptvertragsparteien stehe, also nicht mit ihnen identisch sei. Für einen Nachweismakler gelte das Gleiche. Wenn der Gesetzgeber in § 652 Abs. 1 BGB vom Nachweis der Gelegenheit zum Abschluss eines Vertrags spreche, so meine er damit den Vertragsschluss mit einem vom Makler verschiedenen Dritten. Ein Makler, der sich gegenüber seinem Auftraggeber selbst zum Abschluss eines Vertrags bereit erkläre, erbringe keinen Nachweis. Deshalb sei der Maklervertrag als nicht erfüllt anzusehen, wenn das erstrebte Geschäft zwischen dem Auftraggeber und dem Makler abgeschlossen werde.[10] Der BGH[11] spricht in Fällen wie diesen von einem **nicht provisionspflichtigen Eigengeschäft**.

8 Den Makler treffen eine Reihe von **Nebenpflichten** (§ 241 Abs. 1 BGB), insbesondere die Pflicht zur umfassenden und wahrheitsgemäßen Information über alle für den Entschluss des Auftraggebers wesentlichen Punkte. Nach § 654 BGB darf der Makler nicht auch für den Vertragspartner des Auftraggebers tätig geworden sein, wenn dies dem Vertragsinhalt widerspricht. Bei Verletzung dieser Pflicht ist der Lohnanspruch des Maklers verwirkt.

▶ **BEACHTE:** Die Rechtsprechung wendet § 654 BGB auf alle Fälle analog an, in denen der Makler in vorsätzlicher oder in einer dem Vorsatz nahekommenden grob fahrlässige Weise erhebliche Treue- und Sorgfaltspflichten gegenüber seinem Auftraggeber verletzt.[12] Das wäre bspw. dann der Fall, wenn er den Auftraggeber täuscht, indem er ihm grob fehlerhafte Informationen zukommen lässt, um ihn zum Abschluss des Hauptvertrags zu veranlassen.[13] Dieses falschen Informationen können z.B. den möglichen Kaufpreis[14] oder die Wohnfläche[15] betreffen. ◀

2. Pflichten des Auftraggebers

9 Auch für den Auftraggeber entstehen mit dem Abschluss des Maklervertrags noch keine Leistungspflichten. Nach § 652 Abs. 1 BGB steht dem Makler eine Provision nur zu, wenn er seine Maklerleistung erbracht hat und der (Haupt-)Vertrag, mit dessen Herbeiführung er beauftragt ist, auch tatsächlich zustande kommt. Ausschlaggebend ist dabei grundsätzlich der schuldrechtliche Vertrag, nicht das dingliche Erfüllungsgeschäft. Der (Haupt-)Vertrag muss – zumindest in Hinblick auf den verfolgten wirtschaftlichen Zweck – dem entsprechen, was der Makler nachweisen oder vermitteln sollte.[16] Führt die Tätigkeit des Maklers zum Abschluss eines anderen Vertrags, so entsteht kein Anspruch auf den Maklerlohn. Dies bedeutet allerdings nicht, dass sich das nachgewiesene und das abgeschlossen Geschäft vollständig decken müssen. Es reicht aus, dass bei wirtschaftlicher Betrachtungsweise in persönlicher und inhaltlicher Hinsicht **Kongruenz** besteht.[17] (Kauf-)Preisabweichungen von bis zu 15 % stellen die wirt-

---

9 BGH NJW 2019, 1596 Rn. 60.
10 BGH NJW 2019, 1596 Rn. 60.
11 BGH NJW 2019, 1596 Rn. 61.
12 BGH NJW 1981, 2297; BGHZ 36, 323; Palandt-*Sprau* § 654 Rn. 1.
13 MünchKomm-*Roth* § 654 Rn. 24.
14 OLG Koblenz NJW-RR 2002, 489.
15 KG MDR 2012, 271.
16 MünchKomm-*Roth* § 652 Rn. 173 ff.
17 BGH BeckRS 2020, 13128 Rn. 40 m.w.N.

schaftliche Kongruenz zwischen nachgewiesenem und abgeschlossenem Hauptvertrag im allgemeinen nicht in Frage.[18] Beim **Immobilienerwerb durch einen Dritten** kann die wirtschaftliche Identität der Verträge bejaht werden, sofern zwischen dem Maklerkunden und dem Dritten besonders enge persönliche oder besonders ausgeprägte wirtschaftliche Beziehungen bestehen. Der Erwerb durch den Dritten muss sich allerdings „wirtschaftlich als eigenes Geschäft" des Maklerkunden darstellen; es kommt darauf an, ob er wirtschaftlich gesehen selbst von dem abgeschlossenen Hauptvertrag profitiert.[19]

Die Entstehung des Lohnanspruchs des Maklers setzt **Kausalität** voraus: Der Hauptvertrag muss gemäß § 652 Abs. 1 Satz 1 BGB „infolge" des Nachweises oder der Vermittlung zustande kommen, d.h. dass die von dem Makler entfaltete Tätigkeit für den Abschluss des Hauptvertrags kausal geworden sein muss.[20] Der BGH verlangt, dass sich „der Hauptvertrag bei wertender Betrachtung ... zumindest auch als Ergebnis einer dafür wesentlichen Maklerleistung" darstellt,[21] und vermutet die von dem Makler zu beweisende Kausalität, „wenn zwischen dem Nachweis des Maklers und dem (Haupt-)Vertragsschluss ein Zeitraum bis zu einem Jahr liegt".[22] Für eine Unterbrechung des Kausalzusammenhangs genügt es nicht, dass sich aus der Sicht der Maklerkunden die vom Makler nachgewiesene Vertragsgelegenheit zerschlagen hat. Entscheidend ist vielmehr, ob der (von dem Makler nachgewiesene) Interessent seine Absicht, das Geschäft abzuschließen, (endgültig) aufgegeben hat.[23]   10

Darüber hinaus bestehen auch für den Auftraggeber **Pflichten aus § 241 Abs. 2 BGB.** Eine Pflicht zum Aufwendungsersatz trifft den Auftraggeber nur bei besonderer Vereinbarung (vgl. § 652 Abs. 2 BGB).   11

3. Pflichten des Dritten?

Im Maklerrecht gilt an sich das **Bestellerprinzip:** Derjenige, der den Makler beauftragt, muss ggf. auch den Maklerlohn zahlen. Die Kosten im Maklervertrag auf den Dritten abzuwälzen ist nicht möglich (unzulässiger Vertrag zu Lasten Dritter). In **Immobilienkaufverträgen** werden jedoch häufig sogenannte **Maklerklauseln** aufgenommen, in denen der Käufer verspricht, den vom Verkäufer beauftragten Makler zu bezahlen.[24] Je nach Ausgestaltung übernimmt der Käufer damit die Provisionszahlungspflicht des Verkäufers (Übernahmeklausel) oder es wird ein selbstständiges Provisionsversprechen des Käufers begründet. Der Kaufvertrag wird insoweit zu einem echten Vertrag zugunsten Dritter (§ 328 Abs. 1 BGB). Im Hinblick darauf, dass sich der Dritte insbesondere auf den angespannten Immobilienmärkten oft nicht gegen solche Maklerklauseln wehren kann, hat der Gesetzgeber die Möglichkeit, die Kosten der Immobilienvermittlung auf den Dritten abzuwälzen, vor kurzem erheblich eingeschränkt (hier: Rn. 19 f.).   12

---

18 BGH NJW 2019, 1226, 1227; BGH NJW 2014, 2352, 2353; BGH NJW 2008, 651, 653.
19 BGH NJW 2019, 1226, 1227 f. (Kauf durch den Sohn reicht nicht ohne weiteres aus); BGH NZM 2018, 211 (Kauf durch den Bruder des Maklerkunden reicht ggf. aus).
20 BGH BeckRS 2020, 13128 Rn. 14.
21 BGH BeckRS 2020, 13128 Rn. 14, 33.
22 BGH BeckRS 2020, 13128 Rn. 14.
23 BGH BeckRS 2020, 13128 (Leitsatz); siehe auch: BGHZ 141, 40.
24 Zur Maklerklausel BGHZ 131, 318.

4. Alleinauftrag

13   Die Parteien können auch einen **Alleinauftrag** vereinbaren, bei dem der Auftraggeber darauf verzichtet, die Dienste mehrerer Makler zugleich in Anspruch zu nehmen. Der Makler ist im Gegenzug ausnahmsweise verpflichtet, im Interesse des Auftraggebers tatsächlich tätig zu werden.[25] Damit liegt ein **zweiseitig verpflichtender Maklervertrag** vor – aber kein gegenseitiger, denn Leistung (sich Bemühen um eine erfolgreiche Vermittlung) und Gegenleistung (Provisionszahlung im Falle des Zustandekommens des Hauptvertrags) stehen nicht im Synallagma. Der Auftraggeber ist auch in Fällen wie diesen nicht gezwungen, einen ihm angetragenen (Haupt-)Vertrag abzuschließen.

14   Das Recht des Auftraggebers, sich selbst um den Vertragsabschluss zu bemühen (sogenannter Direktabschluss), bleibt unberührt. Doch auch dieses Recht kann individualvertraglich ausgeschlossen werden. Man spricht dann von einem **qualifizierten Alleinauftrag**. Ein in den AGB enthaltener qualifizierter Alleinauftrag ist jedoch unzulässig.[26] Verzichtet der Auftraggeber für eine bestimmte Zeit auf das Recht, den Vertrag jederzeit zu beenden, spricht man von einem **Festauftrag**.

15   Vom Leitbild der **erfolgsabhängigen** Provision darf durch AGB nicht abgewichen werden.[27] Der Auftraggeber darf allenfalls verpflichtet werden, Aufwendungsersatz zu zahlen. Ein pauschalierter Aufwendungsersatz muss sich aber an den tatsächlichen Aufwendungen orientieren; es darf kein Prozentsatz der Preisvorstellung für den in Aussicht genommenen Hauptvertrag vereinbart werden.[28]

IV. Beendigung des Maklervertrags

16   Die **Beendigung des Maklervertrags** ist in den §§ 652 ff. BGB nicht geregelt. Fehlt eine vertragliche Abrede, kann der Vertrag von beiden Parteien **jederzeit** aufgelöst werden. Aufgrund der Ähnlichkeit des Maklervertrags mit dem Auftrag sind die §§ 671 ff. BGB analog anzuwenden:[29] Der Auftraggeber kann den „Maklerauftrag" widerrufen (§ 671 Abs. 1 Hs. 1 BGB), der Makler kann kündigen (Halbsatz 2). Hat der Makler seine Leistung bereits vor Beendigung des Maklerverhältnisses erbracht, wird der (Haupt-)Vertrag mit dem Dritten aber erst zu einem späteren Zeitpunkt abgeschlossen, schließt das den Provisionsanspruch nicht aus. Der Auftraggeber kann sich seiner Provisionspflicht also nicht einfach durch den Widerruf des Maklerauftrags gemäß § 671 Abs. 1 Hs. 1 BGB entziehen.

▶ **BEACHTE:** Im Fernabsatz steht dem Auftraggeber zusätzlich ein **Widerrufsrecht** gemäß §§ 312g, 355 BGB zu,[30] mit der Folge, dass der Provisionsanspruch des Maklers entfällt und die ggf. bereits gezahlte Provision innerhalb von 14 Tagen zu erstatten ist (§§ 355 Abs. 3 Satz 1, 357 Abs. 1 BGB); u.U. muss der (rechtzeitig und richtig belehrte) Kunde jedoch den Wert der Dienstleistung des Maklers ersetzen. ◀

---

25   Palandt-*Sprau* § 652 Rn. 78, 79.
26   BGH NJW 1973, 1194, 1195; BGHZ 60, 377, 379; zuletzt OLG Frankfurt a.M. NZM 2002, 181; *Hamm/Schwerdtner* Rn. 1030.
27   BGH NJW 1987, 1634, 1636; BGHZ 99, 374, 384.
28   BGHZ 99, 374, 384.
29   BGH WM 1986, 72 f.
30   BGH NJW 2017, 1024.

V. Besondere Maklerverträge

1. Darlehensvermittlung

Besteht der Gegenstand des Maklervertrages in der entgeltlichen Vermittlung eines Darlehens durch einen Unternehmer an einem Verbraucher (§§ 13 f. BGB), so liegt ein **Darlehensvermittlungsvertrag** vor. Für diesen gelten grundsätzlich die **Sonderregelungen** der §§ 655a–655e BGB. Im Interesse des Verbraucherschutzes sieht § 655b Abs. 1 Satz 1 BGB ein **Schriftformerfordernis** vor. Hinzukommen die in § 655a Abs. 2 Satz 1 BGB angeordneten und in Art. 247 § 13 Abs. 2 und § 13b Abs. 1 EGBGB im Einzelnen geregelten **Informationspflichten.** Darlehensvermittlungsverträge, die diese Schutzstandards nicht erfüllen, sind nichtig (§ 655b Abs. 2 BGB). Der Verbraucher ist zur Zahlung des Maklerlohnes nach § 655c BGB nur verpflichtet, wenn das Darlehen bereits an ihn ausgezahlt wurde und ein Widerruf des Hauptvertrags nach § 355 BGB nicht mehr möglich ist. Existenzgründer i.S. von § 513 BGB stehen Verbrauchern gemäß § 655e Abs. 2 BGB gleich.

17

2. Ehe- und Partnervermittlung

Die **Ehevermittlung** ist als Sonderfall des Maklervertrags in § 656 BGB geregelt.[31] Eine Besonderheit ist hier, dass das Versprechen des Ehemaklerlohns keine Verbindlichkeit, sondern nur eine **Naturalobligation** begründet. Das bedeutet, dass der Anspruch zwar erfüllbar ist, der Ehemakler seinen Provisionsanspruch aber nicht mit Erfolg einklagen kann. Eine Provision, die bereits geleistet wurde, muss jedoch nicht wieder herausgegeben werden, weil § 646 Abs. 1 Satz 1 BGB nur die Durchsetzbarkeit des Vergütungsanspruches ausschließt, nicht aber den Rechtsgrund für das Behaltendürfen (Satz 2). Dies gilt auch für Umgehungsgeschäfte, vgl. § 656 Abs. 2 BGB. In der Praxis wurde die Ehevermittlung weitgehend von der **Partnerschaftsvermittlung** verdrängt. Der BGH wendet aber auch in diesen Fällen § 656 BGB entsprechend an.[32]

18

3. Immobilienvermittlung

a) Vermittlung von Kaufverträgen über Wohnungen und Einfamilienhäuser

Die Neuregelung der **Vermittlung von Kaufverträgen über Wohnungen und Einfami-lienhäuser** (2020) reagiert auf ein Marktversagen: Beauftragt der Verkäufer einer Immobilie einen Makler und steht von vornherein fest, dass der Käufer – bspw. aufgrund einer Maklerklausel – für die Provision aufkommen soll, so hat der Verkäufer im Grunde kein Interesse daran, über die Höhe dieser Provision (bis zu 7,14 % des Kaufpreises) zu verhandeln. Er braucht sie ja nicht zu zahlen.[33] Der Käufer ist auf angespannten Immobilienmärkten faktisch gezwungen, die Maklerprovision (in welcher Höhe auch immer) zu übernehmen. Damit wird das Bestellerprinzip ausgehebelt und ein unverhältnismäßiges Maklerlohn-Niveau ermöglicht: Hat ein Makler eine Berliner Eigentumswohnung für 600.000 Euro bei ImmobilienScout eingestellt und nach eini-

19

---

31 Zur wichtigen Abgrenzung zwischen einem Ehemaklervertrag i.S. des § 656 BGB und einem Eheanbahnungsvertrag, welcher dem Dienstvertragsrecht untersteht, siehe TWT-*Hansen/Gaedtke* § 656 Rn. 4 ff; BGH NJW 1984, 2407.
32 BGHZ 112, 122; BGH NJW-RR 2004, 778; MünchKomm-*Roth* § 656 Rn. 23 m.w.N; siehe auch AG Frankfurt (Oder) NJ 2016, 501 zu einer „Freizeitkontaktbörse".
33 Im Einzelnen zu den Konstruktionsmöglichkeiten: Begründung, BT-Drucks. 19/15827, S. 10.

gen E-Mails, Telefonaten und Besichtigungsterminen verkauft, so erhält er dafür ggf. 42.840 Euro.

20 Diesen Missstand will der Gesetzgeber mit §§ 656c und 656d BGB bekämpfen, die allerdings nur zugunsten von Verbrauchern anwendbar sind (§ 656a BGB). Haben beide Parteien den Makler beauftragt, so kann dieser den Maklerlohn gemäß § 656c BGB (Lohnanspruch bei Tätigkeit für beide Parteien) nur noch von beiden Parteien in gleicher Höhe verlangen (Absatz 1 Satz 1). Ein Maklervertrag, der davon abweicht ist unwirksam (Absatz 2 Satz 1). Hat nur eine Partei den Makler beauftragt, so ist eine Vereinbarung, die die andere Partei zur Zahlung oder Erstattung von Maklerlohn verpflichtet, gemäß § 656d Abs. 1 BGB nur wirksam, wenn die Partei, die den Maklervertrag abgeschlossen hat, zur Zahlung des Maklerlohns mindestens in gleicher Höhe verpflichtet bleibt (Satz 1). Der Anspruch gegen die andere Partei wird erst fällig, wenn die Partei, die den Maklervertrag abgeschlossen hat, ihrer Verpflichtung zur Zahlung des Maklerlohns nachgekommen ist und sie oder der Makler einen Nachweis hierüber erbringt (Satz 2).

b) Vermittlung von Mietverträgen über Wohnräume

21 Besondere Regelungen gelten auch für **Wohnungsvermittler**. Wohnungsvermittler im Sinne des Gesetzes zur Regelung der Wohnungsvermittlung[34] ist, wer den **Abschluss von Mietverträgen über Wohnräume** vermittelt oder die Gelegenheit zum Abschluss von Mietverträgen über Wohnräume nachweist (§ 1 Abs. 1 WoVermRG). Folgende Eckpunkte legt das Gesetz fest:

- Ein **Provisionsanspruch** steht dem Wohnungsvermittler nur zu, wenn tatsächlich ein Mietvertrag zustande kommt (§ 2 Abs. 1 WoVermRG).
- Es gilt das **Bestellerprinzip**: Der Wohnungsvermittler darf vom Wohnungssuchenden kein Entgelt fordern, sich versprechen lassen oder annehmen, es sei denn, der Wohnungsvermittler holt ausschließlich wegen des Vermittlungsvertrags mit dem Wohnungssuchenden vom Vermieter den Auftrag ein, die Wohnung anzubieten (§ 2 Abs. 1a WoVermRG).
- Der Provisionsanspruch ist auf **zwei Nettokaltmieten** (plus USt) begrenzt (§ 3 Abs. 2 WoVermRG).

4. Arbeitsvermittlung

22 Besondere gesetzliche Regelungen gelten auch für die **Arbeitsvermittlung** (§ 655 BGB, §§ 296 ff. SGB III)

VI. Handelsmakler

23 Den **Handelsmakler** regelt das HGB, sodass die §§ 652 ff. BGB nur noch subsidiär anwendbar sind. Handelsmakler ist nach § 93 Abs. 1 HGB, wer gewerbsmäßig für andere Personen, ohne von ihnen auf Grund eines Vertragsverhältnisses ständig damit betraut zu sein, die Vermittlung von Verträgen über Anschaffung oder Veräußerung von Waren oder Wertpapieren, über Versicherungen, Güterbeförderungen, Schiffsmiete oder sonstige Gegenstände des Handelsverkehrs übernimmt. Hierzu gehören etwa

---

34 Gesetz zur Regelung der Wohnungsvermittlung vom 4.11.1971, BGBl. I, S. 1745, 1747; zuletzt geändert durch Art. 3 G v. 21.4.2015, BGBl. I, S. 610.

Verträge über die Anschaffung oder Veräußerung von Waren oder Wertpapieren oder über Versicherungen, nicht aber Verträge über unbewegliche Sachen, wie z.B. Grundstücke und Wohnungen (siehe § 93 Abs. 2 HGB). Ein Handelsmakler ist niemals nur Nachweismakler. Er übernimmt vielmehr die Vermittlung, d.h. er muss mit beiden Vertragsparteien in Verbindung treten und dadurch zum Vertragsschluss beitragen.[35]

▶ **Lösungshinweise zu Fall 30:** Die AGB sind zwar wirksam in den Vertrag einbezogen worden, doch verliert V bei einem (einfachen) Alleinauftrag nicht das Recht, seine Wohnung auch ohne M zu verkaufen. Einen Festauftrag hat V nicht erteilt, und ein qualifizierter Alleinauftrag, bei dem V nicht selbst hätte verkaufen dürfen, ist nur als Individualvereinbarung zulässig; eine sogenannte „Eigenverkaufsklausel", die dazu führt, dass der Auftraggeber im Rahmen eines Alleinauftrags kein Eigengeschäft abschließen darf, ohne provisionspflichtig zu werden, verstößt gegen § 307 Abs. 1 BGB.[36] V muss nicht zahlen.

Variante: K durfte davon ausgehen, dass V Auftraggeber des M ist und ihn bezahlt. Hätte M auch mit K einen Maklervertrag abschließen wollen, hätte er ihn deutlich auf eine Provisionszahlungspflicht bei der Objektbeschreibung hinweisen müssen. Eine AGB-Klausel reicht dafür nicht aus. Auch im Kaufvertrag ist eine Provisionszahlungspflicht des K nicht geregelt worden. K muss nicht zahlen. ◀

Wiederholungs- und Vertiefungsfragen

> Warum ist der Maklervertrag ein einseitig verpflichtender Vertrag?

> Welche Voraussetzungen bestehen für den Provisionsanspruch des Maklers?

> Wodurch unterscheidet sich ein Alleinauftrag von dem in § 652 BGB geregelten Maklervertragstyp?

> Darf eine erfolgsunabhängige Provision vereinbart werden?

> Welche besonderen Maklervertragstypen regelt das Gesetz?

> Ist der Lohnanspruch des Ehemaklers einklagbar? Darf der Ehemakler bereits gezahlten Lohn einbehalten?

---

35 Baumbach/Hopt-*Roth* Handelsgesetzbuch § 93 Rn. 13.
36 Siehe nur BGH NJW 1991, 1678, 1679 (noch anhand von § 9 ABGB).

§ 30 Auftrag und Geschäftsbesorgungsvertrag

▶ **FALL 31:**[1] Spedition S beauftragt das Fuhrunternehmen F mit der Versendung bestimmter Güter nach Frankfurt (Oder). Als der Lastzug der F bereits vollständig beladen ist, verunglückt der Führer des Lastzugs tödlich. S stellt auf Bitten von F daraufhin kostenfrei den bei ihr angestellten Kraftfahrer K als Fahrer für den Transport zur Verfügung. Auf der Rückfahrt bleibt der Lastzug infolge eines von K ignorierten Motorschadens liegen und muss abgeschleppt werden. F verlangt von S Ersatz der Reparaturkosten sowie des ihr während der sechswöchigen Reparatur entgangenen Gewinns in Höhe von 350 Euro pro Woche, denn S habe mit K, was zutrifft, einen unzuverlässigen Fahrer ausgewählt. ◀

1   Das BGB knüpft in den §§ 662-678 an den Begriff der **Geschäftsbesorgung** an und unterscheidet zwischen Auftrag, Geschäftsbesorgungsvertrag und Geschäftsführung ohne Auftrag:

- Der **Auftrag** (§§ 662-674 BGB) ist dadurch gekennzeichnet, dass sich der Beauftragte verpflichtet, ein ihm von dem Auftraggeber übertragenes Geschäft *unentgeltlich* zu besorgen (§ 662 BGB).
- Der **Geschäftsbesorgungsvertrag** (§§ 675-676c BGB) ist ein Dienst- oder Werkvertrag, der eine *entgeltliche* Geschäftsbesorgung zum Gegenstand hat.
- Eine **Geschäftsführung ohne Auftrag** (§§ 677-687 BGB) liegt vor, wenn jemand ein Geschäft für einen anderen besorgt, ohne von ihm beauftragt oder sonst dazu berechtigt zu sein (§ 677 BGB).

Dabei sind Auftrag und Geschäftsbesorgungsvertrag als **vertragliche Schuldverhältnisse** einzustufen, während eine Geschäftsführung ohne Auftrag (GoA) zur Entstehung eines **gesetzlichen Schuldverhältnisses** führt, das hier nicht behandelt wird.[2]

▶ **BEACHTE:** Der Auftrag i.S. der §§ 662 ff. BGB steht nur selten im Mittelpunkt einer Klausur; sowohl § 675 Abs. 1 BGB (Geschäftsbesorgung) als auch §§ 681, 683, 687 BGB (GoA) verweisen jedoch auf das Auftragsrecht; so steht bspw. dem Nachbarn, der den Brand im Haus nebenan uneigennützig löscht (Geschäftsführer ohne Auftrag), ein Anspruch auf Ersatz seiner Aufwendungen gemäß §§ 683 Satz 1, 670 BGB zu. ◀

I. Auftrag

1. Begriff und Rechtsnatur

2   Durch die Annahme eines Auftrags verpflichtet sich der Beauftragte ein ihm von dem Auftraggeber übertragenes Geschäft für diesen unentgeltlich zu besorgen (§ 662 BGB). Das BGB bezeichnet genau genommen also nur die Willenserklärung des Auftraggebers als **Auftrag** (siehe auch: § 663 Satz 1 BGB). In Rechtsprechung und Literatur spricht man jedoch auch bei dem durch Auftrag und Annahme des Auftrags zustande gekommenen Vertrag von einem Auftrag.[3] Der Begriff der **Geschäftsbesorgung** wird bei Aufträgen (anders als bei Geschäftsbesorgungsverträgen) denkbar weit verstanden. Es ist die selbstständige oder unselbstständige, wirtschaftliche oder nicht wirtschaftliche, rechtsgeschäftliche oder tatsächliche **Tätigkeit in fremdem Interesse.**[4]

---

1 Fall nach BGH NJW 1956, 1313.
2 Im Einzelnen zur GoA: *Peifer* Gesetzliche Schuldverhältnisse § 13; *Looschelders* Schuldrecht BT §§ 42-45.
3 Palandt-*Sprau* Einf. v. § 662 Rn. 1 f.
4 BGHZ 56, 204, 207; Palandt-*Sprau* § 662 Rn. 6a f.

Dementsprechend kann beispielsweise die Mitnahme im Auto (Fahrgemeinschaft)[5], die Nothilfe nach einem Unfall oder einer Straftat[6] oder die Übernahme einer Bürgschaft[7] eine Geschäftsbesorgung darstellen. Wenn der Beauftragte sich zur Ausführung des Geschäftes verpflichtet, haftet er dem Auftraggeber ggf. gemäß §§ 280 Abs. 1, 241 Abs. 2 BGB. Im Gegensatz zu anderen unentgeltlichen Verträgen kommt ihm dabei grundsätzlich keine Haftungserleichterung zugute.[8] Etwas anders gilt allerdings bei der gestatteten Übertragung des Auftrags an einen Dritten (§ 664 Abs. 1 Satz 2 BGB) und bei der Beauftragung zur Abwehr einer dringenden Gefahr (§ 680 BGB analog).[9]

Der Auftrag ist kein gegenseitiger Vertrag, so dass die §§ 320 ff. BGB nicht anwendbar sind. Der Beauftragte handelt nämlich **unentgeltlich**. Der Auftraggeber ist ggf. zwar zum Ersatz der Aufwendungen des Beauftragten verpflichtet (siehe §§ 669 f. BGB). Das reicht aber für einen gegenseitigen Vertrag nicht aus.[10] Der Beauftragte hat sich ja nicht zur Geschäftsbesorgung (Leistung) verpflichtet, um ggf. Aufwendungsersatz verlangen zu können. Es fehlt an einer Leistung um der Gegenleistung willen (Synallagma).[11]

▶ **BEACHTE:** Das BGB geht bei einem **Auftrag** davon aus, dass sich der Beauftragte **unentgeltlich** zur Besorgung eines Geschäfts verpflichtet, und weicht damit vom allgemeinen Sprachgebrauch ab: Derjenige, der einen Handwerker mit einer Reparatur oder einen Rechtsanwalt mit der Durchsetzung seiner Interessen „beauftragt", weiß, dass er den Handwerker bzw. den Rechtsanwalt anschließend bezahlen muss. Rechtlich gesehen liegt in Fällen wie diesen kein „Auftrag", sondern ein Werkvertrag (§ 631 Abs. 1 BGB) mit dem Handwerker bzw. ein Geschäftsbesorgungsvertrag (§ 675 Abs. 1 BGB) mit dem Rechtsanwalt vor. ◀

Der Auftrag kommt durch **Einigung** (§§ 145 ff. BGB) zustande. Die Ablehnung eines Auftrags hat der Beauftragte unverzüglich anzuzeigen, wenn er öffentlich zur Besorgung gewisser Geschäfte bestellt ist oder sich öffentlich dazu erboten hat (§ 663 BGB). Das heißt allerdings nicht, dass mangels Ablehnungsanzeige ein Auftrag zustande käme. Es bleibt bei dem Erfordernis der (ausdrücklichen oder konkludenten) Einigung. Mangels Ablehnungsanzeige kann der Auftraggeber u.U. jedoch gemäß §§ 280 Abs. 1, 241 Abs. 2, 311 Abs. 2 i.V.m. § 663 BGB Schadensersatz verlangen (Haftung auf das negative Interesse).[12]

a) Auftrag und Gefälligkeit

Der Auftrag ist ein **Gefälligkeitsvertrag**[13] und keine bloße Gefälligkeit des täglichen Lebens. Den Gefälligkeitsvertrag kennzeichnet, dass der Leistende den Willen hat, dass seinem Handeln rechtsgeschäftliche Geltung zukommen soll, er also eine Rechtsbindung herbeiführen und der Empfänger die Leistung (auch) in diesem Sinne entgegennehmen will.[14] Ein Auftrag setzt also - anders als eine rechtlich unverbindliche

3

4

5

---

5 OLG Köln VersR 2004, 189.
6 BGHZ 33, 257.
7 RGZ 59, 10.
8 Zur Haftungsmilderung siehe: *Brömmelmeyer* Schuldrecht AT § 5 Rn. 37 ff, 40 ff.
9 Zur Analogie vgl. *Oetker/Maultzsch* § 11 Rn. 48 m.w.N.
10 BGHZ 15, 102, 105.
11 Grundlegend: *Brömmelmeyer* Schuldrecht AT § 2 Rn. 42 ff.
12 MünchKomm-*Schäfer* § 663 Rn. 14 m.w.N.
13 *Brömmelmeyer* Schuldrecht AT § 2 Rn. 36 ff.
14 BGHZ 21, 102, 106.

Gefälligkeit – einen Rechtsbindungswillen der Parteien voraus.[15] Es kommt vor allem darauf an, ob der Leistungsempfänger im konkreten Einzelfall nach Treu und Glauben mit Rücksicht auf die Verkehrssitte (§ 242 BGB) auf einen Rechtsbindungswillen schließen musste.[16] Eine vertragliche Bindung bejaht der BGH insbesondere dann, wenn erkennbar ist, dass für den Leistungsempfänger wesentliche Interessen wirtschaftlicher Art auf dem Spiel stehen und er sich auf die Zusage des Leistenden verlässt oder wenn der Leistende an der Angelegenheit ein rechtliches oder wirtschaftliches Interesse hat.[17] Ist dies nicht der Fall, kann dem Handeln der Beteiligten nur unter besonderen Umständen ein Rechtsbindungswille zu Grunde gelegt werden. Ein Bindungswille wird deshalb in der Regel bei sogenannten Gefälligkeiten des täglichen Lebens, bei Zusagen im rein gesellschaftlichen Verkehr oder bei Vorgängen, die diesen ähnlich sind, zu verneinen sein.[18] Beauftragt eine Lottospielgemeinschaft einen Mitspieler damit, den Lottoschein (unentgeltlich) auszufüllen und abzugeben, so liegt darin mangels Rechtsbindungswillens kein verbindlicher Auftrag.[19]

6   Ein Auftrag i. S. des § 662 BGB ist nach diesen Grundsätzen dann gegeben, wenn beiderseits der anhand objektiver Kriterien feststellbare Wille besteht, rechtsgeschäftliche Verpflichtungen einzugehen und entgegenzunehmen. Dies liegt insbesondere dann nahe, wenn erkennbar ist, dass für den Auftraggeber als Empfänger der Leistung wesentliche Interessen auf dem Spiel stehen und er auf die Zusage des anderen Teils vertraut.[20]

▶ **BEISPIELE:** A bittet seinen Freund B, sein Fahrzeug in die Werkstatt zu bringen. Hier dürfte der Rechtsbindungswille fehlen, wenn für B nicht erkennbar ist, dass eine zeitnahe Reparatur für A von erheblichem wirtschaftlichem oder rechtlichem Interesse ist und er auf die Zusage des B vertraut – etwa, weil er mit dem Wagen in den nächsten Tagen zu einem wichtigen Geschäftstermin fahren möchte. Auch die an einen Fremden gerichtete Bitte um die Beaufsichtigung eines Koffers auf einem Bahnhof oder die Bitte an den Nachbarn, Blumen zu gießen, sind meist reine Gefälligkeiten. ◀

b) Auftrag und Vollmacht

7   Die Besorgung eines (fremden) Geschäfts geht vielfach mit der Erteilung einer Vollmacht einher. A könnte B bspw. beauftragen, in seinem Namen eine Ikone bei Kunsthändler K zu kaufen. Darin läge sowohl das Angebot eines Auftrags als auch die Erteilung der zur Erfüllung dieses Auftrags erforderlichen Vollmacht (siehe § 167 Abs. 1 BGB). Dogmatisch gesehen ist indes sorgfältig zu unterscheiden:

- Der **Auftrag** ist ein Verpflichtungsgeschäft zwischen Auftraggeber und Beauftragtem; ggf. muss der Beauftragte seine (schuldrechtliche) Verpflichtung dadurch erfüllen, dass er von der ihm erteilten Vollmacht Gebrauch macht und das in Auftrag gegebene Rechtsgeschäft im Namen des Auftrags- und Vollmachtgebers abschließt.
- Die **Vollmacht** ist die durch Rechtsgeschäft erteilte Vertretungsmacht (§ 166 Abs. 2 Satz 1 BGB). Hat A den B beauftragt, aber nicht wirksam bevollmächtigt, so schließt B den Kaufvertrag mit dem Kunsthändler als Vertreter ohne Vertretungs-

---

15 Dazu grundlegend: *Brömmelmeyer* Schuldrecht AT § 2 Rn. 34 ff.
16 BGH NJW 2012, 3366, 3367.
17 BGH NJW 2012, 3366, 3367; BGH BeckRS 2021, 931.
18 BGH NJW 2012, 3366, 3367.
19 BGH NJW 1974, 1705.
20 BGH NJW 2012, 3366; BGH NJW 1956, 1313 ff.

macht ab – mit der Folge, dass die §§ 177 ff. BGB (ggf.: Haftung des B als *falsus procurator*) zum Tragen kommen.

Klarzustellen ist, (1.) dass Auftrag und Vollmacht über § 168 Satz 1 BGB miteinander verknüpft sind. Widerruf, Kündigung oder Erledigung des Auftragsverhältnisses führt zum Erlöschen der Vollmacht, insoweit ist die gedankliche Trennung zwischen den beiden Rechtsverhältnissen durchbrochen. Klarzustellen ist außerdem, (2.) dass ein Auftrag keineswegs immer mit der Erteilung einer Vollmacht verbunden ist. Wenn der Beauftragte ohne besondere Vereinbarung mit dem Auftraggeber im Rahmen der Durchführung des Auftrags Rechtsgeschäfte mit Dritten eingeht, schließt er diese grundsätzlich im eigenen Namen ab (mittelbare Stellvertretung).[21]

8

2. Pflichten der Parteien

Die **Pflichten des Auftraggebers und des Beauftragten** finden sich in §§ 662, 666-670 BGB. Konzentriert man sich auf den Katalog der Pflichten, so ergibt sich folgendes Bild:

9

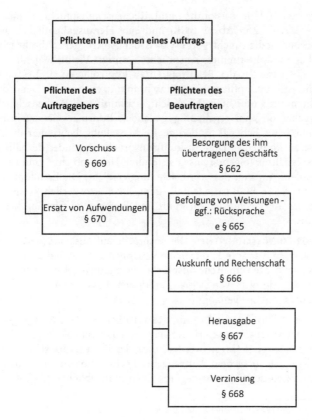

---

21 Dazu: *Faust* BGB AT § 24 Rn. 6.

a) Pflichten des Beauftragten

10   Der Beauftragte ist vor allem verpflichtet, das ihm übertragene Geschäft zu besorgen. Er muss den Auftrag grundsätzlich selbst (= persönlich) durchführen (siehe § 664 BGB). Damit schützt das Gesetz das Vertrauen des Auftraggebers in die besondere Sachkunde oder Leistungsfähigkeit des Beauftragten. Der Beauftragte ist an die **Weisungen des Auftraggebers** gebunden, braucht sie jedoch nicht blind zu befolgen.[22] Er darf abweichen, wenn er mit der Billigung des Auftraggebers rechnen durfte (§ 665 Satz 1 BGB). Er hat jedoch die Entschließung des Auftraggebers abzuwarten. Nur wenn der hiermit einhergehende Zeitverlust für den Auftraggeber die Gefahr eines Nachteiles birgt, darf und muss er sofort von der Weisung abweichen, § 665 Satz 2 BGB.[23]

▶ **BEISPIEL:** A hat den B beauftragt, für ihn alte Möbel zu ersteigern und ihm einen Höchstbetrag von 2.500 Euro genannt. B sieht eine Chance, die Möbel für 2.600 Euro zu erlangen. B könnte A jederzeit unproblematisch anrufen, um dessen Weisung einzuholen. ◀

11   Den Beauftragten treffen **Auskunfts- und Rechenschaftspflichten** nach § 666 BGB (konkretisiert durch § 259 Abs. 1 BGB) und eine **Herausgabepflicht**. Die **Auskunftspflicht** setzt grundsätzlich nicht voraus, dass der Auftraggeber die begehrte Information zur Vorbereitung bestimmter Ansprüche benötigt. Vielmehr genügt das allgemeine Interesse, die Tätigkeit des Beauftragten zu kontrollieren.[24] Dies bedeutet jedoch nicht, dass die Auskunftspflicht ohne Einschränkungen besteht. Denn die drei Informationspflichten aus § 666 BGB (Nachricht, Auskunft und Rechenschaft) bezwecken, dem Auftraggeber die ihm regelmäßig fehlenden Informationen zu verschaffen, die er braucht, um seine sich ggf. ändernde Rechtsstellung beurteilen und Folgerungen daraus ziehen zu können.[25] Der Auskunftsanspruch begründet deshalb nur eine aus dem Auftragsverhältnis folgende unselbstständige Nebenpflicht[26] und ist grundsätzlich abhängig von dem Auftrag, dessen Absicherung er dient. Die Erfüllung der Informationspflichten aus § 666 BGB ist jedenfalls dann *nicht* erforderlich, wenn feststeht, dass der Auftraggeber auf Grund der Auskunft und Rechenschaftslegung keinesfalls etwas fordern könnte.[27]

▶ **HINWEIS FÜR FORTGESCHRITTENE:** Die Ansprüche auf Auskunft (§ 666 Var. 2 BGB) und Rechenschaftslegung (Variante 3) setzen ein Verlangen des Geschäftsherrn voraus. Es handelt sich um so genannte **verhaltene Ansprüche**, die dadurch gekennzeichnet sind, dass der Schuldner die Leistung nicht von sich aus erbringen muss beziehungsweise nicht leisten darf, bevor sie der Gläubiger verlangt.[28] ◀

12   Nach § 667 Alt. 2 BGB ist der Beauftragte verpflichtet, dem Auftraggeber alles, was er aus der Geschäftsbesorgung erlangt hat, herauszugeben. Durch die **Herausgabepflicht** soll dafür Sorge getragen werden, dass der Beauftragte seiner Interessenwahrnehmungspflicht gegenüber dem Auftraggeber nachkommt und nicht den eigenen oder sogar den Interessen des Geschäftsgegners einen maßgeblichen Einfluss auf seine Ent-

---

22 *Fehrenbach* (Prütting/Wegen/Weinreich, 14. Aufl. 2019 § 666 Rn. 1).
23 MünchKomm-*Schäfer* § 665 Rn. 20 ff.
24 BGH NJW-RR 2016, 1391, 1393.
25 BGH NJW-RR 2016, 1391, 1393, unter Berufung auf MünchKomm-*Seiler* (6. Aufl. 2012) § 666 Rn. 1.
26 BGH NJW-RR 2016, 1391, 1393; BGHZ 192, 1.
27 BGH NJW-RR 2016, 1391, 1393; vgl. auch BGH NJW-RR 2015, 306.
28 BGH NJW-RR 2016, 1391, 1394; BGHZ 192, 1; BGH NJW 2012, 58.

schließungen einräumt.[29] Herauszugeben sind auch „Provisionen", Geschenke und andere Sondervorteile, die dem Beauftragten von dritter Seite zugewandt worden sind und die eine Willensbeeinflussung zum Nachteil des Auftraggebers befürchten lassen.[30] Dass sie nach dem Willen des Dritten gerade nicht für den Auftraggeber bestimmt waren, bleibt dabei unbeachtlich. Erforderlich ist lediglich ein unmittelbarer innerer Zusammenhang mit dem geführten Geschäft, der auf der Hand liegt, wenn auf Grund der von dritter Seite gewährten Sonderzuwendungen die Gefahr besteht, dass der Beauftragte sein Verhalten nicht allein an den Interessen des Auftraggebers ausrichtet.[31]

Davon abgesehen obliegen dem Beauftragten – wie auch dem Auftraggeber[32] – allgemeine **Rücksichtspflichten**,[33] so dass er u.a. die Interessen seines Auftragsgebers unter Berücksichtigung des Auftragszwecks zu wahren hat.[34]   13

b) Pflichten des Auftraggebers

Der Auftraggeber schuldet vor allem **Aufwendungsersatz** (§ 670 BGB). Die Pflicht zum   14
Aufwendungsersatz beruht, wie der BGH schreibt, „auf dem allgemeinen Grundsatz, dass die Kosten für die Ausführung eines Geschäfts oder bestimmter Handlungen von demjenigen zu tragen sind, in dessen Interesse das Geschäft oder die Handlungen vorgenommen worden sind".[35] Der Auftragnehmer kann einen Vorschuss verlangen, § 669 BGB.

▶ **BEISPIEL:** B hat im vorigen Fall die Möbel für 2.500 Euro im eigenen Namen ersteigert. Er sieht eine Chance, sie für 4.000 Euro weiter zu verkaufen, und möchte sie deshalb behalten. – Zwar ist er Eigentümer geworden, aber er muss die Möbel gemäß § 667 BGB an A herausgeben, hat dafür aber einen Aufwendungsersatzanspruch in Höhe von 2.500 Euro gegen A nach § 670 BGB. ◀

Den Begriff der **erforderlichen Aufwendungen** definiert das Gesetz nicht. Allgemein   15
werden hierunter Vermögensopfer verstanden, die der Beauftragte zum Zweck der Ausführung des Auftrages freiwillig oder auf Anweisung des Auftraggebers macht oder die sich als notwendige Folge der Ausführung ergeben.[36] Ein Aufwendungsersatzanspruch für die aufgewendete Zeit und **Arbeitskraft** gehört nicht hierher, weil sonst die Unentgeltlichkeit des Auftrags unterlaufen wird.[37] Das RG hatte unter Berufung auf § 1835 Abs. 3 BGB noch eine Ausnahme angenommen, wenn die Tätigkeit zum **Beruf oder Gewerbe** des Beauftragten gehört.[38] Dies wird heute jedoch mit Verweis auf die Unentgeltlichkeit des Auftrags mit Recht abgelehnt. Nur wenn die zum Beruf oder zum Gewerbe gehörende Tätigkeit **nach** Abschluss des Vertrags erforderlich wurde und damit bei Vertragsschluss eine Unentgeltlichkeitsabrede hierüber fehlte, wird dem Auftragnehmer eine Vergütung für seine Arbeitsleistung zugesprochen.[39] Zweifelhaft

---

29 BGH NJW-RR 2016, 1391, 1393.
30 BGH NJW-RR 2016, 1391, 1393.
31 BGH NJW-RR 2016, 1391, 1393; BGH NJW-RR 1987, 1380; BGH NJW 1991, 1224.
32 TWT-*Tamm* § 662 Rn. 12, vgl zu den Pflichten des Auftraggebers MünchKomm-*Schäfer* § 662 Rn. 51 ff.
33 Dazu: *Brömmelmeyer* Schuldrecht AT § 3 Rn. 8.
34 TWT-*Tamm* § 662 Rn. 10; vgl. Erman-*Berger* § 662 Rn. 15.
35 BGH NZM 2012, 325, 326.
36 BGH NJW 1960, 1568; BAG NJW 2004, 2036.
37 BGHZ 59, 328, 331.
38 RGZ 149, 121, 124.
39 MünchKomm-*Seiler* (6. Auf. 2012) § 670 Rn. 20 mit Verweis auf RGZ 149, 121, 124 (Testamentsvollstrecker); BGH NJW 1973, 46.

ist, ob auch ein Schadensersatz, d.h. ein Ersatz **unfreiwilliger Vermögensopfer** des Beauftragten gemäß § 670 BGB in Betracht kommt.

3. Haftung des Auftraggebers

16 ▶ **BEISPIEL:** A beauftragt B, an einer Kunstauktion im Kleist-Museum in Frankfurt (Oder) teilzunehmen und für A einen Kunstdruck zu kaufen. B macht sich mit dem Fahrrad auf den Weg. Kurz vor Erreichen des Kleist-Museums wird er bei einem Fahrradunfall verletzt und verlangt nunmehr Schadensersatz von A. ◀

17 Die h.M. spricht dem Beauftragten grundsätzlich einen **Schadensersatzanspruch gemäß § 670 BGB** *analog* für **Zufallsschäden** zu, wenn sich in dem Schaden ein tätigkeitsbezogenes Risiko niederschlägt, das über das allgemeine Lebensrisiko des Beauftragten hinausgeht.[40] Dem liegt die richtige Überlegung zugrunde, dass der Auftraggeber für gesteigerte auftragsspezifische Risiken haften sollte; der Beauftragte nimmt diese Risiken schließlich nur im Interesse des Auftraggebers auf sich. Trotzdem ist die Konstruktion einer Haftung über § 670 BGB analog abzulehnen, weil sie (1.) die klare, im BGB konsequent verwirklichte Trennung zwischen Aufwendung und Schaden verwischt, und (2.) die Motive des BGB-Gesetzgebers ignoriert, der „die Frage, inwiefern der Auftraggeber den Schaden zu tragen habe, welchen der Beauftragte bei Ausführung des Auftrags durch Zufall erleidet, [...] wegen der Verschiedenheit der Fälle" bewusst nicht gesetzlich geregelt hat.[41] Statt § 670 BGB also analog anzuwenden, sollte man vertraglich anknüpfen und den Auftrag ggf. ergänzend so auszulegen,[42] dass sich ein Auftraggeber verpflichtet, Schäden des Beauftragten zu ersetzen, in denen sich nicht nur (wie bei dem Fahrradunfall) das allgemeine Lebensrisiko verwirklicht (dann scheidet eine Haftung aus), sondern eine besondere, für beide Parteien erkennbare, auftragsspezifische und vom dem Beauftragten altruistisch in Kauf genommene Gefahr.

▶ **BEISPIELE:** Bei einer Pfadfinderreise kommt es zu einem Unfall, weil der mit der Durchführung der Reise beauftragte Jugendleiter einen Jugendlichen zu einer gefährlichen Handlung veranlasst. – Der Jugendliche hat einen Schadensersatzanspruch gegen den Jugendleiter, den dieser nach Meinung des BGH (str.) als Aufwendungsersatzanspruch (§ 670 BGB analog), nach der hier vertretenen Auffassung kraft ergänzender Vertragsauslegung gegenüber dem Pfadfinder-Verein geltend machen kann (Freistellung).[43] Fährt der Beauftragte einen Schwerverletzten ins Krankenhaus und kommt es aufgrund der rasanten Fahrweise zu einem Unfall, verwirklicht sich hierin eine im Auftrag bereits angelegte typische Gefahr, für die der Auftraggeber ebenfalls haftet. ◀

4. Beendigung des Auftragsverhältnisses

18 Der Auftrag wird durch Erledigung **beendet**. Davon abgesehen kann der Auftraggeber den Auftrag jederzeit widerrufen, der Auftragnehmer kann kündigen (§ 671 Abs. 1 BGB). Die Kündigung durch den Beauftragten darf jedoch nicht zur Unzeit erfolgen (§ 671 Abs. 2 BGB). Wegen der Höchstpersönlichkeit erlischt der Auftrag im Zweifel mit dem Tod des Beauftragten (§ 673 BGB), jedoch nicht mit dem Tod des Auftraggebers (§ 672 BGB).

---

40 Palandt-*Sprau* § 670 Rn. 10 ff; MünchKomm-*Schäfer* § 670 Rn. 17; BAG NJW 2007, 1486; 1993, 2235.
41 *Mugdan* Motive, Bd. 2 (Recht der Schuldverhältnisse), zu § 595 BGB 1896, S. 302.
42 Dazu: Palandt-*Ellenberger* § 157 Rn. 2 ff.
43 BGHZ 89, 153 = NJW 1984, 789.

II. Entgeltliche Geschäftsbesorgung

§ 675 Abs. 1 BGB versteht unter **Geschäftsbesorgungsverträgen** Dienst- oder Werkverträge, die eine (entgeltliche) Geschäftsbesorgung zum Gegenstand haben. Beauftragt Mandant M seinen Rechtsanwalt R mit einer (außergerichtlichen) Beratung, so liegt zunächst ein Dienstvertrag vor, weil R eine entgeltliche Dienstleistung (Rechtsberatung) zusagt (siehe § 611 Abs. 1 BGB), aber keinen über diese Tätigkeit hinausgehenden Erfolg. Dieser Dienstvertrag wird dadurch zu einem Geschäftsbesorgungsvertrag, dass der Rechtsanwalt „eine selbstständige Tätigkeit wirtschaftlicher Art" übernommen hat, „die in der Wahrnehmung der Vermögensinteressen eines anderen besteht".[44] Maßgeblich sind also drei Faktoren:

19

1. Erforderlich ist eine **selbständige Tätigkeit**, sodass insbesondere die Tätigkeit eines Arbeitnehmers, der als solche(r) im Dienste eines anderen zur Leistung weisungsgebundener, fremdbestimmter Arbeit in persönlicher Abhängigkeit verpflichtet ist (§ 611a Abs. 1 Satz 1 BGB) nicht erfasst wird.

2. Erforderlich ist außerdem eine **wirtschaftliche Tätigkeit**, die als solche einen Vermögensbezug aufweisen muss und u.a. bei Ärztinnen und Ärzten und Erzieherinnen und Erziehern zu verneinen ist.[45]

3. Erforderlich ist schließlich eine *fremdnützige* Tätigkeit (negotium alienum), wie sie auch für den Auftrag typisch ist: der Geschäftsbesorger muss fremde Vermögensinteressen wahrnehmen.

Typische Erscheinungsformen entgeltlicher Geschäftsbesorgung sind

20

- Bankgeschäfte,
- Baubetreuungs- und Bauträgerverträge,
- Rechtsanwalts- und Steuerberaterverträge[46] und
- Wirtschaftsprüferverträge.

Die Regelung von **Geschäftsbesorgungsverträgen über die Erbringung von Zahlungsdiensten** (§§ 675c ff. BGB) behandeln wir in § 17; gemeint ist insbesondere der bargeldlose Zahlungsverkehr als ein (im BGB geregeltes) Teilgebiet des Bankrechts.[47] Die Regelung des Geschäftsbesorgungsvertrags fällt sehr knapp aus (§§ 675 – 675 BGB) und lebt vor allem von der in § 675 Abs. 1 BGB enthaltenen Rechtsgrundverweisung auf das Auftragsrecht.

▶ **Beispiel:** A beauftragt Rechtsanwältin R, für ihn einen Prozess zu führen. R verauslagt für A den an die Gerichtskasse zu zahlenden Prozesskostenvorschuss, ohne den das Gericht nicht tätig wird. ◀

R kann von A Aufwendungsersatz in Höhe des Prozesskostenvorschusses verlangen (§ 675 Abs. 1 i.V.m. § 670 BGB). Umgekehrt kann A ggf. Herausgabe von R verlangen, wenn der Beklagte nach gewonnenem Prozess den eingeklagten Betrag auf das Konto der R zahlt. – Gemäß §§ 675 Abs. 1, 667 BGB muss R den Betrag an A herausgeben.

21

---

44 BGHZ 45, 223, 228 f.
45 Palandt-*Sprau* § 675 Rn. 3.
46 Zur Haftung aus derartigen Verträgen zuletzt etwa BGH NJW-RR 2015, 675 (Rechtsanwalt als Treuhänder), NJW 2015, 1373 (Steuerberater).
47 Dazu auch: *Schwintowski*-Bankrecht, S. 332 ff.

22   Die Regelung in § 675 Abs. 1 BGB könnte man so (miss-)verstehen, als ob auf **Geschäftsbesorgungsverträge** ausschließlich die §§ 663, 665-670, 672-674 BGB anzuwenden seien. Das trifft aber nicht zu: Auf einen „Dienstvertrag, [...] der eine Geschäftsbesorgung zum Gegenstand hat (§ 675 Abs. 1 Alt. 1 BGB) findet auch das **Dienstvertragsrecht** (§§ 611 ff. BGB), auf einen „Werkvertrag, der eine Geschäftsbesorgung zum Gegenstand hat" (§ 675 Abs. 1 Alt. 2 BGB) findet auch das **Werkvertragsrecht** Anwendung.[48] Prüft man also die Rechtslage im Hinblick auf einen Geschäftsbesorgungsvertrag, sind zu berücksichtigen:

- §§ 675-675b BGB als spezifische Vorschriften für Geschäftsbesorgungsverträge
- §§ 663, 665-670, 672-674 BGB und ggf. § 671 Abs. 2 BGB (Auftragsrecht) in entsprechender Anwendung, und
- §§ 611 ff. BGB bei Dienst- bzw. §§ 631 ff. BGB bei Werkverträgen, die eine Geschäftsbesorgung zum Gegenstand haben.

23   § 675 Abs. 1 BGB verweist auf die meisten, aber nicht auf alle **Vorschriften des Auftragsrechts:** Er verweist u.a. *nicht* auf § 662 BGB, weil die Definition des unentgeltlichen Auftrags für die entgeltliche Geschäftsbesorgung irrelevant ist. Er braucht auch *nicht* auf § 664 Abs. 1 Satz 1 und Abs. 2 BGB zu verweisen, weil sich das Übertragungs- und das Abtretungsverbot bei einem Dienstvertrag, der eine Geschäftsbesorgung zum Gegenstand hat, bereits aus § 613 Satz 1 und 3 BGB ergibt und bei einem Werkvertrag, der eine Geschäftsbesorgung zum Gegenstand hat, bereits aus dem damit verknüpften Treueverhältnis fließt (§ 242 BGB).[49]

III. Haftung für Rat und Empfehlung

24   Es liegt auf der Hand, dass die Wahrnehmung fremder Vermögensinteressen konfliktträchtig ist und Haftungsfragen provoziert – bspw. dann, wenn eine Bank ihre Kunden im Hinblick auf eine mögliche Kapitalanlage nicht seriös beraten bzw. eine Kapitalanlage empfohlen hat, die sich im Nachhinein als Fehlinvestition herausstellt. Der Geschäftsbesorger ist auf den ersten Blick auf der sicheren Seite: Nach § 675 Abs. 2 BGB ist eine Haftung ausgeschlossen, wenn aus der Erteilung eines Rates oder einer Empfehlung ein Schaden resultiert. Tatsächlich ist die Rechtslage jedoch eine andere. Dazu folgendes

> ▶ **BEISPIEL:** Lehrer L legt seine Ersparnisse seit über 20 Jahren sicher bei der Volksbank an (Festgelder und Sparkonten). Als ein Bonus-Sparvertrag über 10.000 Euro fällig wird, kommt es zu einem Beratungsgespräch über die Neuanlage dieses Betrags. Die Volksbank empfiehlt dem ahnungslosen L, die EURO-Anleihe der australischen Bond-Finance Ltd. Die Ratingagentur Australian Ratings Agency hatte die Anleihe zuletzt sogar mit "B", also als hochspekulativ mit geringer Kapitalabsicherung, eingestuft; sie ist inzwischen praktisch wertlos. L ist empört und verlangt Schadensersatz. ◀

25   § 675 Abs. 2 BGB schließt die Haftung für einen Rat oder eine Empfehlung nur „unbeschadet der sich aus einem Vertragsverhältnis [...] ergebenden Verantwortlichkeit" aus. Das heißt, dass die Erteilung eines Rates allein (mangels Rechtsbindungswillens)[50] noch keine Haftung begründet. Etwas anderes gilt jedoch, wenn der Rat aufgrund

---

48   Siehe nur Palandt-*Sprau* § 675 Rn. 7.

49   Siehe Staudinger-*Martinek/Omlor* § 675 Rn. A 52. Im Anschluss daran: BGH, NJW 2010, 2346; siehe auch: BGH NJW 1952, 257 und Palandt-*Sprau* § 664 Rn. 2 f., die § 664 Abs. 2 BGB analog anwenden.

50   Palandt-*Sprau* § 675 Rn. 33.

eines entsprechenden Vertrags erfolgt. Konkludente **Beratungsverträge** nimmt der BGH insbesondere zwischen Banken oder Anlageberatern und ihren Kunden an.[51] Die Kritik, der konkludente Beratungsvertrag fingiere einen nicht vorhandenen Rechtsbindungswillen der Bank, die regelmäßig kein Interesse an einer echten Beratungspflicht habe, ist zurückzuweisen;[52] sie übersieht, dass die Bank (in den hier relevanten Fällen) als Filial-, nicht als Direktbank typischerweise mit einer persönlichen Beratung wirbt, dass sich der Kunde erkennbar auf die Expertise der Bank verlässt und dass meist erhebliche finanzielle Interessen im Raum stehen. Geht man vor diesem Hintergrund von einem Beratungsvertrag aus, so hat die Bank anleger- und objektgerecht zu beraten; die Empfehlung muss insbesondere auf die persönlichen Verhältnisse des Kunden zugeschnitten sein; empfiehlt die Bank einem unerfahrenen und risiko-aversen Kunden, so wie in unserem Beispielsfall eine spekulative Investition in ausländische Industrieanleihen, so haftet sie für die darin liegende Fehlberatung auf Schadensersatz.[53] Dagegen kommt mit einer Direktbank, die ausdrücklich allein so genannte *Execution-only*-Dienstleistungen (Discount-Brokerage) anbietet, grundsätzlich kein stillschweigend geschlossener Beratungsvertrag zu Stande.[54]

▶ **BEACHTE:** Dogmatisch unterscheidet man im Bankrecht zwischen Beratungs- und Auskunftsvertrag. Bei einem **Beratungsvertrag** haftet der Berater, falls er den Kunden nicht anleger- und objektgerecht berät, bei einem **Auskunftsvertrag** haftet er nur, wenn er bestimmte Eigenschaften der avisierten Kapitalanlage falsch darstellt.[55] ◀

▶ **LÖSUNGSHINWEISE ZU FALL 31:** S ist F gegenüber zum Ersatz der entstandenen Schäden gemäß § 280 Abs. 1 BGB verpflichtet, denn mit der Auswahl eines unzuverlässigen Fahrers hat S eine Pflicht aus einem Auftrag i.S.d. § 662 BGB verletzt. Dass die Stellung eines (zuverlässigen) Fahrers durch S nicht mehr den Charakter einer reinen Gefälligkeit aufwies, ergibt sich daraus, dass die Durchführung des von F geschuldeten Gütertransports für S erkennbar mit wesentlichen wirtschaftlichen Interessen verknüpft war: Falls F keinen Ersatzfahrer gefunden hätte, wäre dem Unternehmen nicht nur der Gewinn aus dem Frachtgeschäft entgangen, sondern F hätte u.U. sogar noch die Kosten der Umladung der Güter tragen müssen. Dass F den Transport jedoch gleichzeitig nicht unter allen Umständen durchzuführen bereit war (insbesondere nicht unter Inkaufnahme des mit der Durchführung durch einen unzuverlässigen Fahrer verbundenen Risikos), war für S ebenfalls ersichtlich. Denn ein Lastzug ist für ein Frachtunternehmen nicht nur ein erhebliches Wertobjekt, sondern auch eine bedeutende Einnahmequelle. F durfte daher darauf vertrauen, dass S einen zuverlässigen Fahrer auswählen oder zumindest auf etwaige Bedenken mit Blick auf dessen Eignung hinweisen würde. ◀

WIEDERHOLUNGS- UND VERTIEFUNGSFRAGEN

> Welche Art der Geschäftsbesorgung wird bei einem Auftrag geschuldet?
> Welche Pflichten hat der Beauftragte?

---

51 BGHZ 70, 365; BGHZ 74, 107; BGHZ 100, 117. Bei der Anlageberatung ist zwischen der unter § 675 BGB und der unter das WpHG fallenden Beratung zu unterscheiden;Überblick bei Tamm/Tonner- *Buck-Heeb* § 16 c Rn. 7, 40 f.
52 *Herresthal* ZBB 2012, 89, 92 f.; *Krüger* NJW 2013, 1845; siehe auch den Bericht bei Schwintowski-Bankrecht-*Bracht* Kap. 19 Rn. 40.
53 BGHZ 123, 126.
54 BGH, NJW 2013, 3293, Leitsatz 1.
55 Schwintowski-Bankrecht-*Bracht* Kap. 19 Rn. 40.

> Welche Pflichten hat der Auftraggeber?
> Wie sind Gefälligkeiten von Gefälligkeitsverträgen abzugrenzen?
> Worin besteht der Zusammenhang zwischen einer entgeltlichen Geschäftsbesorgung und einem Dienst- oder Werkvertrag?
> Haftet eine Bank trotz § 675 Abs. 2 BGB, wenn sie einem unerfahrenen (Privat-)Kunden, der seine Ersparnisse konservativ anlegen will, unter Berufung auf die schwierige Marktsituation ein spekulatives Investment vorschlägt?

§ 31 Schuldversprechen und Schuldanerkenntnis

I. Inhalt und Entstehung

In den §§ 780 f. regelt das BGB die **abstrakten Schuldverträge:**   1

- Das **Schuldversprechen** ist ein Vertrag, durch den eine Leistung in der Weise versprochen wird, dass das Versprechen die Verpflichtung selbständig begründen soll (§ 780 Satz 1 BGB).

- Das **Schuldanerkenntnis** ist ein Vertrag, durch den das Bestehen eines Schuldverhältnisses anerkannt wird (§ 781 Satz 1 BGB) und zwar so, dass das Anerkenntnis eine selbständige, d.h. vom Bestehen des anerkannten Schuldverhältnisses unabhängige Verpflichtung begründet. Deswegen spricht man auch von einem **konstitutiven Schuldanerkenntnis.**

Davon zu trennen ist das **deklaratorische Schuldanerkenntnis**, das sich auf die bloße Bestätigung eines bestehenden Schuldverhältnisses beschränkt, aber keine selbständige Verpflichtung begründet – also nicht konstitutiv ist – und auch nicht unter § 781 BGB fällt (im Einzelnen: Rn. 8). Daraus ergibt sich folgendes Bild:

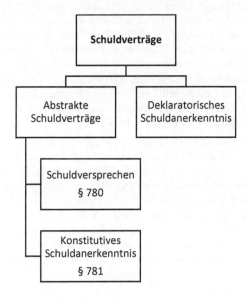

Kein Schuldvertrag ist das Anerkenntnis, dass keinen besonderen rechtsgeschäftlichen   2
Verpflichtungswillen des Schuldners verkörpert, wie bspw. das Abrechnungsschreiben des Versicherers.[1] Der Schuldner gibt es vielmehr zu dem Zweck ab, dem Gläubiger seine Erfüllungsbereitschaft mitzuteilen und ihn dadurch etwa von sofortigen Maßnahmen abzuhalten oder dem Gläubiger den Beweis zu erleichtern.[2] Auch dieses Anerkenntnis kann jedoch „als Zeugnis des Anerkennenden gegen sich selbst" im Prozess

---

1 Vgl. OLG Düsseldorf r+s 2019, 163.
2 BGH NJW 1976, 1259, 1260.

eine Umkehr der Beweislast bewirken oder ein Indiz darstellen, das im Rahmen der Beweiswürdigung berücksichtigt werden kann.[3]

3 Schuldversprechen und konstitutives Schuldanerkenntnis unterscheiden sich durch ihre äußere Form, sind rechtlich jedoch gleich zu behandeln.

▶ **Beispiel:** Rechtsanwalt R hat Kommilitone K (formlos) einen Kredit in Höhe von 500 Euro gewährt, den K nicht zurückzahlen kann. R erklärt sich bereit, den Kredit um vier Wochen zu verlängern, verlangt von K jedoch die schriftliche Bestätigung, dass er ihm 500 Euro schulde. ◀

4 Erklärt K, „Ich verspreche hiermit, 500 Euro an R zu zahlen", so liegt aufgrund der gewählten Formulierung ein Schuldversprechen vor, erklärt er stattdessen „Ich bestätige hiermit, R 500 Euro zu schulden.", so handelt es sich um ein Schuldanerkenntnis. Das Schuldanerkenntnis ist praxisrelevanter als das Schuldversprechen – wer erklärt schon, er verspreche eine Leistung, ohne die Bezüge zu irgendeinem damit verknüpften Schuldverhältnis herzustellen –, die Rechtsfolgen sind jedoch identisch, solange die Erklärung nur erkennen lässt, dass K die damit begründete Verpflichtung *selbständig*, d.h. abstrakt, losgelöst von dem zugrundeliegenden Kreditverhältnis übernimmt.[4]

5 Die Begriffe „Schuldversprechen" und „Schuldanerkenntnis" könnte man so verstehen, als ob es sich um einseitige Rechtsgeschäfte handelte. §§ 780 f. BGB stellen jedoch klar, dass es sich um (einseitig verpflichtende) **Verträge** handelt.[5] Erforderlich ist also eine Einigung, aus der sich – legt man die Vertragserklärungen objektiv, auf der Grundlage des Empfängerhorizonts aus – ergeben muss, dass die mit dem Versprechen bzw. dem Anerkenntnis übernommene Verpflichtung selbständig, d.h. losgelöst von ihren wirtschaftlichen und rechtlichen Zusammenhängen begründet werden soll.[6] Dabei sind der Wortlaut, der Anlass sowie der wirtschaftliche Zweck des Vertrags und die beiderseitige Interessenlage zu berücksichtigen.[7]

6 Bei Vertragsschluss ist das **Formerfordernis** der §§ 780 f. BGB zu beachten: Die Erklärung desjenigen, der die Leistung verspricht (§ 780 Satz 1 BGB) bzw. die Schuld anerkennt (§ 781 Satz 1 BGB), muss **schriftlich** (§ 126 BGB) abgegeben werden. Die elektronische Form ist ausgeschlossen (§§ 780 Satz 2, 781 Satz 2 BGB). Das Schriftformerfordernis soll insbesondere der Rechtsklarheit dienen.[8] Erfordert das Gesetz an anderer Stelle eine strengere Form, ist diese auch im Rahmen der §§ 780 f. BGB zu beachten. Das Formerfordernis entfällt, wenn das Versprechen oder das Anerkenntnis im Wege eines Vergleichs oder aufgrund einer Abrechnung erteilt wird (§ 782 BGB), oder es sich auf der Seite des Schuldners um ein Handelsgeschäft handelt (§ 350 HGB).

II. Rechtsfolgen

7 Da das Schuldanerkenntnis (genau wie das Schuldversprechen) abstrakt ist, ist der Schuldner auch dann zur Leistung verpflichtet, wenn die anerkannte Schuld gar nicht besteht: Erkennt Kommilitone K an, dass er Rechtsanwalt R 500 Euro schuldet (Rn. 2), so hängt die Leistungspflicht des K nicht davon ab, ob die anerkannte Schuld

3 OLG Düsseldorf r+s 2019, 163, 164 m.w.N.
4 Staudinger-*Marburger* § 780 Rn. 2.
5 MünchKomm-*Habersack* § 780 Rn. 14.
6 BGH NJW 1999, 574, 575.
7 Vgl. BGH NJW-RR 1995, 1391, 1392.
8 BGHZ 121, 1, 4.

– hier: der Rückzahlungsanspruch des R gegen K gemäß § 488 Abs. 1 Satz 1 BGB – tatsächlich besteht. K muss zahlen, auch wenn sich im Nachhinein herausstellen sollte, dass der Darlehensvertrag rechts- oder sittenwidrig (§§ 134, 138 BGB), also unwirksam war.[9] Dasselbe gilt, wenn der Rückzahlungsanspruch des R aus dem Darlehensvertrag bereits verjährt ist; aus der Selbständigkeit der Schuldverträge i.S. der §§ 780 f. BGB folgt, dass sie einen eigenständigen Anspruch begründen, der einer eigenständigen **Verjährung** unterliegt.

▶ **BEACHTE:** §§ 780 f. BGB sind im Kern Formvorschriften, keine Anspruchsgrundlagen. Der Anspruch des Gläubigers gegen den Schuldner ergibt sich aus dem Schuldversprechen bzw. dem konstitutiven Schuldanerkenntnis. ◀

Mangels Rechtsgrund kann der Schuldner das Schuldanerkenntnis nach den Regeln 8 der **ungerechtfertigten Bereicherung** (§ 812 Abs. 1 Satz 1 Alt. 1 oder Satz 2 Alt. 1 BGB) kondizieren. § 812 Abs. 2 BGB stellt insoweit klar, dass auch „die durch Vertrag erfolgte Anerkennung des Bestehens oder Nichtbestehens eines Schuldverhältnisses" als Leistung i.S. von Absatz 1 gilt. Diese Regelung ist jedoch missverständlich:[10] Der Schuldner kann ein konstitutives Schuldanerkenntnis nämlich nicht einfach mit der Begründung herausverlangen, dass die anerkannte Schuld nicht bestehe. Dazu folgendes

▶ **BEISPIEL:** Verkäufer V und Käufer K sind sich uneins über einen (angeblichen) Kaufpreisanspruch des V in Höhe von 25.000 Euro und einigen sich im Rahmen eines Vergleichs (siehe § 779 Abs. 1 BGB) darauf, dass K abstrakt anerkenne, dass er V 20.000 Euro schulde. Im Nachhinein stellt sich heraus

a) dass V den K bei den Vergleichsverhandlungen arglistig getäuscht hat bzw.

b) dass der Kaufvertrag unwirksam ist, sodass der Kaufpreisanspruch nicht besteht.

◀

In Fallvariante a) steht K ein Anspruch gegen V gemäß § 812 Abs. 1 Satz 1 Alt. 1, 9 Absatz 2 BGB auf Herausgabe des Anerkenntnisses zu, sobald er den Vergleich wegen arglistiger Täuschung (§ 123 Abs. 1 BGB) mit der Rechtsfolge der Nichtigkeit (§ 142 Abs. 1 BGB) anficht. Der Vergleich ist nämlich der Rechtsgrund für das abstrakte Schuldanerkenntnis. In Fallvariante b) steht ihm kein Herausgabeanspruch aus § 812 Abs. 1 BGB zu. Der Kaufvertrag ist nicht Rechtsgrund für das (abstrakte!) Schuldanerkenntnis. Im Grunde wäre das gegenseitige Nachgeben (siehe § 779 Abs. 1 BGB) ja auch wertlos, wenn man den Streit über den Kaufpreisanspruch anschließend wieder von vorn beginnen könnte. In anderen Fällen ist allerdings denkbar, dass das Bestehen der anerkannten Schuld Geschäftsgrundlage der gesonderten Abrede über ein abstraktes Schuldanerkenntnis war – mit der Folge, dass der Schuldner die Rückgewähr des Schuldanerkenntnisses gemäß §§ 313 Abs. 3 Satz 1, 346 Abs. 1 BGB verlangen können müsste.[11]

III. Abgrenzung zum deklaratorischen Schuldanerkenntnis

Im Gegensatz zum abstrakten Schuldanerkenntnis ist das **deklaratorische Schuldaner-** 10 **kenntnis** nicht auf die Begründung einer eigenständigen Verpflichtung, sondern auf die Bestätigung einer bereits bestehenden Schuld gerichtet. Es schafft keine neue An-

---

9 BGH WM 1976, 907, 909; RGZ 63, 179, 185 ff.; a.A. MünchKomm-*Habersack* § 780 Rn. 53 f.
10 Richtig: *Prütting*/Wegen/Weinreich § 812 Rn. 53; BGH NJW 2000, 2501, 2502. Im Einzelnen sehr str.
11 Im Einzelnen sehr str.

spruchsgrundlage. Voraussetzung ist, dass die Parteien das Schuldverhältnis insgesamt oder in einzelnen Punkten sowie das wenigstens mögliche Bestehen des alten Schuldverhältnisses dem Streit oder der Ungewissheit entziehen wollen.[12] Welcher Art das von den Parteien gewollte Schuldanerkenntnis ist, muss durch Auslegung ermittelt werden.[13] Ein Indiz für ein deklaratorisches Schuldanerkenntnis liegt vor, wenn die Parteien im Schuldanerkenntnis das Bestehen eines konkreten Schuldverhältnisses in Bezug nehmen. Formulierungen wie: „Ich erkenne an, dem V 1000 Euro aus dem Kaufvertrag zu schulden." oder „Ich schulde D 1000 Euro aus dem am 11.10.2020 geschlossenen Darlehensvertrag." sprechen für die Annahme eines deklaratorischen Schuldanerkenntnisses.

11   Deklaratorische Schuldanerkenntnisse spielen u.a. in **Abtretungsfällen** eine große Rolle. Dazu folgendes (schwieriges)

▶ **BEISPIEL:**[14] Die B-Bank gewährt A ein Darlehen. Um die Rückzahlung des Darlehens abzusichern tritt A einen ihm zustehenden Kaufpreisanspruch gegen C an die B-Bank ab. Daraufhin schickt die B-Bank dem C ein Formular, in dem C das Bestehen und die Einredefreiheit der abgetretenen Forderung bestätigen soll. C bestätigt. Als die B-Bank C auf Zahlung in Anspruch nimmt, will C mit einem Schadensersatzanspruch (§§ 437 Nr. 3, 280 Abs. 1, 3, 281 BGB) gegen A wegen eines Mangels der Kaufsache aufrechnen. Dabei erklärt er, dass er den Mangel der Kaufsache erst nach der Formular-Erklärung entdeckt habe. ◀

12   C kann die ihm gegen den bisherigen Gläubiger des Kaufpreisanspruchs (A) zustehende Schadensersatzforderung (§§ 437 Nr. 3, 280 Abs. 1, 3, 281 BGB) grundsätzlich auch dem neuen Gläubiger (C) gegenüber aufrechnen (§ 406 BGB). Fraglich ist allerdings, wie sich die von C abgegebene Anerkenntniserklärung auswirkt. Liegt ein Anerkenntnis gegenüber dem Neugläubiger (B-Bank) vor, so nimmt die Rechtsprechung[15] ein deklaratorisches Schuldanerkenntnis an. Rechtsfolge ist ein **Einwendungsausschluss**, d.h., es werden dem Schuldner nicht nur Einwendungen und Einreden, sondern auch das Bestreiten aller anspruchsbegründender Tatsachen abgeschnitten, die der Schuldner bei Abgabe der Erklärung kennt oder mit denen er rechnete.[16] Im Beispielsfall hatte C zum Zeitpunkt der Anerkenntniserklärung weder Kenntnis noch musste er damit rechnen, dass die Kaufsache einen Mangel hat, somit kann er mit seiner Forderung gegenüber der B-Bank aufrechnen.

13   In der Praxis relevant ist die Abgrenzung zwischen abstraktem, deklaratorischem Anerkenntnis sowie bloßen Wissenserklärungen z.B. bei Schulderklärungen am Unfallort („Ich erkläre mich hiermit zum allein Schuldigen."). Bei der Auslegung ist stets auf die Umstände des Einzelfalls abzustellen, allerdings scheidet ein deklaratorisches Schuldanerkenntnis mangels Rechtsbindungswillens regelmäßig aus – den Interessen der Beteiligten genügt nämlich oftmals bereits eine bloße Beweislastverschiebung.[17]

---

12   BGHZ 66, 250, 254.
13   Vgl. dazu im Einzelnen: *Wellenhofer-Klein* JURA 2002, 505, 511f.
14   Nach BGH NJW 1973, 2019.
15   BGH NJW 1973, 2019 m.w.N.
16   BGH NJOZ 2016, 1793 m.w.N.
17   Vgl. BGH NJW 1984, 799.

WIEDERHOLUNGS- UND VERTIEFUNGSFRAGEN

> Warum werden Schuldversprechen und Schuldanerkenntnis als abstrakte Schuldverträge bezeichnet?

> Wodurch unterscheiden sich abstraktes und deklaratorisches Schuldanerkenntnis? Welches ist von § 781 BGB umfasst?

Definitionen

Teil A: Einleitung

Begriff	Definition
Dispositives Vertragsrecht	Grundsätzlich sind die Bestimmungen über vertragliche Schuldverhältnisse im BGB dispositiv, so dass die Vertragsparteien von der gesetzlichen Regelung abweichen können. *§ 2 Rn. 7*
Kontrahierungszwang	Kontrahierungszwang ist die gesetzliche Verpflichtung für zumindest eine Vertragspartei, einen Vertrag zu schließen. Gesetzliche Kontrahierungszwänge sind insbesondere im Bereich der Daseinsvorsorge zu finden, wo Diskriminierungen verhindert werden sollen. *§ 2 Rn. 6*
Mindeststandardprinzip	Nach dem Mindeststandardprinzip haben die Mitgliedstaaten bei der Umsetzung von Richtlinien der Europäischen Union noch einen Spielraum um ergänzende eigene Regelungen zu erlassen. Sie können über den Mindeststandard der Richtlinien hinausgehen; die aktuellen EU-Richtlinien 2019/770 zu digitalen Inhalten und digitalen Dienstleistungen und 2019/771 zum Warenkauf sind jedoch auf eine Vollharmonisierung, d.h. „auf vollständig harmonisierte vertragliche Rechte" (Erwägungsgrund 6 der RL 2019/770) angelegt. *§ 3 Rn. 12*
Privatautonomie	Die Privatautonomie wird grundrechtlich durch Art. 2 Abs. 1 GG gewährleistet und soll nach dem Verständnis des BVerfG u.a. sicherstellen, dass die Beteiligten des Privatrechtsverkehrs in die Lage versetzt werden, von der Vertragsfreiheit selbstbestimmt Gebrauch zu machen. Das BVerfG nennt dies materiale Vertragsfreiheit. Die Vertragsfreiheit besteht aus der Abschlussfreiheit, d.h. der Freiheit, einen Vertrag abzuschließen, und der Inhaltsfreiheit, d.h. der Freiheit, den Inhalt des Vertrags grundsätzlich selbst zu bestimmen. *§ 2 Rn. 1 ff.*
Richtlinie	Die Richtlinie (Art. 288 Abs. 3 AEUV) ist ein Rechtsakt der Europäischen Union, der nicht unmittelbar in den Mitgliedstaaten gilt, sondern erst in mitgliedstaatliches Recht umgesetzt werden muss. *§ 3 Rn. 1*
Richtlinienkonforme Auslegung	Bei der Auslegung des nationalen Rechts, insb. bei der Auslegung von Rechtsvorschriften, die EU-Recht umsetzen, müssen die Zielsetzung und der Wortlaut der umzusetzenden Richtlinie beachtet werden. Man spricht von richtlinienkonformer Auslegung. *§ 3 Rn. 4*
Schuldverhältnis, vertragliches/gesetzliches	Ein Schuldverhältnis ist ein zwischen zwei oder mehreren Personen bestehendes Rechtsverhältnis, welches zumindest einseitige Pflichten begründet. Kraft eines solchen Schuldverhältnisses ist der Gläubiger gem. § 241 Abs. 1 BGB berechtigt, von dem Schuldner eine Leistung zu fordern (Satz 1), die auch in einem Unterlassen bestehen kann (Satz 2). Zu unterscheiden sind vertragliche, vertragsähnliche und gesetzliche Schuldverhältnisse. *§ 1 Rn. 2*
Typengemischter Vertrag	Der typengemischte Vertrag ist im Gesetz nicht ausdrücklich geregelt; er setzt sich vielmehr aus unterschiedlichen Vertragstypen des BGB zusammen. *§ 1 Rn. 10*
Vertragsfreiheit	→ Privatautonomie

Begriff	Definition
Vertragsrecht	Das Vertragsrecht ist im BGB nicht einheitlich geregelt. Es verteilt sich auf den Allgemeinen Teil (Bsp.: Vertragsschluss), den Allgemeinen Teil des Schuldrechts (Bsp.: Leistungsstörungen) und den besonderen Teil des Schuldrechts, der besondere Vorschriften für die jeweiligen Vertragstypen (Bsp.: Kaufrecht, Mietrecht) enthält. *§ 1 Rn. 12*
Vollharmonisierung	Vollharmonisierung bedeutet, im Gegensatz zum Mindeststandard, dass die Mitgliedstaaten bei der Umsetzung von Richtlinien der Europäischen Union keinen Spielraum mehr zu ergänzenden eigenen Regelungen haben und die Richtlinien 1 : 1 umsetzen müssen. *§ 3 Rn. 12*
Zwingendes Vertragsrecht	Zwingendes Vertragsrecht steht nicht zur Disposition der Vertragsparteien. Können die Vorschriften zwar zu Lasten der einen, nicht aber zu Lasten der anderen Partei (typischerweise: des Verbrauchers) abweichen, spricht man von halbzwingenden Vorschriften. *§ 2 Rn. 7*

Teil B: Kaufrecht

Begriff	Definition
Abnahme	Der Käufer ist gem. § 433 Abs. 2 BGB verpflichtet, den Kaufgegenstand abzunehmen. Dies bedeutet bei beweglichen Sachen die tatsächliche Hinwegnahme der Sache, bei Grundstücken die Mitwirkung an der Herbeiführung der Auflassung (Begriff: § 925 Abs. 1 Satz 1 BGB). *§ 6 Rn. 25*
Aktualisierungen	Auch Updates genannt. Bereitstellung von Datensätzen, die dazu bestimmt sind, die digitalen Inhalte oder die digitalen Dienstleistungen der Waren zu verbessern, ihre Funktionen zu erweitern, sie an die technischen Entwicklungen anzupassen oder sie gegen neue Sicherheitsbedrohungen zu schützen. *§ 12 Rn. 51, 53 ff.*
CISG	Convention on Contracts for the International Sale of Goods. CISG ist die englische Abkürzung für das UN-Kaufrecht, ein dem internationalen Einheitsrecht zuzurechnendes Übereinkommen für das Internationale Kaufrecht. *§ 13 Rn. 6 ff.*
Digitale Produkte	→ Vertrag über digitale Produkte
Digitale Inhalte	Digitale Inhalte sind Daten, die in digitaler Form erstellt und bereitgestellt werden (§ 327 Abs. 2 Satz 1 BGB). *§ 6 Rn. 26*
Digitale Dienstleistungen	Digitale Dienstleistungen sind Dienstleistungen, die dem Verbraucher, die Erstellung, die Verarbeitung oder die Speicherung von Daten in digitaler Form oder den Zugang zu solchen Daten ermöglichen, oder die gemeinsame Nutzung der vom Verbraucher oder von anderen Nutzern der entsprechenden Dienstleistung in digitaler Form hochgeladenen oder erstellten Daten oder sonstige Interaktionen mit diesen Daten ermöglichen (§ 327 Abs. 2 Satz 2 BGB). *§ 12 Rn. 50*
Funktionalität	Die Fähigkeit eines digitalen Produkts, seine Funktionen seinem Zweck entsprechend zu erfüllen (§ 327e Abs. 2 Satz 2 BGB) *§ 12 Rn. 50*

Begriff	Definition
Garantie	Die Garantie (siehe § 443 BGB) wird meistens vom Hersteller gewährt, so dass der Käufer die Wahl hat, entweder Rechte aus der Garantie gegen den Hersteller oder Mängelrechte gegen den Verkäufer geltend zu machen. § 443 BGB unterscheidet zwischen Beschaffenheits- und Haltbarkeitsgarantie. Bei der Beschaffenheitsgarantie sagt der Garantiegeber zu, dass die Sache zum Zeitpunkt des Gefahrübergangs eine bestimmte Beschaffenheit aufweist. Die Haltbarkeitsgarantie ist in § 443 Abs. 2 BGB legal definiert: Jede während einer bestimmten Frist auftauchende Abweichung von der betroffenen Beschaffenheit führt zum Garantiefall. Sonderbestimmungen für Garantien gelten im Falle eines Verbrauchsgüterkaufs: Gem. § 479 BGB muss die Garantieerklärung u.a. einfach und verständlich abgefasst sein (Absatz 1 Satz 1 BGB) und dem Verbraucher spätestens zum Zeitpunkt der Lieferung der Ware auf einem dauerhaften Datenträger zur Verfügung stehen (Absatz 2). *§ 10 Rn. 23 ff.; § 12 Rn. 46 ff.*
Gefahrübergang	Im Kaufrecht nennt § 434 Abs. 1 Satz 1 BGB als Zeitpunkt, zu dem die Mangelfreiheit vorliegen muss, den Gefahrübergang. Der Gefahrübergang bezüglich der Sach- und Preisgefahr tritt regelmäßig gemäß § 446 Satz 1 BGB mit der Übergabe der Sache ein. *§ 7 Rn. 6 ff.*
Gefälligkeit	Bei einer Gefälligkeit handelt es sich, mangels Rechtsbindungswillens, um ein unverbindliches Entgegenkommen, das weder mit Leistungs- noch mit Rücksichtspflichten einhergeht. Damit liegt z.B. bei einer Einladung auf eine Tasse Kaffee – mangels Rechtsbindungswillens – kein (Schenkungs-)Vertrag, sondern eine Gefälligkeit vor. *§ 14 Rn. 6*
Gemischte Schenkung	Wenn der Wille des Verkäufers darauf gerichtet ist, die Sache teilweise zu verschenken, spricht man von einer gemischten Schenkung. *§ 14 Rn. 12 f.*
Grober Undank	Der Schenker kann die Schenkung wegen groben Undanks widerrufen (§ 530 Abs. 1 BGB). Nach der Rechtsprechung muss die schwere Verfehlung, von der § 530 Abs. 1 BGB spricht, objektiv eine gewisse Schwere und subjektiv eine tadelnswerte Gesinnung aufweisen. *§ 14 Rn. 24*
Handschenkung	Von einer Handschenkung spricht man, wenn die gemäß § 518 Abs. 1 BGB erforderliche notarielle Beurkundung des Schenkungsvertrags nicht vorliegt, die Schenkung jedoch sogleich vollzogen wird, so dass der Formmangel nach § 518 Abs. 2 BGB geheilt ist. *§ 14 Rn. 8*
Internationales Privatrecht	Bei Fällen mit Auslandsberührung muss man grundsätzlich erst fragen, welche Rechtsordnung zur Anwendung berufen ist. Für das Privatrecht wird diese Frage durch das sogenannte Internationale Privatrecht beantwortet, das sich bei grenzüberschreitenden Verträgen im Kern aus der sogenannten Rom I-Verordnung der Europäischen Union ergibt. *§ 13 Rn. 1 ff.*
Interoperabilität	Die Fähigkeit eines digitalen Produkts, mit anderer Hardware oder Software als derjenigen, mit der digitale Produkte derselben Art in der Regel genutzt werden, zu funktionieren (§ 327e Abs. 2 Satz 4 BGB). *§ 7 Rn. 14*

Definitionen

Begriff	Definition
Inzahlungnahme	Beim Kauf einer neuen Sache gibt der Käufer seine alte gebrauchte Sache beim Verkäufer in Anrechnung auf den Kaufpreis in Zahlung. Die Rechtsprechung sieht hierin einen Kauf mit Ersetzungsbefugnis. *§ 11 Rn. 13*
Kauf auf Probe	Der Kauf auf Probe (§§ 454, 455 BGB) ist ein Kaufvertrag der unter der aufschiebenden oder auflösenden Bedingung (§ 158 BGB) abgeschlossen wird, dass sich der Käufer zum Kauf entschließt. *§ 10 Rn. 2 f.*
Kauf einer Ware mit digitalen Elementen	Gegenstand des Kaufvertrages ist eine Ware, die in einer Weise digitale Produkte enthaltet oder mit ihnen verbunden ist, dass die Ware ihre Funktionen ohne diese digitalen Produkte nicht erfüllen kann (§ 327a Abs. 3 BGB). Handelt es sich dabei um einen Verbrauchsgüterkauf, sind die Besonderheiten der §§ 475b f. BGB zu beachten. *§ 6 Rn. 10*
Kauf mit Ersetzungsbefugnis	Beim Kauf mit Ersetzungsbefugnis gibt der Käufer seine alte gebrauchte Sache beim Verkäufer in Anrechnung auf den Kaufpreis in Zahlung. Dieser spielt vor allem beim Autokauf eine Rolle. Diese Konstellation sieht die Rechtsprechung nicht als Tausch an, vielmehr wird dem Käufer lediglich die Befugnis eingeräumt, an Stelle eines Teils des Kaufpreises sein gebrauchtes Fahrzeug hinzugeben. *§ 10 Rn. 12*
Kompatibilität	Die Fähigkeit eines digitalen Produkts, mit Hardware oder Software zu funktionieren, mit der digitale Produkte derselben Art in der Regel genutzt werden, ohne dass sie konvertiert werden müssen (§ 327e Abs. 2 Satz 3 BGB). *§ 7 Rn. 14*
Körperliche Datenträger	Sachen, auf denen digitale Inhalte abgespeichert und bereitgestellt werden. Dazu gehören u.a. DVDs, CDs, USB-Sticks und Speicherkarten. Der körperliche Datenträger dient ausschließlich als Träger digitaler Inhalte (§ 475a Abs. 1 BGB), sofern er keine anderen Funktionen erfüllt. *§ 12 Rn. 20 ff.*
Mängeleinrede	Unabhängig vom allgemeinen Zurückbehaltungsrecht nach § 320 BGB steht dem Käufer gegenüber einem Kaufpreisanspruch (§ 433 Abs. 2 BGB) eine speziell kaufrechtliche Rücktritts- bzw. Minderungseinrede zu, sogenannte allgemeine Mängeleinrede. Diese ist aus der Verjährungsvorschrift des § 438 Abs. 4 Satz 2 BGB für den Rücktritt bzw. aus § 438 Abs. 5 BGB für die Minderung abzuleiten. Nach § 438 Abs. 4, 5 BGB braucht der Käufer den Kaufpreis nicht bzw. anteilig nicht zu zahlen, wenn er eigentlich zurücktreten bzw. mindern könnte, ihm dies aber wegen §§ 438 Abs. 4 und 5 i.V.m. § 218 BGB verwehrt ist. *§ 8 Rn. 8.*
Mangelfolgeschaden	Mangelschäden bestehen darin, dass die Kaufsache „wegen des Mangels nicht den Wert hat, den sie ohne den Mangel hätte" (, Begründung, BT-Drucks. 14/1640, S. 224, zu § 437 Nr. 3 BGB). Dagegen ist der Mangelfolgeschaden ein Schaden, der an anderen Rechtsgütern des Käufers als der Kaufsache eintritt. Er resultiert aus der Mangelhaftigkeit der Kaufsache und führt ggf. zu einer Haftung gem. §§ 437 Nr. 3, 280 Abs. 1 BGB. *§ 8 Rn. 6*

Begriff	Definition
Mängelrechte	Bei Mängeln der Kaufsache kommen für den Käufer vor allem die in § 437 BGB genannten Gewährleistungsrechte in Betracht. Vorrang hat die Nacherfüllung gem. §§ 437 Nr. 1, 439 BGB. Dabei kann der Käufer zwischen der Beseitigung des Mangels (Nachbesserung) und der Lieferung einer mangelfreien Sache (Nachlieferung) wählen. Der Vorrang der Nacherfüllung ergibt sich nicht unmittelbar aus § 437 BGB, sondern daraus, dass die anderen Rechte des Käufers bei Mängeln, d.h. Rücktritt (§§ 437 Nr. 2, 440, 323 BGB) und Minderung (§§ 437 Nr. 2, 441 BGB) sowie Schadens- und Aufwendungsersatz (§§ 437 Nr. 3, 280 f., 383 f., 311a Abs. 2 BGB) erst nach erfolgloser Fristsetzung (zur Nacherfüllung) in Betracht kommen. *§ 8 Rn. 3 ff.*
Minderung	Ist die Nacherfüllung gescheitert, kann der Käufer den Kaufpreis gem. §§ 437 Nr. 2, 441 BGB mindern. Dabei ist der Kaufpreis in dem Verhältnis herabzusetzen, in welchem der Wert der Sache in mangelfreiem Zustand zu dem wirklichen Wert gestanden haben würde (§ 441 Abs. 3 Satz 1 BGB). Im Zweifel ist der Minderwert zu schätzen (Satz 2). *§ 8 Rn. 61 ff.*
Mittelbare Schenkung	Um eine **mittelbare Schenkung** handelt es sich, wenn der Schenker den zu schenkenden Gegenstand bei einem Dritten kauft und das Geschenk an den Beschenkten ausgeliefert wird, ohne sich jemals im Vermögen des Schenkers befunden zu haben, oder der Beschenkte den Schenkungsgegenstand mit Mitteln des Schenkers erwirbt. *§ 14 Rn. 3*
Nacherfüllung	Bei einem Mangel hat der Käufer zunächst das Recht auf Nacherfüllung (§§ 437 Nr. 1, 439 Abs. 1 BGB). Ihm steht dabei ein Wahlrecht zwischen einer Nachlieferung und einer Nachbesserung zu. Ist die Erfüllung einer dieser beiden Ansprüche unmöglich, so ist der Käufer auf das andere Recht beschränkt. Das Wahlrecht ist auch eingeschränkt, wenn die Erfüllung der vom Käufer gewählten Variante für den Verkäufer mit unverhältnismäßigen Kosten verbunden ist. *§ 8 Rn. 30 ff.*
Rechtsmangel	Ist die Sache mit dem Recht eines Dritten belastet, so weist die Sache einen Rechtsmangel i.S. von § 435 BGB auf. *§ 7 Rn. 33 ff.*
Rücktritt	Ist die Nacherfüllung gescheitert, kann der Käufer zurücktreten (§§ 437 Nr. 2, 323 Abs. 1 BGB), jedoch nur bei einem erheblichen Mangel (s. § 323 Abs. 5 Satz 2 BGB). Dazu muss grundsätzlich eine angemessene Nachfrist zur Nacherfüllung erfolglos abgelaufen sein, die in den in § 323 Abs. 2 BGB aufgezählten Fällen und bei Unzumutbarkeit (§ 440 BGB) jedoch entbehrlich ist. Liegt ein Verbrauchsgüterkauf vor regelt § 475d BGB Abs. 1 BGB abschließend, wann die Fristsetzung entbehrlich ist. *§ 8 Rn. 44 ff., § 26 Rn. 36*
Sachmangel	Die Sache ist gem. § 434 Abs. 1 Satz 1 BGB frei von Sachmängeln, wenn sie bei Gefahrübergang den subjektiven Anforderungen (Absatz 2), den objektiven Anforderungen (Absatz 3) und den Montageanforderungen (Absatz 4) dieser Vorschrift entspricht. Einem Sachmangel steht es gleich, wenn der Verkäufer eine andere Sache als die vertraglich geschuldete Sache (= ein sogenanntes aliud) liefert (§ 434 Abs. 5 BGB). *§ 7 Rn. 3 ff.*

Begriff	Definition
Sachmangel einer Ware mit digitalen Elementen	Die Ware mit digitalen Elementen ist gem. § 475b Abs. 2 Satz 1 BGB frei von Sachmängeln, wenn sie sie bei Gefahrübergang und in Bezug auf eine Aktualisierungspflicht auch während des Zeitraums nach Absatz 3 Nummer 2 und Absatz 4 Nummer 2 den subjektiven Anforderungen (Absatz 3), den objektiven Anforderungen (Absatz 4), den Montage- und den Installationsanforderungen (Absatz 6) entspricht. *§ 6 Rn. 6, 10*
Schenkung	Die Schenkung (§ 516 BGB) ist ein einseitig verpflichtender Vertrag zwischen Schenker und Beschenkten. Der Schenker verpflichtet sich zu einer unentgeltlichen Zuwendung an den Beschenkten. Wird die Schenkung nicht sofort vollzogen (siehe „Handschenkung"), muss das Schenkungsversprechen notariell beurkundet werden (§ 518 BGB). *§ 14 Rn. 1 ff.*
Selbstvornahme im Kaufrecht	Das Kaufrecht kennt – anders als das Werkvertragsrecht (s. § 634 Nr. 2 BGB) – kein eigenständiges Recht des Käufers, den Mangel selbst zu beseitigen und Ersatz der Aufwendungen zu verlangen. Kommt der Verkäufer seiner Pflicht zur Nacherfüllung allerdings trotz Fristsetzung (oder in den Fällen der Entbehrlichkeit der Fristsetzung) nicht nach, kann der Käufer den Mangel selbst oder durch einen Dritten beseitigen lassen und die Kosten als Schaden liquidieren – was allerdings ein Verschulden des Verkäufers voraussetzt (§§ 280 Abs. 1 Satz 2, 276 Abs. 1 BGB). *§ 8 Rn. 27 ff.*
Tausch	Der Tausch (§ 480 BGB) ist ein Vertrag, bei dem beide Vertragsparteien zur Besitz- und Eigentumsübertragung des jeweiligen Tauschgegenstandes verpflichtet sind. Abzugrenzen ist dies vom Doppelkauf, bei dem zwei Kaufverträge abgeschlossen werden, wobei die Parteien zwischen ihrer Rolle als Verkäufer und Käufer wechseln In den Motiven zum BGB (S. 366) heißt es dazu: „Der Tausch unterscheidet sich von dem Kaufe dadurch, dass er nicht Leistung eines individuellen Werthes [sic!] gegen Bezahlung eines Kaufpreises, sondern auf den Umsatz eines individuellen Werthes gegen einen anderen individuellen Werth gerichtet ist." *§ 10 Rn. 11*
Unbenannte Zuwendung; Ehebedingte Zuwendung	Schenkungen unter Ehegatten sind regelmäßig keine Schenkungen i.S. der §§ 516 ff. BGB. Man spricht von einer kausalen Verknüpfung, weil der Beschenkte sich in bestimmter Weise verhalten hat oder soll, etwa die Ehe eingegangen ist oder sich nicht scheiden lassen soll. Derartige Zuwendungen werden unbenannte Zuwendungen, auch ehebedingte Zuwendungen, genannt. *§ 14 Rn. 11*
UN-Kaufrecht	→ CISG

Begriff	Definition
Unternehmenskauf	Der Unternehmenskauf findet entweder als asset deal oder als share deal statt. Der asset deal ist eine Unternehmensübertragungsform bei der sich der Verkäufer zur Übertragung aller zum Unternehmen gehörenden Sachen und Rechte und sonstiger Gegenstände, d.h. auch zur Übertragung der Firmengrundstücke, der beweglichen Sachen, der Firma, der Marken, Lizenzen, Kundschaft, Geschäftsgeheimnisse im Wege der Einzelübertragung verpflichtet. Der share deal ist eine Unternehmensübertragungsform bei der eine Übertragung sämtlicher Geschäftsanteile des Unternehmens an einen oder mehrere Erwerber stattfindet. Im Mittelpunkt steht also die Übertragung von Aktien einer AG, von GmbH-Geschäftsanteilen, von Anteilen einer OHG oder einer KG, einer Partnerschaftsgesellschaft oder einer GbR. *§ 6 Rn. 27*
Unternehmer	Unternehmer ist eine natürliche oder juristische Person oder eine rechtsfähige Personengesellschaft, die bei Abschluss eines Rechtsgeschäfts in Ausübung ihrer gewerblichen oder selbstständigen beruflichen Tätigkeit handelt (§ 14 Abs. 1 BGB). *§ 12 Rn. 8*
Verbraucher	Verbraucher ist jede natürliche Person, die ein Rechtsgeschäft zu einem Zwecke abschließt, der weder ihrer gewerblichen noch ihrer selbstständigen beruflichen Tätigkeit zugerechnet werden kann (§ 13 BGB). *§ 12 Rn. 7*
Verbrauchervertrag	Ein Vertrag zwischen einem Unternehmer und einem Verbraucher (§ 310 Abs. 3 BGB). *§ 1 Rn. 1*
Verbrauchsgüterkauf	Verbrauchsgüterkäufe sind Verträge, durch die ein Verbraucher von einem Unternehmer eine Ware (§ 241a Abs. 1 BGB) kauft (§ 474 Abs. 1 Satz 1 BGB). *§ 11 Rn. 1 ff.*
Verbrauchsgüterkauf über digitale Produkte	Ein Verbrauchsgüterkauf, der den Kauf eines digitalen Produktes zum Inhalt hat (§ 475a BGB). Kauft ein Verbraucher bei einem Unternehmer einen körperlichen Datenträger, der ausschließlich als Träger digitaler Inhalte dient, gelten § 475a Abs. 1 BGB und die dort genannten Vorschriften. Handelt es sich hingegen um eine Ware, die in einer Weise digitale Produkte enthält oder mit digitalen Produkten verbunden ist, dass die Sache ihre Funktionen auch ohne diese digitalen Produkte erfüllen kann, gelten § 475a Abs. 2 BGB und die dort genannten Vorschriften. *§ 12 Rn. 3*
Verjährung	Nach Eintritt der Verjährung können bestehende Ansprüche nicht mehr durchgesetzt werden: Dem Schuldner steht die Einrede der Verjährung zu (s. § 214 Abs. 1 BGB). Gewährleistungsansprüche bzgl. beweglicher Sachen verjähren im Kaufrecht nach Ablauf von zwei Jahren (§ 438 Abs. 1 Nr. 3 BGB). Bei einem Verbrauchsgüterkauf gilt § 476 Abs. 2 BGB. Danach kann die Verjährung der in § 437 BGB bezeichneten Ansprüche vor Mitteilung eines Mangels an den Unternehmer nicht durch Rechtsgeschäft erleichtert (= verkürzt) werden, wenn die Vereinbarung zu einer Verjährungsfrist von weniger als zwei Jahren, bei gebrauchten Waren von weniger als einem Jahr führt (§ 476 Abs. 2 Satz 1 BGB). Weitere Besonderheiten gelten für den Verbrauchsgüterkauf über eine Ware mit digitalen Elementen (§ 475e BGB). *§ 8 Rn. 84 ff.*

Begriff	Definition
Vertrag über digitale Produkte	Ein Vertrag, welcher die Bereitstellung digitaler Inhalte oder digitaler Dienstleistungen (digitale Produkte) gegen Zahlung eines Preises zum Gegenstand hat (§ 327 Abs. 1 Satz 1 BGB). *§ 7 Rn. 50*
Vorkauf	Beim Vorkauf (§§ 463 ff. BGB) hat ein möglicher Käufer (der zum Vorkauf Berechtigte) mit dem Verkäufer (dem zum Verkauf Verpflichteten) vereinbart, dass er die Sache zu denselben Bedingungen wie ein Dritter erwerben darf, wenn der Verkäufer die Kaufsache verkauft. Dafür muss es allerdings zu einem Vertragsschluss zwischen Verkäufer und Käufer kommen (Vorkaufsfall). *§ 11 Rn. 5 ff.*
Ware	Bewegliche Sache, die nicht auf Grund von Zwangsvollstreckungsmaßnahmen oder anderen gerichtlichen Maßnahmen verkauft wird (§ 241a Abs. 1 BGB), *§ 12 Rn. 9 ff.*
Waren mit digitalen Elementen	Kauf einer Ware mit digitalen Elementen
Wiederkauf	Beim Wiederkauf (§§ 456 ff. BGB) wird dem Verkäufer die Möglichkeit eines Rückkaufs der Kaufsache eingeräumt. Die Rechtsprechung geht davon aus, dass hier bereits durch den ursprünglichen Kaufvertrag ein aufschiebend bedingter Rückkaufvertrag abgeschlossen wird. *§ 11 Rn. 4*
Zweckschenkung	Eine Zweckschenkung lässt die Unentgeltlichkeit nicht entfallen. Der Beschenkte erbringt zwar eine Leistung, die aber weder eine Gegenleistung noch eine Auflage gemäß § 525 BGB ist. Vielmehr ist die Zweckerreichung Geschäftsgrundlage der Schenkungsabrede. Der Beschenkte übernimmt bspw. Dienstleistungen in dem Haus, das ihm geschenkt wird. Verpflichtet er sich dazu, handelt es sich um eine Schenkung unter Auflagen. Hat die Übernahme der vom Schenker erwarteten Leistung keinen verpflichtenden Charakter, liegt eine Zweckschenkung vor. *§ 14 Rn. 9 f.*

Teil C: Finanzgeschäfte

Begriff	Definition
Avalkredit	Avalkredit ist die bankkaufmännische Bezeichnung dafür, dass eine Bank gewerblich eine Bürgschaft übernimmt, für die sie dann von dem Hauptschuldner eine Vergütung verlangen wird. *§ 18 Rn. 4*
Blanko-Bürgschaft	Bei einer Blanko-Bürgschaft überlasst es der Bürge dem Schuldner, die essentialia des Bürgschaftsvertrages später einzutragen, und unterschreibt schon im Voraus. *§ 18 Rn. 8*
Bürgschaft	Eine Bürgschaft ist ein im Schuldrecht gesondert geregeltes akzessorisches Sicherungsmittel und ein einseitig verpflichtender Vertrag. Durch den Bürgschaftsvertrag verpflichtet sich der Bürge gegenüber dem Gläubiger eines Dritten, für die Erfüllung der Verbindlichkeit des Dritten einzustehen (§ 765 Abs. 1 BGB). *§ 18 Rn. 1 ff.*

Begriff	Definition
Darlehen	Bei einem Darlehensvertrag stehen die Überlassung eines Geldbetrags (§ 488 Abs. 1 Satz 1) und die Zahlung etwa vereinbarter Zinsen (Satz 2) im Gegenseitigkeitsverhältnis. Der Darlehensnehmer muss das Darlehen außerdem bei Fälligkeit zurückzahlen (§ 488 Abs. 1 Satz 2 BGB). *§ 15 Rn. 1 ff.*
Immobiliarkredit	Der Darlehensnehmer muss regelmäßig eine Sicherheit stellen. Für den Darlehensgeber am günstigsten ist der sogenannte Immobiliarkredit. Hierbei bestellt der Darlehensnehmer eine Hypothek (§§ 1113 ff. BGB) oder eine Grundschuld (§§ 1191 ff. BGB) an einem Grundstück zugunsten des Darlehensgebers. Kommt der Darlehensnehmer (Schuldner) seinen Verpflichtungen aus dem Darlehensvertrag nicht nach, kann der Darlehensgeber (Gläubiger), regelmäßig also eine Bank, aus dem Grundstück Befriedigung erlangen (§§ 1113 Abs. 1, 1191 Abs. 1 BGB), notfalls durch dessen Zwangsversteigerung (§§ 1147, 1192 Abs. 1 BGB). *Vgl. § 15 Rn. 26*
Kündigung des Darlehensvertrags	Bei einer gebundenen Sollzinsvereinbarung ist ein Darlehensvertrag spätestens nach zehn Jahren unter Einhaltung einer Kündigungsfrist von sechs Monaten ordentlich kündbar (§ 489 Abs. 1 Nr. 2 BGB), bei einem veränderlichen Sollzinssatz jederzeit mit einer Kündigungsfrist von drei Monaten (§ 489 Abs. 2 BGB). Der Darlehensgeber kann bei einer Vermögensverschlechterung des Darlehensnehmers außerordentlich kündigen (§ 490 Abs. 1 BGB), der Darlehensnehmer (vereinfacht gesagt) bei einem Immobiliarkredit mit gebundener Sollzinsvereinbarung, sofern er ein berechtigtes Interesse an der Kündigung hat (Absatz 2). *§ 15 Rn. 17 ff.*
Mitbürgschaft	Haben sich mehrere Bürgen für dieselbe (Haupt-)Verbindlichkeit verbürgt, so haften sie als Gesamtschuldner (§§ 421 ff. BGB), auch wenn sie die Bürgschaft nicht gemeinschaftlich übernommen haben (§ 769 BGB). Man spricht von einer Mitbürgschaft. *§ 18 Rn. 17*
Ratenlieferungsvertrag	Der Ratenlieferungsvertrag (§ 510 BGB) ist ein Vertrag zwischen einem Unternehmer und einem Verbraucher, der die Lieferung mehrerer als zusammengehörend verkaufter Sachen in Teilleistungen zum Gegenstand hat und bei dem das Entgelt für die Gesamtheit der Sachen in Teilzahlungen zu entrichten ist, oder die regelmäßige Lieferung von Sachen gleicher Art zum Gegenstand hat, oder die Verpflichtung zum wiederkehrenden Erwerb oder Bezug von Sachen zum Gegenstand hat. *§ 16 Rn. 6 f.*
Schuldbeitritt	Beim Schuldbeitritt übernimmt der Beitretende die Schuld neben dem bisherigen Schuldner als eigene auf gleicher Stufe neben dem anderen Schuldner und nicht nachrangig wie bei der Bürgschaft. Der Beitretende muss einen eigenen Verpflichtungswillen und ein eigenes wirtschaftliches Interesse haben. *§ 18 Rn. 5*
Selbstschuldnerische Bürgschaft	Dem Bürgen steht grundsätzlich die Einrede der Vorausklage zu (§ 771 Satz 1 BGB), d.h. der Gläubiger muss nachweisen, dass er die Zwangsvollstreckung gegen den Hauptschuldner ohne Erfolg betrieben hat. Der Bürge kann jedoch gem. § 773 Abs. 1 Nr. 1 BGB auf die Einrede der Vorausklage verzichten, so dass der Gläubiger den Bürgen sofort in Anspruch nehmen kann. *§ 18 Rn. 21 f.*

Begriff	Definition
Sicherungseigentum	Beim Sicherungseigentum überträgt der Sicherungsgeber zwar das Eigentum; er bleibt jedoch im Besitz der Sache (§§ 929, 930 BGB), um sie weiter nutzen zu können. Kauft K ein Elektroauto und finanziert sie den Kaufpreis über einen Bankkredit, so könnten Bank und K vereinbaren, dass K das Eigentum an dem Fahrzeug bis zur vollständigen Tilgung des Darlehens sicherungshalber auf die Bank überträgt, es selbst aber nutzen darf. *§ 15 Rn. 3*
Sittenwidrigkeit einer Bürgschaft	Eine Bürgschaft ist sittenwidrig (vgl. § 138 Abs. 1 BGB), wenn zwischen dem Bürgen und dem Hauptschuldner ein Näheverhältnis besteht und die Rückzahlungsverpflichtung den Bürgen krass überfordert. Dies ist der Fall, wenn ein grobes Missverhältnis zwischen dem Umfang der Bürgschaftsverpflichtung und der Leistungsfähigkeit des Bürgen besteht. Als Indiz für die fehlende Leistungsfähigkeit wird angesehen, dass der Bürge noch nicht einmal in der Lage ist, die laufenden Zinsen aus eigenen Mitteln aufzubringen. *§ 18 Rn. 10 ff.*
Sittenwidrigkeit eines Darlehens	Ein Darlehensvertrag ist sittenwidrig und nach § 138 Abs. 1 BGB nichtig, wenn (objektiv) ein auffälliges Missverhältnis zwischen den Leistungen des Darlehensgebers und den Gegenleistungen des Darlehensnehmers besteht und (subjektiv) der Darlehensgeber die wirtschaftlich schwache Lage des Darlehensnehmer bewusst bei der Gestaltung der Vertragsbedingungen ausnutzt oder er sich zumindest leichtfertig der Erkenntnis verschließt, dass der Darlehensnehmer sich nur aufgrund seiner schwächeren Lage auf die Vertragsbedingungen einlässt. Objektiv ist die Sittenwidrigkeit anzunehmen, wenn das zu zahlende Entgelt mehr als das Doppelte des durchschnittlichen Marktzinses beträgt. *§ 15 Rn. 5*
Teilzahlungsgeschäft	Teilzahlungsgeschäfte sind Verträge über die Lieferung von Sachen oder die Erbringung von Dienstleistungen, bei denen die Gegenleistung nicht auf einmal erbracht wird, sondern in Teilzahlungen (= Raten), § 506 Abs. 3 BGB. *§ 16 Rn. 3*
Tilgungsreihenfolge beim Darlehen	Nach der Grundregel des § 367 Abs. 1 BGB werden bei Teilleistungen, die nicht die ganze fällige Schuld erreichen, zunächst die Kosten, dann die Zinsen und erst zuletzt die Hauptleistung getilgt. Ein Darlehensnehmer, der nur Teilleistungen erbringt, liefe nach dieser Vorschrift Gefahr, stets Zinsen zu bezahlen, ohne jemals zur Tilgung der Hauptverbindlichkeit zu gelangen. Man spricht insoweit von der Schuldturmproblematik. Der Gesetzgeber hat deswegen in § 497 Abs. 3 BGB die Reihenfolge umgedreht, so dass zunächst die Hauptverbindlichkeiten und erst dann die Zinsen beglichen werden. Diese umgedrehte Reihenfolge gilt jedoch nur für Allgemein-Verbraucherdarlehensverträge (§§ 491 Abs. 1 und 2, 497 Abs. 3 und 4 Satz 2 BGB). *§ 15 Rn. 41*

Begriff	Definition
Verbraucherdarlehen	Das Besondere Schuldrecht unterscheidet zwischen Allgemein- und Immobiliar-Verbraucherdarlehensvertrag (§ 491 Abs. 1 Satz 2 BGB). Allgemein-Verbraucherdarlehensverträge sind entgeltliche Darlehensverträge zwischen einem Unternehmen als Darlehensgeber und einem Verbraucher als Darlehensnehmer (§ 491 Abs. 2 Satz 1 BGB). Immobiliar-Verbraucherdarlehensverträge sind zusätzlich dadurch gekennzeichnet, dass sie durch ein Grundpfandrecht (Hypothek, Grund- oder Rentenschuld) oder eine Reallast besichert sind (§ 491 Abs. 3 Satz 1 Nr. 1 BGB) oder (vereinfacht formuliert) für den Erwerb von Immobilien bestimmt sind (Nr. 2). Verbraucherdarlehen unterliegen zwingenden vertragsrechtlichen Vorschriften, die u.a. vorvertraglichen Informationspflichten (§ 491a BGB i.V.m. Art. 247 EGBGB) und ein Widerrufsrecht (§ 495 BGB) vorsehen. *§ 15 Rn. 22 ff.*
Vorfälligkeitsentschädigung	Nach § 501 BGB vermindern sich bei vorzeitiger Kündigung des Darlehensvertrags die Gesamtkosten um die Zinsen und sonstigen laufzeitabhängigen Kosten, die bei gestaffelter Betrachtung auf die Zeit nach der Fälligkeit oder Erfüllung entfallen. Der Darlehensgeber darf jedoch grundsätzlich eine sog. Vorfälligkeitsentschädigung verlangen (§ 502 Abs. 1 Satz 1 BGB). Für deren Berechnung gibt die Rechtsprechung Kriterien vor, die darauf hinauslaufen, dass der Bank der Gewinnanteil der Zinsen zusteht, die sie nicht mehr erhält (Zinsmargenschaden). Bei Allgemein-Verbraucherdarlehensverträgen darf die Vorfälligkeitsentschädigung 1 % des vorzeitig zurückgezahlten Betrags nicht übersteigen (§ 502 Abs. 3 Nr. 1 BGB). *§ 15 Rn. 44*
Wucherähnliches Rechtsgeschäft	Bei der Nichtigkeit von Darlehensverträgen spielt § 138 Abs. 2 BGB eine wesentlich geringere Rolle als § 138 Abs. 1 BGB, obwohl § 138 Abs. 2 BGB der eigentliche Wuchertatbestand ist. Er setzt jedoch voraus, dass der Wucherer die Schwäche des anderen ausbeutet. Diese strengen Voraussetzungen liegen selten vor. Die Rechtsprechung hat jedoch einige der Tatbestandsmerkmale des § 138 Abs. 2 BGB in den Begriff der Sittenwidrigkeit (Absatz 1) überführt und dabei die subjektive Schwelle herabgesetzt. Man spricht deswegen auch von einem wucherähnlichen Rechtsgeschäft, das unter § 138 Abs. 1 BGB fällt. *§ 15 Rn. 7*
Zahlungsdiensterahmenvertrag	Durch einen Zahlungsdiensterahmenvertrag (ZDRV) wird der Zahlungsdienstleister gemäß § 675f Abs. 2 Satz 1 BGB verpflichtet, für den Zahlungsdienstnutzer einzelne und aufeinander folgende Zahlungsvorgänge auszuführen sowie gegebenenfalls für den Zahlungsdienstnutzer ein auf dessen Namen oder die Namen mehrerer Zahlungsdienstnutzer lautendes Zahlungskonto zu führen. *§ 17 Rn. 6 f.*
Zahlungsdienstevertrag	Der Zahlungsdienstevertrag (§ 675 f Abs. 1 BGB) verpflichtet den Zahlungsdienstleister (die Bank) für den Zahlungsdienstnutzer (den Bankkunden) einen Zahlungsvorgang (Absatz 4) auszuführen. *§ 17 Rn. 6 f.*

Begriff	Definition
Zahlungskartenverlust	Der Zahlungsdienstenutzer, also der Bankkunde, ist verpflichtet, die in dem Zahlungsinstrument enthaltenen personalisierten Sicherheitsmerkmale vor unbefugtem Zugriff zu schützen und Verlust, Diebstahl oder unbefugte Verwendung unverzüglich anzuzeigen (§ 675l Abs. 1 Satz 1 und 2 BGB). Die Haftung des Zahlungsdienstnutzers ist in diesem Fall auf max. 50 Euro begrenzt (§ 675v Abs. 1 BGB). *§ 17 Rn. 13 ff.*

Teil D: Gebrauchsüberlassungsverträge

Begriff	Definition
Anzeigepflicht des Mieters	Der Mieter ist gemäß § 536c Abs. 1 BGB verpflichtet, Mängel anzuzeigen. Verletzt er die Anzeigepflicht, verliert er seine Minderungs- und Schadensersatzansprüche. *§ 19 Rn. 33*

Begriff	Definition
Außerordentliche Kündigung	Sowohl der Vermieter wie der Mieter können den Mietvertrag außerordentlich kündigen. Der Vermieter hat dieses Recht u.a. dann, wenn der Mieter mit der Entrichtung des Mietzinses für zwei aufeinander folgende Termine in Verzug ist (§ 543 Abs. 2 BGB) oder wenn der Mieter den Hausfrieden nachhaltig stört (§ 569 Abs. 2 BGB). Der Mieter kann außerordentlich kündigen, wenn ihm der vertragsgemäße Gebrauch der Mietsache nicht gewährt wird (§ 543 Abs. 2 Nr. 1 BGB) und wenn die Benutzung des Wohnraums mit einer erheblichen Gesundheitsgefährdung verbunden ist (§ 569 Abs. 1 BGB). *§§ 19 Rn. 35 ff., 20 Rn. 43 ff.*
Betriebskosten	Betriebskosten sind in der aufgrund von § 556 Abs. 1 Satz 3 BGB erlassenen BetrKV abschließend definiert. Sie sind u.a. die Kosten, die dem Eigentümer durch das Eigentum am Grundstück oder durch den bestimmungsmäßigen Gebrauch des Gebäudes, der Nebengebäude, Anlagen, Einrichtungen und des Grundstücks laufend entstehen. Insbesondere fallen darunter die Kosten für eine zentrale Heizungsanlage und die Wasserversorgung. *§ 20 Rn. 22 ff.*
Contracting	Unter contracting versteht man einen Vertrag des Gebäudeeigentümers mit einem Wärmelieferanten, der sowohl die Beschaffung des Brennstoffs als auch die Wartung der Anlage umfasst. *§ 20 Rn. 28*
Finanzierungsleasing	Beim Finanzierungsleasing sucht sich ein Kunde bei einem Händler einen Gegenstand aus, den er nutzen möchte. Der Händler schließt daraufhin mit dem Leasinggeber, regelmäßig einer Bank, einen Kaufvertrag, so dass der Leasinggeber den Gegenstand erwirbt. Sodann vereinbaren der Leasinggeber und der Leasingnehmer, also der Kunde, einen Leasingvertrag. Bei diesem steht die entgeltliche Gebrauchsüberlassung im Vordergrund, weswegen das Finanzierungsleasing als Mietvertrag qualifiziert wird. *§ 22 Rn. 1*

Begriff	Definition
Franchisevertrag	Von einem Franchisevertrag ist die Rede, wenn ein Pachtvertrag die Überlassung der Gesamtheit von Rechten, wie gewerblichen Schutzrechten oder geistigem Eigentum, auf Zeit erfasst. Dabei kann es sich um gesetzlich geregelte Rechte wie die Marke, das Patent oder Nutzungsrechte an urheberrechtlichen Verwertungsrechten, seien es immaterielle Geschäftswerte wie Kundenstamm, Know-how oder Geschäftsbeziehungen, handeln. *§ 21 Rn. 5*
Kappungsgrenze	Der Mieter wird zusätzlich dadurch geschützt, dass die Kappungsgrenze gemäß § 558 Abs. 3 BGB eingehalten werden muss. Danach darf sich die Miete innerhalb von drei Jahren um nicht mehr als 20 % erhöhen. Die Kappungsgrenze beträgt nur 15 %, wenn sich die Wohnung in einem Gebiet befindet, in dem die ausreichende Versorgung mit Mietwohnungen zu angemessenen Bedingungen „besonders gefährdet" ist (§ 558 Abs. 3 Satz 2 BGB). *§ 20 Rn. 35*
„Kauf bricht nicht Miete"	Verkauft der Vermieter den Wohnraum, so tritt gemäß § 566 BGB der Erwerber in den Mietvertrag ein; Kauf bricht nicht Miete. *§ 20 Rn. 44*
Kostenmiete	Im Gegenzug zur Förderung des sozialen Wohnungsbaus in der Zeit nach dem Zweiten Weltkrieg durften Eigentümer nur die sogenannte Kostenmiete verlangen, die sich aus einer im Einzelnen vorgeschriebenen Wirtschaftlichkeitsberechnung ergab. *§ 19 Rn. 8*
Leihe	Durch einen Leihvertrag wird eine Partei (Verleiher) verpflichtet, der anderen Partei (Entleiher) eine Sache unentgeltlich zum Gebrauch zu überlassen (§ 598 BGB). *§ 23 Rn. 1 ff.*
Mietvertrag	Das Mietrecht (§ 535 ff. BGB) regelt jede entgeltliche Gebrauchsüberlassung von beweglichen wie unbeweglichen Sachen seitens des Vermieters an den Mieter. *§ 19 Rn. 12*
Ordentliche Kündigung	Sowohl der Vermieter wie der Mieter können ordentlich kündigen. Der Mieter kann dies ohne Angabe eines Grundes unter Einhaltung der Kündigungsfristen nach § 573c BGB. Der Vermieter muss dafür ein berechtigtes Interesse an der Beendigung des Mietverhältnisses haben (§ 573 BGB). Dieses Interesse liegt insb. dann vor, wenn der Mieter seine vertraglichen Pflichten schuldhaft nicht unerheblich verletzt hat (Abs. 2 Nr. 1), der Vermieter die Räume als Wohnung für sich, seine Familienangehörige oder Angehörige seines Haushalts benötigt, sog. Eigenbedarf (Abs. 2 Nr. 2) oder der Vermieter durch die Fortsetzung des Mietverhältnisses an einer angemessenen wirtschaftlichen Verwertung des Grundstücks gehindert und dadurch erhebliche Nachteile erleiden würde (Abs. 2 Nr. 3). *§ 20 Rn. 47 ff.*
Ortsübliche Vergleichsmiete	Der Vermieter kann die Miete bis zur ortsüblichen Vergleichsmiete erhöhen (§ 558 BGB). Die ortsübliche Vergleichsmiete kann sich aus einem Mietspiegel ergeben. Dies ist eine Übersicht, die von der Gemeinde oder von den Interessenverbänden von Mietern und Vermietern gemeinsam erstellt oder anerkannt worden ist (§ 558c BGB). Ist ein Mietspiegel nicht vorhanden, kann die Höhe der ortsüblichen Vergleichsmiete auch durch ein Sachverständigengutachten oder durch Mieten aus dem Bestand des Vermieters nachgewiesen werden (§ 558a Abs. 2 BGB). *§ 20 Rn. 31 ff.*

Begriff	Definition
Pachtvertrag	Der Pachtvertrag (§ 581 Abs. 1 BGB) ist ein gegenseitiger Vertrag, in dem sich der Verpächter verpflichtet, dem Pächter den Gebrauch und den Genuss der Früchte des verpachteten Gegenstandes für die Dauer des Vertrages zu gewähren und der Pächter dafür den vereinbarten Pachtzins zu zahlen hat. *§ 21 Rn. 1*
Rechte bei einem Mangel der Mietsache	Der Mieter kann wegen eines Mangels die Miete mindern (§ 536 Abs. 1 BGB). Außerdem hat er einen Schadensersatzanspruch, der bei nach Vertragsschluss entstandenen Mängeln Verschulden des Vermieters voraussetzt (§ 536a Abs. 1 BGB). *§ 19 Rn. 21 ff.*
„Sale-and-lease-back"-Verfahren	Beim „sale-and-lease-back"-Verfahren veräußert der Leasingnehmer eine ihm bereits gehörende Sache an den Leasinggeber, der sie ihm anschließend zur Nutzung gegen Entgelt wieder überlässt. Es handelt sich um Finanzierungsleasing. *§ 22 Rn. 11*
Untervermietung	Der Mieter hat einen Anspruch auf Erlaubnis zur Untervermietung, wenn er ein berechtigtes Interesse hat (§ 553 Abs. 1 BGB). Er verletzt aber seine vertraglichen Pflichten, wenn er ohne Erlaubnis untervermietet, was den Vermieter zur Kündigung berechtigen kann. *§ 20 Rn. 8*
Vermieterpfandrecht	Dem Vermieter steht an den vom Mieter eingebrachten Sachen ein Pfandrecht zu, d.h. er kann die Sachen des Mieters im Wege der öffentlichen Versteigerung verwerten, falls der Mieter seine Miete nicht zahlt (§ 562 BGB). *§ 20 Rn. 39 ff.*
Verwahrungsvertrag	Der Verwahrer ist aufgrund des Verwahrungsvertrags dazu verpflichtet, eine ihm vom Hinterleger übergebene Sache aufzubewahren (§ 688 BGB). Ihn treffen Obhutspflichten, und er muss Raum zur Aufbewahrung zur Verfügung stellen. *§ 19 Rn. 15*
Verwendungsrisiko des Mieters	Es ist Sache des Mieters, ob er die gemietete Sache so benutzen kann, wie er dies vorgesehen hat. § 537 Abs. 1 BGB weist dem Mieter das Verwendungsrisiko zu. *§ 19 Rn. 44*
Vollamortisation beim Finanzierungsleasing	Die Vertragslaufzeit beim Finanzierungsleasing wird meistens so berechnet, dass sie die Lebensdauer des Gegenstandes nahezu ausschöpft, so dass mit den Leasingraten der Gegenwert des Gegenstandes nebst Verzinsung erbracht wird. Man spricht dann von Vollamortisation. Werden die für die Anschaffung des Gegenstandes getätigten Aufwendungen und Kosten hingegen nicht vollständig gedeckt, liegt lediglich eine Teilamortisation vor. *§ 22 Rn. 2.*

Teil E: Dienst- und Werkvertrag

Begriff	Definition
Abnahme im Werkvertragsrecht	Der Besteller ist dazu verpflichtet, den vereinbarten Werklohn zu entrichten (§ 631 Abs. 1 BGB) und das Werk abzunehmen (§ 640 Abs. 1 Satz 1 BGB). Im Werkvertragsrecht ist unter „Abnahme" die körperliche Entgegennahme des Werkes und seine Billigung als im Wesentlichen vertragsgemäß zu verstehen. Ist eine Abnahme etwa wegen der Beschaffenheit des Werkes nicht möglich (bspw. bei einer Theateraufführung), so wird sie durch die Vollendung des Werkes ersetzt (§ 646 BGB). Erst durch die Abnahme wird die Vergütung fällig (§ 641 Abs. 1 Satz 1 BGB) – der Unternehmer ist grundsätzlich also verpflichtet, vorzuleisten. *§ 26 Rn. 7*
Arbeitsvertrag	Durch den Arbeitsvertrag wird der Arbeitnehmer gem. § 611a Abs. 1 Satz 1 BGB im Dienste eines anderen zur Leistung weisungsgebundener, fremdbestimmter Arbeit in persönlicher Abhängigkeit verpflichtet. Das Weisungsrecht kann Inhalt, Durchführung, Zeit und Ort der Tätigkeit betreffen (Satz 2). Weisungsgebunden ist, wer nicht im Wesentlichen frei seine Tätigkeit gestalten und seine Arbeitszeit bestimmen kann (Satz 3). Der Grad der persönlichen Abhängigkeit hängt dabei auch von der Eigenart der jeweiligen Tätigkeit ab (Satz 4). Für die Feststellung, ob ein Arbeitsvertrag vorliegt, ist eine Gesamtbetrachtung aller Umstände vorzunehmen (Satz 5). Zeigt die tatsächliche Durchführung des Vertragsverhältnisses, dass es sich um ein Arbeitsverhältnis handelt, kommt es auf die Bezeichnung im Vertrag nicht an (Satz 6). Der Arbeitgeber ist zur Zahlung der vereinbarten Vergütung verpflichtet (§ 611a Abs. 2 BGB). *§ 25 Rn. 13*
Behandlungsvertrag	Bei einem Behandlungsvertrag schuldet der Behandelnde, d.h. derjenige, der die medizinische Behandlung einer Person zusagt, die versprochene Behandlung, der Patient die Vergütung (§ 630a Abs. 1 BGB). Der Patient muss vor Durchführung einer medizinischen Maßnahme aufgeklärte werden (§ 630e BGB) und einwilligen (§ 630d BGB). Der Behandelnde muss eine Patientenakte führen (§ 630f BGB). *§ 25 Rn. 43 ff.*
Betriebsrisikolehre	§ 615 Satz 3 BGB verankert die in der BAG-Rechtsprechung entwickelte Betriebsrisikolehre, wonach der Arbeitgeber dafür einstehen muss, dass der Betriebsorganismus in Funktion bleibt und die Arbeitsmittel zur Verfügung stehen, die dem Arbeitnehmer die Arbeit und damit die Erzielung des Arbeitsentgelts ermöglichen. *§ 25 Rn. 27*
Dienstvertrag	Der Dienstvertrag hat ein Tätigwerden gegen Entgelt zum Gegenstand. Geschuldet wird der Dienst an sich, nicht aber ein davon zu unterscheidender Erfolg. Für alle Dienstverträge umschreibt § 611 BGB die vertraglichen Hauptpflichten: Der Dienstverpflichtete schuldet die Erbringung der vereinbarten Dienste. Den Dienstberechtigten trifft im Gegenzug eine Vergütungspflicht. Beide Vertragspflichten stehen im Synallagma. *§ 25 Rn. 1*
Individualreiserecht	Stellt sich der Reisende die einzelnen Elemente für seine Reise durch separate Verträge zusammen, d.h. er schließt etwa einen Beförderungsvertrag mit einer Fluggesellschaft und einen Beherbergungsvertrag mit einem Hotel ab, so spricht man von einer Individualreise und von Individualreiserecht. Darauf sind die Vorschriften über Pauschalreiseverträge (§§ 651a ff. BGB) nicht anwendbar. *§ 28 Rn. 1*

Begriff	Definition
Innerbetrieblicher Schadensausgleich	Nach den von der Rechtsprechung entwickelten Prinzipien des innerbetrieblichen Schadensausgleichs haftet der Arbeitnehmer für einen Schaden, der auf eine betrieblich veranlasste Tätigkeit zurückgeht, grds. nur bei Vorsatz und grober Fahrlässigkeit voll. Bei mittlerer Fahrlässigkeit tragen Arbeitgeber und Arbeitnehmer jeweils eine Quote, und bei leichter Fahrlässigkeit wird der Arbeitnehmer von der Haftung freigestellt. § 25 Rn. 32 f.
Kündigung des Werkvertrags	Der Besteller kann den Werkvertrag gemäß § 648 Satz 1 BGB bis zur Vollendung des Werkes jederzeit kündigen; er muss aber die vereinbarte Vergütung zahlen (Satz 2). Davon ist das abzuziehen, was der Unternehmer durch die Kündigung erspart hat. Für den noch nicht erbrachten Teil der Werkleistung stehen ihm nach der Vermutung des § 648 Satz 3 BGB mindestens 5 % der auf den nicht erbachten Teil der Werkleistung entfallenden vereinbarten Vergütung zu. § 26 Rn. 42 ff.
Mängelrechte im Reiserecht	Bei einem Reisemangel einer Pauschalreise (§ 651i Abs. 2 BGB) muss der Reisende zunächst Abhilfe verlangen (§§ 651i Abs. 3 Nr. 1, 651k Abs. 1 BGB). Erfolgt keine Abhilfe, kann der Reisende zur Selbstabhilfe schreiten und die dabei anfallenden Kosten geltend machen (§ 651i Abs. 3 Nr. 2 BGB). Wegen nicht behobener Mängel kann er mindern (§§ 651i Abs. 3 Nr. 6, 651m Abs. 1 BGB) und bei erheblichen Mängeln kündigen (§§ 651i Abs. 3 Nr. 5, 651l BGB). Außerdem steht ihm ggf. Schadensersatz zu (§§ 651i Abs. 3 Nr. 7, 651n BGB). § 28 Rn. 9 ff.
Pauschalreiserecht	Wird durch einen Reiseveranstalter ein bereits fertig gebündeltes Paket von einzelnen Reiseleistungen, z.B. die Beförderung zum Urlaubsort, die Unterkunft oder etwa Ausflüge vor Ort, angeboten, spricht man von einer Pauschalreise und Pauschalreiserecht. § 28 Rn. 2 ff.
Rechte bei werkvertraglichen Mängeln	Der Besteller kann bei einem Mangel zunächst Nacherfüllung verlangen, wobei der Unternehmer nach seiner Wahl den Mangel zu beseitigen oder ein neues Werk herzustellen hat (§§ 634 Nr. 1, 635 BGB). Scheitert die Nacherfüllung, kann der Besteller die Kosten einer Selbstvornahme verlangen (§§ 634 Nr. 2, 637 BGB), zurücktreten, mindern oder Schadensersatz verlangen (§ 634 Nr. 3 und 4 BGB). § 26 Rn. 16 ff.
Teilzeitwohnrecht/Timesharing	Unter einem Teilzeitwohnrecht versteht man ein wiederkehrendes Nutzungsrecht an einer Ferienimmobilie für einige Wochen im Jahr, das durch eine Einmalzahlung erworben wird (vgl. die Legaldefinition des Teilzeitwohnrechtevertrags in § 481 Abs. 1 Satz 1 BGB). Je nach Ausgestaltung handelt es sich dabei um einen Rechtskauf oder um einen Mietvertrag. Man spricht auch von Timesharing. § 28 Rn. 41
Unternehmerpfandrecht	Als Ausgleich für das vom Unternehmer zu tragende Vorleistungsrisiko steht ihm gemäß § 647 BGB ein gesetzliches Besitzpfandrecht an den von ihm hergestellten oder ausgebesserten beweglichen Sachen des Bestellers zu, wenn sie bei der Herstellung oder zum Zwecke der Ausbesserung in seinen Besitz gelangt sind. Nach der Konzeption des Gesetzes gebührt dem Unternehmer dieses sog. Unternehmerpfandrecht allerdings nur, wenn sich die vom Besteller eingebrachten Gegenstände in dessen Eigentum befunden haben. § 26 Rn. 39 ff.

Begriff	Definition
Verbrauchervertrag über die Herstellung digitaler Produkte	Liegt ein Verbrauchervertrag über die Herstellung digitaler Produkte vor, sind die Regelungen über den Werkvertrag nach Maßgabe des § 650 Abs. 2 BGB anwendbar. Ein solcher Verbrauchervertrag liegt dann vor, wenn sich der Unternehmer verpflichtet digitale Inhalte herzustellen (Absatz 2 Satz 1 Nr. 1), einen Erfolg durch eine digitale Dienstleistung herbeizuführen (Absatz 2 Satz 1 Nr. 2) oder einen körperlichen Datenträger herzustellen, der ausschließlich als Träger digitaler Inhalte dient (Absatz 2 Satz 1 Nr. 3). *§ 26 Rn. 4, 12*
Vermittlungsvertrag im Reiserecht	Der Pauschalreisevertrag ist von dem bloßen **Vermittlungsvertrag** abzugrenzen, der regelmäßig zwischen einem Reisebüro und dem Reiseinteressenten geschlossen wird. Dabei kommt es maßgeblich darauf an, ob das Reisebüro dem Reisenden einzelne Leistungen bloß vermittelt (vgl. § 651b Abs. 1 Satz 1 BGB) und der Reisende mithin mit den sogenannten Leistungsträgern (also dem Luftfahrtunternehmen oder dem Hotelier) kontrahiert oder ob das Reisebüro die Reise in eigener Verantwortung erbringen will. *§ 28 Rn. 13 ff.*
VOB/B	Neben den §§ 650a ff. BGB kommt Teil B der Vergabe- und Vertragsordnung für Bauleistungen (VOB/B) erhebliche praktische Bedeutung für Bauverträge zu Dogmatisch handelt es sich um AGB i.S. von § 305 BGB, die vom Deutschen Vergabe- und Vertragsausschusses für Bauleistungen (DVA) aufgestellt und von den Parteien regelmäßig in den Bauvertrag einbezogen werden. Sie enthalten für eine Vielzahl praktisch relevanter Fragen detailliertere und teils auch von den gesetzlichen Vorgaben abweichende Regelungen *§ 27 Rn. 23 ff.*
Werklieferungsvertrag	Haben sich die Parteien über die Lieferung einer noch herzustellenden oder zu erzeugenden beweglichen Sache geeinigt (§ 650 Abs. 1 Satz 1 BGB), so kann man (nach wie vor) von einem Werklieferungsvertrag sprechen. *§ 26 Rn. 5*
Werkvertrag	Der Werkvertrag hat ein Tätigwerden gegen Entgelt zum Gegenstand. Nach dem Inhalt des Werkvertrages hat der Unternehmer das versprochene „Werk" herzustellen (§ 631 Abs. 1 BGB). Geschuldet wird ein durch Arbeit oder Dienstleistung herbeizuführender Erfolg (vgl. § 631 Abs. 2 BGB). Die Vergütungspflicht des Bestellers (§ 631 Abs. 1 BGB) entsteht bei Vertragsschluss, wird allerding erst bei Abnahme des Werkes fällig (siehe § 641 Abs. 1 Satz 1 BGB). *§ 26 Rn. 1 ff, 13 ff.*

Teil F: Sonstige Verträge

Begriff	Definition
Alleinauftrag/Qualifizierter Alleinauftrag/Festauftrag	Wird im Maklervertrag ein Alleinauftrag vereinbart, so verzichtet der Auftraggeber darauf, die Dienste mehrerer Makler zugleich in Anspruch zu nehmen. Der Makler ist im Gegenzug ausnahmsweise dazu verpflichtet, im Interesse des Auftraggebers tätig zu werden. Das Recht des Auftraggebers, sich selbst um den Vertragsabschluss zu bemühen, bleibt unberührt. Doch auch dieses Recht kann individualvertraglich ausgeschlossen werden. Man spricht dann von einem qualifizierten Alleinauftrag. Verzichtet der Auftraggeber für eine bestimmte Zeit auf das Recht, den Vertrag jederzeit zu beenden, spricht man von einem Festauftrag. *§ 29 Rn. 13 f.*
Auftrag	Nach § 662 BGB verpflichtet sich der Beauftragte zur unentgeltlichen Besorgung eines Geschäftes. Eine Gegenleistung des Auftraggebers sieht die Vorschrift nicht vor; der Auftrag ist daher wie die Leihe und die Schenkung ein einseitig verpflichtender bzw. ein unvollkommener zweiseitiger Vertrag. *§ 30 Rn. 2 f.*
Geschäftsbesorgung	Geschäftsbesorgung i.S. des Auftragsrechts (§§ 662 ff. BGB) ist die selbstständige oder unselbstständige, wirtschaftliche oder nicht-wirtschaftliche, rechtsgeschäftliche oder tatsächliche Tätigkeit in fremdem Interesse. Bei einem Geschäftsbesorgungsvertrag, d.h. bei einem Dienst- oder Werkvertrag, der eine Geschäftsbesorgung zum Gegenstand hat (§ 675 Abs. 1 BGB), versteht man den Begriff enger und verlangt eine selbstständige und fremdnützige Tätigkeit wirtschaftlicher Art. *§ 30 Rn. 19 ff.*
Maklervertrag	Durch den Maklervertrag (§ 652 BGB) verpflichtet sich der Auftraggeber, dem Makler die vereinbarte Vergütung zu bezahlen, wenn der vom Auftraggeber erstrebte Vertragsschluss durch Nachweis (sogenannter Nachweismakler) oder Vermittlung des Maklers (sogenannter Vermittlungsmakler) zustande gekommen ist. Der Makler ist zu einer Tätigkeit nicht verpflichtet. *§ 29 Rn. 3 ff.*
Schuldversprechen und Schuldanerkenntnis	Schuldversprechen und Schuldanerkenntnis sind einseitig verpflichtende Verträge, in denen der Schuldner unabhängig von dem Bestehen eines Schuldgrundes eine Leistung verspricht (§ 780 BGB – Schuldversprechen) bzw. eine bereits bestehende Schuld anerkennt (§ 781 BGB – Schuldanerkenntnis). Beim abstrakten Rechtsgeschäft entsteht die Forderung unabhängig davon, ob eine wirksame Zweckabrede zu Grunde liegt und der vereinbarte Zweck erreicht wird oder nicht. Bei Fehlen oder Unwirksamkeit der Zweckabrede kann das abstrakte Schuldversprechen jedoch kondiziert werden. Im Gegensatz zum abstrakten Schuldanerkenntnis ist das kausale (sinngleich: deklaratorische bzw. bestätigende) Anerkenntnis nicht auf die Begründung einer eigenständigen Verpflichtung, sondern auf die Bestätigung einer bereits bestehenden Schuld gerichtet. *§ 31 Rn. 1 ff.*

Stichwortverzeichnis

Die Angaben verweisen auf die Paragrafen des Buches (**fette Zahlen**) sowie die Randnummern innerhalb der einzelnen Paragrafen (magere Zahlen).
Beispiel: § 9 Rn. 10 = **9** 10

Abmahnung
– Pflichtverletzung des Mieters **19** 41
Abnahme
– Kaufvertrag **6** 42
abstrakte Schuldverträge
– Entstehung **31** 1 ff.
– Inhalt **31** 1 ff.
– Rechtsfolgen **31** 7 ff.
– Schuldanerkenntnis **31** 1 ff.
– Schuldversprechen **31** 1 ff.
abstraktes Schuldanerkenntnis
– Abgrenzung zum deklaratorischen Anerkenntnis **31** 10 ff.
Allgemeine Geschäftsbedingungen
– Anfangsrenovierungsklausel im Mietvertrag **19** 18
– Gewährleistungsausschluss im Leasingvertrag **22** 8
Anfangsmiete **20** 18
Annahmeverzug
– bei Rückgabe der Mietsache **19** 20
– mangelhafte Mietsache **19** 21
Anspruchsprüfung **4** 1 ff.
Arbeitsvertrag
– Betriebsrisikolehre **25** 27
– Betriebsübergang **25** 22
– Grundsätze des innerbetrieblichen Schadensausgleichs **25** 32 f.
– Maßregelungsverbot **25** 21
Architektenvertrag **27** 26 ff.
Arglistige Täuschung
– und Haftungsausschluss **19** 33
Auftrag
– Abgrenzung zur Gefälligkeit **30** 5 f.
– Beendigung **30** 18
– Begriff **30** 2
– Haftung des Auftraggebers **30** 16 f.
– Pflichten **30** 9 ff.
– Pflichten des Auftraggebers **30** 14 f.
– Pflichten des Beauftragten **30** 10 ff.
– Rechtnatur **30** 3
– Vertragsschluss **30** 4
– Vollmacht **30** 7 f.
Aufwendungsersatzanspruch
– des Mieters **19** 31 f.

Bauträgervertrag **27** 36 ff.
Bauvertrag
– Begriff **27** 3 ff.
– Form der Kündigung **27** 17
– Schlussrechnung **27** 16
– Sicherungsrechte des Bauunternehmers **27** 11 ff.
– Verbraucherbauvertrag **27** 18 ff.
– Vertragsänderungen **27** 7 ff.
– VOB/B **27** 23 ff.
– Werkvertrag **27** 3 ff.
– Zustandsfeststellung **27** 15
Beförderungsvertrag **28** 1
Behandlungsvertrag
– Begriff **25** 43
Behandlungsvertrag
– Arzthaftung **25** 45
– Aufklärungspflicht **25** 48 f.
– Behandlungsfehler **25** 53 f.
– Einwilligung **25** 48 f.
– Haftung **25** 51 ff.
– Informationspflichten **25** 47
– Kausalität **25** 56 ff.
– Patientenakte **25** 50
– Pflichten **25** 46 ff.
– Rechtsnatur **25** 44
– Schaden **25** 56 ff.
– Verantwortlichkeit **25** 55
Beherbergungsvertrag **19** 14; **28** 1
Berliner Mietendeckel **20** 20b
Besitz
– Recht zum Besitz **19** 20
Brutto-Kaltmiete **20** 23
Brutto-Miete **20** 23
Bürgschaft
– Abgrenzung zum Garantievertrag **18** 6
– Abgrenzung zum Schuldbeitritt **18** 5
– Akzessorietät **18** 18 ff.
– Anfechtung **18** 32
– Aufwendungsersatz **18** 28
– Beendigung **18** 33
– Begriff **18** 1 f.
– Blanko-Bürgschaft **18** 8
– Bürgschaftsvertrag **18** 4 ff.
– Einrede der Vorausklage **18** 21

- Einreden 18 21 ff.
- Einstandspflicht 18 21 f.
- Einwendungen 18 21 ff.
- Forderungsübergang 18 29 ff.
- Form der Bürgschaftserklärung 18 7 ff.
- Funktion 18 3 f.
- Legalzession 18 19
- Mitbürgschaft 18 17
- Nachbürgschaft 18 17
- Rückbürgschaft 18 17
- selbstschuldnerisch 18 22
- Sittenwidrigkeit 18 10 ff.
- Widerruf 18 14 ff.
- Wirksamkeit 18 10 ff.

Darlehen
- Sachdarlehen 19 14

Darlehensvertrag
- Kreditsicherheiten 15 3
- Kündigung 15 17 ff.
- Pflichten des Darlehensgebers 15 9 ff.
- Pflichten des Darlehensnehmers 15 12 ff.
- Systematik 15 1 f.
- Verbraucherdarlehensvertrag 15 22 ff.
- Vertragsschluss 15 4
- Wirksamkeit 15 5 ff.

Dauerschuldverhältnis
- Mietvertrag 19 35
- Pachtvertrag 21 1

Dienstleistender
- Vorübergehende Leistungsverhinderung 25 28

Dienstleistung
- Personengebundenheit 25 12 f.

Dienstleistungsanspruch
- Personengebundenheit 25 12 f.

Dienstvertrag
- Abgrenzung zum Werkvertrag 24 1 ff.
- Annahmeverzug 25 24 ff.
- Arbeitsvertrag 25 2, 4 f., 21 ff.
- Auflösungsvertrag 25 41
- außerordentliche Kündigung 25 37 ff.
- Beendigung 25 34 ff.
- Begriff 25 1
- Behandlungsvertrag 25 43 ff.
- Dienste höherer Art 25 39
- Form 25 10
- Freier Dienstvertrag 25 2
- Fürsorgepflichten 25 18
- Geschäftsbesorgungsvertrag 25 6
- Haftung 25 29 ff.

- Hauptleistungspflichten des Dienstberechtigten 25 15 ff.
- Hauptleistungspflichten des Dienstleistenden 25 11
- Leistungsstörungen 25 23
- Nebenpflichten des Dienstberechtigten 25 18 ff.
- Nebenpflichten des Dienstleistenden 25 14
- ordentliche Kündigung 25 36
- Pflichten 25 11 ff.
- Pflichtverletzung 25 29 ff.
- Pflicht zu Schutzmaßnahmen 25 19
- Tod des Dienstleistenden 25 42
- Vergütung 25 15 ff.
- Vertragsschluss 25 7
- Wirksamkeit 25 8 ff., 10
- Zeugniserteilung 25 20

Dienstvertragsrecht
- Systematik 25 3, 5

Digitale Produkte
- Mangelbegriff 7 50

Diskriminierung
- Behinderter 20 14

Einrede
- des nicht erfüllten Vertrages 19 21

Erfüllung
- durch mangelhafte Mietsache 19 21

Erfüllungsgehilfe
- Händler als E. des Leasinggebers 22 4

Finanzierungshilfen 16 2 ff.
- Systematik 16 1

Finanzierungsleasing 22 1 ff.
- Begriff 22 1
- Besonderheiten bei Leasingverträgen mit Verbrauchern 22 10
- Gebrauchsüberlassung 22 6
- Gewährleistungsausschluss durch AGB 22 8
- Händler als Erfüllungsgehilfe/Vertreter des Leasinggebers 22 4
- Hersteller-/Händlerleasing 22 11
- Null-Leasing 22 11
- Operatingleasing 22 12
- Ratenzahlungspflicht 22 9
- Rückabwicklung nach Rücktritt 22 8
- Sach- und Preisgefahr 22 7
- sale-and-lease-back-Verfahren 22 11
- Teilamortisation 22 2
- Vollamortisation 22 2
- Wegfall der Geschäftsgrundlage 22 8

Form
- Kündigung Wohnraummietverhältnis 20 46

Früchte
- unmittelbare/mittelbare 21 2 f.

Garantien 10 23 ff.
- Beschaffenheitsgarantie 10 28
- Erscheinungsformen 10 27 ff.
- Haltbarkeitsgarantie 10 29
- selbständige 10 31
- sonstige Garantien 10 30
- unselbstständige 10 31

Gastwirtehaftung 28 48 f.
- Haftungsbeschränkung 28 49

Gefahrübergang
- Kaufvertrag 6 46 ff.
- Sachmangel 7 48 f.
- Versendungskauf 6 49 f.

Gefälligkeitsverhältnis 23 1

Gegenseitigkeitsverhältnis
- Verpflichtung zur Schönheitsreparatur
  19 18 f.

Geschäftsbesorgung
- entgeltlich 30 19 ff.
- Haftung 30 24 f.

Geschäftsbesorgungsvertrag
- Zahlungsdienste 17 1

Geschäftsführung ohne Auftrag
- Verwendungsersatz 23 10

Geschäftsgrundlage
- Wegfall der G beim Finanzierungsleasing 22 8

Gewerberaummietrecht 19 13

Haftungsausschlüsse
- bei Kenntnis des Mangels 19 33
- gesetzlich 10 3 ff.
- vertraglich 10 12 ff.

Haftungsbeschränkung
- Leihe 23 6 ff.
- vertraglich 10 12 ff.

Haftungserweiterungen
- Garantien 10 23 ff.

Ingenieurvertrag 27 26 ff.

Internationales Kaufrecht
- Begriff 13 1 f.
- Internationales Privatrecht 13 3 ff.
- Rechtswahl 13 3 ff.
- UN-Kaufrecht 13 7 ff.
- Verbraucherverträge 13 5 f.

Kaltmiete 20 23

Kaufrecht
- Begriff 5 1, 3, 4
- Besondere Arten des Kaufs 11 1 ff.
- EuGH-Rechtsprechung 5 11 ff.
- Form der Vollmacht 6 17
- historische Entwicklung 5 5 ff.
- Kauf auf Probe 11 2 ff.
- Kaufvertragskette 9 8 ff.
- Mängelrechte 8 1 ff.
- Minderung 8 70 ff.
- Nacherfüllung 8 9 ff.
- Regress in der Lieferkette 9 1 ff.
- richtlinienkonforme Auslegung 5 11 ff.
- Rücktritt 8 46
- Schadensersatz 8 75 ff.
- selbstständiger Regress 9 5 ff.
- Systematik 5 1, 3, 4
- Umsetzung der Verbrauchsgüterkaufricht-
  linie 5 10
- Umsetzung der Warenkaufrichtlinie 5 18
- unselbstständiger Regress 9 15 ff.
- Verbrauchsgüterkauf 5 2; 12 1 ff.
- Verbrauchsgüterkaufrichtlinie 5 9 ff.
- Verjährung 8 96 ff.
- Verjährung von Rückgriffsansprü-
  chen 9 20
- Vorkaufrecht 11 5 ff.
- Warenkaufrichtlinie 5 16 ff.
- Wiederkauf 11 4

Kaufvertrag
- Abgrenzung zum Werkvertrag 6 2
- Abnahme 6 42
- Anfechtung 6 20 f.
- Begriff 6 1
- Differenzierung zwischen Waren mit di-
  gitalen Extras und digitalen Elemen-
  ten 6 11
- Digitalisierung 6 5 ff.
- Digitalkauf 6 6 f.
- Form 6 15 ff.
- Gefahrtragung 6 43 ff.
- Gefahrübergang 6 46 ff.
- Haftungsausschlüsse 10 3 ff.
- Heilung eines Formmangels 6 18
- Immobilienkauf 6 16 ff.
- Kauf einer Ware mit digitalen Extras 6 9
- Kauf eines Datenträgers 6 8
- Kaufgegenstand 6 24 ff.
- Kauf von Waren mit digitalen Elemen-
  ten 6 10
- Leistungsgefahr 6 44
- Pflichten des Käufers 6 38 ff.

- Pflichten des Verkäufers 6 28 ff., 29 ff.
- Preisgefahr 6 45 ff.
- Rechtswidrigkeit 6 19
- Sachkauf 6 8 ff.
- Schwarzkauf 6 16
- Sittenwidrigkeit 6 19 f.
- Unternehmenskauf 6 27
- Vertragsschluss 6 12 f.
- Widerruf 6 22 f.
- Wirksamkeit 6 14 ff.

Kauvertrag
- Rechtsmangel 7 51 ff.

Kreditverträge
- Darlehensvertrag 15 1 f.
- Finanzierungshilfen 16 1
- Ratenlieferungsvertrag 16 1

Kündigung
- Mietvertrag 19 36 ff.
- Pachtvertrag 21 16 f.
- Pauschalreisevertrag 28 32

Landpacht 21 19 ff.
- behördliche Vertragskontrolle 21 21
- Bewirtschaftungspflicht 21 19
- Nutzungsänderung 21 20
- Störung der Geschäftsgrundlage 21 21

Leihe 23 1 ff.
- Abgrenzung zu anderen Verträgen 23 1
- Begriff 23 1
- Haftungsbeschränkung bei Vertragsverletzungen 23 6 ff.
- Pflichten des Entleihers 23 11 ff.
- Pflichten des Verleihers 23 5 ff.
- Vertragsbeendigung 23 13 f.
- Verwendungsersatz 23 10

Maklervermittlung
- Arbeitsvermittlung 29 22

Maklervertrag
- Alleinauftrag 29 13 ff.
- Beendigung 29 16
- Begriff 29 1 f.
- Darlehensvermittlung 29 17
- Dritter 29 12
- Ehevermittlung 29 18
- Form 29 4
- Handelsmakler 29 23
- Immobilienvermittlung 29 19 ff.
- Partnervermittlung 29 18
- Pflichten des Auftraggebers 29 9 ff.
- Pflichten des Maklers 29 6 ff.
- Rechtsnatur 29 3
- Systematik 29 5

- Vertragsschluss 29 4

Mangel
- Anzeigpflicht 19 34

Mängelansprüche
- Verjährung 8 96 ff.

Mangelbegriff
- Mietrecht 19 22 ff.
- Pauschalreiserecht 28 28

Mangelbegriff im Kaufrecht
- Begriff der Beschaffenheit 7 11 ff.
- Beschaffenheit einer Probe oder eines Musters 7 42
- Beschaffenheitsvereinbarung 7 10 ff.
- Eignung für die gewöhnliche Verwendung 7 28 f.
- Eignung für die nach dem Vertrag vorausgesetzte Verwendung 7 21 ff.
- Falschlieferung 7 45 ff.
- Montageanforderungen 7 44
- Objektive Anforderungen 7 27 ff.
- Sachmangel 7 5 ff.
- subjektive Anforderungen 7 9 ff.
- Übergabe mit dem vereinbarten Zubehör und den vereinbarten Anleitungen 7 26
- Übliche und zu erwartende Beschaffenheit 7 30 ff.
- Zubehör und Anleitung 7 43

Mängelrechte 19 21 ff.
- Einrede des nicht erfüllten Vertrags 8 7
- Mängeleinrede 8 8
- Rechte des Käufers bei Mängeln 8 3 ff.
- Systematik 8 1 f.

Miete digitaler Produkte 19 12, 13a

Mietpreisbremse 19 11; 20 18

Mietrecht
- historische Entwicklung 19 1 ff.
- Mangelbegriff 19 24

Mietvertrag 19 1 ff.
- Abgrenzung zu anderen Vertragstypen 19 14 f.
- Abmahnung 19 41
- Annahmeverzug bei Rückgabe der Mietsache 19 20
- Anzeigepflicht des Mieters 19 34
- Aufwendungsersatzanspruch des Mieters 19 31 f.
- außerordentliche Kündigung 19 36 ff.
- Befristung 19 35
- Begriff 19 12
- Härteklausel 19 9; 20 54

- Hauptpflichten der Vertragsparteien 19 17 ff.
- Herausgabeanspruch des Vermieters 19 20
- Instandhaltungspflicht des Vermieters 19 18, 31
- „Kauf bricht nicht Miete" 19 4, 25; 20 44
- Kündigung 19 28
- Minderungsanspruch bei mangelhafter Mietsache 19 22, 27
- Nichtigkeit 19 16
- ordentliche Kündigung 19 36 f.
- Privatautonomie 19 2 f., 6
- Rückgabepflicht des Mieters 19 20
- Schadensersatzanspruch des Vermieters 19 34a
- Schadensersatzansprüche bei mangelhafter Mietsache 19 22, 29 f.
- Vermieterpfandrecht 20 39 ff.
- Verwendungsrisiko 19 44 ff.
- Zahlungsrückstand 19 40 ff.

Mietvertrag über Wohnraum 20 1 ff.
- Anfangsmiete 20 18
- Anfangsrenovierungsklausel 19 18
- Anwendungsbereich 20 1 ff.
- außerordentliche Kündigung 20 8, 11, 13, 46 f.
- Bauliche Veränderungen 20 14
- Befristung 19 35; 20 55
- Betriebskosten 20 22 ff.
- Betriebskostenvorauszahlung 20 24
- Duldungspflicht 20 12
- Duldungspflichten des Vermieters 20 16 f.
- Eigenbedarf 20 48
- Form 19 16; 20 6
- Fortsetzung des M. bei Tod des Mieters 20 43
- Gebiete mit angespannten Wohnungsmärkten 20 19
- Gesundheitsgefährdung 20 46
- Indexmiete 20 29
- Instandhaltungs- und Modernisierungsarbeiten 20 11
- Kalt-/Grundmiete 19 17; 20 29 ff.
- Kappungsgrenze 20 35 f.
- Kaution 20 7
- Kündigungsfristen 20 53
- Mietdatenbank 20 34
- Mietpreisbremse 20 19
- Mietspiegel 20 31
- Modernisierungskostenumlage 20 37

- ordentliche Kündigung 19 36 f.; 20 47
- Quotenabgeltungsklausel 19 18
- Schönheitsreparaturen 19 18 f.
- Schriftform der Kündigung 20 46
- Staffelmiete 20 29
- Störung des Hausfriedens 20 46
- Studenten- und Jugendwohnheim 20 5
- Untervermietung 20 8
- Vergleichsmiete 19 16; 20 31
- Vergleichswohnungen 20 34
- vorgetäuschter Eigenbedarf 20 50
- Warmmiete 19 17
- Widerspruchsrecht des Mieters wegen unzumutbarer Härte 20 54
- Wohngemeinschaft 20 9
- Zwischenvermietung 20 2 f.

Mietwucher 19 16a

Minderung
- Miete 19 22, 27
- Rechte des Käufers bei Mängeln 8 70 ff.
- Rechtsfolgen 8 73 f.
- Unwirksamkeit 8 99
- Voraussetzungen 8 72

Nacherfüllung
- Begriff 8 9
- Echte Unmöglichkeit 8 30 ff.
- Einrede der Unverhältnismäßigkeit 8 36 ff.
- Einreden der Unmöglichkeit 8 42
- Erfüllungsort 8 19 ff.
- Fristablauf 8 25 f.
- Grenzen 8 29 ff.
- Kosten 8 22 ff.
- Modalitäten 8 18 ff.
- Nachbesserung 8 16
- Nachlieferung 8 16
- Rechte des Käufers bei Mängeln 8 9 ff.
- Rechtsnatur 8 10
- Rückgabe bei Nachlieferung 8 27 f.
- Vorrang der Nacherfüllung 8 11 ff.
- Wahlrecht 8 16 f.

Pacht 21 1 ff.
- Abgrenzung zum Mietverhältnis 21 2, 4
- Aneignungsgestattung 21 7
- Apothekenpacht 21 23
- Begriff 21 1
- einfache Mitpachtung 21 13
- Haftung des Verpächters für Mängel der Pachtsache 21 9
- Inventar 21 12 ff.
- Jagdpacht 21 2, 22
- Kleingartenpacht 21 23

- partiarische **21** 11
- Pflichten des Pächters **21** 11 ff.
- Pflichten des Verpächters **21** 7 ff.
- Rechtsmangel **21** 10
- Sachmangel **21** 10
- Sach- und Rechtsfrüchte **21** 2 f.
- Übermaßfrüchte **21** 8
- Vertragsbeendigung **21** 16 ff.

Pauschalreiserecht **28** 5 ff.
- Abgrenzung zum Individualreiserecht **28** 1 f.
- Abhilfe **28** 30
- Anwendungsbereich **28** 6 f.
- Anzeigepflicht bei Mangel **28** 29
- COVID-19-Pandemie **28** 3
- Digitalisierung **28** 3
- Entschädigungspauschale **28** 23
- erhebliche Leistungsänderungen **28** 21
- Ersatzleistung **28** 31
- Gesamtheit von Reiseleistungen **28** 7
- Gutscheine **28** 27
- Informationspflichten **28** 9, 11
- Insolvenzsicherung **28** 37 f.
- Kündigung **28** 32
- Leistungsänderungsvorbehalt **28** 20
- Mangelbegriff **28** 28
- Minderung **28** 33
- Pauschalreiserichtlinie **28** 5
- Preiserhöhungen **28** 22
- Reisebestätigung **28** 10
- Reisesicherungsfondsgesetz **28** 37b
- Reiseveranstalter aus anderem EU-Mitgliedstaat **28** 40
- Rücktritt **28** 23
- Rücktritt wegen unvermeidbarer, außergewöhnlicher Umstände **28** 24, 25
- Schadensersatz **28** 34 f.
- Schadensersatz wegen nutzlos aufgewendeter Urlaubszeit **28** 36
- Selbstabhilfe **28** 30
- Sicherungsschein **28** 37a
- Stornogebühr **28** 23
- Verbundene Online-Buchungsverfahren **28** 16
- Verjährung **28** 29
- Verkehrssicherungspflichten **28** 35
- Vorauszahlungsklausel **28** 12

Pauschalreiserichtlinie **28** 5
- Vollharmonisierung **28** 8

Pfandrecht
- des Vermieters **20** 39 ff.

Preisgefahr **22** 7

Privatautonomie **19** 2 f., 6

Ratenlieferungsverträge **16** 6 f.
- Systematik **16** 1

Rechte des Käufers bei Mängeln **8** 3 ff.
- Gefahrübergang **8** 5 f.
- Minderung **8** 70 ff.
- Nacherfüllung **8** 9 ff.
- Rücktritt **8** 46 ff.
- Schadensersatz **8** 75 ff.

Rechtsgeschäft
- einseitig **1** 4

Rechtsmangel **19** 22 ff.
- Begriff **7** 51 ff.
- Buchrechte **7** 57
- dingliche rechte **7** 55
- Doppelverpachtung **21** 10
- Kauvertrag **7** 51 ff.
- obligatorische Rechte **7** 55
- öffentlich-rechtliche Beeinträchtigung **7** 56
- Vormerkung **19** 25

Reisevermittlungsvertrag
- Abgrenzung **28** 13
- Handelsvertreter **28** 13
- Informationspflichten **28** 17
- Verbundene Reiseleistungen **28** 18
- Vermittlerklausel **28** 14

Rücktritt
- Entbehrlichkeit der Fristsetzung **8** 50 ff.
- Erheblicher Mangel **8** 63 ff.
- Fristsetzung **8** 48 f.
- Rechte des Käufers bei Mängeln **8** 46 ff.
- Rechtsfolgen **8** 67 f.
- Unwirksamkeit **8** 99
- Verantwortlichkeit des Käufers **8** 66

Sachgefahr **22** 7

Sachmangel
- der Mietsache **19** 23 ff.
- der Pachtsache **21** 10
- Fehlen einer zugesicherten Eigenschaft **19** 23, 26
- Gefahrübergang **7** 48 f.
- Kaufrecht **7** 5 ff.
- öffentliche Äußerungen **7** 35 ff.

Schadensersatz
- bei anfänglicher Unmöglichkeit **8** 86
- bei nachträglicher Unmöglichkeit **8** 87 f.
- bei Verzögerung **8** 78
- c.i.c **8** 94 f.
- einfacher **8** 90 ff.
- Fristsetzung **8** 84, 85

- Inhalt 8 89
- Mangelfolgeschaden 8 91 f.
- nutzlos aufgewendete Urlaubszeit 28 36
- Nutzungsausfallschaden 8 93
- Pflichtverletzung 8 81 f.
- Rechte des Käufers bei Mängeln 8 75 ff.
- statt der ganzen Leistung 8 83
- statt der Leistung 8 80 ff.
- System 8 75
- Umfang 8 89
- unbehebbarer Mangel 8 86 ff.
- Verantwortlich 8 77

Schadensersatzanspruch
- bei mangelhafter Mietsache 19 22, 29 f.

Schenkung 14 1 ff.
- Form 14 7 f.
- gemischte Schenkung 14 12 ff.
- Haftungsprivilegierung 14 19 f.
- kausale Verknüpfung 14 10 f.
- konditionale Verknüpfung 14 10
- Privilegierung des Schenkers 14 19 ff.
- Rechtsmangel 14 23
- Rückforderung wegen Verarmung 14 24
- Sachmangel 14 21
- unter Auflage 14 16 ff.
- Vertragsgegenstand 14 3 f.
- Vertragsschluss 14 5 f.
- Widerruf 14 25
- Zweckschenkung 14 14 f.

Schuldrecht
- BT 1 7 ff.; 2 2
- Richtlinienrecht 3 3 ff.
- Schulverhältnis 1 1 f.
- Systematik 1 1 f.

Schuldverhältnis
- gesetzlich 1 6
- rechtsgeschäftlich 1 3 f., 4
- rechtsgeschäftsähnlich 1 5
- vertraglich 1 7 ff.; 2 2

Selbstvornahme
- durch Mieter 19 31 f.
- Kostenerstattungsanspruch 19 31 f.

Tausch 11 1
- Abgrenzung zum Doppelkauf 11 12
- Abgrenzung zum Kauf mit Ersetzungsbefugnis 11 12 f.
- Begriff 11 11

Teilzeitwohnrechtevertrag 28 41 ff.
- Anzahlungsverbot 28 46
- Form 28 45
- Informationspflichten 28 45

- Richtlinie über Teilzeitnutzungsrechte 28 42
- Tauschsystemvertrag 28 44
- Teilzeitwohnrechte 28 43
- Vermittlungsvertrag 28 44
- Widerrufsrecht 28 46

Timesharing 28 41

Touristische Dienstleistungen 28 1 ff.
- Überblick 28 1 ff.

UN-Kaufrecht
- Anwendungsbereich 13 8 ff.
- Haftung des Verkäufers 13 19 f.
- Internationales Kaufrecht 13 7 ff.
- Minderung 13 27
- Nacherfüllung 13 22 ff.
- Pflichten des Käufers 13 30
- Pflichten des Verkäufers 13 17 ff.
- Schadensersatz 13 28 f.
- Vertragsaufhebung 13 25 f.
- Vertragsschluss 13 12 ff.
- Warenkauf 13 16 ff.

Verbraucherdarlehensvertrag
- Allgemein-Verbraucherdarlehensvertrag 15 26
- Anwendungsbereich 15 25 f.
- besondere Kündigungsrechte 15 43
- Form 15 32
- Gesamtfälligstellung 15 42
- halbzwingende Vorschriften 15 27
- Hintergrund 15 23 f.
- Immobiliar-Verbraucherdarlehensvertrag 15 26
- Informationspflichten 15 28 ff.
- Inhalt 15 33 ff.
- Kontoüberziehung 15 45 f.
- Kostenermäßigung 15 44
- Kreditwürdigkeitsprüfung 15 47 f.
- Schuldturmproblematik 15 41
- Systematik 15 22
- Teilleistungen 15 41
- Verzugszinsen 15 40
- Vorfälligkeitsentschädigung 15 44
- Widerrufsrecht 15 36 ff.

Verbrauchsgüterkauf 12 1 ff.
- Anwendbarkeit 12 4 ff.
- Begriff 12 5 ff.
- Beweislastumkehr 12 71 ff.
- Erfüllbarkeit 12 30
- Fälligkeit 12 30
- Garantien 12 46
- gebrauchte Sachen 12 13, 15 ff.

- Gefahrübergang bei Versendungskauf 12 31
- halbzwingende Vorschriften 12 62
- Kaufgegenstand 12 9 ff.
- Körperliche Datenträger 12 20 ff.
- Mit digitalen Produkten verknüpfte Waren 12 19 ff.
- Modifikation der Haftung auf Schadensersatz 12 45
- Modifikationen des Rücktritts 12 38 ff.
- Nacherfüllung 12 34 ff.
- öffentliche zugängliche Versteigerung 12 13 f.
- Parteien 12 7 f.
- Regress in der Lieferkette 9 21 ff.
- Sachmangel einer Ware mit digitalen Elementen 12 49 ff.
- Schadensersatz 12 70
- Systematik 12 3
- Umgehungsverbot 12 63 ff.
- Unternehmerbegriff 12 8
- Verbraucherbegriff 12 7
- Verjährung 12 61
- Verjährungsverkürzung 12 69 f.
- Waren mit digitalen Extras 12 27 ff.

Verfügungsgeschäft
- Aneignungsgestattung 21 7

Vermieter
- Kündigung 19 28

Vermieterpfandrecht 20 39 ff.

Vertrag
- aleatorisch 1 15
- Arbeitsvertrag 1 13
- atypisch 1 9
- Gesellschaftsvertrag 1 12
- typengemischt 1 9 f.
- typisch 1 9
- Versicherungsvertrag 1 14

Verträge über digitale Produkte 2 3

Vertrag mit Schutzwirkung zugunsten Dritter 19 29

Vertragsfreiheit
- Abschlussfreiheit 2 9
- Allgemeine Geschäftsbedingungen 2 12
- Begriff 2 5 ff.
- Dimensionen 2 8 ff.
- dispositive Regelungen 2 10 f.
- formal 2 7
- halbzwingende Regelungen 2 10
- Inhaltsfreiheit 2 10
- Kontrahierungszwang 2 9
- material 2 7

- Privatautonomie 2 7

Vertragsrecht 2 1
- Europäisierung 3 1 ff.
- Rechtsangleichung 3 1 ff.
- Richtlinien 3 1 ff.
- richtlinienkonforme Auslegung 3 6 ff.
- Verbraucherrecht 3 10 ff.

Verwahrungsvertrag
- Abgrenzung zum Mietvertrag 19 15

Warmmiete 20 23

Werklieferungsvertrag
- Digitale Produkte 26 9

Werkvertrag
- Abgrenzung zum Dienstvertrag 24 1; 26 3
- Abgrenzung zum Kaufvertrag 26 3 f.
- Abgrenzung zum Werklieferungsvertrag 26 3, 5 ff.
- Abnahme 26 19 ff.
- Abnahmefiktion 26 22
- Aufwendungsersatz 26 38
- Bauvertrag 27 3 ff.
- Begriff 26 1 f.
- Einschränkungen Mängelhaftung 26 39 f.
- Erweiterung der Mängelhaftung 26 40
- Gefahrtragung 26 23 ff.
- Hauptpflichten 26 16 ff.
- Kündigung 26 46 ff.
- Mangelbegriff 26 31 f.
- Mängelrechte des Bestellers 26 27 ff.
- Nacherfüllung 26 33 f.
- Pflichten des Bestellers 26 17
- Pflichten des Unternehmers 26 16
- Rücktritt und Minderung 26 36
- Schadensersatz 26 37 f.
- Selbstvornahme 26 34 f.
- Systematik 26 10 f.
- Unternehmerpfandrecht 26 43 ff.
- Verbraucherbauvertrag 27 18 ff.
- Verbraucherverträge über digitale Produkte 26 4, 12 f., 30
- Vergütung 26 18
- Verjährung 26 41 f.
- Vertragsschluss 26 14
- Wirksamkeit 26 15

Widerrufsrecht
- Teilzeitwohnrechtevertrag 28 46

Widerspruchsrecht
- des Mieters gegen Kündigung 20 54

Zahlungsdienste 17 1 ff.
- Begriff 17 8

– Geschäftsbesorgungsvertrag 17 1
– Lastschrift 17 11 f.
– Systematik 17 4

– Überweisung 17 20 ff.
– Zahlungsdienstevertrag 17 6 f.
– Zahlungskarten 17 13 ff.